國譯

芳山遺稿

국역 방산유고

芳山 姜時中 著

방산 강시중 근영
芳山 姜時中 近影

祖父님 방산(芳山) 강시중(姜時中)

祖母님 문명수(文明秀)

조부모(祖父母)님 묘소

경남 고성군 월평리 산 277번지(부치산)

벽산재(碧山齋)

경남 통영시 도산면 원산리 195-9

표석▶

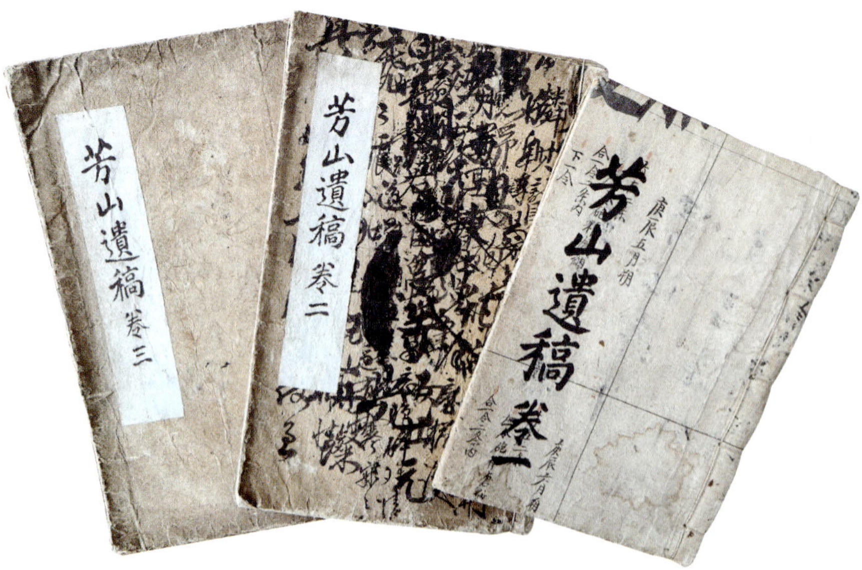

방산유고(芳山遺稿) 원본

간 행 사

방산(芳山) 시중(時中) 할아버지는 진주 강씨 박사공파 26세손이자, 세조 때 영의정을 지내신 문경공(文景公) 맹경(孟卿)의 17세손으로, 1876년 12월 10일에 출생하여 1940년 5월 1일에 돌아가셨다. 통영, 고성, 진주 등 서부 경남 일대에서 활동하며 유학, 행정, 교육과 문학으로 존경을 받던 분이었다.

내가 《방산유고(芳山遺稿)》를 발간하게 된 것은 방산 할아버지의 막내아들이자 나의 아버지 봉호(鳳鎬)의 유지를 받들기 위함이다. 아버지는 원본의 형식대로 3권으로 이기(移記)하고 돌아가시기 전까지 번역과 목차를 편집하여 초본을 만들었다. 하지만 안타깝게도 마무리 짓지 못하고 병으로 돌아가시게 되었다. 생존 시에 국립강원대학교 국문학과 교수로 재직하고 있던 아들 동엽(東燁)에게 방산 할아버지의 유고를 마무리하고 출판하라는 간곡한 유지를 남겼지만 형도 2년 전에 갑자기 세상을 떠나 유지를 받들지 못하게 되었다. 그래서 어려서부터 할아버지에 대해 익숙히 듣고 자라며 유고에 관심을 가지고 있던 끝에 아버지와 형을 대신하여 《방산유고》를 발간하게 되었다.

나의 아버지가 번역한 《방산유고》를 읽어 보니, 오늘날의 언어와 어울리지 않는 표현들이 있어 이해가 쉽지 않았다. 그래서 현재 중국고전문학을 전공으로 북경사범대학교에서 박사학위를 취득하고 북경외국어대학교에서 교수로 있는 조카 귀인(貴仁)을 통해 번역에 경험이 많은 분을 찾아야겠다고 생각하였다. 그래서 조카와 국내 관련 분야 저명한 분들을 소개받아 면밀히 검토한 끝에, 다수의 한문 번역서를 출간하고 초서와 한문을 강의하는 박상수 선생께 번역을 의뢰하게 되었다.

《방산유고》를 정리하면서, 아버지가 일본에서 유학하던 중 돌아가셨던 할아버지를 그리워하며 그 많은 시간을 이기하고 번역하셨던 간절함과 고단함을 떠올리며 몇 번이고 감정이 북받쳐 주체할 수 없는 눈물이 흘렀다.

또 고향을 떠나 서울로 진학을 할 때 오직 할아버지의 영정을 가슴 깊이 간직하였으니 이는 할아버지에 대한 존경심의 발로였을 것이다.

아버지의 뒤를 이어 혹시라도 할아버지가 남기신 조각이라도 찾을 염원으로 여러 곳을 방문하고 문의했지만, 오랜 성상(星霜)이 지나 흔적을 찾을 수 없었다. 다만 종친 집안에 보관하고 있던 〈유서(遺書)〉와 《죽일집(竹逸集)》에 실린 할아버지의 〈유사(遺事)〉를 찾아 유고집에 실었다. 또한 유고집을 준비하던 중 방산 할아버지의 차남인 태호(泰鎬) 큰아버지가 써 놓으신 행장이 발견되어 부록에 넣게 되었다. 또 제자 정호(政鎬 : 방산 할아버지 형님의 아들)가 방산 할아버지를 기리며 지은 〈방산소종계안서(芳山小宗稧案序)〉와 동엽 형의 스승이신 연민(淵民) 이가원(李家源) 박사께서 써주신 할아버지의 비문(碑文)도 부록에 수록하였다. 다만 지금까지 비석을 세우지 못한 것이 안타까울 뿐이다. 할아버지의 친필이 대부분 일실(逸失)되어 남아있는 자료를 모아 부록에 넣어 할아버지의 육필(肉筆)과 수택(手澤)을 감상할 수 있도록 하였다.

지금까지 《방산유고》가 나오기까지 도움을 주신 종친회장인 종형 희순, 조카 병섭, 병수, 병열, 귀인, 그리고 고종사촌 국순형과 죽일 선생 집안 정길교, 정행교 선생께도 감사를 드린다. 특히 유고집을 정성껏 번역하고 많은 조언을 아끼지 않으신 박상수 선생께 깊은 감사를 드리며, 그 밖에 일일이 거론하지는 못하지만 여러 가지 도움을 주신 분들께도 지면으로 나마 감사를 드린다.

끝으로 《방산유고》를 읽고 조선말 평생을 올곧게 살았던 선비의 기상, 나보다 남을 먼저 생각했던 마음, 그리고 나라와 가족을 사랑했던 유학자의 진솔한 삶이 오늘을 살아가는 우리들에게 큰 울림으로 다가가기를 바란다. 또한 방산 할아버지의 뜻이 불후(不朽)하기를 바라는 손자의 간절한 마음을 담아 유고집을 할아버지의 영전에 바친다.

2022년 가을, 손자 동관 근서(謹書)

《방산유고(芳山遺稿)》 해제

1. 방산(芳山) 선생 일대기

방산 선생의 이름은 시중(時中)이고, 자는 성범(聖範)이며 진산부원군(晉山府院君) 강맹경(姜孟卿)의 17세손이다. 선생은 고종 병자년〔1876〕 12월 10일에 태어나 경진년〔1940〕 5월 초하루에 돌아가셨으니, 국권이 침탈된 일제강점기를 오롯이 살았던 유학자였다. 무오년〔1978〕 연민(淵民) 이가원(李家源) 선생이 지은 묘갈문(墓碣文)에 "선생은 어려서부터 남다른 자질로 마을 글방에서 몰래 책 읽는 소리를 들었고, 남들이 글자를 익히는 것을 몰래 살펴보고는 땅에 글씨를 흉내내었다. 15살에 처음으로 죽일(竹逸) 정호용(鄭灝鎔) 선생에게서 수업을 받아 이미 경서(經書)와 역사에 박학하였고, 사방으로 책 상자를 지고 부지런히 스승과 벗을 찾아다녔다.〔幼有異質 村有塾 潛聽誦書聲 竊習字 畫地以倣之 年十五始受讀于鄭竹逸灝鎔 旣博涉經史 負笈東西 勤訪師友〕"라고 한 것으로 보아 15살 무렵 죽일 선생을 사사한 것으로 확인된다.

스승 죽일 정호용(1855~1935) 선생은, 방산과 동향(同鄕)으로 외세의 침입으로 인한 당면한 현실적인 문제를 지적한 〈경국선략(經國選略)〉 등을 지어 나라를 경영하는 11가지 요점을 주창하였다. 또 유가 정신에 입각하여 학문의 중요성을 강조한 〈학론(學論)〉·〈학설(學說)〉·〈성학원론(聖學原論)〉·〈학과(學課)〉 등을 통해 새로운 방법을 제시했던 지식인이었다. 죽일 선생이 세상을 떠나자 방산은 정좌영(鄭左永) 등과 함께 《죽일집(竹逸集)》 간행하는 일에 주도적으로 참여하였지만 안타깝게도 《죽일집》이 발간되기 한 해 전인 1941년에 세상을 떠났다.

방산 선생은 통영과 고성, 진주 등 서부 경남 일대에서 주로 활동하였다. 애초에 선생은 자신의 벗 완산(玩汕) 김지옥(金址沃)이, "심지가 돌처럼 굳건하고 그대의 마음이 못처럼 맑으니 '석담(石潭)'이라고 하는 것이 마땅할 것이다."라는 말에 수긍하여, 처음에는 '석담'으로 자신의 호로 삼았다가, 이후 살던 고을의 안산(案山)에 해당하는 벽방산(碧芳山)에서 차용하여 '방산(芳山)'이라고 자호(自號)하며 평생 고향에서 살 뜻을 천명하였다.

선생은 평생 성인의 가르침을 실천 덕목으로 삼았다. 그러나 일본의 침탈을 목도하고 현실을 극복할 방안을 모색한 끝에 교육이 유일한 길임을 자각하고 원산리(院山里)에 도원학당(道院學堂)을 개설하고, 도산면 최초의 도산공립보통학교(道山公立普通學校) 설립에 힘을 기울였다. 이러한 교육에 대한 일념은 공리공론(空理空論)이 아닌 실학적 교육을 통한 현실 개혁만이 국권을 회복할 수 있다는 애국계몽운동의 일환이었다.

2. 《방산유고(芳山遺稿)》의 구성 및 작품

《방산유고》는 총3책으로 이루어진 필사본이다. 1책은 표지를 포함하여 총 86면이다. 1책의 표지에는 '芳山遺稿 1'이라고 기록되어 있지만 속지에는 '石潭雜稿'[1]와 '無何遺稿'[2]라고 기록되어 있다. 이를 통해 제목을 '방산유고(芳山遺稿)' 외에도 '석담잡고(石潭雜稿)'나 '무하유고(無何遺稿)'로 제목을 정하려고 했던 것으로 추정된다. 2책은 102면이고, 3책은 1책과 2책에 비해 다소 적은 분량으로 66면으로 구성되어 있다. 3책 모두 필사본이라 행간의 간격이나 글자의 수는 동일하지 않으며 편집되기 전으로 다양한 문체들이 혼재되어 있다. 그중 만사를 포함한 시와 서간문이 가장 많은 분량을 차지하고 있는데, 대표적인 몇 편을 살펴본다.

1) 시(詩)

- 어머니에 대한 사무치는 그리움 -

回甲日 哭母氏靈座前 회갑날 어머니의 영전에서 곡을 하다.

去年今日此庭中　지난해 오늘 이 뜰에서

1) 石潭遺稿 : '石潭'은 방산 선생의 초기에 사용했던 호이다.
2) 無何遺稿 : '無何'는 방산 선생의 사용했다는 기록은 없지만, 또 다른 호로 추정된다.

壻酒嬌衫拜舞同　사위가 보낸 술 마시고 고운 옷 입고 함께 춤추었지.
安得呱呱長不死　어찌 오래 사는 것을 슬퍼할까?
喪餘日日報無窮　어머니 돌아가시고 매일 갚아도 은혜는 끝이 없네.
頭邊宛若加巾帽　머리에는 완연히 두건을 쓰고
戶上依然掛矢蓬　문 위에는 그대로 시봉(矢蓬)이 걸려있네.
嗟我弟翰來侄政　아, 동생 한과 조카 정호가 오니
吾家百口母兮躬　식구들 모두 어머니께서 기르셨네.

위 시는 자신의 회갑인 1936년 12월 10일, 그리운 어머니의 영전(靈前)에서 곡을 하며 지은 것이다. 회갑을 맞이할 만큼 오래 사는 자신의 나이가 기쁘지만 돌아가신 어머니에 대한 그리움은 늙을수록 더욱 간절하다. 그리운 어머니가 돌아가셨으니 생전에 자식들에게 베푼 은혜에 감사하지만 갚을 길이 없다. 당일 사위 김정일(金貞一)이 자신의 가난한 살림을 염려하며 술과 떡을 보내고 딸은 옷을 지어 보냈다. 이처럼 즐거운 날 어머니의 영전에 절을 하고 제수를 올려보지만 돌아가신 어머니는 여전히 말이 없으니, 자식의 마음은 갈피를 잡을 수가 없다.

– 아내에 대한 사랑과 연민 –

拙妻回甲日乙亥有感　나의 아내 회갑날인 을해년에 감회가 있어 짓다.

冠而親迎依昨日　혼인하고 아내를 맞이한 것이 어제 같은데
孫說祖孃再甲年　손자들은 할머니라 부르는 회갑이 되었네.
白屋同居多少日　오랜 세월 가난하게 살면서
寒廚并食幾空煙　찬 부엌에서 함께 밥 먹은 것이 얼마이던가?
短裳割盡縫郎襪　떨어진 치마 잘라 남편 버선 만들었고
寸紙塗穿養子筵　작은 종이로 뚫린 곳 메워가며 자식들 자리 만들었지.
獻壽高堂羅拜舞　고당에서 축수하며 절하고 춤을 추니
慈顏六十一欣然　61살 자애로운 얼굴에 기쁨이 감도네.

위 시는 1935년 자신의 아내 회갑을 맞아 지은 시로, 평소 아내를 연민

했던 마음이 잘 나타나 있다. 아내의 회갑을 맞아 고생스러웠던 지난날을 회상한다. 어린 나이에 자신에게 시집 온 고운 아내는 어디 가고 할머니가 고당에 앉아 있다. 세월은 주마등처럼 흘러 마치 어제 결혼을 한 듯한 데 벌써 아내의 얼굴은 주름지고 머리는 희긋희긋한 것이 애처롭다. 가난한 살림에 4남 1녀를 키우며 다 떨어진 치마를 잘라 남편의 버선을 만들고 작은 종이로 뚫린 곳을 메워가며 자식들 자리를 만들어 주었던 아내가 회갑을 맞았다. 자식들의 축하를 받는 아내는 고달픈 살림살이를 모두 다 잊은 듯 기뻐하는 모습에 가슴이 아프다.

-경물(景物)을 감상하다-

雨後賞石榴花　　비온 뒤 석류꽃을 감상하다.

吾家園裏榴花發　　우리 집 동산에 석류꽃 피어
愛欲題詩口自哦　　사랑스러워 시 짓고 절로 읊조리고 싶네.
朝來樹下紅滿地　　아침에 나무 아래 왔더니 온 땅 가득 붉으니
知是淸江夜雨過　　청강에 밤새 비 지난 줄 알겠네.

비 내린 후 석류꽃을 감상하며 지었다. 한가히 경물을 감상하며 포착한 시경(詩境)은 당나라 시인 왕유(王維)와 닮았다. 당송팔대가 중 한 사람인 소식(蘇軾)은 왕유의 시를 감상하며 “시 속에 그림이 있고 그림 속에 시가 있는 것 같다.〔詩中有畵 畵中有詩〕”라고 평가하였다. 방산의 시를 읽고 있으면 마치 한 폭의 동양화를 보는 듯 머릿속에 그림이 그려진다.

-학문을 권하다-

勸孫元讀書　　손자 원순에게 독서를 권하다

……

勸爾勤讀誦　　너는 부지런히 독서하거라.
聖人於我存　　성인이 되는 것은 나 자신에게 달려 있다.
一日立一課　　하루에 정해진 한 과목씩 공부하되
讀須三百番　　반드시 300번은 읽어야 한다.

意義熟後得	익숙하여야 뜻을 알 수 있으니
不得不措爰	알지 못하면 조처할 수가 없다.
莫恥惡衣食	나쁜 옷과 음식을 부끄러워하지 마라.
飽暖是病源	배부르고 따뜻한 것이 병의 근원이다.

……

손자인 원순에게 독서하는 방법과 실천 방안을 권하였다. 성인(聖人)이 되는 방법은 다른 길이 없다. 오직 부지런히 독서를 하는 것만이 길이다. 반드시 일정하게 정해 놓은 과목을 하루에 한 번씩 공부하여야 한다. 그렇다고 데면데면 공부하는 것은 금하고 300번은 읽어야 글에 담긴 뜻이 절로 체화된다. 그렇게 하지 않다면 글과 내가 하나가 되지 못하여 실천하는 힘을 얻지 못하게 된다. 또한 가난을 부끄럽게 여겨서는 안된다. 따뜻하고 나태함은 몸을 병들게 할 뿐 아니라 마음까지도 병들게 한다.

2) 서간문

- 사위 김정일(金貞一)에게 학문을 당부하며-

"여가를 얻어 공부하면서 이전에 배운 것을 잃지는 않았는가? 아무리 집안일이 바쁘겠지만 성경(誠敬)에 마음을 보존하고 책에 뜻을 완미하면 저절로 날로 새로워지는 이익이 있을 걸세. 《예기(禮記)》〈학기(學記)〉에 "노닐거나 쉴 때〔遊息〕에도 반드시 학문을 해야 한다."라고 하였고, 《논어》〈자장(子張)〉에 자하(子夏)가 "벼슬을 하면서 여가가 있으면 학문을 한다."라고 하였으니, 이는 벼슬에 있으면서도 학문을 한 것이네. 더구나 자네는 애초에 바깥으로 자질구레한 일도 없고 또 심신이 피로하지 않으니 어찌 쾌활하게 공부하지 않는가? 생각들이 여기에 있으니 나의 바람을 저버리지 말게.〔選暇做工 能不失溫故否 雖家務旁午 存心於誠敬 玩意於簡策 自有日新之益矣 記曰遊息之際 必有居學 子夏曰 仕而優則學 是居官而爲學也 況君初無外邊宂務 又無身心勞憔 安得不快活底做業耶 念念在玆 毋負所望〕"

- 김정일(金貞一)에게 보내는 편지〔與金貞一書〕 - 중에서

김정일은 방산 선생의 외동딸 을옥(乙玉)의 남편이다. 방산 선생은 사위에게 상당의 편지를 보내 학문을 비롯한 일상의 안부 등을 세세하게 묻고 전하였다. 선생은 사위를 학문을 전하는 제자로 여겨 상세히 학문을 대하는 태도와 실천 방안 등을 일러주었다.

－《죽일선생유집(竹逸先生遺集)》에 관하여 논하다－

“우리 《죽일정선생유집》을 교열 보겠다는 오랜 약속을 진중히 여기며 마땅히 언제까지 보시겠다는 말씀을 기다리겠습니다. 만약 혹시 조금 늦어지면 날씨가 더워질까 걱정이 되어 급히 말씀을 드리니 용서하시고 살펴주십시오.〔竊惟吾竹逸鄭先生遺集 校閱宿約珍重 當恭俟進退之命 然而若或少遲 則恐犯熱候 故免不得急急奉聞 幸殊恕察〕”

－연암(淵庵) 박정선(朴正善)에게 보내는 편지〔與朴淵庵正善書〕－ 중에서

“삼가 바라건대 《죽일선생유집(竹逸先生遺集)》의 교정은 우리 당의 가장 큰 어려운 일인데, 흠을 제거하여 유집(遺集)을 완전하게 하는 것은 많은 선비의 경사일 뿐만 아니라 실로 사문(斯文)의 다행입니다.〔竊惟吾竹逸先生遺書讐正 是吾黨之莫艱大役 而刮滌玼纇 遺集完本 非獨多士之慶 實攸斯文之幸〕”

－연암(淵菴) 박정선(朴正善)에게 보내는 편지〔與朴淵菴書〕－ 중에서

1935년 스승 죽일 선생이 사망하자, 곧바로 사제들과 함께 문집정리를 주도한다. 첫 번째 편지는 1938년 5월에, 두 번째 편지는 날짜가 기록되지 않은 편지지만 내용으로 보아 교정과 편집과정 중에 보낸 편지로 추정된다. 이후 방산 선생이 돌아가시고 한 해가 지난 1941년에 문집이 완성되어 출간되었다.

3) 평론

－그림을 평하다－

“송(宋)나라 소동파(蘇東坡) 선생이 “나의 아우 자유(自由)가 ‘사람이 그

림을 귀하게 여기는 것은 그림의 대상과 닮았기 때문이다. 닮은 것도 귀한데 하물며 진짜는 어떠하겠는가?'라고 하였다."라고 하였다. 이 말은 참으로 이치가 있다. 자유가 만약 이치를 터득한 것이 없다면 그럴 수 있었겠는가? 그렇기 때문에 사군자는 그림을 좋아하지 않는 사람이 없다. 그 뜻을 완미할 수는 있지만 그 뜻을 머물게 할 수는 없으니 이를 구경하는 사람이 어떠한가에 달려 있을 뿐이다.〔宋東坡先生云 吾弟自由曰 人之所貴乎畵者 爲其似也 似猶貴也 況其眞乎 此言甚有理也 自由 若無得 能然乎 故士君子於畵 非不好也 玩其意則可 留其意則不可 在於觀者之如何爾〕"

– 《해강난죽보(海岡蘭竹譜)》의 뒤에 쓰다 – 중에서

1927년 8월에 쓴 평론이다. 《해강난죽보(海岡蘭竹譜)》는 해강 김규진(金圭鎭)의 그림이다. 사군자 그림을 좋아하지 않은 사람은 없고, 그림을 완미하지만, 그림이 가진 진정한 의미를 아는 사람은 드물다. 그림이 가치를 지니는 것은 대상을 닮았기 때문이다. 하지만 아무리 뛰어난 그림이라고 하더라도 실제의 대상을 뛰어넘지는 못한다. 때문에 조선의 사람들은 외형을 재현하는데만 머무르지 않고 정신까지 담아내야 한다는 '전신사조(傳神寫照)'를 중요하게 여겼다.

사군자(四君子)는 매화, 난초, 국화, 대나무 네 가지를 이르는데, 수많은 꽃과 식물들 가운데 이들을 선택해서 학식과 인품, 덕이 높은 사람에 비유하고 '군자'라고 부르는 데에는 본받을 만한 가치를 지녔기 때문이다. 자신의 뜻을 굽히지 않는 지조와 절개를 군자의 가장 큰 덕목으로 여겨, 어떠한 고난과 어려움 속에서도 이를 견디는 모습이 고아하고 탈속적인 경지를 지향했던 군자와 닮았다.

4) 방산 선생의 학문과 지향

앞서 말한 것처럼 《방산유고》는 미출간 필사 자료로, 방산 선생이 지은 작품의 일부로 추정된다. 하지만 《회남자(淮南子)》 〈설림훈(說林訓)〉에, "한 점의 고기만 맛보아도 온 솥의 고기 맛을 안다.〔嘗一臠肉 而知一鑊之

味)"라고 하였다. 단지 작품의 분량만으로 가치를 평가할 수는 없다. 방산 선생의 글은 전통적인 유학자의 글쓰기를 닮았고, 문장을 구성하고 있는 역시 조선시대 문체와 매우 흡사하다. 하지만 선생의 독서를 살펴보면 유학자들이 반드시 학습하던 사서삼경(四書三經), 《근사록(近思錄)》을 비롯하여 유학자들이 터부시했던 《장자(莊子)》, 《삼국지(三國志)》 등의 글까지도 숙독한 것으로 보아 전통적 선비들이 가졌던 독서의 한계에서 벗어나 다양한 학문적 입지를 넓혀갔음을 확인할 수 있다.

또한 계자(季子) 봉호(鳳鎬)에게 "서둘러 입학하여 측량기술을 계속 공부해서 반드시 결단코 학업을 마치도록 해라. 측량은 사용하는 곳이 매우 많다. 주의하여 노력하기를 매우 바란다.(速히 入學ᄒᆞ야 測量技術을 繼續學習ᄒᆞ야 반다시 決코 卒業을 ᄒᆞ여라. 測量은 使用處가 第一多多ᄒᆞ다. 注意努力ᄒᆞᆷ을 多望多望ᄒᆞ로다.)"라고 한 것을 통해 일제강점기를 벗어날 수 있는 방법은 실용적인 선진학문을 통해서만이 가능하다는 선견(先見)을 가졌던 것이다.

5. 결론

《방산유고》는 일제강점기를 고스란히 살았던 한 지식인의 글이다. 환갑을 맞이하는 아내에 대한 연민과 돌아가신 어머니에 대한 그리움, 자식 사랑, 학문의 견해 등 일상에서 일어나는 대부분의 상황을 확인할 수 있는 훌륭한 작품이다. 또한 궁핍한 살림살이에도 자식들의 교육만큼은 절대로 등한시하지 않았던 부모의 자식 사랑이 곳곳에서 묻어난다. 이밖에 사위 김정일(金貞一)에게 "오늘날 편안히 생활할 수 있는 것은 충무공(忠武公)의 은덕임을 잊지 말아야 한다."라고 하는 등 애국사상 고취에도 남다른 모습을 보였다.

끝으로 아무리 조부(祖父)의 유고(遺稿)라고는 할지라도 개인이 거금을 들여 책을 출간하기란 결코 쉬운 결정이 아님은 굳이 말하지 않아도 알 수 있다. 이처럼 어려운 일을 조부에 대한 존경심 하나로 아무런 주저없이 결행한 강동관 선생님께 경하를 드리며, 역자의 췌언(贅言)을 붙인다.

구일헌(九一軒)에서 역자(譯者) 박상수 씀

목차(目次)

芳山遺稿
방산유고

1

시(詩)

1

시(詩)

徐廷遇妻李氏 烈行紀實碑【殉夫】

서정우의 아내 이씨 열행기실비

【남편을 따라 죽은 사람〔殉夫〕】

於古多烈婦　　옛날에도 열부(烈婦)[1]는 많았지만
孰與殉夫如　　누가 지아비를 따라 죽은 사람만 할까?
霜恐氣猶暖　　서리마저도 기운이 따뜻할까 두렵고
竹嫌心自虛　　대나무도 속이 절로 빌까 싫어하네.

周代閭里孝烈旌揭揚

주나라 시대 고을의 효열정려를 높이 드날리다

摩挲一片石　　한 조각 비석을 어루만지는 것이
勝讀半生書　　반평생 독서한 것보다 낫네.
殷周今已矣　　은나라와 주나라는 이미 끝이 났으니
誰復旌其閭　　누가 다시 그 마을에 정려(旌閭)[2]하려나.

讀故李忠武公閑山島夜吟詩 有感而作兼痛時事之非【二絕】

이충무공의 한산도 〈야음시(夜吟詩)〉를 읽고 느낌이 있어서 짓고 아울러 시사의 그릇됨을 통탄하다【절구 2수】

像公之偉蹟　　공의 위대한 업적을 상상하니

---

1) 열부(烈婦) : 남편이 죽은 후에 수절하거나 죽음으로 정절을 지킨 여자를 이른다.
2) 정려(旌閭) : 충신(忠臣) · 효자(孝子) · 열녀(烈女) 등을 그 동네에 정문(旌門)을 세워 표창하는 것을 이른다.

碧霄羽毛高　　푸른 하늘처럼 명성이 드높네.
閑山靑在彼　　한산도 푸르름 저곳에 있으니
遙憶撫大刀　　멀리서 추억하며 큰 칼 어루만지네.

又　　**또 짓다**

誰知百歲後　　누가 백세 이후에
氣祲彌天高　　요망한 기운 더욱 하늘처럼 높을지 알았으랴.
安得起莊魄　　어찌하면 씩씩한 혼백 일깨워
更試舊龍刀　　다시 옛 용도(龍刀)[3]를 시험할까?

種竹吟示戒家中諸節

대나무 심고 시를 읊조려 식구들에게 절도를 경계하다

種竹爲庭實　　뜰 가득 대나무를 심은 것은
獨非愛長春　　홀로 긴 봄을 아껴서가 아니라네.
雪裏敢持節　　눈 속에도 절개를 지키고
風前能屈身　　바람 앞에 몸을 굽힐까.
結子來鳳鳥　　봉황이 와서 씨앗을 먹고
生孫帶龍鱗　　씨앗은 자라 죽순을 띠고 있네.
不願謝家樹　　사가(謝家)[4]의 나무를 원치 않고
此君是可人　　대나무는 참으로 사람에게 걸맞네.

八月十三日夕陽 閒步江村戱贈女婿金貞一

8월 13일 석양에 한가로이 강가 마을을 거닐며 장난스럽게 시를 지어 사위 김정일에게 주다

---

3) 용도(龍刀) : 보배로운 칼을 이른다.

4) 사가(謝家) : 진(晉)나라 때 큰 문벌을 이룬 사안(謝安)의 집안을 이른다. 《진서(晉書)》 〈사안열전(謝安列傳)〉에, 사가의 뜰에 난초가 피었다는 것은 훌륭한 자제들이 많음을 뜻하는데, 사안의 조카 사현(謝玄)이 "비유하면 마치 지란과 옥수가 집안의 뜰에 자라기를 바라는 것과 같습니다.〔譬如芝蘭玉樹 欲使其生於庭階耳〕"라고 한데서 유래하였다.

携樽步水北	술병 쥐고 물 북쪽을 거니니
滿路稻花濃	길 가득 벼꽃이 가득하네.
叢菊留晩節	무더기 국화 늦가을에도 남아 있어
疎篁淡秋容	성긴 대나무 가을의 위용 담담하네.
柳外鋪晴網	버들 너머 말린 그물 펼쳐졌고
田間急暮春	밭 사이엔 늦게 서둘러 절구질하네.
瞻望忠武院	충무공의 사당을 바라보니
白雲兩三峯	두 세 봉우리 사이에 흰 구름이 떠 있네.

秋風獨酌 八月十三日夜

가을바람에 홀로 술 마시며, 8월 13일 밤에 짓다

酒蕩孰如吾	누가 나만큼 술 마실까?
秋來吟病軀	가을 오니 병으로 신음하네.
銀河回屋角	은하수가 집 모퉁이를 돌아 흐르고
玉露滿天衢	이슬이 하늘에 가득하네.
人歸村自靜	사람들은 마을로 돌아가 절로 조용하고
月白夜無孤	달 밝으니 밤에도 외롭지 않네.
才疎宜世棄	보잘것없는 재주는 세상에 버림받기에 마땅하지만
不妨臥江湖	강호에 눕는데 무슨 방해될까?

寄鄭碧我【除夜飮】 정벽아에게 부치다【한 해의 마지막날 술을 마시고】

幾作除夜客	몇 해나 섣달의 마지막 날 나그네 되니
自知歲月深	절로 세월이 깊은 줄 알았네.
梅將放白雪	흰 눈 속에 매화가 필듯하고
柳欲吐黃金	버들은 황금 싹을 틔우려 하네.
人情有厚薄	인정은 두터움과 박절함이 있지만
天地無古今	천지는 예나 지금이나 다르지 않네.
徐翁勤送酒	서씨 늙은이 술을 보내와
令我覓句唫	나에게 시를 구하네.

誘怒妻【戊辰七月初九日】

화난 아내를 달래다【무진년(1928) 7월 9일】

秋熟知不遠	곡식이 익을 때가 머지않으니
四野禾滿阡	사방들 이랑엔 벼가 가득하네.
姑舍催來直	서둘러 값 매기는 것 우선 버려두고
最急沽酒錢	가장 급한 것은 술 살 돈이라네.
意定無貪富	부귀를 탐할 마음 없지만
心忙易變遷	마음 조급하면 쉬 바뀌는 법이라네.
請看巖上樹	청컨대 바위 위 나무를 보소.
烈風蔭洞天	매서운 바람에도 하늘까지 닿은 것을.

秋夜懷朴晦夫	**가을밤에 박회부를 회상하다**
美人何處去	아름답던 사람 어디로 갔나?
無復愛襄翁	사랑하던 노인 다시없네.
雲擁虛谷富	구름 감싸는 빈 계곡은 넉넉하고
雁歸暮江空	기러기 돌아가니 저녁 강은 텅 비었네.
顏色疑菊月	얼굴빛은 국월(菊月)[5]을 의심케하고
跫音聽松風	발소리[6]는 솔바람 소리를 듣는 듯하네.
粉黛非情薄	곱게 화장한 미인 박정하지 않은데
自知已不忠	나 스스로 이미 진실되지 않은 줄 알았네.

送金永泓歸安泉寺	**안천사로 돌아가는 김영홍을 전송하다**
送友去安泉	안천사로 가는 벗을 전송하니

5) 국월(菊月) : 국화꽃이 피는 달이라는 뜻으로 음력 9월을 달리 부르는 말인다. '국추(菊秋)', '국령(菊令)'이라고도 한다.

6) 발소리 : 원문은 '跫音'. '공곡공음(空谷跫音)'의 준말로, 빈 골짜기에 들리는 사람의 발소리, 즉 지극히 반갑고 기쁜 것을 말한다. 《장자》〈서무귀(徐無鬼)〉에 "혼자 빈 골짜기에 도망쳐 살 때 인기척만 들려도 반가울 텐데, 더구나 형제와 친척의 기침 소리가 옆에서 들려온다면 어떻겠는가.〔夫逃虛空者 聞人足音跫然而喜矣 又況乎昆弟親戚之謦欬其側者乎〕"라고 하였다.

正當六月天　　때는 6월이라네.
比屋無幾日　　이웃한지 얼마이던가?
同窮亦多年　　함께 궁벽하게 산 지 여러 해 되었네.
忘機愧白鷺　　기심을 잊지 못해[7] 백로에게 부끄럽고
度歲聽寒蟬　　세월 보내며 찬 매미소리 듣네.
何時塵債了　　언제나 속세의 빚 다 갚고
共老白雲邊　　함께 흰 구름 가에서 늙어갈까?

題李譓榮心齋山莊 심재 이혜영의 산장에 관해서 짓다

先生何許老　　선생은 어떤 노인인가?
碧草滿庭前　　푸른 풀이 뜰에 가득 하네.
琴書左右壁　　좌우 벽에는 거문고와 책이 있고
日月先後天　　해와 달은 번갈아 하늘에 비치네.
村深栗里宅　　깊은 산골 율리댁은
山隱首陽巓　　산 깊은 수양산 꼭대기에 숨어 있네.
卷敍任自在　　맘대로 책 읽고 글 짓지만
居人不紀年　　그곳에 사는 사람은 기년(紀年)[8]을 하지 않네.

與五六諸益池中捕魚

네 다섯 친구들과 못에서 물고기를 잡다

水淸天可挹　　물이 맑으니 하늘도 잡힐 듯하고

---

7) 기심을……못해 : 사특한 마음을 잊다는 뜻이다. 《열자》 〈황제(黃帝)〉에, 바닷가에 살던 한 사람이 매일 바닷가로 나가서 갈매기와 놀다 보니, 갈매기도 사람을 피하지 않았더니, 하루는 그의 아버지가 "내가 들으매 갈매기들이 모두 너를 따라 노닌다 하니, 네가 갈매기를 갖고 오너라. 내가 갈매기를 완상하고 싶다.〔吾聞鷗鳥皆從汝游 汝取來 吾玩之〕"라고 하므로, 이튿날 바닷가로 나가 보니, 갈매기들이 사람의 교사한 마음을 알아채고는 공중에서 빙빙 돌기만 하고 내려오지 않았다. 이것은 갈매기를 잡겠다는 기심(機心)이 있었기 때문이다. 전일에는 기심을 잊었기〔忘機〕 때문에 갈매기와 친할 수 있었던 것이다. 원문은 '망기(忘機)'로 되어 있지만 의미는 '불망기(不忘機)'로 보아야 한다.

8) 기년(紀年) : 기원으로부터 차례로 셈을 센 햇수를 이른다.

溪肥魚正集　계곡에 살진 물고기 모두 모였네.
香稻村醪熟　향기로운 시골 술 익어 가는데
秋草宿雨浥　가을 풀은 묵은 비에 젖어만 가네.
呼我屠龍手　나를 도룡수(屠龍手)[9]라고 부르며
於吾一試習　한번 잡아보게 하네.
咸集期日中　약속한 날 다 모여
夫夫來相揖　모두 서로 인사하네.
夫皆高陽徒　모인 사람들은 모두 술꾼[10]들로
飮酒如鯨吸　고래처럼 술을 들이키네.
我漁異流俗　나의 물고기 잡이는 풍속과 달라
褰裳亦脚入　바지를 걷고 물속으로 들어가네.
不用網與餌　그물과 미끼도 쓰지 않고
又無要舟楫　또 배도 필요 없지.
赤手捕活魚　맨손으로 살아 있는 물고기를 잡자
魚滑手不澁　물고기는 미끄럽고 손은 굼뜨네.
猛拳疾於電　사나운 주먹은 번개보다 빠르고
個個噴血泣　물고기들은 피를 뿜고 울어대네.
五六皆義士　네 다섯 사람들은 모두 의사(義士)라서
子魚赦不執　작은 물고기는 잡지 않고 풀어주네.

---

9) 도룡수(屠龍手) : 용도 잡을 만한 빼어난 솜씨를 가진 사람을 이른다. 《장자(莊子)》〈열어구(列禦寇)〉에 나오는 말로, 특출한 재주이지만 쓸 데가 없는 것을 비유한다. 옛날에 주평만(朱泙漫)이라는 사람이 천금의 가산을 탕진해가며 지리익(支離益)이라는 사람에게 용 잡는 법을 배워 삼 년 만에 터득하였으나 그 방법을 사용할 일이 없었던 데에서 나온 말이다.

10) 술꾼 : 원문은 '高陽徒'. '고양주도(高陽酒徒)'를 이르는 말이다. 《사기(史記)》〈역생육가열전(酈生陸賈列傳)〉에, 전한(前漢)의 역이기(酈食其)가 군문(軍門)에 나아가 한 고조(漢高祖)를 보고자 청했는데, 고조가 사자(使者)를 시켜 역이기에게 "내가 지금 천하의 일을 경영하느라 유자를 만날 겨를이 없다.〔我方以天下爲事 未暇見儒人也〕"라고 전하게 하였다. 그러자 역이기가 사자에게 "다시 달려 들어가 나는 고양의 술꾼이지 유자가 아니라고 패공에게 전하라.〔走復入言沛公 吾高陽酒徒也 非儒人也〕"라고 한데서 전하는 말이다.

驕者不可宥　　날뛰는 물고기 놓아줄 수 없어
殺之然後拾　　죽여서 주워 담네.
詭獲非正理　　속여서 잡는 것은 바른 도리가 아니니
不知者不襲　　이를 모르는 사람은 익히지 못하네.
老鮎深藏穴　　메기는 깊은 굴에 살아
暗觀勢頭急　　몰래 살피니 기세가 사납네.
紫蟹倒上葭　　붉은게는 거꾸로 갈대를 타고 올라
自謂禍不及　　재앙이 자신에게는 이르지 않을 거라 여기네.
餘者不足取　　나머지는 잡지 않고
相對數獲級　　잡은 물고기 세어보니
小者可數貫　　작은 것은 몇 꿰미가 되지만
大者止一十　　큰 것은 10마리밖에 되지 않네.
荷出蹊上村　　연잎은 지름길 윗마을에서 나오고
斜日照短笠　　석양은 짧은 삿갓을 비추네.
貫柳掛野店　　버들꿰미를 들 가게에 걸어두니
觀者如堵立　　구경하는 사람들은 담장처럼 둘러 섰네.
魚兮復魚兮　　물고기여!
愧汝無遠圖　　부끄럽게도 너는 원대한 계획이 없구나.
何不遠引去　　어찌하여 멀리가지 않고
相忌乎江湖　　서로 강호(江湖)를 꺼리나?
鳳無捿枳棘　　봉황은 가시덤불에는 깃들지 않고
龍不出於池　　용은 못에 살지 않네.
今看汝所止　　지금 네가 머무는 곳을 보아라!
騰雲難可期　　구름 타고 오르는 것도 기약하기 어렵고
潛伏乎泥中　　진흙 속에 숨어 있구나.
不葬巨魚腹　　큰 물고기의 뱃속에 장사지내지 않고
幸登君子盤　　군자의 밥상에 오른 것이 다행스럽네.
汝死留其福　　너는 죽어도 복을 남기니
敢語物不智　　감히 누가 물고기가 지혜롭지 않다고 말했나?

白首嗟可惜　　다 늙도록 애석하게 여기는 것은
里宅多美安　　마을에는 아름답고 편안한 것이 많아
我亦自不擇　　나도 가리지 않는다네.
仁欲本無間　　어짊과 욕심은 본래 차이가 없고
毫釐分舜跖　　작은 차이로 순(舜)임금과 도척(盜跖)[11]으로 나뉘니
物我何足道　　남과 나를 어찌 나누어 말할까?
沽酒破懷惡　　술을 사 마시며 마음속 나쁜 것을 깨부수리.

祈雨祭文 龍華寺　　기우제문, 용화사에서

截彼維嶽　　저 높은 산을
南國之望　　남국의 사람들이 바라보고
邑於山下　　산아래 고을에서도
朝夕瞻仰　　아침저녁으로 쳐다보네.
官其失政　　관청에서 정사를 잃자
天乃不字　　하늘이 이에 사랑하지 않아
罰以久旱　　오랫동안 가뭄으로 벌을 내리셨네.
苗則枯矣　　싹은 마르고
歲將不熟　　곡식은 익지 않으니
民喪其天　　백성들은 하늘을 잃었네.[12]
父母在上　　부모님께서 당 위에 계신데
溝壑當前　　도랑[13]이 눈앞에 있네.

---

11) 순(舜)임금과 도척(盜跖) : '순임금'은 중국 고대 전설상의 훌륭한 황제를 이르고, '도척'은 춘추 시대 노(魯)나라 사람으로, 훌륭한 사람과 악인의 대표적인 인물이다.

12) 백성들은……잃었네 : 여기서 '하늘'은 '곡식'을 이르는데, 《사기(史記)》 〈역이기열전(酈食其列傳)〉에 "왕은 백성을 하늘로 여기고, 백성은 먹는 것을 하늘로 여긴다.〔王者以民人爲天 而民人以食爲天〕"라고 한 말에서 유래하였다.

13) 도랑 : 원문은 '溝壑'. 시체가 버려지는 도랑을 말하는 것으로, 《맹자》 〈등문공 하(滕文公下)〉에 "의지가 굳은 선비는 곤궁하여 자기 시체가 구학에 버려질 것을 잊지 않고, 용맹한 사람은 언제라도 자기 머리를 잃을 것을 잊지 않는다.〔志士不忘在溝壑 勇士不忘喪其元〕"라고 한데서 온 말이다.

辜實在躬　　잘못은 이 몸에 있는데
殃顧及民　　재앙은 백성들에게 미쳤으니
禱之何處　　어느 곳에 빌어야 하나?
所恃惟神　　믿을 것은 오직 신 밖에 없네.
戴焚霈降　　타는 듯한 땅에 비를 내리고
郭治河潤　　곽외(郭隗)[14]와 같은 다스림으로 하수는 윤택해졌지만
曷由人力　　어찌 사람의 힘으로 가능할까?
神明攸軫　　신명이 염려해주셔야 하니
誠愧古人　　참으로 옛사람들에게 부끄럽지만
憂民一般　　백성들 근심하는 것은 마찬가지라네.
歲饑民死　　기근으로 백성들 굶어 죽는다면
神亦何安　　신인들 어찌 편안할까?
哀此窮氓　　가난한 백성들을 불쌍히 여겨
匪靈誰憐　　신령이 아니면 누가 가련히 여길까?
出雲下霈　　구름을 일으키고 비를 내려
貺以有年　　풍년이 들게 하소서.

春懷金亮炫璟洛【號覺山 戊寅 重出】

봄에 양현 김경락을 회상하며
【호는 각산이다. 무인년. 거듭 나온다】[15]

永懷覺山子　　오랫동안 각산자(覺山子)을 그리워하니
定是何許人　　그대는 어떤 사람인가?
張籍憐多病　　장적(張籍)[16]처럼 가련하게 병이 많았고

14) 곽외(郭隗, ?~?) : 전국 시대 연(燕)나라 소왕(昭王)의 신하이다. 소왕이 현인을 초빙하여 부국강병을 꾀하려 하자, 곽외가 우선 자기부터 중용하면 어진 인재들이 몰려들 것이라고 권하였다. 이에 소왕이 곽외를 스승으로 삼으니, 위(魏)나라의 악의(樂毅), 제(齊)나라의 추연(鄒衍) 등 훌륭한 인재들이 모여들었다.

15) 거듭 나온다 : 바로 아래 제목만 다른 동일한 시가 실려 있다.

16) 장적(張籍, 767~830) : 중국 당나라의 시인으로 자는 문창(文昌)이며 강소성 소주(蘇州) 사람이다. 한유가 추천하여 장안 진사(長安進士)에 급제하였다. 국자

原思素舊貧　　원사(原思)[17]처럼 평소 가난하였네.
寒梅耐守雪　　찬 매화는 눈 속에서도 꿋꿋하고
孤鳥自鳴春　　외로운 새는 절로 봄을 노래하네.
安得盈樽酒　　어찌 가득 찬 술잔을 얻어
爲留席上珍　　석상진(席上珍)[18]을 머물게 할까?

懷金亮炫 璟洛【金君介士 一生貧病 惜哉】

양현 김경락을 회상하며【김개사가 평생 가난하고 병든 것이 애석하다】

永懷覺山子　　오랫동안 각산자(覺山子)을 그리워하니
定是何許人　　그대는 어떤 사람인가?
張籍憐多病　　장적(張籍)처럼 가련하게 병이 많았고
原思素舊貧　　원사(原思)처럼 평소 가난하였네.
寒梅耐守雪　　찬 매화[19]는 눈 속에서도 꿋꿋하고
孤鳥自鳴春　　외로운 새는 절로 봄을 노래하네.
安得盈樽酒　　어찌하면 가득 찬 술잔을 얻어
爲留席上珍　　석상진(席上珍)을 머물게 할까?

사업(國子司業) 등을 지냈고, 시에 능하여 악부시로 이름이 났다. 현전하는 시 418수 중 70~80수가 악부시이며 그 외의 시도 대부분 민간의 고통을 반영하는 내용을 담고 있다. 저서로 《장사업집(張司業集)》이 있다.

17) 원사(原思, ?~?) : 춘추 시대 노(魯)나라 원헌(原憲)의 자(字)로 공자의 제자이다. 집안이 매우 가난하여 토담집에 거적을 치고 깨진 독으로 구멍을 내서 문으로 삼았는데, 지붕이 새어 축축한 방에서도 바르게 앉아 금슬(琴瑟)을 연주하였다고 한다.

18) 석상진(席上珍) : 선비의 재덕(才德)을 뜻한다. 《예기(禮記)》 〈유행(儒行)〉에 "유자는 석상의 진귀한 보배처럼 자신의 덕을 갈고 닦으면서 임금이 불러 주기를 기다린다.〔儒有席上之珍以待聘〕"라는 구절이 있다.

19) 찬 매화 : 원문은 '寒梅'. 중국 북송의 유학자인 양시(楊時)가 지은 〈저궁관매기강후(渚宮觀梅寄康侯)〉시에 "남은 섣달 몰아내어 봄바람으로 바꾸려니, 찬 매화만이 있어 선봉이 되었어라. 듬성한 꽃잎으로 경솔히 눈과 다투지 말고, 맑고 고운 그 자태 밝은 달빛 속에 잘 감추기를〔欲驅殘臘變春風 只有寒梅作選鋒 莫把疏英輕鬬雪 好藏清艷月明中〕"이라고 하여, 어수선한 때를 비유하였다.

被酒過野【八月十一日】

술 마시고 들을 지나다【8월 11일】

被酒過前野	술 마시고 앞들 지나니
詩思自不勝	시상이 절로 일어나네.
柳岸午陰短	버들 언덕에는 한낮 그늘이 짧고
稻田秋氣蒸	논에는 가을 기운 찌는 듯하네.
海霞天半落	바다 안개는 공중에서 떨어지고
潭影樹千層	연못에는 나무 그림자 수없이 쌓였네.
相逢驅鳥老	새 쫓는 늙은이
指指較年登	작년보다 풍년이라 하네.

仲秋十五夜 懷池詞伯翼江友人

8월 15일 밤, 사백[20] 지익강 벗을 그리워하다

所懷非不切	간절히 그립지 않은 것은 아니지만
佳辰倍悠悠	중추가절(仲秋佳節)이 되니 배가 그립네.
明月三五夜	8월 15일 대보름날
清風八九秋	8월, 9월 가을에 밝은 바람 불어오네.
天南人有玉	하늘 남쪽에는 옥 같은 사람 있어
海北獨登樓	바다 북쪽에서 홀로 누각에 오르네.
邂逅如何日	언제나 그대와 만날는지
黃華晚節留	국화 피는 늦가을 붙잡고 싶네.

甲戌 四月 二十日 飮酒登山 暮行野中偶吟

갑술년〔1934〕 4월 20일, 술 마시고 산에 오르고 저물녘에 들을 가다가 우연이 읊다

幸賴盃酒力	다행히 술의 힘으로
登高偏南州	높은 산도 오르고 남도(南道)를 두루 다녔네.

20) 사백 : 시문(詩文)에 뛰어난 사람을 이른다.

山影暮相合	산 그림자는 저녁에 서로 만나고
溪流自不休	계곡물은 쉼 없이 흐르네.
村舂虛對夕	마을에는 방아찧을 곡식 없이 저녁을 대하고
野麥苦遲秋	들보리 늦게 익는 가을이 괴롭네.
能無溝壑者	그래도 굶어 죽는 사람 없고
懶煙繞汀洲	천천히 피어오르는 밥 짓는 연기만 강가를 감싸네.

仲秋夜懷李心齋	**가을 밤 이심재를 회상하며**
何處美人在	아름다운 사람 어디에 있는가?
捷遲鶴山陽	학명산(鶴鳴山) 남쪽에 살았지.
水田稻應熟	벼는 응당 익었을 테고
藥圃秋可嘗	악포(藥圃)는 가을이면 맛볼 수 있다네.
淸遊竹三逕	대나무 사이 세 오솔길[21] 노닐며
古調琴一張	옛 곡조 거문고를 타네.
幾盞忘家事	몇 잔의 술로 집안일 잊고
自頹北窓凉	취해 쓰러지니 북창이 시원하네.

霽林聽禽	**비 개인 숲에서 새소리를 듣다**
雨晴花寂寂	비 개자 꽃은 고요하니
政是聽禽時	새소리 듣기 좋은 때라네.
巧戛歐滁韻	예쁜 새소리는 저주(滁州) 구양수(歐陽脩)[22]의 시운이고
暗愁杜蜀詩	근심스러움은 촉(蜀) 땅 두보(杜甫)[23]의 시라네.

---

21) 세 오솔길 : 원문은 '三逕'. 은사(隱士)의 뜨락을 가리킨다. 서한(西漢) 말에 장후(蔣詡)가 은거한 뒤 집 안 뜨락에 '오솔길 세 개〔三逕〕'를 만들어 놓고는 오직 양중(羊仲)과 구중(求仲) 두 사람과 교유하며 두문불출했던 고사가 있다.

22) 저주(滁州) 구양수(歐陽脩, 1007~1072) : 북송의 구양수가 저주지사(滁州知事)로 있을 때, 저주가 강호를 끼고 있는 절경인 데다 정사(政事)가 한가로웠으므로 취옹정(醉翁亭)이라는 정자를 지어 놓고 백성과 함께 즐기며 〈취옹정기(醉翁亭記)〉를 지었던 것처럼 이 지역도 그와 비슷하다는 말이다.

23) 촉(蜀) 땅 두보(杜甫, 712~770) : 두보가 안녹산(安祿山)의 난리를 피하여 처음

人方來有意　　사람이 찾아오면 뜻이 있어
渠獨更移枝　　홀로 다시 가지를 옮겨 다니네.
淸音非不好　　맑은 새소리 아름답기는 하지만
弄舌誠畏之　　말 많은 것은 참으로 두렵네.

臘月 日 示鳳元叔姪【戊寅 立春前 十二日】

12월 ○일 봉원 숙질에게 보내다

【무인년(1938) 입춘전 12일】

夜雨滌群陰　　밤비는 많은 음기를 씻어내고
東園春意深　　동원의 봄은 깊어만 가네.
梅腮粧白玉　　매화꽃 뺨은 흰색 옥과 같고
柳眼潤黃金　　버들 싹은 황금빛이 빛나네.
天地將更歲　　천지에 해가 바뀌어가고
人生得會心　　인생살이 마음에 흡족하네.
汝能日新德　　너희들은 날마다 덕을 새롭게 하여
終見花滿林　　꽃가득 핀 숲 바라보네.

貞夫人達成徐氏孝烈碑

정부인 달성서씨 효열비

輿頌幾春秋　　백성들이 칭송한지 몇 년인가?
雷喧南北州　　칭송소리 남북고을에 우렛소리 같았네.
爲人當慕孔　　사람은 마땅히 공자를 사모할 것이고
有國必從周　　나라는 반드시 주나라의 예를 따르리.
借問箇中理　　그 속의 도리를 물으니
應非此外求　　응당 밖에서 구해서는 안 되네.
摩挲孝孔碣　　효열비를 어루만지니

에는 촉(蜀) 땅으로 들어가서 성도(成都)에 살면서 엄무(嚴武)의 참모로 있다가 대력(大曆) 초년에 엄무가 죽고 촉 땅이 혼란에 빠지자 강을 따라 내려와서 기주(夔州)의 동쪽 지역으로 옮겨 살았는데 이때부터 시가 더욱 노성해졌다 한다.

令我淚雙流　　나의 두 눈에 눈물 나게 하네.

月影臺【臺在昌原故孤雲先生杖屨之址也】

월영대[24)]

【월영대는 창원 최치원 선생이 머물던 곳이다】

昨日臺下去　　어제 월영대를 내려왔다가
今日臺上來　　오늘 월영대를 올랐네.
先生曾屨杖　　선생께서 노니신 곳
後輩走徘徊　　후배들이 이곳을 배회하네.
石面篆文碧　　비석의 전서(篆書)는 이끼에 푸르고
天心月影開　　천심이 월영대를 열었네.
臺古秋草沒　　월영대는 오래전 가을 풀에 묻혀
遊子不堪盃　　나그네들 이에 술 마시네.

華陽驛車中飮酒　　화양역 차 안에서 술 마시다

來到華陽驛　　화양역에 도착을 하니
四山夕照明　　사방 산들이 석양빛에 밝네.
榴花添野色　　석류꽃은 들빛을 더하고
木葉送秋聲　　낙엽은 가을 소리를 전해주네.
店婆喜慣面　　가게 노파의 익숙한 얼굴이 반갑지만
過客不知名　　나그네는 이름조차 모르네.
急喚車中飮　　급히 불러 차에서 술마시니
興酣向鐵城　　얼큰하게 취해 철성으로 향하네.

勸孫元讀書 得元字三十四韻

손자 원순에게 독서를 권하다. '원(元)'자 34운을 얻다

汝知書契否　　너는 글을 아느냐?

---

24) 월영대 : 경상남도 창원시 마산합포구 해운동에 있는 최치원이 제자를 가르치던 곳이다.

上自羲與轅	위로 복희씨(伏羲氏)[25]와 헌원씨(軒轅氏)[26]부터
堯舜傳心法	요임금과 순임금은 심법(心法)[27]을 전하고
周孔入道原	주공(周公)[28]과 공자(孔子)[29]는 도에 들어가는 근원이다.
先自小學始	우선 공부는 《소학》으로 시작하여야 하니
此人進學門	이것이 사람이 학문에 들어가는 문이다.
莊賾講禮易	《예기》와 《주역》의 도리를 익힐 수 있고
心性備孟論	《맹자》와 《논어》의 심성을 갖출 수 있으며
詩書治平述	《시경》과 《서경》은 치국평천하가 기술되었고
庸學道德温	《중용》과 《대학》으로 도덕을 익힐 수 있다.
春秋嚴義斷	《춘추》는 엄정한 의리로 판단하여
逆誅推王尊	반역자를 죽이고 왕도를 높여야 한다.

25) 복희씨(伏羲氏) : 고대 전설상의 임금으로, 삼황(三皇) 중 한 사람으로 처음으로 백성에게 어렵(漁獵) · 농경 · 목축 등을 가르치고 팔괘(八卦)와 문자를 만들었다고 한다.

26) 헌원씨(軒轅氏) : 중국 고대 임금인 황제(黃帝)의 별칭으로, 헌원의 언덕에서 태어났다 하여 이르는 말이다. 소전씨(少典氏)의 아들로 성은 공손(公孫)이며, 복희씨(伏羲氏) · 신농씨(神農氏)와 함께 삼황(三皇)이라 불린다. 문물 제도를 확립했고 12율(律)을 만들었다고 한다.

27) 심법(心法) : 《서경(書經)》 〈대우모(大虞謨)〉에 순 임금이 우왕(禹王)에게 선위하면서 "인심은 위태롭고 도심은 은미하니, 정밀하게 살피고 한결같이 하여야 중도를 잡을 수 있다.〔人心惟危 道心惟微 惟精惟一 允執厥中〕"라고 한 내용을 가리킨다.

28) 주공(周公, ?~?) : 이름은 단(旦)이다. 주왕조를 세운 문왕(文王)의 아들이며 무왕(武王)의 동생이다. 무왕과 무왕의 아들 성왕(成王)을 도와 주왕조의 기초를 확립하였다. 왕조를 세운 문왕(文王)의 아들이며 중국 주(周)나라의 정치가이다. 예악(禮樂)과 법도(法度)를 제정해 제도문물을 창시했다. 상족(商族)을 회유하기 위해 아들을 노(魯나라에 봉건(封建)하는 등 주왕실의 일족과 공신들을 요지에 배치해 다스리게 하는, 주초(周初)의 대봉건제(大封建制)를 실시해 수비를 공고히 했다.

29) 공자(孔子, BC 552~BC 479) : 중국 춘추 시대의 사상가이다. 이름은 구(丘)이고, 자는 중니(仲尼)이다. 노나라 사람으로 여러 나라를 두루 돌아다니면서 인(仁)을 정치와 윤리의 이상으로 하는 도덕주의를 설파하여 덕치 정치를 강조하였다. 만년에는 교육에 전념하여 3,000여 명의 제자를 길러내고, 《시경》과 《서경》 등의 중국 고전을 정리하였다. 제자들이 엮은 《논어》에 그의 언행과 사상이 잘 나타나 있다.

六經旣如此	육경(六經)[30]이 이와 같고
百家亦式繁	백가(百家)[31]도 법삼을 것이 많으니
勸爾勤讀誦	너는 부지런히 독서하거라.
聖人於我存	성인이 되는 것은 자신에게 달려 있다.
一日立一課	하루에 정해진 한 과목씩 공부하되
讀須三百番	반드시 300번은 읽어야 한다.
意義熟後得	익숙하여야 뜻을 알 수 있으니
不得不措爰	알지 못하면 조처할 수가 없다.
莫耻惡衣食	나쁜 옷과 음식을 부끄러워하지 마라.
飽暖是病源	배부르고 따뜻한 것이 병의 근원이다.
范公旨劃粥	범공[32]은 손가락으로 죽그릇 위에서 글씨 연습하였고
仲子衣弊縕	중자(仲子)는 낡은 솜옷을 입었다.
出戶愼步履	문을 드나들 때는 발걸음을 조심하여라.
異說滿路喧	이단의 학설들이 길에 넘쳐난다.
空釋外君父	공(空)을 설파하는 석가는 임금과 어버이를 도외시하고
誕莊搏鵬鯤	허황한 장자(莊子)는 붕(鵬)과 곤(鯤)[33]을 말하였다.
二氏皆近理	두 사람은 모두 이치에 가까워
豪傑亦失魂	호걸도 정신을 잃었으니

---

30) 육경(六經) : 《시경(詩經)》·《서경(書經)》·《예기(禮記)》·《악기(樂記)》·《역경(易經)》·《춘추(春秋)》의 6가지 경서를 이른다.

31) 백가(百家) : 학술 방면의 여러 유파(流派)를 이른다.

32) 범공 : 범중엄(范仲淹, 989~1052)를 이른다. 자는 희문(希文)이고, 시호 문정(文正)이다. 인종(仁宗)의 친정(親政)이 시작되자 부름을 받아 중앙에서 간관(諫官)이 되었다. 그러나 그 무렵 곽황후(郭皇后)의 폐립문제를 놓고 찬성파인 재상 여이간(呂夷簡)과 대립했기 때문에 다시 지방으로 쫓겨났다. 그 뒤로 구양수(歐陽修)·한기(韓琦) 등과 함께 여이간 일파를 비난하였으며, 자기들 스스로 군자의 붕당(朋黨)이라고 자칭하여 경력당의(慶曆黨議)를 불러일으켰다.

33) 붕(鵬)과 곤(鯤) : 《장자(莊子)》 소요유(逍遙遊)에, "북쪽 바다에 고기가 있는데, 그 이름을 곤(鯤)이라고 한다. 곤의 크기는 몇천 리나 되는지 알 수가 없다. 이것이 변하여 새가 되면 붕(鵬)이 된다. 붕의 등도 길이가 몇천 리나 되는지 알 수가 없다."라고 하였다.

矧此衆人輩	더구나 뭇 사람들은 어떠하겠느냐?
能辯相與渾	혼란함을 잘 분별해야 한다.
病俗如疫染	병든 풍속은 전염병처럼 여겨야 한다.
漸人似浪噴	점점 사람들이 물을 뿜는 듯하다.
勸爾敦忠孝	너는 충효를 돈독히 하여
戰兢懲彼昏	전전긍긍하며 혼미함을 징계해야 한다.
人其人是厚	인기인(人其人)[34]하기를 두터이 하고
愼勿招苙豚	돼지를 우리로 불러 들이지 마라.[35]
聖訓具在策	성인의 가르침은 모두 책에 실려 있으니
差日來汝孫	아, 앞으로 너 손자는
齊家與治國	집안을 가지런히 하고 나라를 다스리는 것은
在此勤繹繙	부지런히 공부하는데 달려 있다.
寒者以爲帛	추운 사람은 비단옷을 입고
飢者皆得飧	주린 사람은 모두 밥을 먹을 수 있다.
處能孝其父	집에서는 아버지에게 효도하고
出則忠于先	나와서는 선배들에게 충직하여라.
信友別男女	친구에게 믿음이 있고 남녀를 구별하며
敬長友弟昆	어른을 공경하고 형제들에게 우애하거거라.

34) 인기인(人其人) : 그 사람을 일반인으로 만든다는 뜻인데, 그 사람은 불교나 노장(老莊)을 숭상하는 승려와 도사(道士)를 말한다. 한유(韓愈)가 〈원도(原道)〉의 마지막 대목에서 이단의 폐단을 지적하면서 "이단을 막지 않으면 우리의 도가 유행하지 않으며 이단을 저지하지 않으면 우리의 도가 행해지지 않으니, 그 사람들을 일반인으로 만들고 그들의 책을 불태우고 그들이 거처하는 곳을 집으로 만들고서 선왕의 도를 밝혀 그것으로 그들을 인도하면 홀아비, 과부, 고아, 독신자, 병자들이 봉양을 받게 될 것이다. 이렇게 되면 또한 거의 괜찮아질 것이다."라고 하였다.

35) 돼지를……마라 : 양주(楊朱)와 묵적(墨翟) 같은 이단의 사상을 준열하게 비판하였음을 말한다. 《맹자(孟子)》〈진심(盡心) 하(下)〉에, 맹자가 "지금에 있어 양주(楊朱) 묵적(墨翟)과 더불어 변론하는 자는 도망간 돼지를 쫓아 이미 우리에 들어왔는데도 발목을 걸어두는 것과 같다.〔今之與楊墨辯者 如追放豚 旣入其苙 又從而招之〕"라고 구절이 있다.

卓彼乎往哲	우뚝한 지난날의 철인들에게
恁地定脚根	땅에 뿌리를 굳건히 내려야 한다.
得駿須冀野	기야(冀野)[36]에서 준마를 얻고
要玉必崑崙	곤륜산에서 옥을 얻어야 한다.
勤爾當勉勵	너는 부지런히 힘쓰거라.
歲月隙駟奔	세월은 너무 빠르니
戒物索梨栗	배와 밤을 찾는 것을 경계하거라.[37]
將恐誤銀根	은(銀)과 근(根)도 모를까 걱정이다.[38]
司馬用警枕	사마(司馬)는 경침(警枕)을 사용하였고[39]
董子不窺園	동자(董子)는 정원으로 고개도 돌리지 않았다.[40]
減油非愛子	기름을 아끼는 것은 자식을 아끼는 것이 아니다.
其奈面牆垣	어찌 담장을 마주한듯 지낼까?[41]

36) 기야(冀野) : 한유(韓愈)의 〈송온처사부하양군서(送溫處士赴河陽軍序)〉에, "백락(伯樂)이 한번 기북(冀北)의 들을 지나가면, 무리진 말들이 마침내 텅비게 된다." 라는 내용이 있는데, 인하여 기야(冀野) 또는 기북(冀北)은 '인재가 모여있는 곳'을 가리키는 말이 되었다.

37) 배와……경계하거라 : 중국 진(晉)나라 도연명(陶淵明)의 〈책자(責子)〉 시에, "비록 다섯 아들이 있긴 하나, 모두가 문학을 좋아하지 않아서, 큰아들 서는 열여섯 살이 되었으나, 본디 게으르기 짝이 없고,……통이란 놈은 아홉 살이 돼가지만, 배와 밤만 찾는구나. 천운이 진실로 이와 같거니, 또한 술잔이나 기울여야지.〔雖有五男兒 總不好紙筆 阿舒已二八 懶惰故無匹……通子垂九齡 但覓梨與栗 天運苟如此 且進杯中物〕"라는 구절이 있다.

38) 은(銀)과……걱정이다 : 금근거(金根車)를 금은거(金銀車)로 고친 당(唐)나라 문장 한유(韓愈)의 아들이 이런 실수를 저질러 세인의 비웃음을 받은 일이 있었다.

39) 사마(司馬)는……사용하였고 : 나무를 공처럼 둥글게 깎아 만든 베개를 말한다. 약간 잠이 들기만 하면 그 목침이 머리에서 빠져나가 바로 깨도록 한 것이다. 사마광(司馬光)이 이 경침을 사용하면서 독서하였다고 한다.

40) 동자(董子)는……않았다 : 동생(董生)은 동중서(董仲舒)이다. 동중서가 장막을 내리고 외인과 떨어져 글만 읽었으므로 동중서를 하유노인(下帷老人)이라고도 한다. 《환혼기(還魂記)》 〈숙원(肅苑)〉에 "하유노인이 동산도 구경하지 못했다.〔下帷老子不窺園〕"라는 구절이 있다.

41) 어찌……지낼까 : 이치를 몰라 담장을 마주하고 선 것처럼 앞이 캄캄한 것을 가리킨다. 《논어(論語)》 〈양화(陽貨)〉에, 공자가 아들 백어(伯魚)에게 "너는 《시경》의

油盡更隨月　　기름이 다하면 다시 달빛을 좇고
夜短以繼暾　　밤이 짧으면 낮에도 공부하거라.
毋忝爾所出　　너의 조상을 더럽히지 말고
報答師父恩　　스승과 아버지의 은혜에 보답하거라.
細說爲汝出　　상세하게 너에게 말하니
我非說欲煩　　내 말을 번거롭다 여기지 말거라.
書意不在遠　　글 뜻이 멀리 있지 않고
人家日用言　　사람들이 일상 하는 말에 있다.

酒後漫筆五古三十韻【雖是自傷之辭 亦不能無怨慕之意也】

술 마시고 자유롭게 오언고시 30운을 쓰다.【비록 자신을 상심하는 말이기는 하지만 이 또한 원망하고 사모하는 뜻이 없지는 않다】

我屋西溪西　　나의 집은 서계의 서쪽에 있는데
種得半籬菊　　울타리 반에 국화를 심었고
粲粲衣正色　　단정하고 산뜻한 옷에
鮮鮮帶初旭　　밝고 고운 띠를 매었네.
香房向日傾　　향방(香房)은 해를 향해 기울었고
老枝如躬鞠　　늙은 가지 몸을 굽힌 듯하네.
開花金作溝　　도랑에는 활짝 핀 금꽃
結蓓玉蘊櫝　　맺힌 꽃망울은 옥을 상자에 보관한 듯 하네.
窮人趣味香　　궁한 사람의 향기를 좋아하고
老圃秋客淑　　오랜 농원 가을 나그네는 맑기만 하네.
對酒花作伴　　꽃과 짝이 되어 술 마시고
灌花酒仍縮　　꽃에 물을 주니 술은 줄기만 하네.
寒英落井中　　차가운 꽃 우물에 떨어져
飮之如甘谷　　마시니 단 계곡물과 같네.

〈주남(周南)〉과 〈소남(召南)〉을 배웠느냐? 사람으로서 〈주남〉과 〈소남〉을 배우지 않으면 바로 담장을 마주하고 선 것과 같다."라고 한 구절이 있다.

撫去怡心靈	만져보면 심령(心靈)이 기쁘고
搴來爲佩服	뽑아서 몸에 차네.
履霜堅氷至	서리를 밟으니 곧 얼음이 얼겠고[42]
緣何開不夙	무슨 이유로 일찍 피지 않았나?
不是霜下杰	이는 서리 아래 걸물[43]이 아닌가?
恥與花中族	꽃들이 부끄러워하네.
衆芳共爭春	향기로운 꽃들과 봄을 다투고
晩節自謙牧	늦가을 절로 모란에게 겸손하네.
羞看歲寒操	세한(歲寒)의 지조 보기에 부끄럽고
白首汗如沐	백발에 흐르는 땀은 목욕이라도 한듯하네.
天寒風日暮	추운 날씨 바람에 날은 저물어 가고
採採特贈孰	캐서 누구에게 전해줄까?
放籠坐長歎	바구니에 담아 두고 한참을 앉아있으니
怨慕非草木	원망과 사모는 초목 때문이 아니네.
悠悠所懷長	아득한 회포는 길어만 가고
千戴如在目	천년 세월이 눈앞에 있는 듯하네.
指佞非靈草	지녕초(指佞草)[44]는 신령한 풀이 아니고
堯德自巍郁	요(堯)임금의 덕은 절로 우뚝하네.
高宗調梅羹	고종은 매갱(梅羹)[45]을 조미하였고

42) 서리를……얼겠고 : 원문은 '履霜堅氷至'. 서리가 내리면 차가운 얼음이 이른다는 뜻으로, 일의 조짐을 보고 미리 그 화(禍)를 경계하라는 말이다. 《주역(周易)》의 곤괘(坤卦)에, "서리를 밟으면 단단한 얼음이 이를 것이다〔履霜堅氷至〕"라는 구절이 있다.

43) 서리……걸물 : 원문은 '霜下杰'. 국화꽃을 가리킨다. 도연명(陶淵明)의 시에, "향기로운 국화는 숲 사이에 활짝 피고, 푸른 소나무는 바위 위에 줄지었네. 소나무는 곧은 절조 가슴에 품고, 국화는 서리 아래 걸물이 되었도다.〔芳菊開林耀 靑松冠巖列 懷此貞秀姿 卓爲霜下杰〕"라는 표현이 있다.

44) 지녕초(指佞草) : 제요(帝堯)의 뜰에 난 풀이름으로, 아첨하는 사람이 들어오면 꼭 그를 가리켜 주었다 하여 이름을 지녕초라 했다 한다.

45) 고종은 매갱(梅羹) : '매갱(梅羹)'은 은(殷)나라 고종(高宗)이 부열(傅說)을 정승으로 임명하고 "만약 국을 끓인다면, 그대가 소금과 매실이 되어라.〔若作和羹 爾

說來自傅築　부열(傅說)은 성 쌓던 곳에서 임명되었네.[46]
成王能反風　성왕(成王)은 바람을 거꾸로 불게 하였고[47]
偃禾秋乃熟　쓰러진 벼는 가을이면 익네.
王春病博施　봄도 널리 다 보살피지 못하였고
亳都始桑穀　박도에서 뽕나무와 닥나무가 피기 시작하였네.[48]
蟠桃豈壽民　반도(蟠桃)는 어찌 백성을 장수하게 할까?[49]
盛德愧周穆　훌륭한 덕은 주목왕(周穆王)[50]에 부끄럽네.
李唐貢牧丹　이당(李唐)은 모란을 바쳤고[51]

惟鹽梅〕"라고 한데서 온 말로, 곧 정승을 의미한다. 《서경(書經)》 〈열명 하(說命下)〉에 나온다.

46) 부열(傅說)은……임명되었네 : 은(殷)나라 고종(高宗)은 꿈에 성인(聖人)을 얻고 그 형상을 그려서 닮은 사람을 구하다가 부암(傅巖)에서 길을 수축(修築)하고 있던 열(說), 즉 부열을 얻어 재상(宰相)으로 삼았고 그의 간언을 들어 은나라를 부흥시킨 일이 있다.

47) 성왕(成王)은……하였고 : 《서경(書經)》 〈금등(金縢)〉에, 무왕(武王)이 죽고 성왕(成王)이 즉위했을 때 무왕의 동생인 관숙(管叔)과 그의 여러 아우들이 유언비어를 퍼뜨려 주공(周公)이 장차 어린 성왕에게 불리한 행동을 할 것이라고 하였는데, 성왕 역시 의심하자 주공이 동쪽 교외에 나가 지냈다. 그 후 2년 만에 유언비어를 퍼뜨린 범인을 잡았으나 주공은 아직 동쪽에 있었다. 그해에 풍년이 들었다가 아직 수확하기 전에 우레가 치고 바람이 불어 벼가 모두 쓰러지고 큰 나무까지 뽑혀 나갔다. 그때서야 성왕이 금등을 열고 주공이 예전에 무왕이 아플 때 대신 죽겠노라고 맹세한 글을 보고서 주공의 원래 뜻을 알아 친히 교외에 나가 주공을 맞아들이니, 비가 오고 바람이 거꾸로 불어〔反風〕 쓰러졌던 벼들이 다시 일어나 큰 풍년이 들었다.

48) 박도에서……시작하였네 : 중종은 7대 임금 태무(太戊)로, 도성인 박(亳)에 요괴스러운 일이 있어, 야생(野生)하는 뽕나무와 닥나무〔桑穀〕가 궁궐 안에 함께 나서 하루 만에 한 아름이 되게 자랐음. 이에 두려워하며 덕(德)을 닦았더니 그 나무가 말라 죽어서 간 곳이 없었다. 고종은 20대 무정(武丁)으로, 탕(湯)임금을 제사지낸 다음 날에 꿩이 솥귀〔鼎耳〕에 올라서서 우는 재변이 있으므로, 이에 두려워하며 정사를 닦고 덕을 행하였다.

49) 반도(蟠桃)는……할까 : 《박물지(博物志)》에, 한 무제(漢武帝)가, 서왕모(西王母)가 준 복숭아를 먹고는 그 씨를 심으려고 하자, 서왕모가 웃으면서 "그 복숭아는 삼천 년에 한 번 열매를 맺는다.〔此桃三千年一生實〕"고 말했다는 전설이 있다.

50) 주목왕(周穆王) : 주(周)나라 제5대의 임금으로, 이름은 만(滿)이다.

51) 이당(李唐)은……바쳤고 : 이당(李唐)은 이씨(李氏) 왕실인 당나라의 이칭이다. 주

宮中遊野鹿	궁중에는 사슴들이 노닐었네.
咽李惡能廉	오얏을 먹는다고 어찌 청렴할까?[52]
食松假辟穀	솔잎을 먹으며 벽곡(辟穀)[53]을 하네.
衆石佩蘭屈	돌무더기엔 굴원(屈原)이 차던 난초가 피었고[54]
疇能懷橘陸	누가 귤 품은 육랑(陸郞)[55]이 될까?
晦翁感靈芝	회옹(晦翁)은 영지(靈芝)에 감동하여
篔簹詩三復	운당(篔簹)의 시를 여러 번 지었네.[56]
周氏讀愛蓮	주돈이(周敦頤)의 애련설(愛蓮說)[57]을 읽지만

돈이의 〈애련설(愛蓮說)〉에 "진(晉)나라 도연명(陶淵明)은 유독 국화를 좋아했고 당나라 이래로 세상 사람들은 모란을 몹시 좋아했다."라고 하였다.

52) 오얏을……청렴할까 : 《맹자》 〈등문공 하(滕文公下)〉에 "굼벵이가 반이나 파먹은 오얏이 우물가에 있는 것을 보고는 기어가서 세 차례 베어 먹고 나서야 기운을 차렸다.〔井上有李 螬食實者過半矣 匍匐往將食之 三咽然後耳有聞目有見〕"라고 하였다. 이에 맹자(孟子)가 "중자가 어찌 청렴한 사람이겠는가? 중자의 절조를 그대로 채우려면 지렁이가 된 뒤에라야 가할 것이다.〔仲子惡能廉 充仲子之操 則蚓而後可者也〕"라고 하였다.

53) 벽곡(辟穀) : 도가(道家)의 수련술(修鍊術)의 한 가지로, 오곡을 먹지 않고 오직 약물만 복용하는 것을 말한다.

54) 굴원(屈原)이……피었고 : 굴원(屈原)은 전국 시대 초(楚)나라의 충신으로, 그가 지은 《이소경(離騷經)》에, "향초(香草)인 강리와 벽지 몸에 두르고, 가을 난초 엮어 허리에 찼다오.〔扈江離與辟芷兮 紉秋蘭以爲佩〕"라는 구절이 있다.

55) 귤……육랑(陸郞) : 《삼국지(三國志)》 〈오서(吳書) 육적전(陸績傳)〉에, 삼국(三國) 시대 오(吳)나라의 효자(孝子) 육적(陸績)이 나이 6세 되던 해에 한 번 원술(袁術)을 찾아가 알현했는데, 이때 원술이 귤을 대접하자, 육적이 귤 세 개를 몰래 품속에 넣어두었다가, 떠나려고 절을 할 때에 그 귤이 땅에 떨어지므로, 원술이 "육랑은 남의 집에 손님이 되어 몰래 귤을 품속에 감추었단 말인가.〔陸郞作賓客而懷橘乎〕"라는 구절이 있다.

56) 운당(篔簹)의……지었네 : 《주자대전(朱子大全)》 〈수차(隨箚)〉에, 주희가 젊어서 운당포(篔簹鋪)를 지나다가 벽에 쓰인 "빛나는 영지(靈芝)는 한 해에도 세 번이나 피는데 나는 어이 뜻을 이루지 못하는가."라는 글을 읽고 슬퍼했다는 말이 있다.

57) 주돈이(周敦頤)의 애련설(愛蓮說) : '주돈이' 는 자가 무숙(茂叔)이고, 호는 염계(濂溪)이다. 본래 이름은 돈실(敦實)이었으나 송나라 영종(英宗)의 초명인 종실(宗實)과 같은 글자를 피하기 위해 돈이(敦頤)로 이름을 바꾸었다. 주자(周子)라고도 부르는데, 성리학을 집대성한 주희(朱熹)를 가리키는 주자(朱子)와 혼동되므

不可以褻瀆	국화를 더럽힐 수 없네.
知竹椎夫子	죽순맛을 아니
三月不御肉	석 달 동안 고기맛도 모르겠네.
麥秀何蔪蔪	보리이삭 무성한데[58]
父師不堪哭	아버지와 스승은 통곡을 견딜 수 없네.
薇蕨幾回春	고사리로 몇 번의 봄이 돌아왔건만
千古餓夷叔	천고에 백이(伯夷)와 숙제(叔弟)[59]를 굶주리게 하네.
靖節曾已歿	정절(靖節)[60]은 이미 죽었지만
黃華謾自馥	국화는 부질없이 절로 향기롭네.
露乾春秋筆	이슬처럼 말라버린 봄가을 붓과 같으니
誰傷晉社屋	누가 망한 진(晉)나라 사옥(社屋)처럼 상심할까?[61]

燈【二首】	**등불【2수】**
耿明不負我心初	밝은 불빛은 처음의 내 마음 저버리지 않고

로 일반적으로 널리 사용되지는 않는다. 〈애련설(愛蓮說)〉은, 연(蓮)을 좋아하는 작가의 고아한 인품이 드러나 있는 글이다. 국화로 은일(隱逸)을, 연꽃으로 군자를, 모란으로 부귀를 특징지으면서 자신은 연꽃을 사랑한다고 하였다. 군자를 사랑하기 때문에 그 특성을 지니고 있는 연꽃을 사랑한다는 내용이다.

58) 보리이삭 무성한데 : 이 내용은 은(殷)나라가 주(周)나라에 멸망 당한 뒤에 기자(箕子)가 은나라의 옛 궁궐터를 지나다가 지은 〈맥수가(麥秀歌)〉의 "보리가 패어 우북하고 벼와 기장이 무성하구나.〔麥秀蔪蔪兮 禾黍油油〕"라는 구절이 있다.

59) 백이(伯夷)와 숙제(叔弟) : 두 사람은 은(殷)나라 고죽군(孤竹君)의 아들인데, 주 무왕(周武王)이 은나라를 정벌하려 하자, 백이와 숙제가 간하였으나 듣지 않아서, 의리상 주나라 곡식을 먹을 수 없다며 수양산(首陽山)에 들어가 고사리를 캐 먹다가 굶어서 죽었다.

60) 정절(靖節) : 중국 진(晉)나라 시인 도잠(陶潛, 365~427)의 시호이다.

61) 누가……상심할까 : 도잠(陶潛)이 살았던 망한 진(晉)나라를 빗대어 이른 말이다. 《예기(禮記)》〈교특생(郊特牲)〉에 "사(社)는 토지신을 제사하는 것이어서 음기(陰氣)를 주관하는 것이다.……천자의 대사(大社)에 반드시 서리·이슬·바람·비를 직접 맞게 하여 하늘과 땅의 기운이 서로 통하게 한다. 따라서 망국(亡國)의 사에는 지붕을 만들어 하늘의 양기(陽氣)를 받지 않게 한다.〔社 祭土而主陰氣也……天子大社 必受霜露風雨 以達天地之氣也 是故喪國之社屋之 不受天陽也〕"라는 구절이 있다.

又漏放光古壁虛　새어나오는 빛에 오래된 벽은 텅 비었네.
壁間穿照吾非惜　벽 사이를 뚫고 비치는 불빛 아깝지 않지만
只恨無人更讀書　다만 독서하는 사람 없는 것이 한스럽네.

又　**또 짓다**
滿天風雨今何世　하늘 가득 비바람 내리치니 지금이 어느 때인가?
獨有書窓一點靑　홀로 서창 가에 푸른 등불 하나 있네.
時人倘識燈前路　당시 사람들 등불 앞 가까운 길을 알아
自謂尋眞誤人暝　자신은 진리를 탐구한다지만 남을 그르치네.

雨後賞石榴花　**비온 뒤 석류꽃을 감상하다**
吾家園裏榴花發　우리 집 동산에 석류꽃 피어
愛欲題詩口自哦　사랑스러워 시 짓고 절로 읊조리고 싶네.
朝來樹下紅滿地　아침에 나무 아래 왔더니 온 땅 가득 붉으니
知是淸江夜雨過　청강에 밤새 비 지난 줄 알겠네.

讀性齋許先生集士儀節要
《성재[62] 허선생집》의 〈사의절요〉를 읽고
紫陽家禮後千年　자양가례(紫陽家禮)[63] 이후 천년이 지나

62) 성재 : 허전(許傳, 1797~1886)의 호이다. 자는 이로(以老)이다. 1835년(헌종 1) 39세의 나이로 별시문과에 병과로 급제하였다. 1850년〔철종 1〕 교리 · 경연시독관(經筵侍讀官) · 춘추관기사관 등을 역임하면서 경연에 참가해 국왕에게 유교경전을 해설하였다. 1855년 당상관에 오르면서 벼슬이 우부승지와 병조참의에 이르렀다. 이익(李瀷) · 안정복(安鼎福) · 황덕길을 이은 기호(畿湖)의 남인학자로서 당대 유림의 종장(宗匠)이 되어, 영남 퇴계학파를 계승한 유치명(柳致明)과 쌍벽을 이루었다. 그는 경의(經義)와 관련해 항상 실심(實心) · 실정(實政)을 강조했을 뿐만 아니라, 현실에 바탕한 구체적인 개혁안도 제시하였다. 저서로는 《성재집(性齋集)》과 선비의 생활의식을 집대성한 《사의(士儀)》 등이 있다.

63) 자양가례(紫陽家禮) : '자양'은 송나라 주희(朱熹)의 별호로, 본래 주희의 아버지 주송(朱松)이 자양산에서 독서하였는데, 후에 주희가 청사(廳事) 이름을 자양서실(紫陽書室)이라고 하여 잊지 않는 뜻을 나타냈으므로 후인들이 주자의 별호로

折衷群言述此篇　뭇 선비의 말을 절충하여 이 편을 지었네.
吾生未得親酬受　나는 친히 수업을 받지 못해
盡日看書意悵然　온종일 책을 보아도 서운하기만 하네.

又　또 짓다

禮儀猶是三千餘　예의는 오히려 삼 천 가지인데
何必世間萬卷書　어찌 반드시 세상에 만권의 책이 필요할까?
死去生來迷路界　미로 같은 세상을 살고 죽으면서도
無人不作指南車　지남거(指南車)[64] 만드는 사람도 없었네.

送族君世濟之咸陽十二絕

함양으로 가는 친척 세제를 전송하며 12절구를 짓다

送君今日幾時回　오늘 그대를 전송하니 언제 돌아올까
莫待庭前秋菊開　뜰 앞 가을 국화 필 때까지 기다리게 하지 말게.
此去渭陽三百里　이곳은 위양(渭陽)[65]과의 거리가 300리이니
青山流水好看來　청산유수를 잘 보고 오게.

鐵城　철성[66]

大野茫茫天欲低　큰 들 아득하여 하늘도 낮은 듯한데
千年停疏此城堤　이 성은 천년동안 멈춘 듯하네.
臨岐莫道迷方向　갈림길에 임하여 갈 길이 미혹되다 말하지 마라.
西小門西路轉西　서소문 서쪽 길을 돌아 서쪽으로 간다네.

삼았다. '가례'는 주자가 지은 《주자가례》를 이른다.

64) 지남거(指南車) : 오늘날 언제나 남쪽을 가리키는 나침반과 같은 수레로, 중국 황제(黃帝)가 치우(蚩尤)와 싸울 때 치우가 피운 짙은 안개로 병사들이 방향을 잃자 황제가 방향을 지시하기 위해 만들었다고 한다.

65) 위양(渭陽) : 중국 위양(渭陽)이 진(秦)나라의 수도인 함양(咸陽)과의 거리가 300리로, 우리나라의 함양을 비유하여 이르는 말이다.

66) 철성 : 경상남도 남부에 있는 고성(固城)의 옛 이름이다.

桃村李先生碑	**도촌 이 선생[67] 비석**
讀碑怳若對先生	비석을 읽으니 마치 선생을 마주하는 듯하고
百世遺風山水淸	백세의 유풍에 산수도 맑아지네.
長夜昏衢誰秉燭	긴 밤 어두운 거리를 비추는 촛불 누가 잡을까?
凄凄風雨待鷄明	쌀쌀한 비바람에 닭 우는 새벽을 기다리네.

天王山	**천왕산[68]**
嵋山在此難爲山	아미산(峨眉山)도 이곳에 있다면 산이라 하기 어렵고
自下看之天可攀	아래에서 쳐다보면 하늘까지도 오를 듯하네.
峰頭螺殼今如昔	산꼭대기 조개껍질은 옛날과 같다면
易地鴻濛海一灣	홍몽(鴻濛)[69]한 시절 바다 한 굽이 땅이 된 곳이라네.

泗川【時郡守兪相範有治積】

	사천【군수 유상범의 치적이 있는 곳이다】
到行泗上若迷津	사천에 도착하니 마치 길을 헤매는 듯하여
借問當時鼓瑟人	당시 화합했던 사람들에게 물었네.
在昔曾聞武城宰	예전 무성(武城)의 수령[70]에 관해 들은 적 있는데
至今太守更尋眞	지금의 군수도 진리를 찾았네.

---

67) 도촌 이 선생 : '도촌'은 이교(李嶠, ?~1361)의 호이다. 본관은 고성(固城)이고, 자는 모지(慕之)이다. 판밀직사사감찰대부(判密直司事監察大夫) 이존비(李尊庇)의 손자이다. 원나라의 금부(金符)를 받고 만부장(萬府將)이 된 판삼사사(判三司事) 박지량(朴之亮)의 외손이고, 철원군 이우(鐵原君 李瑀)의 아들이며, 충혜왕의 배향공신인 정당문학 이조년(李兆年)의 사위이다.

68) 천왕산 : 경상남도 고성군에 있는 산으로 높이가 581.4m이다. 우리나라 지리산에서 동쪽으로 이어지는 낙남정맥(洛南正脈)의 줄기에 있는 산으로 경남 고성군 대가면 양화리와 갈천리 경계를 이루는 산이다. 무량산(武良山)이라고도 부른다.

69) 홍몽(鴻濛) : 하늘과 땅이 아직 나뉘지 않은 혼돈의 상태를 이른다.

70) 무성(武城)의 수령 : 무성(武城)의 수령(守令)을 지낸 공자의 제자 자유(子游)를 이른다.

菁川【古壬辰戰場】 **청천[71]【옛 임진년 전쟁터이다】**

菁川何處葬頑酋 청천 어느 곳에 왜놈의 장수 장례 치렀나?
客子停鞭問古州 나그네 채찍 멈추고 옛 고을 묻네.
尙有白頭耕野老 아직도 백발의 밭가는 노인 있어
逢人解說壬辰秋 만나는 사람에게 임진년 일을 설명하네.

矗石樓【此篇當在泗川詩下】

촉석루【이 편은 마땅히 '사천시' 아래에 있어야 한다】[72]

西風人倚晉陽樓 서경(西京)의 풍류객 진양루[73]에 기대고
山水東南第一州 산수는 동남에서 제일 으뜸 고을이라네.
壯士佳人懷古地 장사와 가인들 옛일을 회상하여
年年秋草滿汀洲 해마다 가을 풀 물가에 가득하네.

赤壁江 **적벽강[74]**

行人且莫暫徘徊 길가는 사람들 잠시도 배회하지 말게.
赤壁江頭路轉回 적벽강 머리 길을 돌아가네.
猶有東山秋月在 동산의 가을 달 밝은데
蘇翁一去不重來 소옹(蘇翁)[75]이 한번 떠나 다시 오지 않네.

盤松亭 **반송정**

盤松亭上去登臨 반송정 위에 오르니
千繞百回意轉深 수없이 구불구불하니 뜻도 더욱 깊네.

---

71) 청천 : 경상남도 진주(晉州)의 옛 이름이다.
72) 이 편은……한다 : 문집에 사천시(泗川詩)가 남아 있지 않아 그 아래 두지 못하였다.
73) 진양루 : 촉석루의 다른 이름이다.
74) 적벽강 : 전라북도 부안군 변산면 격포리에 있는 경승지이다.
75) 소옹 : 소식(蘇軾, 1037~1101)을 가리킨다. 그가 황주에 유배되었을 때 적벽(赤壁)에서 두 차례 뱃놀이를 하고 그 감회를 전후 두 편의 〈적벽부(赤壁賦)〉로 읊었다.

板蕩人猶難保節　혼란한 시대[76] 사람들은 절개를 보존하게 어려운데
青靑不改歲寒心　푸른 세한(歲寒)[77]의 마음 변치 않네.

山淸郡　**산청군**[78]

淸江一曲抱城流　청강 한 굽이는 성을 감싸 흐르고
萬樹參差畵角秋　많은 나무들 들쭉날쭉 그림 같은 가을이라네.
地沃物豐民樂業　땅은 비옥하고 농사는 풍요로워 백성들은 즐겁고
伽倻山下數雄州　가야산 아래 여러 웅주(雄州)[79]라네.

徐氏江亭　**서씨의 강가 정자**

一帶寒流奇絕處　한줄기 찬 물줄기 아름다운 곳에
小樓浮在水聲中　작은 누각 물소리 속에 떠 있네.
垂釣倚欄三四者　낚싯대 드리우고 난간 기댄 서너 사람
不知誰是主人翁　누가 주인영감인지 모르겠네.

雜絕【有所思】　**잡시(雜詩)【생각나는 것이 있어서 짓다】**

狂風吹隙欲滅燭　틈으로 광풍이 불어와 촛불이 꺼질 듯하니
何用猛將與干城　용맹한 장수와 간성(干城)[80]은 어디에 쓸까?
分付兒童深閉戶　아이에게 집에서 조용하라 타이르자 분부하니
自然風定燭還明　자연히 바람이 안정되어 촛불이 다시 밝아졌네.

---

76) 혼란한 시대 : 원문은 '板蕩'. 나라가 위태롭고 사회가 혼란함을 뜻하는 말이다. 본디 주 여왕(周厲王)이 무도하여 나라가 무너지고 사회가 동란(動亂)을 겪은 일을 읊은 《시경(詩經)》의 작품명 〈판(板)〉과 〈탕(蕩)〉에서 유래하였다.

77) 세한(歲寒) : 곤궁한 처지에서도 지조를 잃지 않은 것을 푸른 솔잎에 비유하여 이르는 말이다. 《논어》 〈자한(子罕)〉에 공자가 "날씨가 추워진 뒤에야 소나무와 잣나무가 늦게 시듦을 안다.〔歲寒然後 知松栢之後彫也〕"라는 구절에서 유래한다.

78) 산청군 : 경상남도 서부에 있는 군의 이름이다.

79) 웅주(雄州) : 땅 · 물품 · 사람이 많으며 중요한 곳에 자리하고 있는 고을을 이른다.

80) 간성(干城) : 나라를 보위하는 일이나 그러한 사람을 비유하여 이르는 말이다.

與友會飮　　　　친구와 모여 술 마시다

四月山陽麥正黃　4월 남쪽엔 보리가 누렇게 익고
淸江過雨動微凉　청강에 비 내리니 서늘한 기운 일어나네.
願君無比崎嶇步　원컨대 그대는 험한 산길을 걷지 말게.
月黑露深山路長　달 지고 이슬 짙은 산길이 멀기만 하니.

早春寄沙月齋諸益 이른 봄 사월재 여러 벗에게 부치다

獨行小橋來　　홀로 작은 다리 건너오니
殘雪沒苔蹊　　잔설에 이끼 덮인 오솔길 묻혔네.
何處天心動　　어디서 하늘의 마음 움직인 것일까?
溪邊已放梅　　시냇가에는 벌써 매화가 피었네.

咸陽　　　　　함양[81)]

山南水北日咸陽　산의 남쪽과 물의 북쪽에 자리한 함양은
淑氣千年擅一方　맑은 기운으로 천년동안 한 지역을 차지했네.
智異山光靑入眼　지리산의 맑은 빛 눈에 들어오니
憑君欲問隱居良　그대에게 묻노리 은거하기 좋은 곳 어디인가?

又　　　　　　또 짓다

與客飮酒黃花下　나그네와 국화아래에서 술 마시니
九月蜈江寒菊芳　9월 오강(蜈江)엔 차가운 국화 아름답네.
淋漓談笑抵斜陽　해질 때 까지 흥에 겨워 담소를 나누고
農家酒煥秋兼熟　농가의 술은 선명히 가을과 함께 익어가네.

風韻山高水又長　바람은 운치 있고 산은 높으며 물도 길게 흐르다

夢裏功名流洛水　꿈 속 공명은 낙동강 물처럼 흘러가고
年中詩賦老江鄕　해마다 시 지으며 강마을에서 늙어가네.

---

81) 함양 : 경상남도에 있는 군의 이름이다.

問君西去云何贈　서쪽으로 떠나는 그대에게 무엇을 줄까 물어
爲采黃花拳早霜　서리 내리는 때 그대 위해 국화를 가득 땄네.

寄曺詞伯二絕　조사백[82]에게 부치는 절구 2수

欲道故人賦性初　친구의 타고난 본성을 말하려고
題詩寄與讀書廬　시를 지어 독서하는 집으로 부치네.
知君心事無如我　그대의 심사가 나와 다르다는 것을 아니
恨未同乘李固驢　이고[83]의 나귀를 함께 타지 못하는 것이 한스럽네.

又　또 짓다

孤松小柳草堂同　외로운 소나무 작은 버들은 초가에 함께하니
手種樓桃無數紅　손수 심은 몇 그루 복숭아 붉게 흐드러졌네.
何如令戒兒曹摘　어찌 아이들에게 따지 못하게 하나?
欲待君還美味同　그대가 돌아오면 함께 맛보려고 하네.

遊日本【雜絕七首 天滿橋 大阪】

일본을 유람하며 짓다
【잡시(雜詩) 7수, 천만교는 오사카〔大阪〕에 있다】

天滿橋南更望南　천만교(天滿橋)[84] 남쪽에서 다시 남쪽을 바라보니
淀江春水碧如藍　정강(淀江)의 봄물은 쪽빛처럼 푸르네.
狵眉釣叟眠何事　삽살개 눈썹 낚시하는 노인 무슨 일로 졸고 있나?
海晏山晴夢寐甘　바다물결 고요하고 산 빛 맑으니 단꿈을 꾸었네.

82) 조사백 : '사백'은 시에 능한 사람을 이른다.
83) 이고(94~147) : 자는 자견(子堅)이고, 후한 때 사람이다. 곧은 말로 조정을 숙연하게 한 바도 있으나, 환관들의 미움을 사서, 뒤에 무고를 받고 하옥되어 살해되었다.
84) 천만교(天滿橋) : 오사카에 있는 다리 이름으로, 일본말로는 '텐마바시'라고 부른다.

東大寺大佛【寺在奈良縣】

동대사 대불(大佛)【절은 나라현〔奈良縣〕에 있다】

世稱大佛我看銅	세상에서 말하는 대불은 구리로 만들었고
若使鎔成返有功	녹여서 만들었다면 도리어 공이 있네.
可笑人間多好事	가소롭다. 인간세상 많은 좋은 일들
假粧佛像說空空	꾸며놓은 불상은 공공(空空)[85]을 말하네.

京都	**교토〔京都〕**
龍盤虎踞古都雄	용이 서린 듯 범이 웅크린 듯한 고도는 웅장하고
淑氣千年鍾不窮	맑은 기운 천년토록 끝 없이 모였네.
鑿井耕田民樂業	우물 파고 밭 간 백성들 풍년을 기뻐하고
樓花爛慢滿城紅	누각의 꽃 활짝 피어 성 가득 붉네.

富士山	**부사산[86]**
天恐東隅支柱空	하늘이 동쪽 모퉁이가 두려워 하늘을 버티고
故教富士立溘中	옛날 부사산을 치솟게 하였네.
行人只見峰頭雪	길가는 사람들 눈 쌓인 산봉우리만 보니
豈識神功囿衆叢	어찌 귀신의 공력이 모인 것임을 알겠는가?

歸國時舟中作	**귀국할 때 배 안에서**
樸破爲雕圜化簸	통나무 조각하여 나무쪽 만들려니
男兒何必老江湖	남아가 하필이면 강호에서 늙을까?
請君莫問東遊事	청컨대 일본으로 유람한 일 묻지 마소.
惟恐諸人不信吾	여러 사람들 나를 믿지 않을까 걱정이네.

---

85) 공공(空空) : 불교용어로 유무(有無)와 시비(是非) 등 자신의 생각이나 주장이 사실 그 자체와는 별개라는 것을 자각하는 것을 이른다.

86) 부사산 : 일본 중부지방 시즈오카현〔靜岡縣〕과 야마나시현〔山梨縣〕에 걸쳐 있는 산의 이름이다. 일본말로는 '후지산'이라고 한다.

上石山寺 觀琵琶湖 석산사[87]에 올라 비파호[88]를 보다

一望長江意闊如 장강(長江)을 바라보니 뜻은 활달하고
怳然勝讀半生書 황홀한 것이 반평생 독서한 것보다 낫네.
遊人莫看登臨好 유랑객들 올라가 바라보는 것만 좋아하지 말라.
旱作甘霖食有魚 가뭄에 단비 내리니 밥상에 생선이라도 오르네.

日光山 일광산[89]

欲看眞面目 진면목을 보고 싶지만
白雪萬山扉 흰 눈이 온 산을 가리고 있네.
却嫌重來晩 거듭 늦게 와서
瀑布不見歸 폭포를 보지 못하고 돌아가는 것이 아쉽네.

大雪後三日送晦夫 詩寄其子琦璆

대설[90] 후 3일에 회부를 전송하고 그의 아들 기와 탁에게 시를 부치다

晦夫西去路三百 회부(晦夫)가 서울로 가는 300리
歲暮天寒征馬孤 세모에 날은 추운데 외로이 말을 탔네.
欲寄大郎書不得 아드님께 글을 부치고 싶지만 답장을 받지 못해
口傳只是問工夫 입으로 소식을 전하며 공부하는 안부를 묻네.

過日本東京作 일본 동경에 들러 짓다

穆穆神都門四通 장엄한 신도문(神都門)은 사방으로 통하고
皇家大道與民同 황실(皇室)의 큰길은 백성들과 함께 쓰네.

---

87) 석산사 : 일본 사가현〔滋賀縣〕에 있는 사찰로, 일본말로는 '이시야마데라'라고 한다.

88) 비파호 : 일본 시가현〔滋賀縣〕 중앙부에 있는 일본 최대의 호수를 이른다.

89) 일광산 : 일본 도치기현〔栃木縣〕에 있는 산 이름으로, 일본말로는 '닛코산'이라고 한다.

90) 대설 : 24절기 중의 하나이다. 소설(小雪)과 동지(冬至) 사이에 들며, 태양의 황경이 255도에 이른 때이다. 12월 8일경이다.

山高富士天無比　높은 산 후지산〔富士山〕[91]은 하늘에 비할 데 없고
水接扶桑地益東　물로 이어진 일본[92]은 동쪽을 더했네.
萬國衣冠鳴釖珮　만국의 선비들 패옥 소리 울리고
千官文武躍龍熊　수많은 벼슬아치의 문무는 용이나 곰처럼 도약하네.
霜均雨普誰多力　서리와 비 고르게 내리니 누구의 힘인가?
靖國祠前往朔風　야스쿠니 신사〔靖國神祠〕[93] 앞으로 북풍이 불어오네.

亢旱詩贈朴佑根　혹독한 가뭄에 관한 시를 지어 박우근에게 주다

九日北風一日東　9일동안 북풍이 불다 하루 동풍 불고
西隣愁殺白頭翁　서쪽 이웃, 수심 잠긴 백두옹이라네.
誰將雲漢作甘雨　누가 은하수를 끌어 단비를 내렸나?
四海生靈同歲豊　천하의 백성들 함께 풍년을 맞으리.

元朝　정월 초하루 아침

元朝雨雪正飛零　정월 초하루 아침 눈이 펄펄 내리는데
一洗前塵瑞氣馨　먼지를 씻어내니 상서로운 기운 향기롭네.
誰識仁天膏渥降　누가 어진하늘 기름진 눈을 내려

---

91) 후지산〔富士山〕: 일본 주부(中部) 지방 시즈오카 현(靜岡縣)과 야마나시 현(山梨縣)에 걸쳐 있는 후지 화산대의 주봉(主峰)으로 해발 고도는 3,776m이다. 성층화산으로 일본 최고봉이다.

92) 일본 : 원문은 '扶桑'. 《양서(梁書)》 〈제이열전(諸夷列傳) 부상국(扶桑國)〉에 "부상은 대한국(大漢國) 동쪽 2만여 리 밖에 있는데, 그 지역이 중국의 동쪽에 있다. 그 땅에 부상목(扶桑木)이 많기 때문에 이름을 붙인 것이다."라고 하였다. 그 위치와 방향을 살펴보면 일본에 해당하기 때문에 후세에 일본을 이르는 말로 쓰였다.

93) 야스쿠니 신사〔靖國神祠祠〕: 제2차 세계 대전의 일본인 전몰자 250여 만 명의 위패가 안치된 국가 신사로 도쿄 중심가 황궁 부근에 있다. 이곳에는 1979년 4월에 태평양 전쟁의 A급 전범 도조 히데키 등 일곱 명의 위패를 옮겨왔는데, 이것이 일본 총리를 비롯하여 정치인들의 참배가 국제적인 파문을 일으키는 중요한 이유이다. 특히 일본 총리가 일본 군국주의의 상징인 야스쿠니 신사를 참배하는 것은 결국 일본이 우경화(右傾化)되어 다시 군국주의 부활이라는 망상에 빠질 우려가 있기 때문이다.

山南麥色更添青　산 남쪽 보리는 푸른빛을 더하네.

次三笑庄韻　삼소장[94]의 운에 차운하다

採藥何時同擧酒　약을 캐서 어느 때 함께 술 마실까?
暮山三笑接秋光　해 저무는 산과 삼소장은 가을빛으로 이어졌네.
如令道子圖眞相　만약 도사에게 참모습 도모하게 한다면
肯與虎溪讓彼長　호계(虎溪)[95]를 저 어른께 양보할까?

歎士友不從【此篇中 多有誤錯處 疑傳者之誤矣 姑記以俟知者 考攷云爾】

사우(士友)들이 따르지 않는 것을 탄식하다

【이 편 속에 잘못된 부분이 많으니 전하는 사람의 잘못인 듯하다. 우선 기록하고 나서 아는 사람이 고증하여 바로잡기를 기다릴 뿐이다】

柳綠桃紅水上臺　물가 누대에 푸른 버들과 붉은 복숭아 피었는데
有誰同我採詩回　누가 나와 함께 시를 채집할까?
北雪精神留戶月　겨울 추위는 문 밖 달에 남아 있고
東風消息入窓梅　봄 바람은 창가 매화로 들어오네.

又　또 짓다

潭深卽見魚爭集　깊은 못 물고기는 다투어 모여들고
松稚何嫌鶴不來　어린 소나무는 어찌 학이 오지 않은 것을 싫어할까?
玩花園裏吾人少　동산에서 꽃구경하는 사람들 적은데
百鳥聲中獨擧杯　수많은 새소리 속에서 홀로 술잔을 드네.

---

94) 삼소장 : 경상남도 통영시 광도면 우동리 입구에 세운 비석이다.

95) 호계(虎溪) : 시내의 이름이다. 진(晉)나라 고승 혜원(慧遠)이 동림사(東林寺)에 있을 적에 손님을 전송할 때에도 호계(虎溪)를 건너지 않았는데, 도잠(陶潛)과 육수정(陸修靜)이 방문했을 적에는 서로 의기투합한 나머지 그들을 전송하면서 호계를 건넜으므로, 세 사람이 크게 웃고 헤어졌다는 '호계삼소(虎溪三笑)'의 전설을 원용한 것이다.

春皐金貞一席上 與石溪金允五對酌

춘고 김정일[96]의 자리에서 석계 김윤오와 대작하다

村醪猶勝洞庭春　시골 막걸리 동정춘[97]보다 나은데
醉眼相看歲月新　취한 눈으로 세월이 새로워지는 것을 보네.
舊面微紅頭髮白　옛모습 발그레한 얼굴 머리는 희었고
不知過了幾風塵　풍진 세월 몇 년이나 흘렀나?

五月 十七日往看 小子目疾 有大差效 暮歸喜賦 得七絕 仲秋夜月下獨酌

5월 17일 작은 아들을 보니 눈병이 크게 차도가 있어 저녁에 돌아와 기쁨의 시 일곱 수를 짓고,[98] 중추절 밤 달 아래에서 홀로 술을 마시다

路下虫鳴日暮時　길 가 벌레는 밤낮으로 울어대고
悤悤我步反遲遲　바쁜 발걸음은 도리어 느리기만 하네.
雲消月出天開眼　구름 사라지고 달이 뜨니 하늘이 눈을 뜬 듯하고
乘興徐行自賦詩　흥에 겨워 천천히 걸으며 시를 짓네.

又　　또 짓다

良友在何處　좋은 벗 어디에 있기에
無人問病翁　늙은이 문안하는 사람조차 없네.
煙況晚浦合　연기는 저녁 포구에 모여들고
鳥宿秋山空　새가 자니 가을 산은 텅 빈 듯하네.
對酌惟明月　밝은 달 아래 홀로 술 마시니
入廉但淸風　주렴 사이로 밝은 바람 불어오네.
三盃幽興足　세 잔 술은 그윽한 흥취에 충분하고
閒步繞林東　느린 걸음으로 숲 동쪽을 도네.

---

96) 김정일 : 방산 선생의 사위이다.
97) 동정춘 : 술 이름으로, 입춘에 황감으로 담근 동정춘색(洞庭春色)을 뜻한다.
98) 일곱 수를 짓고 : 제목에는 일곱 수를 짓는다고 기록되어 있으나 실제로는 두 수만 실려있다.

晉陽吟社	**진양[99]의 시 모임**
晉陽吟社喜聞知	진양의 시 모임 소식 기쁘기만 하고
正是寒梅欲放時	지금은 겨울 매화 한창 필 때라네.
境亦邀人山水麗	사람 맞이하는 산수 아름다운 곳이고
詩仍暮韻歲星移	세모의 운치 시로 쓰니 세월은 흘러가네.
喫來今古文千卷	고금의 글 천권이나 읽고
題送東南筆萬枝	지은 글 사방으로 수도 없이 흩어졌네.
便覺仙源箇中在	무릉도원이 그 속에 있음을 깨닫는다면
理儂漁帆去無違	고깃배 범선 타고 어김없이 떠나리.

冬至	**동지**
忽逢冬至見陽生	갑자기 동지가 되니 양기(陽氣)가 생겨나고
又送一年感世情	또 일년이 지나가니 세속의 감정 느끼겠네.
崖柳方萌煙欲暗	벼랑 끝 버들 싹 틔우고 연기는 짙어지고
江梅初放水猶明	강가 매화는 꽃망울 터뜨려도 물은 여전히 맑네.
玄機自動物亨氣	현묘한 이치 절로 움직이니 만물들 기운이 형통하고
化鑰始開雷有聲	봄기운 비로소 열리고 우렛소리 들려오네.
何恨九州無大被	온 세상에 큰 피해 없으니 무엇이 한스러울까?
稍長日線喜寒輕	조금씩 날은 길어지고 추위는 가겠지.

雨夜小集	**비 오는 밤 작은 모임**
靈雨先公及我田	단비가 우리 밭에 먼저 내리고
農家至祝是豊年	농가에서는 풍년을 기원하네.
一山松菊君爲癖	온 산의 소나무와 국화는 그대의 벽(癖)이 되어
三月江湖客食煙	3월 강호는 나그네를 위한 밥 짓는 연기 피어나네.
守更蛙鼓鳴田水	수경(守更)[100]하니 논에는 개구리 소리 들려오고

99) 진양 : 경상남도 진주(晉州)의 옛 이름이다.
100) 수경(守更) : 밤중에 경(更)을 나누어 경비를 서는 일을 이른다.

殘夜蟹燈拾海尺　새벽되자 게 잡는 등불 켜고 해척(海尺)[101]들 수습하네.
過去羊腸多少路　지나온 양장(羊腸)[102]에는 수많은 길로 나뉘어 있어
令人却憶夢難圓　사람으로 하여금 꿈에도 원만하기 어렵네.

沙月齋黃花下重陽飮

중양절[103]에 사월재 국화 아래에서 술 마시다

九月海南酒政寬　9월이면 해남에는 술 마시는 일 너그러워
此生亦有此心歡　이 삶도 이 마음 있어 기쁘기만 하네.
復將栗里重陽酌　다시 율리(栗里)에서 중양절 술을 마시며
却憶龍山舊日冠　용산(龍山)에서 옛날 선비들 모임 추억하네.
愧吾白髮多經劫　백발이 되도록 겪어온 온갖 일 부끄럽기만 한데
憐爾黃花獨守寒　가련한 국화는 홀로 추위도 이기네.
何人能識留晩節　누가 능히 만년의 절개 머물러 있음을 알까?
更折素葩仔細看　다시 흰 꽃 꺾어 자세히 살펴보네.

和景石金思珉　경석 김사민에게 화답하다

萬國虎橫吾道南　모든 나라가 사납게 횡행해도 유학을 계승하고[104]
源源活水瀉淸潭　끝없이 흐르는 샘물 맑은 못에 쏟아내네.
天高堯日無田蝕　하늘 높이 요임금의 해가 떴으니[105] 병충해 없겠고
地遠秦兵不敢蠶　땅이 머니 진나라의 병사도 감히 침범치 못하네.
南越會年來白鳥　남월(南越)[106]의 회합하던 해에 백조가 날아들고

---

101) 해척(海尺) : 바닷가에서 고기잡이를 업으로 삼는 사람들을 이른다.
102) 양장(羊腸) : 양의 창자처럼 꼬불꼬불한 험난한 길을 이르는 말인데, 여기서는 고생스러운 삶을 비유한 말이다.
103) 중양절 : 음력 9월 9일을 이르는 말로, 양수가 겹쳤다고 하여 '중양(重陽)'이라고 한다.
104) 유학을 계승하고 : 송나라 양시(楊時)가 정호(程顥)에게 배우고 고향으로 돌아갈 때, 명도가 좌객들에게 "내 도가 남으로 가는군.〔吾道南矣〕"이라고 한데서 유래한다.
105) 요임금의……떴으니 : 원문은 '堯日'. 요임금 때와 같은 태평성대의 시대를 이른다.
106) 남월(南越) : 지금의 중국 광동성(廣東省)과 광서성(廣西省) 지방에 해당하는 곳이다.

東胡何處貢黃柑　동쪽 오랑캐는 어느 곳에서 귤을 바쳤나?
保存餘齒從耕鑿　여생을 보존하며 농사를 짓고
吾愛吾鄕海味甘　내 고향 맛있는 물고기를 좋아하네.

龍醒師睟韻　용성 선생 회갑 축하 시

學爲法侶德爲隣　학문으로는 벗이 되고 덕으로 이웃하며
六十年光除復新　60년 세월이 다시 시작되었네.[107)]
喜老東坡重過丙　늙음을 즐거워했던 동파(東坡)[108)]도 환갑을 넘겼고
有星南極幾多辰　남극성[109)]이 하늘에 떠 있을 날 매우 많겠네.
晩將福力酬來世　만년에 받은 복은 내세에 갚고
遙獻詩篇祝至人　멀리서 축하시를 지어 지인(至人)[110)]을 축하하네.
海屋神籌乘且積　나이가 곱으로 쌓일 만큼 장수하여[111)]
再看鐵樹更回春　다시 쇠로 만든 나무에 봄이 돌아오는 것을 보소서.

餞春　봄을 보내며

幾度餞春關海東　몇 번이나 대관령 동쪽에서 봄을 보냈나?
去年今日此盃同　지난해 오늘 함께 술 마셨지.
滿頭短髮羞如雪　짧아진 머리 모두 백발이 되었고
委地殘花不遣風　땅에 떨어진 얼마 남지 않은 꽃은 바람에 사라지지 않네.
窮道遊人夕陽外　막다른 길 노니는 사람은 석양 너머에 있고

107) 60년……시작되었네 : 60년의 한 갑자(甲子)가 지나고 새롭게 갑자가 시작되는 환갑(還甲)이라는 의미이다.
108) 동파(東坡) : '동파'는 소식(蘇軾, 1037~1101)의 호이다. 그의 자는 자첨(子瞻)이다. 사천성 미산(眉山)현에서 태어났다. 시(詩), 사(詞), 부(賦), 산문(散文)에 모두 뛰어나 당송팔대가의 한 사람으로 손꼽혔다. 그는 1037년 병자년(丙子年)에 태어나 두 번의 병자년을 지낸 것을 이른다.
109) 남극성 : 사람의 수명을 관장한다는 별이다.
110) 지인(至人) : 학문이나 수양이 최고의 경지에 이른 사람을 이른다.
111) 장수하여 : 원문의 '海屋'은 '해옥주첨(海屋籌添)'의 준말로, 축수(祝壽)하는 말이다. 선인(仙人)이 바다가 뽕밭으로 변할 때마다 산가지를 하나씩 놓았는데, 그 산가지가 열 칸의 집에 가득 찼다는 말에서 유래하였다.

空林啼鳥水聲中　텅 빈 숲 우는 새는 물소리 속에 있네.
隔墻呼得西隣酒　담장너머 서쪽 이웃 불러 술을 구해
賴有老農樂歲豊　늙은 농부 풍년을 즐거워하네.

李監察康閏孝子紀實碑

감찰 이강윤 효자기실비[112]

來尋孝子里　효자의 고을에 찾아오니
屹立崑岡珉　우뚝한 효자비가 서 있네.
養餘親不逮　여생을 봉양하고 싶지만 어버이에게 이르지 못하니
老見孺慕新　늙어갈수록 사모하는 마음 새롭네.
能令百世遠　그의 아름다운 행적 영원히 전해져
喚起五常淪　무너진 오상(五常)[113]을 일으키리.
回首域中看　머리를 돌려 그곳 지역을 바라보니
如公者幾人　공과 같은 사람 몇이나 있을까?

徐主事浩諸益與鄭議官琴隱先生遊鳶島

주사 서호와 여러 벗들, 그리고 의관 정금은 선생과 연도[114]**를 유람하다**

曠世玆遊未有期　세상 드문 이 유람 기약하지 않았는데
先生又是愛吟詩　선생이 또 시 읊기를 좋아하네.
何人樂看魚鱗戱　어떤 이는 물고기 노니는 것 보기 좋아하니
此容恐驚鳥獸隨　이 모습에 새들 따라 다닐까 두렵네.
地連東海迷黃沫　땅은 동해와 이어져 황하의 물거품에 흐릿하고
山擁南關繞翠眉　산은 남쪽 관문을 감싸 푸른 눈썹에 얽혔네.

112) 효자기실비 : 효자의 일을 자세히 기록한 비석을 이른다.
113) 오상(五常) : 일반적으로는 오륜(五倫) 즉 부자유친(父子有親), 군신유의(君臣有義), 부부유별(夫婦有別), 장유유서(長幼有序), 붕우유신(朋友有信)을 가리킨다. 이 밖에 부의(父義), 모자(母慈), 형우(兄友), 제공(弟恭), 자효(子孝)를 가리키기도 하고, 혹은 인의예지신(仁義禮智信)을 뜻하기도 한다.
114) 연도 : 전라남도 여수시 남면에 속하는 섬의 이름이다.

漁艇信潮來復往　고깃배는 조수에 내맡겨 오가고
愧吾簑笠十年遲　도롱이와 삿갓 쓰고 10년이나 늦게 온 것이 부끄럽네.

金煥聲回甲韻　김환성의 회갑을 축하하는 시

六十年翁又一年　나이 61살의 늙은이가
南州三月速賓筵　남쪽 고을 3월에 손님을 잔치에 초대했지.
幽花滿池貧家少　그윽한 꽃 땅에 가득한 가난한 집
曙靄捲天瑞日鮮　새벽 안개 걷히고 맑은 해가 곱네.
壽母無疆兄弟樂　어머니는 장수하고 형제들은 즐겁고
養親有禮子孫賢　부모님 봉양에 예가 있고 자손들은 훌륭하네.
龍華山色青入眼　용화산 빛이 눈에 들어오니
仰祝避齡更題篇　먹는 나이 피해가기를 시를 지어 바라네.

謹次貞夫人金海金氏彰烈詩

삼가 정부인 김해김씨의 창렬시에 차운하다

晩來詠誦夫人烈　늘그막에 부인의 공열 칭송하고
寒菊疎篁秋氣新　찬 국화 성근 대나무에 가을 기운 새롭네.
回死已多延命日　죽는 목숨 되살려 연명한 날 많고
代身自久祝天晨　자신이 대신 죽기로 별에 빌었네.
保存殘骨非圖活　남은 목숨 보존한 건 살기를 도모한 것이 아니고
撫養幼孤爲嗣親　어린아이 기르며 후사를 잇기 위한 것이라네.
玟珉永慕貞閑德　비석 세워 단정하고 우아한 덕을 영원히 기리니
水碧山長尚有隣　푸른 물 큰 산과 함께 이웃하네.

端陽日 與李心齋譓榮 元道常 諸益松鶴峯小集

단오에 심재 이혜영과 원도상 등 여러 벗들과 함께 송학봉에서 작음 모임을 가지다

端陽參得雅遊中　단옷날 아름다운 모임에 참여하여
四望青山也不空　사방을 바라보니 푸른 산엔 빈 곳도 없네.

廣野東南登大麥　넓은 들 동남쪽엔 보리가 익고
疏林上下足淸風　성근 숲에는 맑은 바람 넉넉하네.
死去靈均同水碧　죽은 영균(靈均)[115]은 물과 함께 푸르고
生來杜老賦櫻紅　산 두보(杜甫)[116]는 붉은 앵두[117]를 읊었네.
病骨猶堪因酒保　병든 몸은 술로 보존하니
始知覆載囿群叢　비로소 하늘과 땅이 뭇 형체들 품고 있음을 알겠네.

謝河鍾洛晩悟 以詩見寄

만오 하종락에게 감사하며 시를 지어 부치다

狂歌山步傍溪行　미친 듯 노래하며 계곡 길을 산보하며
盡日迎風氣未成　종일 바람을 맞아도 기분은 풀리지 않았네.
豈謂故人詩寄送　어찌 벗이 시를 지어 보내
敎除俗子意粉爭　세상사람 다투는 마음 사라지게 할 줄 생각이나 했겠나?
對酒空思三五月　술을 마주하고 공연히 보름달을 생각하니
執鞭欲逐萬千程　채찍잡고 만 리 길 달려가고 싶네.
誰憐衰病時相問　누가 쇠약한 사람 가련하게 여겨 때때로 문안할까?
多謝吾兄不愛情　그대의 아끼지 않는 정에 감사드리네.

115) 영균(靈均) : 초(楚)나라의 충신 굴원(屈原)의 자(字)로, 멱라수에 몸을 던져 자살한 고사가 있다.

116) 두보(杜甫, 712~770) : 당나라 시인으로, 이백(李白)과 함께 중국 시단을 대표하는 인물이다.

117) 붉은 앵두 : 두보가 지은 〈야인송주앵(野人送朱櫻)〉를 이른다. 전문은 아래와 같다. “서촉 땅 앵두는 저절로 붉은데, 시골 사람이 대 바구니 가득차게 보내주었네. 몇 번 잘게 쏟으며 깨지는 것이 근심되나, 많은 낟알이 고르고 온전하여 그를 의심하네. 지난 날 생각하니 문하성에서 주신 은혜, 조회에서 물러나 받쳐 들고 대명궁을 나왔었지. 금반과 옥저의 소식은 없고 이 날 새로이 맛보며 정처 없는 삶을 감내하네.〔西蜀櫻桃也自紅 野人相贈滿筠籠 數回細寫愁仍破萬 顆勻圓訝許同 憶昨賜霑門下省退朝擎出大明宮 金盤玉筯無消息 此日嘗新任轉蓬〕”라는 구절이 있다.

謹次伴鷗亭原韻 并記見文集中

반구정의 원운에 차운하고 아울러 문집에서 본 것을 기록하다

勝地元來正向陽　경치 좋은 곳 원래 양지인데
主人卜築伴鷗堂　주인은 그곳에 반구당을 지었네.
四山蒼藹琴書濕　사방 산은 푸르고 거문고와 책이 윤택하고
百首新詩牙頰香　새로 지은 백 편의 시를 읽으니 뺨에서 향기가 나네.
拙句爲他生面客　졸렬한 시구는 낯선 손님을 보는 듯하지만
病軀久員美風光　병든 몸 오랜만에 풍광이 아름답네.
遙知煙雨尋盟處　멀리서 안개비 속 맹약 다짐할 곳 알겠으니
多少砂禽爭舞翔　많은 모래 위 새들은 다투어 춤을 추네.

仲秋夜懷【族祖苾秀氏戱】

가을 밤 회포【집안 조부인 필수에게 준 해학시】

良辰懷思倍悠悠　좋은 때 그리움이 배가 아득하고
風撼物情星月流　바람결에 감정 이는데 별과 달빛 흘러가네.
四海弟兄同骨肉　사방 형제들 모두가 골육인데
一枝花樹幾春秋　꽃나무 가지는 몇 년이나 흘렀나.
平生長恨移鄕橘　평생 고향 옮긴 귤나무 같아 한스러우니
何日共登遠景樓　언제 함께 원경루(遠景樓)에 오를까?
欲上雲宵彩虹斷　하늘에 뜬 무지개에 오르고 싶지만
河東織女使人愁　은하수 동쪽 직녀는 사람을 시름 짓게 하네.

次徐轎峰湛順契原韻

교봉 서담순 계(契)의 원운(原韻)에 차운하다

轎翁丈屨此南州　교옹(轎翁)[118]께서 남쪽 고을에 오시니
淡靄閒雲滿眼流　맑은 안개 한가한 구름이 눈 가득 흘러가네.

118) 교옹(轎翁) : 교봉(轎峰) 서담순(徐湛順)을 이른다.

水色鑑開涵養日　물빛은 거울처럼 열리고 날로 함양하는 날이고
山容玉立琢磨秋　산의 위용 옥처럼 서니 절차탁마[119]하는 가을이네.
百家未必醫人俗　백가(百家)도 사람의 습속을 고치지 못하였는데
一孝能供衆所求　한 사람의 효성이 모두가 원함에 이바지하였네.
兢構斯堂追遠慕　이 집을 지어 선조를 추모하니
故知賢嗣信從固　벗과 어진 자식들이 믿고서 따르네.

松竹軒【松竹軒昔退溪李先生作宰豊基郡時 親筆書額 揭扁于郡衙者也 其後永年保存矣 及韓日合併後 以畤庚申年間 討伐隊 出駐是郡 撤去 以爲浴湯底板 先生傍孫李山欽嶠 適時寓于此 見其不忍光景 卽收藏于本家云爾 安東權君重明募集 左右道儒家詩句 以志此事 故忘拙構贈】

송죽헌

【송죽헌(松竹軒)은 옛날 퇴계 선생이 풍기군수(豊基郡守)로 있을 때 친히 글씨를 써서 관아에 편액을 걸었다. 이후 오랫동안 보존되다가 한일합병(韓日合併)이 되고 나서 경신년〔1920〕에 토벌대가 이 군(郡)에 주둔하면서 현판을 떼어 목욕탕 바닥으로 만들었다. 선생의 방손(傍孫)인 산음(山欽) 이교(李嶠)가 마침 이곳에 우거하고 있으면서 차마 이러한 광경을 보지 못하고 곧바로 본가에 보관하였다고 한다. 안동(安東) 권중명(權重明)이 경상남북도의 유학자들의 시를 모아 이 일을 기록하고자 하니 내가 보잘것없는 글솜씨를 잊고 지어서 보냈다】

古來寶物鮮能居　예로부터 보물은 차지하기 힘든데
深意曷嘗無厥初　깊은 뜻이라고 어찌 처음이 없을까?
胡突謾傳塚中帖　흐릿하게 전하는 것은 무덤 속 첩(帖)이고
道喪難保火前書　도가 사라져 보존하기 어려운 것은 등불 앞 글씨라네.
先生手澤磨何磷　선생의 글씨 얼마나 빛나는지

---

119) 절차탁마 : 원문은 '切磋琢磨'. 《시경》〈위풍(衛風) 기욱(淇奧)〉에, "저 기수가의 언덕을 보니, 푸른 대가 아름답고 무성하도다. 문채 빛나는 우리 님이여, 짐승의 골각(骨角)을 끊고 갈듯, 옥석(玉石)을 쪼고 갈듯 하도다.〔瞻彼淇奧 綠竹猗猗 有匪君子 如切如磋 如琢如磨〕"라는 구절에서 온 말로, 학문과 덕행을 갈고닦는 것을 이른다.

字體煒煌密且疏　글씨는 빛나고 치밀하면서도 성근 듯 하네.
曠感非徒松竹扁　송죽헌의 편액 때문에 감회에 젖는 것이 아니라
斯文況是劫塵餘　사문(斯文)[120]이 사라지려고〔劫塵〕[121] 할 때이니.

仲秋與朴必元敬善對酌

중추에 필원 박경선과 대작하다

從來酬酌幾光陰　지금까지 술 마신 것이 몇해이던가?
白首相逢自沾襟　다 늙어 서로 만나니 절로 눈물이 옷깃을 적시네.
有志男兒當老壯　뜻 있는 남자는 늙을수록 더욱 씩씩한데
無情歲月任他侵　무정한 세월은 절로 흘러가네.
櫻花將吐千封玉　앵두꽃은 수없이 감싼 옥을 토해내고
柳葉初開萬片金　갓 핀 버들은 만 조각의 금을 피웠네.
擧酒勸君君更飮　잔들어 그대에게 권하니 그대는 마시고
興酣我欲一高吟　얼큰히 취하면 높이 시를 읊고 싶네.

追悔　후회하다

從來浪跡任狂遊　마음껏 노닐던 지난 자취
不覺樽前歲月流　술잔 앞에서 세월 흐르는 것 깨닫지 못하였네.
盡性元非求福祿　본성을 다하면서 복록을 구하지 않고
役形都是坐圖謀　역형(役形)[122]을 모두 도모하네.
自家活計書千卷　천 권의 책으로 살아갈 계책을 세우고

---

120) 사문(斯文) : 유도(儒道)를 가리키는 말이다. 《논어》 〈자한(子罕)〉에 공자가 "문왕(文王)이 이미 별세하였으니, 문(文)이 이 몸에 있지 않겠는가. 하늘이 장차 '이 문〔斯文〕'을 없애려 하였다면 내가 이 문에 참여할 수 없었을 것이다.〔文王旣沒 文不在玆乎 天之將喪斯文也 後死者不得與於斯文也〕"라고 하였다.

121) 사라지려고〔劫塵〕: 불교 용어로, 말세에 이 세계를 멸망시킨다는 겁화(劫火)를 말한다.

122) 역형(役形) : '형역(形役)'과 같은 말로, 정신이 육신의 부림을 받는 것, 즉 마음이 물욕에 흔들림을 말한다. 도잠(陶潛)의 〈귀거래사(歸去來辭)〉에 "이미 스스로 마음을 가지고 형체의 부림 받았으니, 어찌 실의에 빠져 슬퍼만 하리오.〔旣自以心爲形役 奚惆悵而獨悲〕"라고 하였다.

送老生涯足一丘　늙은 여생 보내는 데는 언덕 하나면 충분하네.
俯仰何如忘機鳥　천지간에 어찌 기심(機心)을 잊은 새[123]가 될까?
寧將白髮伴沙鷗　차라리 늙도록 모래밭 갈매기와 짝하리.

題峴南居士重用佐川韻 贈別玩汕詞伯詩後【二首】

'현남거사중용좌천운(峴南居士重用佐川韻)'으로 시를 지어 완산 사백에게 주어 이별하고 나서【2수】

破屋乞糧盧玉川　집 부서져 양식 빌던 노옥천(盧玉川)[124]
分明現幻與君連　허깨비같은 세상에서 분명히 그대와 함께 하였네.
胸襟曠漠遊雲鶴　흉금은 광막하여 구름을 노니는 학과 같고
口氣淸虛異食煙　말기운은 깨끗하여 연기를 마신 듯하네.
老大偏多遺感想　늙을수록 유감은 많아지고
疏狂漸少舊因緣　거친 성품으로 점점 옛 인연 줄어드네.
天涯益友詩中得　천애의 유익한 벗을 시 속에서 얻어
盡日吟哦却爽然　종일 시를 읊조리니 상쾌하네.

又　또 짓다

心交何間隔山川　심교(心交)[125]가 어찌 산천으로 막힐까?
篇末題詩名字連　책 끝에 시를 지어 이름을 잇네.

123) 기심(機心)을……새 : '기심'은 교사(巧詐)한 마음으로, '기심을 잊는다'는 것은 담박하게 처신해서 세상과 더불어 다투지 않는다는 뜻이다. 《열자》 〈황제(黃帝)〉에 "바닷가에 사는 어떤 사람이 갈매기를 몹시 좋아하여 매일 아침마다 바닷가에서 갈매기와 놀았는데, 날아와서 노는 갈매기가 백 마리도 넘었다. 그의 아버지가 '내가 들으니 갈매기들이 모두 너와 함께 논다고 하는데, 그 갈매기를 잡아오라.' 하므로, 그 이튿날 바닷가로 나가니 갈매기들이 위에서 날면서 아래로 내려오지 않았다." 하였는데, 갈매기가 내려오지 않은 것은 갈매기와 놀던 사람이 기심을 가지고 있었기 때문이다.

124) 노옥천(盧玉川) : 중국 당(唐)나라 시인 노동(盧仝, 795?~835?)을 말한다. 그는 소실산(少室山)에 은거하며 스스로 '옥천자(玉川子)'라 불렀다. 간의대부(諫議大夫)로 부름을 받았으나 나가지 않았다.

125) 심교(心交) : 마음으로 사귐이나 마음을 알아주는 친구를 이른다.

千里相思東海月　천리에서 동해의 달을 그리워하고
百年沈痼北溪煙　평생 북쪽 계곡 안개에 고질병되었네.
陽春古調高難和　양춘(陽春)의 옛 곡조[126] 화답하기 어렵고
太素微言遠莫緣　태소(太素)[127]의 은미한 말은 멀어서 따를 도리가 없네.
後世子雲何足待　후대에 양웅(揚雄)[128]의 문장을 어찌 기다릴까?
文章光氣已蒼然　문장의 빛나는 기운은 이미 고색창연하네.

拙妻回甲日 乙亥有感【二首】

나의 아내 회갑날인 을해년〔1935〕에 감회가 있어 짓다【2수】

冠而親迎依昨日　혼인하고 아내를 맞이한 것이 어제 같은데
孫說祖孃再甲年　손자들은 할머니라 부르는 회갑이 되었네.
白屋同居多少日　오랜 세월 가난하게 살면서
寒廚并食幾空煙　찬 부엌에서 함께 밥 먹은 것이 몇 번이던가?
短裳割盡縫郎襪　떨어진 치마 잘라 남편 버선 만들고
寸紙塗穿養子筵　작은 종이로 뚫린 곳 메워가며 자식들 자리 만들었네.
獻壽高堂羅拜舞　고당에서 축수하며 절하고 춤을 추니
慈顔六十一欣然　61살 자애로운 얼굴에 기쁨이 감도네.

---

126) 양춘(陽春)의 옛 곡조 : 중국 전국 시대 초(楚)나라의 고아한 노래로, 일반적으로 고상하고 아취 있는 곡이나 아름다운 시를 뜻하는 말로 쓰인다. 옛날에 초나라의 서울인 영(郢)에서 어떤 사람이 노래를 잘 불렀는데 처음에는 보통 유행가인 〈하리파인(下里巴人)〉 같은 것을 불렀더니, 같이 합창하여 부르는 자가 수만 명이었다. 그러나 보다 고급의 노래를 부르니 따라서 합창하는 자가 수백 명에 지나지 않았고 〈양춘백설(陽春白雪)〉이라는 최고급의 노래를 부를 적에는 따라 부르는 자가 거의 없었다고 한다.

127) 태소(太素) : 물질의 시원(始源)으로서, 질박하기 그지없는 본래의 성품을 의미한다.

128) 양웅(揚雄, BC 53~18) : 중국 전한(前漢)의 유학자로, 자(字)는 자운(子雲)이다. 찬탈자 왕망(王莽)의 위조(僞朝)에 벼슬하여 대부(大夫)가 되었기 때문에 후세에 지조가 없는 사람이라고 비난을 들었다. 사부(詞賦)를 잘하고 사마상여(司馬相如)를 많이 닮았었다. 만년에는 부(賦)는 짓지 않았고 경학(經學)에 뜻을 두었다.

又 **또 짓다**

一平三白尙遲歸 첫째 평호와 셋째 백호는 아직도 늦게 오고
四鳳渡東書亦稀 넷째 봉호도 동해를 건너 편지도 드무네.
主婦德新惟日樂 주부의 덕은 새로워 날로 즐거운데
詞人命薄與時違 문장가는 박복하여 시대와 어긋났네.
諸郎進酒添春色 모든 자식들 술 권하니 봄빛이 더하고
少女製裳繞瑞輝 작은 딸이 지은 치마엔 빛이 감도네.
祝壽南山慈母悅 남산처럼 장수를 기원하니 어머니는 기뻐하고
今朝不愧舞班衣 오늘 아침 노래자(老萊子)[129]도 부럽지 않네.

竹坡李圭玄晬日 **죽파 이규현의 생일**

一路寒梅已放春 길에 찬 매화는 이미 봄기운 자아내고
晬家壺榼速嘉賓 생일 맞은 집 술 마련하고 손님들 초대했네.
窮途阮籍非無酒 길 막히자 통곡했던 완적(阮籍)[130]도 술이 없지 않았고
海曲梁鴻未送貧 해곡에 살던 양홍(梁鴻)[131]은 가난을 떨치지 않았네.
子爕成童能讀字 아들 종섭은 글을 읽을 수 있고
妻君雖老足供脣 아내는 늙었지만 먹고 살기에 충분하네.
竹翁素養異諸俗 죽옹(竹翁)은 다른 여러 풍속을 길렀지만
不愧道峯稱逸民 도봉산에 부끄럽지 않은 일민(逸民)[132]이라 할 만하네.

---

129) 노래자(老萊子, ?~?) : 중국 춘추 시대 초(楚)나라 효자로, 어버이를 기쁘게 하기 위해, 70세 된 노래자가 일부러 색동옷을 입고 부모의 곁에서 새 새끼를 가지고 놀며 즐겁게 해 드린 고사가 있다.

130) 길……완적(阮籍) : '완적(阮籍)'은 진(晉)나라 죽림칠현(竹林七賢)의 한 사람인데 자는 사종(嗣宗)이다. 그는 길이 막히면 문득 통곡하고 돌아왔다고 한다.

131) 해곡에……양홍(梁鴻) : 〈등왕각서(滕王閣序)〉에, "양홍을 해곡(海曲)에서 숨게 하니, 어찌 밝은 때가 아니어서랴.〔竄梁鴻於海曲 豈乏明時〕"라는 구절이 있다. 그는 후한 장제(後漢章帝) 때의 은사로 자는 백란(伯鸞)이다. 아내 맹광(孟光)과 함께 패릉산(覇陵山)에 은거하여 농사와 길쌈으로 일을 삼았다. 장제가 그를 찾았으나 성명을 바꾸고 오(吳)나라로 떠나 끝내 뜻을 이루지 못했다.

132) 일민(逸民) : 학문과 덕행이 있으면서 초야에 묻혀 벼슬하지 않는 사람을 가리킨다.

人嘲吟簡玩汕居士 남들이 조롱하며 완산 거사를 얕보다

君能隱市我荒郊 그대는 저자에 은거하고 나는 거친 들에 살았는데
豈敢畏名甘此逃 어찌 명예를 두려워하며 달아났나?
白鷺耕沙閒飮啄 백로가 모래밭을 날고 한가로이 먹이를 먹는데
虛舟傍岸定波濤 빈 배는 언덕 아래 있고 물결은 잔잔한데
墻東自是安身處 담장 동쪽[133]이 몸을 편안히 할 곳이고
水北元非索價高 물 북쪽[134]은 원래 높은 가격 요구하는 곳 아니네.
欲巧蛾眉其奈拙 아름다움을 공교롭게 하고 싶지만 졸렬함을 어찌할까?
出門每被好人嘲 문 밖을 나설 때마다 사람들에게 조롱당하네.

次頌德碑韻 송덕비 운(韻)에 차운하다

種德初年修禊先 덕을 베풀던 첫해에 먼저 계를 결성하였으니
誰知福在默中宣 누가 복이 말없이 베풀어지는 줄 알겠는가?
眞率來今推洛社 진솔한 오늘의 모임은 낙사(洛社)[135]보다 낫고
規模擬古講藍田 규모는 옛날처럼 남전향약(藍田鄕約)을 강론하네.
月滿尊前農話懽 달 가득한 술잔 앞에 농사 이야기 기쁜데
春深洞裏活機全 봄 깊은 골짜기에는 활기가 온전하네.

---

133) 담장 동쪽 : 은거하는 것을 비유한 말이다. 담장 동쪽이란 곧 성(城)의 담장 동쪽을 가리킨 것으로, 송(宋)나라 말기의 학자 육문규(陸文圭)가 송나라가 망한 이후로는 성 동쪽에 은거하였으므로, 학자들이 그를 일러 '장동 선생(墻東先生)'이라 칭한데서 온 말이다.

134) 물 북쪽 : 중국 당나라 한유(韓愈)의 〈기노동(寄盧仝)〉 시에 "물 북쪽에 살던 은사는 명성을 얻어서, 지난해에 절도사의 막료가 되어 갔네.〔水北山人得名聲 去年去作幕下士〕"라고 한데서 온 말인데, 물 북쪽에 살던 은사란 바로 처사(處士) 석홍(石洪)을 가리킨다.

135) 낙사(洛社) : 송나라 문언박(文彦博)이 서도유수(西都留守)로 있을 때 부필(富弼)의 집에서 사마광(司馬光) 등 연로하고 어진 사대부들을 모아 놓고 술자리를 베풀어 서로 즐겼던 모임을 낙양기영회(洛陽耆英會) 또는 낙사기영회(洛社耆英會)라고 하였다. 송나라의 구양수(歐陽脩)와 매요신(梅堯臣) 등이 노년에 낙양에서 조직한 시사(詩社)인 낙양기영회(洛陽耆英會)를 말하기도 한다. 후대에는 기로소(耆老所)를 가리키는 말로 많이 쓰였다.

吾生未得歸風下	나의 삶이 아직도 풍하(風下)로 돌아가지 못하니
題罷短篇意悵然	짧은 글을 짓고 나니 서운하기만 하네.
可惜經綸止一村	애석하게 경륜(經綸)이 한 마을에만 그쳤으니
鍾生異器感君恩	남다른 재주로 태어났으니 임금의 은혜에 감사하네.
能醫病俗歸仁里	병든 풍속을 치료하여 어진 마을로 돌아가게 하고
虛己與人峻德門	자신을 비우고 남을 허여하는 훌륭한 집안이었네.
口頌恐湮銘短碣	입으로 칭송하는 말 사라질까 두려워 비석을 세웠으니
家聲不墮繼來孫	집안의 명성은 추락하지 않고 후손들이 이었네.
欲圖公像還多事	공의 초상을 그리고 싶지만 도리어 일이 많고
自有華溪活水源	절로 화계(華溪)의 물소리만 끊임없이 흐르네.

柳屋【舊居頹漏 不蔽風雨 癸酉秋 小子泰 結柳爲屋 雖小如蘇子擇勝亭 竝冷措大 可以曲肱寢息 而妻子團欒得所 故戲題小序】

버드나무 집

【사는 곳이 퇴락하고 비가 새어 비바람도 가리지 못하였다. 그래서 계유년〔1933〕 가을에 작은 아들 태(泰)가 버드나무를 엮어서 집을 지었다. 비록 소동파(蘇東坡)의 택승정(擇勝亭)[136] 만큼 작았지만 추운 선비들이 팔을 구부리고 누워 잘만하고 처자들이 단란하게 지낼만하여 장난삼아 소서(小序)[137]를 짓다】

柳屋爭如擇勝亭	버드나무 집이 어찌 택승정만 할까마는
曲肱可足送殘齡	팔 베고 누워 여생을 보내기에 충분하네.

136) 소동파(蘇東坡, 1037~1101)의 택승정(擇勝亭) : '소동파'는 지금의 사천성 미산(眉山)에서 당송팔대가의 한 사람인 소순(蘇洵)의 아들로 태어났다. 그는 본명이 식(軾)이고 호가 동파인데 본명보다는 호로 더 잘 알려져 있다. 스물두 살 되던 해인 1057년에 진사 시험에 합격했지만 거기서 만족하지 않고 공부를 계속하여 스물여섯 살 되던 해인 1061년에는 제과(制科)에 합격했다. 그러나 신법파의 모함으로 그의 관직생활은 고단하기 짝이 없었다. '택승정'은 소식(蘇軾)이 일찍이 여음(汝陰)의 수재(守宰)로 있을 때 유막(帷幕)만으로 만든 정자 이름인데, 그것은 곧 어디든지 가고 싶은 승경(勝景)이 있기만 하면 그곳에 가서 바로 설치할 수 있었기 때문에 그렇게 이름지었다고 한다.

137) 소서(小序) : 시문 등의 머리에 쓰는 짧은 서문을 이른다.

妻孥團欒仁天屬	아내와 자식들 단란하고 친척들도 어질고
山水麗明得地靈	산수가 맑으니 땅의 신령함〔地靈〕[138]을 얻었네.
所幸人間風雨蔽	다행스러운 것은 인간 세상 비바람을 가리고
不要身後姓名馨	죽고나서 이름이 아름답길 바라지 않네.
傍人莫道西窓小	곁에 있는 사람 서쪽 창이 작다 말하지 마라.
寫了范公座右銘	범익겸(范益謙)의 좌우명[139]을 베끼네.

丁丑 人日 磻谷裵源燦 要請贊道文字 親冒風雪遠訪宋恭山于星山 感其勤意以詩送之

정축년〔1937〕 인일(人日)[140]에 반곡 배원찬이 찬도문자

138) 땅의 신령함〔地靈〕: 당나라 왕발(王勃)의 〈등왕각서(滕王閣序)〉에 "걸출한 인물이 나오는 것은 그 땅이 신령스럽기 때문이다.〔人傑地靈〕"라는 구절이 있다.

139) 범익겸(范益謙)의 좌우명: '범익겸'은 송(宋)나라 범조우(范祖禹)의 아들인 범충(范沖, 1067~1141)으로, '익겸'은 그의 자이다. '14항목'은 첫째 '조정의 이해나 변경의 보고 및 관원의 임명을 말하지 않을 것〔不言朝廷利害邊報差除〕', 둘째 '주현(州縣) 관원의 장단점이나 득실을 말하지 않을 것〔不言州縣官員長短得失〕', 셋째 '사람들이 저지른 실수나 나쁜 일을 말하지 않을 것〔不言衆人所作過惡之事〕', 넷째 '관직에 나아가는 것이나 시류에 편승하여 권세를 붙좇는 말을 하지 않을 것〔不言仕進官職趨時附勢〕', 다섯째 '재물과 이익의 많고 적음이나 가난을 싫어하거나 부(富)를 구하는 말을 하지 않을 것〔不言財利多少厭貧求富〕', 여섯째 '음란하거나 외설적인 말, 농담이나 오만한 말, 여색을 평하는 말을 하지 않을 것〔不言淫媟戲慢評論女色〕', 일곱째 '남에게 물건을 요구하거나 술과 음식을 찾는 말을 하지 않을 것〔不言求覓人物干索酒食〕', 여덟째 '남이 서신을 부탁하면 뜯어보거나 지체시키지 않을 것〔人附書信 不可開坼沈滯〕', 아홉째 '남과 함께 앉아 있을 때 남의 사사로운 글을 훔쳐보지 않을 것〔與人並坐 不可窺人私書〕', 열째 '남의 집에 들어갔을 때 남의 글을 보지 않을 것〔凡入人家 不可看人文字〕', 열한째 '남의 물건을 빌렸을 때 훼손시키거나 돌려주지 않는 일이 없을 것〔凡借人物 不可損壞不還〕', 열두째 '음식을 먹을 때 가려서 버리거나 취하지 않을 것〔凡喫飮食 不可揀擇去取〕', 열셋째 '남과 함께 거처할 때 자신의 편리함을 가려 취하지 않을 것〔與人同處 不可自擇便利〕', 열넷째 '남의 부귀를 보고 찬탄하며 부러워하거나 헐뜯지 않을 것〔見人富貴 不可歎羨詆毁〕'이다.

140) 인일(人日): 음력 1월 7일을 말한다. 1일에서 6일까지는 가축의 길흉을 점치고, 7일에는 인사(人事)를 점치며, 8일에는 곡식을 점치는 풍속에서 유래한 것이다. 점치는 날이 모두 청명하고 온화하면 1년 동안 길(吉)하고, 음습하거나 추운 날

(贊道文字)를 청하기 위해 바람과 눈을 무릅쓰고 직접 멀리서 성산의 송공산을 찾아간다고 하였다. 그의 간절한 마음에 감동하여 이렇게 시를 지어 보낸다

際此萬邦諱道時　요사이 나라 곳곳이 도에서 어긋난 때이니
好仁勇義幾男兒　인용의(仁勇義)를 좋아하는 사람 몇이나 될까?
江回洛水航歸晩　낙동강 휘도는데 배는 해 저물어 돌아가고
雪壓星山馬去遲　눈이 성산을 짓누르니 말은 더디 가네.
特地梅花爭致客　매화는 손님을 부르고
滿天風雨獨尋師　하늘 가득 내리는 비에 홀로 스승을 찾네.
嬴秦何處桃園在　진(秦)나라 어느 곳에 무릉도원(武陵桃源)있나?[141]
不是武陵是武夷　무릉도원이 아니고 무이(武夷)[142]라네.

黃主事石庵先生回甲

주사 황석암 선생 회갑

崇菊猗蘭澹且凉　국화와 난초는 담담하고도 서늘한데
主翁氣宇爭秋光　주인 영감의 기상은 가을빛과 다투네.
赤棣園中兄弟樂　적체원 안에서 형제들은 즐겁고
紫薇院裏姓名芳　자미원 속 이름은 아름답네.
老人添歲看南極　노인은 나이를 더해 남극성(南極星)[143]을 바라보고
諸子寧家獻壽觴　여러 자식들 집안을 편안히 하며 장수의 술잔을 올리네.
石庵福力知多少　석암이 얼마나 복을 받았는지 알만하고

씨가 계속되면 흉한 조짐으로 받아들였다.

141) 진(秦)나라……무릉도원(武陵桃源)있나 : 진(晋)나라 도연명(陶淵明)이 묘사한 이상향(理想鄕)인 무릉도원(武陵桃源)을 말한다. 진(秦)나라 때 일부 백성들이 당시의 전란을 피해 지금의 호남성(湖南省) 사양현(泗陽縣)인 무릉 골짝으로 들어가 마을을 이루고 평화롭게 살았는데, 동진 무제(東晉武帝) 때 어떤 어부에 의해 그곳에서 계속 살고 있는 그 후손들을 발견했다고 한다.

142) 무이(武夷) : 산 이름으로, 중국 복건성(福建省) 무이산시(武夷山市) 서남쪽에 있다. 여기서는 주자(朱子)를 가리킨다. 주자가 이곳에 무이 정사(武夷精舍)를 짓고 지내면서 학문을 강론하였다.

143) 남극성(南極星) : 사람의 수명을 관장하는 별로, 이 별을 보면 오래 산다고 한다.

鐵樹開花春日長　쇠로 만든 나무에 꽃 피우는 봄날이 길겠네.

又【代著】　**또 짓다【대신 짓다】**

先生坐閱幾炎凉　선생께서 얼마나 염량세태를 겪었나?
紫院當時觀國光　자미원(紫薇院)에서 당시 찬란한 문물을 구경하였네.
算去三千猶甲短　계산해보면 삼천갑자도 짧은데
除來六十更年芳　육십 나이 줄었지만 아직도 꽃다운 나이라네.
紅輝瑞日臨華屋　붉은 빛 상스러운 해가 아름다운 집을 비추고
翠色南山倒壽觴　푸른 남산처럼 오래살기를 바라는 술잔 기울이네.
叢菊不妨留晩節　국화는 늦은 계절에도 무방하니
願公休負後期長　뒷날 장구한 약속 저버리지 마소서.

芳山遺稿
방산유고

2

명(銘)

2

명(銘)

◎ **愛吾井銘【朴氏 名準尙 海夫 其字也 井在道山面 役所內】**

朴氏海夫 穴地爲井 命名愛吾 屬余爲銘 且謂余曰 愛吾井方 位得中正 深六尋强 廣三尺徑 地中出水 水蓋上出 旱無減少 潦不滿溢 冬溫夏凊 飮食之吉 異仇池之十九 非孤山之六一 澄淸透徹 萬類來象 明可挹天 照能鑑形 庶幾對越上帝 曷敢逭我本相 戒莫顯乎隱 觀吾井者小罪 任往來之井井 各充量而無悔 百遷都而易代 惟吾井其不改 一片淸泉 飮濯攸卜 安吾井兮 不顧黃河之萬斛 石潭子飮而甘之 書之以銘

애오정명(愛吾井銘)

【박씨의 이름은 준상이고, 해부는 그의 자이다. 우물은 도산면 역소 안에 있다】

박씨 해부가 땅을 파서 우물을 만들고 '애오(愛吾)'라고 이름을 짓고 나에게 명을 지어달라고 부탁을 하였다. 그래서 내가 명을 지어 말하였다.

愛吾井方	애오정은 모나고
位得中正	자리는 반듯하였네.
深六尋强	깊이는 6심(尋)[1] 남짓이고
廣三尺徑	넓이는 3자〔尺〕라네.
地中出水	땅 속에서 물이 나와
水蓋上出	물을 덮어도 위로 솟아나네.
旱無減少	가뭄에도 조금도 줄지 않고

1) 6심(尋) : 길이의 단위로, 8자〔尺〕을 말한다. 일설에는 6자, 7자라고도 한다.

潦不滿溢	장마에도 흘러넘치지 않네.
冬溫夏凊	겨울에는 따뜻하고 여름에는 시원하니
飮食之吉	먹고 마시기에 좋다네.
異仇池之十九	구지(仇池)의 열아홉 개의 샘[2]과 다르고
非孤山之六一	고산(孤山)의 예순한 개의 샘이 아니라네.
澄淸透徹	맑고 투명하여
萬類來象	모든 물건들을 모두 비춘다네.
明可挹天	하늘을 움켜쥘 만큼 맑고
照能鑑形	비추면 형상을 볼 수가 있다네.
庶幾對越上帝	상제를 대하듯 경건하게 대한다면[3]
曷敢逭我本相	어찌 감히 나의 본모습에서 달아날까?
戒莫顯乎隱	숨은 것보다 더 잘 드러나는 것이 없다[4]고 경계하니
觀吾井者小罪	오정(吾井)을 보는 사람은 죄가 적어질 것이네.
任往來之井井	맘대로 끊임없이 오가면서
各充量而無悔	제각기 양을 채우고 후회가 없다네.
百遷都而易代	도읍을 옮기고 세월이 흘러도

2) 구지(仇池)의……샘 : '구지'는 감숙성(甘肅省) 성현(成縣) 서쪽에 있는 구지산 꼭대기의 연못으로 숫자에는 다소 차이가 있다. 송나라 소식(蘇軾)이 쓴 〈화도도화원시서(和陶桃花源詩序)〉에 "공부 시랑 왕흠신 중지가 나에게 '내가 일찍이 사명을 받들고 구지산을 지나다 보니, 아흔아홉 개의 샘이 있고 수많은 산들이 빙 둘러싸고 있어 마치 도화원처럼 난세를 피해 은거할 만하더라.' 했다.〔工部侍郞王欽臣仲至謂予曰 吾嘗奉使過仇池 有九十九泉 萬山環之 可以避世如桃源也〕"라고 하였다.

3) 상제를……대한다면 : 주자(朱子)의 〈경재잠(敬齋箴)〉에 "그 의관을 바르게 하고 그 시선을 존엄하게 하며 마음을 고요히 가라앉혀 거처하고 상제를 대하는 듯 경건한 자세를 가져라.〔正其衣冠 尊其瞻視 潛心以居 對越上帝〕"라고 하였다.

4) 숨은……없다 : 《중용(中庸)》에 "숨은 것보다 더 잘 드러나는 것이 없다.〔莫顯乎隱〕"라는 구절이 있다.

惟吾井其不改	오정(吾井)은 바뀌지 않는다네.
一片淸泉	한 조각 맑은 샘은
飮濯攸卜	목을 축이고 갓끈 씻을 것이라 점치네.
安吾井兮	아, 오정(吾井)이여!
不顧黃河之萬斛	만곡(萬斛)[5]의 황하도 돌아보지 않네.
石潭子飮而甘之	석담자(石潭子)[6]가 마셔보니 맛이 달아
書之以銘	명을 쓰노라.

◎ **郡守祈雨記念牌盤銘**

군수기우기념패반명

下民作慝	백성들은 원망하고
上天慳雨	하늘은 비를 내리지 않는데
惟公至誠	오직 공의 지극한 정성이
格于后土	후토(后土)[7]에 이르러
癸甲甘霈	계갑년(癸甲年)[8]에 단비가 내렸네.
伊誰之力	누구의 노력이었던가?
寒者有衣	추운사람들은 옷을 입고
飢者得食	굶주린 사람은 밥을 얻었네.
嗟我父子	아, 우리 부자들
來此同歡	이곳에 와서 다 함께 기뻐하니
其忘其忘	어찌 잊을 수 있겠는가.
銘之以盤	이에 반명(盤銘)[9]을 쓴다.

5) 만곡(萬斛) : 매우 많은 분량을 이르는 말이다.
6) 석담자(石潭子) : 방산 선생의 처음 호이다.
7) 후토(后土) : 땅의 신을 이른다.
8) 계갑년(癸甲年) : 계사년〔1593〕과 갑오년〔1594〕을 아울러 칭하는 말로, 이 두 해에 걸쳐 전국적으로 대기근이 있었는데, 여기서는 대기근 중에 비가 내린 것을 이르는 상징으로 쓰였다.
9) 반명(盤銘) : 그릇 등에 경계하는 글을 새긴 명문(銘文)을 이른다.

3

만사(輓詞)

3

만사(輓詞)[1]

挽宋永克【二首】	**송영극 만사【2수】**
東西風雨急	동서로 세찬 비바람 불어
捲塵屋上茆	초가지붕 다 걷혔네.
飜作千尋濁	끝없이 혼탁한 세상으로 바뀌었으니
不可施分膠	돈독한 교분 베풀 곳 없네.
又	**또 짓다**
惟公能孝敬	공은 효도하고 공경하니
咸頌家道肥	모두 집안 도가 넉넉함을 칭송하였네.
正得淸死了	청빈하게 죽었으니
九原與誰歸	누구와 함께 저승으로 돌아가나?

挽李君龍燮【君英邁而早死】

이용섭 만사【군이 뛰어난 재주를 가지고 요절하였다】

漫筆爲君誄	보잘것없는 글솜씨로 그대의 만사를 지으니
却慙造化翁	조물주에게 부끄럽기만하네.
跖魋何壽貴	도척(盜跖)과 환퇴(桓魋)[2]는 어찌 그리 장수하고 귀하고

1) 만사(輓詞) : 죽은 사람을 애도하는 글로 만장(輓章)이라고도 한다. 만(輓)이란 앞에서 끈다는 뜻으로 만(挽)자와 동일한 글자이다. 상여가 떠날 때 만장을 앞세워 장지로 향한다는 뜻에서 만장이라고 부르며, 망인이 살았을 때의 공덕을 기려 좋은 곳으로 갈 것을 인도하게 한다는 뜻도 담겨 있다.

2) 도척(盜跖, ?~?)과 환퇴(桓魋, ?~?) : '도척(盜跖)'은 중국 춘추 시대 노(魯)나라 사람이다. 노나라 대부(大夫) 유하혜(柳下惠)의 동생으로, 전하는 말로 일찍이

顔冉返夭窮	안자(顔子)와 염자(冉子)[3]는 요절하고 궁핍하였나?
雖占牛崗眹	아무리 명당〔牛崗〕[4]에 무덤을 썼다지만
忍見馬鬣崇	높은 무덤〔馬鬣〕[5]을 어찌 보랴.
衆惜龜算短	뭇 사람들 거북처럼 장수하지 못하는 것 애석하지만
我獨愛蜚雄	나만은 홀로 웅비(雄飛)하는 것을 사랑하네.

挽姜善日【代著】 **강선일 만사【대신 짓다】**

宇內百年人死了	세상에 백년이면 사람이 죽는데

무리 9천 명을 모아 천하를 횡행하고 다니면서 제후를 공격하고 약탈해 나중에 도척으로 불렸다고 한다. 일설에는 황제(黃帝) 때의 대도(大盜) 이름으로, 이 때문에 '도척'으로 불렸다고 한다. '환퇴(桓魋)'는 중국 춘추 시대 송(宋)나라의 대부(大夫)로, 성(姓)은 상(向)이므로 상퇴(向魋)라고도 한다. 공자가 송나라에 가서 제자들과 함께 큰 나무 아래에서 예를 익히고 있는데, 환퇴가 공자를 죽이고자 하여 그 나무를 뽑았다고 한다.

3) 안자(顔子)와 염자(冉子) : '안자(顔子)'는 공자의 제자인 안연(顔淵)으로, 천도가 과연 옳으냐 그르냐 하는 문제이다. 《사기(史記)》〈백이열전(伯夷列傳)〉에 "안연은 빈궁한 생활 속에서 거친 밥도 실컷 먹지를 못하다가 결국은 일찍 죽고 말았다. 하늘이 선인(善人)에게 보답하는 것이 과연 이렇게 하겠는가. 도척은 날마다 무고한 사람을 죽이고 사람의 간을 회쳐서 먹었으며 포악한 행동을 자행하면서 수천 명의 무리를 모아 천하를 횡행하다가 천수를 누리고 죽었다. 하늘은 그에게 무슨 덕이 있기에 이렇게 해 주었는가."라고 하였다. '염자(冉子)'는 공자의 제자 염백우(冉伯牛)로, 《논어》〈옹야(雍也)〉에, 병에 걸린 염백우를 공자가 찾아가서 창문을 통해 손을 잡고 "이 사람이 이런 병에 걸릴 리가 없는데 운명인가 보다. 이런 사람이 이런 병에 걸리다니.〔亡之 命矣夫 斯人也而有斯疾也〕"라는 구절이 있다.

4) 명당〔牛崗〕: 우강(牛崗)은 우강(牛岡)과 같으며, 소가 잠잔 산기슭으로, 명당을 말한다. 《진서(晉書)》〈주방열전(周訪列傳)〉에, 진(晉)나라 도간(陶侃)이 아직 벼슬에 오르지 못했을 때 상을 당하여 장례를 지내려 하는데 집 안에 있던 소가 홀연 사라져 어디에 있는지 알 수 없었다. 소를 찾다가 한 노인을 만났는데 그가 말하기를 "앞산〔前岡〕에 소 한 마리가 움푹한 곳에서 자고 있는 것을 보았는데 그 곳에 장사 지내면 인신(人臣)으로서 가장 높은 지위에 오를 수 있을 것이다."라고 하고, 또 한 산을 가리키며 "이곳은 그 다음이니, 응당 대대로 이천석(二千石)의 벼슬이 나올 것이다."라고 하였다.

5) 무덤〔馬鬣〕: '마렵봉(馬鬣封)'의 준말이다.

潛夫隱德最難諶　은거한 사람 숨은 덕은 가장 믿기 어렵네.
誰知莫狀丹靑處　단청으로 형용할 수 없다는 것 누가 알까?
不愛葬公愛葬心　공을 묻는 것 아깝지 않지만 마음을 묻는 것은 것이 아깝네.

又【代著】　**또 짓다【대신 짓다】**
山水同吾兩家世　우리 양쪽 집에 산수를 함께하고
寅緣兄弟七旬餘　형제의 인연을 맺은 지 70년이 되었네.
九原賢者與歸盡　저승의 어진 사람 누구와 함께 돌아갈까?
後死而今恨不如　후배들 오늘의 한만 못하리.

挽河公漢植【二首】　**하한식 공 만사【2수】**
富貴如雲貧賤樂　부귀는 뜬 구름처럼 여기고 빈천한 삶을 즐겼고
惟公德義是眞豪　오직 공의 덕의는 진정 호걸이었지.
世間甲子無足較　세간에 갑자와는 비교할 수 없이
耕鑿閒情酒眠高　밭 갈고 우물 파며 한가로이 술 마시고 편안히 잠잤지.

又　**또 짓다**
壽不逾年仁不信　어진 사람이 오래 산다는 말[6] 믿지 못하겠네.
胡爲神道反參差　어찌 신의 도가 도리어 어긋났나?
明日送君丹旆去　내일 붉은 깃발 앞세우고 그대를 전송할 것이니
迦藍何處更來儀　어느 곳 사찰로 다시 오려나?

挽金泰沃【二首, 金君 不幸早死】
김태옥 만사【2수, 김군이 불행하게도 일찍 죽었다】
奈何一疾遽爲酷　어찌 병이 이렇게 혹독한지
天上人間各抱愁　천상이나 사람들 모두 근심을 품었네.

6) 어진……말 : 《논어》 〈옹야(雍也)〉에 "어진 사람은 장수한다.〔仁者 壽〕"는 구절을 인용한 것이다.

屈指契交知幾歲　손꼽아 보니 몇 해나 사귀었는지 아는가?
與君一見許春秋　한 번의 만남으로 망년지우(忘年之友)[7]를 허락했지.

又　**또 짓다**

胡爲神道還多錯　어찌하여 신의 도가 어긋났나?
福善壽仁惣是虛　선하면 복 받고 어질면 장수한다는 것 모두 거짓이네.
何忍將來埋玉璧　그대의 장례를 어찌 참을까?
我今欲作問天書　지금 하늘에 편지를 써 이유라도 묻고 싶네.

挽曺君官五【不幸早死】

조관오 만사【불행하게도 일찍 죽었다】

鐵甕城南賣醬翁　철옹성 남쪽 장 파는 늙은이
狵眉如雪氣如虹　눈썹은 삽살개 털처럼 희고 기운은 무지개 같았지.
此行不是少年路　이 길은 젊은이가 가야 하는 길이 아닌데
我欲問天天故聾　일부러 못 듣는 체 하는지 하늘에 물어보네.

挽金儀喆【二絕】　**김의철 만사【2수】**

牧友云亡未題挽　소꼽친구 죽었지만 만사도 짓지 못한 채
今朝又哭送君柩　오늘아침에 곡을 하고 그대의 관을 전송하네.
去年四月葬家兄　작년 4월 형님의 장례식에
强疾來臨勤左右　병을 무릅쓰고 와서 힘써 도왔지.

挽丹邱崔主生　**단구 최주생 만사**

恒河洗盡古今沙　항하(恒河)[8]로 고금의 모래를 다 씻어내고

---

7) 망년지우(忘年之友) : 나이에 거리끼지 않고 허물없이 사귄 벗을 이른다.

8) 항하(恒河) : 인도(印度)의 갠지스 강을 한역(漢譯)하여 항하(恒河)라 하는데, 불경에서 많은 수량을 말할 때 흔히 항하의 모래에 비유하곤 한다. 《금강경(金剛經)》〈일체동관분(一切同觀分)〉에 "수보리야, 너는 어떻게 생각하느냐? 저 하나의 항하에 모래가 있고 그 모래의 수만큼 많은 항하가 있는데, 그 모든 항하에 있는 모래 수만큼의 부처님 세계가 있다.〔如一恒河中所有沙 有如是沙等恒河 是諸恒河

死了于淸道不奢　맑은 도에서 죽어 사치스럽지 않았네.
華堂幃幕依前靜　화려한 집 비단 장막 여전히 고요한데
南北東西莫止些　사방에 머물 곳 없네.

挽主事族丈允明　집안 어른 주사 윤명 만사

邵德高齡古所稀　옛날에 드물다는 높은 덕과 연세는
今朝誰謂丈人非　오늘 아침 어르신을 두고 했던 말이 아닌가?
晩生終此無歸宿　노년에 끝내 돌아가 쉴 곳이 없으니
盡日惘然望翠微　종일 멍하니 푸른 산만 바라보네.

挽車公　차공 만사

餘子紛紛何足道　다른 사람들 분분한 말 무엇을 말할까?
古人風範惟公存　고인의 풍범이 그대에게 남았네.
晩生自此將安放　만년은 지금부터 편안하고
痛哭臨門日欲昏　통곡하며 문에 도착하니 해는 저물어가네.

挽圓明宋和尙【二首】

원명 송화상[9] 만사【2수】

聞道上人已化去　듣자하니 상인(上人)[10]이 이미 입적하였다는데
世間遊戱草晞輕　세상에서 노닐다가 풀처럼 말라 가벼워졌네.
不知此淚從何出　눈물은 어디서 나는가?
自愧吾生未忘情　내 삶에 잊지 못하는 정이 부끄럽네.

又　또 짓다

天肇當時倫有五　하늘은 오륜(五倫)[11]을 두었는데

所有沙數佛世界]"라는 구절이 있다.

9) 송화상 : '화상'은 승려를 뜻하는 말로, 당시 조계사 주지였다.

10) 상인(上人) : 승려를 높여 이르는 말이다.

11) 오륜(五倫) : 유교에서 실천 강목으로 이르는 다섯 가지의 인륜(人倫). 곧, 부자(父

千紅萬綠誤經綸　온갖 세상의 변화로 경륜에 어긋났네.
我聞佛法善因果　부처의 법은 인과법(因果法)[12]이라고 하니
往復他年更覓眞　다른 해에 윤회하여 진리를 찾으시오.

挽族侄善父【公早孤不學 耕鑿作業 爲人孝友忠信 此本其性然 年七十一以卒 子孫甚衆 而皆業農守分】

족질 선보[13] 만사

【공은 일찍 고아가 되어 배우지 못해 농사를 업으로 삼았다. 사람됨이 효성스럽고 우애하고 충성하고 믿음직하였으니 이는 타고난 본성이었다. 나이 71살에 죽었는데 많은 자손들이 농업을 분수로 여겼다】

耕鑿自家業　농사를 업으로 삼아
貧淸不改歡　청빈함을 즐겨 바꾸지 않았네.
田水同心白　논 물은 마음같이 맑고
庭梅保骨寒　뜰 매화는 찬뼈를 보존하네.
與人盡忠信　남과는 충성과 믿음을 다하고
遺子以分安　자식들에게 분수에 편안한 마음 남겼네
孰謂不學己　누가 그를 배우지 않았다고 할까?
能使不學己　배우지 않아도 능하였네.

挽朴直員鎭驥　직원 박진기 만사

自公早爰居　공이 일찍이 살고부터
德敎猶自餘　덕교는 오히려 넉넉하였다.
不春流俗臼　시속에 몰두하지 않고

子) 사이의 친애(親愛), 군신(君臣) 사이의 의리(義理), 부부(夫婦) 사이의 분별(分別), 장유(長幼) 사이의 차서(次序), 붕우(朋友) 사이의 신의(信義)를 이른다.

12) 인과법(因果法) : 모든 일은 원인에서 발생한 결과이며, 원인이 없이는 아무것도 생기지 않는다는 법칙을 이른다.

13) 선보 : 어느 조카인지 명확하지는 않지만 자(字)인듯하여 '선보(善父)'라고 발음하였다. 여기서 '父'는 남자의 미칭으로 '보'로 발음하며 甫 · 夫와 통용된다.

所止古人書　　옛 사람들의 책에 머물렀네.
誰歎龍蛇夢　　누가 용사(龍蛇)의 꿈[14]을 탄식하나?
我泣馬牛裾　　나는 예의도 모르는 사람처럼 우네.[15]
欲瞻眞面目　　그대의 진면목이 보고 싶어
月落夜樑虛　　달은 한밤 텅 빈 들보[16]로 지네.

挽金象坤氏　　김상곤 만사

我公氣度古今稀　　우리 공의 기운은 고금에도 드물고
老大精神秋月輝　　그대의 정신은 가을빛처럼 빛나네.
異代樽深栗里菊　　시대를 달리한 술잔엔 율리의 국화가 떠 있고
幾年春採首陽薇　　몇 년이나 봄에 수양의 고사리를 캤나?
世間事業遺何處　　세상 사업은 어느 곳에 남겼나?
風下吾生失所歸　　바람아래 나의 삶은 돌아갈 길 잃었네.
天道從來惟福善　　천도는 원래 선한 사람에게 복을 내리는데
那知此日哲人非　　오늘 철인(哲人)이 잘못되었다는 것을 어찌 알까?

---

14) 용사(龍蛇)의 꿈 : 십이지(十二支)의 진년(辰年)과 사년(巳年)으로, 사람이 죽는 액운이 든 해를 말한다. 후한(後漢)의 정현(鄭玄)이 병으로 관직을 그만두고 집에 돌아와서 지내는데, 하루는 꿈에 공자가 나타나서 "일어나라! 일어나라! 올해는 진년이고 내년은 사년이다."라고 했다. 이에 꿈에서 깨어 참술(讖術)로 맞추어 보고 자신의 목숨이 다할 줄 알았더니, 얼마 후에 세상을 떠났다고 한다.

15) 나는……우네 : 원문의 '馬牛裾'는 '마우금거(馬牛襟裾)'의 준말로, 옷을 걸친 말과 소처럼 도리와 예의를 모르는 사람을 기롱하는 말이다. 여기서는 예를 잃을 정도로 지나치게 슬퍼함을 이르는 말이다.

16) 텅 빈 들보 : 원문의 '樑虛'는 '산퇴양최(山頹梁摧)'와 같은 말로, 훌륭한 스승이 죽은 것을 의미한다. 《예기(禮記)》 〈단궁 상(檀弓上)〉에, 옛날 공자(孔子)가 아침 일찍 일어나 뒷짐을 지고 지팡이를 끌고 문 앞에 한가로이 노닐며 노래하기를 "태산이 무너지고 대들보가 꺾이고 철인(哲人)이 죽겠구나.〔奉山其頹乎 梁木其摧乎 哲人其萎乎〕"라고 하였는데, 그 후 곧 별세하였다. 여기에서 연유하여 스승의 죽음을 의미한다.

挽金象坤氏【代作】 김상곤의 만사【대신 짓다】

知公厭世濁	공께서 세상 혼탁함 싫어하시는 것 알았지만
豈料遽尋眞	어찌 이렇게 빨리 돌아가실 줄 알았으랴.
誰作詩中傑	누가 시 짓는 호걸이 될까?
更無席上珍	다시 자리에 보배가 사라졌네.
屋樑獨留月	집에는 달빛만 남아 있고
棣園空自春	텅 빈 체원은 절로 봄이네.
平生道不得	평생 표현하지 못하다가
題挽淚沾巾	만사를 지으며 흘린 눈물 수건을 적시네.

輓金相坤氏【代作】 김상곤 만사【대신 짓다】

忽聞公不淑	공께서 돌아가셨다는 말을 듣고
更想氣度寬	그대의 넉넉한 기상과 도량을 생각하네.
賢聲連棣蕚	형제들도 모두 훌륭하다 이름났고
福慶繞芝蘭	복되고 경사스럽게도 아들들 두었네.
詩思貧益壯	시상은 가난할수록 더욱 뛰어났고
福儀老未闌	복된 모습은 늙어도 사그라들지 않았네.
道德山前路	도덕산 앞 길로
行人淚相看	길가는 사람들 모두 눈물 흘리네.

挽戚朴祉昊 친척 박지호 만사

忽聞公不淑	갑자기 공의 죽음을 듣고
却憶許多眞	진실인가 의심했네.
業有惟帳墨	학업은 휘장 속 그을음만 남아 있는데[17]

17) 학업은……있는데 : 《순정몽구(純正蒙求)》〈군실침원순인장묵(君實枕圓純仁帳墨)〉에, 북송의 재상 범중엄(范仲淹)이 젊어서 주야로 학업을 익히느라 휘장 꼭대기가 촛불의 그을음으로 먹빛이 되었는데〔其帳頂如墨色〕 그가 귀하게 되자 귀부인이 자손들에게 보여주면서 "너의 아버지가 어렸을 때 부지런히 공부하느라 등불 그을음이 남은 흔적이다.〔此汝父少時勤學燈烟跡也〕"라고 했다는 고사가 전한다.

樂深棣園春	즐거움은 깊은 체원(棣園)[18]의 봄이었네.
雖居明宋季	비록 명나라와 송나라의 말미에 살았지만
無愧羲皇人	희황씨(羲皇氏)[19]에게도 부끄럽지 않네.
此來執紼泣	상여끈 부여잡고 우는 것은
非獨爲其親	친척이라서만은 아니라네.

挽崔景烈【庚午 五月】

최경열 만사【경오년〔1930〕 5월】

遊戱能復幾	언제 다시 함께 놀 날이 있을까?
題挽淚濕毫	만사 지으니 떨어지는 눈물이 붓끝을 적시네.
逸氣揚鷹隼	빼어난 기운은 용맹하게 드날렸고
高風倒傑豪	높은 풍모는 호걸들도 감복시켰지.
春秋愛左穀	《춘추》는 좌씨전(左氏傳)과 곡량전(穀梁傳)[20]을 좋아했고
朋友慕哀桃	벗들은 어여쁜 복사꽃이 시든 것을 애모하네.
水盡人不見	물은 다하였는데 사람은 보이지 않고
但聞浪花淘	다만 물거품에 씻기는 소리만 들려오네.

挽宋子善	**송자선 만사**
近來多惡報	근래 나쁜 소식 많더니
太半自山南	대부분 산남(山南)에서 들려왔네.
慈德金翁沒	인자한 덕 가진 김옹(金翁)이 돌아가시니
高風牧友龕	고아한 벗들 이를 감당할까?

18) 체원(棣園) : '棣'는 형제를 이르는 말로, 여기서는 형제들이 함께 노닐던 정원을 이른다.

19) 희황씨(羲皇氏) : 상고 시대 성황(聖皇)인 복희씨(伏羲氏)를 가리키는데, 도연명이 일찍이 스스로 희황상인(羲皇上人)이라고 했던 데서 온 말이다.

20) 좌씨전(左氏傳)과 곡량전(穀梁傳) : 역사가인 좌구명(BC 556~BC 451)이 지었다. 《춘추좌씨전(春秋左氏傳)》은 중국 춘추시대 말기 노나라의 《곡량전(穀梁傳)》은 중국 노나라 때에, 곡량적(穀梁赤)이 유교의 경전인 《춘추》를 주석한 책으로, 《춘추좌씨전》, 《공양전(公羊傳)》과 함께 '춘추삼전(春秋三傳)'이라 불린다.

奪賢天果忍　어진 사람 빼어간 하늘은 잔인하고
埋玉地應慚　옥을 묻으니〔埋玉〕[21] 땅은 응당 부끄럽네.
公又空群去　공이 또 공연히 모두를 떠나가니
此懷政不堪　이 회포 견디기 어렵네.

挽朴司果尙溫丈　사과[22] 박상온 어른 만사

公亦厭世溷　공도 세상의 혼탁함을 싫어하더니
題挽素秋高　가을에 만사를 짓네.
俯仰心無怍　천지에 부끄럼이 없고
老窮氣益豪　늙고 가난해도 기상은 더욱 호탕하였네.
得喪同醒醉　득실에도 함께 취하고 깨었고
浮沈任風濤　부침에도 바람과 물결에 내맡겼네.
曲形從此去　굽은 몸 이제 떠나가면
何處著焄蒿　어디에서 훈호(焄蒿)[23]를 드러낼까?

挽李直員克善　직원[24] 이극선 만사

擧世駸駸南北走　온 세상 바삐 출세하느라 남북으로 내달릴 때도
惟公憂道不憂貧　공만은 도를 근심하고 가난을 근심하지 않았지.
寬柔儀範終師古　너그럽고 부드러운 의범은 끝내 옛사람을 스승 삼았고
慷慨雄懷老益新　강개하고 웅건한 회포는 늙을수록 더욱 새로웠지.

---

21) 옥을 묻으니〔埋玉〕: 재주가 있는 사람을 묻는다는 뜻이다. 《세설신어(世說新語)》 〈상서(傷逝)〉에, 진(晉)나라 유량(庾亮)이 땅에 묻힐 즈음에 하충(何充)이 "옥수를 땅속에 묻으니, 사람의 슬픈 정을 어찌 억제할 수 있으리오.〔埋玉樹箸土中 使人情何能已已〕"라는 구절이 있다.

22) 사과 : 조선 시대 5위에 있던 정6품 무관직을 이른다.

23) 훈호(焄蒿) : 《예기(禮記)》 〈제의(祭義)〉에서 인용한 말로, "그 기운은 위로 발양(發揚)하여 혼령이 밝게 나타나고 향기가 피어올라 두렵고 숙연하게 하니, 이것이 백물의 정이다.〔其氣發揚於上 爲昭明 焄蒿悽愴 此百物之精也〕"라고 하였는데, 정현(鄭玄)의 주(注)에 "훈은 향취이고, 호는 향기가 위로 피어오르는 모양이다.〔焄謂香臭也 蒿謂氣蒸出貌也〕"라고 하였다.

24) 직원 : 향교나 경학원의 직임, 또는 그 직임을 맡고 있는 사람을 이른다.

地不尋常鍾有氣　땅에서 비상한 기운 모였더니
天胡忍此巷無人　하늘은 어찌 잔인하게 고을에 사람 없게 하는가?
欲求彷佛那由得　공과 같은 사람 구하려도 찾을 수 없어
題罷哀篇淚滿巾　만사를 다 쓰고 나니 수건에 눈물이 가득하네.
世下生 晉陽後人 姜時中 謹再拜 哭挽
세하생 진양 후인 강시중은 삼가 두 번 절하고 울면서 만사를 짓다.

挽朴振浩【朴君 不幸早死】

박진호 만사【박군이 불행하게도 일찍 죽었다】

生可爲天死亦爲　삶도 죽음도 하늘이 하는 것이니
洪均賦命奈乎私　하늘로부터 부여받은 목숨을 어찌 사사로이 할 수 있나?
顏三十數如元定　30살을 산 안자(顏子)[25]의 수명은 원래 정해진 것이고
彭八百朞是所奇　800년을 산 팽조(彭祖)[26]의 수명은 기이하네.
我欲問天將質了　나는 하늘에 묻고 싶으니
君須從地更何之　그대는 어디로 갔는가?
尋常懷抱今朝惡　심상한 회포는 오늘 아침에 좋지 않으니
憐此交情不獨悲　가련하다. 사귐의 정, 홀로 슬퍼하지 않을까?

挽教授李敬律　교수 이경율 만사

我自西還公自北　나는 서쪽에서 공은 북쪽에서 왔는데
題挽忽憶舊時遊　만사를 지으며 예전 노닐던 때를 추억하네.
古書歸讀桐山夜　고서를 읽는 동산(桐山)의 밤이오,
晩菊釀來栗里秋　가을 국화주 익는 율리(栗里)의 가을이라네.

---

25) 안자(顏子) : 공자의 제자 안회(顏回, BC 513~BC 482)를 이르는 말로, 그가 가난하여도 즐거움을 잃지 않은 데서 안빈낙도(安貧樂道)하는 선비를 이르는 말로 썼다.
26) 팽조(彭祖) : 요(堯) 임금 때부터 은(殷)나라 말기까지 800년을 살았다는 전설상의 인물이다.

衣冠明俗今猶在　예교(禮敎)의 밝은 풍속 지금도 남아 있고
心相絳河更洗流　마음은 은하수로 씻은 듯 깨끗했지.
壽享百年堪不足　백년을 장수해도 부족한데
胡爲天道反爲尤　어찌 하늘의 도는 도리어 어긋났나.

挽金公五衛將三柱 오위장[27] 김삼주 만사

公在人間知幾秋　공이 인간 세상에 있은 지 몇 년인가?
旱田甘雨濟川舟　마른 밭에 단비처럼 내를 건너는 배가 되었네.
無違敦篤方稱意　어김없는 돈독함은 뜻과 걸맞았고
有病博施不解憂　병 있어도 널리 베풀며 근심 풀지 않았네.
山山相傳殆泯滅　산마다 전하는 소문 거의 사라지고
紛紛刻石頌歌謳　어지러이 비석에 새겨 그를 노래하네.
荒原痛哭非吾事　거친 들에서 통곡함은 나의 몫이 아니지만
遺恨南州盛德休　남쪽 고을에 훌륭한 덕 사라지는 것 한스럽네.

又　또 짓다

短折盛年猶可惜　일찍 죽은 것도 애석하고
況君賦性徹皮眞　타고난 그대의 품성 속속들이 진솔하였네.
近來懷抱頗多惡　요사이 나의 회포 나쁜 것이 많으니
幾度送人渡暮津　몇 번이나 사람을 전송하러 저문 나루 건넜나?

挽朴祉昊【代著】　박지호 만사【대신 짓다】

公在人間知幾年　공이 세상에 산지가 몇 년인가?
棣園春深兄弟樂　체원의 깊은 봄 형제들 즐겼네.
林泉依舊誰爲主　숲은 변함 없는데 누가 주인인가?
詩禮從今獨自傳　시와 예를 지금부터 홀로 전하게 되었네.

---

27) 오위장 : 조선 시대에, 오위의 군사를 거느리던 장수. 종이품의 관원으로 12명을 임명하였는데, 임진왜란 뒤에 정삼품으로 하고 인원도 15명으로 늘렸으나 실권은 훈련도감에 빼앗겼다.

嗚呼儀範於何得　아, 의범(儀範)[28]을 어디에서 얻을까?
水碧山長倚暮煙　푸른 물과 긴 산은 저무는 안개에 의지하고 있네.

挽孔貞浩氏【庚午 六月】

공정호 씨 만사【경오년(1930) 6월】

冉冉百年能幾許　백년의 세월 얼마나 되나?
饑飫窮達此中催　주림과 배부름, 그리고 궁달이 이곳에서 재촉하네.
長金圖伯都歸夢　부귀와 출세가 모두 꿈속으로 돌아가고
辟穀逐貪惚可哀　곡식도 먹지 않고 탐욕도 물리쳤으니 슬프다.
惟有仁人名不死　오직 어진사람의 명예는 사라지지 않고
自求君子福無回　스스로 군자를 구하였으니 복을 되돌릴 수 없네.
我公淸德於焉沒　우리 공의 맑은 덕 이제는 묻혔으니
題送荒詞自往廻　거친 글이라도 지어 보내며 스스로 오가네.

輓詞　만사

述來先烈褒其美　선열들을 기술하여 아름다움을 기리고
貽去後謨誡亦深　돌아가시고 후진들에게 끼친 꾀는 더욱 깊네.
胸中多少從何說　가슴에 담은 많은 이야기를 어디에서 말할까?
題罷短篇淚滿襟　짧은 글을 짓고 나니 옷깃에는 눈물이 가득하네.
公與吾親年比肩　공과 저의 부친은 나이가 비슷하고
其何厭世在斯年　어찌 염세(厭世)[29]가 이 해에 있었는가?
孝友家聲世所欽　효성과 우애로운 집안의 소문은 세상에서 부러워하고
惟公福慶更林林　우리 공의 복되고 경사스러움이 다시 무성하네.
我謂仁人能必壽　나는 어진 사람은 오래 산다고 생각했었는데
胡爲神道反難堪　어찌 신의 도는 반대이니 견디기 어렵네.

---

28) 의범(儀範) : 예의범절의 본보기를 이른다.
29) 염세(厭世) : 임금의 승하를 이르는데, 여기서는 세상을 떠난 상대를 이른다.

挽朴祐根	**박우근 만사**
梓桑山水好家居	재상(梓桑)[30]의 산수 좋은 집에 살았고
孝弟傳承業有餘	효도와 공경을 전승한 가업이 넉넉하였네.
舊日詩書歸俗物	그대가 예전 읽던 시서(詩書)는 속물로 돌아갔고
多年風雨愛吾廬	오랜 비바람에도 자신의 집을 아꼈지.[31]
與誰想像濂溪月	이젠 누구와 염계(濂溪)의 달을 상상하고
無復共荷栗里鋤	다시는 율리에서 함께 호미 멜 사람 없네.
我哭送君三世去	곡을 하며 삼세(三世)[32]를 떠나는 그대를 보내니
白頭後死愧何如	늙어 죽은 뒤 부끄럼을 어찌할까?

挽朴祐根【代著】	**박우근 만사【대신 짓다】**
門千戶萬今何世	수많은 집들이 있는 지금은 어느 세상인가?
風驅釋莊波翟朱	바람처럼 부처와 장자(莊子)[33], 양주(楊朱)[34]와 묵적(墨

30) 재상(梓桑) : 뽕나무와 가래나무로, 옛날에 부모가 집 주위에 심어서 자손에게 남겨 양잠(養蠶)과 기용(器用)에 쓰도록 한 것이다. 《시경(詩經)》 〈소아(小雅) 소반(小弁)〉에 "뽕나무와 가래나무도 반드시 공경해야 한다.〔維桑與梓 必恭敬止〕"라는 구절이 있다.

31) 자신의……아꼈지 : 도잠(陶潛)의 시 〈독산해경(讀山海經)〉에 "초여름에 풀과 나무 무성하게 자라나서, 집을 에워싸고 나뭇가지 우거졌네. 새들도 깃들 곳이 있어서 좋겠지만, 나도 내 오두막을 사랑한다오.〔孟夏草木長 繞屋樹扶疎 衆鳥欣有托 吾亦愛吾廬〕"라는 구절이 있다.

32) 삼세(三世) : '세(世)'는 격별(隔別) 천류(遷流)의 뜻이니, 시간성을 말한 것이다. 불교에서는 흔히 과거(過去) · 현재(現在) · 미래(未來)를 이른다.

33) 장자(莊子, BC 369~BC 289) : 중국 고대 도가(道家)의 사상가로, 이름은 주(周)이다. 송(宋)에서 태어나 맹자와 동시대에 노자를 계승한 것으로 알려져 있지만 그 실재성은 의심스럽다.

34) 양주(楊朱, BC 440?~BC 360?) : 자가 자거(子居)라는 설이 있으며, 그 전기는 명확하지 않고 겨우 《장자》《열자》에 그 언행이 남아 있을 정도이다. 맹자가 "양주 · 묵적(墨翟)의 말이 천하에 충만하였다"라고 그 이단성(異端性)을 지적한 것으로 미루어, 당시 이 학파는 대단히 융성한 것 같다. 중심사상은 자기 혼자만이 쾌락하면 좋다는 위아설(爲我說), 즉 이기적인 쾌락설인데, 지나침을 거부하고 자연주의를 옹호하였다. 이것은 노자사상(老子思想)의 일단을 발전시킨 주장이었다.

翟)[35]을 몰아냈네.

白上山頭埋玉樹　백상산 꼭대기에 그대를 묻으니
不知誰是聖人徒　성인의 문도임을 누가 알까?

挽巴山李公　파산 이공 만사

肇夏曾聞調度愆　초여름 건강이 좋지 않다는 말을 들었는데
秋來誰道夢嗟賢　가을에 꿈속처럼 그대 돌아가셨다 말하였네.
書中不死春秋義　글 속에 춘추(春秋)의 의리[36]는 사라지지 않고
亂裏全生二十年　난리 속에서도 20년을 온전히 살았네.
孝友家聲傳世業　효도와 우애로 집안의 가업을 전하였고
衣冠儀範繞林泉　선비의 귀감은 임천(林泉)을 둘렀네.
百回執紼無留得　구불구불 상여줄 머물 곳 없는데
水碧天長倚暮煙　물은 푸르고 하늘은 넓은데 저녁연기에 의지하네.

又代作　또 대신 짓다

痛哭天何意　통곡하니 하늘의 뜻은 무엇인가?
忽驚長者亡　갑자기 어르신 돌아가셨단 소식에 놀랐네.
無復古遺直　다시 옛날 어질든 곧은 풍도 없으니
有誰今最良　지금 누가 가장 어질까?
辱親嗣兄弟　욕되게도 형제 같은 의리를 이어
誨禮講漢唐　예를 가르치고 한(漢) · 당(唐)[37]을 강론하였지.

---

35) 묵적(墨翟, BC 480?~BC 390?) : 전국 시대의 사상가이자 병법가(兵法家)로 널리 알려져 있다. 전국 시대에는 제자백가(諸子百家)라고 할 만큼 많은 사상가들이 출현해서 제각기 활약을 펼쳤는데, 묵자는 당시로서는 드물게 겸애(兼愛)와 평화주의를 제창한 독특한 인물이었다.

36) 춘추(春秋)의 의리 : 《춘추》에서 강조한 주(周)나라를 존숭하고 오랑캐를 물리치자는 '존주양이(尊周攘夷)'의 의리를 말한다. 여기서는 명나라를 존숭하고 청나라를 배척하는 '존명배청(尊明排淸)'의 의리를 말한다.

37) 한(漢) · 당(唐) : 당시에 유행하였던 학문은 문학을 이른다. 《구사당집》 권2 〈이눌옹에게 드림〔與李訥翁〕〉에 "사사로이 생각하기를, '학문을 하려면 정주(程朱)를 배우고 문학을 하려면 한당(漢唐)을 배우는 것이 좋다.'고 여겼습니다.〔私竊以爲

未能來執紼　　상여줄 잡지 못하지만
題挽淚盈裳　　만사를 지으니 바지에 눈물만 가득하네.

挽五衛將曺公德承氏

오위장[38] 조덕승 만사

少來交契多先子　어려서부터의 교분은 선친들 보다 깊어
老去深情愛後生　늙을수록 깊은 정으로 후손들 아꼈네.
物外田園傳世業　세속 밖 전원에서 가업을 전하고
隱中山水住精英　산수에 은거하며 정영을 머물렀네.
沙溪一曲誰爲主　사계(沙溪)의 한 굽이 누가 주인이 될까?
康節三平已逸氓　소강절(邵康節)[39]과 삼평(三平)[40]도 은거한 사람 되었네.
八五高齡何所恨　85살 고령에 무엇이 한스러울까마는
衣冠不復見崇禎　숭정(崇禎)의 선비[41] 다시 만나지 못하는 것 애석하네.

又代著　　또 대신 짓다

嗚呼公葬先夫子　아, 공을 선영에 장사지내니
豈謂今朝執紼來　누가 오늘 상여줄 잡을 줄 생각이나 했을까?
瀟灑雲林空自靜　쓸쓸한 구름 낀 숲은 공연히 절로 고요한데
荒凉竹逕爲誰開　황량한 대숲 길을 누가 열었나?
風流不乏酣陶菊　풍류는 줄지 않아 국화주 즐겼네.

爲學學程朱 爲文學漢唐善矣〕"라는 구절이 있다.

38) 오위장 : 조선 시대의 군직(軍職)으로, 오위의 으뜸 벼슬이다. 초기에는 종2품관 12명을 두어 그때 그때 각 위를 나누어 맡아 통솔하게 하였으며, 모두 다른 관직이 이를 겸직하였다.

39) 소강절(邵康節, 1011~1077) : 중국 송(宋) 나라 인종(仁宗) 때의 학자로, 이지재(李之才)에게 천문(天文)과 역수(易數) 등을 배우고, 도가사상의 영향을 받아 유교의 역철학(易哲學)을 발전시켜 특이한 수리철학(數理哲學)을 완성하였다.

40) 삼평(三平) : 중국 명(明)나라의 마삼(馬森) · 정효(鄭曉) · 주연(周延)으로, 모두 옥사(獄事)를 잘 처리 하였기 때문에 '세 공평한 사람〔三平〕'이라고 이른다.

41) 숭정(崇禎)의 선비 : 조선의 선비들이 섬기든 명나라가 오랑캐로 불리던 청에게 망하자 더 이상 벼슬길에 나아가지 아니하고 은둔해 버린 선비를 일컫는 말이다.

忠孝何曾讓老萊	충효는 어찌 노래자(老萊子)[42]만 못할까?
眞率威儀從此玉	그대의 진솔한 위엄 있는 몸가짐은 이제 묻고[43]
殲歌起處客心灰	장송곡 들려오는 곳에 나그네 마음 슬프네.

挽族侄基彦【甲戌 十一月 六日】

집안 조카 기언 만사【갑술년(1934) 11월 6일】

同堂親誼又同年	집안의 친밀한 정의가 있고 또 나이도 같았는데
竹馬舊遊爭後先	죽마고우(竹馬故友)[44]로 선후를 다투었네.
白首耕田歡養母	백발이 되도록 농사지으며 부모님 봉양하고
赤貧到骨不違天	뼈에 스미는 가난에도 천명을 어기지 않았네.
楓橋氷結君何去	풍교(楓橋)에 얼음 얼었는데 그대는 어디로 가는가?
花樹春殘我自憐	꽃나무에 봄이 지나가니 절로 가련하네.
莫作歸程懷抱惡	돌아가는 길 나쁜 마음 품지 마오.
孫承子繼更綿綿	자손들은 끊이지 않고 이어질거라오.

挽議官鄭碧我　　의관 정벽아 만사

我公不淑眞耶夢	공께서 돌아가셨다니 정말인가?
豈忍把毫題誄辭	어찌 붓을 들어 만사를 쓸까?
憂患相將三十稔	걱정하며 지낸지 30년
風流酬酌幾多時	풍류에 술잔을 기울인 것이 몇 년이던가?
經綸違世曾沒酒	경륜이 세상과 어긋나 술에 빠져 살았고

42) 노래자(老萊子, ?~?) : 춘추 시대 초(楚)나라 효자이다. 효성으로 어버이를 받들어 일흔의 나이에 아이의 놀이를 하고 색동옷을 입었으며, 물을 떠 가지고 당(堂)에 오르다가 거짓으로 넘어져 땅에 엎어져서 어린아이 울음소리를 내어 어버이를 기쁘게 했다.

43) 이제 묻고 : '옥(玉)'은 '매옥(埋玉)'의 준말로, 자질이 뛰어난 사람의 죽음을 안타까워하는 것을 이른다. 《세설신어(世說新語)》 〈상서(傷逝)〉에, 진(晉)나라 유량(庾亮)이 땅에 묻힐 즈음에 하충(何充)이 "옥수를 땅속에 묻으니, 사람의 슬픈 정을 어찌 억제할 수 있으리오.〔埋玉樹於土中 使人情何能已已〕"라는 구절이 있다.

44) 죽마고우(竹馬故友) : '대나무 말을 타고 놀던 옛 친구'라는 뜻으로, 어릴 때부터 가까이 지내며 자란 친구를 이르는 말이다.

○○○○[45]晚託詩　만년에는 시에 의탁하였네.
山水知音從此絕　산수의 지음(知音)[46] 이제 사라졌으니
白頭來哭恨何其　늙어 곡을 하니 한스러움을 어찌할까?

挽李景振　이경진 만사

嗟公清德清於水　아, 공의 맑은 덕은 물보다 맑고
晦迹韜光了一生　평생 자신을 드러내지 않았네.
顏氏簍空安素分　안씨(顏氏)는 가난하였지만[47] 분수에 편안하고
韓康隱市葆身名　한강(韓康)[48]은 시장에 숨어 살면서 몸을 보존하였네.
中天風雨無時霽　하늘에서 내리는 비는 수시로 개고
下世衣冠最老成　세상의 선비들 가운데 가장 노성하였네.
太上忘情吾不信　태상에는 정이 없다는 말 믿지 못하고

---

45) ○……○ : 원문이 누락되었다.

46) 지음(知音) : 자신을 알아주는 벗을 이른다. 《열자(列子)》〈탕문(湯問)〉에, 춘추 시대(春秋時代) 백아(伯牙)가 거문고를 타면서 고산(高山)에 뜻을 두자 종자기(鍾子期)가 "높디 높기가 마치 태산과 같도다!〔峨峨兮若泰山〕" 하였고, 또 유수(流水)에 뜻을 두자 "넓고 넓기가 마치 강하와 같도다!〔洋洋兮若江河〕"라는 구절이 있다. 지음(知音)의 벗인 종자기가 죽자 백아는 거문고 소리를 들을 사람이 없다 하여 거문고의 줄을 모두 끊고 다시는 연주하지 않았다.

47) 안씨(顏氏)는 가난하였지만 : 안씨(顏氏)는 공자의 제자인 안회(顏回)를 이른다. 《논어(論語)》〈옹야(雍也)〉에, 공자(孔子)가 "어질도다, 안회여. 한 도시락밥과 한 표주박 음료로 누추한 시골에서 사는 것을, 다른 사람은 그 고통스러움을 견디지 못하거늘, 안회는 도를 즐기는 마음을 고치지 않으니, 어질도다, 안회여.〔賢哉回也 一簞食 一瓢飮 在陋巷 人不堪其憂 回也不改其樂 賢哉回也〕"라는 구절이 있다.

48) 한강(韓康, ?~?) : 후한 경조(京兆) 패릉(霸陵) 사람으로, 일명 염휴(恬休)고, 자는 백휴(伯休)다. 집안이 대대로 저명했다. 명성을 피해 장안(長安)에서 30년 동안 약을 팔았는데, 값을 깎아주는 일이 전혀 없었다. 이로써 이름이 세상에 알려지자 이를 한탄하며 패릉(霸陵) 산속으로 들어가 은둔했다. 박사공거(博士公車)가 연이어 불러도 나가지 않았다. 환제(桓帝)가 안거(安車)를 보내 부르자 부득이하여 안거를 사양하고 스스로 시거(柴車)에 탄 채 먼저 출발했다. 그리고는 도중에 숨어버렸다. 그리하여 은둔하는 고사(高士) 또는 약재를 캐거나 파는 사람을 일컫는 말로도 통하게 되었다.

哀詞題罷自霑纓 슬픈 만사가 끝나니 눈물이 옷깃을 적시네.

挽金丈鎭杓 김진표 만사

海岳南天摧柱峰 남쪽 하늘 해악(海岳)은 봉우리가 꺾이고
千家鳴杵不相春 수많은 집 방아찧는 소리 들리지 않네.
詩書敎雨霑先澤 시서(詩書)의 가르침 선현의 은택에 젖고
孝悌高風驅俗慵 효도와 공경의 높은 풍모 나약한 풍속을 몰아내네.
百里歌謠歸世德 백리의 노랫소리 세속의 덕을 되돌아오게 하고
九原賢者與誰從 저승 가는 어진 사람 누구와 노닐까?
此來痛哭非公惜 이곳에서 통곡함은 그대 위한 애석함이리니
鄕國威儀失舊容 고향의 위의는 옛 모습을 잃었네.

挽李鍾勳【九月 十五日】

이종훈 만사【9월 15일】

碧友云亡淚未乾 벽우(碧友)가 죽어 눈물이 마르지 않고
又君送祖出江干 또 강가에서 그대를 전송하네.
靑年苦學功名薄 젊은 시절 고학하였지만 공명은 적었고
白首歸耕素分安 늙어 돌아와 농사지으며 본분을 편안히 여겼네.
有酒相招非爲醉 술 두고 초대함은 취하기 위함이 아니었고
無憂共對不曾寬 근심없이 마주하니 너그럽지 않은가?
猗歟儀德從何得 아름다운 의덕을 어디에서 다시 만날까?
海岳秋風獨倚欄 해악의 가을바람 불어오니 홀로 난간에 기대네.

挽崔丈祥益氏 최상익 만사

先子與公杖履同 선친과 그대는 함께 노닐었고
暮年行樂在山東 노년에 산동에서 행락하였지.
南溪秋興魚登釣 남쪽 계곡 가을 흥치에 낚시질 하고
北海風流酒不空 북쪽 바다 풍류에 술이 떨어지지 않았네.
淸濁分明醒醉裏 취하고 깬 사이에도 청탁이 분명하고

衣冠自有亂離中　선비다운 모습 난리 속에서도 그대로이네.
奈何長德多零落　어찌 훌륭한 그대가 죽었나?
却便晩生歎撫躬　후생은 탄식하며 몸을 어루만지네.

又【同代著】　또 짓다【대신 짓다】

石能可轉心難轉　돌은 굴릴 수 있어도 마음을 바꿀 수 없고
愛惡悲觀也自情　좋아하고 싫어함과 비관도 정으로부터 나오네.
與利每多貧管子　이익을 나눌 때는 가난한 관중에게 많이 주듯 하였고[49]
辱親偏向病長卿　부모를 욕되게 하면서도 병든 장경(長卿)[50]을 지향하였네.
生來未報施檀越　살아서 보답하지 못하고 단월(檀越)[51]을 베풀고
老去只期祝壽彭　늙어서는 팽조(彭祖)[52]같은 장수를 기원하였지.
豈料今朝神道錯　오늘 아침 신의 도가 어긋날 줄 생각이나 했을까?
臨門痛哭隔蓬瀛　대문에 임하여 통곡하니 봉영(蓬瀛)[53]이 가로막혔네.

---

49) 이익을……하였고 : 춘추 시대 제(齊)나라 관중과 포숙아(鮑叔牙)의 아름다운 우정을 말한다. 두 사람은 어려서부터 친구였는데 포숙은 관중의 재덕(才德)을 잘 알아주었다. 관중이 워낙 빈곤하여 포숙을 항상 속이곤 했으나 포숙은 끝까지 그를 잘 대우해 주었다. 또 관중이 여러 번 실패하였을 때 포숙은 잘 이해해 주었을 뿐만 아니라 제 환공(齊桓公)에게 관중을 천거하고 자신은 아랫자리에 처하였다. 그래서 관중이 "나를 낳아 준 사람은 부모요, 나를 알아준 사람은 포숙아이다."라고 말하였으며, 당시 사람들은 관중의 재덕보다도 사람을 잘 알아본 포숙을 더욱 칭찬하였다.

50) 장경(長卿) : 중국 전한(前漢) 때의 문장가인 사마상여(司馬相如)의 자이다. 그는 무제(武帝) 때에 효문원 영(孝文園令)을 지내다가 소갈증으로 사직하고 무릉(茂陵)에 들어가 살았다.

51) 단월(檀越) : 범어(梵語) dnānpati의 음역(音譯)으로, 단월(檀越)·단나(檀那)라고도 한다. 보시하는 주인, 즉 시주를 뜻한다.

52) 팽조(彭祖) : 800세를 살았다는 전설상의 인물이다.

53) 봉영(蓬瀛) : 봉래(蓬萊)와 영주(瀛洲)를 아울러 이르는 말로, 방장(方丈)과 함께 바다 가운데에 있다고 전하는 삼신산(三神山)을 가리킨다. 여기서는 죽은 사람과 산 사람이 만날 수 없음을 이르는 말이다.

挽竹逸鄭先生【乙亥 十二月 十五日】

죽일 정 선생[54] 만사【을해년〔1935〕 12월 15일】

昨夜奎星光彩晦　어젯밤 규성(奎星)[55] 빛이 어둡더니
士林憔悴但歔欷　사림은 초췌하여 한숨만 내쉬네.
滄洲書禮從誰講　창주(滄洲)[56]의 서예(書禮)는 누굴 따라 공부할까?
萬歷衣冠自此稀　만세의 선비는 이제는 드물어졌네.
甘老平泉非獨善　평천(平泉)[57]에서 늙음을 즐기는 것은 독선이 아니고
元來直道與時違　원래 곧은 도는 세상과 어긋나네.
晩生歸宿如何處　후생들 돌아와 쉴 곳 어디인가?
獨抱遺文泣暮暉　홀로 남은 글 안고서 저무는 저녁해에 눈물 짓네.

仝右【代著】　위와 같다【대신 짓다】

如何造物多慳弄　어찌 조물주는 아끼면서도 희롱하여
南國文林喪主盟　남국의 문학은 맹주를 잃었네.
精彩尙留曾過地　정채로움 지금도 지나던 곳에 남아 있고
豬頭山水照心淸　저두산(豬頭山) 물은 마음을 비출 만큼 맑네.

哭故迎日鄭丈顯鎔氏

고인이 된 영일 정현용 어른을 곡하다

自謂仁能無量壽　어진 사람 장수한다고 생각했었는데

54) 정 선생 : 정호용(鄭灝鎔, 1855~1935)을 이른다. 그는 일제강점기의 유학자로, 자는 근여(謹汝)이고 호는 죽일(竹逸)이다. 본관은 영일(迎日)이고, 출신지는 경상남도 고성군(固城郡)이다. 백가서를 섭렵하였으며 《대학》과 《중용》, 《소학》을 손에서 놓지 않았다. 특히 《소학》은 잠심(潛心) 연구하며 실천하기 위해 노력하였다. 저서로 《죽일선생문집(竹逸先生文集)》이 있다.

55) 규성(奎星) : 문장을 주관한다고 하는 별로서, 흔히 뛰어난 문사(文士)를 가리키는 말로 쓰인다. 여기서는 죽은 정 선생을 가리킨다.

56) 창주(滄洲) : 중국 남송 때 활동한 성리학의 창시자인 주희(朱熹)의 호이다.

57) 평천(平泉) : 별장(別莊)을 이른다. 당나라 이덕유(李德裕)의 별장인 평천장이 하남성(河南省) 낙양현(洛陽縣)의 남쪽에 있었는데, 수석의 아름다움이 천하제일이며 기화이초(奇花異草)와 진송괴석(珍松怪石)이 그사이에 늘어 있어 유명해졌다.

如何長德歲將非　훌륭하신 분은 어찌 그렇지 못한가?
隆熙日月同天看　하늘에 빛나는 해와 달처럼 모두가 바라보았는데
萬曆衣冠掃地歸　만세의 선비를 땅에 묻었네.
間世高風連棣萼　세간의 높은 풍모는 형제들에게 이어지고
滿庭寶樹政芳菲　뜰 가득 자식들 모두 훌륭하네.
漫遊不識滄桑變　부질 없이 놀다가 세상 변한 줄 모르고
痛哭臨門對落暉　통곡하며 상가에서 지는 해를 마주하네.

挽金丈鍾奭【乙亥 十二月 二十二日】

김종석 어른 만사【을해년〔1935〕 12월 22일】

壽福由仁得　장수와 복은 인으로 말미암는 것이니
翁年躋九旬　옹(翁)의 나이 구순이 넘었네.
雲林是第宅　운림(雲林)을 집으로 삼아
耕讀本經綸　농사 짓고 책 읽으며 경륜을 근본으로 삼았네.
無愧崇禎士　숭정(崇禎)의 선비들에게도 부끄럼이 없고
顧同葛天民　갈천씨(葛天氏)[58]의 백성과 같았네.
帝鄕何處在　제향(帝鄕)[59]은 어디에 있는가?
題誄淚盈巾　만사를 지으니 수건에 눈물이 가득하네.

同右【代著】　위와 같다【대신 짓다】

雲騰雨打今何世　구름 일어 비 내리니 지금은 어느 세상인가?
麗水明山自在翁　맑은 물, 깨끗한 산에 옹(翁)이 계셨지.
釣去磻溪窮呂尙　반계(磻溪)로 낚시 간 궁박한 여상(呂尙)[60]과 같았고

58) 갈천씨(葛天氏) : 상고 시대 전설상의 제왕으로, 이때의 사람들은 매우 순박하였다 한다. 참고로 두보(杜甫)의 〈회일심최집이봉(晦日尋崔戢李封)〉이란 시에, "상고 때 갈천씨의 백성은 천자께 근심을 끼치지 않았네.〔上古葛天民 不貽黃屋憂〕"라는 구절이 있다.

59) 제향(帝鄕) : 옥황상제가 사는 하늘나라로, 《장자(莊子)》 〈천지(天地)〉에 "저 흰 구름을 타고 제향에 이른다.〔乘彼白雲 至於帝鄕〕"라는 구절이 있다.

60) 반계(磻溪)로……여상(呂尙) : 때를 만나지 못해 불우한 환경에서 뜻을 펴지 못한

採來商雒老園公	영지를 캐던 상락의 늙은 동원공(東園公)[61]과 같았네.
享年高與齊南極	향년의 연세는 남극(南極)[62]과 같고
養勇深非賈北宮	용맹을 기른 것 북궁유(北宮黝)[63]에게 산 것 아니라네.
遊戲人間知幾許	인간 세상 노닌 지 몇 년이던가?
殲歌一回萬緣空	장송곡 한 번 들려오니 모든 인연 사라지네.

挽車相活氏【丙子 六月 十三日】

차상활 만사【병자년〔1936〕 6월 13일】

不信我公言駕鶴	공이 돌아가셨다는 말 믿지 못해
仰看雲浦浪花洵	구름 낀 포구의 물거품을 바라보네.
孝聲南國門閭壯	효성으로 남쪽 지방에서 집안을 굳건하게 하였고
文藻古家風韻高	문장 있는 유서 깊은 집안의 풍운(風韻)은 고상하였네.
懷抱歸虛悲倜儻	마음속 품은 뜻 허무로 돌아가 기개 놓은 선비들 슬퍼하고
經綸未展老蓬蒿	경륜을 펴지도 못하고 가난한 집에서 늙었네.
由來種德惡乎在	덕을 심은 유래는 어디에 있나?
稱子肖孫是鳳毛	자손들 모두 봉모(鳳毛)[64]라네.

채 매몰되어 있는 것을 말한다. 조(釣)는 주(周)나라 여상(呂尙)이 반계(磻溪)에서 낚시질을 한 것을 가리킨다. '여상' 은 태공망(太公望), 또는 강태공이라고도 한다. 위수(渭水) 가의 반계(磻溪)에서 낚시하다가 문왕(文王)을 만나 사부(師傅)가 되고, 무왕(武王)을 도와 은나라를 멸망시키고 천하를 평정했다.

61) 상락의 동원공(東園公) : 상산사호(商山四皓)가 진 시황(秦始皇) 때에 진나라 정사가 포악한 것을 보고 피하여 상락(商雒)으로 들어가 지폐산(地肺山)에 숨어 영지(靈芝)를 캐 먹으며 살았다. 상산사호는 동원공(東園公), 녹리(甪里) 선생, 기리계(綺里季), 하황공(夏黃公)이다.

62) 남극(南極) : '남극성(南極星)'의 준말로, 사람의 수명을 주관한다는 노인성(老人星)의 별칭인데, 흔히 장수하는 노인을 비유할 때 이 별을 인용하곤 한다.

63) 북궁유(北宮黝) : 용맹을 대표하는 인물로, 《맹자》〈공손추 상(公孫丑上)〉에 "맹시사는 증자와 유사하고 북궁유는 자하와 유사하니, 이 두 사람의 용기는 누가 나은지 알지 못하겠으나 맹시사는 지킴이 요약되었다.〔孟施舍似曾子 北宮黝似子夏 夫二子之勇 未知其孰賢 然而孟施舍守約也〕"라는 구절이 있다.

64) 봉모(鳳毛) : 자손이 그 부친처럼 재능이 있음을 말한다. 《세설신어(世說新語)》〈용지(容止)〉에 "왕경륜(王敬倫)의 풍자(風姿)가 부친과 같았는데 시중(侍中)이

挽金丈鎭教氏　　김진교 어른 만사

先子與公託知己　선친과 공은 서로 벗으로
青年交契老彌新　젊어서부터 사귀어 늙어서는 더하였네.
首陽歲暮餓商士　수양산 세모에 굶어 죽은 상(商)나라 선비[65]와 같았고
栗里春深鑿晉民　율리의 깊은 봄 우물 파던 진나라 백성[66] 같았네.
可惜禮儀終不古　애석하게도 예의는 마침내 예스럽지 못해
奈何長德日相淪　뛰어난 덕이 날로 사라지니 어찌할까?
享齡九十由仁得　향년 90은 인(仁)으로 말미암은 것이니
將下尊門餘慶津　어르신 집안에 넉넉한 경사 넘치리.

回甲日 哭母氏靈座前【丙子 十二月 十日朝】

회갑날 어머니의 영전에 곡하다

【병자년〔1936〕 12월 10일 아침】

去年今日此庭中　지난 해 오늘 이 뜰에서
壻酒嬌衫拜舞同　사위가 보낸 술 마시고 고운 옷입고 함께 춤추었지.
安得呱呱長不死　어찌 장수하는 것 슬퍼하였겠나?
喪餘日日報無窮　돌아가시고 매일 갚아도 은혜가 끝이 없네.

되어 환공(桓公)에게 공복(公服)을 받았다. 대문으로 들어가니, 환공이 바라보고 '대노(大奴)가 참으로 스스로 봉모(鳳毛)를 지녔구나'라고 했다."라는 구절이 있다.

65) 수양산……선비 : 백이(伯夷)와 숙제(叔齊)는 무왕(武王)이 주왕(紂王)을 정벌하자 말고삐를 잡고 간하였고, 무왕이 상(商)나라를 멸망시키자 백이와 숙제는 주(周)나라의 녹(祿)을 먹는 것을 부끄럽게 여기고 주나라를 떠나 수양산(首陽山)에 숨어 고사리를 캐 먹고 살다가 끝내 굶어 죽은 고사를 말한다.

66) 우물……백성 : 밭 갈고 우물을 판다는 뜻으로, 태평한 생활을 비유하는 말이다. 진(晉)나라 황보밀(皇甫謐)의 《제왕세기(帝王世紀)》에, 옛날 요(堯) 임금이 다스리던 시대에 나이 80이 된 노인이 길가에서 땅을 치며 노래하였는데, 어떤 사람이 이를 보고서 "위대하도다, 임금님의 덕이여.〔大哉 帝之德也〕"라고 찬탄을 하자, 그 노인이 "해가 뜨면 일어나고 해가 지면 쉬면서, 내 우물 파서 물을 마시고 내 밭을 갈아서 밥을 먹는데, 임금님의 힘이 나에게 도대체 무슨 상관인가.〔日出而作 日入而息 鑿井而飮 耕田而食 帝力於我何有哉〕"라고 대답했다는 고사가 전한다.

頭邊宛若加巾帽　머리에는 완연히 두건을 쓰고
戶上依然掛矢蓬　문 위에는 그대로 시봉(矢蓬)[67]이 걸렸네.
嗟我弟翰來侄政　아, 동생 한(翰)과 조카 정호가 오니
吾家百口母兮躬　우리 식구들 모두 어머니께서 기르셨네.[68]

每當賤降之辰 寒廚蕭條 無以慰悅親心 而壻金貞一 年年此日 必且酒餠魚 金氏女 又製衣以進以是我子母之情 今則母氏不在 而又以衣饌來供 憶昔母在堂之日 哀痛倍切 更安忍衣饌爲哉 拜奠于几筵之前 謦欬寂寞 此心皇皇 無所依歸 自切劬勞之感 而因題一詩

내가 태어난 생일이 되면 가난한 살림살이가 보잘것없어 부모님의 마음을 위로할 방법이 없었는데, 사위 김정일(金貞一)이 해마다 이 날만 되면 꼭 술과 떡과 고기를 마련하고, 딸이 또 옷을 지어 보내오니 이것이 모자의 정이다. 지금 어머니도 계시지 않는데, 옷과 음식을 보내와 옛날 어머니가 계시던 날을 추억하니 슬픔이 배나 간절하였다. 다시 어찌 차마 옷을 입고 음식을 먹겠는가? 어머니의 영전에 절하고 제수를 올려보지만 아무 말씀이 없으시다. 그래서 이 마음 의지할 곳 없어 갈피를 잡지 못하고 절로 고생했던 부모님에 대한 간절한 마음이 들어 시 한 수를 지었다.

挽族祖姑朴氏母孟浩

족조 고모 박씨 어머니 맹호 만사

姑氏云闕光　고모가 돌아가시어

67) 시봉(矢蓬):《예기》〈내칙(內則)〉에 "군국의 세자가 태어나면……활 쏘는 사람이 뽕나무로 만든 활에 쑥대 화살 여섯 개를 재어 천지와 동서남북에 쏜다.〔國君世子生……射人以桑弧蓬矢六 射天地四方〕"라고 하였는데, 이는 태어난 아이가 원대한 포부를 가슴에 품도록 기원하는 의식으로, 후에 큰 포부를 품고 사방으로 다니면서 대업을 이룩한다는 의미로 사용되었다.

68) 어머니께서 기르셨네:《시경》〈소아(小雅) 육아(蓼莪)〉의 "아버지 나를 낳아주시고 어머니 나를 길러 주시니, 나를 어루만지고 나를 길러주시며 나를 자라게 하고 나를 키워주시며, 나를 돌아보고 나를 또 돌아보시며 나가고 들어옴에 나를 가슴 속에 두셨네.〔父兮生我 母兮鞠我 拊我畜我 長我育我 顧我復我 出入腹我〕"라는 구절이 있다.

四隣共悲傷	이웃사람들 모두 슬퍼하네.
早寡終醮禮	결혼을 하고 일찍이 과부가 되어
久貪厭糟糠	어려운 살림살이를 싫어하지 않았네.
事親能盡力	시부모 섬기는데 힘을 다하였고
教子亦多方	다방면으로 자식을 교육시켰지.
臨難安命節	어려움이 닥쳐도 천명을 편안히 여겼고
愈老績麻桑	늙어서도 길쌈을 하였네.
松竹同心烈	마음은 소나무와 대나무처럼 변함이 없었고
薰猶異臭香	남은 향기는 뛰어난 향기를 뿜었네.
家家則閨範	집집마다 아녀자의 규범으로 삼고
婦婦趨否臧	아낙들은 그의 선을 따랐네.
夫人德不乏	부인의 덕은 사라지지 않으니
我筆良無强	나의 글은 억지로 꾸민 것이 아니라네.
今古與誰說	고금에 누구와 함께 이를 말할까?
千秋慕敬姜	영원히 경강(敬姜)[69]처럼 사모하네.

挽族祖永和氏　　족조 영화 만사

諱音胡爲此	부고가 어찌 이러한가?
少微閟星芒	소미성(少微星)[70]이 빛을 잃었네.
守翁是烈祖	수옹(守翁)은 공훈이 있는 분으로
晉陽好家卿	진주(晉州)의 대대로 벼슬하신 집안이라네.

---

69) 경강(敬姜) : 춘추 시대 노나라 목백(穆伯)의 아내이고 공보문백(公甫文伯)의 어머니로, 명철하고 예의를 잘 지켜 공자로부터 '예의를 아는 부인'이라는 칭찬을 받았다. 《예기》 〈단궁 하(檀弓下)〉에 "빈소에 휘장을 치는 것이 고례(古禮)는 아니나, 경강이 남편 목백의 빈소에서 곡하면서부터 시작된 것이다.〔帷殯 非古也 自敬姜之哭穆伯 始也〕"라고 보인다. 여기서는 경강을 자신의 고모에 비유하여 말한 것이다.

70) 소미성(少微星) : 처사성(處士星)으로, 소미성이 희미하거나 떨어지면 인간 세상의 처사가 죽는다 한다.

渡淮同橘歎	회수(淮水)를 건너면 귤이 탱자가 됨을 탄식하였는데[71]
在天襲桂香	하늘에서는 계수나무 향기 스며드네.
三代上心法	삼대의 심법(心法)[72]을 전수받은
萬曆舊冠裳	만대의 선비였네.
孝弟得先業	효도와 공경은 선조의 공업이었고
耕讀本經常	밭 갈고 공부하는 것은 변함없는 것을 근본으로 하였네.
氣度悲倜儻	기운과 도량은 기개 높은 선비들을 슬프게 하고
壽富由慈良	장수와 부유함은 자애로움과 선량함 때문이었네.
那意夷變夏	중화가 오랑캐가 되리라 어찌 생각이나 했겠나?
人獸難可方	사람과 짐승을 견주기 어렵네.
六朝傷五秀	세속의 인정이 오상을 상하게 하니
文發又道喪	문명이 발달하자 도는 사라져
薫猶共藏器	향초와 약초를 함께 그릇에 보관하여
珉玉相混光	가짜 옥과 진짜 옥이 빛에 뒤섞였네.
應知厭溷濁	응당 혼탁한 세상을 싫어하니
今我泣滄桑	나는 지금 변한 세상을 흐느끼네.
雲閒護嶋駕	한가로운 구름은 섬을 덮고 지나가는데
吉地卜牛崗	우강(牛崗)의 길지에 무덤을 정하였네.
敢欲題儀德	감히 공의 모습과 덕을 글로 짓고 싶지만
自恨筆不强	글재주 부족한 것이 안타깝네.

71) 회수(淮水)를……탄식하였는데 : 《주례(周禮)》 〈고공기서(考工記序)〉에 "감귤이 회수를 넘어 북으로 가면 탱자로 변한다.〔橘踰淮而北爲枳〕"고 한데서 온 말로, 전하여 사람도 혹 주위 환경에 따라 성질이 변할 수 있음을 의미한다.

72) 삼대의 심법(心法) : 《서경(書經)》 〈대우모(大禹謨)〉에, 중국 고대의 순(舜) 임금이 우왕(禹王)에게 제위(帝位)를 물려주려 하면서 심법(心法)을 전수하였는데, "인심은 위태롭고 도심은 미묘하니, 오직 정밀하게 살피고 오직 전일하게 지켜야 진실로 중도(中道)를 잡을 수 있다.〔人心惟危 道心惟微 惟精惟一 允執厥中〕"라는 구절이 있다.

徐夫人孝烈讚	**서부인 효열찬**
孝女猶難	효녀도 어려운데
況復孝婦	더구나 효부는 어떠할까?
孝婦尙然	효부도 그러한데
有兼烈否	열부(烈婦)를 겸한 사람 있을까?
猗歟夫人	훌륭하다, 부인이여!
孝烈厥德	효열(孝烈)하신 그 덕
如玉之溫	옥처럼 따뜻하고
如竹之直	대나무처럼 곧네.

若使太史公 記其實而褒其狀 當書之于孟姜之下 緹縈之上 昔唐白傅 喪中賦詩 右禮者 譏之 僕不肖浪漢 何敢避人之譏哉 但疎狂之性 懶不作詩者 久矣 惟此諱言道學之世 奮不顧身 以衛道尊賢 爲平生己任 今又以德峰書堂記文 請受之役 垂暮之年 犯寒直前趍涉南北 感其勤苦 强顔露拙 得無好詠犯制之誚耶 八日前 一日 罪弟時中 獻稿

만약 태사공(太史公)[73]으로 하여금 사실을 기록하고 그 사실을 칭찬하게 한다면 마땅히 맹강(孟姜)[74]보다는 못하지만 제영(緹縈)[75]보다는 낫다고 평가할 것이다.

옛날 당나라 백부(白傅)[76]는 상중에도 시를 지었는데, 예를 높이는 사람

73) 태사공(太史公) : 전한(前漢)의 역사가로 중국의 대표적인 역사서인 《사기(史記)》를 지은 사마천(司馬遷)을 가리키는데, 일반적으로 사관을 가리키는 말로 쓰인다.

74) 맹강(孟姜) : 진 시황 때 맹강의 남편 범랑이 만리장성의 부역에 갔다가 돌아오지 않자 맹강이 남편을 찾아 갔으나 이미 죽었다는 소식을 듣고 먼 곳을 바라보며 울다가 그 자리에서 돌이 되었다는 전설이 있다.

75) 제영(緹縈) : 한(漢)나라 문제 때의 효녀이다. 아버지 순우의(淳于意)가 태창장(太倉長)으로 근무하다가 죄를 지어 육형(肉刑)을 당하게 되자, 딸인 제영이 자신이 관비〔定婢〕가 됨으로써 아버지의 형벌을 대신하고자 하였으므로, 문제가 그 마음을 가상히 여겨 순우의의 육형을 사면하였다.

76) 백부(白傅) : 중국 당(唐)나라 시인 백거이(白居易, 772~846)를 가리킨다. 개성초(開成初)에 태자소부(太子少傅)를 지냈기 때문에 '백부'라 칭한다.

들은 그를 꾸짖었다. 나같이 정처없이 떠도는 사람이 어찌 감히 남의 꾸짖음을 회피하겠는가? 다만 거친 성품으로 시를 짓지 않은지 오래되었다. 오직 도학에 관하여 말을 꺼리는 세상에 자신의 몸을 돌보지 않고 도를 보호하고 현인을 존경하는 것을 평생토록 자신의 임무로 삼았다. 지금 또 덕봉서당(德峰書堂)[77]의 기문(記文)을 요청하는 일로 노년에 추위를 무릅쓰고 곧바로 남북의 길을 건넜다. 내가 그의 간절함에 감동하여 부끄럼이 없이 졸렬한 글솜씨를 드러내니 시 짓기를 좋아하여 상제(喪制)를 범하는 꾸짖음은 없겠는가?

8일 전날 하루에, 상중인 아우 시중(時中)은 원고를 드립니다.

77) 덕봉서당(德峰書堂) : 경상남도 창녕군 부곡면 부곡리에 있는 서당으로, 1702년 이후경(李厚慶)과 이도자(李道孜)의 학문과 덕행을 기리기 위해 창건하였다.

4

비문(碑文)

4

비문(碑文)

◎ 金炫國施惠碑文記

夫德 莫大乎化俗 惠莫切乎活命 苟有其人 雖千載之遠 衆人頌於口 而觀其風史氏 書于簡 而褒其美 惟恐其不聞於世 而傳於後也 況親其事 而身受其澤者乎 今本郡金氏炫國 南鮮富家 而其父子孫三世 居常 事業於愛親慕賢博愛好施止矣 惟其愛親也誠 故善繼父祖志事 慕賢也深 故能修忠烈祠宇 架橋鑿石 功過秦洧之乘輿 駕舟乃梁 不讓迷海之慈航 鑿井得水 家家無用竭之歎 開廩賑貧人 人免阽危之憂 廛布代辨 遠賈來市 學資己任子登校地方 遠近 田園繞境而小農者 其數無麗 獨收賭小 蒙利者多 于至本年之旱 以爲無前之災 特免其賭 而間或收之不過乎十之二三焉其免於溝壑 而父子同歡者 知其多少也 盛矣此足以愧貪夫 而勸良善 警策於今 而垂鑑於後矣 玆豈非以德化俗而施惠活命者耶 衆懼其盛德嘉惠 久而泯滅也 亟命晉陽姜政 而記之 累辭不獲 於是乎 摭其所見聞而記之 又繼之以詩而書諸石

김현국의 시혜비[1)] 문기(文記)

대저 덕(德)은 풍속을 교화하는 것보다 더 한 것이 없고, 은혜는 목숨을 살리는 것보다 절실한 것이 없다. 진실로 이러한 사람이 있다면 비록 천년이 지났다고 하더라도 뭇사람들이 입으로 칭송할 것이고, 그의 풍모를 보면 역사가는 책에 기록하여 그의 아름다움을 기릴 것이다. 그러나 오직 두려운 것은 세상에 알려지지 않고 세상에 전해지지 않는 것이다. 그러나 그 일을 직접 겪고 자신이 은택을 받은 자는 어떠하겠는가?

---

1) 시혜비 : 은혜를 베푼 것을 기리기 위해서 세운 비석을 이른다.

지금 본군(本郡)의 김현국(金炫國)은 남쪽지방의 부잣집으로 아버지와 아들, 손자 3세대가 평소에 어버이를 사랑하고 어진사람을 사모하며 널리 사랑하고 베푸는 것을 좋아하여 사업으로 삼을 뿐이었다. 오직 어버이를 사랑하는 것이 진실하였기 때문에 아버지와 조부의 뜻을 잘 이었고, 어진 사람을 사모한 것이 깊었기 때문에 충렬사(忠烈祠)를 수리하고 다리를 놓고 돌을 뚫어 우물을 판 것은 그 공이 자산이 진유(溱洧) 사람들을 수레에 태워 건너는 것[2]보다 더 훌륭하다. 배를 타야 하는 곳에 다리를 놓았으니, 미혹된 바다를 건너는 자항(慈航)[3]에 못지않고, 우물을 파서 물을 얻어 집집마다 무한히 쓸 수 있게 했던 감탄과 창고를 열어 가난한 사람을 구제하여 사람들이 위험의 근심에서 벗어나게 하였고 대신 전포를 마련해주어 멀리 있는 장사꾼이 와서 물건을 팔았고, 지방에서 등교하는 학생들의 학자금을 자신이 맡았으며 원근은 전원으로 둘러싸여 소농들의 수가 매우 많았다. 그 중에서도 유독 도지세를 조금 거두어 이익을 입은 사람들이 많았다. 심지어 그해 가뭄으로 전에 없던 재앙을 당했는데 특별히 도지세를 면해주었다. 간혹 도지세를 받은 것은 10%~20% 정도에 불과하여 골짜기에서 죽는 상태를 면하게 해주어 부자(父子)들이 다 함께 기뻐하던 것이 얼마인지를 안다.

훌륭하다. 이는 탐욕스런 사람들을 부끄럽게 하고 선량함을 권하였으니 지금사람들에게 따끔하게 꾸짖어주고 후세 사람들에게 귀감을 전해주니, 이 어찌 덕으로 풍속을 교화하고 은혜를 베풀어 생명을 구한 것이 아

---

2) 진유(溱洧)……것 : 《맹자》 〈이루 하(離婁下)〉에 "자산이 정(鄭)나라의 정사를 다스릴 적에 자기가 타는 수레를 가지고 진수(溱水)와 유수(洧水)에서 사람들을 건네주었다. 맹자가 말씀하기를 '은혜로우나 정치를 하는 법을 알지 못하였다. 11월에 작은 다리가 만들어지며 12월에 수레가 다니는 큰 다리가 만들어지면 백성들이 물을 건너는 것을 괴롭게 여기지 않는다. 군자가 정사를 공평히 한다면 출행할 때에 사람들을 벽제(辟除)하는 것도 괜찮으니, 어찌 사람마다 모두 건네줄 수 있겠는가.'라고 하셨다.〔子産聽鄭國之政 以其乘輿 濟人於溱洧 孟子曰 惠而不知爲政 歲十一月 徒杠成 十二月 輿梁成 民未病涉也 君子平其政 行辟人可也 焉得人人而濟之〕"라는 구절이 있다.

3) 자항(慈航) : 불가용어로, 부처의 자비의 마음으로써 사람으로 하여금 고해(苦海)를 벗어나 피안에 오르게 하는 것이 배로써 중생을 건지는 것과 같다는 뜻이다.

니겠는가? 뭇 사람들이 그의 훌륭한 덕과 아름다운 은혜가 오래되어 전하지 않을까 두려워 급히 진주(晉州) 강(姜) 아무개인 나에게 바로잡아 기록하도록 하였다. 여러 번 사양하였지만 내 뜻이 관철되지 못해 이에 보고 들은 것을 모아 기록한다. 또 이어서 시를 지어 비석에 쓴다.

◎ **宋氏田園小碣銘**【丙子冬】

송씨 전원(田園)의 작은 비갈문【병자년(1936) 겨울】

繼世種德　　대를 이어 덕을 행하였으니
大嶺以南　　큰 고개 남쪽이라네.
屬洞萬一　　속한 고을 사람들에게
蠲租再三　　몇 번이나 세금을 감면해주었네.
恤貧養老　　가난한 사람 구제하고 노인을 봉양하였으며
省旱急荒　　가뭄과 흉년을 보살폈네.
衆口覍藻　　뭇사람들 기뻐서 노래하고
白屋烟蒼　　초가집에 푸른 연기 피어오르네.
淳風扇越　　순박한 풍속 일으키고
貧夫誠廉　　가난한 사람들은 청렴해졌네.
逵上一片　　길 위의 비석돌
往來俱瞻　　오가는 사람이 모두 바라보네.

芳山遺稿
방산유고

5

행장(行狀)

5
행장(行狀)

◎ 車氏孝烈民狀草【戊寅 十二月 日】

誠惶恐淸鑑 伏以褒孝奬烈 化民之本 行政之先也 故凡人之一善一行 雖在千載之遠 猶恐事之或泯 而汲汲然揄揚者 此固秉彝好德之性 有不容自已者也 況比隣居而朝暮而接親 被其化者乎 本里居故朴善柱妻車氏 文節公雲巖先生之後二出女也 生有天植之孝 齠齔 已知敬親之道 稍長能無違父母之志 年若于歸于朴善柱家 甚貧舅偏居善柱病矣 車氏性和溫貞淑 平居無喜溫色 而不以貧困憂患爲意 勤執婦道 綢繆生理 夙夜不怠 以致養偏舅左右病夫 家道日索而夫病漸況重 車氏 乃不有其身 晝樵夜績 賃織傭云 竭其力之所可及 盡其心之所可致 周旋有無 多方醫治六年 不見效及病革 車氏禱辰求代 五祀致誠 靡所不用其極 竟至不救 愼附附之儀 以葬之 乃斂容溫言 以慰偏舅之心 數以飮食 勸進勇食之 己亦食之 言貌動作 未嘗不常度 車氏 時年二十四 只有一歲幼孤 獨撫孤 而嗚咽日 吾當死而同歸 老舅幼孤 依托無人 直情自絕 非亡夫之志也 但血淚沾襟而已矣 恐傷偏舅之心 每哀至之時 須抑情隱痛 未嘗以慽容前於舅 又謂舅年老喪子 必痛矣 柔聲愉色 先意承順 晨昏定省 無飢乎无寒乎 殫誠奉養 有加於夫在日之也 舅氏踰七十眇 而偏執 車氏自責日 舅之不安 婦之過也 體舅之體 心舅之心 聽於無聲 視於無形 起敬起誠 必得歡心 得一美味 如得重寶 而獻之 若得新布 一縷不着於身 必製而備寒 舅小有不安節 則形憂色悴不離側 而合藥勸進 復常乃歡 日採蠙供酒草 雖暑雨凍潮 或不廢 併食遣日薄着過冬 無人色心夷然 其險苦 人不堪一朝居 車氏行二十年 如一日也 盖彝倫日用之間 盡其性 全其節 古人所貴 何獨爲割肉滅性然後 爲孝烈也哉 今車氏之行 此其性然 非勉强爲也 民等彝衷所激 玆敢齊聲仰籲 伏愿摭實轉報 特爲闡揚之地幸甚

차씨효열민장草【무인년〔1914〕 12월 ○일】

진실로 황공하게 말씀을 드리니 밝게 살펴보아 주시기 바랍니다. 효자와 열녀를 포장(褒奬)하는 것은 백성들을 교화하는 기본이고 정사를 행사는 으뜸입니다. 그렇기 때문에 무릇 사람들의 작은 착한 일이나 행동까지도 아무리 천년의 세월이 지났다고 하더라도 그 일이 사라져 버릴까 걱정하면서 서둘러 세상에 알리는 것이니, 이는 참으로 아름다운 덕을 좋아하는〔秉彝好德〕[1] 본성으로 스스로 그만둘 수 없는 것입니다. 더군다나 이웃에 살면서 아침저녁으로 만나서 교화를 입는 사람은 어떠하겠습니까?

저희 고을에 사는 죽은 박선주(朴善柱)의 처 차씨(車氏)는 문절공(文節公) 운암(雲巖) 선생[2]의 후처에게서 태어난 딸입니다. 나면서부터 타고난 효성을 지녔고 이를 갈 나이가 되어서 이미 부모를 공경하는 도를 알고 있었습니다.

조금 자라서는 부모님의 뜻을 어기는 경우가 없었고 나이가 약간 들어서 박선주의 집으로 시집을 갔습니다. 집안은 몹시 가난하였는데 시아버지는 홀로 계시고 남편인 선주는 병이 들었습니다. 차씨는 성품이 온화하고 정숙하여 평소 화를 내지 않았고, 가난으로 인한 궁핍함과 우환으로 뜻을 삼지 않았습니다.

며느리의 도리에 부지런하여 생계를 마련하느라〔綢繆〕[3] 밤낮으로 게

1) 이는……좋아하는〔秉彝好德〕: 《시경》 〈대아(大雅) 증민(烝民)〉에 "백성들 모두 하늘이 내려 준 본성을 지니고 있는지라, 이 아름다운 덕을 좋아하게 되었도다.〔民之秉彝 好是懿德〕"라는 말을 인용한 것이다.

2) 운암(雲巖) 선생 : 차원부(車原頫, 1320~1398)의 호이다. 자는 사평(思平)이다. 간의대부를 지냈으나 혼탁한 정치가 싫어 은퇴하였다. 조선 건국 후, 태조가 주는 공신녹권(功臣錄券)을 거절하고 이어 정언(正言) 등의 벼슬을 사퇴하였다. 뒤에 하륜에 의하여 가족과 함께 몰살당하였다.

3) 생계를 마련하느라〔綢繆〕: 환란을 당하지 않도록 미리 조처하여 예방하는 것을 말한다. 《시경(詩經)》 〈빈풍(豳風) 치효(鴟鴞)〉에 "하늘에서 장맛비가 아직 내리지 않을 때에, 저 뽕나무 뿌리를 거두어 모아다가 출입구를 단단히 얽어서 매어 놓는다면, 지금 이 아래에 있는 사람들이 혹시라도 감히 나를 업신여길 수 있겠는가.〔迨天之未陰雨 徹彼桑土 綢繆牖戶 今此下民 或敢侮予〕"라는 말에서 유래한다.

으르지 않고 홀로 계신 시아버지를 봉양하고 병든 남편을 도와 살림살이가 날로 삭막해져 갔습니다. 남편의 병이 점점 위중해지자 차씨는 자신의 몸은 염두에 두지 않고 낮에는 나무를 하고 밤에는 베를 짜면서 품팔이를 하였습니다. 미칠 수 있는 힘을 다하고 쓸 수 있는 마음을 다 쓰면서 두루 주선하고 다방면으로 치료한 지 6년이 되었지만 치료에 효험을 보지 못하였습니다.

차씨가 자신이 대신 죽을 수 있도록 해달라고 별에 기도하고 오사(五祀)[4)]에 정성을 다하면서 지극한 마음을 기울였지만 끝내 남편이 죽고 말았습니다. 그러자 아내의 법도로 장례를 치르고 곧바로 용모를 단정히 하고 부드러운 말투로 홀로 계신 시아버지의 마음을 위로하였습니다. 자주 음식을 시아버지께 드려 억지로 드시게 하고 자신도 그것을 먹었고, 말과 행실이 법도에 맞지 않은 것이 없었습니다.

차씨는 당시 나이가 24살로 1살 된 어린아이만 있었습니다. 홀로 아이를 어루만지고 울면서 "나도 마땅히 죽어야 하지만, 그러면 연로하신 시아버지와 어린아이는 누구에게도 의지할 데가 없구나. 감정에 얽매여 스스로 자결하는 것은 죽은 남편의 뜻이 아니다."라고 하고는 다만 피눈물로 옷깃을 적실 뿐이었습니다. 시아버지의 마음을 상하게 할까 걱정하면서 매번 슬픔이 이를 때면 감정을 억누르고 애통함을 숨겨 아버지 앞에서 슬픈 얼굴을 한 적이 없었습니다. 또 시아버지의 나이가 연로한데 자식을 잃어 필시 애통한 마음이 있을 것이라고 여겨 부드럽고 온화한 목소리와 낯빛으로 선조를 봉양하는 일로 혼정신성(昏定晨省)[5)]하면서 배고프시지

4) 오사(五祀) : 일상생활과 연관이 있는 다섯 종류의 신(神)으로 해석이 다양한데, 《예기》 〈곡례 하〉에 "오사(五祀)는 봄과 초여름과 늦여름과 가을과 겨울에 각각 지게문〔戶〕과 부엌〔竈〕과 집 중앙의 토지신〔中霤〕과 대문〔門〕과 한길〔行〕에 제사하는 것이다.〔五祀則春祭戶 夏祭竈 季夏祭中霤 秋祭門 冬祭行〕"라고 하였다. 또 《학봉집》 권6 〈풍속고이(風俗考異)〉의 '호사귀신수궁실(好祀鬼神修宮室)' 조목의 오사(五祀) 항목에서 "오(奧) · 조(竈) · 문(門) · 행(行) · 유(霤)의 다섯 가지로, 집을 지키는 신이다. 삼대 시대 이래로 모두 제사하였다.〔日奧 日竈 日門 日行 日霤 五者 守宅之神也 三代以來 莫不祭之〕"라는 주가 있다.

5) 혼정신성(昏定晨省) : 어버이를 정성껏 봉양하는 것을 말한다. 《예기》 〈곡례 상(曲禮上)〉에 "자식이 된 자는 어버이에 대해서, 겨울에는 따뜻하게 해 드리고 여름

는 않은지, 추우시지는 않은지 정성을 다해 봉양하기를 남편이 살아 있을 때 보다 더하였습니다.

시아버지가 일흔의 나이가 넘어 모든 일에 집착하면, 차씨는 자신을 꾸짖으며 "시아버지가 편안하지 않은 것은 며느리의 잘못이다."라고 하였습니다. 시아버지의 몸을 내 몸처럼 여기고 시아버지의 마음을 내 마음처럼 여긴다면 소리가 나지 않는 데서도 들리고 형체가 없는 데서도 보일 것입니다. 공경하는 마음과 정성스러움을 마음속에서 일으켜 반드시 환심을 얻고 맛있는 음식이 생기면 마치 보배처럼 여겨 시아버지께 그것을 드렸고, 만약 새로운 천을 얻으면 한 올도 자신의 몸에 착용하지 않고 반드시 시아버지의 옷을 지어 추위를 대비하였습니다. 시아버지가 조금이라도 편치 않으면 걱정하는 모습으로 곁을 떠나지 않았고 약을 드려 병이 나으면 곧바로 기뻐하였습니다. 날마다 조개를 캐서 술을 드렸는데, 아무리 날씨가 덥고 조수가 얼어도 이를 그만두지 않았습니다. 부족한 음식으로 날을 보내고 얇은 옷으로 겨울을 지내 사람의 행색이 아니었지만 마음은 태연하였습니다. 그런 고생은 남들은 하루도 견디기 어려웠을 텐데 차씨는 20년을 하루처럼 하였습니다.

대개 기본적인 윤리와 일상의 생활에서 타고난 본성을 다하고 절개를 온전히 하는 것은 옛사람도 귀하게 여겼는데, 어찌 다만 자신의 몸을 해치고 멸성(滅性)[6]하고 나서야 효자와 열부라고 하겠습니까? 지금 차씨의 행실은 하늘로부터 타고난 것이지 억지로 그렇게 한 것은 아니었습니다. 그래서 저희들은 강충(降衷)의 의리에 감발되어 이렇게 감히 일제히 우러러 호소드리는 것입니다. 엎드려 비옵건대 사실을 모아 전하여 특별히 세상에 드러내어 주시기를 간절히 바랍니다.

에는 시원하게 해 드려야 하며, 저녁에는 잠자리를 보살펴 드리고 아침에는 문안 인사를 올려야 한다.〔冬溫而夏凊 昏定而晨省〕"라는 말에서 유래한다.

6) 멸성(滅性) : 부모의 상을 당해 너무 슬퍼한 나머지 목숨을 잃는 것을 말하는데, 《예기(禮記)》 상복사제(喪服四制)와 《효경(孝經)》 상친장(喪親章) 등에서 사흘에 한 번씩이라도 음식을 들어 멸성에 이르지 않도록 경계시키고 있다.

◎ **宣略李公起廷行狀**

公諱起延 字時中 李氏氏韓山也 高麗平章事文靖公牧隱先生 諱穡之後 入本朝中樞院事 諱孟畛 寔公之十一世祖也 五傳至忠翊衛諱碩 自晉州 移居固城固之有李自此始 高祖諱時馣 展力副尉兼司僕 曾祖諱昌根 宣略將軍 祖諱德儉 武科 僉正 考諱慶瀗 妣慶州金氏 潤輝女也 以純廟十一年 辛未 十二月 二十八日 生公 公性至孝 髫齡就塾 不隨同隊遊戱 不煩父母敎督 自知勤課 見者 期以遠大之器 及讀小學 乃曰 前人所謂 爲人之書者 深知小學之言也 自是沈潛乎此 踐履乎此 明於奉祀之禮 事親之道 爲子之職 而先立家範 法肅辭嚴 乃諭之曰 奉祭祀盡誠 事父母竭力 處兄弟以義 使奴僕以恩 躬自率先凡事 雖至微悉 皆稟白父母 必俟命然後 行之不有其身 而推以 至誠 家人 亦感化 和氣滿室 雖儉身節用 至於事親 左右無有不備 先意承順 志體之養 具至 父母日 吾孝子 宗族鄕黨咸曰 某孝子 某孝子里 中或有不率者曰 得無不可於孝子之意乎 相戒之而恐其聞也 憲廟三年丁酉 第武科 以宣略將軍 莅舊鎭萬戶 聞親癠剋 卽日 解印歸前後 遭兩艱哀毁 過制葬 旣朝夕 必省掃朔望 必奠墓 雖祁寒酷暑 未嘗或闕 行五十年 如一日 此自性然 非勉强爲也 高宗二十三年 丙戌五月二十六日卒 享年七十六 葬於鳳田 先兆下 負辛之原 配淑夫人金海金氏宗權女也 卒祔公墓 生二男 長周源 次漢源 周源男長 鶴在 次鸑在 鶴在男長 鎔禧 次鎔三 鸑在男長 鎔爟 次鎔台 次鎔右 餘不盡錄 公才器穎悟 稟性純孝 讀書專務爲己之學 事親先立敬身之道 爲善舍己從人 敎子以孝傳家 雖忌祭如新袒括 以行終身之喪 朝夕朔望 省楸奠墓死而後已 惟公躬行實踐之行 足以有補於民風 而垂戒於來後也 公之祀孫 鶴在能世其家者也 懼其先美之久而或泯 將求撰於秉筆君子 屬時中 敍公履歷 以爲立言之微案 謹書次如右云爾

선략 이기정 행장

공의 휘는 기연(起延)이고 자는 시중(時中)이며, 본관은 한산(韓山)이다. 고려(高麗) 평장사(平章事) 문정공(文靖公) 목은(牧隱) 선생 색(穡)[7]

7) 색(穡) : 이색(李穡, 1328~1396) : 고려 말의 문신이자 학자이다. 자는 영숙(穎叔)이고, 호는 목은(牧隱)이며, 시호는 문정(文靖)이다. 공민왕 때 문하시중을 지냈으며, 성리학 발전에 크게 기여하였다. 고려 말 삼은(三隱)의 한 사람으로서

의 후손이다. 조선에 들어와 중추원사(中樞院事) 맹진(孟畛)이 공의 11세조이다. 5세가 전해져 충익위(忠翊衛) 석(碩)에 이르러 진주(晉州)에서 고성(固城)으로 옮겨오면서 고성에 이씨가 이때부터 있게 되었다. 고조(高祖) 시암(時馣)은 전력부위겸사복(展力副尉兼司僕), 증조(曾祖)는 창근(昌根)으로 선략장군(宣略將軍)을 지냈고, 조부(祖父) 덕검(德儉)은 무과에 합격하여 첨정(僉正)을 지냈다. 아버지는 경흡(慶滃)이고 어머니는 경주 김씨인 윤휘(潤輝)의 따님이다.

순조 11년 신미년〔1811〕 12월 28일에 공을 낳았다. 공은 타고난 본성이 지극히 효성스러웠고 어린나이에 서당에 가서는 무리들을 따라 놀러 다니지 않았으며 번거롭게 부모님의 가르침이 없이도 스스로 부지런히 공부할 줄 알았다. 그를 본 사람들은 원대한 뜻을 품은 그릇으로 기대하였다. 《소학(小學)》을 읽고 나서는 곧바로 "옛사람들이 말했던 '사람노릇을 하는 글'이 《소학》을 두고 하는 말이라는 것을 깊이 알았다."라고 하였다. 이때부터 여기에 침잠하고 실천하여 제사 지내는 예와 부모 모시는 도리와 자식된 직책에 밝았다.

그래서 먼저 집안의 모범을 세우고 법도와 말이 엄숙해지자 이에 "제사를 받드는데 정성을 다하고 부모를 섬기는데 힘을 다하여야 하며 의리로 형제들 간에 처신하고 은혜로 종을 부리며 모든 일을 솔선수범하여야 한다. 아무리 작은 일이라도 모두 부모님께 여쭈어 반드시 말씀을 기다린 뒤에 그 일을 행해야 한다. 자신을 염두에 두지 말고 지극한 정성으로 미루어 나간다면 집안사람들도 모두 감화하고 온화한 기운이 집안에 가득할 것이다. 비록 자신은 검소하고 절약하지만 부모님을 모시는 일에 있어서는 곁에 갖추어 두지 않은 것이 없어야 한다. 미리 부모님의 뜻을 받들어 행하고 부모님의 뜻과 신체를 봉양하는 것을 모두 지극히 한다면, 부모님께서는 '우리 효자다.'라고 할 것이고 종족과 고을에서는 모두 '아무개는 효자이고 아무 곳은 효자 마을이다.'라고 할 것이다. 그 가운데 혹시라도 따르지 않는 자가 '효자의 뜻에 옳지 않다고 여기지 않겠습니까?'

고려의 멸망과 함께 은둔하였다. 저서로 《목은문고(牧隱文藁)》 등이 있다.

라고 한다면, 서로 경계하여 남들에게 알려질까 두려워하여야 한다."라고 하였다.

헌종 3년 정유년〔1867〕에 무과에 급제하여 선략장군(宣略將軍)으로 구진만호(舊鎭萬戶)에 부임을 하였지만 부모님의 병이 위중하다는 소식을 듣고는 그날로 벼슬을 그만두었다. 양친이 모두 돌아가시자, 상례에서 벗어날 만큼 슬픔에 겨워 몸이 상할 정도였다. 장례를 마치고 아침저녁으로 반드시 성묘를 하였고 음력 초하루와 보름이면 반드시 전묘제(奠墓祭)를 지냈다. 아무리 날씨가 춥고 덥더라도 빠뜨린 적이 없이 50년을 하루처럼 행하였다. 이는 천성으로부터 비롯된 것이지 억지로 한 것이 아니었다.

고종 23년 병술년〔1886〕 5월 26일에 돌아가시니 향년 76세였다. 봉전(鳳田) 선영(先塋) 아래 신방(辛方)을 등진 등성이에 장례를 치렀다. 아내 숙부인(淑夫人)은 김해 김씨 종권(宗權)의 따님이다. 돌아가신 뒤에 공의 묘에 합장하였다. 2남을 낳았는데 장남은 주원(周源)이고 차남은 한원(漢源)이다. 주원의 장남은 학재(鶴在)이고 차남은 찬재(鄼在)이다. 학재의 장남은 용희(鎔禧)이고 차남은 용삼(鎔三)이다, 찬재의 장남은 용관(鎔爟)이고 둘째는 용태(鎔台), 셋째는 용우(鎔右)이다. 나머지는 다 기록하지 않는다.

공은 재주와 기량이 뛰어나고 품성이 효성스러웠으며 독서하며 위기지학(爲己之學)[8]에 오로지 힘썼다. 먼저 자신을 공경히 하는 도를 확립하는 것으로 부모를 섬기고 자신을 희생하고 남을 따르는 것에 뛰어났고 효도를 집안에 전하는 것으로 자식들을 가르쳤다. 비록 기제사라 하더라도 막돌아가신 분에게 제사를 지내듯이 단괄(袒括)[9]을 하고 종신토록 상례

8) 위기지학(爲己之學) : 자신의 덕성을 함양하는 내실 있는 학문을 한다는 뜻이다. 《논어(論語)》〈헌문(憲問)〉에 "옛날에 배우고자 하는 사람은 자기 자신을 위해서 하였는데, 오늘날 학문하는 사람은 남 때문에 한다.〔古之學者爲己 今之學者爲人〕"라는 구절이 있다.

9) 단괄(袒括) : '단문괄발(袒免括髮)'의 준말로, 시마(緦麻) 이하의 복(服)에서 두루마기 등 웃옷의 오른쪽 소매를 드러내는 것을 '단(袒)'이라 하고 관을 벗고 괄발(括髮)하여 머리에 사각건을 쓰는 것을 '문(免)'이라 하는데, 이는 동고조(同高祖) 종

를 행하였다. 아침저녁이나 삭망 때면 성묘를 하고 전묘제를 지냈는데 죽고 나서야 멈추었다.

오직 공은 몸소 실천하였으니 풍속에 보탬이 되고 후손들에게 경계를 전하기에 충분하였다. 공의 사손(祀孫)[10]인 학재(鶴在)는 가세를 떨치기에 충분한 사람인데, 선조의 아름다움이 오래되어 혹시라도 전해지지 않을까 걱정하며 붓을 잡은 군자에게 행장을 지어달라고 간청하느라 나에게 부탁을 하였다. 그래서 공의 이력을 서술하여 입언(立言)[11]의 보잘것없는 문안으로 삼아 위와 같이 쓴다.

◎ 孝婦南平文氏民狀

誠惶恐淸鑑 伏以獎忠表孝朝家之美典 尙德慕賢 生民之良心 是故凡有一善一行者 猶恐其不聞於今而傳於後 亦必汲汲於褒闡者 固以其秉彝之同一其天也 況其人卓異之行 足以有補於民風 而喚起 孝慈者乎 本里士人廉學生之妻 南平文氏忠宣公 諱益漸之後 致會女也 自幼極聰明 性至孝不煩敎誡 事親之道 自中禮貌 見者 皆曰 眞天相孝也 其他織紝組紃工 曾若老成 年十六歸于廉氏 以所事父母 事舅姑 以致有加焉 相夫以順 而敎子以義凡在天 黨者 無不愛敬隣里 咸稱其賢 及姑嬰疾 疾漸劇 禱天願代 多方合藥 無所不至境 遭姑憂 哀毁過制 家酷貧 雖衣裳百結 糟糠難繼 養舅 左右人 不知其家之貧也 舅年老 患貞疾 藥餌無靈 不能運動 矢乎 文氏以器 奉而出之 滌而進之 溲乎 亦然以此爲常而不委他人 柔聲愉色 先意承順 舅亦安於其婦 不許子孫之役 文氏凡百作爲 自有儀式 室房衣具日淸潔 矢溲等器 時洗滌 雖盛夏 器未嘗臭 衣未嘗垢 文氏 其獨執來今十七年如一朝也 舅或乏金 而意欲生魚 文氏 湯鰍以進 採貝以供 殫誠以致其樂 舅神色氣度 未曾若久病者矣 於戱猗歟 夫人奉親之道 志體之養 具至矣 其淸德懿行 可以裨世敎 而勸人善也 民等 彝衷所激 不容含默

형제에게는 복이 없으므로 단문을 하여 슬픔을 표하는 상례이다.

10) 사손(祀孫) : 제사를 받들어 지내는 후손을 이른다.

11) 입언(立言) : 《춘추좌전》 양공(襄公) 24년 조에, "가장 으뜸은 덕을 세우는 것〔立德〕이요, 그다음은 공을 세우는 것〔立功〕이요, 그다음은 말을 세우는 것〔立言〕이다."라고 하였다.

故玆敢冒昧齊籲 伏願另加垂察 轉報褒彰之志 千萬幸甚

효부 남평 문씨 민장[12)]

진실로 황공하지만 맑게 살펴주십시오. 충성을 장려하고 효를 표창하는 것은 나라의 아름다운 법도이고 덕을 숭상하고 어진 사람을 사모하는 것은 백성들의 진실된 마음입니다. 이런 까닭에 무릇 조그마한 선함과 행실이 있더라도 그것이 지금 세상에 알려지지 않고 후손에 전해지지 않는 것을 걱정하면서 또한 칭찬하여 장려하는데 급급한 마음을 가졌던 것은 진실로 떳떳한 본성이 하늘의 마음과 같아서 일것입니다. 더군다나 사람이 우뚝하고 남다른 행실로 민풍에 보탬이 되고 효와 자애로움을 일으키는 사람에게는 어떻게 하여야 하겠습니까?

저희 고을의 선비 염학생(廉學生)의 처 남평(南平) 문씨는 충선공(忠宣公) 익점(益漸)의 후손인 치회(致會)의 딸입니다. 어려서부터 총명하고 타고난 본성이 효도하고 덕성을 익히고 함양하는 것을 번거롭게 여기지 않아 부모를 섬기는 도리가 진심에서 나와 예의에 맞았습니다. 이를 보는 사람들은 모두 “참으로 타고난 효부이다.”라고 하였습니다. 나머지 베를 짜는 일들은 일찍이 노성한 사람과 같았습니다.

나이 16살에 염씨(廉氏)에게 시집와서 자신의 부모를 섬기는 도리로 시부모를 섬기는데 정성을 다하였습니다. 순종으로 남편을 돕고 의로 자식을 가르치니 남편의 일가들도 아끼고 공경하지 않는 사람이 없었고 이웃 마을에서도 모두 그가 어질다고 칭찬하였습니다.

시어머니가 병에 걸려 병이 점점 심해지자 하늘을 향해 자신이 대신 죽게 해 달라고 기도하면서 온갖 약을 쓰면서 병을 낫게 하는 일에 하지 않은 일이 없었습니다. 그러다가 시어머니가 돌아가시자 상례의 법도에 넘을 정도로 슬퍼하여 몸이 상할 정도였습니다. 집안이 너무 가난하여 비록 수없이 옷을 기워 입고 끼니를 잇기가 어려울 정도였는데도, 시아버지를 봉양하자 곁에 있던 사람들도 그가 가난하다는 사실조차 몰랐을 정도였

12) 민장 : 백성의 송사나 청원 등의 서류를 이른다.

습니다. 시아버지가 연로하고 병에 걸려 약을 썼지만 효험이 없어 움직이지도 못하자, '대변이 마려우신가요?'라고 하고는 문씨가 요강을 바치고 그것을 가지고 나와 씻어 드리고 '소변이 마려우신가요?'라고 묻고는 또 그렇게 하였습니다. 이를 일상적인 일로 여기고 남에게 맡기지 않았습니다. 부드러운 목소리와 즐거운 낯빛으로 미리 부모님의 뜻을 받들어 행하니 시아버지도 며느리에게 편안함을 느껴 자손들이 대신하는 것을 허락지 않았습니다.

문씨가 한 모든 일들은 절로 법도가 있어 방과 옷과 도구들은 날마다 청결히 하였고, 요강 등의 그릇은 그때마다 깨끗이 씻어 두었습니다. 아무리 더운 여름이라도 요강에 냄새가 난 적이 없었고 옷에는 때가 낀 적이 없었습니다. 문씨가 홀로 일을 도맡아 온지 지금 17년이 되도록 마치 하루처럼 하였습니다. 시아버지가 혹시라도 돈이 부족한데도 물고기를 먹고 싶어 하면 문씨는 추어탕을 끓여 드리고 조개를 따서 드리는 등 정성을 다하여 즐겁게 해드렸습니다. 그러자 시아버지의 신색과 기운은 일찍이 오랫동안 병을 앓지 않은 사람 같았습니다.

아, 아름답습니다. 대저 사람이 부모를 섬기는 도리와 뜻과 몸을 섬기는 도리가 모두 지극하였습니다. 그의 맑은 덕과 아름다운 행실은 세상의 교화에 보탬이 될 것이고 사람들에게 선을 권장할 만합니다. 저희 백성들은 강충한 의리에 감격한 것을 침묵할 수가 없어 이렇게 감히 무릅쓰고 함께 말씀드리니, 특별히 살펴주시고 칭찬하여 장려할 뜻을 알려주시기를 천만 바랍니다.

◎ 嘉善大夫李公周源行略

公諱周源 字聖順 李氏韓山世也 高麗平章事 文靖公 牧隱先生 諱穡之後 入本朝 中樞院事 諱孟畛 寔公之十二世祖 五傳至忠翊衛 諱碩自晉陽 移居固城 高祖諱昌根 宣略將軍 曾祖諱慶瀹 考諱起延 中武科 以宣略將軍 歷舊鎭萬戸 竭力事親 志體具養 教子弟 法肅辭嚴 奉先祀盡誠 妣淑夫人 金海金宗權女也 公憲廟二年 丙申 十二月 二十八日 生于上東里第 高宗十八年 辛巳 中武科 三十一年 甲午 進資嘉善大夫 公自幼孝友純至云 爲動作 一遵父母之訓 晨

昏定省 有若成人 及至成童 已知古人事親之道 而代勞服力謹身節用 於志體之養 靡不庸極 宣略公 性極嚴峻 立家範敎子弟 雖絲髮有失 未嘗或假借 必加笞之 公每當受笞 深傷其不順於父母 更自起敬孝 多方務悅親心 年五十 而尙受苔 悲泣親力之衰弱 丁兩艱 竝祔之儀 易戚之節 克遵禮制 與其弟漢源友愛 尤篤聯床同卓 寢食共之 異味 必待而食之 尺布 必分而製之 無飢乎 無寒乎 心焉憂之 造次不忘 弟或有不善處 以好言諭之 必怡怡然式相好矣 弟不幸嬰疾 百方合藥 無有見效纊息已絕 公蒼黃狼狽 血指灌口 得延二百四十日 人以謂友義所感 同氣相應 高宗 三十九年 壬寅 十二月 二十五日卒 享年六十七 葬于同郡 道南面 馬淡山 枕艮之原 配貞夫人 密陽朴氏 重瓘女也 卒祔公墓 生二男 長鶴在 次劕在 孫男鎔禧 鎔三 鶴在出 鎔燿 鎔台 鎔右 劕在出 曾玄不錄 公之天性孝友慈詳 事父母 罔不庸竭其力 處兄弟行人 所未能行 五十泣苔無愧於伯俞血指甦 弟有過於庾袞 而後乎朱子 不得入小學之編 際乎襄季 未得蒙表閭之典 惜哉 公之子鶴在嬰然 謂余日 記日 先祖無美而稱之 是誣也 有善而不知 不明知 而不傳 不仁也 吾先子潛光隱德 久而不傳 不肖之罪也 今將於立言之家 求其狀德之文 吾子其述吾先子修己實踐之蹟 以爲一部徵案 時中辭不敢略綴其所嘗見聞者 謹敍次如右云爾

가선대부 이주원 행략

공의 휘는 주원(周源)이고 자는 성순(聖順)이며 한산이씨이다. 고려(高麗) 평장사(平章事) 문정공(文靖公) 목은(牧隱) 선생 색(穡)의 후손이다. 조선에 들어와 중추원사(中樞院事) 휘 맹진(孟畛)이 공의 12세조이다. 5세가 전해져 충익위(忠翊衛) 석(碩)에 이르러 진주(晉州)에서 고성(固城)으로 옮겨왔다. 고조(高祖) 창근(昌根)은 선략장군(宣略將軍)을 지냈고 증조(曾祖)는 경흡(慶潝)이고 아버지는 기연(起延)으로 무과에 급제하여 선략장군(宣略將軍)을 거쳐 구진만호(舊鎭萬戶)를 지냈다. 힘을 다해 부모를 섬기면서 지체(志體)로 봉양[13]하였고 자제들을 가르치면서 법도와 말이 엄숙하였으며 선조의 제사를 엄숙히 받들었다. 어머니는 숙부인(淑

13) 지체(志體)로 봉양 : 부모의 뜻을 잘 받드는 것〔養志〕과 좋은 음식으로 봉양하는 것〔養體〕을 말한다.

夫人) 김해 김종권(金宗權)의 따님이다.

공은 헌종(憲廟) 2년 병신년〔1836〕 12월 28일에 상동리(上東里) 집에서 태어났다. 고종(高宗) 18년 신사년〔1881〕 무과에 급제하였고, 31년 갑오년〔1894〕에 가선대부(嘉善大夫)로 승진하였다. 공은 어려서부터 효도와 우애가 순수하고 지극하였다. 한결같이 부모의 가르침을 따라 행동하여 저녁에는 이부자리를 깔아드리고 새벽에는 문안을 살피기를 마치 어른처럼 행동하였다. 나이가 15살이 되자, 이미 옛사람들이 부모님을 섬기는 도리를 이미 알아 수고로움을 대신하고 힘을 바치며 몸을 삼가고 절도 있게 쓰면서 지체(志體)로 봉양하는데 지극하였다.

선략공(宣略公)의 성품은 지극히 엄준하여 가정에 모범을 확립하고 자제들을 가르쳐 아무리 작은 실수가 있더라도 용서한 적이 없이 반드시 매질을 하였다. 공이 매번 매를 맞을 때마다 깊이 부모님의 뜻을 따르지 않은 것을 마음 아파하고는 다시 공경하고 효도하는 마음을 일으켜 다방면으로 부모님의 마음을 기쁘게 하는데 힘썼다. 나이 50이 되어서도 여전히 매를 맞았는데 부모님의 힘이 쇠약한 것에 슬피 울었다. 부모님이 모두 돌아가시자 합장하는 법도와 이척(易戚)[14)]의 절도로 상례의 절차를 따랐다.

그의 동생 한원(漢源)과 우애가 더욱 돈독하여 같은 밥상에서 밥을 먹으면서 먹고 자는 것도 함께하였다. 맛있는 음식이 있으면 반드시 기다렸다가 먹고 작은 베가 있더라도 반드시 나누어서 옷을 만들어 입으니 배고프지는 않은지, 춥지는 않은지 마음으로 걱정하면서 잠시도 잊지 않았다. 동생이 혹시라도 좋지 않은 상황에 있으면 좋은 말로 타이르면서 반드시 서로 화락하였다.[15)] 그런데 동생이 불행히 병에 걸려 백방으로 약

---

14) 이척(易戚) : 《논어》 〈팔일(八佾)〉의 "예를 행할 때에는 사치스럽게 하기보다는 차라리 검소하게 해야 하고, 상을 당했을 때에는 형식적으로 잘 치르기보다는 차라리 마음속으로 애통해하는 심정을 가져야 한다.〔禮與其奢也寧儉 喪與其易也寧戚〕"라는 공자의 말을 줄인 것이다.

15) 서로 화락하였다 : 원문은 '式相好'. 《시경》 〈소아(小雅) 사간(斯干)〉에 "형이여 아우여, 서로 화목하게 지내고 서로 따지지 말지어다.〔兄及弟矣 式相好矣 無相猶矣〕"라는 구절에서 온 말이다.

을 지었지만 효험을 보지 못하고 숨이 끊어지게 되자, 공은 당황하며 손가락에 피를 내어 입에 넣자 240일 동안 목숨이 연명되자, 사람들은 우의(友義)에 감동하고 같은 기운이 서로 감응하여 그러한 것이라고 여겼다.

고종(高宗) 39년 임인년〔1902〕 12월 25일 죽으니 향년 67세였다. 같은 군(郡) 도남면(道南面) 마담산(馬淡山) 간좌(艮良)의 등성이에 장례를 치렀다. 아내 정부인(貞夫人)은 밀양 박씨 중관(重瓘)의 따님이다. 죽고 나서 공의 묘에 합장하였다. 아들 둘을 낳았는데 장남은 학재(鶴在)이고, 둘째 아들은 찬재(贊在)이다. 손자 용희(鎔禧), 용삼(鎔三)은 학재가 낳았고, 용관(鎔爟), 용대(鎔台), 용우(鎔右)는 찬재가 낳았다. 증손과 현손은 기록하지 않는다.

공의 타고난 성품은 효도하고 우애하며 자상하여 부모를 섬길 때는 자신의 힘을 다하지 않은 적이 없었고, 형제에게 대하는 행실은 남들이 행하지 못하는 것들이었다. 나이 50살에 울면서 매를 맞은 것은 백유(伯俞)[16]에게 부끄럼이 없고 손가락에 피를 내어 동생을 살린 것은 유곤(庾衮)[17]보다 훌륭하였다. 이는 주자(朱子)[18]보다 늦게 태어나는 바람에

16) 백유(伯俞):《소학(小學)》〈계고(稽古)〉에 "백유가 잘못을 저질러서 그 어머니가 매를 때리자, 울었다. 어머니가 말했다. '다른 날은 매를 때려도 울지 않더니, 지금은 무엇 때문에 우느냐?' 백유가 대답했다. '제가 죄를 지어 어머니의 매를 맞으면 늘 아팠는데, 이제 어머니의 힘이 저를 아프게 할 수 없을 만큼 약해지셨습니다. 그래서 웁니다.〔伯俞有過 其母笞之 泣 其母曰 他日笞子未嘗泣 今泣何也 對曰 俞得罪 笞常痛 今母之力不能使痛 是以泣〕"라는 구절이 있다.

17) 유곤(庾衮):《진서(晉書)》〈유열전(庾列傳)〉에, 진 무제(晉武帝) 때에 전염병이 크게 유행하여 유곤의 두 형이 이미 죽고 또 그 다음 형 비(毗)가 위독하자, 부모와 여러 아우들마저 다 밖으로 나가 거처하였으나, 유곤만은 형의 곁을 떠나지 않고 간호하였다. 이에 부형들이 밖으로 나갈 것을 강권하자, 유곤이 "저는 병을 두려워하지 않습니다."라고 하고, 끝내 형을 치유시켰는데, 수개월 동안에 걸쳐 죽은 형들의 널을 어루만지며 통곡하고 병든 형을 간호하곤 하였지만, 끝내 병에 전염되지 않았다는 고사가 전한다.

18) 주자(朱子):중국 남송의 유학자로, 이름은 희(熹, 1130~1200)이고, 자는 원회(元晦)이다. 호는 회암(晦庵)으로, 주자는 그에 대한 존칭이다. 주자학을 집대성하였다. 19세에 진사에 합격하여 관계에 들어갔으며 그 전후에 도학 외에 불교, 도교도 공부하였다. 24세에 이연평(李延平)과 만나 그의 영향 하에서 정씨학(程

《소학(小學)》에 실리지 못하였고, 말세에 태어나 은전을 받지 못한 것이 애석하다.

공의 아들 학재(鶴在)를 만났는데 나에게 "《예기》에 '조상에게 아름다운 점이 없는데 그것을 일컫는다는데 이것은 속이는 것이고, 훌륭한 점이 있는데도 알지 못한다면 현명하지 못한 것이고, 알면서도 전하지 않는다면 어질지 못한 것이다.'[19] 제 조상의 훌륭한 점이 세상에 드러나지 않고 오랫동안 전해지지 않는 것은 저의 잘못입니다. 지금 장차 입언(立言)하는 집에서 덕을 형상하는 글을 청하여 제가 우리 조상께서 몸을 닦고 실천하신 자취를 기록하여 입증할 만한 자료로 삼고자 합니다."라고 하였다. 내가 사양하지 못하고 간략하게나마 내가 보고 들은 것을 엮어 삼가 위와 같이 기록한다.

氏學)에 몰두하고 다음에 주염계, 장횡거(張橫渠), 이정자(二程子)의 설을 종합 정리하여 주자학으로 집대성하였다.

19) 《예기(禮記)》에……것이다 : 《예기(禮記)》 〈제통(祭統)〉에 "자손으로 종묘와 사직을 지키는 자가 자신의 조상에게 아름다운 점이 없는데도 그것을 일컫는다면 이것은 속이는 것이고, 훌륭한 점이 있는데도 알지 못한다면 현명하지 못한 것이고, 알면서도 전하지 않는다면 어질지 못한 것이다. 이 세 가지는 군자가 부끄럽게 여기는 것이다.〔子孫之守宗廟社稷者 其先祖無美而稱之 是誣也 有善而弗知 不明也 知而弗傳 不仁也 此三者 君子之所恥也〕"라고 하였다.

6

서간문(書簡文)

6

서간문(書簡文)

◎ 答某人書[1])

得拜數度惠書 感倒無地 從審書後 旅中起居錦安 同窓諸益 均得淸穆 遠慰規規者情也 情友 姑保前劣 是乃奇事 第悚 君之中間見誣 實是鄙之所以使然也 自不覺愧汗被面耳 更何言哉 更何言哉 韓文公曰 莫患有司之不明 只患業不精 惟君折節勤業 以作他日率先之範 如何如何 且人不涉難 則智不明 是故者 今高明博士 未有逸居 而能成業者也 惟望吾君不以鄙言爲孟浪 而或可恕納否 餘在續後不備謝儀 七月 十二日 情友 姜時重 拜拜

모인(某人)에게 답하는 편지

여러 차례 편지를 받고 어떻게 감사를 드려야 할지 몸 둘 바를 모르겠습니다. 편지를 보낸 뒤로 객지에서 안부는 좋으시고, 동창들 모두 잘 지내신다니 멀리서 보잘것없는 사람의 정에 위안이 되었습니다. 저는 그럭저럭 보잘것없는 상황을 보존하며 지내고 있는 것이 기이한 일입니다.

드릴 말씀은 그대가 중간에 속임을 당한 것은 실로 제가 그렇게 한 것이어서, 저도 모르게 부끄러워 얼굴에 땀이 납니다. 다시 무슨 말씀을 드리겠습니까? 한문공(韓文公)[2])이 "유사(有司)가 현명하지 못함을 근심하

---

1) 答某人書 : 원문에는 제목이 없으나, 역자가 내용을 참고하여 달았다.

2) 한문공(韓文公) : '문공'은 당나라 때의 문학가인 한유(韓愈, 768~824)의 시호이다. 자는 퇴지(退之)이다. 792년 진사에 등과, 지방 절도사의 속관을 거쳐 803년 감찰어사(監察御使)가 되었을 때, 수도(首都)의 장관을 탄핵하였다가 도리어 양산현(陽山縣) 현령으로 좌천되었다. 이듬해 소환된 후로는 주로 국자감(國子監)에서 근무하였으며, 817년 오원제(吳元濟)의 반란 평정에 공을 세워 형부시

지 말고 다만 학업이 정밀하지 못한 것을 근심하라."[3]라고 하였으니, 오직 그대는 몸을 낮추고 부지런히 공부하여 뒷날 솔선수범하는 것이 어떻습니까? 또 사람이 어려움을 겪지 않으면 지혜가 밝지 않습니다. 이러한 까닭은 지금 고명하신 박사께서 편안히 지내며 학업을 이루지 못한 것입니다.

오직 바라건대 저는 그대가 저의 비루한 말을 맹랑하다고 여기지 마시고 용서하시고 받아주시기 바랍니다. 나머지는 뒤에 전하기로 하고 답장의 예를 갖추지 않습니다

7월 12일, 정다운 벗[情友] 강시중(姜時中)은 재배(再拜)합니다.

◎ 上竹逸鄭先生灝鎔書

謹伏以省禮 更伏詢新凉 氣體候 若序萬康 仰慕區區 不任下悰 謹白 璞雖藏玉 非明相玉工 莫能知其爲寶 士雖懷道 非大人先生 莫能知其爲賢 故士 屈於不知己 而伸於知己者 良以此也 今陜川居姜君德澡 於生爲大父行 而年六十 耽樂山水 客於南者 數年 往往 與道人釋子好遊也 君之其爲人也忠 學業也富 澡身沿德 有異衆人 而平生不求聞知 只以著文自娛 且性恬靜 勤篤於晦蒙也 尤長 昔翰林 歐陽公 求士 甚於士之求公 今先生 雖以布衣好士之風 不下昔人 故敢進君於門下 伏惟扣其蘊 而察其行 或者 有可俾作村塾 敎授 於君 誠有登龍門之榮光 於先生 亦有爲之後焉者矣 幸殊察焉 左右明命 盥手伏俟 餘伏祝 體宇道安 不備謹候疏上

랑(刑部侍郎)이 되었으나, 819년 헌종황제(憲宗皇帝)가 불골(佛骨)을 모신 것을 간하다가 조주자사(潮州刺史)로 좌천되었다. 이듬해 헌종 사후에 소환되어 이부시랑(吏部侍郎)까지 올랐다.

3) 유사(有司)가……근심하십시오 : 한유(韓愈)의 〈진학해(進學解)〉에는 "제군들은 학업이 정밀하지 못함을 근심하되 유사가 현명하지 못함을 근심하지 말고 행실이 이루어지지 못함을 근심하되 관리가 공저하지 못함을 근심하지 마라.[諸生 業患不能精 無患有司之不明 行患不能成 無患有司之不公]"라는 구절이 있다.

죽일 정호용[4] 선생에게 올리는 편지

예는 생략합니다. 새로 서늘해지는 날씨에 안부는 절서에 따라 좋으신지 간절히 그리운 저의 마음 가눌 길 없습니다. 삼가 말씀드리는 것은 박옥(璞玉)[5]이 아무리 옥을 감추고 있어도 옥을 살피는 밝은 눈을 가진 장인이 아니면 그것이 보배가 된다는 것을 알지 못하고, 선비가 아무리 도를 품고 있어도 훌륭한 선생이 아니면 그가 어질다는 것을 알지 못합니다. 그렇기 때문에 선비가 자신을 알아주지 못하는 사람에게는 뜻이 꺾이고 자신을 알아주는 사람에게는 뜻이 펴지는 것이 참으로 이 때문입니다.

지금 합천에 사는 강덕조(姜德澡)는 저에게는 대부(大父)[6]의 항렬로 나이가 60살입니다. 그는 자연을 좋아하여 남쪽으로 유람한지 몇 년 동안 자주 도인(道人)이나 승려들과 좋은 교유를 하고 있습니다. 그의 사람됨은 충실하고 학업은 넉넉하며 몸을 닦고 덕을 따르는 것이 남과 다름이 있습니다. 평생 남들에게 자신을 알리고 싶어 하지 않고 다만 글을 짓는 것으로 스스로 즐겼습니다. 또한 그의 본성은 고요한 것을 좋아하여 남들이 모르는 가운데서 부지런한 것이 더욱 장점입니다.

옛날 한림(翰林) 구양공(歐陽公)[7]이 선비를 구한 것이 선비가 구양공을 구한 것보다 더 하였습니다. 지금 선생께서는 비록 벼슬하지 않은 몸으로 선비를 좋아하시는 풍도가 옛사람에 못지않으시기 때문에 감히 문하에 강덕조를 추천합니다. 그의 마음속 온축된 것을 물어보고 그의 행동을 살펴보시기 바랍니다. 혹시라도 시골 서당을 지어 가르치게 한다면 강

4) 정호용(1855~1935) : 일제강점기 때 유학자로, 자는 근여(謹汝)이고 죽일(竹逸)은 그의 호이다. 백가서를 섭렵하였으며 《대학》과 《중용》, 《소학》을 손에서 놓지 않았다. 특히 《소학》은 잠심 연구하며 실천하기 위해 노력하였다. 저서로 《죽일선생문집(竹逸先生文集)》이 있다.

5) 박옥(璞玉) : 아직 가공하지 않은 돌 속에 있는 옥을 이른다.

6) 대부(大父) : 집안의 할아버지뻘 되는 항렬인 사람을 이른다.

7) 구양공(歐陽公) : 중국 송나라의 정치가이자 문인인 구양수(歐陽脩, 1007~1072)이다. 한림원학사(翰林院學士) 등의 관직을 거쳐 태자소사(太子少師)가 되었다. 송나라 초기의 미문조(美文調) 시문인 서곤체(西崑體)를 개혁하고, 당나라의 한유를 모범으로 하는 시문을 지었다. 당송8대가(唐宋八大家)의 한 사람이었으며, 후배들에게 많은 영향을 주었다. 저서로 《구양문충공집》등이 있다.

덕조에게는 진실로 등용문의 영광이 있을 것이고, 선생에게도 역시 후배를 두는 것이 될 것입니다. 특별히 살펴주십시오. 당신께서 밝게 명하시기를 손을 씻고 기다리겠습니다. 나머지는 건강히 잘 지내시기 바라며 안부의 예를 갖추지 않습니다.

◎ 答朴斯文仁燮書【時 君僦在朴淵菴正善宅 馬山府 玩月洞 二一番地】

謹伏以省禮言 吁可愧也 此書 我宜所先 而吾子先之 此足使懦夫敬畏 況審起居平康 何等仰慰 久旅絕溢 得無桂玉之憂 而選暇佔畢 時無間斷耶 雖叢務旁午 課以繼之久 當有益 淵翁北轅 間以返駕 而伯姊侍之患節 近復如何 且永逑君之子憂 令人慼然奈何 立菴居士 尙此不家耶 竝切願聞 時中 姑支一縷 而時雨時暘 稻黍長蕪 老圃稍肥 野夫滋味 此可爲足 但五柳先生 性嗜之物 聖賢之間 不能常得口業 良苦大聲 讀酒德頌一部 始知伯倫 爲眞男子 好英雄 愧吾讀書之人 腹中幾斗文字 曷嘗有他換一盃酒來也 好博一餐 絮話 非造次可旣 不備謹謝疏禮

사문(斯文) 박인섭에게 답하는 편지【당시 박인섭 군은 연암 박정선 댁인 마산부 완월동 21번지에 세 들어 살고 있었다】

삼가 예를 생략하고 말씀드립니다. 아, 부끄러워할 만합니다. 이 편지는 제가 마땅히 먼저 보냈어야 했는데 그대가 저보다 먼저 보내시니 이를 통해 심지가 나약한 사람을 경외(敬畏)롭게 하기에 충분합니다. 더구나 당신의 안부가 좋으시다니 얼마나 위로가 되던지요. 오랫동안 객지 궁벽한 물가에서 계옥(桂玉)의 근심[8]은 없고 여가를 얻어 책을 읽는 것을 끊임 없이 하시는지요? 비록 일이 바쁘더라도 오랫동안 끊임 없이 공부를 한다면 마땅히 보탬이 있을 것입니다.

---

8) 계옥(桂玉)의 근심 : 계수나무 땔나무와 옥으로 지은 밥이라는 말로, 물자가 부족하여 생활하기 곤란할 때 사용하는 말이다. 《전국책(戰國策)》〈초책(楚策)〉에 전국 시대 소진(蘇秦)이 초(楚)나라 왕에게 "초나라의 밥은 옥보다도 비싸고 땔감은 계수나무보다도 비싸다. 지금 내가 옥으로 지은 밥을 먹고 계수나무로 불을 때고 있으니, 이 또한 어려운 일이 아니겠는가.〔楚國之食貴于玉 薪貴于桂 今臣食玉炊桂 不亦難乎〕"라는 고사에서 유래한 것이다.

연옹(淵翁)께서 북쪽으로 가셨다가 그사이 돌아 오시고 큰 누이는 부모님을 간호하시는 요사이 안부는 다시 어떠하신지요? 또 영술(永述)군의 아들 근심은 사람을 괴롭게 하니, 어찌하겠습니까? 입암거사(立菴居士)는 아직도 집으로 돌아오지 않으셨는지요? 간절히 모든 소식을 듣고 싶습니다.

저는〔時中〕 실낱같은 목숨을 보존한 채 지탱하고 지내고 있는데,[9] 때맞게 내리는 비와 햇빛이 벼와 가장이 무성하게 자라 오랜 농원이 조금 비옥해졌으니 농부의 흥치가 넉넉하다 할 만합니다. 다만 오류선생(五柳先生)[10]이 즐기던 물건[11]은 성현들 사이에도 항상 얻을 수 있는 것이 아니고 구업(口業)[12]이 참으로 괴로워 큰소리로 〈주덕송(酒德頌)〉[13] 한 부를 읽고는 비로소 백륜(伯倫)[14]이 참으로 남자이고 좋은 영웅임을 알았습니다. 부끄럽지만 우리 독서하는 사람들 가운데 뱃속에 몇 말의 문자가 있는 사람[15]이라도 어찌 일찍이 이를 가지고 한 잔의 술로 바꾸어 온 사람이 있었습니까? 밥 잘 드시고, 많은 이야기는 잠깐 사이에 다 할 수 있는 것이 아니라, 이만 줄이고 답장을 드립니다.

---

9) 실낱같은……있는데 : 편지의 첫머리에 '생식언(省式言)'이라고 쓴 것과 함께 자신이 상중(喪中)일 때 쓰는 편지의 투식이다.

10) 오류선생(五柳先生) : 중국 진(晉)나라의 도연명(陶淵明)의 호로, 자신의 집에 버드나무 다섯 그루를 심어 놓고 자신의 호로 삼았다.

11) 즐기던 물건 : 술을 이른다. 도연명이 지은 〈오류선생전(五柳先生傳)〉에 "술 거나히 마시고 시를 지어 자신의 뜻을 즐기니, 무회씨의 백성인가, 갈천씨의 백성인가?〔酣觴賦詩 以樂其志 無懷氏之民歟 葛天氏之民歟〕"라는 구절이 있다.

12) 구업(口業) : 사람이 입으로 짓게 되는 업을 이르는 말로, 신업(身業) · 의업(意業)과 함께 삼업(三業)이라고 한다. 몸 · 입 · 뜻의 세 가지에서 나는 열 가지의 악업(惡業)을 이른다.

13) 〈주덕송(酒德頌)〉 : 중국 남북조 시대 진(晉) 나라의 문인이자 죽림칠현(竹林七賢)의 한 사람인 유령(劉伶)이 지은 시로, 술을 찬미하고 세속을 혐오하는 내용을 담고 있다.

14) 백륜(伯倫) : 유령(劉伶, ?~?)의 자이다.

15) 뱃속에……사람 : 중국 북송 때의 시인인 소식(蘇軾)의 〈시원전다(試院煎茶)〉 시에 "창자와 배를 채울 만한 문자 오천 권은 필요 없고, 항상 충분히 잠자고 해 높이 떠올랐을 때 차 한 잔을 원한다.〔不用撑腸拄腹文字五千卷 但願一甌常及睡足日高時〕"라는 구절이 있다.

◎ **與鄭順明雨錫月下書【丁丑】**

謹伏以省禮 我初至貴中 淵庵朴子 說足下津津 湖庵權公丈繼之 我心語曰 鄭必端士 然而姑疑足下矣 及見足下 聽其議論 考其踐履 又向於淵湖之說 我又心語曰 淵湖二子 眞知人者也 復得見足下之從姪杞田共欣 又其容貌德行端然有古人儀表矣 然後始知進士公四萼之遺風 有易世而猶存者也 我以竹翁之辱徒敢託遺集校讎 遊貴中 日月之間 得交足下叔侄及其良朋高士 若個人較之六十年事業得失孰多 此所以深切比屋 送老之願 而於淵書略之矣 然而此其容易哉 唐詩所謂 家貧無易事者 此也 歎羨歎羨 伏惟經履動止 茂膺純嘏 箇中玩頤之樂 做得暮年工夫耶 溸仰切切 弟之頑縷不死 不足奉聞 而略其杞書者 賴有足下矣 多少都留 後敍中一場 不備疏禮 惟希印亮

순명 정우석에게 달빛 아래에서 보내는 편지【정축년〔1937〕】

예는 생략하고 말씀드립니다. 제가 처음 당신 댁에 도착하였을 때 연암(淵庵) 박정선(朴正善)이 족하에게 흥미진진하게 이야기하고 호암(湖巖) 권태호(權台鎬)가 뒤를 이어 이야기하였습니다. 그래서 저는 마음속으로 “정순명은 필시 단정한 선비로구나.”라고 생각하면서도 아직은 정말로 그런가 족하를 의심하고 있었습니다. 그러다가 그대를 만나 의논하는 말을 듣고 실천하는 행동을 살펴보며, 또 연암과 호암에게 하시는 말씀을 듣고, 제가 또 마음속으로 “연암과 호암 두 사람은 참으로 사람을 알아보는 사람이구나.”라고 여기고는, 다시 그대의 종질 기전(杞田)을 만나보고는 함께 기뻐하였습니다. 또 그 모습과 덕행이 단정하여 옛사람의 거동이 있었습니다. 그리고 나서 비로소 진사공(進士公) 사악(四萼)의 유풍이 세대가 바뀌었지만 아직도 존재하고 있음을 알았습니다.

죽일(竹逸) 선생께 욕되게도 저에게 한갓 유집(遺集)의 교정을 부탁하시어 귀중(貴中)에서 노닐던 며칠 몇 달 동안 족하의 숙질과 훌륭한 벗, 고결한 선비들과 교유를 하게 되었으니, 제 개인적으로 따져보면 60년 사업의 득실이 이보다 더 값진 것이 무엇이 있겠습니까? 이것은 제가 이웃하며 늙음을 보내고 싶은 간절히 바람이니, 이는 연암(淵庵)에게 보낸 편지에 간략하게 썼던 것입니다. 그렇지만 이는 아마도 쉽지 않을 것입니다. 당시(唐詩)에 “집안이 가난하여 쉬운 일이라고는 없다.”라고 한 것이 이것입니다. 한탄스럽습니다.

바라건대 경서(經書) 공부하시는 안부는 순수한 복을 받으시며 그 가운데 완미하고 수양하시는 즐거움으로 노년의 공부에 소득이 있으신지요? 그립습니다.

저는 실낱같은 목숨을 보존하며 죽지도 못하고[16] 지내고 있고, 따로 드릴 만한 말씀은 없습니다. 기서(杞書)[17]를 간략히 한 것은 족하가 계신 것을 믿기 때문입니다. 다소의 사연들은 남겨두고 뒤에 만나서 한바탕 풀겠습니다. 이만 줄이고 편지를 드리니 헤아려 주시기 바랍니다.

◎ 與鄭右永書

伏以省禮 泰兒傳達及磻谷親臨致命之事 謹以承悉 而就中本集 對攷事 行補整 恐非一二日可完 而且出版認可 此非先急也 今所最急者 第一言行錄 遺書 序及跋 墓碣銘 彙語 序若跋等 小不下 約八九篇 碣文 必具備然後 方寫出遺書 圖得認可 此其次序也 今據磻谷所傳 則兒之所欲圖者 敢是轉倒 更加商量 殊速碣文 甚當甚當 弟近有緊故 未能赴命 小罪焉 來月旬望間 計與磻谷往聽指教矣 馬滋物事 禮數 決不可薄也 亦不可晚也 千萬諒在諒在 餘祝哀支 不備疏禮

정우영에게 보내는 편지

예는 생략하고 말씀드립니다. 태아(泰兒)[18]가 편지를 전한 것과 반곡

16) 실낱같은……못하고 : 일반적으로 부모의 상중(喪中)에 있는 사람이 자신의 상황을 표현할 때 일반적으로 쓰는 표현이다.

17) 기서(杞書) : 《논어(論語)》 〈팔일(八佾)〉에, 공자(孔子)가 “하(夏) 나라의 예를 내가 말할 수 있지만 하 나라의 후예인 기(杞) 나라가 내 말을 증거댈 만하지 못하고, 은(殷) 나라의 예를 내가 말할 수 있지만 은 나라의 후예인 송(宋) 나라가 내 말을 증거댈 만하지 못하다. 그것은 문헌이 부족한 때문이니, 문헌이 넉넉하다면 내가 내 말을 증거댈 수 있을 것이다.〔夏禮吾能言之 杞不足徵也 殷禮吾能言之 宋不足徵也 文獻不足故也 足則吾能徵之矣〕”라고 한 말에서 온 말로, 증거를 댈 만하지 않은 글을 이른다.

18) 태아(泰兒) : 이름에 ‘태(泰)’자가 들어가는 아이를 이른다.

(磻谷)께서 친히 오셔서 말씀을 전달하신 일을 통해 삼가 자세히 알았습니다. 그 중에 본집(本集)을 교정하고 보정하는 일은 하루 이틀 만에 마무리할 수 있는 것이 아니니 장차 출판을 인가받는 일은 급선무가 아닙니다. 지금 가장 급한 것 중 첫 번째는 언행록(言行錄)·유서(遺書)·서문(序文)·발문(跋文)·묘갈명(墓碣銘)·휘어(彙語)입니다. 서문과 발문 등은 작아도 대략 8~9편은 되고, 갈문(碣文)을 반드시 갖추고 나서 유서(遺書)를 써서 인가를 받을 계획이니 이것이 순서입니다.

지금 반곡(磻谷)이 전한 말에 따르면 형께서 하려던 계획이 감히 전도(轉倒)되었다고 하는데, 다시 더 헤아려 속히 비문을 쓰시는 것이 매우 마땅할 것입니다. 저는 최근 긴급한 일이 있어서 서둘러 나아가지 못하고 있으니 나무라지 마십시오. 내달 열흘이나 보름 사이에 반곡과 함께 가서 가르침을 들을 계획입니다. 상대를 부르는 것〔馬溢〕[19]에 관한 예수(禮數)[20]는 결단코 박절하게 해서도 안되고 또 시일이 늦어서도 안됩니다. 천만 헤아려 주십시오. 나머지는 상주께서 몸을 잘 보중하시기 바라며 이만 줄이고 편지를 드립니다.

◎ **呈李鎭三書**

既月季春 再屈杖屨 親賜見招 於情爲知厚也 禮則過矣 不謂尊座 自降年德 爲此過恭之事 況貴中僉尊 不顧少長之序 親執賓主之禮 獻酒揖遜之際 古人威儀 自溢於衽席之間 猗歟盛矣 化隣成俗之風 於此焉始見 非徒不佞之過蒙辱受 鄙里全般 同被光榮 此意不可忘也 伏惟辰下 尊體候 一向淸穆 僉候動止 連衛康寧 併仰慕區區者忱 生姑保無警 是亦存念之賜也 更何煩達 餘仰冀道安

이진삼에게 드리는 편지

이미 3월이 되었는데, 거듭 왕림하시어 친히 초청해 주시니 두터운 정을 알겠습니다. 예에 있어서는 지나친데 생각지도 못하게 당신께서 스스

19) 상대를……것〔馬溢〕: 천리마를 물가에 오게 하다는 뜻으로, 상대를 초청함을 이른다.
20) 예수(禮數): 신분에 따른 각기 다른 예절에 맞는 대우를 이른다.

로 나이와 덕을 낮추시니, 이것은 지나치게 공손하신 일입니다. 더구나 귀중(貴中)의 여러 존자들께서 나이가 많고 적은 순서를 돌아보지 않으시고 친히 빈객의 예를 집행하시고 술을 드리고 읍하고 사양할 때는 예절에 맞게 행동하는 옛사람의 거동이 자리에서 절로 넘쳐 났으니 아름답고 훌륭합니다. 이웃과 풍속을 교화하는 것이 여기에서 비로소 볼 수가 있습니다. 한갓 저만이 지나치게 당신의 은혜를 입었을 뿐 아니라 저의 마을까지 모두 영광을 입었으니, 이 뜻을 잊지 못하겠습니다.

바라건대 요사이 존자의 안부가 늘 좋으시고 여러분들의 안부도 연이어 건강하시기를 아울러 간절히 빌겠습니다. 저는 별탈없이 지내고 있으니 이는 염려하여 주신 덕분이니 다시 무엇을 말씀드리겠습니까? 나머지는 도(道)를 위해 편안하시기를 빌겠습니다.

◎答曺斌承書

孤燈風牕 冷夢政苦 忽承德音 恍如十斛明珠 從海月中出來也 奉讀再三 滿幅辭意 無非憂我之切 而能令人感倒 始知時中之故人 乃有吾足下之在也 謹承審冬日可愛 伏惟旅中體候 連衛洪福 深慰深慰 而來我之敎 如是鄭重 固辭不敢望之前後 必晉拜爲圖矣 嘗飽聞岐城 其登望之壯風致之暢 人物之美 不下於古之新豊 此固所願遊者也 然而足下能辦得十千斗美酒否 洗盞待之 是所顒望耳胡草及此 良覺一笑 餘在拜敍中 不備謝禮

조무승에게 답하는 편지

외로운 등을 켠 바람 부는 창가에서 차가운 꿈이 괴로웠습니다. 그러던 차에 갑자기 당신이 보내신 편지를 받으니 마치 열 말의 진주가 바다 속에서 솟아오르는 것 같았습니다. 편지를 받고 몇 번이고 거듭 읽으니 편지에 가득하신 말씀이 저를 걱정하는 간절한 마음이 아닌 것이 없어 사람을 감동케 하였습니다. 이를 통해 비로소 저의 벗 가운데 바로 우리 족하(足下)[21]가 계시다는 것을 알았습니다.

21) 족하(足下) : 공식, 비공식 등에서 아주 가까운 곳이란 뜻으로 전하여 편지글 등에서 가깝고 대등한 사람에 대한 존경의 의미로 쓰인다.

겨울 날씨가 사랑스러운데 객지의 안부가 연이어 많은 복을 누리고 계시다니 매우 위안이 되었습니다. 저를 초대하시는 말씀이 이렇게 정중하시어 감히 거절하지도 못하겠으니, 보름 전후로 반드시 찾아뵐 생각입니다.

일찍이 듣기에 기성(岐城)[22]에 올라서 바라보는 장관과 풍경의 화창함과 인물의 아름다움이 옛날의 신풍(新豐)[23]에 못지않으니 이곳은 참으로 유람하고 싶은 곳입니다. 그렇지만 족하께서 십천두주(十千斗酒)[24]를 마련할 수 있는지요? 술잔을 씻어두고 기다리기를 바랄뿐입니다. 급하게 쓰느라 여기까지만 말씀을 드리니 참으로 우습습니다. 나머지는 만나서 말씀드리기로 하고 이만 줄이며 답장을 드립니다.

◎ 與金度沅書

伏惟春暮 靜居體度 連衛珍重 明窓玩賾之樂 想做得有人不及知之佳境矣 健羨健羨 近聞足下築伴鷗精舍日 與鷗爲群 夜讀古人之書 不知人間何世 足下之暮年淸福 過於陶朱遠矣 時中 欲作燕雀之賀 而一沒塵臼 出脚不得 令人愧歎 又聞惺翁 曾作鷗堂欐頌 必好文字也 幸惠一通本文 以開塵眼如何 且亦與人爲善之一端也 勿泛 且時也 欲構鷗堂韻 而醉輒忘之 醒又無力 今三五個月 不能 良覺一笑 雖然久念存中 恐不妨乎思友底一個滋味也 幸勿見促 餘恭俟德音 不宣候禮

김도원에게 보내는 편지

늦봄에 고요히 지내시는 안부는 연이어 좋으시고 밝은 창가에서 깊은 생각을 찾아가는 즐거움은 사람들이 미처 알지 못하는 아름다운 경치를 터득하신 것이니 매우 부럽습니다. 요사이 들으니 족하께서 반구정사(伴鷗精舍)를 지으시고 갈매기와 무리가 되어 밤에는 옛사람들의 글을 읽고

---

22) 기성(岐城) : 거제현(巨濟縣)에 있는 군(郡) 이름이다.

23) 신풍(新豐) : 중국 광동성(廣東省) 중부 소관시(韶關市) 남단에 있는 지명이다. 명주(名酒)의 산지이다. 왕유(王維)의 시 〈소년행(少年行)〉에 "신풍 땅 맛 좋은 술 한 말에 만전이고, 함양 땅 유협 중엔 젊은이가 많네.〔新豐美酒斗十千 咸陽遊俠多少年〕"라고 하였다.

24) 십천두주(十千斗酒) : 매우 맛이 있는 술을 이른다.

인간세상이 어떤 세상인지도 모르고 지낸신다니, 족하의 늘그막의 맑은 복이 도주공(陶朱公)[25]보다 낫다고 하겠습니다.

저는 제비와 참새의 축하[26]를 드리고 싶지만 한결같이 세속에 빠져 벼슬길을 벗어나지 못하고 있으니 사람으로 하여금 부끄럽고 한탄하게 합니다. 또 성옹(惺翁)이 일찍이 반구정사에 대한 상량문(上樑文)을 지었다는 말을 들었는데 필시 훌륭한 글일 것입니다. 저에게 지은 상량문을 한 통 보내주시어 먼지 낀 저의 눈을 열어주시는 것이 어떻습니까? 이것이 또한 남이 착한 일을 하도록 돕는 하나의 단서가 될 것이니 예사로 여기지 마시기 바랍니다.

또 제가 반구정사의 시를 짓고 싶었는데 술에 취하면 그때마다 잊어버리고, 깨면 또 힘이 없어 이렇게 세월을 보낸 지 지금 3~5개월이 되었지만 아직도 시를 짓지 못하고 있으니 참으로 우습습니다. 그렇지만 오랫동안 생각에 담아 두어 벗을 그리워하는 하나의 재미에 방해가 되지 않을까 걱정입니다. 지은 시를 보고 싶다고 재촉하지 마시기 바랍니다.

나머지는 삼가 답장을 기다리며 이만 줄이고 안부의 편지를 드립니다.

◎與池翼江書

向書 能不爲浮沈否 時惟仲秋佳節 十五良夜 露菊箇箇碧玉 香稻色色黃金 光風吹柳 霽月滿樓　天公 假我以美景朋友 無人以優遊 惜哉 向月獨坐 誰與爲

---

25) 도주공(陶朱公) : 중국 춘추 시대 월(越)나라 대부 범려(范蠡)의 별칭으로 돈을 버는데 재주가 있어 많은 돈을 모았다는 사람이다. 범려가 월왕(越王) 구천(勾踐)을 도와 오(吳)나라를 멸망시킨 뒤에 월왕과 같이 안락을 누릴 수 없다는 것을 안 나머지 벼슬을 버리고 멀리 떠나 도(陶)에서 살았으므로 주공(朱公)이라 호칭하였다. 《사기(史記)》〈월왕구천세가(越王勾踐世家)〉에, "범려가 재상의 인장을 반납하고 재산을 전부 다 털어 친구와 향리에 나누어준 다음 귀중한 보물만 가지고 샛길을 통해 떠나 도(陶)에 정착하였는데, 그 보물로 이자를 불려 억만금의 부자가 되자 천하에서 그를 도주공으로 일컬었다."라고 하였다.

26) 제비와……축하 : 《회남자》〈설림훈(說林訓)〉에, "큰 집이 이루어지면 제비와 참새들이 서로 축하한다.〔大厦成而燕雀相賀〕"라는 구절이 있다. 이는 본디 제비와 참새가 사람의 집을 자기들의 깃들 곳으로 삼아 서로 축하한다는 뜻인데, 보통은 남이 새로 집을 지은 것을 축하하는 말로도 쓰인다.

友 對菊自酌 我與我醉 觸物感情 不覺發狂 偶吟懷友詩短篇 是一椀炊沙之飯 忘拙汗呈聊 供一笑 幸賜斤正 而毋惜辱和 多少惟希照亮 更祝體度 若序多祗 不宣

지익강에게 보내는 편지

지난번 보낸 편지는 누락되지는 않았는지요? 때는 추석인 8월 15일 아름다운 밤입니다. 서리맞은 국화는 하나하나 푸른 구슬과 같고 향기로운 벼는 황금빛을 띄고 있습니다. 갠 날씨에 바람은 버들에 불어오고 갠 달은 누각에 가득한데 하늘이 나에게 아름다운 경치와 친구를 빌려주었지만 한가롭게 노닐 사람이 없는 것이 애석합니다.

달을 향해 홀로 앉아 누구와 벗이 될까요? 국화를 마주하고 스스로 잔질하며 내가 나 자신과 술 마시고 취하니 물건마다 느끼는 감정이 저도 모르고 미칠 듯합니다. 우연히 벗을 그리워 하는 짧은 시를 읊조리니 이는 모래로 지은 한 그릇의 밥입니다.[27] 보잘것없음을 잊고서 땀을 흘리며 드리니 한번 웃어주시고 고쳐서 답하는 것을 아끼지 마시기 바랍니다. 다소간의 사연들은 헤아려주시기 바라며 안부는 절서에 따라 많은 복을 받으시기 바랍니다. 이만 줄입니다.

◎答金永會書

惠書多謝 示中律詩效唐 甚善甚善 但語欠含蓄 意失忠厚 於古人 何可窺其涯涘 此是吾輩不拔的普通病根 何足更較彼此 容後面陳 是企是企 春山佳會 雖辜負 實多綠陰 雅集 亦一盛擧 惟尊盡力周旋 再築詞壇 而盛招以詩善鳴者 諸益定日惠示 弟雖敗鼓 何可戞過雷門哉 當一桴鼓之聲 震西北 切可切可 時維肇夏 侍餘體候 循序增祉 貴中僉兄 次第安享 遠外區區慰仰 弟近以親候之僅

27) 모래로……밥입니다 : 모래를 삶아 밥을 지으려고 한다는 것으로, 아무런 공로도 없이 힘만 허비한 것을 비유한 것이다. 당(唐)나라 고황(顧況)의 〈행로난(行路難)〉에 "그대는 보지 못했는가, 눈을 져다가 우물을 메우느라 공연히 힘쓰는 것을, 모래를 때어 밥을 지은들 어찌 먹을 수 있으랴.〔君不見擔雪塞井徒用力 炊沙作飯豈堪喫〕"라는 구절이 있다.

遣爲幸 而回憶往事 無非羊腸經路 竊欲抛却塵累 更作一方外閒漢 而不速俗客往往來侵擾 壞了乃翁事 不覺一笑 餘恭俟德音 不備謝狀上

김영회에게 답하는 편지

당신이 보내신 편지에 매우 감사하였습니다. 보내신 율시(律詩)[28]는 중국의 당(唐)나라 시를 본받은 것으로 매우 훌륭하였습니다. 다만 시어(詩語)에는 함축이 부족하고 시의(詩意)에는 충후함을 잃었으니, 옛사람에게 있는 경지를 어떻게 엿볼 수 있겠습니까? 이것이 우리들이 뽑아 없애버리지 못하는 보통의 병의 뿌리이니, 어찌 다시 피차를 비교하겠습니까? 후에 만나서 말씀드리기를 기대하겠습니다.

춘산(春山)의 아름다운 모임에 비록 제가 약속을 저버렸지만 실로 녹음이 짙어 아름다운 모임도 성대하게 거행되었을 것입니다. 오직 당신께서 힘을 다해 주선하여 다시 문단을 구축하고 시를 잘 짓는 사람들을 성대하게 초대하여 여러 벗들이 정한 날짜를 저에게 알려주었습니다. 제가 비록 패고(敗鼓)[29]이기는 하지만 어떻게 뇌문(雷門)[30]

28) 율시(律詩) : 한시 형식의 하나로 4운 8구로 된 근체시로, 1구의 자수에 따라 5언 · 7언의 구별이 있다. 1구 5자인 경우는 오언율시, 1구 7자인 경우는 칠언율시이다. 같은 근체시인 절구보다 형식이 까다롭다. 대우(對偶) · 성운(聲韻) · 자수(字數) · 구수(句數)가 모두 엄정한 규율에 맞아야 한다. 양(梁) · 진(陳) 이래로 성률과 대우를 쓰기 시작하면서 당대에 이르러 완정한 모습을 갖추게 된다. 따라서 당나라 때부터 율시가 본격적으로 발달하게 된 것으로 본다.

29) 패고(敗鼓) : 망가져서 쓸모없게 된 북의 가죽을 말하는데, 자신의 실력을 낮추어 이르는 겸사이다. 당나라 시인 한유(韓愈)의 〈진학해(進學解)〉에 "옥찰과 단사, 적전과 청지, 쇠오줌과 말똥버섯, 망가진 북의 가죽을 모두 거두고 아울러 쌓아놓아 쓰임에 대비해 버림이 없는 것은 의사의 어짊이다.〔玉札丹砂赤箭青芝牛溲馬勃敗鼓之皮 俱收竝蓄 待用無遺者 醫師之良也〕"라는 구절이 있다.

30) 뇌문(雷門) : 한(漢)나라 때의 올곧은 신하인 왕준(王尊)이 일찍이 동평왕(東平王)의 상(相)이 되었을 때, 동평왕의 태부(太傅)가 왕의 앞에서 《시경》 〈용풍(鄘風) 상서(相鼠)〉의 시를 강설하자, 왕준이 태부에게 "베로 메운 북을 가지고 뇌문을 지나지 말라.〔毋持布鼓過雷門〕"라고 한데서 나온 말이다. '뇌문'은 곧 회계(會稽)의 성문을 가리키는데, 뇌문 위에 걸린 북은 소리가 커서 낙양(洛陽)에까지 들릴 정도이므로, 소리가 나지 않는 베로 메운 북을 가지고 그 앞을 지나다가는 오히

을 그냥 지나갈 수 있겠습니까? 마땅히 한번 북소리를 울려 서북쪽을 진동시키고 싶은 마음 간절합니다.

초여름이 되었는데 부모님 모시는 안부는 절서에 따라 복을 받으시고, 댁내의 여러 형들도 차례로 편안히 잘 계신지 멀리서 간절히 그립습니다. 저는 요사이 부모님께서 별탈없이 근근히 지내고 계시니 이것이 다행입니다. 지난날을 추억하면 온갖 고생을 겪지 않은 것이 없어 세속의 번뇌를 떨쳐버리고 다시 세속에서 벗어난 한가한 사람이 되고 싶은데 불청객이 왕왕 찾아와 번요하게 하면서 아버지〔乃翁〕[31]의 일을 망치니 나도 모르게 우습습니다. 나머지는 회답을 기다리며 이만 줄이고 답장을 보냅니다.

◎ 與金淳哲書

日有人 方帶孝 而委訪窮廬 寒暄坐畢 叩其來意 則乃足下之慫慂所欲送 爲診吾家侄政鎬之足症 來者 宜春田君也 於是乎 感足下之高義 謝田君之忠信 而延談之間 觀貌接辭 則田君 是溫雅底人也 時侄政 因事出他 故未遂宿約 恨甚恨甚 況匙箸不接 禮數太冷 旋又分手 曷勝悵然 想足下 與田頻接矣 能爲弟謝之否 伏惟此辰 侍餘體候 神相晏重 溸仰殊切 且敎之之樂 近復如何 古人 曰斅 學半 又曰 溫故而知新 繼往開來 自是儒者之己任 而箇中鑽研之工 亦未嘗無益焉 健羨健羨 雖然柳子曰 韓愈 獨奮不顧流俗 抗顔 而爲師世 果群怪聚罵愈 以是得狂名居長安 炊不暇熟 挈挈而東 今之世 與韓公之時 又不同 足下之學 恐不多於韓公 乃敢以師自居 能得免韓公之狂名 而炊亦得熟 足下其賢於韓

려 조소와 모욕만 당할 뿐이라는 뜻에서, 즉 고수(高手) 앞에서 작은 기예를 과시하는 것을 비유한다.

31) 아버지〔乃翁〕: 원래는 '너의 아버지'라는 뜻이지만 여기서는 '아버지'란 뜻으로 쓰였다. 《통감절요(通鑑節要)》에, 항우가 유방의 아버지인 태공(太公)을 높은 도마 위에 올려놓고 "지금 속히 항복하지 않으면 내가 태공을 삶아 죽이겠다." 하니, 유방이 "나와 항우는 함께 북면(北面)하고 회왕(懷王)을 섬겨 형제가 되기로 맹약했으니, 나의 아버지가 바로 너의 아버지다. 반드시 네 아버지를 삶고 싶다면 내게도 그 국을 한 그릇 주면 고맙겠다." 하였다. 이에 항우가 태공을 죽이려 했으나 항백(項伯)의 만류로 그만두었다.

公遠矣 奉呵奉呵 弟親候 恒在不健 寢寐憂懼 而微軀 亦入夏來 諸症蝟集 長作枕底生活 而了無好況甚矣 世間苦業 何煎人乃爾耶 俗諱病入 門庭廖寂 夏日如年 支離難堪 每從殘篇 相對古人 此中 亦有閒 適唐人詩曰 家貧無易事身病是閒時 今日吾輩事情 寫得巧切 足下之窮且病 與我加人一等 故漫筆及之良足一笑 稍俟身可 意欲一候貴庄 此亦未可必也 聞月村 目疾再肆 貢慮殊深間得快復否 未能各幅 幸須均照 多少姑留 不備候禮

김순철에게 보내는 편지

어느 날 어떤 사람이 상복을 입고 나의 궁핍한 집을 찾아와 안부를 나누었습니다. 그리고 찾아온 뜻을 물었더니 바로 족하께서 이 사람을 종용하여 보내려고 했던 것은 저의 조카 정호(政鎬)의 발에 생긴 병을 진찰하기 위해서 찾아온 의령(宜春)[32]의 전군(田君)이었습니다. 이에 족하의 높으신 의리에 감사드리고 전군의 거짓 없고 신실함에 감사드립니다. 말을 나누는 사이에 그의 모습을 살펴보고 말을 들어보니 전군은 온아한 사람이었습니다. 그때 조카 정호는 일이 있어 외출을 한 상태라 오랜 약속을 이룰 수 없어 매우 한스러웠습니다. 더구나 음식을 대접하지 못하고 예가 너무 소홀하여 곧바로 헤어졌으니, 서운함을 어찌 이기겠습니까? 족하와 전군이 자주 만날 것이니 저를 위해 사죄하여 주십시오.

이때 부모님 모시는 안부는 좋으신지 매우 그립습니다. 또 가르치시는 즐거움은 요사이 어떠하신지요? 옛 사람이 "가르치는 것이 배움의 반이다."[33]라고 하고, 또 "옛것을 익혀 새로운 것을 안다."[34], "선현을 잇고 후학을 열어준

32) 의춘(宜春) : 경상남도 의령(宜寧)의 옛 지명이다.

33) 가르치는……반이다 : 《서경》 〈열명 하(說命下)〉에, "가르치는 것은 배우는 것의 반이다. 생각의 처음과 끝을 한결같이 학문을 위주로 하면 자신도 모르는 사이에 덕이 닦일 것이다.〔惟斅學半 念終始 典于學 厥德脩 罔覺〕"라는 구절이 있다.

34) 옛것을……안다 : 《중용장구》 제27장에 "군자는 덕성을 높이고 학문을 말미암으니, 광대함을 지극히 하고 정미함을 다하며, 고명함을 극진히 하고 중용을 따르며, 옛것을 익히고 새로운 것을 알며, 후함을 도타이 하고 예를 높이는 것이다.〔君子尊德性而道問學 致廣大而盡精微 極高明而道中庸 溫故而知新 敦厚以崇禮〕"라는 구절이 있다.

다."[35]라고 하였으니, 이는 당연히 유학자의 임무이고 모두 깊이 연구하는 공부이니, 이 또한 보탬이 없지않아 매우 부럽습니다. 비록 그렇지만 유자(柳子)[36]가 "한유(韓愈)[37]만이 홀로 분발하여 시속을 돌아보지 않고 얼굴을 들고 스승이 되었다. 이로써 미치광이라는 이름을 얻었는데, 장안(長安)에 있을 때 밥을 지어서 익을 겨를이 없이 절박하게 서둘러 동쪽으로 떠났다."[38]라고 하였습니다. 지금 세상은 한유가 핍박을 당하던 때와는 다르고, 족하께서는 자신의 학문이 한유보다 뛰어나지 않은데 감히 스승으로 자처한다고 걱정하시는데, 한유 같은 미치광이라는 이름을 면할 수도 있고 밥을 해도 익을 때까지 기다릴 수 있을 것이니, 그러고 보면 족하께서는 한유보다 매우 훌륭한 것입니다. 우습습니다.

35) 선현을……열어준다 : 〈중용장구서(中庸章句序)〉에서 공자의 덕을 찬양하면서 "선현을 잇고 후학을 열어주는 것은 그 공이 요순보다도 낫다.〔繼往聖開來學 其功反有賢於堯舜者〕"라는 구절이 있다.

36) 유자(柳子) : 유종원(柳宗元, 773~819)을 이른다. 중국 당나라 때 문인으로, 당송팔대가(唐宋八大家)의 한 사람이다. 자는 자후(子厚)이다. 고문부흥운동을 주창하였으며, 시는 자연 묘사에 뛰어났다. 한유(韓愈)와 육조 이후 변려체(騈儷體) 문학의 정체를 타개하여 고문부흥운동을 제창하였다. 저서로 《유하동집(柳河東集)》 등이 있다.

37) 한유(韓愈, 768~824) : 중국 당(唐)의 유학자이자 문장가이다. 자는 퇴지(退之)이고, 시호는 문공(文公)이다. 산문의 문체개혁(文體改革)과 시에 있어 지적인 흥미를 정련된 표현으로 나타낼 것을 시도하는 등 문학상의 공적을 세웠다. 이는 송 대 이후 중국 산문문체의 표준이 되고 제재(題材)의 확장을 주는 등 영향을 주었다. 사상분야에서는 유가의 사상을 존중하고 도교·불교를 배격하였으며, 송대 이후 성리학의 선구자가 되었다. 저서로 《창려선생집(昌黎先生集)》 40권 등이 있다.

38) 한유(韓愈)만이……떠났다 : 《고문진보후집(古文眞寶後集)》 〈답위중립서(答韋中立書)〉에 "홀로 한유만이 분발하여 시속을 돌아보지 않고 남의 비웃음을 무릅쓰고서 후학을 불러 모아 〈사설〉을 짓고 이어서 얼굴을 들고 스승이 되었다. 세상에서는 과연 여러 사람들이 이상하게 여기고 떼를 지어 욕하면서, '사람들을 유혹한다.'고 지목하여 보태어 언사를 삼으니 한유는 이 때문에 미쳤다는 이름을 얻어 장안에 있을 때 밥을 지어서 익을 겨를이 없었고 또 매우 절박하게 동쪽으로 떠났으니 이렇게 하는 것이 어려 차례였다.〔獨韓愈奮不顧流俗 犯笑侮 收召後學 作師說 因抗顔而爲師 世果群怪聚罵 指目牽引 而增與爲言詞 愈以是得狂名 居長安 炊不暇熟 又挈挈而東 如是者數矣〕"라는 구절이 있다.

저는 부모님의 안부가 늘 건강치 못해 오매불망 걱정입니다. 보잘것없는 저는 여름이 되고나서 여러 병들이 고슴도치가시처럼 모여들어 오랫동안 이부자리에서 생활을 하니 도무지 좋은 근황이라고는 없습니다. 세상의 고생이 어찌 이렇게 사람을 들볶는단 말입니까? 세속사람들은 병드는 것을 꺼려하고 찾아오는 사람이 없어 집은 쓸쓸하니 여름 하루가 한 해 같아 견딜 수 없을 정도로 지루합니다.

매번 낡은 책을 읽으며 옛사람을 만나니 저도 한가롭습니다. 마침 중국 당나라 사람의 시에 "집안이 가난하여 쉬운 일은 없지만, 몸에 병이 드니 한가하네."라고 하였습니다. 오늘 우리들의 일을 절묘하게 그려낸 듯합니다. 족하의 가난함과 병을 나와 비교하면 저보다 더 낫은 사람입니다. 그렇기 때문에 아무렇게나 글을 쓰니 참으로 우습습니다. 병이 조금 낫기를 기다렸다가 댁에 한번 찾아뵈려고 하지만 이 역시 기필할 수는 없습니다.

월촌(月村)이 눈병이 다시 심해졌다고 들었는데 매우 걱정입니다. 그 사이 눈병은 나았는지요? 그에게 따로 편지를 보내지 못하니 살펴보아 주십시오. 다소간의 사연들은 남겨두고 이만 줄이고 안부편지를 드립니다.

◎ **與朴晦夫書**

聞令季言 足下 昨暮返旆云 而舟車萬里 長日形役 不瑕有損否 貢慮不淺 雖然足下之今行 想所得 必不少矣 漫海長風 可以闊胸衿 麗水明山 亦可以淸越心想 見其所不見 而聞其所不聞 壯吾觀而養吾氣 不愧爲今世子長矣 深羨深羨 當以盃酒往賞 錦囊珍談 一滌我惡腸累塵 竊欲遊神於江聲山色之間 而賤軀入夏來 衆病侵凌 僅保殘骸 而苦於呻吟 故有欠於拜迎 曷勝耿愴 謹審體候往還連相珍重 慰祝慰祝 留在後謝中 不備書禮

박회부에게 보내는 편지

당신 동생을 통해 족하께서 어제 저녁에 집으로 돌아가셨다는 말을 들었는데, 배 타고 차를 탄 만 리길 장시간 고생을 하면서 건강에 손상은 없는지요? 걱정이 깊습니다. 비록 그렇지만 족하의 오늘 행차는 소득이 적지 않을 것이라 생각됩니다. 망망대해 세찬 바람은 흉금을 시원하게 하고 맑은 물과 깨끗한 산도 마음을 맑게 하였을 것입니다. 또한 보지 못했던 것을 보고 듣지 못했던 것을 들었을 것이며, 우리의 생각을 씩씩하게 하고 우리의 기상을 길러 지금 세상의 자장(子長)[39]이라고 해도 부끄럽지 않을 것입니다. 매우 부럽습니다.

마땅히 술 한 잔을 가지고 가서 감상할 것이니, 금낭(錦囊)[40]에 담긴 시와 진귀한 이야기로 저의 먼지 낀 속을 시원하게 씻어주십시오. 강물소리와 산의 모습 사이에서 정신을 노닐고 싶었는데 보잘것없는 저의 천한 몸이 여름 들어 온갖 병이 침범하여 겨우 쇠잔한 몸만 보존하며 신음으로 고통스러워하고 있습니다. 그래서 전송하는 자리에 참여하지도 못하였으니 서운한 마음을 이길 길 없습니다. 삼가 안부는 다녀오시는 사이에 연이어 진중하시기를 바랍니다. 나머지는 다음 답장에 전하기로 하고 편지의 예를 갖추지 못하였습니다.

◎ 與李心齋書

隔壁無聞 遠於千里 間日不見 甚於三秋 近因小冗 傾吐頗阻 自不禁海北暮雲之思 伏惟高凉 侍餘起居 連相晏重 老圃秋適 近復如何 蕃況夜靜 讀何書玩甚理 遙想健羨 生附丸劑 依敎謹呈 而懷友詩五古 敢塵高覽 幸賜斤正 而毋惜瓊琚之報耶 間圖探候 具鷄黍以待 還呵還呵 姑閣不宣

---

39) 자장(子長) : 《사기(史記)》를 지은 사마천(司馬遷, ?~?)의 자이다. 사마천은 천성이 유람하기를 좋아하여 일찍이 남쪽으로 강수(江水), 회수(淮水)를 유람하고 회계(會稽)로 올라가서 우혈(禹穴)을 보고 구의산(九疑山)을 보았으며, 북쪽으로는 문수(汶水)와 사수(泗水)를 건너 제노(齊魯) 지방을 거쳐 양(梁)과 초(楚) 지방까지 두루 유람하였다. 이때 얻은 산천에 대한 지식 덕분에 명문장가가 되었다고 한다.

40) 금낭(錦囊) : 시를 지어 넣는 주머니를 말한다. 중국 당(唐)나라 시인 이하(李賀)가 날마다 명승지를 다니면서 하인에게 금낭을 지고 따르게 하여, 시를 지을 때마다 써서 금낭에 담았다.

이심재에게 보내는 편지

사이에 벽이 있어 소리가 들리지 않는 것이 천리보다 멉니다. 그간에 날마다 보지 못한 것이 3년보다 심합니다. 요사이 자잘한 일을 토로하고 싶지만 그러지 못하고 막혀 지내고 있으니 바다 북쪽 저녁 구름을 그리워하는 마음[41]을 금할 길 없습니다.

서늘해지는 날씨에 부모님 모시는 안부가 연이어 좋으시고 노포(老圃)와 추적(秋適)은 요사이 다시 어떠합니까? 귀뚜라미 우는 고요한 밤에 어떤 책을 읽으며 무슨 이치를 완미하시는지요? 멀리서 그립습니다. 제가 부친 환약은 말씀하신 대로 드립니다. 벗을 그리워하는 오언고시(五言古詩)를 감히 부치니 살펴 고쳐주시고 아낌없이 답시(答詩)를 보내주시기 바랍니다. 일간 탐문하고 계서(鷄黍)[42]를 마련하려고 합니다. 우습습니다. 이만 줄입니다.

◎ 與許主事瓛書【柳洞圭淳外祖父任】

前月中 蓬萊訪仙之行 果如素期 而喫得抱安期棗麻姑酒耶 弟徒切摩髯舐鼎之想而已 時下 新秋凉蟬 忽引淸風 令人倍覺精神 伏惟靜養 體候入秋來 茂膺多福 深切願聞 査弟惟以慈候之粗安 爲伏幸 而第二媳婦 今日早朝辰時 生得一箇丈夫子 而媳亦善食無恙 私分喜悅 自不知窮貧之切已也 此子於兄 爲獅孫而在我是熊男 寒門 將待此子 而欲大豫 竊欣慶 兄須速圖 惠然駕來 弟當引滿擧白爲賀 嗣爲兄弟之好 多少留在面敍中一場 不宣候禮

41) 저녁……마음 : 벗을 간절히 그리워하는 마음을 뜻한다. 중국 당나라 시인 두보(杜甫)가 이백을 그리워하면서 지은 〈춘일억이백(春日憶李白)〉에 "위수 북쪽엔 봄 하늘에 우뚝 선 나무, 강 동쪽엔 저문 날 구름.〔渭北春天樹 江東日暮雲〕"이라는 구절이 있다.

42) 계서(鷄黍) : 진정으로 자신을 알아주어 죽음도 함께할 수 있는 참다운 벗을 위해 마련하는 음식을 이른다. 후한(後漢) 범식(范式)이 장소(張劭)와 헤어질 때, 2년 뒤 9월 15일에 시골집에 찾아가겠다고 약속을 하였으므로, 그날 장소가 닭을 잡고 기장밥을 지어 놓고는〔殺雞作黍〕 기다리자 과연 범식이 찾아왔으며, 또 장소가 임종(臨終)할 무렵에, "죽음까지도 함께할 수 있는 벗을 보지 못하는 것이 한스럽다.〔恨不見死友〕"고 탄식하면서 숨을 거두었는데, 영구(靈柩)가 꼼짝하지 않다가 범식이 찾아와서 위로하자 비로소 움직였다는 고사가 있다.

주사 허연에게 보내는 편지【유동에 사는 규순의 외조부님이다】

지난달 봉래산으로 신선을 찾으러 가는 행차는 과연 평소 기약했던 대로 안기생(安期生)의 대추[43]와 마고주(麻姑酒)[44]를 실컷 드셨는지요? 저는 한갓 수염만 쓰다듬으며 빈 솥만 핥을 생각이 간절합니다. 막 가을이 되어 서늘한 때 매미가 갑자기 맑은 바람을 이끌어 사람으로 하여금 정신을 배나 깨닫게 합니다. 고요히 정양하시는 안부는 가을에 들어 많은 복을 받으시는지 간절히 소식을 듣고 싶습니다.

저의 어머니는 그럭저럭 지내시니 다행이고, 둘째 며느리가 오늘 이른 아침 진시(辰時, 오전 7~9시)에 아들을 낳았습니다. 며느리도 잘 먹고 별탈이 없으니 저의 분수에 기쁨이 넘쳐 빈궁함조차 알지 못할 정도입니다. 이 아이는 사돈에게는 외손자가 되고 저에게는 씩씩한 곰 같은 사내아이니 한미한 저의 집안에 이 아이를 믿고 크게 기대하니 기쁘고 경사스럽습니다. 형께서는 모쪼록 속히 찾아오시기 바랍니다. 저도 마땅히 잔이 차도록 술을 따라 마시면서[45] 축하하고 형제의 우애를 잇고자 합니다. 다소간의 사연들은 만나서 한바탕 나누기로 하고 이만 줄이고 편지를 드립니다.

◎答高永奎書

頗阻方悵 忽承惠狀 喜倒無量 謹審書後 寒峭 體候連享多祉 仰慰且賀 弟狀依昔 而自謂耕鑿之業 可能背暖腹飽矣 天降多災 年作不況 老農之計 到此 亦左橋上 多情老酒婆 自此不與我好兮 不是小事 好呵 示中 鄙族鎬日氏之事 聞甚

43) 안기생(安期生)의 대추 : 《사기(史記)》 〈봉선서(封禪書)〉에, 안기생(安期生)은 전설상의 신선 이름인데, 한 무제(漢武帝) 때 방사(方士) 소군(少君)이 임금에게 말하기를 "신이 일찍이 해상(海上)에 노닐면서 신선 안기생을 만나 보았는데, 그는 크기가 오이만 한 대추를 먹고 있었습니다.〔臣嘗游海上 見安期生 食巨棗 大如瓜〕"라는 구절이 있다.

44) 마고주(麻姑酒) : 술 이름이다. 《사물감주(事物紺珠)》에 "마고주는 마고천의 물로 빚은 술인데, 건창 에서 나온다.〔麻姑酒 麻姑泉水釀 出建昌〕"라는 구절이 있다.

45) 잔이……마시면서 : 술을 호쾌하게 마신다는 의미이다. 《한서(漢書)》 〈서전 상(敍傳上)〉에, 한나라 성제(成帝)가 장방(張放) 등과 함께 궁에서 잔치를 벌이고 술을 마실 적에 '모두 잔이 차도록 술을 따라 마신다.〔引滿擧白〕'라는 구절이 있다.

驚訝矣 不知有甚好美者 那裏做出 如許荒唐事來也 鄭君炳正從來 恐不是端雅底人也 別紙胎呈 覽可詳矣 多少姑閣 不宣謝狀

고영규에게 답하는 편지

소식이 막혔었는데 갑자기 보내신 편지를 받으니 쓰러질 듯 헤아릴 수 없을 만큼 기뻤습니다. 편지를 받고 추위가 매서운데 안부가 연이어 많은 복을 받으신다니 위안이 되고 축하드립니다.

저는 예나 다름없이 지내고 있습니다. 저는 농사를 짓는 것이 등 따뜻하고 배부르게 할 수 있을 것이라 생각했는데, 하늘이 많은 재앙을 내려 농사가 불황입니다. 늙은 농부의 생각이 여기에 이르니 또한 좌교(左橋) 위의 다정했던 늙은 술파는 여자도 이때부터는 나와 사이가 좋지 않으니 작은 일이 아닙니다. 우습습니다.

말씀하신 저의 일족 호일(鎬日)의 일은 듣고서 매우 놀랍고 의아했습니다. 무슨 좋은 일이 있기에 그 속에 이러한 황당한 일들이 생기는지 모르겠습니다. 정병정(鄭炳正)군이 쫓아 왔는데 단아한 사람이 아닐까 걱정입니다. 별지에 말씀을 드리니 보시면 아실 것입니다. 다소간의 사연들은 우선 남겨두고 답장을 드립니다.

◎ 與許正斗書

頃者 一日二夜之奉晤 非足下之愛我也 乃雨之賜也 三作踏破凍氷 曉頭返旆 得無感寒否 仰慮 昔有李道甫先生者 請其査鄭翁來 時則冬月 留歡數日 忽於曉頭 翁納履欲去 先生固立之 翁曰 若至日中 道必泥濘 最好凍時行 遂拂袖而去云爾 今足下忽曉頭凍時行 意必有其見得處歟 雖然只好凍去 不好凍時來耶 良足一笑 雨雪比峭 伏惟靜養體候 對時晏重 寶覃鴻休否 區區願聞者忱 弟慈候急景 恒欠調度 煎熬難狀 其他何足奉聞也 轎峯湛順契原韻 重違盛囑 不敢不忘拙構呈 語意失當 格趣 不造徐之懿蹟 道不得了 何可得列於多士探珠之場也哉 覽後付丙 幸也 留在續後 不備禮

허정두에게 보내는 편지

지난번 하루 낮 하루 저녁 만났던 것은 족하께서 저를 사랑해서가 아니고 바로 비가 내린 덕분이었습니다. 3일에, 얼음을 밟고 새벽에 집으로 돌아가셨는데 감기는 걸리지 않으셨는지요? 걱정입니다. 옛날 이도보(李道輔)[46] 선생이 사돈인 정옹(鄭翁)을 초청하였는데 겨울이었습니다. 머물며 여러 날을 환대하였는데 갑자기 새벽에 정옹이 신발을 신고 떠나려 하자 선생이 한사코 말리자, 정옹이 "만약 해가 중천에 떴을 때는 길은 필시 진흙길일 테니 가장 좋은 것은 땅이 얼었을 때 가는 것입니다."라고 하고는 소매를 뿌리치고 길을 떠났다고 합니다.

지금 족하께서 새벽 땅이 얼었을 때 길을 나서는 것은 뜻이 반드시 아시는 것이 있어서 인지요? 비록 그렇다고 하더라도 언길을 나서는 것만 좋아하고 얼었을 때 저를 찾아오시는 것은 좋아하지 않으시는지요? 참으로 웃을만 합니다.

눈 내리는 날씨가 요사이 매서운데 정양하시는 안부는 때마다 편안하시고 식구들도 큰 복을 받고 계신지요? 간절히 소식을 듣고 싶은 것이 저의 마음입니다. 저는 어머니의 안부가 빠르게 흐르는 세월 속에 건강치 못해 조리하며 지내고 있으니 애타는 마음을 형용할 길이 없으니, 그 나머지를 어떻게 말씀드리겠습니까?

'교봉담순계(轎峯湛順契)'의 원운(原韻)[47]에 관하여 시를 지으라는 말씀을 거듭 어겨 감히 보잘것없는 글솜씨를 잊고 드리지 않을 수 없지만 말뜻이 마땅함을 잃고 시의 격조와 아취는 만들지 못하고 천천히 아름다운 자취로 나아가지도 못하여 도를 얻지 못하였으니, 어찌 구슬을 찾는 여러 선비들의 마당에 나란히 설 수가 있겠습니까? 편지는 보시고 나서 태워주십시오. 나머지는 뒤에 전하기로 하고 이만 줄입니다.

---

46) 이도보(李道輔, 1587~1651) : 자는 익지(益之)이고, 호는 익암(益庵)이다. 외재(畏齋) 이후경(李厚慶)의 맏아들이고, 한강(寒岡) 정구(鄭逑)의 문인이다. 1612년 사마시에 합격하였고, 제릉(齊陵) 참봉에 제수되었으나 나아가지 않았다.

47) 교봉담순계(轎峯湛順)의 원운(原韻) : '교봉담순계'에 관하여 지은 시의 운자(韻字)를 이른다.

◎ 答權重明書

遠路寒天 委訪野屋 顧其義 重於千里命駕 何等感悅 苦菜冷醪 太甚淡薄 足下若以爲眞率則幸也以爲禮數則未也 坐席未暖 旋又分手 草廬茫茫 懷緖搖搖 此豈衰老孤寂者之所可堪耶 欲問安稅之候 而此亦未果矣 際承先施辱書 是誠令人愧殺 執書良久 仰想古人朋友無我之義耶 修謝又稽 良足一罪 雖然 足下或能以東坡所謂答亦好 不答亦好之意恕之耶 謹承審 書後有日 旅中體候 連衛晏勝 寶覃均休 實叶願言 弟慈候粗安 身亦依劣 是爲私家之幸 而向所俯敎退陶夫子松竹軒韻 重違嚴囑 玆敢忘拙構呈 幸須覽 後丙之 爲遠友蒧疾如何 聲遠詞伯 近復若何 未能各幅修候 爲我謝焉 多少留續不備 謹謝狀上

권중명에게 답하는 편지

길은 멀고 날씨는 추운데 들집을 찾아와주시니 그 의리를 돌아보면 천 리를 멀다 여기지 않으시고 찾아오시는 것보다 소중하니[48] 얼마나 감사하고 위안이 되든지요. 그렇지만 쓴 나물과 찬 막걸리는 너무 심하게 담박하였는데, 족하께서 만약 제가 진솔하다고 여기셨다면 다행이겠지만 예우로는 그렇지 못한 것 같습니다. 자리가 채 따뜻하기도 전에 곧바로 헤어지고 나니 초가집이 아득하여 마음이 안정되지 않으니, 어찌 쇠약하고 늙고 외롭고 쓸쓸한 사람이 견딜 수 있는 것이겠습니까? 편안히 댁으로 잘 돌아가셨는지 묻고 싶지만 이 역시 그러지 못하였습니다.

그런데 족하께서 먼저 편지를 보내주시니 참으로 사람을 부끄럽게 하였습니다. 편지를 쥐고 오랫동안 읽으며 옛날 사람들이 벗에 대하여 자신을 염두에 두지 않았던 의리를 상상할 만하였습니다. 답장이 또 늦어졌으니 참으로 죄스럽습니다. 비록 그렇지만 족하께서 혹시라도 소동파(蘇東坡)[49]가 이른바 "답하는 것도 좋고 답하지 않는 것도 좋다."는 뜻으로 용

48) 천 리를……소중하니 : 《세설신어(世說新語)》〈간오(簡傲)〉에, 중국 삼국 시대 위(魏)나라 여안(呂安)과 혜강(嵆康)이 "상대방이 그리워질 때마다 천 리를 멀다 하지 않고 방문하였다.〔每一相思 輒千里命駕〕"라는 고사가 있다.

49) 소동파(蘇東坡, 1037~1101) : '동파'는 소식(蘇軾)의 호이다. 자는 자첨(子瞻)으로 미주(眉州) 미산(眉山) 출신이다. 순(洵)의 아들로 철(轍)의 형이다. 호는 철관도인(鐵冠道人) · 정상재(靜常齋) · 설랑재(雪浪齋)이고, 시호는 문충(文忠)이

서하시겠습니까? 편지를 보낸 지 여러 날이 되었는데, 객지에서 지내시는 안부는 연이어 좋으시고 식구들도 모두 잘 지내시는지 간절히 듣고 싶습니다.

저의 어머니는 별탈없이 지내고 있고 저도 예나 다름없이 졸렬하게 지내고 있으니 이것이 개인적인 다행입니다. 지난번 말씀하신 퇴계(退溪) 선생[50]의 〈송죽헌(松竹軒)〉 시의 운자(韻字)에 따라 시를 지으라는 엄한 부탁을 거듭 어겨 감히 이렇게 졸렬함을 잊고 지어서 보내니 보시고 나서 태워 멀리 있는 벗을 위하여 병통을 신칙하게 하시는 것이 어떻습니까? 성원(聲遠) 사백(詞伯)[51]은 요사이 안부가 어떻습니까? 따로 편지를 보내지 못하니 저를 위해 사죄하여 주시기 바랍니다. 다소간의 사연들은 다음에 전하기로 하고 이만 줄입니다. 삼가 답장을 드립니다.

◎ **與丁氏書**

歲去年來 貢慮之心 未嘗小弛 立春後二日 拜得玩汕金兄書 允君患症 大有差度云 能使人起色 其喜可量也哉 且吾兄一生種德 可動神明 豈有長憂不解之理乎 曷勝賀喜 謹審新元 體候清穆 寶覃益增吉慶 允君之愼 漸臻快境否 并溱仰區區願聞 弟慈候寧日恒少 憂悶難狀 而身亦苦無勝況自憐 久伏寒突 灑腸長鳴 老妻素是無識 夫人以謂腹痛 深自爲憂 可笑 案上陳篇 都是四十年腐我之物 披之自厭 四隣知舊 無故自疎 於是乎 此漢之爲人 無足更道 望之前後 欲抖擻

다. 당송8대가의 한사람으로 신종 희녕(1068~1077) 중에 왕안석(王安石)의 신법에 반대하여 항주통판(杭州通判)·지호주(知湖州)에 좌천되었다. 후에 황주단련부사(黃州團練副使)가 되어 설당(雪堂)을 서호의 동파(東坡)에 쌓고 스스로를 동파거사(東坡居士)라고 불렀다. 당시의 대유 정이(程頤)와 다툴 정도였고, 불교와 노자를 좋아하였으며, 문장은 한유(韓愈)·구양수(歐陽脩)와 더불어 복고(復古)를 주창하였다.

50) 퇴계(退溪) 선생 : '퇴계'는 이황(李滉, 1501~1570)의 호이다. 초명은 서홍(瑞鴻)이고, 자는 경호(景浩)이다. 그의 호인 퇴계는 '물러나 시내 위에 머무르다'는 뜻의 '퇴거계상(退居溪上)'에서 비롯되었다. '계(溪)'는 이황이 물러나 머물렀던 '토계(兎谿)'라는 지명에서 비롯되었다고도 해석된다. 청량산(淸凉山) 기슭에 도산서당(陶山書堂)을 짓고 후학을 양성하여 도옹(陶翁)·도수(陶叟)·퇴도(退陶)·청량산인(淸凉山人)이라는 별호(別號)도 사용했다. 시호(諡號)는 문순(文純)이다.

51) 사백(詞伯) : 시에 뛰어난 사람을 높여 이르는 말이다.

作餘山之行 兄必愁寂 掃却家中苦業 往訪于玩汕書室 一開新春顔色 甚好甚好 幸勿孤望 餘在面敍中 不備候禮

정씨에게 보내는 편지

묵은해가 가고 새해가 오니 걱정스런 마음이 조금도 느슨한 적이 없었습니다. 입춘(立春)이 지난지 이틀이 되어서야 완산(玩汕) 김형(金兄)의 편지를 받았는데 아드님이 병을 앓고 있다가 크게 차도가 있다고 하니 사람의 생기를 돌게 하였습니다. 이러한 기쁨을 어찌 헤아리겠습니까? 이는 장차 우리 형께서 일생 쌓은 덕이 신명을 감동하게 하였으니, 오랜 근심이라고 하여 풀리지 않는 이치가 있겠습니까? 어찌 축하드리는 기쁨을 이기겠습니까? 1월에 안부는 좋으시고 식구들도 더욱 경사스럽게 지내시고 아드님의 병은 점점 나아가고 있는지요? 그리고 간절히 소식을 듣고 싶습니다.

저는 어머니께서 편안한 날이 늘 적어 근심스러운 마음을 무어라 표현할 길이 없고, 저도 고생스러워 좋은 상황이라고는 없어 절로 가련합니다. 저는 오랫동안 냉돌에 엎드려 장을 깨끗이 비우고 길게 울고 있습니다. 늙은 아내는 평소 아는 것도 없어 남편이 복통을 앓는 것이라 여기고 깊이 근심하고 있으니 우습습니다.

책상 위의 서책들은 모두 40년 묵은 나의 물건이니, 저것들을 펼쳐보고 만족하고 있습니다. 사방 이웃에 사는 벗들과 아무런 까닭 없이 절로 소원해졌으니, 이에 저의 사람됨을 다시 말할 필요는 없을 것입니다. 바라건대 전후로 세속의 번뇌를 떨쳐버리려고〔抖擻〕[52] 여항산(餘航山)[53]으로 나들이를 하려고 하니 형께서는 반드시 울적하게 지내신다면 집안의 괴로운 일들을 모두 쓸어버리고 완산서실(玩汕書室)에 방문하여 새해 봄에 얼굴을 한번 활짝 펴본다면 매우 좋겠습니다. 저의 바람을 저버리지

52) 세속의……떨쳐버리려고〔抖擻〕: 불가의 용어로, 중국 당나라 맹교(孟郊)의 시에, "세속의 묵은 번뇌를 떨쳐버리다.〔抖擻塵埃衣〕"라는 구절이 있다.

53) 여항산(餘航山): 경상남도 함안군 여항면 주서리에 있는 산으로, 본문에는 '여산(餘山)'으로 되어 있어 수정하였다.

마시기 바랍니다. 나머지는 만나서 말씀드리기로 하고 이만 줄입니다.

◎ **與從孫婿李權洙書**

謹以省式 臘尾赴壑 春脚渡洛 懷伊之感 與歲俱新 況審萱堂體度 迓新康健 侍餘服履 不瑕有損 慰念不解 拙夫慈節 恒欠調度 夙夜憂懼 拙狀不足言 而但草木賤齡 又添一籌 歲月許多 所得烏有 顧一生做來事 無非狂悖底業 竊取數卷殘書 有時佔畢 而收補殘年 以欲贖前過之萬一 而舊習餘波 驚動虛舟 敗了乃翁事 可愧且可笑 舊臘所囑 白先生文集 果能轉借否 此意直達于英善丈 幸以借人奉審 則此亦與人爲善之道也 善圖之是望 義當先書于英善丈矣 而書君而止 雖知無間 殆近乎不敬客而慢其主者也 君其善自解之則好也 餘胡草略疎 乙亥元月八日 石潭扶夫泐拜

종손자 사위 이권수에게 보내는 편지

삼가 예는 생략하네〔省式〕.[54] 섣달 끝에 골짜기로 나아가고 봄날 낙동강을 건너니 그대를 그리워하는 마음[55]이 해와 함께 새로워지네. 더구나 훤당(萱堂)[56]의 안부는 새해를 맞아 건강하시고 부모님 모시는 상중에 건강에 손상은 없으신지 걱정이 풀리지 않네.

나는 어머니의 안부가 언제나 좋지 않아 조리하며 지내시는 안부가 밤낮으로 걱정이네. 이러한 나의 상황은 말로 할 수가 없네. 다만 나이만 한 살 더 먹고 아무것도 얻은 것이라고는 없으니〔烏有〕[57] 일생 동안 해왔

54) 예는 생략하네〔省式〕: 상대가 상중(喪中)일 때 쓰는 편지의 투식이다.

55) 그대를……마음 : '이(伊)'는 '이인(伊人)'의 준말로, 《시경》 〈진풍(秦風) 겸가(蒹葭)〉에 "갈대가 창창하니 흰 이슬이 서리가 되었도다. 이른바 저분이 물가의 한쪽에 있도다.〔蒹葭蒼蒼 白露爲霜 所謂伊人 在水一方〕"라는 구절이 있다. 여기서 '겸가이인(蒹葭伊人)'이라는 관용어가 이루어져 상대를 향한 그리움을 표하는 말로 쓰였다.

56) 훤당(萱堂) : 상대방의 어머니를 이르는 말로, 《시경》 〈위풍(衛風) 백혜(伯兮)〉에 "어찌하면 원추리를 얻어서 북당에 심어 볼까. 떠난 사람 생각에 내 마음만 병드누나.〔焉得諼草 言樹之背 願言思伯 使我心痗〕"라고 하였다. '훤(諼)'은 '훤(萱)'과 같고, '배(背)'는 북당(北堂)을 이른다.

57) 아무것도……없으니〔烏有〕 : 한나라의 사마상여(司馬相如)가 〈자허부(子虛賦)〉에

던 일들을 되돌아보면 미친 사람처럼 행동하지 않은 것이 없었네. 그래서 가만히 몇 권의 낡은 책을 취하여 때때로 책을 읽으며〔佔畢〕[58] 노년에 보탬으로 삼아 지난 잘못에 만분의 일이라도 속죄하고 싶지만 오랜 습관의 남은 여파가 빈 배를 흔드는 것처럼 나의 일을 어긋나게 하니 부끄럽고도 우습네.

지난해 12월에 부탁했던《백선생문집(白先生文集)》은 과연 빌려줄 수 있는가? 이 뜻을 영선(英善) 어른께 직접 전달해서 빌려 볼 수 있도록 한다면 이 역시 남이 선을 행하도록 도와주는 것이네.[59] 잘 도모해주기 바라네. 의리상 마땅히 먼저 영선 어른께 편지를 보내야 하지만 그대에게만 편지를 쓸 뿐이네. 비록 매우 친밀함을 알지만 자못 손님에게 불경하고 주인에게 오만히 하는데 가까울 것이네. 그대는 나를 위해 잘 이해시켜주었으면 좋겠네. 나머지는 서둘러 쓰고 간략히 쓰네.

을해년〔1935〕 1월 8일 석담부부(石潭扶夫)[60]는 이만 줄이고 편지를 보내네.

◎答李圭玄書

謹以省禮言 日月居諸 伏想孺慕益深 更伏問哀體 俯循禮制 而無致過損否 慮仰之忱 曷嘗小弛 弟慈候欠調 憂煎難狀 奈何 惠示盛教 自是君子居動攸宜 而

서 말한 가상의 인물 중 하나로, '무엇이 있느냐?'는 말로, '아무것도 없다'는 뜻이다.

58) 책을 읽으며〔佔畢〕: 본래 스승이 경의(經義)를 풀어 가르치지 않고 단지 책만을 읊는 것을 가리켰는데, 뒤에는 독서 또는 송독(誦讀)을 두루 가리키게 되었다. 《예기》〈학기(學記)〉에 "지금 가르치는 자들은 그 보는 간독(簡牘)만을 읊을 뿐이다.〔今之敎者, 呻其佔畢.〕" 하였는데, 진호(陳澔)는《예기집설(禮記集說)》에서 "신(呻)은 읊는 소리이고 점(佔)은 봄이고 필(畢)은 간독이다.〔呻 吟諷之聲也 佔 視也 畢 簡也〕"라고 주석을 하였다.

59) 남이……것이네 :《맹자》〈공손추 상(公孫丑上)〉에, 순(舜) 임금이 평민 시절은 물론 임금이 되어서까지 남에게서 취하지 않음이 없었는데, "남에게서 취하여 선을 행하는 이것은 남이 선을 행하도록 도와주는 것이다.〔取諸人以爲善 是與人爲善者也〕"라는 구절이 있다.

60) 석담부부(石潭扶夫) : '석담(石潭)'은 방산(芳山) 선생의 처음 호이다.

認出勤念 此可以見朋友相愛之義 加於人一等也 何等珍感 銘謝銘謝 姑留不備 疏上

이규현에게 답하는 편지

예는 생략하고 말씀드립니다. 세월이 흐르는데〔日月居諸〕[61] 부모를 그리워하는 마음〔孺慕〕[62]이 더욱 깊을 것이라 생각합니다. 다시 묻건대 상주의 안부는 예법을 따르느라 몸이 상하지는 않으셨는지요? 걱정스럽고 그리운 마음을 어찌 잠시도 느슨히 한 적이 있었겠습니까?

저는 어머니의 안부가 좋지 못하여 애타는 마음을 무어라 말하기 어려우니 어찌하겠습니까? 말씀하신 것은 절로 군자가 행하는 거동의 마땅함이니, 이는 간절한 염려에서 나온 것입니다. 이를 통해 벗을 아끼는 의리가 남보다 한층 더하다는 것을 알 수가 있었습니다. 그러하니 얼마나 감사하겠습니까? 감사드립니다. 우선은 이만 줄이고 편지를 드립니다.〔疏上〕[63]

◎ 與鄭碧我書

昨暮 得晤林兄炳璣 則曰 足下 忽患急病 方在苦劇 聞甚驚愕 果若林言 厥症大不尋常 或足下有甚激氣否 不然老人衰質 何嘗有起風者乎 貢慮萬千 伏問夜來 尊體愼節 又復若何 林云 必待得五七日 可復平常 想未臻天和否 弟卽欲躬晉探候 債纒纒身 出頭不得 而只得呼奈何而已矣 幸毋金玉以副區區之情 是仰是仰 餘在續候 不備禮

---

61) 세월이 흐르는데〔日月居諸〕: '일월(日月)'은 세월을 의미하며, '거저(居諸)'는 어조사이다. 《시경》 〈패풍(邶風) 백주(柏舟)〉에 "해여 달이여, 어찌 뒤바뀌어 이지러지는가.〔日居月諸 胡迭而微〕"라는 구절에서 유래하였다.

62) 부모를……마음〔孺慕〕: 자식이 부모의 죽음을 슬퍼하며 깊이 사모함을 말한다. 《예기》 〈단궁 하(檀弓下)〉에 유약(有若)이 자유(子游)와 함께 어린애처럼 사모하는 자를 보고 자유에게 "나는 상중에 발을 구르는 의미를 전혀 몰라서 없애고자 한 지가 오래였는데, 슬퍼하는 정이 이 발 구르는 데에 있음을 이제야 알겠다."라는 구절에서 유래한다.

63) 편지를 드립니다〔疏上〕: 평상시에는 '장상(狀上)'이라고 쓰지만, 상대가 초상을 당한 경우일 때는 '소상(疏上)'이라고 쓴다.

정벽아에게 보내는 편지

어제 저녁에 임병기(林炳璣) 형을 만났더니, "족하께서 갑자기 심한 병에 걸려 지금 심한 상태입니다."라는 말을 듣고 매우 놀랐습니다. 임(林) 형의 말대로라면 그 병은 크게 심상치 않은데, 혹시라도 족하에게 심하게 격동하는 기운이 있으신지요? 그렇지 않다면 어찌 일찍이 노인의 쇠약한 체질로 풍(風)을 일으킬 만한 것이 있겠습니까? 매우 걱정입니다.

밤사이에 당신의 병은 또 다시 어떻습니까? 임형은 "5~6일은 기다려야 평소대로 회복할 수 있다."라고 하였는데, 아직은 평소대로 회복되지 않았을 것으로 생각합니다.

제가 곧바로 찾아뵙고 안부를 드리고 싶었지만 빚으로 몸이 매어 나가지도 못하고 다만 '어찌할까'라고 안타까워만 할 뿐입니다. 말씀을 금옥(金玉)처럼 아끼지 마시고 간절한 저의 마음에 부응하여 주시기를 바라겠습니다. 나머지는 다음 안부편지에 전하기로 하고 이만 줄입니다.

◎ 與鄭碧我書

向書覽照否 仰慮之忱 尙此未已 而竊想愼節 間過快復耶 方切願聞 居相不遠 聲聞之闊 便同涯角 是實難堪其悶然者矣 伏願深加調攝 千萬保重 是祝是祝 弟亦以腫氣并寒感 長不離被窩裏 自悶奈何 此眞同病相憐者也 玆走稚胄替探 尊節 略此不備禮

정벽아에게 보내는 편지

지난번 보냈던 편지는 받아보셨는지요? 저의 걱정이 아직도 가시지 않습니다. 병은 그사이에 회복되셨는지요? 간절히 소식을 듣고 싶습니다. 서로 멀리 사는 것도 아닌데 소식이 드문 것이 마치 애각(涯角)[64]이나 마찬가지이니 이것이 참으로 번민스러움을 견디기 어려운 것입니다.

더 병을 잘 조리하시고 매우 몸을 보중하시기를 빕니다. 저도 종기에다 감기까지 걸려 오랫동안 이부자리를 떠나지 못하고 있으니 민망함을

64) 애각(涯角) : '천애지각(天涯地角)'의 준말로, 하늘가와 땅 모퉁이가 아주 동떨어져 있다는 말.

어찌하겠습니까? 이것이 참으로 동병상련(同病相憐)입니다. 이에 가는 아이들 편에 대신 존장의 안부를 묻고 간략하게 쓰고 이만 줄입니다.

◎ 答鄭碧我書

近以心疾 不窺戶外 而兼痛四肢 了無人況 但以殘篇 欲消遣世念 而憂日苦長 此亦不是善策爾 一切抛却 適庭前叢菊 移來憔悴 方鋤而灌之 一稚孫走來 致書 忙手披之 乃足下曾面敎 而弟亦已奉諾之事也 麋鹿之性 茫然忘却 致使足下 懸念若是 此漢之 今日 爲人不言可知矣 執書良久 撫躬悼歎 別稿文字 重違盛敎 忘拙構呈 誠非盡情達理之文也 莫若更求他高明之好耳 且得無恨晩之歎耶 爲之貢慮萬萬 惟足下 恕此狂翁之狂也 卽幸也 惟希靜養起居 以時珍重 不備謹謝狀上

정벽아에게 답하는 편지

요사이 마음의 병으로 문밖을 내다보지 못하고 있습니다. 아울러 팔다리도 아파서 도무지 사람의 근황이라고는 없어, 남은 시문(詩文)으로 세상의 근심을 풀고 싶지만 근심이 날로 고통스럽게 자라나니, 이 역시 좋은 계책은 아닙니다. 그래서 모든 것들을 포기하였습니다. 마침 뜰 앞에 국화를 옮겨오니 초췌하여 호미질하고 물을 주었습니다. 그러던 차에 어린 손자가 달려와서 편지를 전해주어 바삐 손을 놀려 편지를 열어보니, 바로 족하께서 면전에서 말씀하시고 저도 이미 허락하신 일이었습니다. 미록(麋鹿)[65]과 같은 본성을 망연히 망각한 채 족하로 하여금 이렇게 근심하게 하였습니다.

저의 오늘 사람됨을 말하지 않아도 아실 것입니다. 한참을 편지를 쥐고 몸을 어루만지며 탄식하였습니다. 별고(別稿)의 문자에 대해 거듭 당신의 가르침을 어기고 있다가 졸렬함을 잊고 글을 지어 보내드리니 진실로 마음을 다하고 이치에 맞는 글이 아닙니다. 다시 다른 고명한 사람의 좋은 글을 구하는 것만 한 것이 없을 것입니다. 또 늦음을 한스럽게 여기

65) 미록(麋鹿) : 고라니와 사슴을 아울러 이르는 말로 자신을 낮추어 이르는 말이다.

는 탄식이 없겠습니까? 그 때문에 매우 걱정이 됩니다. 족하께서는 미친 노인의 미친 짓을 용서하시면 다행이겠습니다. 정양하시는 안부가 언제나 진중하시기를 빌며 이만 줄이고 답장을 드립니다.

◎ **與鄭左永書【乙亥 十一日 二十七日】**

今年冬候暖 亦初見 寒亦初見 天地 示人以嚴柔不同者 如此深所懼然 伏惟數天來春堂患節 間有差度否 伏切願聞 而夙夜嘗湯之餘 不遐有損 貢慮不解 弟亦慈候 恒欠調度 悶煎悶煎 竊惟我景竹契事 幸因儒林之奮發 同聲竣論設立斯文之幸 果何如哉 然而歸家 思惟發起文字中事 實未備文句 欠審處 或有之矣 弟本蔑學會席 當日 間之以岐貳之論 兼之以寒感之痛 意思不屬 故所以構之者 如此不擧所圖 今改定數個 所別幅仰呈 深加考閱 脫有太不襯合處 隨失竄改 然後 使之書于案首 至可至可 且此文字無非實際語 雖是荒拙 不可輕議而筆削也 諒之如何 吁于 今之世老儒長德 皆無有也 知先生者 宜其鮮矣 更何言 更何言

정좌영에게 보내는 편지【을해년(1935) 11월 27일】

올겨울처럼 따뜻한 날씨는 처음이고, 추운 것도 처음이었습니다. 천지가 엄한 추위와 따뜻한 날씨가 서로 달리 사람들에게 보여주는 것이 이처럼 심하니 두렵습니다. 며칠 사이에 춘부장(春府丈)[66]의 환후는 그사이 차도는 있는지요? 간절히 소식을 듣고 싶습니다. 밤낮으로 병간호를 하시던 나머지 건강을 잃지는 않으셨는지 매우 걱정입니다. 저도 어머니의 병환이 좋지 않아 걱정입니다.

우리 경죽계(景竹契)의 일은 다행히 유림에서 떨쳐 일어나는 바람에 한 목소리로 논의를 정하여 설립하였으니, 이같은 사문(斯文)의 다행을 과연 어찌하겠습니까? 그렇지만 집으로 돌아와 문장 속 내용을 생각해보면 참으로 제대로 갖추지 못한 글이었고, 조심하고 살펴야 할 부분이 간혹 있었습니다.

---

66) 춘부장(春府丈) : 남의 아버지를 높여 이르는 말이다.

저는 본래 보잘것없는 학문으로 모임 당일 서로 일치하지 않은 논의들이 끼어들고 아울러 감기에 걸려 아픈 상태라 생각을 정리할 수가 없었습니다. 그래서 글을 엮은 것이, 이렇게 도모했던 것을 거론하지 못하여 지금 몇 개를 다시 정해 별지에 적어 보내드리니 깊이 더 살펴보시고, 혹시라도 크게 부족한 부분이 있으면 잘못된 곳을 고친 뒤에 그것을 책상에서 쓰도록 하신다면 매우 옳을 것입니다. 장차 이 문자는 사실이 아닌 말이 없으니 비록 거칠고 보잘것없다고 하더라도 가벼이 의논하지 마시고 수정〔筆削〕[67]하여 주시기 바랍니다.

아, 지금 세상에서 나이 많고 덕이 있는 사람들은 모두 세상에 남아 있는 사람들이 없고, 선생을 아는 사람도 드문 상태이니 다시 무슨 말을 하겠습니까?

◎ 與鄭左永書

謹省禮言 恭惟我竹逸先生遺集 蒐正脫稿 實係吾黨之大事 而際此不振同聲者甚鮮 而秖以本家單弱之力 撑空做去 轉目來頭 杳然 若片舟渡海 望無際涯 而回顧人心世態 徒增無益之歎而已 何足哉 如磨鐵杵 不計歲月 必見針後已也 殊力圖之可也 時中 固是棄於時 而在家 亦閒漢耳 以愚思之 渡馬之事 若過遲則或恐有萬一之憂 故以來月三日 必發程爲定矣 則以此達于尊伯氏丈 使無相違如何

정좌영에게 보내는 편지

삼가 예는 생략하고 말씀드립니다. 우리 《죽일선생유집(竹逸先生遺集)》[68]을 수집하고 교정하고 탈고하는 일은 참으로 우리에게 큰일입니다.

---

67) 수정〔筆削〕: '筆削'은 '기록할 만한 것은 기록하고 삭제할 만한 것은 삭제한다.〔筆則筆 削則削〕'는 구절의 줄임말로, 노나라에 원래 《춘추》라는 역사책이 있었는데, 공자가 이것을 따라 현재의 《춘추》를 지으면서 그대로 기록할 만한 것은 그대로 두고 삭제할 만한 것은 삭제하였다고 한다.

68) 《죽일선생유집(竹逸先生遺集)》: 1941년 정호용(鄭灝鎔, 1855~1935)의 문인 배원찬(裵源燦)·강시중(姜時中)과 죽일의 아들 정좌영(鄭左永) 등이 편집·간행하였다. 권두에 하겸진(河謙鎭)과 이현규(李玄圭)의 서문, 권말에 최명희(崔命

이즈음에 한 목소리를 내지 않는 사람이 드뭅니다. 다만 본가의 약한 힘으로 허공을 떠받치고 눈알을 굴리고 머리를 흔들어보아도 마치 조각배를 타고 끝없는 바다를 건너는 것처럼 아득합니다. 사람의 마음과 세태를 되돌아보면 한갓 더욱 한탄스럽기만 할 뿐이니, 무엇을 만족스럽게 여기겠습니까? 이는 마치 무쇠 절굿공이를 갈아 바늘을 만드는 것과 같지만69) 세월을 따지지 않는다면 반드시 바늘을 만들고야 말 것입니다. 힘써 도모하시는 것이 어떻습니까?

저는〔時中〕 진실로 버림받아 집에 있으니 또한 한가로운 사내입니다. 그렇지만 저의 어리석은 견해로나마 그 일을 생각해 보면 서둘러야 할 일이 너무 지체된다면, 혹시라도 만에 하나 근심이 생길까 걱정이니 다음달 3일에 길을 나설 작정입니다. 이를 존백씨(尊伯氏) 어른께 말씀을 드려 서로 어긋나는 일이 없게 하시는 것이 어떻습니까?

【竹翁之先系 尊其悉之 不必煩筆而移記 固城淵源 如左略錄 : 省略不抄】

◎ 與鄭左永書【丙子 四月 五日】

謹伏以省禮 越自順變 歲月不居 忽然露變 而時物暢 伏想孺慕罔極 更伏惟氣力若何 尊伯氏 暮年之哀號踰制 恐犯滅性 貢慮竝切 弟慈候恒欠調度 且室憂支離三朔刀圭 令人煎熬 弟亦不病而病 雖知自然之理 頗覺良苦 頃者猪山來果得眞病 意以寒感之 老以所致 例以治之 慢不退聽 三五日後 加之以煩懥 間之以寒熱 頭玄玄而身汗 肉戰戰而胶栗 明知是熱症 夏日苦長 呻吟不絕 家人以爲嚴殺太過可笑 絕酒 殆近三十日 而昨始開脣小飮多喘 悶人悶人 惟吾竹逸

熙) · 김황(金榥) · 배원찬 · 정좌영의 발문이 있다.

69) 무쇠……같지만 : 송(宋)나라 축목(祝穆)의 《방여승람(方輿勝覽)》 〈마침계(磨針溪)〉에 "상이산 아래 있는데, 세상에 전하는 말에 의하면, 이태백이 이 산중에서 글을 읽다가 미처 다 성취하기 전에 이곳을 버리고 떠나면서 이 시내를 지나다가, 한 노파가 한창 무쇠 절굿공이를 갈고 있는 것을 보고는 그 까닭을 묻자, 노파가 '바늘을 만들기 위해 갈고 있다.' 하므로, 이태백이 그 뜻에 감동을 받아 다시 되돌아가서 학업을 마쳤다고 한다.〔在象耳山下 世傳李太白讀書山中 未成棄去 過是溪 逢老媼方磨鐵杵 問之 曰欲作針 太白感其意還 卒業〕"라고 한데서 온 말로, 학문에 끝까지 정진하는 것이나 성취하기에 매우 어려운 일을 비유하여 이르는 말이다.

先生家狀之役 今始抖擻精神 把管臨楮 曾見聞者 非不稔熟 黯然若異代事也 下上思惟 意益茫茫 而但涕淚縱横而已耳 嗟乎所謂 獨抱遺文 泣暮暉者此也 若一毛不似 恐或貽累盛德 遺辱九原 故玆敢仰告 先生年譜 此便付送 是望是望 竹逸亭營建之役 間果告訖否 願聞 餘留不備疎禮

【죽옹의 선대의 계통은 존장이 다 알고 계시니, 굳이 번거롭게 옮겨쓰지 않는다. 고성(固城)의 연원은 아래와 같이 간략하게 기록한다 : 생략하고 베껴두지 않는다】

정좌영에게 보내는 편지【병자년〔1936〕 4월 5일】

삼가 예는 생략하고 편지를 드립니다. 변화에 순응〔順變〕[70]하면서부터 세월은 멈추지 않아 갑자기 이슬이 내려 경물이 창성하니, 돌아가신 부모님을 그리워하는 마음 지극할 것이라 생각합니다. 기력은 어떠신지오? 존백씨(尊伯氏)께서 연로하시고 쇠약하신 몸으로 통곡하며 상례를 치르시니 멸성(滅性)[71]을 범하실까 간절히 걱정됩니다.

저의 어머니는 건강이 좋지 않은데다, 아내가 병으로 3달 동안 치료를 받고 있어 사람으로 하여금 애가 타게 합니다. 저도 이렇다 할 증세와 병명도 없이 병을 앓고 있으니, 비록 자연스러운 이치를 알지만 자못 참으로 고통스럽다는 것을 느끼겠습니다. 지난번 저산(猪山)에서 와서 진짜로 병을 얻었습니다. 추위로 감기가 걸린 듯한데, 늙어서 그러한 것이니 으레 치료를 해야 하지만 게을러 말을 따르지 않다가 3~5일 후에 피곤함이 겹쳐 간간이 오한과 신열로 머리가 어지럽고 땀이 나고 살이 떨려, 분명히 열증(熱症)이라는 것을 알았습니다.

더운 여름 날씨는 괴롭게 길고 신음은 그치지 않아 집안사람들은 엄살

70) 변화에 순응〔順變〕 : 《예기》 〈단궁 하(檀弓下)〉에 "어버이의 상례는 가장 애통한 것이지만, 그 슬픔을 조절하는 것은 변화에 순응하기 위해서이다.〔喪禮 哀戚之至也 節哀 順變也〕"라는 구절이 있다.

71) 멸성(滅性) : 어버이의 상을 당하여 슬픔이 지나친 나머지 목숨을 잃는 것을 말한다. 《예기》 〈상복사제(喪服四制)〉에 "상중(喪中)에 슬픔으로 몸을 손상할지라도 목숨을 잃는 데에는 이르지 않도록 하니, 이는 죽은 사람 때문에 산 사람을 해치지 않기 위해서이다.〔毁不滅性 不以死傷生也.〕"라는 구절이 있다.

이 너무 심하다고 웃었습니다. 술도 끊은 지 거의 30일이 지났는데, 어제 처음으로 입술을 벌리고 조금 마셔보니 기침이 심하게 나서 걱정이었습니다.

우리 〈죽일선생가장(竹逸先生家狀)〉에 관한 일은 지금 처음으로 정신을 차려 붓을 잡고 종이를 마주하고 있습니다. 일찍이 보고 들은 것들이 익숙지 않은 것은 아니지만, 캄캄한 것이 마치 다른 시대의 일처럼 느껴집니다. 고금을 생각해보니 뜻은 더욱 아득하여 다만 눈물만 줄줄 흐를 뿐입니다.

아, 이른바 "홀로 남겨진 글을 끌어안고 저무는 해에 울었다."는 것이 바로 이것입니다. 만약 한올이라도 선생의 일과 비슷하지 않아 혹시라도 선생의 훌륭한 덕에 누를 끼친다면 돌아가신 분께 욕을 보이는 것이기에 감히 이렇게 말씀을 드리는 것입니다. 선생의 연보를 인편에 부쳐 보내주시기 바랍니다. 죽일정(竹逸亭)을 짓는 일은 그간에 과연 마쳤는지요? 소식을 듣고 싶습니다. 나머지는 이만 줄이고 편지를 드립니다.

◎答李丈季彦書

奉晤隔歲 瞻慕政勤際 承崇椷 旣感且悚 不知仰以攸謝 謹承審春寒尙强 尊候連衛萬康 諸節鴻禧 景慕區區不任下悰 侍生省候粗遣 以是爲私家之幸 而生只有一女 盲於文字 貌又怪寢 家庭無識見聞亦疎 所謂渠父 自幼疎放 爲人所忌 而兼又柳貧未逐 韓窮相隨 居今取貌 論財之世 其誰我與 是以女齡過笄 無人一顧 適有一男子 以人棄我取之術 幸以見采 恐其失之 不待言盡 而重口早諾 越日思之 自足一笑 今萬萬料外 明敎珍重 而又以尊門議之自度 怳如出池登嶺 然而信重然諾 禮分先後 尊之盛意 感則感矣 尊之明命 敢不敢矣 自恨卑賤 誠薄緣淺而已 伏乞府諒府諒 餘祇祝體宇康寧云云

이계언 어른께 답하는 편지

만난지 한 해가 지나 그리움이 간절하던 중에 편지를 받으니 감사하고 죄송함을 어떻게 감사드려야 할지 모르겠습니다. 봄추위가 아직도 매서운데 어르신의 안부는 연이어 좋으시고 가족들도 큰 복을 받으신다니 간절히 그리운 저의 마음을 이길 길 없습니다.

저는 부모님 모시고 그럭저럭 별탈없이 지내고 있는 것이 개인적으로 다행이라 생각합니다. 저에게 딸 하나가 있는데 까막눈이고 못생겼고 집안은 아는 것이 없으며 견문도 넓지 않습니다. 이것은 이른바 아비가 어려서부터 방종하여 사람들이 꺼려하는데다가 또 유종원(柳宗元)[72]의 가난을 쫓아내지 못하고 한유(韓愈)[73]의 빈궁함[74]을 따르고 있습니다. 지금은 생김새에 따라 신부를 취하고 재물을 논하는 세상에 되었으니 누가 저와 더불어 하겠습니까? 그래서 딸아이가 계례(笄禮)[75]를 할 나이가 지났지만 한 사람도 돌아보는 사람이 없었습니다. 그런데 마침 한 남자가 있어 '남들이 버리면 나는 취한다.'는 방법으로 다행히 딸아이를 선택하였습니다. 그래서 남자를 잃어버릴까 걱정이 되어 말이 채 끝나기도 전에 거듭 일찍이 허락을 했습니다. 날이 갈수록 이를 생각해보니 절로 웃음이 났습니다.

지금 천만 뜻밖에 당신의 말씀이 보배스럽고 또 당신의 집안에 관하여 의논해보고 스스로 생각해보니 마치 못에서 벗어나고 높은 산마루에 올라간 듯하였습니다. 그렇지만 믿음으로 거듭 허락하시고 예분(禮分)[76]의 차례와 당신의 훌륭하신 뜻에 매우 감사드립니다. 당신의 분명하신 말

72) 유종원(柳宗元, 773~819) : 자는 자후(子厚), 호는 하동(河東)이다. 장안(長安) 출신으로 당나라의 대표적인 문장가이다. 고문의 대가로서 한유와 병칭되었으며, 산수시에 특히 뛰어나 왕유(王維), 맹호연(孟浩然) 등과 당시(唐詩)의 자연파를 형성하였다. 저서로 《유하동집(柳河東集)》이 있다.

73) 한유(韓愈, 768~824) : 자는 퇴지(退之), 시호는 문공(文公)이다. 회주(懷州) 수무현(修武縣) 출신으로 당나라의 대표적인 문장가이다. 대구(對句)를 중심으로 수사에 치중하는 변려문을 반대하고, 친구 유종원(柳宗元) 등과 함께 고문(古文)을 창도하였다. 저서로 《창려선생집(昌黎先生集)》이 있다.

74) 한유(韓愈)의 빈궁함 : 한유가 〈송궁문(送窮文)〉을 지었는데, 지궁(智窮), 학궁(學窮), 문궁(文窮), 명궁(命窮), 교궁(交窮)의 다섯 궁귀(窮鬼)를 쫓아 보내려 하다가 마음을 바꾸어 그들을 상좌(上座)로 맞이하였다고 한다.

75) 계례(笄禮) : 여자의 성인 예식으로, 15세가 되면 땋았던 머리를 풀어 낭자를 하고 비녀를 지르며, 자를 지어 부르는 것을 이른다.

76) 예분(禮分) : 예의범절의 구분과 한계를 이른다.

씀을 감히 감당하지 않겠습니까? 제자신이 비천하여 정성이 얇고 인연이 얕을 것을 한스럽게 생각할 뿐입니다.

엎드려 바라건대 살펴주십시오. 나머지는 건강하시기를 기원합니다.

◎ **與姜世濟書**

向日惠書 良感良感 況賜之以警言告 喚起衆生 使之避凶就告 而同躋於仁壽之域乎 自不知仰答盛意也 拜書已日 尙未修謝者 非心不勤 防疫煩急 昕夕無暇 以此致愆 萬乞恕罪恕罪 承審侍餘 體度萬重 役員一同 益得康旺 竝仰溸不任者忱 現今流疫 蔓延遠近 各處凶聞日至 不勝焦悶焦悶 鄙處 幸以貴所之護保 郡警之指導 尙保晏然 脣齒之急 如迫目睫 此其日夜恐懼者也 貴邊近況 果如何哉 實切願聞 餘統希保重

강세제에게 보내는 편지

지난번 보내주신 편지는 참으로 감사하였습니다. 더구나 경계의 말씀으로 뭇 사람들을 환기시키시어 그들로 하여금 흉악한 일을 피하도록 알려주셨으니, 인수(仁壽)[77]의 지역으로 함께 오르도록 한 것이 아니겠습니까? 어떻게 당신의 훌륭하신 뜻에 감사를 드려야할지 모르겠습니다.

편지를 받은 지 이미 여러 날이 되었지만 아직도 답장을 드리지 못한 것은 마음이 간절하지 않아서가 아니라 콜레라를 막는데 다급하여 밤낮으로 겨를이 없어 이렇게 허물을 끼치게 되었으니, 천만 저의 죄를 용서하시기 바랍니다.

보내주신 편지를 받고 부모님 모시는 나머지 잘 지내시고 방역을 맡은 여러분들도 더욱 건강하시다니 아울러 그리움을 이길 길 없습니다. 지금 유행하는 콜레라는 원근에 만연하여 각지의 나쁜 소문들이 날마다 들려오니 애타는 마음을 이길 길 없습니다. 제가 있는 곳은 다행히 당신이 계신 곳의 보호와 군청과 경찰서의 지도로 아직은 별탈없이 편안하게 지내고는 있지만 입술과 이처럼 서로 의뢰하는 다급한 형상이 눈앞에 닥쳐온

77) 인수(仁壽) : 어질고 덕이 있으며 장수함을 이른다.

듯하니 이것이 밤낮으로 두려워하는 것입니다.

당신이 계신 곳의 근황은 요사이 어떠하신지요? 간절히 소식을 듣고 싶습니다. 나머지는 보중하시기를 빌겠습니다.

◎ 答金榮珉書

俯囑書類 依例具體 已使兒曹輩 急爲覓便梯 寄去者 累日也 曾謂人覽矣 今奉惠書 始知屆書反在家中 猛責兒曹 仍以奉呈 自足一笑 且示中孔方之事 不待尊命 而已慮者久矣 況現在困急乎 讀書至此 令人愧死 雖然譬諸虎也 兄乃在山之虎 向風一吼 足以威伏百獸 弟則出野之虎 勇猛長技 人皆得知因其勢 而制之 非無長牙曲爪 人不畏焉 而視之若牛羊 然莫若尋得走路 急上仁王山 復振舊日號令 屈指其時 當在周七八月之間 另加寬容乎否 奉呵 卽日春寒方强 堂上壽韻衛享 難老之福 侍餘棣體 迓新泰旺 子舍孫房色色鴻禧 仰慰區區者 忱 査弟慈候粗遣 渾致無警 是爲私家之幸 而但身善呻吟 不可以風者 爲五七日 自憐自憐 歲稍送迎 草草不成禮 尙今耿悵 稍選日調 降屈冠蓋 重講抱來之依 若何 多少在照亮中

김영민에게 답하는 편지

부탁하신 서류는 양식에 따라 전체를 갖추어 이미 아이들에게 급히 인편을 구해서 보내드린 지 여러 날이 되었으니 이미 보았을 것이라 생각했습니다. 그런데 오늘 편지를 받아보고 서류가 도리어 저의 집에 있다는 것을 알고는 아이들을 매섭게 꾸짖고 보내드리고 스스로 만족스러워 한번 웃었습니다. 또 말씀하신 돈에 관련된 일은 사돈의 말씀을 기다리지 않아도 이미 염려하고 있은 지 오래였습니다. 더구나 지금의 곤란하고 급박한 상황에 있어서는 어떠하겠습니까?

편지를 여기까지 읽으니 사람으로 하여금 부끄러워 죽을 지경이었습니다. 비록 그렇지만 호랑이에 비유하면 형은 바로 산속에 있는 호랑이로, 바람을 향해 한번 울부짖으면 모든 짐승을 굴복시키기에 충분합니다. 그런데 저는 들에 나온 호랑이로, 용맹하고 훌륭한 재주를 가졌지만 사람들이 모두 알아서 자신들의 상황에 따라 제지할 수 있습니다. 그래서 기다란 이빨과 굽은 발톱을 가지고 있지만 사람들은 두려워하지 않고 마치 소나 양처럼 그것을 쳐다봅니다. 길을 찾아 급히 인왕산(仁王山)에 올라 다시 옛날의 호령을 떨치는 것만 같지 않으니, 그 때를 손꼽아 보면 마땅히 7~8월 사이에는 있을 듯하니 특별히 더더욱 너그러이 용납하실는지요? 우습습니다.

오늘은 봄추위가 매서운데 당상(堂上)에서 장수하시는 복과 부모님 모시는 나머지 형제들의 안부가 새해를 맞아 건강하시며 자식들과 손자들도 큰복을 누리신다니 저의 보잘것없는 정성에 우러러 위안이 되었습니다.

사제(査弟)[78]의 어머니는 그럭저럭 편안하시고 모든 가족들도 별탈이 없으니 이것이 저희 집의 다행이라고 생각합니다. 그렇지만 제가 바람 때문에 5~7일을 신음하지 않을 수 없으니 스스로 가련합니다.

한해의 끝에 묵은해를 보내고 새해를 맞이하며 급히 쓰느라 예를 갖추지 못해 지금까지 서운합니다. 조금 날을 잡아 저의 집에 왕림하시어 거듭 강론하고 손자를 안아보는 것이 어떻습니까? 다소간의 사연들은 살펴주시는 속에 두겠습니다.

◎ **醫說寄劉南鎭聖國**

曩君在縲絏之中 人皆爲君懼 余曰 何也 人曰 劉南鎭君 而殺之 見在狴囚 而法欲償命 余曰 不然 吾知君愼士 其作事也必愼 夫命天也 醫不能奪天 而殺人也 必且法 天下之平也 必不枉人而罪之也 亦明以人料事 以命待天 以法揆情 君其無憂乎 人曰 不然 君之爲人也 愼則愼矣 命亦有在奈 法有古今之異何 三代之時 以德敎民 以禮齊民然後 以法導民 故爵人於朝與衆共之 刑人於市與衆棄之 其法與日中天 人皆仰而知其明矣 降至嬴秦 棄德廢禮 以愚黔首 法上加法 而以法網人 若設穽而陷獸然 民莫知所措 以直則適觸禁而死 以巧則幸逃法而生 是以秦人 日以爲詐 豈嘗性然哉 使之然者 法也 吁三代之民安法而居 嬴秦之民諱法而免 法亦不足信也 今法無三代之明 人非嬴秦之巧 君不知其人之

78) 사제(査弟) : 편지 등에서 사돈에게 자신을 낮추어 이르는 말이다.

將死 而藥投會死 君必不免乎 余曰 上醫醫國 下醫醫疾 漢末天下大病 江東裂肢而痽 中原割腹而痛 一部蜀漢 僅存息於咽喉之間 而縱欲運其四體 漠然不我應矣 諸葛武侯 以貫日之忠 補天之姿 憂宗國之將亡自任而醫治天下 先以和平之述 調理江東 遂以百萬勁卒 千員勇將猛 攻中原病根 頑强急難 收復故 六出祈山 竟卒軍中姜維 痛恨武侯之未遂其志 乃繼武侯之志 雖九伐中原病漸入咽喉 國遂已亡 姜維欲圖灰 復詐降鍾會 而誘入成都計 亦密矣 心亦苦矣 然寒灰不可復燃 苦身與國亡 可勝歎哉 武侯 醫將亡之國 而未能平復 姜維醫已亡之國而卒無求命法 未嘗以是少武侯而罪姜維也 其烈烈忠義 照輝古今史策 法固如是也 今君醫將死之人 而人喪其命者天也 已死之人 尙欲醫之 況將死之人乎 誠若予言法 其罪天乎

'의술에 관련된 설〔醫說〕'을 유남진 성국[79]에게 부치다

지난번 그대가 감옥에 있을 때 사람들은 모두 그대를 걱정하였습니다. 그래서 제가 "왜 그러십니까?"라고 물었더니, 사람들이 "사람에게 약을 지어주었다가 그 사람을 죽게 하는 바람에 지금 감옥에 있으니 법에 따라 보상을 하고 싶습니다."라고 하였습니다. 제가 "그렇지 않습니다. 저는 그대가 신중한 선비로 해야할 일에 반드시 삼간 것을 압니다.

명은 하늘에 달린 것으로 의원이 천명을 뺏을 수는 없습니다. 그리고 살인은 반드시 법에 따라야 하는 것이 천하의 공평한 것이니 사람이 잘못했다고 하여 죄를 주지는 않습니다. 또 분명 사람을 기준으로 일을 헤아려 본다면 명이라 여기고 천명을 기다리고, 법을 기준으로 정을 헤아려 본다면 군은 걱정할 것이 없을 것입니다."라고 하였습니다. 그러자 사람이 "그렇지 않습니다. 군의 사람됨이 신중하다고 하면 신중하지만 명이라는 것도 어디에 있으며 법이 고금과 다른 것이 무엇입니까?

하 · 은 · 주 3대에는 덕으로 백성들을 가르치고 예로 백성들을 가지런히 하고 나서 법으로 백성들을 인도하였습니다. 그래서 조정에서 사람들에게 벼슬을 줄 때는 여러 사람과 더불어 임명하고 저자에서 사람을 처형

79) 성국(聖國) : 유남진(劉南鎭)의 자이다.

할 때에는 여러 사람과 더불어 처단한다고 하였습니다.[80] 그 법은 중천에 있는 태양과 같아서 사람들이 모두 쳐다보고 밝음을 압니다.

세월이 흘러 진(秦)나라에 이르러 덕을 버리고 예를 폐기하여 백성들을 어리석게 하고 법위에 법을 더하여 사람들에게 법으로 그물질하니, 이는 마치 함정을 파서 짐승들을 빠뜨리는 것과 같았습니다. 백성들은 어디에 몸을 두어야 할지 몰라 정직하게 행동하면 금지하는 법에 저촉이 되어 죽고 잔꾀로 행동하면 요행히 법에서 달아나 살 수가 있었습니다. 이 때문에 진나라 사람들은 날마다 속이는 짓을 하였으니, 어찌 본성이 그러한 것이겠습니까? 그들이 그렇게 된 것은 법 때문입니다. 아, 하은주 3대의 백성들은 법을 편안히 여기며 지내고 진나라의 백성들은 법을 꺼리면서 법에서 벗어나기만 하였으니 법도 믿을 것은 못됩니다. 오늘날의 법은 하 · 은 · 주 3대처럼 분명하지 않고 사람들은 진나라처럼 잔꾀를 부리는 것은 아니지만 공교하지 않으니 군이 그 사람이 장차 죽을 때인 것을 모르고 약을 주어 마침내 죽게 하였으니 군은 필시 죄를 면하지 못할 것이다."라고 하였습니다.

그래서 제가 "상급 의사는 나라를 치료하고 하급 의사는 병을 치료합니다."라고 한 것입니다. 한(漢)나라 말에 천하가 크게 병이 나서 강동(江東)은 사지를 갈라 퉁퉁 붓고 중원은 배를 쪼개 아파하였는데, 일부 촉한만이 겨우 목숨을 부지하고 숨쉬고 있을 뿐이었습니다. 비록 사지를 운용하고 싶어도 나를 위해 반응하지 않습니다.

제갈무후(諸葛武侯)[81]는 해를 꿰뚫는 충성과 하늘을 꿰매는 자세로 종국(宗國)이 망해가는 것을 근심하며 자신의 임무로 삼아 천하를 치료하였습니다. 그러면서 먼저 화평하게 하는 시술로 강동(江東)을 고루 다스려 마침내 100만의 강한 병졸과 1,000명의 용맹한 장수를 거느리고 중원(中原)의 병든 뿌리를 공격하고 완강히 어려움에서 백성들을 구하여 옛

80) 조정에서……하였습니다 : 《예기》 〈왕제(王制)〉에 "조정에서 사람에게 벼슬을 줄 적에는 여러 사람과 더불어 같이 임명하고 저자에서 사람을 처형할 적에도 여러 사람과 더불어 같이 처단한다.〔爵人於朝 與士共之 刑人於市 與衆棄之〕"라는 구절을 인용한 말로, 몇 글자 차이를 보인다.

81) 제갈무후(諸葛武侯) : 촉한(蜀漢) 제갈량(諸葛亮, 181~234)을 이른다. 무후(武侯)는 그의 시호이다.

땅을 회복하기 위해서 여섯 번이나 기산(祈山)을 나와 군졸 가운데서 생을 마치니[82] 강유(姜維)[83]가 제갈량이 뜻을 이루지 못한 것을 통탄하며 이에 무후의 뜻을 이어 비록 아홉 번이나 중원을 공격하였으나, 병이 점점 목구멍까지 침범하여 나라는 결국 망하고 말았습니다. 강유가 회복할 계획으로 종회(鍾會)[84]에게 거짓 항복하고 성도(成都)로 유인할 계획 또한 엄밀하였고 고심하였습니다. 그러나 이미 식어버린 재는 다시 불이 붙지 않아 몸을 괴롭히면서 나라와 함께 망하였으니 탄식할 만합니다.

무후가 장차 망해가는 나라를 치료하고 싶었지만 회복하지 못하고 강유도 이미 망한 나라를 치료하고 싶었지만 끝내 목숨을 구할 방법이 없었습니다. 그렇지만 일찍이 이일로 무후를 낮추어 보고 강유를 죄준 적은 없었습니다. 그들의 세찬 충의는 고금의 역사에 빛났으니 법은 진실로 이와 같습니다. 지금 군께서 장차 죽어가는 사람을 치료하였지만 그 사람이

82) 여섯……마치니 : 제갈량(諸葛亮)이 후주(後主)가 등극한 6년째 되던 겨울에 위(魏)에 출격하여 진창(陳倉)을 포위했으나 결국 군량의 수송이 막히자 퇴각하고 말았으며, 또 9년에는 기산(祈山)에 출병하였다가 역시 군량이 여의치 못하여 결국 퇴각하였다. 그 후 두 번째 기산 출정에는 군량의 수송을 위해 목우(木牛)와 유마(流馬)를 만들어 군량 수송의 어려움을 해결하였다. 이러한 와중에 제갈량이 위나라를 정벌하기 하여 성도(成都)에서 기산(祈山)으로 여섯 번 출정한 것을 가리킨다.

83) 강유(姜維, 202~264) : 자는 백약(伯約)으로 천수(天水) 기(冀) 사람이다. 본래 위(魏)나라 장수였다가 촉한으로 귀순하여 제갈량의 신임을 얻어 정서장군(征西將軍)에 올랐다. 제갈량이 죽은 뒤에 대장군(大將軍)이 되어 여러 차례 위나라를 정벌했는데, 위나라에서는 사마소(司馬昭)가 등애(鄧艾)와 종회(鍾會)를 보내 대적케 하므로 결국 큰 공을 세우지 못했다. 후주 염흥(炎興) 연간에 위나라 종회(鍾會)가 촉나라를 공격하여 후주가 항복하자 강유도 투항하였다. 나중에 종회가 위나라를 배반하는 일을 도모하자, 강유도 이에 가담하여 촉나라의 부흥을 꾀했으나, 성공하지 못하고 죽임을 당했다.

84) 종회(鍾會, 225~264) : 삼국 위(三國魏) 영천(潁川) 장사(長社) 사람이다. 자는 사계(士季)이고 봉호는 동무정후(東武亭侯)이다. 요(繇)의 아들로 벼슬은 사도(司徒) · 진동장군(鎭東將軍). 사마소(司馬昭)를 도와 혜강(嵇康) 등을 주살하였고, 등애(鄧艾)와 함께 촉(蜀)을 평정한 뒤에는 등애를 모함하여 몰아내고 촉을 근거지로 모반을 일으켰다가 난군에게 살해되었다. 노자(老子)와 역(易)을 좋아하였다. 저서로 도론(道論)이 있었으나 실전되었다.

목숨을 잃은 것은 천명입니다. 이미 죽은 사람도 오히려 치료하려 하는데 더군다나 장차 죽으려하는 사람은 어떻겠습니까? 참으로 내가 법을 말한다면 그것은 하늘을 죄주는 것일 것입니다.

◎ 與劉南鎭書

時中 謹以省禮言 吾子前在逮囚 將身往探問 適痛瘇未果 愧歎愧歎 然余明知吾子之謹愼 故自信其無事矣 果得明以免 誠夫子所謂雖在縲絏之中 非其罪也者此也 余悶時人之不師古 漫筆作醫說忘拙獻呈 幸須俯覽 毋惜斤正 餘冀惟道安 不備疏禮

유남진에게 보내는 편지

시중(時中)은 삼가 예는 생략하고[85] 말씀드립니다. 그대가 전에 감옥에 계실 때 직접 찾아뵙고 탐문하고 싶었지만 제가 종기를 앓고 있어 그렇지 못해 부끄럽고 한탄스럽습니다. 그렇지만 저는 그대가 삼가신다는 것을 알기 때문에 무사하시리라 믿었습니다. 과연 사리가 분명하여 화를 면하였습니다. 진실로 공자께서 말씀하시기를 "비록 감옥에 있기는 하지만 그의 죄가 아니니다."[86]라고 하신 것이 이러한 경우입니다.

저는 지금의 사람들이 옛날 사람들을 스승으로 여기지 않는 것이 민망합니다. 보잘것없는 솜씨로 '의술에 관련된 설〔醫說〕'을 지어 졸렬함을 잊고 드리니 보아주시고 고쳐주시기 바랍니다. 나머지는 도를 위해 편안히 지내시기를 바라며 편지의 예를 갖추지 않습니다.

---

85) 예는 생략하고 : 원문은 '省禮言'. 편지를 받는 사람이 상중이거나 상복을 입고 있을 때 쓰는 표현으로 마지막 '疏禮'의 경우도 동일한 경우에 쓰는 표현이다.

86) 비록……아니다 : 《논어》 〈공야장(公冶長)〉에, "공자가 공야장을 두고 평하기를 '사위 삼을 만하다. 비록 포승으로 묶여 옥중에 있었으나 그의 죄가 아니었다.'라고 하고 자기 딸을 시집보냈다. 공자가 남용을 두고 평하기를 '나라에 도가 있을 때에는 버려지지 않을 것이고, 나라에 도가 없을 때에는 형벌을 면할 것이다.'라고 하고 형의 딸을 시집보냈다.〔子謂公冶長 可妻也 雖在縲絏之中 非其罪也 以其子妻之 子謂南容 邦有道 不廢 邦無道 免於刑戮 以其兄之子妻之〕"라는 구절이 있다.

◎ **答河鍾洛書【時 河君 以河公遯齋集 送余 余感其意 而如答之】**

惠書下問 殊荷愛念 況辱賜以遯齋公之集乎 竊伏念是雖其於出德門之 不欲專寶於一家而捊 使萬途之車 歸於同軌之盛意然 以若何等尊重 下及於晩生卑賤之輩乎 此意不可忘也 盥手奉讀 固非淺陋之所能窺測 怳然若坐了春風中一箇月 惜乎其傳之不全也 雖然見道之要 德行可爲本源 一言可以貫徹 何必多求自漢晉至宋元 諸子百家 立門戶 欲計其不朽之傳 而晧首窮年 不休著作 而多者 至數十萬言 小者亦數千百言 其背於德行而不幾乎道者 皆泯滅無聞 可勝歎哉 東坡先生日 匹夫而爲百世師 一言而爲天下法 公之聽鷄吟一首 見得天理人欲之分 而使冥途之擿埴者 知其之歸泊處也 此乃公嘗得於心而修於身 修於身而發於情 發於情而見於言者也 風三百載之下 讀誦此詩者 各自激越 而師其德法其道 此豈非匹夫而爲百世師 一言而爲天下法乎 故後世之傳 但觀其道德之修不修如何 而不在乎文字之多不多也 所恨獨後生學焉 而不能行焉 而不至小子無狀 何敢多少其言哉 只切景慕之深 而不覺語涉忘觸誠 罪死罪死 幸須寬容焉 伏惟僉尊體候 連衛康旺 何等仰慰 生尙保無警者 乃僉執事存念之賜也 更何煩浼 餘統希照亮云云

〔追伸〕 竊聞是歲也 諸先生又復南爲云 誠獻賀之 不暇未知近日杖屨乎貴邊否 小冗未能各幅修侯 負罪殊深 幸須爲我謝之

하종락에게 답하는 편지【당시 하군(河君)이 하공(河公)의 《둔재집(遯齋集)》을 나에게 보내와 내가 그의 뜻에 감사드리며 이렇게 답장을 쓰다】

은혜롭게 보내주신 편지를 받고 아껴주시고 염려해주시는 마음에 매우 감사하였습니다. 더구나 둔재공(遯齋公)의 문집까지 보내주시니 어떠하겠습니까? 생각해보니 이 문집이 비록 덕스러운 집안에서 나온 것이기는 하지만 한 집안에서만 오로지 보배로 전하고 싶지 않아, 이를 끌어 모아 마치 제각기 다른 길을 가는 수레를 하나의 길로 돌아가도록 한 훌륭하신 뜻을 어찌나 이토록 존중하시어 아래로 후배인 비천한 저에게까지 보내시는지요? 이러한 뜻을 잊지 못하겠습니다.

손을 씻고 받들고 읽어보니 참으로 저처럼 학식이 얕은 사람은 능히 엿볼 수도 없어 마치 봄바람 속에 1개월을 앉아 있는 듯하였습니다. 그렇지만 온전히 전해지지 못한 것이 애석하였습니다. 비록 그렇지만 도의 요체를 볼 수 있고 덕행은 본원으로 삼을 만하였습니다. 이러한 한마디 말로도 관철할 만하니 어찌 반드시 많을 필요가 있겠습니까?

한(漢)나라와 진(晉)나라에서 송(宋)나라와 원(元)나라에 이르기까지 제자백가(諸子百家)들이 자신들의 일가를 세워 영원히 전하려고 계획하면서 다 늙도록 쉬지도 않고 저술을 하였습니다. 그래서 저술이 많은 것은 수 십 만 글자나 되고 작은 것도 수 천백 글자가 되지만 덕행에 위배되고 도에 가깝지 않은 것들은 모두 사라지고 소문조차 들리지 않게 되었으니 탄식을 금할 수 있겠습니까? 동파(東坡)[87] 선생은 "필부로서 백세의 스승이 되고 한마디 말로 천하의 법이 된다."[88]라고 하였습니다. 공의 〈닭소리를 듣다〔聽鷄〕〉라는 시 1수를 읊으니, 천리(天理)와 인욕(人欲)의 구분을 알 수가 있었고 지팡이를 짚고 어두운 길을 가는 사람으로 하여금 머물 곳으로 돌아갈 줄 알도록 하였습니다.

이것은 바로 공이 일찍이 마음에서 터득한 것을 몸으로 수양한 것이고 몸으로 수양한 것을 정으로 드러낸 것이며 정으로 드러낸 것을 말로 보여준 것입니다. 300년이 지난 이후에도 이 시를 읽는 사람이 제각기 감격하여 그의 덕을 스승으로 삼고 그의 도를 법으로 삼을 것이니, 이 어찌 필부로서 백세의 스승이 되고 한마디 말로 천하의 법이 되는 것이 아니겠

87) 동파(東坡) : 소식(蘇軾, 1037~1101)의 호이다. 중국 송(宋)나라 신종(神宗)부터 철종(哲宗) 때까지의 문신이자 시인이다. 당송팔대가(唐宋八大家)의 한 사람으로, 왕안석(王安石)의 신법(新法)에 반대하여 수차례 유배되었으며, 문장에 능하여 〈적벽부(赤壁賦)〉 등 명작을 남겼다.

88) 필부로서……된다 : 소식(蘇軾)의 〈조주한문공묘비(潮州韓文公廟碑)〉에 "필부로서 백세의 스승이 되고 한마디 말로 천하의 법이 되는 것은 모두 천지의 조화에 참여하고 성쇠의 운수에 관계될 수 있기 때문에 그가 태어날 때에는 유래함이 있고 그가 죽어서는 되는 바가 있는 것이다. 그러므로 신백(申伯)과 여후(呂侯)가 산악으로부터 내려오고 부열이 죽어서 열성이 되었으니, 고금에 전하는 것을 속일 수 없는 것이다.〔匹夫而爲百世師 一言而爲天下法 是皆有以參天地之化 關盛衰之運 其生也 有自來 其逝也 有所爲 故申呂自嶽降 傳說爲列星 古今所傳 不可誣也〕"라는 구절이 있다.

습니까?

그 때문에 후세에 전하는 것은 다만 도덕이 닦인 여부와 문자의 많고 적음에 평가기준이 있지 않습니다. 한스러운 것은 홀로 후생들이 배우기만하고 행하지 못하는 것입니다. 저처럼 보잘것없는 사람이 어찌 감히 그 말의 많고 적음을 따질 필요가 있겠습니까?

다만 간절히 사모하는 마음이 깊어 저도 모르게 정성에 저촉된 짓을 하였으니 죄송합니다. 너그럽게 용서하여 주십시오. 여러분의 안부가 연이어 좋으시다니 매우 위안이 되었습니다. 저는 목숨을 보존하고 지내면서 별탈이 없는 것은 여러 집사께서 염려 덕분입니다. 다시 어찌 더 번거롭게 말씀드리겠습니까? 나머지는 헤아려 주시기 바랍니다.

〔추신〕

들으니 이번 해에 여러 선생들이 또 다시 남쪽으로 가신다고 하던데, 진실로 축하를 드립니다. 제가 겨를이 없어서 요사이 당신이 계신 곳으로 찾아갈 수 있을지 모르겠습니다. 자잘한 일로 따로 편지를 쓰지 못해 매우 죄송합니다. 저를 위해서 사죄하여 주시기 바랍니다.

◎答河鍾洛書

維時潦夏 體候若何 書以問存 感荷不淺 況辱惠新詩 字字磨玉 而句句聯珠 奉讀數回 不覺紙毛而頰香也 就中有不敢當之辭 豈足下 遂因口韻之好而用之耶 卽欲持納 高其義 愛其詞 而不果矣 尊之盛義 不敢孤也 綴拙語溷崇聽 幸須外華而取實 更賜斤正 多少姑閣 不備謝禮

謝河鍾洛晩悟以詩見寄

狂歌散步傍溪行 盡日迎風氣未成 豈謂故人詩寄送 敎除俗子意紛爭
對灑空思三五月 執鞭欲逐萬千程 誰憐褁病時相問 多謝吾兄不愛情

하종락에게 답하는 편지

장마철에 안부는 어떠하신지요? 편지로 안부를 물어주시니 매우 감사합니다. 더구나 편지와 함께 보내주신 새로 지으신 시는 글자마다 옥을 다듬은 듯하고 구절마다 구슬을 이어놓은 듯하였습니다. 편지를 받고 여러 번 읽으니 저도 모르는 사이에 편지지가 낡고 저의 뺨에서는 향기가 나는 듯하였습니다.

드릴 말씀은 다름이 아니라, 제가 감당치 못하고 사양한 것이 있었는데, 어찌 족하께서 입으로 읊은 시의 운자를 바탕으로 시를 지으셨는지요? 제가 곧바로 가지고 와서 시의 뜻을 높이고 말을 아끼고 싶었지만 그러지 못하였습니다. 그렇지만 당신의 높으신 의리를 저버릴 수가 없어 보잘것없는 말을 엮어 당신께 들려드리니 화려한 것을 도외시하시고 실제를 취하시어 바로잡아 주시기 바랍니다. 이만 줄이고 답장의 예를 갖추지 않습니다.

謝河鍾洛晚悟以詩見寄

만오[89] 하종락이 시를 부쳐온 것에 감사하다

狂歌散步傍溪行	미친 듯 노래하고 시냇가를 산보하며
盡日迎風氣未成	종일 바람을 맞았지만 기운은 이루어지지 않았네.
豈謂故人詩寄送	벗이 시를 보낼 줄 어찌 생각이나 했겠나?
敎除俗子意紛爭	속됨을 없애려니 마음은 어지럽네.
對灑空思三五月	보름달에 부질없는 생각을 떨쳐버리고
執鞭欲逐萬千程	채찍 쥐고 천만리길 달려가고 싶네.
誰憐裏病時相問	누가 병든 사람 가련하게 여겨 때때로 위문할까?
多謝吾兄不愛情	정을 아끼지 않으시는 우리 형께 감사하네.

◎ 與鄭爀琦書【雨後觀魚請】

久旱之雨 始焉喜雨 終焉苦雨 農作無害乎否 活水新漲 躍鱗上湖 霧罷竹嶼 波宿蘆湖 政好倚杖觀魚 可惜少伴 又恨無酒 兄其謀諸久藏 不時之需 一斗味佩來 信㺯來 恐天機之或破

89) 만오 : 하종락(河鍾洛)의 호이다.

정혁기에게 보내는 편지【비온 뒤에 물고기를 구경하자고 청함】

오랜 가뭄 끝에 내린 비가 처음에는 단비더니 끝에는 괴로운 비가 되었는데 농사에는 피해가 없습니까? 콸콸 쏟는 물은 새롭게 넘쳐나고 물고기는 호수 위를 뛰는데 안개는 대나무 섬〔竹嶼〕에서 걷히고 파도는 갈대호수〔蘆湖〕에서 잠을 잡니다.

지금이 참으로 지팡이를 짚고 물고기를 구경하기 좋은 때인데 애석하게도 함께할 사람이 적고 술이 없는 것이 한스럽습니다. 형께서는 오랫동안 감추어두신 불시에 찾아올 때를 대비하던 한 말의 술[90]을 가지고 오십시오. 심부름꾼이 와서 천기(天機)[91]가 혹시라도 깨어져 버릴까 걱정입니다.

◎ **答李鍾淳書**

歲稍講懷 實於出曠世罕事 而各因忽遽 猶未能討盡 多少抱來 而又自南北 吾人之塵中事業 尙然未了者 使人可笑 尙耿耿乎中矣 何期先辱惠問 感戢無量 謹承審書后有日 體候迓新增遐 寶覃鴻休仰慰 不任區區悃忱 第姑以慈候之犅遣爲伏幸 而身亦無警 所愧者 只添草木之齒 而一無所成 是所浩歎耳 稍俟春和 一次南爲 誠爲夙願 幸勿負懸望焉 餘惟冀云云

이종순에게 답하는 편지

연말에 회포를 나누었던 것은 실로 세상에 드문 일이었는데 각자 바쁜 일로 다 말씀을 나누지 못해 다소간의 사연들을 품고 와서 또 절로 남북으로 헤어졌습니다. 우리들의 세속 사업이 아직도 끝나지 않아 사람으로 하여금 우습게 하니 마음속으로 그립기만 합니다. 당신께서 먼저 편지를 보내주실지 어찌 기약이나 했겠습니까? 감사한 마음 헤아릴

---

90) 오랫동안……술 : 소식(蘇軾)의 〈후적벽부(後赤壁賦)〉에 "집에 돌아와 아내와 상의했더니 아내가 '내가 오래 전부터 한 말의 술을 보관해두고 그대가 불시에 찾을 때를 대비해왔소.'라고 하였다.〔歸而謀諸婦 婦曰我有斗酒 藏之久矣 以待子不時之需〕"라는 구절이 있다.

91) 천기(天機) : 중대한 비밀을 이르는데, 여기서는 두 사람의 약속을 이른다.

길 없습니다.

편지를 받은 지 며칠이 지났는데 안부는 새해를 맞아 더욱 좋으시고 식구들도 잘 지내신다니 간절히 위안이 되는 마음 가눌 길 없습니다.

다만 어머니께서 별탈없이 지내시는 것으로 다행스럽게 여기고 저도 놀랄만한 일은 없습니다. 다만 부끄러운 것은 저는 나이만 먹고 하나도 이루어 놓은 것이 없으니 이것이 탄식스러울 뿐입니다. 봄날씨가 조금 따뜻해지면 한번 남쪽으로 내려오시기를 바라니, 저의 바람을 저버리지 마시기 바랍니다. 나머지는 기대하며 이만 줄입니다.

◎答奇主事相憲書

伏承崇械 感愧之深 曷有其旣 伏惟春暮 靜養氣體候 連衛康寧 不任仰慰之至 性老君之允玉 生 亦深知其爲人之端雅 學識之稍進 每愛之而所獎惜者也 嘗不待人言 而竊欲其前進也 難其方 讀今先生再辱手澤 眷眷不已者 非欲其利也 私其人也 實欲售其樟楠之材於匠石之門也 先生之意盛矣 生豈不知者 棟宇已設繩墨 難以更張 往日面白於先生者 良以此也 如之何如之何 我知曹生年尙小 氣亦豪眞 曹家千里駒也 奮勵鞭辟爲將來騰踏之張本 則安知今日之伏櫪爲異日超逸之足也 庸是企祝恕罪恕罪 餘統希道安 不備候禮

주사 기상헌에게 답하는 편지

편지를 받고 매우 감사하고 부끄러운 마음이 어찌 다함이 있겠습니까? 늦봄에 정양하시는 안부는 연이어 좋으시다니 위안되는 지극한 마음을 가눌 길 없습니다. 성노(性老) 군의 아들에 대해서는 저도 그의 사람됨이 단아하고 학식이 점점 발전해 가고 있음을 잘 알고 있어, 매번 아끼고 장려하고 아끼고 있습니다. 이는 군이 남의 말을 기다릴 필요도 없습니다.

그를 발전시키고 싶지만 방법이 어렵습니다. 지금 선생께서 두 번이나 보내주신 편지를 읽어보니 돌보아주시는 마음이 끝이 없었습니다. 그를 이롭게 하거나 그를 사사롭게 하려는 것은 아닙니다. 실로 글이 뛰어난 사람의 문하에 훌륭한 재목으로 팔고 싶습니다. 선생의 성대하신 뜻을 제가 어찌 모르겠습니까? 들보가 될 재목에 이미 승묵(繩墨)을 베풀었으니 새롭게 바꾸기는 어렵습니다. 지난번 만나서 선생께 말씀을 드렸던 것이 진실로 이 때문이었으니 어찌하겠습니까?

저는 조생(曹生)이 아직 어리지만 기운은 호탕하고 참되며 조씨 집안의 천리마[92]라는 것을 알고 있습니다. 떨쳐 일으키고 채찍질해서 장래에 높이 뜻을 펼칠 바탕으로 삼게 한다면, 어찌 오늘 구유 밑에 뜻을 펴지 못하고 엎드려 있지만 뒷날 훌륭한 준족이 되리라는 것을 어찌 알겠습니까? 죄를 용서하여 주십시오. 나머지는 도를 위해 편안히 지내시기를 바라며 이만 줄입니다.

◎ 與某友書

朋友會合 不容易得 轉眄東西 擧皆陳跡 而息交者 殆若千年際 玆懷想倍於平昔 伏惟體候茂膺淸福 頃日入郡 鄕之諸彦 有以尹孝子記實文字 多端論駁 而欲解其碣者 問其作者 則曰安氏 予所作 且安氏 老於文墨 有名當世者也 弟之蔑學 何敢是非其言哉 夫文者 不過爲記事貫言之器也 概聞諸彦之指適〔摘〕其有欠處幾句 則其關鎖歸宿 未可知也 抑揚排布 誠法古理達之文也 恐非率爾評焉 而譁攻若是 此非徒吾鄕之所恥 亦攸斯文之不幸也 甚不謂也 弟於文也 雖無繩墨 酷嗜古今文字 而於德行敍論 尤不可不觀 故敢謹囑紀實本稿 幸須見惠若何 姑閣不備候禮

아무개 친구에게 보내는 편지

벗들이 한데 모이는 것은 쉬운 일이 아닙니다. 동서를 둘러보아도 모두 옛 자취가 되었고 사귐이 끊어진지도 자못 몇 년이 되었습니다. 이즈음에 그리움은 평소보다 배나 더한데, 안부는 좋으신지요. 지난번 군(郡)

---

92) 조씨……천리마 : 《진서(晉書)》 권98 〈왕돈열전(王敦列傳)〉에 보이는 말로, 진(晉)나라 왕돈(王敦)은 술 마시면 늘 여의로 단지를 두드리며 조조(曹操)의 “늙은 말이 구유에 엎드려 있으나 뜻은 천리 밖에 있네. 열사는 늙었지만 장대한 포부 그치지 않았네.〔老驥伏櫪 志在千里 烈士暮年 壯心不已〕”라는 시구를 가져와 상대가 조조(曹操)와 같은 성(姓)을 가진 사람이라 비유한 것이다.

에 갔을 때 고을의 여러 선비들이 윤효자(尹孝子) 기실(紀實)의 글에 여러 논박들이 있어 비갈문(碑碣文)을 이해하려고 글을 지은 사람이 누구인지 물으니, 안씨(安氏)가 "내가 지은 것입니다."라고 하였습니다. 안씨는 글을 짓는데 뛰어나고 당세에 유명한 사람입니다. 저의 보잘것없는 배움으로 어떻게 감히 그 말에 시비를 하겠습니까?

대저 글은 일을 기록하고 말을 조리 있게 하는 그릇에 불과합니다. 대개 여러 선비들이 지적하는 흠이 있는 몇 구절에 대해서 들어보면 관건의 귀착점을 아직은 모르겠습니다. 문세(文勢)의 기복과 배치는 진실로 옛날 사리에 통하는 문장을 본받아야 합니다. 그렇지만 저는 너무 섣부른 평가가 아닐까 걱정입니다. 떠들썩하게 공격하는 것이 이와 같다면 이는 우리 고을의 수치일 뿐 아니라, 또한 사문(斯文)[93]의 불행입니다. 매우 생각지도 못했던 일입니다.

저는 글에 대해서 비록 법도가 없지만 옛 문자를 매우 즐깁니다. 그렇지만 덕행과 논설에 대해서는 더욱 볼만 한 것이 없습니다. 그렇기 때문에 감히 윤효자의 기실을 감히 부탁을 드리니, 바라건대 은혜를 베풀어 주시는 것이 어떻습니까? 이만 줄이고 안부의 예를 갖추지 않습니다.

◎ **與朴佑根書**

惠示手書 感悅感悅 感則爲其修書辱答也 悅則爲賢弟心定氣健也 今於賢弟之書 細讀說辭 深觀墨蹟 閒雅勁健之氣 差勝平日 所患美愼不足治也 賢弟其勿憂也 第當亢旱 民憂孔殷 不能無憂人之憂 故偶吟夏旱詩一首 忘拙汗呈 特賜斤正 又惠瓊琚 以開塵眼 翹首佇俟矣 所示之事 誠如尊命 幸勿深慮 祗祝道安氣泰

93) 사문(斯文) : 유학(儒學)를 가리키는 말이다. 《논어》〈자한(子罕)〉에 공자가 "문왕(文王)이 이미 별세하였으니, 문(文)이 이 몸에 있지 않겠는가. 하늘이 장차 '이 문〔斯文〕'을 없애려 하였다면 내가 이 문에 참여할 수 없었을 것이다.〔文王旣沒 文不在玆乎 天之將喪斯文也 後死者不得與於斯文也〕"라고 하였는데, 주희(朱熹)의 집주(集註)에 "문은 도(道)가 표면에 드러난 것이다."라고 하였다. 이후로 유도를 대칭하는 말로 쓰였으며, 유학자를 직접 지칭하기도 한다.

박우근에게 보내는 편지

편지를 보내주시니 감사하고 기뻤습니다. 감사한 것은 답장을 받은 것이고 기쁜 것은 그대의 마음이 안정이 되고 기운이 굳세다는 것입니다. 지금 그대의 편지를 자세히 읽어보고 글씨를 자세히 관찰하니 한가한 정취와 굳센 기상은 평소보다 뛰어났지만 근심스러운 것은 병이 아직 치료되지 않았다는 것입니다. 하지만 그대는 걱정하지 마십시오.

지금 심한 가뭄으로 백성들의 근심이 너무 많으니 다른 사람의 근심을 근심하지 않을 수 없기 때문에 우연히 〈여름 가뭄〔夏旱〕〉에 관한 시 한 수를 지어 졸렬함도 잊어버리고 이렇게 드리니 특별히 고쳐주시기 바랍니다. 또 그대가 보내주신 시는 저의 먼지 낀 눈을 뜨게 하였습니다. 머리를 들고 기다리겠습니다. 말씀하신 일은 참으로 당신의 말씀대로 하였으니 너무 심려하지 마십시오. 도가 평안하시고 기운이 태평하시기를 빌겠습니다.

◎與朴佑根書

向者 聞劉斯文南鎭言 則賢弟 以美愼喫苦度了 亦已累日 深以爲憂 劉云 似憂愁思慮之所致 是何言是何言 夫心者 身之主也 身者 心之宅也 若使其主役於外物 而漠然忘返宅 雖欲定 其得乎 而況如有窮徐子之賊 闖其虛而欲入者乎 雖使良工理內 勁卒備外 其於無主 誰能禦强敵之卒入乎 此兵法 所謂反客爲主而攻滅其國者也 豈不懼哉 雖然 愚意 則不足憂也 宅今 雖空 非無主也 但外在而不還 況其仁其勇 如殷甲周穆者乎 卽使伊尹冕服 造父御駕 奉主而疾返宅 遂以安而天下平 如有窮徐子之徒 不足定 豈可以欲區區欲 效於無且之橐哉 今賢弟年尙富 而氣亦豪 才亦可爲也 何不涵養此心體 萬物應萬事 使各得其正 而其不動如泰山 浩浩如洪流 捷應如神 歸藏如密 若此做去 不患不到於君子不懼不憂之地 不然反使驅馳於無益之空想 而與之戰鬪於虛空無底無功之中 雖一日百勝卒無所得 而駸駸然神明耗於內 卒徒瘦於外 使外邪客氣 得以乘吾之隙 然而不僨者 未之有也 果若劉言 賢弟患候 恐不出此 是豈君子愼疾之道 孝子守身之本乎 吾非爲病懼也 爲賢弟懼也 非爲賢弟懼也 爲賢弟之老親懼也 可畏可畏 今爲賢弟計 莫若讀書以養氣 涵養以存心 正南面 而朝百禮 則焉有强

賓 敢不退聽哉 雖百扁鵲 莫此爲若 賢弟 其或恕納愚言否 我亦曾病此者 故敢以告 吾弟亦以自警焉 餘統希保重 卽戚從

박우근에게 보내는 편지

지난번 유남진(劉南鎭)에게 들으니, 그대가 병으로 이미 여러 날 고생을 하고있다고 하니 매우 걱정입니다. 유남진은 근심과 걱정으로 그렇게 된 것이라고 하던데 이 무슨 말입니까?

대저 마음은 몸의 주인이고 몸은 마음의 집입니다. 만약 주인이 외물에 부림을 당한다면 막연히 집으로 돌아오는 것을 잊어버리니 비록 안정을 하고 싶어도 그럴 수 있겠습니까? 더구나 유궁국(有窮國)의 예(羿)[94]와 서자(徐子)[95]와 같은 적들이 빈틈을 노려 침입하려고 하니 어떠하겠습니까? 아무리 훌륭한 기술자로 하여금 안을 다스리게 하고 강한 병졸들로 하여금 밖을 방비하게 하더라도 주인이 없는 경우에는 누가 능히 강한 적들이 쳐들어오는 것을 막을 수 있겠습니까? 이 병법은 이른바 객이 주인이 되어 자신의 나라를 공격하는 것이니, 어찌 두렵지 않겠습니까?

비록 그렇기는 하지만 저의 어리석은 생각으로는 걱정할 것이 없다고 여겨집니다. 집이 지금 비록 텅 비었다고 하더라도 주인이 없지는 않습니다. 다만 밖에 있어서 아직 돌아오지 않은 상태입니다. 더구나 어짊과 용맹은 은(殷)나라 태갑(太甲)[96]이나 주(周)나라 목왕(穆

94) 유궁국(有窮國)의 예(羿) : 중국 하(夏)나라 때 유궁씨(有窮氏)의 수령으로 태강(太康)을 축출하고 왕이 되었다가 한착(寒浞)에게 피살되었다는 설과, 요(堯) 임금의 신하로 열 개의 태양 중에 아홉 개를 쏘아 떨어뜨리고 사나운 괴수를 퇴치하였다는 설이 있다.

95) 서자(徐子) : 중국 요순 시대 백익(伯益)의 후예인 서국(徐國)을 가리키는데, 주 목왕이 서쪽으로 유람하여 즐기는 동안에 많은 제후들이 천자를 이반하여 서국으로 향하였다. 이에 주 목왕이 급히 돌아와서 초(楚)나라로 하여금 서국을 정벌하게 하여 겨우 멸망시켰으나, 결국 이때부터 융적(戎狄)들까지 모두 주나라를 이반하게 되었다.

96) 은(殷)나라 태갑(太甲) : 상(商)나라의 제4대 임금으로, 탕 임금의 적장손이며, 태정(太丁)의 아들이다. 삼촌 중임(仲壬)의 뒤를 이어 왕으로 즉위하였다. 선대부

王)[97]과 같으니 어떠하겠습니까? 곧바로 이윤(伊尹)[98]이 면복(冕服)을 갖추고 조보(造父)[99]가 수레를 몰아 주인을 모시고 빨리 집으로 돌아오게 한다면 마침내 안정이 되고 천하가 화평해 질 것입니다. 만약 유궁국의 예와 서자의 무리가 있어 안정하지 못한다면, 어찌 구구한 욕심으로 하무저(夏無且)의 약주머니[100]와 같은 효과를 볼 수 있겠습니까?

지금 그대는 나이도 아직 젊고 기운도 호방하며 재주도 크게 할 만한데, 어찌 자신의 몸과 마음을 함양하지 않으십니까? 만물은 만사와 호응하니 각기 바름을 얻게 해서 태산처럼 흔들리지 않고 홍수처럼 광대하며 귀신처럼 민첩하게 호응하고 귀장(歸藏)[101]처럼 엄밀히 하여야 합니다. 이렇게 공부해 나간다면 '군자의 두려워하지 않고 근심하지 않는 경지'에 이르지 않을 것을 근심할 것이 없습니다. 그렇지 않고 도리어 아무

터 네 왕조를 섬긴 원로 신하 이윤(伊尹)의 보필을 받았으나, 그 말을 따르지 않은 채 향락을 탐하고 학정을 일삼았다. 그로 인해 이윤에 의해 3년 동안 탕 임금의 묘소 근처에 있는 동궁(桐宮)에 유폐되었으며, 개과천선한 뒤에 다시 나라를 잘 다스렸다고 한다.

97) 주(周)나라 목왕(穆王) : 목왕은 팔준마가 모는 수레를 타고 천하를 두루 유람하다가, 곤륜산 꼭대기의 요지(瑤池)에 가서 전설적인 선녀 서왕모(西王母)를 만나 환대를 극진히 받았다는 이야기가 전해진다.

98) 이윤(伊尹) : 중국 은(殷)나라의 재상으로, 탕(湯) 임금을 도와 천하를 평정하는 데 공헌하였다. 태갑(太甲)이 탕왕의 법을 어기자 추방하고 직접 정치를 하다가 태갑이 과오를 뉘우치자 정권을 되돌려 주었다고 한다.

99) 조보(造父) : 주나라 목왕(穆王) 때 사람으로, 말을 잘 몰았으므로 후대에서는 말을 잘 모는 사람의 대명사로 쓰인다. 목왕이 서쪽으로 가서 수렵에 빠져 돌아오길 잊었는데, 서 언왕(徐偃王)이 반란을 일으키자 그가 왕의 말을 몰아 하루에 천 리를 달려가 서 언왕을 공격하여 대파하였다. 그 공으로 조성(趙城)을 받았다고 한다.

100) 하무저(夏無且)의 약주머니 : '하무저'는 진시황을 모시던 시의(侍醫)이름이다. 진시황의 중국 통일 직전, 자객 형가(荊軻)가 전각 위에 나아가 비수로 진시황을 찌르려 할 때 시의(侍醫) 하무저(夏無且)가 자신이 받들고 있던 약주머니를 형가에게 던져 진시황을 구한 일이 있다. 다급한 상황에서 효과를 보는 것을 이른다.

101) 귀장(歸藏) : 《역(易)》 가운데 하나로, 황제(黃帝)가 지었다고 전하는 《역》이다. 《역》에는 《연산역(連山易)》, 《귀장역(歸藏易)》, 《주역(周易)》이 있는데, 현재는 《주역》만이 전해진다. 여기서는 《역경(易經)》의 의미로 쓰였다.

런 보탬도 되지 않는 공상에 마음을 치달리고 그와 텅 비어 끝도 없고 공로도 없는 가운데에서 싸움을 한다면, 아무리 하루에 백 번 싸워 이긴다고 하더라도 마침내 아무런 소득이 없어 차츰차츰 신명이 안에서 소모되고 병졸들은 끝내 밖에서 피로하여 바깥의 사악한 객기로 하여금 나의 빈틈을 파고들게 할 것입니다. 그러한데도 피로하지 않을 사람은 있지 않습니다.

과연 그대의 병이 여기서 벗어나지 못할까 걱정이라고 한 유남진의 말대로라면 어찌 군자가 병을 조심했던 도일 것이며 효자가 몸을 지키는 근본이겠습니까? 나는 병을 근심한 것이 아니고 그대를 위해 근심하는 것이며, 그대를 위해 근심하는 것이 아니고 그대의 연로하신 부모님을 위해 근심하는 것이니 두렵고 두렵습니다.

지금 그대를 위한 계획은 독서를 통해 기운을 기르고 함양을 통해서 마음을 보존하여 바르게 남쪽으로 향하여 모든 예에 조회를 받는다면 어디에 강한 손님이 있어 감히 물러나지 않겠습니까? 비록 백 명의 편작(扁鵲)[102]이 있다고 하더라도 이와 같지는 못할 것입니다. 그대는 혹시라도 저의 어리석은 말을 용서하시고 받아들이시겠는지요? 저도 일찍이 이러한 병을 앓은 적이 있어 감히 말씀을 드리니 그대는 스스로 경계하시기 바랍니다. 나머지는 몸을 잘 보중하시기 바랍니다.

즉일 척종(戚從)[103]은 드립니다.

◎ 與白郡守南日書

時中再拜 謹白足下之昨冬 榮命於僚友士民之間 少得宿望 其在足下 固爲晩也 亦不滿其德 猶不足以爲賀 然今足下得伸於久屈之餘 將風馳萬里 從此可期 以此爲足下賀也 鄙郡之事業 發達盡出於足下焦心盪血之餘 而今忽中途斂手以去惜哉 足下守河東未久治聲有聞 聞者之喜 甚於被治者之喜 或曰 白公習

102) 편작(扁鵲) : 중국 고대의 전설적인 의원으로 장상군(長桑君)에게 의학을 배워 금방(禁方)의 구전과 의서(醫書)를 받아 명의가 되었다. 괵(虢)나라 태자의 급환을 고쳐 죽음에서 되살렸다는 이야기가 유명하다.

103) 척종(戚從) : 일가친척에게 나이가 어리거나 항렬이 낮은 사람을 말이다.

於吏事 其善治 必余曰非也 此非知白公之言也 但習於吏事 而不酷者 無幾矣 白公起自民間 悉知民之疾苦 其爲人也 從善而勇斷 外猛而內寬 此其爲賢太守也 且治之以治岐之治 治得其治 無往不可 何獨河東 牛刀 本非割鷄之哭 足下其安於少進 而長作老太守耶 役其力而食之者四 役人之力而食之者三 而待人之力而食之者 亦二三焉 然而欲民不窮得乎 禮記王制曰 三年耕 必有一年之食 九年耕 必有三年之食 三十年耕 必有十年之食 而耕年計之 民之蓄知矣 今之民 今年耕食 明年之食 明年耕食 又明年又食 以食年計之 民之死久矣 吁以古比今地無滅 少民不加多 若然者何也 不知事有所古今之不同歟 情有所上下之不通歟 民不勤歟 俗尙侈歟 抑又水旱之災數歟 末技之者多歟 曰否 曷嘗由此 但在於施政之如何而已也 孔子曰 政之急者 莫大乎使民富且壽也 此三代施政之本也 是故政得其平 天地和 陰陽調 風雨時 百穀登 民樂太平 是之謂太康誰其責也 公相也 雖抱關擊析者 晨夜不敢怠 盡其心之無愧也 況相公乎 今足下之爲相爲公 朝夕朝待者 豈嘗榮一南日者哉 而民也 惟足下奮發激勵精牛刀 而以答僚友士民之大望焉 抑瀆尊聽 不堪惶恐之至

군수 백남일에게 보내는 편지

시중(時中)은 두 번 절합니다. 삼가 말씀드리건대 족하(足下)[104]께서 지난겨울 동료와 벗, 선비와 백성들에게 영광스러운 명을 내렸는데 조금 오랜 바람을 얻기는 했지만 족하에게는 진실로 때늦은 것이었습니다. 또한 족하의 덕에 차지 않는 것이라 오히려 축하를 드리기에도 부족합니다. 그렇지만 족하께서 오랫동안 굽히고 있던 끝에 펴서, 장차 바람이 만 리를 내달리듯 지금부터는 기약할 수 있으니 이 일을 족하께 축하드리는 것입니다.

저희 고을 사업이 발달한 것은 모두다 족하의 노심초사하시고 피를 끓인 데서 나온 것인데, 지금 갑자기 중도에 손을 거두어 버리시다니 애석합니다. 족하께서 하동에 군수로 계신지 오래지 않아 잘 다스리신다는 소문이 들렸습니다. 이 소식을 들은 사람들은 다스림을 받는 사람들보다 더

104) 족하(足下) : 주로 편지에서 상대방의 이름 밑에 쓰는 말로, 비슷한 나이의 사람들 사이에서 상대방을 높여 이르는 말이다.

기뻤습니다. 그래서 어떤 사람들은 "백공(白公)께서 관리의 사무에 익숙하여 잘 다스리는 것이다."라고 하였지만 저는 "아니다"라고 하였습니다. 이는 백공을 모르고서 하는 말입니다. 다만 관리의 사무를 익히는데 혹독하지 않은 적이 없었습니다. 백공은 일반 백성에서부터 관직을 시작하여 백성들의 고통을 잘 아시는 분입니다. 그래서 사람됨이 선을 따라 용감하게 단행하고 겉으로는 용맹한 듯하지만 마음은 너그러우니 이러한 점으로 어진 태수가 되신 것입니다. 또 기주(岐周)를 다스리는 방법[105]으로 다스려 다스림의 목적을 이루었습니다. 그래서 어디를 가도 불가능한 것이 없는데, 어찌 유독 하동에만 은혜를 베푸신단 말입니까?

소 잡는 칼은 본래 닭 잡는데 사용할 것이[106] 아니라는 통곡에 족하께서는 조금의 발전에 만족해하시면서 길이 훌륭한 태수가 되시지 않으실는지요? 자신의 힘으로 먹고 사는 사람들은 네 명이고 남의 노동력으로 먹고 사는 사람이 셋이며 남의 힘을 기다려 먹고 사는 사람이 두 세 사람이니 백성들이 곤궁하지 않기를 바라지만 그렇게 되겠습니까?

《예기(禮記)》〈왕제(王制)〉에 "3년을 경작하면 반드시 1년의 양식이 저축되어 있어야 하고 9년을 경작하면 반드시 3년 양식의 저축이 있어야 한다."[107]라고 하였으니, 30년의 경작에는 반드시 10년의 양식이 저축

---

105) 기주(岐周)를……방법 :《맹자》〈양혜왕 하(梁惠王下)〉에, 맹자가 제 선왕(齊宣王)에게 왕정(王政)에 대해 "옛날 문왕이 기주를 다스릴 적에……늙어서 아내가 없는 이를 '환'이라 하고, 늙어서 남편이 없는 이를 '과'라 하고, 늙어서 자식이 없는 이를 '독'이라 하고, 어려서 부모가 없는 이를 '고'라 하니, 이 네 부류는 천하의 곤궁한 백성으로 하소연할 곳이 없는 자들입니다. 문왕은 정사를 펴고 인을 베푸시되 반드시 이 네 사람들을 우선시하였습니다. 《시경》에 이르기를 '부자들은 괜찮커니와, 이 곤궁한 이들이 가엾다.' 하였습니다.〔昔者文王之治岐也……老而無妻曰鰥 老而無夫曰寡 老而無子曰獨 幼而無父曰孤 此四者 天下之窮民而無告者 文王發政施仁 必先斯四者 詩云 哿矣富人 哀此煢獨〕"라고 한데서 온 말이다.

106) 소 잡는……것이 : 뛰어난 능력으로 고을을 넉넉히 잘 다스릴 것이라는 말이다. 《논어(論語)》〈양화(陽貨)〉에, 공자(孔子)의 제자 자유(子游)가 무성 재(武城宰)로 있을 때 공자가 무성에 갔다가 현가(絃歌) 소리를 듣고는 빙그레 웃으면서 이르기를 "닭을 잡는 데에 어찌 소 잡는 칼을 쓰리오.〔割鷄焉用牛刀〕"라고 한데서 온 말이다.

107) 《예기(禮記)》……한다 :《예기(禮記)》〈왕제(王制)〉에 "나라에 9년의 저축이 없으

되어 있어야 하니 경작된 해를 기준으로 계산하면 백성들의 저축을 알 수 있습니다. 지금 백성들은 금년 경작한 것으로 내년에 먹고 내년 경작한 것으로, 또 내년에 또 먹으니 먹는 햇수로 계산해보면 백성들이 죽고난지 오래일 것입니다.

아, 옛날의 일로 지금을 비교하면 땅은 줄어들지 않았고 백성들은 더 많아지지도 않았는데 그러한 것은 어째서입니까? 옛날과 지금의 일이 달라서인지, 실정이 상하간에 소통이 되지 않아 그러한 것인지, 백성들이 부지런하지 않은 것인지, 풍속이 사치스러워서 그러한 것인지 아니면 홍수와 가뭄의 재앙으로 그러한 것인지, 재주 없는 사람이 많아서 그러한 것인지 모르겠습니다. 이는 아닙니다. 어찌 일찍이 이로 말미암아서 그러하겠습니까? 다만 정치를 시행하는 것이 어떠한가에 달려있을 뿐입니다.

공자(孔子)가 "정치의 급선무 중에 백성을 부유하고 장수하게 하는 것보다 중요한 것이 없습니다."[108]라고 하였습니다. 이것은 하·은·주 3대가 정사를 시행한 근본입니다. 이러한 까닭에 정사가 공평함을 얻어 천지가 화평하고 음양이 고르며, 비가 때맞게 내리고 모든 곡식이 풍년이 들고 백성들이 즐겁고 태평스러워졌으니 이를 '태강(太康)'[109]이라고 하니 누구의 책임입니까? 상공(相公)입니다. 비록 문지기나 야경꾼이라고 하더라고 새벽과 밤에 감히 게으름을 피우지 않고 그 마음을 다한다면 부끄럼이 없을 것입니다. 더군다나 상공은 어떠하겠습니까? 지금 족하께서 상공이 되어 아침저녁으로 조정에서 대기하는 것이 어찌 남일(南日) 한

면 부족하다고 하고, 6년의 저축이 없으면 급하다고 하고, 3년의 저축이 없으면 그 나라는 나라가 아니라고 하는 것이다. 3년을 경작하면 반드시 1년 양식의 저축이 있어야 하고, 9년을 경작하면 반드시 3년 양식의 저축이 있어야 한다.〔國無九年之蓄曰不足 無六年之蓄曰急 無三年之蓄曰國非其國也 三年耕必有一年之食 九年耕必有三年之食〕"라는 구절에서 온 말이다.

108) 공자(孔子)가……없습니다 :《공자가어(孔子家語)》〈현군(賢君)〉에 나오는 구절이다.

109) 태강(太康) : '너무 지나치게 즐겨 한다'는 뜻으로,《시경(詩經)》〈당풍(唐風) 실솔(蟋蟀)〉에 너무 "즐겨만 말고〔無已大康〕"라는 구절에서 유래한다. 大와 太는 서로 통한다.

사람만을 영광스럽게 하는 것이겠습니까? 백성을 위한 것입니다.

족하께서는 분발하고 격려하여 소 잡는 칼을 정갈하게 하여 동료와 벗, 선비와 벗들의 큰 바람에 답하시기 바랍니다. 당신의 귀를 더럽혀 지극히 황공함을 감당할 수 없습니다.

◎ 上東山齋譜廳僉宗【三月 二十日】

前書未報 再辱聯札 怠慢之罪 已無容喙 不棄之度 曷有其量 於是乎 百世源源之誼 令然油人 伏惟春晩 僉體候動止 神衛康寧 仰慕仰慕 今番譜族之擧 實出於萬萬意外 而未知高見之攸在 故未嘗不尙懷顧望而遷稽也 昨於河東宗員之來 略聞槪況 則事已至於不獲已之境矣 卽於歲初 遠者 文字之 近者 招集之一場收議 則或曰 夫譜中三十年一修 上不害乎述先 下無損於爲後也 今譜未幾年 而歲且再饑 曾不考稽年代 裁節族力 而一切以見事 先登自遂 則其直前之勇 人所難及 其於敦宗敍倫 得無有欠耶 夫士君子 處己與人 本無二致 況一家同親之事乎 遠近 雖有同親聲者 此不過貌從而星斗者也 某等 不敢執貳 竊恐於義理上 說不得去 今此之論 固其左乎 時中 於此理屈難斷 祇以優遊婉曲 彌縫做去 於焉之間 所謂名單 竟致落後 不敏之誅 不敢自逭 況望其有恕乎 名排待麥熟就食然後 究計伏圖 特軫寬焉 干瀆尊嚴罪死 伏惟僉下照 不備 謹上候書 宗下生 時中

동산재보청의 여러 종친들께 올림【3월 20일】

지난번 편지에도 답장을 드리지 못했는데 거듭 편지를 보내주시니 저의 게으른 죄는 이미 무슨 말로도 용서를 받을 수 없는데 저를 버리지 않으신 도량을 어찌 헤아릴 수 있겠습니까? 이제야 영원히 끊이지 않는 의리가 사람을 기름지게 합니다.

바라건대 늦봄에 여러분의 안부는 신의 가호로 건강하신지 그립습니다. 이번 족보를 하는 일은 실로 천만 뜻밖에 나온 것이었습니다. 그래서 고견이 어디에 있는지 몰라 지금까지 머뭇거리다 답장이 늦어졌습니다. 어제 하동(河東)에 사는 종친이 와서 간략하게 대략적인 상황을 들었는데 일은 이미 그만둘 수 없는 상황에 이르렀다고 하였습니다. 연초에 멀리 있는 사람에게는 문자로, 가까이 있는 사람은 불러 모아서 한바탕 의논을 통해 의견을 수렴한다면 어떤 사람은 "족보를 30년에 한번 만들어도 위로는 선조의 뜻을 잇는데 해가 없고 아래로는 후손들을 위하는데 손상이 없습니다."라고 하였습니다. 지금 족보는 몇 년도 되지 않았고 농사도 거듭 흉년이 들어 일찍이 연대를 살피지 않고 종친들의 힘을 절제하지도 않아 일체 현재 드러난 일로 선두에서 일을 이룬다면 곧장 앞으로 나아가는 용기에 사람들은 따르기 어렵다고 여길 것이고, 종친을 돈독히 하고 질서를 펴는데 흠결이 있지 않겠습니까?

대저 사군자(士君子)는 자신을 처신하는 것과 남을 대하는 것이 본래 다른 이치가 아닙니다. 더구나 일가 친척의 일에 있어서는 어떠하겠습니까? 원근에서 비록 일가 친척이라는 소리는 있지만 이는 겉으로만 따르는 많은 사람들에 불과합니다. 저희들은 감히 서로 다른 의견을 고집하지 않는데, 두려운 것은 의리의 관점에서 말해서는 안되는데 지금 이렇게 논하는 것은 진실로 어긋나는 것일 것입니다.

저는 여기에 사리가 바르지 않은데도 끊어 내기 어려워 다만 한가롭고 완곡하게 미봉으로 때워나가기만 한다면 어느 사이에 명단은 끝내 지연되어 불민한 저의 죄는 감히 스스로 달아날 길이 없을 것입니다. 그러하니 더군다나 용서해주시기를 바라겠습니까? 족보의 명단을 배열하는 일은 보리가 익어 생계를 잇기를 기다렸다가 계획을 궁구해 보시기를 특별히 간청드립니다. 존엄(尊嚴)을 더럽혀 죽을죄를 지었습니다. 여러분께서 살펴주십시오, 이만 줄이고 안부의 편지를 드립니다.

종하생(宗下生)[110] 시중(時中)이 드립니다.

◎ **答金容沅書**

謹伏以省禮 昨榴夏辱書 今此奉報 此漢之爲人可想也 以老兄之寬厚 每宥之而加愛者 是爐鞴底再造之盛意 然如彫朽木 反累其工 深愧深愧 所謂記文重違勤囑 强顔構呈 覽而斤正 則幸也 且續詠迫於年久 敢此露拙 然唐白傅 喪中賦

110) 종하생(宗下生) : 일가로서 벼슬이나 나이가 어린 사람이 벼슬이나 나이가 많은 사람에게 자신을 지칭하여 이르는 말이다.

試 又禮者譏之 如時中者 何足有無於禮數之間哉 但懼其見笑於大方諸君子 覆之酒甕 勿掛他睹 如何 退陶夫子文集中言行錄三册 信付于魯山家 則當送人携來 奉審後甁完矣 惠存是望 更伏惟體度珍重 溸仰 姑閣 不具疏禮

김용원에게 답하는 편지

삼가 예는 생략합니다. 지난 유하(榴夏)[111]에 보내신 편지를 받고 지금 이렇게 답장을 드리니 저의 사람됨을 상상하실 수 있을 것입니다. 노형의 너그럽고 후함으로 매번 용서해주시고 더 사랑해주시니 이는 풀무로 다시 만드시는 두터운 정의(情誼)이기는 하지만 썩은 나무를 조각하는 것과 같아〔如彫朽木〕[112] 도리어 당신의 공력에 누를 끼치는 것이라 매우 부끄럽습니다.

이른바 기문(記文)을 지어 달라는 간절한 부탁을 거듭 어겨 낯두껍게 글을 지어 올리니 바로잡아 주시면 다행이겠습니다. 연이어 지은 시(詩)도 해가 오래되어서야 감히 이렇게 보잘것없는 솜씨를 드러내었습니다. 그렇지만 당나라 백부(白傅)[113]가 상(喪) 중에 시를 짓자 또 예를 따지는 사람들이 그를 나무랐는데, 저같은 사람이 어찌 예수(禮數)[114]사이에 있다 없다 하겠습니까? 그렇지만 여러 대방가(大方家)[115]와 여러 군자들에

---

111) 유하(榴夏) : 5월을 달리 이르는 말이다.

112) 썩은……같아〔如彫朽木〕: 발전이 없는 어리석은 사람이라는 뜻의 겸사이다. 《논어》〈공야장(公冶長)〉에 재여(宰予)가 낮잠을 자자, 공자가 꾸짖기를 "썩은 나무는 조각할 수 없고, 거름흙으로 쌓은 담장은 흙손질할 수 없다.〔朽木 不可雕也 糞土之牆 不可杇也〕"라는 구절이 있다.

113) 백부(白傅) : 당나라 시인 백거이(白居易, 772~846)를 이른다. 호는 향산거사(香山居士)이다. 당나라의 가장 뛰어난 시인 중의 한 사람으로, 29세에 진사 시험에 합격, 벼슬길에 올랐으며 35세 때에 창안에서 현위 벼슬로 있으면서 시 《장한가(長恨歌)》를 지었는데, 이 시가 세상에 알려지자 많은 사람들이 그의 높은 재주에 감탄하였다. 45세 때 지은 《비파행(琵琶行)》은 그를 당나라에서 가장 뛰어난 시인이 되게 하였고, 《백씨장경집(白氏長慶集)》 50권에 그의 시 2천 2백 수가 정리되었으며, 그의 시문집인 《백씨문집(白氏文集)》은 그의 모든 시를 정리한 시집이다. 그의 시는 짧은 문장으로서 누구든지 쉽게 읽을 수 있는 것이 특징이다.

114) 예수(禮數) : 신분과 관직에 따라 예의를 구분한 제도를 이른다.

115) 대방가(大方家) : 식견이 높고 큰 도를 꿰뚫어 아는 사람을 이른다.

게 비웃을까 두려우니 시를 적은 종이로 술동이나 덮고〔覆之酒甕〕[116] 다른 사람들에게 보여주지 마시는 것이 어떻습니까?

퇴계 선생의 문집 가운데 〈언행록(言行錄)〉 3책을 심부름꾼을 통해 노산(魯山) 집에 보내신다면 사람을 보내 가져오도록 하겠습니다. 다 보고 나서 돌려 드릴 것이니 은혜를 베풀어 주시기 바랍니다. 다시 안부가 좋으시기를 빌며 그리워하며 이만 줄입니다. 안부의 예를 갖추지 않습니다.

◎與李玄山玄圭書

戊寅 三月 十七日 裵源燦 姜時中等齊沐再拜 謹封書于玄山先生文座執事 鄙等夙慕執事之文 實而道方 景而仰之 如星斗于天者久矣 無緣虹橋 忽忽歲月迫人窮齡 私竊自歎 以爲將不得見大君子盛德光輝 終鄙賤之歸 老甕荒陬 忽又自奮曰 吾嘗讀其人之文而悅而慕之 聞其人之道而信而服之 信而服之 悅而慕之 於我自有餘師 而與同宿契矣 雖一日九面 曾有加於此也 今吾師其人之文與道 而自謂無面 其所欲言 敢隱於左右者 非義也 告之而不盡情者 亦非義也 竊惟鄙等之亡師竹逸鄭公 窮滋出也 不得大人先生爲師 淵源大經而私淑諸人也 懼其事行之或泯 欲記成人之大略 世之先名而後實者 有疑暗投明珠 悲夫鄙等若誣師而求言 竹翁之目 必不瞑於地下矣 聞古之君子 深知其責之有在 故犯顏排議 善善而惡惡 去華而取實 滌垢爬疵 以歸于正 雖人之一言一行有幾乎道者 猶恐其不聞於時而傳於後也 孜孜屹屹 筆不得乾 彼意必如是而後 庶可以扶植人文而塞吾責也 嗚呼 亡師若干遺集在 今將繡梓 不以个人 而謹進行錄 敢辱之以序 惟執事幸恕而圖之 伏惟吾執事好道而能文 竊謂執事之道 非執事之道 周孔程朱之道也 執事之文 非執事之文 詩書禮樂之文也 乃其記事論道辨天人之際 道幽明之故 貴王而賤覇 尊華而攘夷 黜僞文而正風紀 殊逆竪而揚

116) 술동이나 덮고〔覆之酒甕〕: 진(晉)나라 육기(陸機)가 낙양(洛陽)에 들어와서 〈삼도부(三都賦)〉를 지으려고 하다가, 좌사(左思)가 먼저 짓고 있다는 말을 듣고는 박장대소하며 그의 아우인 육운(陸雲)에게 글을 보내기를 “요즈음 어떤 촌놈이 〈삼도부〉를 짓는다는데, 나오기만 하면 그 종이로 술독이나 덮겠다.〔此間有傖父 欲作三都賦 須其成 當以覆酒甕耳〕”라고 한 구절에서 유래한다.

隱德 於閭巷之謠 草茅之言 蒐摭繹櫛 以左右斯文者 信老泉所謂執事事也 執事責也 惟執事圖之 鄙等賤軀 適病 未能躬造門墻 先以一書聞名於將命 以爲進見之路 病間 直當員集往謁 語發僭妄 黷冒尊威 無任恐恐 伏惟下在

현산 이현규[117]에게 보내는 편지

무인년〔1938〕 3월 17일 배원찬(裵源燦)과 강시중(姜時中) 등이 목욕재계하고 삼가 현산(玄山) 선생 문좌집사(文座執事)께 편지를 드립니다. 저희들은 일찍이 집사의 문장이 넉넉하면서도 도가 방정한 것을 오랫동안 그리워하고 높이 사모한 것이 하늘의 북두성과 같다고 여긴지 오래였습니다. 그렇지만 홍교(虹橋)[118]가 없어 세월만 보내고 있고 사람을 다 그치며 나이만 들어가고 있으니 스스로 탄식할 뿐입니다.

장차 대군자(大君子)의 훌륭한 덕과 광휘(光輝)[119]를 보지 못한다면 끝내 비천함으로 돌아가 시골구석에서 늙어 죽을 것이라 여겼습니다. 그래서 홀연히 스스로 분발하여 "내가 언젠가 그 사람의 글을 읽고는 기뻐하고 사모하였고, 그 사람의 도를 듣고는 믿고 복종하였습니다. 믿고 복종하고 기뻐하며 사모한다면 저에게 절로 많은 스승이 있을 것이니, 이는 더불어 오랫동안 서로 마음이 맞는 것과 같습니다. 아무리 하루에 아홉 번 만나더라도 이보다 더하겠습니까?"라고 하였습니다.

지금 제가 그 사람의 글과 도를 스승으로 여기고 있으니, 제 스스로 아직 뵌 적은 없지만 드리고 싶은 말을 감히 숨기는 것은 의리가 아닐 것입니다. 또 속마음을 다 말씀드리지 않은 것도 의리가 아니라고 생각했습니다.

저희들의 돌아가신 스승 죽일(竹逸) 정공(鄭公)은 시골 바닷가에서 나

117) 이현규(1882~1949) : 고문(古文)에 뛰어나 조긍섭(曺兢燮)과 정인보(鄭寅普)와 당대에 어깨를 나란히 하였다. 저서로 《현산집(玄山集)》이 있다.

118) 홍교(虹橋) : 무지개 모양으로 굽은 다리를 이르는데, 도맥이 끊어진 것을 비유하는 말이다. 주자(朱子)의 〈무이도가(武夷棹歌)〉 일곡(一曲)에 "홍교가 한번 끊어진 뒤로 소식이 없으니, 만 골짜기 천 바위가 푸른 안개 속에 잠겨 있네.〔虹橋一斷無消息 萬壑千巖鎖翠煙〕"라는 구절이 있다.

119) 광휘(光輝) : 상대의 훌륭함을 비유하여 이르는 말이다.

서 대인 선생을 스승으로 삼지 못하였지만 큰 법도를 연원하여 여러 사람들을 사숙하였습니다. 그의 사적(事跡)이 혹시라도 사라질까 두려워 성인(成人)의 대략을 기록하고 싶은데, 세상의 이름을 앞세우고 실상을 뒷전으로 여기는 자들은 밝지 않다고 의심하면서 명주(明珠)를 버리고 있으니 슬픕니다. 저희들이 만약 스승을 속이고 말씀을 요청한다면 죽옹(竹翁)께서는 지하에서도 눈을 감지 못하실 것입니다.

들으니 옛 군자들은 자신들에게 책임이 있다는 것을 깊이 알았기 때문에 이렇게 바른말로 의논드립니다. 선을 선으로 여기고 악을 미워하며 겉으로 화려하게 드러난 것을 배격하고 사실만을 취하며 더러운 때를 씻어내고 흠을 찾아 바른 도로 돌아가도록 하여야 합니다. 비록 한사람의 말이나 행실이라도 그것이 도에 가깝다면 오히려 세상사람들에게 알려지지 않고 후세에 전해지지 않은 것을 두려워해야 할 것입니다. 부지런히 힘써 붓이 마르지 않도록 해야 할 것입니다. 뜻이 반드시 이와 같아야 인문(人文)을 돌보아 기르고 우리의 책임을 메울 수 있을 것입니다.

아, 돌아가신 스승께서 남기신 약간의 유집(遺集)이 있으니 지금 출간하되 개인적으로 할 수가 없어 행록(行錄)을 드려 감히 서문을 요청드립니다. 바라건대 집사께서 용서하시고 도모해주시기 바랍니다.

바라건대 우리 집사께서는 도를 좋아하고 문장에 뛰어나시니 집사의 도는 집사의 도가 아니고 주공(周公)[120]과 공자(孔子)[121]와 정자(程

120) 주공(周公, ?~?) : 주왕조를 세운 문왕(文王)의 아들이며 중국 주(周)나라의 정치가로, 예악(禮樂)과 법도를 제정하여 제도문물을 창시했다. 상족(商族)을 회유하기 위해 아들을 노(魯)나라에 봉건(封建)하는 등 주왕실의 일족과 공신들을 요지에 배치해 다스리게 하는, 주초(周初)의 대봉건제(大封建制)를 실시해 수비를 공고히 하였다.

121) 공자(孔子, BC 551~BC 479) : 중국 춘추 시대 유학자이다. 주나라의 예악(禮樂)을 정리하여 유학의 기초 경전을 정립하였으며, 이 예악을 바탕으로 하는 정치실현을 목표로 수많은 제자들을 가르쳤다. 사실상 유학의 창시자라 볼 수 있다. 노(魯)나라에서 태어나 자랐고, 어려서부터 예(禮)에 밝았다. 30대부터 제자 양성을 시작했고, 50대에 이르러 노나라의 중도재(中都宰)를 지냈는데 잘 다스렸다. 이에 노나라 정공(定公)의 신임을 얻어 노나라의 세 권세가인 삼환(三桓)의 세력을 약화시키는 과업을 맡았으나 끝내 좌절되었고, 그는 실각하였다. 자신의

子)[122]와 주자(朱子)[123]의 도라고 생각합니다. 집사의 글은 집사의 글이 아니고 시서예악(詩書禮樂)[124]의 글입니다. 이것은 바로 일을 기록하고 도를 논하여 천인(天人)의 사이를 분변하는 것이고 유명(幽明)의 원인을 말하는 것입니다. 또한 왕도를 귀하게 여기고 패도를 천하게 여기며 중화(中華)를 높이고 오랑캐를 물리치며 거짓 글을 내쫓고 풍기를 바로 잡으며 역적을 죽이고 숨은 덕을 드러내는 길거리의 노래와 민간의 말까지 모두 수집하고 찾아내어 사문(斯文)[125]을 돕도록 하는 것은 진실로 노천(老泉)[126]이 말한 집사의 일이고 집사의 책임입니다. 그러하니 집사께서

이상이 노나라에서 실현될 수 없음을 안 공자는 이후 여러 제자를 이끌고 13년 동안 중국 천하를 방랑하며 뜻이 맞는 군주를 찾았지만 이 역시 좌절되었다. 말년에 노나라로 귀국하여 국로(國老)의 대접을 받았으나 역시 등용되지는 못하였다. 이후 제자 양성과 고문헌 정리에 진력하다가 세상을 떠났다.

122) 정자(程子) : 중국 송나라의 정명도(程明道, 1032~1085)와 정이천(程伊川, 1033~1107) 두 형제를 말한다. 주염계(周簾溪)에게서 배우고 이(理)를 최고의 범주로 삼아 도학(道學)을 체계화하고 발전시켰다. 그들은 하늘(天)을 이(理)라고 하여 달이 냇물에 그 모습이 비치듯이 천하 만물은 이 유일하고 절대인 이(理)를 구현하고 있는 것이고, 천리(天理)가 일정한 목적 하에 우주의 질서를 세운다고 하는 목적론적 세계관을 수립하였다. 부자와 군신도 천하의 정리〔天下之定理〕이기에 어느 누구도 이 관계로부터 벗어날 수 없다고 하여 불교의 출세간(出世間)주의를 비판하고 현실의 봉건적 신분질서를 절대화 시켰다.

123) 주자(朱子, 1130~1200) : 중국 남송의 유학자로, 이름은 희(熹)이고, 자는 원회(元晦)이며, 호는 회암(晦庵)이다. 주자학을 집대성하였다. 19세에 진사에 합격하여 관계(官界)에 들어갔으며 그 전후에 도학 외에 불교, 도교도 공부하였다. 24세에 이연평(李延平)과 만나 그의 영향 하에서 정씨학(程氏學)에 몰두하고 다음에 주염계와 장횡거(張橫渠), 이정자(二程子)의 설을 종합 정리하여 주자학으로 집대성하였다.

124) 시서예악(詩書禮樂) : 중국 고대의 유가 학문의 네 가지 교과로, 《시경(詩經)》, 《서경(書經)》과 예(禮)와 음악(音樂)을 말한다.

125) 사문(斯文) : 유도(儒道)를 가리키는 말이다. 《논어(論語)》 〈자한(子罕)〉에 공자가 "문왕(文王)이 이미 별세하였으니, 문(文)이 이 몸에 있지 않겠는가. 하늘이 장차 '이 문〔斯文〕'을 없애려 하였다면 내가 이 문에 참여할 수 없었을 것이다.〔文王旣沒 文不在玆乎 天之將喪斯文也 後死者不得與於斯文也〕"라는 구절이 있다.

126) 노천(老泉) : 노천은 중국 당송팔대가(唐宋八大家)의 한 사람인 소순(蘇洵)의 호이다. 그가 구양수(歐陽脩)에게 보낸 편지에, "집사(執事)의 문장은 맹자(孟子)나 한유(韓愈)의 문장이 아니요, 구양자(歐陽子)의 문장입니다."라고 한 구절이

는 도모하여 주십시오.

저희들은 마침 병이 들어 댁으로 찾아뵙지 못하고 앞서 편지로 장명자(將命者)[127]에게 이름을 먼저 알려 드립니다. 나아가는 길에 병이 낫는다면 곧바로 모여 찾아뵙겠습니다. 말을 하자니 참람하고 망령되어 선생의 존위를 더럽혀 두려운 마음 이길 길 없습니다. 살펴주시기 바랍니다.

◎ 上族叔克善氏書

謹伏以省禮 上冬下書 尙今服誦 儼然若侍坐於一堂之上矣 慰荷曷極 但病纏殘骸拋却筆硯 稽復至此 良覺罪深 更伏惟叔主外內分 氣體衛向康旺 覃節均吉遠慕遠慕 罪姪頑縷不死 七月初三 始受變葛 哀慕之情 去益罔極 更何奉聞 此處農況 旱其爲災 而歲不得熟 惟幸田作稍登 不識 全北方面得其稔熟乎否 願聞基中處 日寄書去也 則想入覽矣 叔主有時 見之諭之 以承先裕後之道 使自得於其心 則是幸也 昌鎬家平善否 姑留不備 謹疏上 八月 十九日

족숙 극선씨에게 올리는 편지

삼가 예는 생략하고 말씀드립니다. 지난겨울 보내신 편지는 아직까지 여러 번 읽으니 엄숙하고 장중함이 마치 같은 당(堂)에서 모시고 앉아 있는 것 같아 위안되는 마음이 어찌 끝이 있겠습니까? 다만 병에 얽매여 붓과 벼루를 버려두어, 지금까지 답장이 늦어 참으로 매우 죄송합니다. 다시 엎드려 바라건대 숙부님의 내외분은 안부는 좋으시고 식구들도 잘 지내시기를 멀리서나마 바랍니다.

상을 당한 조카인 저는 모진 목숨을 부지한 채 죽지도 않고 7월 3일이면 비로소 갈질(葛絰)로 바꾸니[128] 갈수록 끝없이 슬프고 사모하는 정을

있다.

127) 장명자(將命者) : 명령을 받들어 전달하는 자라는 뜻으로, 상대방을 직접 언급하지 않고 아랫사람을 대신 거론하여 공경하는 의미로 쓴 표현이다.

128) 갈질(葛絰)로 바꾸니 : 졸곡(卒哭)을 지내고 나서 갈(葛)로된 허리띠로 바꾸어 매는 상례(喪禮)를 이른다. 《예기》 〈간전(間傳)〉에, "연제를 지내고서 대공의 상을 당하면 장례 이전에는 중마(重麻 수질과 요질이 모두 삼)를 착용하고 장례 이후에는 중갈(重葛 수질과 요질이 모두 칡)을 착용한다.〔既練 遭大功之喪 麻葛重〕"

어떻게 다시 말씀드리겠습니까? 이곳 농사의 근황은 재앙이라고 할 정도로 가뭄이 들어 곡식이 아직 익지도 않았습니다. 그나마 다행인 것은 밭에는 조금 곡식이 익은 것인데, 전라북도 쪽에는 곡식이 익었는지 모르겠습니다.

기중(基中)에게 모일(某日) 보낸 편지는 받아보셨으리라 생각합니다. 숙부님께서 때때로 선조의 뜻을 계승하고 후손들에게 복을 끼치는 도를 깨우쳐 그가 마음속으로 자득하게 한다면 다행이겠습니다. 창호(昌鎬) 집은 잘 지내는지요.

예를 갖추지 않고 이만 줄이고 편지를 드립니다. 8월 19일

◎ 答金容沅書

瞻注方切際 承玉音 感荷可旣 仍審體度珍重 寶覃均休 何等仰慰 聞去年貴算小功 是所貢慮 時中 自知固累不敢齒人 而索居荒野 寂寞無徒 但與病相伴 而間以數卷殘書爲遣 這箇些少佔畢 洵 不足以補虧 而袪瘼 古人所謂立身一敗萬事 皆違者 其信然乎 曾聞先進常曰 欲尋聖學門路 當先從陶山入 眞知先後之言也 今小子 雖復奉讀數回 心口不相應 小無所得 歎何如之 言行錄 當早速還完 而苦無信梯 竊意梢俟日 解身持造門 因敍久阻之懷 又欲得讀鷗堂盛作以賞足下之高風 諸君子之古操也 而致此遲稽 固知自犯范公之銘訓 敢望恕罪多少姑留 不備謹謝狀上

김용원에게 답하는 편지

그리움이 간절하던 차에 당신의 편지를 받으니 감사한 마음 끝이 없었습니다. 보내신 편지를 받고 안부가 좋으시고 식구들도 모두 잘 계신다니 얼마나 위안이 되던지요. 작년에 당신께서 소공복(小功服)[129]을 당하셨

라고 하였다.

129) 소공복(小功服) : 오복(五服) 중에서 5개월간 입는 상복이다. 그 범위는 예서(禮書)에 따라 조금씩 다르지만, 할아버지 형제의 내외(종조부, 종조모) · 아버지의 사촌형제 내외(종숙부, 종숙모) · 6촌 형제(재종형제) · 사촌 형제의 아들(종질) · 형제의 손자(종손) 등이며 외가로는 외할아버지 · 외할머니 · 외삼촌 · 이모 등이 해당된다.

다는 소식을 들었는데 걱정입니다.

저는〔時中〕 제 자신이 고루하여 감히 남에게 낄 수 없다는 것을 알아 황량한 들에서 쓸쓸히 지내고 있으며 함께할 사람이 없이 다만 병과 짝하며 지낼 뿐입니다. 간간히 몇권의 낡은 책으로 세월을 보내고 있습니다. 이렇게 조금 책을 엿보는 것만으로는 진실로 부족함을 메우거나 병폐를 없애기에는 부족합니다.

옛사람들이 이른바 "세운 계획을 한 번 실패하자 온갖 일이 모두 어긋났다."[130]라고 하였으니 진실로 그러합니까? 일찍이 선배들이 항상 하신 "성인의 학문으로 나아가는 지름길을 찾으려면 마땅히 먼저 도산(陶山)[131]으로 들어가야 한다."라는 말을 들었는데, 참으로 선배와 후배들의 말을 알겠습니다. 지금 제가 비록 다시 여러 번 책을 읽어보아도 마음으로 서로 호응하지 않아 조금도 얻은 것이라고는 없으니 한탄스러움을 어찌하겠습니까?

퇴계 선생의 〈언행록(言行錄)〉은 마땅히 하루빨리 돌려드려야 하지만 심부름꾼이 없어 고민입니다. 며칠을 기다렸다가 책을 가지고 댁으로 나아가 오랫동안 막혔던 소식을 전하겠습니다. 또 구당(鷗堂)[132]의 훌륭한 작품을 읽고 족하의 고아한 풍모와 여러 군자들의 오랜 지조를 감상하려고 합니다. 그러나 이렇게 답장이 늦은 것은 진실로 제 스스로 범중엄(范仲淹)[133]의 명훈(銘訓)을 범하였으니 감히 용서하시기 바랍니다. 다소간

130) 세운……어긋났다 : 유종원(柳宗元)의 〈기허경조맹용서(寄許京兆孟容書)〉에, "세운 계획이 한번 실패하자 모든 일들이 와해되었다.〔立身一敗 萬事瓦裂〕"라는 구절을 인용한 것이다.

131) 도산(陶山) : 퇴계 선생이 강학을 했던 도산사원(陶山書院)을 이르는 말로, 퇴계 선생을 이른다.

132) 구당(鷗堂) : 김용원(金容沅)의 당호이다.

133) 범중엄(范仲淹, 989~1052) : 북송의 명신으로, 자는 희문(希文)이고, 시호는 문정(文正)이다. 대중상부 8년〔1015〕 진사가 되고 지방관을 역임한후 병부상서가 되었다. '선우후락(先憂後樂)'의 주장은 사대부의 잠언(箴言)으로서 유명하며 그의 인격은 사람들의 사랑을 받았으나 반대파의 배척으로 불우한 일생을 보냈다. 서는 위진(魏晋)을 배워 수경(廋勁)한 서풍을 이루었다. 저서로 《범문정공집(范文正公集)》이 있다.

의 사연들은 우선 남겨두고 편지의 예를 갖추지 않고 삼가 답장을 드립니다.

◎ **與尹一川驥涉書**

時中 謹封書于一川居士兄文机 不肖生長窮溢 資質甚下 無師友之相 長成習性之相遠 仍寡陋而槁燥 歸索性癡漢 況又中間 門外走作 若干多年矣 晚來 悔前之爲 收拾殘書 竊欲爲補過之地矣 天厭不善 賜以痞膈 故知理所固然 而乃欲强之診于各家 如漁子之訪桃源 只苦問津 支離半生 少無見效 適以問證次乃至郡下 偶得讀仁兄閒山詩 又得拜於金君址沃席上 見其盛德容貌 信知爲君子人也 而切有託交之心 而直飄然而去 灑然若一陣春風 撲面而過 不肖夜來病轉作 因歸家 自是厥證日增 而雖伏枕度了 向慕之懷 未嘗一日不往來于心 而因自言曰 此亦自有好德君子 我今病且死矣 未得爲麗澤講徒 恨深 今又忽聞仁兄 亦深於黃岐之學 中心悅之 宛然若一端陽線帶春來 向也 恨其晚見 今也 恨其晚聞 敢以犬馬之命 遠辱高明之門 伏惟仁兄 幸恕其僭妄 而賜之以知舊之好 濟之以垂絕之命 於君子愛人之道 何如哉 迷辭胡草 仰累尊聽 不勝惶恐之至 己十一月 二十三日【己卯 一九三九年】

일천 윤기섭에게 보내는 편지

저는〔時中〕 삼가 일천거사(一川居士) 형의 책상으로 편지를 드립니다. 저는 궁벽한 물가에서 나고 자라 자질이 매우 낮고 스승이나 벗의 도움이 없어 자라고 성장한 습성이 서로 다릅니다. 그로 인해 견문이 낮고 고루하며 메말라 성질이 경직된 어리석은 사람으로 돌아가고 말 것입니다. 더구나 중간에 공부를 벗어난 다른 곳을 좇은 지 몇 년이나 되었다가 다 늙어서야 지난날의 잘못을 후회하고 남은 책을 수습하여 잘못을 보충하려고 하니 어떠하겠습니까?

하늘은 착하지 않은 것을 좋아하지 않아 비격(痞膈)을 내렸습니다. 이치가 참으로 그렇다는 것을 알아 이에 억지로 여러분들께 저의 병통을 진단 받기를 마치 어부가 무릉도원(武陵桃源)을 찾으려고 다만 고달프게 나루를 물으며[134]

134) 어부가……물으며 : 존재하지도 않는 곳을 찾으려 애쓰는 것을 이르는 말이다. 도잠(陶潛)의 〈도화원기(桃花源記)〉에, "무릉(武陵)에 사는 어떤 어부가 도화원(桃

지루하게 반평생을 보내어 보았지만 소득이라고는 조금도 없었습니다.

마침 저의 증세를 묻기 위해 형의 고을에 갔다가 우연히 인형(仁兄)[135]이 지은 〈한산(閒山)〉이라는 시를 읽어보았고, 또 김지옥(金址沃)을 찾아뵙고 덕이 가득한 그의 모습을 뵙고는 진실로 군자다운 사람이라는 것을 알고 그와 사귀고 싶은 마음 간절하였습니다. 그러나 곧바로 떠났으니 마치 시원하게 한바탕 봄바람이 얼굴을 때리고 지나간 것 같았습니다.

저는 밤새 병이 더욱 심하여[136] 집으로 돌아왔는데 이때부터 증세가 더욱 심해졌습니다. 비록 자리에 누워 시간을 보냈지만 그리운 마음은 하루도 제 마음에 있지 않은 적이 없었습니다. 그래서 제 스스로 "이 또한 절로 덕을 좋아하는 군자가 있는데, 나는 지금 병들어 죽어가고 있구나. 아직 함께 학문을 하는 사람을 얻지 못하였으니 매우 한스럽다."라고 하였습니다.

오늘 또 인형(仁兄)도 황기(黃岐)의 학문[137]이 깊다는 말을 듣고 마음속으로 기뻐 완연히 마치 한줄기 양기(陽氣)가 봄을 띠고 찾아온 것 같았습니다. 지난번에는 늦게 만난 것이 한스러웠고 이번에는 늦게 들은 것이 한스러워 감히 보잘 것 없는 저의 말씀으로 당신의 문하를 욕되게 하였습니다. 오직 인형께서는 저의 참람된 죄를 용서하시고 친구의 우호를 내리시어 다 죽어가는 저의 목숨을 구제하신다면 군자가 사람을 아끼는 도에 어떠하겠습니까?

어지럽게 편지를 보내 당신의 귀를 더럽혔으니 황공한 지극한 마음을

花源)에 갔다가 나와서 그 고을 태수에게 말했는데 태수가 사람을 시켜서 찾아보게 하였으나 길을 찾지 못하였다. 고사(高士) 유자기(劉子驥)라는 사람이 그 말을 듣고 직접 찾아 나섰다가 결국은 찾지 못하고 병들어 죽었다. 그 뒤로는 나루를 묻는 자〔問津者〕가 없었다."라고 하였다.

135) 인형(仁兄) : 친구 사이에 상대를 높여 이르는 말이다.

136) 병이……심해져 : 실제로 병이 들었다는 것이 아니라, 그 만큼 간절하였다는 것을 비유적으로 표현한 것이다.

137) 황기(黃岐)의 학문 : '황'은 황제(黃帝), '기'는 기백(岐伯)을 이르는데, 의술의 시조라고 추앙을 받던 인물로, 여기서는 의학을 이른다.

이길 길 없습니다.

기묘년 11월 23일【기묘년은 1939년이다】

◎ 與鄭吉鎔書【儒林僉狀 丙子 二月 十二日 朝會中】

昨冬奉晤 森然作隔歲顔範 自不禁江北暮雲之懷 際玆一雨破凍 春脚渡洛 伏惟燕超起居履 時晏勝 溸仰不任憧憧 弟等劣狀 不足以聞 而伏想慕賢衛道 秉彝攸同 豈有古今之異 遠近之間哉 竊惟本鄕 故鄭竹逸翁杖屨之地 宜有後生瞻依之所 而鄙鄕薄在窮海 素以蔑識疎禮 不能如意具式 而只此構得數椽瓦屋 名以竹逸亭 雖無煥輪之可觀 意切欐頌之久傳 敢因宿約之重 而欲煩艱大之役 玆送儒生一員 仰陳不誠之懇 幸須引進于權丈松山門下 謁請上樑文一度 此乃與人爲善之一端 而非徒多士之慶幸 實爲斯文之有光也 另垂察焉 勿孤衆望 不備統希照亮【此當在四月五日 鄭左永書以前】

정길용에게 보내는 편지【유림 여러분께 드리는 편지, 병자년〔1936〕 2월 12일 조회 중】

지난겨울 만나고 나서 삼연히 때 지난 얼굴이 되고 말아 절로 강북(江北)의 저녁 구름 회포[138]를 금치 못하겠습니다. 이때 한줄기 비가 얼음을 깨는데 봄이 낙동강을 건너오고 있습니다. 평소의 안부가 좋으시다니 간절한 그리움을 이길 길 없습니다.

저희들의 보잘것없는 상황은 말씀드릴 만한 것이 없습니다. 어진 사람을 사모하고 유학의 도를 보호하며 떳떳한 본성을 가지는 것은 모두가 같은 마음이니, 이것이 어찌 예나 지금이라고 다를 것이며 거리가 멀고 가깝다고 차이가 있겠습니까?

가만히 생각해보건대, 본 고을은 고인이 되신 죽일(竹逸) 정옹(鄭翁)이 머무시던 곳으로 마땅히 후학들이 항상 바라보고 의지할 곳을 두어야 합

138) 강북(江北)의……회포 : 벗을 간절히 그리워하는 마음을 뜻한다. 중국 당나라 시인 두보(杜甫)가 이백(李白)을 그리워하면서 지은 〈춘일억이백(春日憶李白)〉에 “위수 북쪽엔 봄 하늘에 나무가 무성하고, 강 동쪽엔 저문 날에 구름이 일어나네.〔渭北春天樹 江東日暮雲〕”라는 구절이 있다.

니다. 저희 고을은 바다 끝에 있어 평소 지식이 적고 예는 소략하여 생각처럼 법식을 갖추지 못하고 다만 서까래 몇 개를 얻어 기와를 이어 '죽일정(竹逸亭)'이라고 이름 지었습니다.

비록 볼만큼 크고 화려하지는 않지만 상량문(上樑文)을 지어 오랫동안 전하려는 마음 간절하기에, 감히 이렇게 오랜 약속의 소중함으로 인하여 힘들고 큰일을 번거롭게 부탁드리려고 합니다. 이번에 유생 한사람을 보내 우러러 부족하나마 간절한 정성을 펴니 부디 송산(松山) 권장(權丈)[139]의 문하에 데리고 가서 뵙고 상량문 한 장을 청하여 주십시오. 이는 사람이 선을 하도록 돕는 하나의 단서일 것이니 많은 선비들의 경사일 뿐 아니라 사문(斯文)을 빛나게 하는 것이니 살펴주시어 많은 사람의 바람을 저버리지 마십시오. 이만 줄이니 살펴주십시오.

◎ 與權湖巖台鎬書【丁○ 六月 八日】

伏以省禮 時雨普洽 揷秧不失所期 打麥斬麻 次第告畢 農家所占 將亦有秋 如我饞夫之殘年喫着 自是無慮 謹詢潦熱 靜養起居 神相淸謐 卷中之樂 座隱之趣無減 疇昔山亭主翁 尙今廢烟耶 嘗竊聞壽世金丹 却老玉膏 何莫非熟物 獨食鮮茹草然後 爲仙耶 翁之計 固左矣 左右 恐不免不告 實之責也 先覺 覺後覺 往哲所貴 兄是其先覺者 何愛一覺字 不覺不覺也 吾謂湖巖 獨於己而廉於人者也 好笑 竹翁文字 讐正之役 兄力爲多 其衛道崇文之誠 可造次以謝哉 兼候山翁 敢煩雷照

호암 권태호에게 보내는 편지【정축년(1937)[140] 6월 8일】

예는 생략하고 말씀드립니다. 때맞은 비가 널리 넉넉히 내리니 모내기에 시기를 놓치지 않았고, 보리타작과 삼베기가 차례대로 마쳤다고 하니 농가에서도 장차 풍년이 들 것이라 예상하고 있습니다. 저같은 참부(饞

---

139) 송산(松山) 권장(權丈) : '송산'은 권재규(權載奎, 1870~1952)의 호이다.

140) 정축년(1937) : 원문에는 '丁'자만 기록되어 있으나, 문맥으로 보아 정축년으로 추정된다.

夫)[141]가 쇠잔한 나이에 실컷 먹을 수 있는 것도 지금부터는 걱정이 없게 되었습니다. 장마 더위에 정양하시는 안부는 신의 도움으로 편안하시고 책 속의 즐거움과 바둑〔坐隱〕을 두시는 취미는 줄지 않으셨는지요?

옛날 산속 정자의 주인옹(主人翁)은 지금 밥을 짓지 않으시는지요? 제가 듣기에 장수한다는 금단(金丹)[142]과 늙음을 물리친다는 옥고(玉膏)[143]는 무엇인들 익힌 것이 아닌 것이 없습니다. 그러하니 어찌 유독 날고기와 풀만을 먹어야 신선이 되단 말입니까? 주인옹의 계획은 진실로 잘못되었습니다.

당신께서 사실을 알리지 않은 책임에서 벗어나지 못할까 걱정입니다. 먼저 깨달은 사람이 늦게 닫는 사람을 깨우쳐야 하는 법[144]을 지난 철인(哲人)들이 귀하게 여겼으니 형께서 바로 먼저 깨달은 사람인데 어찌 '각(覺)'이라는 한 글자를 아끼시어 깨닫지 못한 사람을 깨우쳐 주지 않습니까? 제가 생각하기에 호암(湖巖)은 자신에게만 오로지 하고 남에게는 인색한 분이시니 우습습니다.

죽일(竹逸) 선생의 글을 교정하는 일은 형께서 많은 힘을 기울이셨습

141) 참부(饞夫) : 식탐이 있는 사람을 가리키는 말로 자신을 겸손하게 하는 말이다. 식지(食指)가 절로 움직이는 것은 맛있는 음식을 먹을 조짐이라는 고사에서 전하여 욕심이 생김을 비유하여 쓰이는 말이다.

142) 금단(金丹) : 도가(道家)의 방사(方士)들이 금석(金石)을 정련하여 만든 단약(丹藥)으로, 이것을 복용하면 불로장생할 수 있다고 한다. 《포박자(抱朴子)》 〈금단(金丹)〉에 "금단의 본성은 오래 달굴수록 그 변화가 더욱더 신묘하다. 황금이 불 속에 들어가면 백 번을 정련해도 녹아 없어지지 않으며, 땅에 묻으면 이 세상이 다할 때까지 썩지 않는다.〔金丹之為物 燒之愈久 變化愈妙 黃金入火 百鍊不消 埋之畢天不朽〕"라는 구절이 있다.

143) 옥고(玉膏) : 옥에서 나온다는 전설상의 선약(仙藥)을 이른다.

144) 먼저……법 : 《맹자》 〈만장 상(萬章上)〉에, 이윤(伊尹)이 은(殷)나라 탕왕(湯王)의 부름을 받고 나아갈 적에 자신의 포부를 토로하면서 "하늘이 사람을 이 세상에 낼 적에 먼저 안 사람이 늦게 아는 사람을 깨우치게 하고, 먼저 깨달은 자가 늦게 깨닫는 자를 깨우치게끔 하였다. 나는 하늘이 낸 사람들 가운데 먼저 깨달은 사람이다. 따라서 내가 이 도를 가지고 이 사람들을 깨우쳐야 할 것이니, 내가 깨우치지 않는다면 그 누가 하겠는가.〔天之生此民也 使先知覺後知 使先覺覺後覺也 予天民之先覺者也 予將以斯道覺斯民也 非予覺之而誰也〕"라고 구절이 있다.

니다. 유학의 도를 지키고 글을 높이는 정성에 잠깐이나마 감사를 드립니다. 아울러 산옹(山翁)께 안부하니 살펴주시기 바랍니다.

◎ **與權見重書【丁丑】**

時中 謹伏以省禮言 竊想天下之理 義以行之 無所難之事 趣以寓之 無不樂之物也 向於山亭同苦之日 交手提壺 飮之而益甘 借鼎自炊 食之而不惡者 何是合之以義 而與之以趣者也 政所謂吾輩 此事 可足異時故談 而不愧古人友道也 實僉兄輕與之賜也 感縷感縷 謹惟選居益勝 次郎傭作 日復日日耶 古今窮措大 做來苦業 率多如此 況喪族之無所歸者哉 溸仰區區 曷勝悲憤 時中 蒲柳之質 每當暑 善吟苦 無勝況 而夏日如年 支離度了 矧此寂莫荒野 窮居無徒者 祗是朋友之懷 與此剛腸 一日九廻也 江文通有云 僕本恨人 我少年以謂過矣 今以居使然 推之江言 信不巫也 第待鷄肥稻香之時 擬欲一候俟我乎 月影臺上如何 仁燮永逑 俱未書之 幸須及之否 不備疏禮

권견중에게 보내는 편지【정축년〔1937〕】

저는〔時中〕 삼가 예를 생략하고 말씀드립니다. 생각하건대 천하의 이치를 의리에 따라 행하면 어려운 일이 없고, 풍취에 따라 마음을 붙이면 즐겁지 않은 일이 없습니다. 지난번 산정(山亭)에서 함께 고생하던 날 손을 맞잡고 술병을 쥐고 마시니 더욱 달고, 솥을 빌려 스스로 밥을 지어 먹으니 싫지 않았으니, 어찌 의로 만나고 흥취로 함께한 것인지요? 바로 우리들의 이일은 시대를 달리한 옛이야기로 옛사람의 우도(友道)에도 부끄럽지 않다고 하겠습니다. 실로 여러 형들께서 가볍게 함께하여 주시니 감사합니다.

바라건대 벼슬에 있으시며 더욱 건승하시고 둘째 아드님이 하시는 일로 하루 또 하루를 보내시는지요? 고금의 궁박한 선비의 고달픔이 대부분 이렇습니다. 더군다나 상을 당한 일족으로 돌아갈 곳 없는 사람은 어떠하겠습니까? 간절히 그립고 비분강개한 마음을 이길 길 없습니다.

저는〔時中〕 창포와 갯버들[145)]과 같은 몸으로 매번 여름이 되면 괴로움을 읊조리니 좋은 상황이라고는 없어, 여름 하루가 마치 1년처럼 지루하게 지내고 있습니다. 더구나 적막한 황야에서 궁핍하게 지내고 있으면서 함께할 사람이 없으니 다만 벗을 그리워하는 마음이 강장(剛腸)[146)]과 함께 하루에도 아홉 번 뒤틀립니다.[147)] 강문통(江文通)[148)]이 "저는 본래 한을 품은 사람이다."라고 하였습니다. 저는 어려서 이를 지나치다고 생각했었는데, 지금 제가 그렇게 하고 있으니 강문통의 말을 미루어보면 참으로 거짓이 없습니다. 다만 닭이 살찌고 곡식이 향기로울 때를 기다렸다가 한번 찾아뵈려고 하니 저를 기다리시겠습니까? 월영대(月影臺)[149)] 위는 어떻습니까? 인섭(仁燮)과 영술(永述)에게는 모두 편지를 보내지 못했으니 안부를 언급하여 주시기 바랍니다. 이만 줄이고 편지를 드립니다.

---

145) 창포와 갯버들 : 창포와 갯버들은 가을이 가까워지면 바로 시들기 때문에 일찍 노쇠함의 비유하여 쓰이는 말이다. 《세설신어(世說新語)》 〈언어(言語)〉에, 동진(東晉)의 고열지(顧悅之)가 간문제(簡文帝)와 동갑이었는데도 머리칼이 하얗게 세자 황제가 그 이유를 물으니, 대답하기를 "신은 포류와 같은 체질이라서 가을이 바라보이기만 해도 벌써 지고 맙니다.〔蒲柳之姿 望秋而落〕"라고 대답한대서 온 말이다.

146) 강장(剛腸) : 《두보전시집(杜甫全詩集)》 〈장유(壯游)〉에 당(唐)나라 두보(杜甫)의 "성품이 호방하여 술을 즐기고, 나쁜 사람 미워하는 강직한 마음을 품었네.〔性豪業嗜酒 嫉惡懷剛腸〕"라는 구절이 있다.

147) 하루에도……뒤틀립니다 : 마음속에 시름이나 슬픔이 맺혀서 풀리지 않음을 뜻하는 말로, 한(漢)나라 사마천(司馬遷)의 〈보임소경서(報任少卿書)〉에 "이런 까닭에 시름이 창자에서 하루에 아홉 번 뒤틀립니다.〔是以腸一日而九廻〕"라는 구절이 있다.

148) 강문통(江文通) : '문통'은 강엄(江淹, 444~505)의 자이다. 그는 문장을 잘 지었는데, 특히 〈한부(恨賦)〉와 〈별부(別賦)〉를 통해 당대의 혼란한 현실을 드러내었다.

149) 월영대(月影臺) : 경상남도 마산시(馬山市) 해운동(海雲洞)에 있다. 신라 시대에 최치원(崔致遠)이 자연석에 친필로 '월영대(月影臺)'라고 새겨 놓았기 때문에 붙여진 이름이다.

◎ 與朴鳳國書

謹省式 比寒哀履何若 毁不危身 古人所訓 庸是奉慰 車氏孝烈文字 重違盛囑 不敢不露拙句 語太荒 恐累美德 更求他鳳樓之手 切可切可 此是不諱之言也 勿以例視 不備疏禮

박봉국에게 보내는 편지

예는 생략합니다. 요사이 날씨가 차가운데 상주의 안부는 어떠하십니까? 애통함으로 몸을 상하지 않아야 한다는 것이[150] 옛사람의 가르침이었으니, 이로써 위로 드립니다. 차씨(車氏)의 효열(孝烈)에 대한 글은 거듭 부탁을 어겨 감히 졸렬한 글솜씨와 거친 말을 드러내지 않을 수 없었습니다. 그래서 아름다운 덕에 누를 끼칠까 걱정이니, 다른 훌륭한 글솜씨를[151] 가진 사람에게 부탁하시기를 간절히 빕니다. 기탄없이 말씀을 드리는 것이니 예사로 보시지 마시기 바랍니다. 이만 줄이고 편지를 드립니다.

◎ 與金鍾祺書

鄙家 播若干斗種租 入地不出者 十之七八 謀借秧而服農 乃亦有秋否 今年之

---

150) 애통함으로……것이 : 원문은 '毁不危身'. 《예기》〈단궁 하(檀弓下)〉에 "상을 치르면서 거택의 안정을 걱정하게 해서는 안 되고 애통해하되 몸이 위태로워지게 해서는 안 된다. 상을 치르면서 거택의 안정을 걱정하게 해서는 안 됨은 거택이 없으면 사당이 없기 때문이며, 애통해하되 몸이 위태로워지게 해서는 안 됨은 몸이 없으면 후사가 없기 때문이다.〔喪不慮居 毁不危身 喪不慮居 爲無廟也 毁不危身 爲無後也〕"라는 구절이 있다.

151) 훌륭한 글솜씨를 : 원문은 '鳳樓之手'. 오봉루(五鳳樓)는 양 태조(梁太祖)가 낙양(洛陽)에 세운 누각 이름인데, 이 누각은 매우 고대(高大)하기로 유명하므로, 전하여 큰 문장의 솜씨를 오봉루의 건축 솜씨에 비유한데서 온 말이다. 《유설(類說)》〈인(引) 담원(談苑)〉에, 송(宋)나라 때 한보(韓溥), 한기(韓曁) 형제가 모두 문명이 높았는데, 아우인 기가 항상 자기 형을 경시(輕視)하여 남들에게 말하기를, "우리 형의 문장은 비유하자면 마치 문지도리에 새끼줄을 맨 띳집 같아서 겨우 비바람이나 가릴 뿐이지만, 나의 문장은 마치 오봉루를 만든 솜씨와 같다.〔吾兄爲文 譬如繩樞草舍 聊庇風雨而已 子之爲文 如造五鳳樓手〕"라는 구절에서 유래한다.

童秧不足 非人力之不勤 亦非地味之不甘 實由母穀之抱病 而其罪在於昨秋暴風 欲訟風於上帝 浮雲蔽天 無路可達 所以借秧 昔沛公借糧於良今 時中借秧於兄 雖然借秧 不猶愈於借糧乎 兄若有餘多少惠送 待其香滿秋肥 釀而酒熟奉進一壺味曰 兄醉臥淸風北窓下 朗吟五月農夫人 月仙之句 不羨秦府庫

김종기에게 보내는 편지

저희 집에서 파종한 몇 말의 종자벼가 땅에 묻혀 싹을 틔우지 못한 것이 70~80%가 됩니다. 모를 빌려 농사에 힘쓸 것을 도모하고 있지만, 이 또한 가을걷이를 할 수 있겠습니까? 올해 어린 모가 부족한 것은 인력이 부지런하지 않은 것도 아니고, 또 지력(地力)이 달지 않아서도 아닙니다. 이는 실로 모곡(母穀)이 병을 안고 있어서입니다. 그것은 작년 가을의 폭풍 탓으로 상제(上帝)에게 풍백(風伯)[152]을 송사하고 싶지만 뜬 구름이 하늘을 가리고 있어 전할 방법이 없습니다. 그래서 모를 빌리려고 합니다.

옛날 패공(沛公)[153]이 장량(張良)[154]에게서 양식을 빌렸는데, 지금 제가 형에게 모를 빌리고 있습니다. 그렇지만 모를 빌리는 것이 양식을 빌리는 것보다야 낫지 않겠습니까? 형께서 만약 여유가 있다면 다소 은혜롭게 빌려주시어 곡식의 향기가 가득하고 가을이 살찌기를 기다렸다가 빚어 놓은 술이 익으면 술을 한 병 드리겠으니 맛보시고 형께서는 취하여 맑은 바람 부는 북쪽 창 아래 누워 "5월엔 농부이고, 8월엔 신선이다."라

---

152) 풍백(風伯) : 바람을 맡은 신을 말한다.

153) 패공(沛公) : 한(漢)나라 고조(高祖)인 유방(劉邦, BC 256~BC 195)가 제위에 오르기 전의 칭호이다. 패(沛)에서 병사를 일으켰으므로 한 말이다.

154) 장량(張良, ?~BC 186) : 자는 자방(子房)이고, 시호 문성공(文成公)이다. 한나라 명문 출신으로, BC 218년 박랑사(博浪沙)에서 시황제를 습격했으나 실패, 하비(下邳)에 은신하고 있을 때 황석공(黃石公)으로부터 《태공병법서(太公兵法書)》를 물려받았다고 한다. 진승(陳勝)과 오광(吳廣)의 난이 일어났을 때 유방의 진영에 속하였으며, 후일 항우(項羽)와 유방이 만난 '홍문의 모임'에서는 유방의 위기를 구하였다. 선견지명이 있는 책사(策士)로서 한나라의 서울을 진(秦)나라의 고지(故地)인 관중(關中)으로 정하고자 한 유경(劉敬)의 주장을 지지하였다. 소하(蕭何)와 함께 책략에 뛰어나 한나라 창업에 힘썼다. 그 공으로 유후(留侯)에 책봉되었다.

는 구절을 읊으신다면 재물이 가득한 진(秦)나라 창고도 부럽지 않을 것입니다.

◎與金敬坤 金鍾祺書

二兄 辱問賤疾於寂莫之巷 實攸不易 況又賜以忘若遺憫之料 爲數日寬 此恩義何可忘諸 謹問春照 體度珍重 覃節均迪 瞻溸冞切 時中支離呻吟 與歲往還 自爾厭世 只俟冥符 無足奉聞 獨有遺恨者 惟吾竹逸先生遺書 尙在巾衍之中 而不得脫蠹稿 當日言行 又未得收錄 此二件事 是實專擔於及門諸子之責 而地方人士 亦不能無共荷追慕之義耳 是以去年契會 遺書發刊之意 公議準定 而當日薦出刊所役員義 集若干刊費矣 遂以公私難關 因循前却 而寢至今日 可勝歎哉 伏惟兩兄 本月契日 必須往參蹈前轍 而善圖終 則斯文之幸 果何如哉 且契長任期滿 猥以愚見揣之 適任者 或恐不出於裵磻谷源燦氏之右也 非徒契事之左右也 實由刊役之主張也 與其同志者 謀而圖之 如何 精神有時昏倒 多涉妄發 小罪焉

김경곤과 김종기에게 보내는 편지

두 형께서 적막한 골목으로 저를 찾아오신 것은 참으로 쉽지 않은 일입니다. 더구나 근심을 달래주는 재료로 여러 날을 느긋하게 보냈으니 이러한 은혜를 잊을 수가 없습니다. 봄날에 안부는 좋으시고 식구들도 잘 지내시는지 매우 간절히 그립습니다.

저는〔時中〕 지루하게 신음하면서 세월과 더불어 오고가니 절로 세상에 염증이 나서, 다만 명부(冥符)[155]만을 기다릴 뿐이니 전해드릴 말씀이 없습니다. 다만 유감스러운 것은 오직 우리 죽일(竹逸) 선생께서 남기신 글이 아직도 책상자 속에 보관된 채 아직도 원고를 좀먹게 하고, 선생의 당일의 언행도 기록하지 못하고 있는 것입니다. 이 두 가지 일은 실로 급문제자(及門諸子)들이 오로지 책임을 맡고 있고 지방의 인사도 함께 추모하는 정의를 입지 않은 것이 없습니다. 이로써 지난해 계모임에서 죽일

155) 명부(冥符) : 저승에서 보내온 부절로, 죽음을 이른다.

선생의 유서를 발간하려는 뜻을 공적으로 논의하고 정하였습니다. 당일 간행하는 임원을 추천하여 뽑고 약간의 간행비를 모았습니다. 마침내 공사하기 곤란한 일로 시일을 끌다가 오늘이 이르고 말았으니 탄식스러움을 이기겠습니까?

바라건대 우리 두 형께서는 이달 곗날에는 전철을 밟아 끝을 잘 도모하신다면 사문의 다행함이 과연 어떠하겠습니까? 또 계장(契長)의 임기가 찼으니 외람되게 저의 어리석은 견해로 헤아려 보면 적임자는 혹시 반곡(磻谷) 배원찬(裵源燦)보다 뛰어난 사람은 없는 듯합니다. 계사(契事)에 도움이 될 뿐만이 아니고, 실로 간행에 관한 주장으로 말미암은 것입니다. 동지들과 함께 계획하고 도모하는 것이 어떻습니까? 정신이 때때로 어지럽고 쓰러지는 바람에 망발을 한 것이 많으니 나무라지 말아 주십시오.

◎ 與朴必元敬善書

伏問春深日永 燕養起居 履時鄭重 家人均宜 孫男 生得幾個丈夫子否 宜其有聞 而未有聞焉 自治息交閉門之爲久也 時中 草木之齡 爲六十餘矣 狂悖之習與年俱長 今日暮途窮人 不得歸宿處 奮一生之枉了 而竊欲追踵舊路 聊將幾卷殘書 講明乎堯舜性善之說 潛伏乎程朱敬義之學 收身於旣喪之地 求心於久放之處 盖或推還初服 而修正彝倫 以補於萬分得一之中矣 天厭其罔生 譴以死疾理所固然 不得何言 恭惟南州諸君子 以秉彝好德之心 嘗殫誠於衛道右文 而今於竹逸遺書發刊是事 而集若干費 以經營之甚盛擧也 然而因仍苟且之間 不覺坐弄光陰 而鋟梨仇棗 尙然繡得未了 此非徒吾黨之有欠 抑亦斯文之不幸也 可勝惜哉 竊惟老兄元來 權輿此事 而率先群彦之人也 有以體先生敎誨之勸因以心後人追慕之誠事 可就緖 而功可告矣 惟速圖之是望 如時中者 今病且死矣 何敢與論於諸君子之後哉 但此是盲馬聽聆之心也 一笑之如何 又契長 想滿期 已殊與二三同志 互相詢謀 磻谷薦出契長 可以庶合衆心 亦可以濟得大事 若非裵丈文字修正 刊費鳩聚 恐不能無不虞之歎爾 諒存如何 嗟夫 自此無復相見之期矣 伏惟老兄千萬保重

필원 박경선에게 보내는 편지

봄이 깊어지고 해는 길어지는데 평상시 부모님 모시는 안부는 좋으시고 시의에 순응하고 정중하신지, 집안 식구들도 모두 잘 지내고 손자 아이는 몇 명이나 얻으셨는지요? 마땅히 소식을 들어야 하는데 아직 듣지 못하고 있습니다. 절로 사귐을 끊고 문을 닫고 지낸 지 오래입니다.

저는〔時中〕 보잘것없는 나이가 60살 남짓이 되었는데, 방자하고 어긋난 습성이 나이와 함께 자라나고 있습니다. 지금 다 늙어 나이를 먹고 보니 돌아가 쉴 곳도 없고, 한평생 잘못한 일들을 떨쳐버리고 옛길을 따르고 싶어 몇 권의 남은 책으로 요(堯)임금과 순(舜)임금의 성선설(性善說)을 강론하여 밝히고, 정자(程子)[156]와 주자(朱子)의 경(敬)과 의(義)[157]의 학문에 잠복(潛伏)하여 이미 상실한 몸을 수습하고 오랫동안 방치해 놓은 마음을 구하려고 합니다. 대개 혹시라도 처음 먹었던 뜻을 되돌려 사람으로 지켜야할 도리를 닦고 바로잡는다면 만분의 일이라도 도움이 될 것입니다. 그런데 하늘은 그들이 구차히 사는 것을 싫어하여 죽음과 병을 내리는 이치가 진실로 그러하니 무슨 말도 하지 못하겠습니다.

바라건대 남쪽 고을의 여러 군자들은 하늘이 내린 본성을 지니고 아름다운 덕을 좋아하는 마음으로 일찍이 유학의 도를 보호하고 문(文)을 높이는데 정성을 다하였습니다. 지금 죽일(竹逸) 선생의 유서(遺書)를 발간하는 이일에 약간의 비용을 모아서 성대한 일을 경영하려고 하였지만 시일을 지체하는 사이에 저도 모르게 세월만 보내며 아직도 출판을 마무리 짓지 못하고 있습니다. 이것은 우리 당의 흠결일 뿐만 아니라 사문의 불

156) 정자(程字) : 중국 송나라의 정명도(程明道, 1032~1085)와 정이천(程伊川, 1033~1107) 두 형제를 이른다. 주염계(周簾溪)에게서 배우고 '이(理)'를 최고의 범주로 삼아 도학을 체계화하고 발전시켰다. 그들은 하늘(天)을 이(理)라고 하여 달이 냇물에 그 모습이 비치듯이 천하 만물은 이 유일하고 절대인 이(理)를 구현하고 있는 것이고, 천리(天理)가 일정한 목적 하에 우주의 질서를 세운다고 하는 목적론적 세계관을 수립하였다.

157) 경(敬)과 의(義) : '경'은 마음을 바르게 하는 것이고, '의'는 행실을 바르게 하는 것으로, 이 두 가지는 성리학자들의 중요한 수행 방법에 속하는 것들이다. 주자(朱子)의 〈백록동부(白鹿洞賦)〉에, "명과 성 두 가지를 병진해야만 하고, 경과 의 두 가지를 함께 세워야 하네.〔日明誠其兩進 抑敬義其偕立〕"라고 하였다.

행이니 애석함을 어찌 이기겠습니까?

우리 노형께서는 원래 이일을 시작하며 여러 선비를 이끌면서, 선생의 부지런한 가르침을 체득하고 후인들의 추모하는 정성을 마음으로 생각하여 일의 실마리를 이루었으니 공(功)을 말할 만합니다. 오직 조속히 도모하시기 바랍니다.

저같은 사람은 요사이 병이 들어 장차 죽을 것이니, 어찌 감히 여러 군자들의 후일에 관하여 말하겠습니까? 다만 이는 눈먼 말〔馬〕이 소리라도 듣고 싶어하는 마음이니, 한번 웃어주시는 것이 어떻습니까? 또 계장(契長)은 임기가 만료되어 이미 여러 동지들과 서로 계획을 상의하였을 것이라 생각합니다. 반곡(磻谷)을 계장에 추천하니 여러 사람들의 마음에도 맞을 것이고 또 큰일을 완수할 수 있을 것입니다. 만약 반곡(磻谷) 배원찬(裵源燦) 어른께서 글을 고치는 일과 간행비를 모으는 일에 생각지도 못한 탄식이 없지 않을까 걱정될 뿐입니다. 헤아려 주시는 것이 어떻습니까?

아, 이제부터 다시 만날 기약이 없으니 노형께서는 천만 몸을 잘 보중하시기 바랍니다.

◎ **與李鎬翼書**【己巳 十一月 日】

向於崔兄也 往謝過時之弔 兼訪吾子 則時不在矣 問于街上人 有曰 早朝入郡者 同崔兄入郡 叩吾子之館人 則亦曰 未也 以區區慕望之心 未得捧晤 私心甚不喜矣 與崔兄酌酒若干巡 而臨岐分手 所懷略達之矣 吾子其得聞否 夫事有不可不陳之勢 情有不可不力之義也 故義之所在事 亦必就此理之常也 僕之小子草木之齡 今二十有二 而尙未有伉儷 在於自家 此亦一事耳 僕於吾子 雖曰 晩交 心靈暗合 自知無間 然則僕之子 無異吾子子也 幸擇賢 而妻之 實是再造之惠也 惟吾子力其力 而得其得速圖之是望也 與崔兄相聞 甚好甚好 未知近間或有南爲之行耶 餘祇祝體上 以時保重 姑留不備候禮

이호익에게 보내는 편지【기사년〔1929〕 11월 ○일】

전에 최형에게 가서 지난번 조문에 감사하고 아울러 방문하였지만 당시 그대는 집에 없었습니다. 그래서 길가 사람에게 물어보니 어떤 사람이 “이른 아침에 충무군(忠武郡)으로 들어가던 사람이 최형과 함께 군(郡)으로 들어가던데요.”라고 하기에, 제가 군(郡)의 관인(館人)에게 물어보니 그렇지 않다고 하였습니다. 저는 간절히 그리운 마음을 가진 채 만나지 못하게 되어 매우 기쁘지 않았습니다. 최형과 술을 몇 잔 주고받고 이별하면서 마음속에 담아 두었던 것을 간략하게 말하였었는데, 그대는 들었는지요?

대저 일은 부득이 자세히 이야기를 해야 하는 상황이 있고 심정은 부득이 힘써야 하는 의(義)가 있습니다. 그렇기 때문에 의가 있는 일은 또한 반드시 떳떳한 이치로 나아가야 합니다. 저의 작은 아들이 올해 22살이 되었는데 아직 짝을 구하지 못해 집에 있으니, 이 또한 하나의 일입니다. 제가 그대를 비록 늦은 나이에 사귀었다고는 하지만 남모르게 부합되는 마음이 스스로 다르지 않다는 것을 알 수 있습니다. 그렇다면 저의 자식이 그대의 자식과 다름이 없을 것입니다.

바라건대 어진 짝을 골라 장가를 보낸다면 실로 다시 태어나게 하는 은혜일 것입니다. 바라건대 그대는 힘을 써서 제가 얻고자 하는 사람을 얻을 수 있도록 속히 도모하여주시기 바랍니다. 최형과 이야기를 나누어 보신다면 매우 좋겠습니다. 최근에 혹시 남쪽으로 행차하시는지 모르겠습니다. 나머지는 안부가 때와 함께 건강하시기를 빌며 우선 이만 줄이며 안부편지를 드립니다.

◎ **與李鎬翼書【庚午 三月 日】**

足下之勤於朋友 擬之古道 可以得矣 如聞許兄以衣服凡節 欲强過力之事云 此非與足下 素定之志也 況士君子 處己與人 本無二致 足下 何不實告於許兄乎 不勝駭然 非徒過費於許也 竊恐不禮於我也 此意直陳于許兄 務從義理上 節約做去是好好

이호익에게 보내는 편지【경오년(1930) 3월 ○일】

족하께서 벗에게 애를 쓰는 것은 옛 도에 견주어야 가능할 수 있습니다. 형께서는 의복과 범절로 억지로 지나치게 힘쓰는 일이 있다고 들은 듯합니다. 이것은 족하께서 평소 정해 놓으신 뜻은 아닌 듯합니다. 더구나 사군자(士君子)는 자신을 처신하는 것과 남을 대하는 것이 본래 다른 이치가 아닌데 족하께서는 어찌 허형(許兄)에게 사실대로 말하지 않았습니까? 매우 놀랐습니다. 한갓 허형에게만 지나치게 허비할 뿐만 아니라 나에게도 예가 아닌 듯합니다. 이 뜻을 즉시 허형에게 말하시고 의리를 힘써 좇아 절약하는 것이 좋겠습니다.

◎ 戲答前郡守車善明書【時有漫筆弄書以答之】

春日方陽 伏惟尊體候 迎新康寧 仰慕不任之至 乃知尊座高明之士 納晩生之愚言 故猥以僭越之辭左記 敢達 幸賜監焉尊通牒에 無番號月日ᄒᆞ고 又無署名印章ᄒᆞ니 不敢準信이오 設使有라도 尊牒에 日하ᄃᆡ 李姓人이 變性이라ᄒᆞ셔스니 變性者ᄂᆞᆫ 想失眞也오 失眞也者ᄂᆞᆫ 卽狂也오 狂也者ᄂᆞᆫ 病之大者라 病者ᄂᆞᆫ 醫家之所當治療者也오 又日ᄒᆞ되 變名이라하셔스니 意者컨ᄃᆡ 狂故로 忘其名이라 魯人琴子ᄂᆞᆫ 孔門狂士로 臨喪而歌로ᄃᆡ 未聞變其名이어늘 哀哉라 若人이여 以藥而狂ᄒᆞ고 狂而又忘其名ᄒᆞ니 其狂은 不可及也오 尊牒에 又日호ᄃᆡ 藥賊이라ᄒᆞ셔스니 聞者大驚이라 衛人苟變은 良將之材로ᄃᆡ 食人二鷄子故로 君이 怒而廢出이어시든 況盜藥五貼之賊乎아 比之苟變이면 其罪當斬이라 何敢斷行고 尊牒에 又日ᄒᆞᄃᆡ 金姓二人도 亦藥賊이라ᄒᆞ셔스니 嗟乎라 此非梁山泊中이어든 何賊人之多也오 讀書至此에 令人愧死로다 究其牒意컨ᄃᆡ 兩金之間에 必有一賊이라 未知케라 何者爲良而何者爲賊고 彼良則此賊이오 此良則彼賊이라 古人이 云明其爲賊이라야 賊乃可服이라ᄒᆞ니 不明코 易着手라가 不幾乎亡金郎之慚乎 惡라 是何言是何言고 尊牒에 又日하되 此惡習은 不可掩置라하셔스니 天이 照臨하시고 神이 明知ᄒᆞ시니 人이 誰敢掩置리오 雖然이나 見過而繩之者ᄂᆞᆫ 法之常也오 見過而掩之者ᄂᆞᆫ 人之情也라 昔西漢曹相國이 見人有細過면 專掩匿覆蓋之ᄒᆞ시니 以曹公之明으로 豈不知過之爲罪시리오만ᄂᆞᆫ 掩人細過하야 使人으로 自悔大過ᄒᆞ고 使人으로 自悔大過하여 以必至於無過之地也니 是는 則厚以養其化ᄒᆞ고 化以成其俗之理也라 故로 當時百姓은 謳歌로 頌曹公之德하고 後世史家는 賢相으로 書曹公之

明하니 世多師之일식 何至乎必曰賊必曰賊乎아글시 旣曰賊矣어시니 此等取締는 管轄이 各別이라 雖欲出力이나 不敢不敢故로 別紙尊牒을 謹以奉完하오니 伏望笑領이외다 惟冀道安 不備謹狀 舊正月 十九日 生 姜時中 再拜

장난스럽게 전 군수 차선명에게 답하는 편지【이때 맘대로 장난스럽게 쓴 글이 있어 답하였다】

봄 날씨가 한창 따뜻한데 당신의 안부는 새해를 맞아 건강하신지요 지극히 그리운 마음 이길 길 없습니다. 당신께서는 고명하신 선비로 후배의 어리석은 생각을 받아들이실 것이라는 것을 알기 때문에 외람되지만 주제넘은 말을 아래에 적어 감히 보내드리니 살펴보아 주시기 바랍니다.

당신의 통첩(通牒)[158]에 번호나 날짜가 없고 또 서명이나 인장이 없어 감히 믿을 수 없고, 설사 이러한 것들이 있다고 하더라도 당신의 첩(牒)에 "이씨 성을 가진 사람이 '본성이 변했다.'"라고 하셨는데, 본성이 변했다는 것은 생각해보면 본모습을 잃어버린 것이고 본모습을 잃어버렸다는 것은 곧 미친 것입니다. '미쳤다'는 것은 큰 병입니다. 병은 의사가 마땅히 치료해야 해야 하는 것입니다. 또 '이름을 바꾸었다.'라고 하셨는데, 생각해보면 미쳤기 때문에 자신의 이름을 잊어버린 것입니다. 노(魯)나라의 금자(琴子)[159]는 공자 문하의 광사(狂士)[160]로 상을 당했는데도 노래를 불렀던 사람이지만 자신의 이름을 바꾸었다는 말은 들어보지 못하였

158) 통첩(通牒) : 문서로 상대에게 알리는 글을 이른다.

159) 금자(琴子) : 공자의 제자인 금장(琴張)을 이른다. 그는 중도를 얻은 사람의 다음에 해당하는 진취적인 기상을 가진 광자(狂者)로 분류될 수 있는 사람들이다. 《맹자》〈진심 하(盡心下)〉에서는 "금장 · 증석 · 목피와 같은 사람이 공자께서 말씀하신 광자이다.〔如琴張曾晳牧皮者 孔子之所謂狂矣〕"라는 구절이 있다. 또한 그는 자상호(子桑戶)가 죽었을 때 그 상에 임하여 노래를 불렀으며, 증석은 계무자(季武子)가 죽었을 때 문에 기대어 노래를 불렀던 인물이다.

160) 광사(狂士) : 뜻이 커서 큰소리는 잘하지만 실천이 뒤따르지 못하는 사람을 말한다. 《맹자》〈진심 하(盡心下)〉에, 증석(曾晳) 즉 증점(曾點)을 공자가 말한 광(狂)의 대열에 포함시키고는 "광이란 뜻이 하도 높아서 옛사람을 곧잘 말하곤 하지만, 객관적으로 그의 행동을 돌아보면 말과 일치하지 않는 그런 사람을 말한다.〔其志嘐嘐然曰 古之人古之人 夷考其行而不掩焉者也〕"라는 구절이 이다.

습니다.

슬프다. 이 사람이여! 약 때문에 미쳤고 미쳐서는 또 자신의 이름조차 잊었으니 그의 미친 것은 다다를 수가 없습니다. 통첩에 또 "약을 훔친 도적이다."라고 하셨는데, 이 말을 듣고 매우 놀랐습니다. 위(衛)나라 사람 구변(苟變)[161]은 훌륭한 장수의 자질을 갖추었지만 남의 계란 두 개를 먹었다는 이유로 임금이 화를 내며 내쫓았는데,[162] 하물며 약을 다섯 첩이나 훔친 도적은 어떠하겠습니까? 구변과 비교하면 마땅히 그의 죄는 목을 베어야 하지만 어찌 감히 단행하겠습니까? 당신의 통첩에 또 "김씨 성을 가진 두 사람도 약을 훔쳤다."라고 하셨으니 아, 이것이 도둑의 소굴인 양산박(梁山泊)[163]도 아닌데 어찌 도적이 이렇게나 많단 말입니까?

---

161) 구변(苟變, ?~?) : 위(衛)나라 구변(苟變)이 일찍이 벼슬아치가 되어 역사를 시킬 때 어떤 사람이 계란 두 개를 줌으로 받아먹은 일이 있었다. 그 뒤 자사(子思)가 위나라에 살면서 구변은 장수의 자질이 있다고 위군(衛君)에게 말하자, 위군이 계란 사건을 말하면서 장수의 자질은 충분하나 기용할 수 없다고 말하므로, 자사가 계란 두 개 때문에 국가의 간성(干城)이 되는 장수를 버리니 이러한 일은 이웃 나라에 알게 할 수 없다고 하였다.

162) 위(魏)나라……내쫓았는데 : 말을 꺼내기도 부끄럽다는 뜻이다. 춘추 시대 노(魯)나라의 자사(子思)가 위(衛)나라 임금에게 구변(苟變)을 천거하며 500승(乘) 군대의 장수가 될 만하다고 하자, 위나라 임금은 구변이 관리로 있을 때 백성에게 세금을 거두면서 남의 달걀 2개를 먹었기 때문에 쓰지 않겠다고 하였다. 이에 자사는 다음과 같이 대답하였다. 《자치통감(資治通鑑)》 주기(周紀) 1 안왕(安王) 25년에, "성인이 사람을 관리로 등용하는 것은 장인이 나무를 사용하는 것과 같아서 그 장점은 취하고 단점은 버립니다. 이 때문에 구기자나무나 가래나무가 몇 아름이 될 정도로 크면, 몇 자 정도 썩은 부분이 있어도 훌륭한 장인은 이를 버리지 않는 것입니다. 지금 임금님께서는 전쟁이 난무하는 세상에 살고 계십니다. 맹수의 발톱 같고 어금니 같은 날랜 용사를 뽑으면서 2개의 달걀 때문에 방패 같고 성 같은 든든한 장수를 버리시니, 이것은 이웃 나라에 알려져서는 안 될 일입니다.〔夫聖人之官人 猶匠之用木也 取其所長 棄其所短 故杞梓連抱而有數尺之朽 良工不棄 今君處戰國之世 選爪牙之士 而以二卵棄干城之將 此不可使聞於鄰國也〕"라는 구절이 있다.

163) 양산박(梁山泊) : 중국 산동성(山東省) 양산(梁山) 밑에 있는 역명(驛名)이다. 송나라 때 황하(黃河)가 넘쳐 넓은 늪이 되었는데, 도둑들이 이곳을 소굴로 삼았다고 한다. 송나라 휘종(徽宗) 때 송강(宋江) 등 108인이 이곳에 모여 조정에 반항하였다. 이를 모티브로 원말 명초(元末明初)의 시내암(施耐庵)이 쓰고, 나관중(羅

여기까지 글을 읽으니 사람으로 하여금 부끄러워 죽고 싶게 합니다. 통첩에서 말한 뜻을 궁구해보면 두 김씨 사이에 반드시 한 사람은 도적이 있습니다. 누가 좋은 사람이고 누가 도적인지 모르겠습니다. 저 사람이 좋은 사람이면 이 사람은 도적이고 이 사람이 좋은 사람이면 저 사람은 도적입니다.

옛사람이 "그가 도적임을 밝혀야 도적도 자복한다."[164]라고 하였으니, 분명치 않은데 섣불리 착수하였다가 금을 잃어버린 사람의 부끄럼[165]과 비슷하게 되지 않겠습니까?

아, 무슨 말입니까? 당신의 통첩에 또 "이러한 나쁜 습관은 덮어둘 수가 없다."라고 하셨는데 하늘이 밝게 내려다보고 있고 귀신이 분명하게 아시니, 사람이 누가 감히 덮고 넘어가겠습니까? 비록 그렇지만 잘못을 보고 그를 잡는 것은 법의 정당한 적용이고, 잘못을 보고 덮고 넘어가는 것은 인정입니다.

옛날 한나라 조상국(曹相國)은 사람들의 가벼운 잘못을 보면 전적으로 드러내지 않고 숨겨주었으니[166] 조공의 명철함으로 어찌 잘못이 죄가 된다는 것을 몰랐겠습니까? 사람의 작은 허물을 덮어서 사람으로 하여금 스스로 큰 잘못을 뉘우치게 하고, 사람으로 하여금 스스로 큰 잘못을 뉘우쳐서 반드시 잘못을 저지르지 않도록 하게 하려는 것이었으니, 이는 두

貫中)이 손질한 《수호지(水滸志)》가 지어졌는데, 수령인 송강(宋江)을 중심으로 108명의 유협(遊俠)들이 양산(梁山) 산기슭 호숫가에 산채를 만들어 '양산박(梁山泊)'이라고 일컬었다.

164) 그가……자복한다 : 《한서(漢書)》 〈고제기(高帝紀)〉의 "도적임을 밝혀야 적을 승복시킬 수 있다.〔明其為賊 敵乃可服〕"라는 구절에서 유래한다.

165) 금을……부끄럼 : 한 문제(漢文帝) 때 직불의(直不疑)가 낭관(郎官)으로 있었는데, 이때 동사인(同舍人)이 금(金)을 잃어버리고 직불의를 의심하자, 직불의는 아무런 변명도 없이 그 금을 보상해 주었던바, 뒤에 직불의의 억울함이 밝혀지자, 금을 잃었던 사람이 대단히 부끄럽게 여겼다는 고사에서 온 말이다.

166) 조상국(曹相國)은……숨겨주었으니 : 《자치통감강목(資治通鑑綱目)》 한 고조12~한 문제 2년조에 "작은 잘못이 있는 자를 보면 오로지 숨겨주고 덮어주니, 승상부 안에 아무 일이 없었다.〔見人有細過 專掩匿覆蓋之 府中 無事〕"라는 구절이 있다. '조상국'은 조참(曹參)을 이른다.

텁게 함으로써 교화를 기르고 교화를 통해 풍속을 완성하는 이치입니다.

그래서 당시 백성들이 노래로 조공의 덕을 칭송하고 후세 역사가들은 현명한 재상이라고 조공의 명철함을 기록하였으니, 많은 세상 사람들은 이를 본받습니다. 그러하니 어찌 반드시 도적이라고 말할 것까지야 있겠습니까? 그렇지만 이미 도적이라고 하였으니 이들은 단단히 주의를 주어 다스리는 것은 관할하는 곳이 다르기 때문에 비록 힘을 쓰고 싶지만 감히 하지 못하기 때문에 별지의 통첩을 삼가 돌려드리니 웃으며 받아 주시기 바랍니다. 편안하게 잘 지내시기 바라며 삼가 편지를 드립니다.

음력 정월(正月) 19일 생 강시중(姜時中)은 재배합니다.

◎ 呈車參奉善明書

奉晤間阻 懷仰政勤 謹審辰下 政體候康寧 遠慕區區不任者悰 生姑保侍狀 伏幸伏幸 第悚 現方虎疫大熾有生者 最爲岌岌乎殆哉之時也 而先生 素是壽世大家 必有神妙之道矣 治疫準備不爲不急 故卽欲躬進受敎矣 適有一小宂 使人能止 自覺一笑 敢替送家兒 特念衆生 款曲明敎 而備急丸藥 若干箇 亦惠送如何 餘在近謁不備候禮

참봉 차선명에게 드리는 편지

소식이 막혀 그리움이 간절합니다. 삼가 요사이 정사를 돌보시는 안부는 좋으신지 멀리서 간절한 저의 그리움을 이길 길 없습니다. 저는 그럭저럭 부모님 모시고 지내고 있으니 이것이 다행입니다.

말씀드릴 것은 다름이 아니라 지금 콜레라가 크게 치성을 부리며 발생하는 가장 위태로운 때입니다. 선생께서는 평소 세상에 수명을 연장시키는 것에 관해서는 대가이시니 반드시 신묘한 방법이 있으실 것입니다. 콜레라를 치료할 준비를 서두르지 않을 수 없기 때문에 곧바로 몸소 나아가 가르침을 받고 싶지만 마침 작은 아이의 재롱 때문에 이를 못하게 하니 스스로 생각해보니 한번 웃습니다.

그래서 감히 집 아이를 대신 보내니 특별히 중생들을 염려하시어 곡진하고 명확하게 가르쳐 주시고 환약(丸藥) 약간을 은혜롭게 보내주시는 것이 어떻습니까? 나머지는 조만간 찾아뵙기로 하고 편지의 예를 갖추지 않습니다.

◎ **與金玩汕書**【丙子 六月 二十七日】

良苦 霖雨之支離也 與夏終始 甚不宜人 亦不利穀 此非箕疇 所謂咎徵者歟 是所瞿然 伏惟體候 神相晏重 寶覃貞吉否 仰切願聞 弟慈候恒欠調度 悶煎悶煎 微軀 於閏春 不幸爲癘疫所染 而以身度疾 自謂必死 不服藥餌 亦不祈禳 惟曰俟閻符矣 乃至五七【二十五日】之日 神氣 忽然淸新 身亦如之 廓然復常 而起居飮食 未嘗若病疫者矣 家人皆曰 怪事越添恐懼 余曰 無懼也 信知共工之子以爲木石頑漢 不可齒於人類 乃舍之而去也云 吾玩翁君子聞之 不覺失笑 病餘潛伏 野屋寂寞 靑草滿廷 形影相弔 回憶 玩翁老窮 與我無異 蛩蚷之無日不往來于心 而蹶然思之 氣欲自狂 更以志師之 則理固存焉 竊想古隱者 有尙志而隱 有傲世而隱 有畏禍而隱 有畏名而隱 彼皆有意乎 隱者也 恐非眞隱也 惟兄我二人之隱也 曾非尙志傲世畏禍畏名 而不隱而隱 此乃天相自然之隱也 又嘗觀古人之隱入山 惟恐不深入林 惟恐不密其面目 早登畫廚姓名 先載公籍 而軺車相望 奔走道路 嗟乎 惟吾二人也 行乎千里之郊 而無知面目立乎 萬人之市 而不識姓名市隱也 眞得隱體天下之隱 處莫我二人若也 雖然人之賢愚 自有存焉 亦不敢自是也 窮辱命也 安之爲順 故敢將隱之一字 略道索定之天 而聊以自慰 得無累於高明否 小罪焉 又以潛夫詩一章 强顔供覽 幸勿吝斤正 和以瓊琚 是仰姑留不備 惟希印亮 潛夫詩錄在別册 相望 奔走道路 嗟乎 惟吾二人也 行乎千里之郊 而無知面目 立乎萬人之市 而不識姓名 市隱也 眞得隱體天下之隱處 莫我二人若也 雖然人之賢愚 自有存焉 亦不敢自是也 窮辱命也 安之爲順 故敢將隱之一字 略道索定之天 而聊以自慰 得無累於高明否 小罪焉 又以潛夫詩一章 强顔供覽 幸勿吝斤正 和以瓊琚 是仰姑留不備 惟希印亮 潛夫詩錄在別册

김완산에게 보내는 편지【병자년(1936) 6월 27일】

참으로 괴롭게도 장마가 지루하게 내립니다. 여름 내내 내리니 매우 사람에게 좋지 않고 곡식에도 이롭지 않습니다. 이것은 기주(箕疇)167)에 이른바 천재지변〔咎徵〕168)일 것이니, 이것이 두렵습니다. 안부는 신의 도움으로 좋으시고 식구들도 잘 지내시는지요? 간절히 소식을 듣고 싶습니다.

저의 어머니는 건강이 좋지 않아 애가 타고 걱정입니다. 저는 윤달 봄에 불행히도 역병에 걸려 직접 병을 겪고 있으면서 스스로 반드시 죽을 것이라고 생각하여 약도 먹지 않고, 또 기도도 드리지 않고 지내며 염라대왕의 명부(名簿)를 기다리고 있었는데, 5~6일【25일】이 되자 신기(神氣)가 갑자기 맑아지고 몸도 그와 같이 확연히 회복되어 일상생활이 역병에 걸렸던 적이 없던 사람같았습니다. 집식구들이 모두 "이상한 일입니다. 병세가 악화될까 두렵습니다."라고 하였는데, 제가 "두려워할 것 없다. 참으로 공공(共工)169)의 아들은 목석같은 완악한 사람으로 사람 축에 낄 수도 없다는 것을 알고, 버리고 병이 떠나가 버린 것이다."라고 하였다.

우리 완옹(玩翁) 군자께서 그 소식을 들으신다면 저도 모르게 실소하실 것입니다. 병끝에 잠복하고 있으니 들집이 적막하고 풀은 뜰에 가득하며 그림자가 위로하고〔形影相弔〕170)있습니다. 추억해보면 완옹의 늙고 곤궁

---

167) 기주(箕疇) : 기자(箕子)가 찬술한 《서경(書經)》의 홍범구주(洪範九疇)를 말한다. '홍범구주'는 기자가 요(堯) · 순(舜) · 우(禹) 이래 정치사상을 집대성한 글로, 무왕(武王)이 은(殷)을 정복하고 난 다음 기자(箕子)를 찾아가 천도를 묻자 기자가 전해주었다고 한다.

168) 천재지변〔咎徵〕 : 《서경》 〈홍범(洪範)〉에 "구징은, 임금이 미친 짓을 하면 늘 비가 오고 참람하면 늘 볕이 나고 게으르면 늘 덥고 조급하면 늘 춥고 몽매하면 늘 바람이 분다.〔曰咎徵 曰狂 恒雨若 曰僭 恒暘若 曰豫 恒燠若 曰急 恒寒若 曰蒙 恒風若〕"라는 구절이 있다.

169) 공공(共工) : 중국 전설상의 네 나쁜 사람인 공공(共工) · 환두(驩兜) · 삼묘(三苗) · 곤(鯀) 중의 한사람이다. 《서경(書經)》 〈우서(虞書) 순전(舜典)〉에 "공공을 유주에 유배하고 환두를 숭산에 유치하고 삼묘를 삼위로 몰아내고 곤을 우산에 가두어 죽을 때까지 있게 하시어 네 사람을 벌하시니, 천하가 다 복종하였다.〔流共工于幽洲 放驩兜于崇山 竄三苗于三危 殛鯀于羽山 四罪 而天下咸服〕"라는 구절이 있다.

170) 그림자가 위로하고〔形影相弔〕 : 아무도 없고 자신의 몸과 그림자만이 서로를 위로

함이 저와 다름없으니, 공거(蛩距)[171]가 날마다 제 마음에 오가지 않은 적이 없습니다. 문득 생각해보면 기운이 절로 미칠 듯하여 다시 뜻을 스승으로 삼는다면 이치는 진실로 그 속에 있습니다.

옛날 은자(隱者) 가운데 뜻을 숭상하여 몸을 숨기는 경우도 있고, 세상을 오만하게 여겨 숨어 사는 경우도 있으며, 재앙을 두려워하여 숨어 사는 경우도 있고, 명예를 두려워하여 숨어 사는 경우도 있지만, 저들에게 모두 품은 뜻을 가지고 있으니, 숨은 것이 참된 은자가 아닐까 걱정입니다. 우리 형과 제가 숨어 사는 것은 일찍이 뜻을 숭상하거나 세상을 오만하게 여거나 재앙을 두려워하거나 명예를 두려워하지 않은 적이 없으니 숨지 말아야 하는데 숨어 사는 것입니다. 이것은 하늘이 자연스럽게 숨어 사는 것을 돕는 것입니다.

또 옛날 사람들 가운데 산에 숨어 들어갔던 경우를 살펴보면, 오직 산림에 깊숙이 들어가지 못할까 걱정하며, 얼굴을 숨기지 못할까 걱정하면서도 일찍이 공신각의 그림에 이름을 올리고, 공적(公籍) 장부에 이름을 미리 싣고, 초거(軺車)[172]를 바라보며 도로를 분주히 달렸습니다.

아, 우리 두 사람은 천 리 밖을 나가더라도 얼굴을 알리지 않았으며, 많은 사람들이 오가는 저잣거리에 서 있더라도 사람들이 그 이름을 알지 못하였습니다. '저잣거리에 몸을 숨긴다.〔市隱〕'[173]는 것은, 진실로 몸을

한다는 뜻으로, 의지할 데 없는 외톨이 신세를 표현한 말이다. 이밀(李密)의 〈진정표(陳情表)〉에 "외롭게 홀로 선 채 신의 몸과 그림자만이 서로 위로할 뿐이었는데, 할머니 유씨가 일찍부터 병에 걸려 침상에 누워 계시니 신은 탕약을 만들어 모셔야지 일찍이 버리고 떠난 적이 없었습니다.〔煢煢孑立 形影相吊 而劉夙嬰疾病 常在牀褥 臣侍湯藥 未嘗廢離〕"라는 구절이 있다.

171) 공거(蛩距) : 상대와 처지가 같음을 말하는 것이다. '공(蛩)'은 공공(蛩蛩)이고, '거(蚷)'는 거허(距虛)로 모두 전설상의 짐승이다. 거허와 공공은 서로 닮은 짐승으로 서로 붙어서 떨어지지 않고 산다고 한다.

172) 초거(軺車) : 사신이나 조정의 급한 명령을 전하는 사자(使者)가 타는 수레를 이르는 말로, 여기서는 벼슬이 내려지기를 바란다는 의미이다.

173) 저잣거리에……숨긴다〔市隱〕 : '市隱'은 옛날에 학문과 재주가 있으면서 세상에 나와서 벼슬길을 구하지 않는 사람을 은사(隱士)라고 하였다. 그런데 그들은 대개 산림 깊숙한 곳에 살았었다. 그러나 그 중에 특별한 인물은 하급 관료로 자진하

숨길만한 곳을 얻은 사람이 우리 두 사람만한 사람이 없습니다. 비록 그렇지만 사람들의 잘나고 못남은 저절로 존재하는 바이니, 이 또한 제 스스로 감히 옳다고 여기지 못하겠습니다. 천명을 곤궁하고 욕되게 하면서도 하늘의 이치를 순응하는 것을 편안히 여기기 때문에 감히 '은(隱)'자 하나로 도를 간략히 하며 하늘에 안정을 구하여 하릴없이 스스로 위안을 삼으니 당신께 누가 되지는 않는지요? 너무 허물하지 마십시오. 또 〈잠부시(潛夫詩)〉 한 구절을 염치없이 보내드리니, 힘써 고쳐주시는데 인색하지 마시고 아름다운 시로 화답하여 주시기 바랍니다. 이만 줄이니 살펴주시기 바랍니다. 〈잠부시〉는 별책에 기록되어 있습니다.

◎與金玩汕書

春雨頻頻 四郊添色 可占來麥之有秋 伏惟起居珍重 慰仰深切 從子一肉塊 今此命送者 雖以尊囑之重違而然也 顧此子 天質不美 且性如馬牛 然所謂渠父盲於文字 素無敎之敎之 方年二十六 於人 但具體而已耳 於尊意 或可再造 幸須養畜之 馴禽之 庶復作人 實是重生之澤也 於役力之餘 晨暮之間 使讀句習字 果是糞墻朽木 不可圬彫 卽命還家 毋作足下之憂 是望是望 餘在候不宣

김완산에게 보내는 편지

봄비가 잦아 사방 교외에 빛깔이 짙어 가니 보리가 풍년이 들 것이라 점칠만합니다. 안부가 좋으신지 위안되고 그리운 마음 더욱 깊습니다. 한 점 혈육인 조카를 지금 이렇게 보내는 것은 비록 당신의 부탁을 거듭 어겨서 그러한 것이기는 하지만, 이 사람을 돌아보면 타고난 자질이 아름답지 못하고 또 본성이 말이나 소처럼 보잘것없습니다. 그리하여 이른바 그 아비라는 사람은 문자에 까막눈이라 평소 그에게 가르친 것이라고는 없습니다. 방년 26살에 사람에게 있어 다만 몸만 갖추고 있을 뿐입니다.

여 일생을 보내기도 하였으니, 그것을 조은(朝隱) 혹은 관은(官隱)이라고 하였다. 또 어떤 인물은 저자에 들어가서 조그만 장사로 일생을 보내기도 하였는데, 그것을 시은(市隱)이라 하였다. 그래서 큰 은사는 조정과 저잣거리에 숨고〔大隱隱朝市〕 작은 은사는 산이나 수풀에 숨는다〔小隱隱陵藪〕라는 말이 있었다.

당신의 생각에 혹시라도 다시 사람으로 만들 수 있을는지요? 바라건대 그를 잘 기르고 가르쳐 다시 사람이 되도록 하신다면 참으로 다시 태어나게 하는 은택일 것입니다. 일을 시키다가 남는 시간이나 새벽과 저녁 사이에 글을 읽히고 글자를 익히게 하시다가 과연 아무짝에도 쓸데없는 사람[174]이라고 판단이 선다면 곧바로 집으로 돌려 보내 족하의 근심이 되지 않도록 하시기를 바랍니다. 나머지는 이만 줄입니다.

◎與金玩汕書

謹伏以省禮 久操冬雨 亦好 伏惟燕養體度 一向珍重 玩頤之樂 日臻窮格否 嘗竊聞老師之言 名浮於實者 古人不居 石潭之號 兄實勸我 其義於我僭也 因改爲芳山 自序以程 惟兄忘勞竄改 以成完篇 又更著芳山原韻一首惠之 昔唐白傳喪中賦詩 右禮者 譏之 弟固不敢守制 但會意不得故 如是煩囑俯諒 必施是仰 姑留不備疏禮

김완산에게 보내는 편지

삼가 예를 생략하고 말씀드립니다. 오랜 가뭄 끝에 겨울비가 내리니 좋습니다. 한가로이 수양하시는 안부는 한결같이 좋으시고 완미하고 정양하시는 즐거움이 날마다 이치를 깊이 연구하시는 지경에 이르렀는지요? 언젠가 연로하신 스승님의 말씀을 들었는데 이름이 실제보다 지나친 것은 옛사람은 차지하지 않는다고 하였습니다. '석담(石潭)'이라는 호는 형께서 저에게 권하였지만, 뜻은 저에게는 참람된 것이었습니다. 그래서 이를 '방산(芳山)'이라고 고치고 제가 서문을 써서 법도로 삼으려고 하니, 우리 형께서는 수고로움을 잊으시고 고쳐 글을 완성시켜 주십시오.

또 다시 방산(芳山) 원운(原韻)[175] 한 수를 지어 은혜를 베풀어 주십시

174) 아무짝에도……사람 : 《논어》 〈공야장(公冶長)〉에 "재여(宰予)란 제자가 낮잠을 자자 공자가 "썩은 나무는 조각할 수 없고 거름흙으로 만든 담장은 흙손질할 수 없다.〔朽木 不可彫也 糞土之牆 不可圬也〕"라고 한 구절이 있다.

175) 원운(原韻) : 차운(次韻)이나 화운(和韻)할 때 원작이 되는 시를 이른다.

오. 옛날 중국 당나라 백부(白傅)[176]가 상(喪) 중에 시를 짓자 예를 따지는 사람들이 그를 나무랐습니다. 저는 진실로 감히 상중에 상제(喪制)의 예법을 지키는 것은 아니지만, 제 마음대로 할 수가 없어 이렇게 번거롭게 말씀을 드리니, 굽어 헤아려 반드시 베풀어 주시기를 앙망합니다. 우선 이만 줄이고 편지의 예를 갖추지 않습니다.

◎ 與金玩汕書

日間 菊山元祚兄 賢胤病勢急報 再昨躬往探之 則雖免危剋 元氣脫落 惟支存一縷陽脈 而只一殼立 聞其起病之初 皆以爲失眞 以此治之 少無見差 今此岌岌之際 偶以益元淸暑等劑投之 則自能穩宿一夜 更次 又能收復自家心神 藥已 則復然 不識果是暑毒之肆耶 有或心經之失耶 試藥察症之人 亦不爲不多 如漁子之訪武陵 只若問津 今丁兄之意 惟願吾玩兄之一照明鑑也 此無他 獨爲吾玩兄之惟謹愼也 雖然好 無委送之人 又無離側之暇 觀者 潓然 以弟於兄爲其無間 仍使之轉囑 故遂送小豚 敢屈杖屨 雖紛冗中 幸賜一顧 專仰專仰 義當造門面陳 數日 以風之餘 眼花足繭 俱足爲苦 未遂如誠 幸恕之如何 鄭兄處向直傳劑面告 而厥後之如何 措綜 尙未得詳矣 昨暮 聞其里中人所道 則政無勝相 悶然悶然 吾人之衰病且窮 而欲落不落者 在在如是 自不禁撫世興歎 菊山還駕之路 或顧之鄭兄否 若能然則兒回示之 欲於蘆湖上一敍之計矣 喜柱 揭號至 則必知之 不復提 餘在小豚晉白中 惟冀體宇 神相萬重 不備候上

176) 백부(白傅) : 당나라 시인 백거이(白居易, 772~846)를 이른다. 호는 향산거사(香山居士)이다. 당나라 시대의 가장 뛰어난 시인 중의 한 사람으로, 29세에 진사시험에 합격, 벼슬길에 올랐으며 35세 때에 창안에서 현위 벼슬로 있으면서 시《장한가(長恨歌)》를 지었는데 이 시가 세상에 알려지자 많은 사람들이 그의 높은 재주에 감탄하였다. 45세 때 지은《비파행(琵琶行)》은 그를 당나라에서 가장 뛰어난 시인이 되게 하였고,《백씨장경집(白氏長慶集)》50권에 그의 시 2천 2백수가 정리되었으며, 그의 시문집인《백씨문집(白氏文集)》은 그의 모든 시를 정리한 시집이다. 그의 시는 짧은 문장으로서 누구든지 쉽게 읽을 수 있는 것이 특징이다.

김완산에게 보내는 편지

일간에 국산(菊山) 원조(元祚) 형의 아드님 병세가 다급하다는 소식을 듣고 어제 직접 가서 살펴보니 비록 위급한 상황을 면하였지만 원기가 소진이 되어 오직 실낱같은 양맥(陽脈)[177]만 겨우 유지한 채 몸뚱이만 보존하고 있을 뿐이었습니다.

말을 들어보니, 처음 병이 생겼던 때에는 모두 실성했다고 여겨 치료하였지만 조금도 차도가 없어 지금 이렇게 다급하게 되자 우연히 익원청서(益元淸暑)[178] 등의 약을 투여하자 절로 하룻밤을 편안히 자게 되었다고 합니다. 두 시간이 지나 또 제정신을 회복하였습니다. 그런데 약을 끊으면 다시 그러하니 더운 독기가 기세를 떨쳐서 그러한 것인지, 조심성을 잃어서 그러한 것인지 모르겠습니다. 약을 쓰거나 증상을 살피는 사람이 많지 않은 것은 아니지만, 이는 마치 어부가 무릉(武陵)을 찾아가려고 나루를 묻는 것이나 마찬가지입니다.[179]

지금 정형(丁兄)의 뜻을 오직 우리 완산(玩汕) 형께서 한번 밝게 살펴보시기 바랍니다. 이는 다름이 아니라 단지 우리 완산 형을 위하여 삼가는 것입니다. 아무리 좋아한다지만 보낼 사람이 없고 또 곁을 떠날 겨를이 없다면 보는 사람은 번민할 것입니다.

저와 형의 관계는 매우 친밀하여 사람들을 통해 부탁하게 하였기 때문

---

177) 양맥(陽脈) : 음양(陰陽)의 속성에 따라 구분한 맥으로, 음맥(陰脈)에 상반되는 맥을 이른다. 28맥 가운데에서 부(浮)·규(芤)·활(滑)·실(實)·현(弦)·긴(緊)·홍(洪)·장(長)·촉(促)·동(動)·뢰(牢)·삭(數)·대(大)·산(散)·혁맥(革脈)이 양맥이다.

178) 익원청서(益元淸暑) : '청서익기탕(淸暑益元湯)'을 이르는데, '청기음(淸氣飮)'이라고도 한다. 더위를 먹어 원기(元氣)를 상하여 열이 나고 땀이 심하게 나면서 기력이 없으며 맥이 약하고 늦은 것을 치료하는 처방이다.

179) 어부가……마찬가지입니다 : 중국 진나라 도잠의 〈도화원기(桃花源記)〉에 "무릉(武陵)에 사는 어떤 어부가 도화원(桃花源)에 갔다가 나와서 그 고을 태수에게 말했는데 태수가 사람을 시켜서 찾아보게 하였으나 길을 찾지 못하였다. 고사(高士) 유자기(劉子驥)라는 사람이 그 말을 듣고 직접 찾아 나섰다가 결국은 찾지 못하고 병들어 죽었다. 그 뒤로는 나루를 묻는 자〔問津者〕가 없었다."라고 하였다.

에 마침내 작은 아이를 보내 감히 왕림해 주시라고 한 것이니 비록 바쁘신 가운데서도 한번 찾아와 주시기 바랍니다. 의리상 마땅히 찾아뵙고 말씀을 드려야 하지만 여러 날 바람을 쐬었던 끝이라 눈은 가물가물하고 발은 부르터서 고생을 하고 있어 저의 정성을 함께 할 수가 없으니 용서하시는 것이 어떻습니까?

정형에게 곧바로 약을 전달하면서 말씀을 드렸는데 그후에는 어떻습니까? 여러 가지 복잡한 사정을 아직도 자세히 듣지 못하고 있습니다. 어제 저녁에 동네 사람이 하는 말을 들으니 아직 낫지 않고 있다고 하니 걱정입니다. 우리들이 몸이 쇠약하고 병들고 게다가 궁핍하기 까지 한데 죽고 싶어도 죽지 못하는 사람들이 여기저기서 이와 같아 스스로 세상을 어루만지며 한탄하기를 마지못하고 있습니다.

국산(菊山)께서 돌아가시는 길에 혹시라도 정형(鄭兄)을 방문하셨는지요? 만약 그렇지 않다면 아이에게 답장을 하여 노호(蘆湖)가에서 한번 만나 회포를 풀 생각입니다.

희주(喜柱)가 이름을 걸어두고 온다면 반드시 알 것이니 다시 말씀드리지 않겠습니다. 나머지는 작은 아이가 말로 전달하기로 하고 몸 건강히 신의 가호로 잘 지내시기 바라며 이만 줄입니다.

又

方注目車塵 泰豚 獨自空還言 師則採藥三山雲深島 遠不知何處去 何日來 聽言未半 腔血自盪 而只得呼奈何而已 海闊天寒 安穩返棹否 慮仰慮仰 鄙書想照覽矣 何暇書 得許多閒說話也 但願以丁兄區區之念爲念 則幸也 此寒太峭 伏惟靜養起居 神相晏重益切 願聞往還之次 使有相聞也 暫此不備禮

또 보내다

수레 먼지[180]만 주목하고 있다가 아들 태(泰)가 혼자 빈손으로 돌아와 "스승[181]께서 삼산(三山) 구름 깊은 곳 깊은 섬으로 약을 캐러 갔는데 길

180) 수레 먼지 : 수레와 말을 이르는 말로, 상대방을 이르는 존경의 말이다.
181) 스승 : 김완산(金玩汕)을 이른다.

어 멀어서 어디로 가셨는지 모르겠습니다. 언제 오실지 모르겠습니다." 라고 말하였습니다. 말을 반도 듣지 않고 마음속에서 다만 "어찌할까?" 라고 부르짖을 뿐이었습니다. 바다가 넓고 날씨는 추운데 편안히 잘 돌아오셨는지요? 걱정입니다.

저의 편지를 받아보셨는지요? 어느 겨를에 편지로 허다한 한가로운 이야기를 받을 수 있을는지요? 다만 정형(丁兄)의 구구한 생각으로 생각해 주신다면 다행입니다. 추위가 매서운데 정양하시는 안부가 신의 도움으로 편안하시기를 바라는 마음 더욱 간절합니다. 갔다가 행차가 돌아오시면 소식을 알려주시기 바랍니다. 잠시 이렇게 편지를 드립니다.

又

歲色紗薄 感懷愈切 伏惟燕超起居 連衛益勝 達行之資 庶得料理否 仰慮仰慮 向者 吾兄命駕 菊山之朝 候于道左 竟無過跡 是甚訝也 意謂傳言者之誤期耶 顧捷徑於塘洞爲也耶 又意謂還次 必有相聞也 已過一宿 又復寂然 良悶良悶 雖然丁雅愼祟 一照明鑑 果是何症 而或可無憂否 實切願聞 幸毋金玉爾音 姑留不宣候禮

또 보내다

한 해가 얼마 남지 않으니 감회가 더욱 간절합니다. 지내시는 안부는 더욱 좋으시고 노잣돈은 마련하셨는지요? 걱정입니다. 지난번 우리 형께서 길을 나섰을 때 국산(菊山) 원조(元祚) 형이 아침에 길가에서 안부를 하려고 하였는데, 끝내 지나간 흔적조차 없었다고 하니 매우 의아하였습니다. 생각해보면 말을 전하는 사람이 기일을 잘못 알려준 것인지, 당동(塘洞)으로 지름길로 가셔서 그러한 것인지요? 또 행차가 돌아오시면 반드시 소식을 들을 수 있을 것이라 생각했었는데 하루가 지났는데도 다시 아무런 소식이 없으니 걱정입니다.

비록 그렇기는 하지만 정형(丁兄)의 병을 살펴보시니 과연 어떠한 증상이 있던가요? 혹시라도 걱정할 만한 것이 없던가요? 듣고 싶은 마음 간절합니다. 당신의 말씀을 금이나 옥처럼 아끼지 마시기 바랍니다.[182] 이만 줄이고 안부편지를 드립니다.

◎ 與金玩汕書

孤燈冷堗 呵手過冬 良有支離 居然獻發 懷舊感新 與歲更始 元朝明淑 瑞日浴出 占得有豊 生靈回祿 伏惟尊體履 新增福 寶覃多慶深祝 弟慈候粗遣 諸累無警言 是則爲幸 而但草木之齡 更添一齒 生來作業 不足一笑 回顧前塵 寸金光陰 輸盡於走作場中 而所得惟白首狂悖四字而已 早知如此 寧從事於陳篇作讀書 老童子 死了足矣 惜哉 奈悔之晚也何 猶幸今日之得充人數者 惟吾玩兄 數十年 直諒提警言之賜也 何日 結一把茅於此隣 朝夕得聞忠善之導 而修補虧漏而贖前愆 而無忝所生耶 此志未遂 垂暮益歎 惟兄江沈夜靜 讀何書 窮何理 晚年之工 想做得不少 深羨深羨 丁愼近復如何願聞 留在續候不宣禮

김완산에게 보내는 편지

외로운 등불이 켜진 냉돌에서 입김으로 손을 녹이며 겨울을 보내느라 참으로 지루하였는데, 어느덧 해가 바뀌어 묵은해와 새해에 대한 감정이 세월과 함께 다시 새롭습니다. 정월 초하루아침이 맑고 상서로운 해가 목욕을 하고 솟아나오는 듯하니, 올해는 풍년을 점칠만하고 백성들은 생기를 되찾았습니다. 당신의 안부는 새해 더욱 복 받으시고 식구들도 경사스런 일이 있기를 깊이 축원합니다.

저는 어머니는 그럭저럭 지내시고 식구들도 별다른 일이 없으니 이것이 다행입니다. 다만 풀과 나무처럼 나이만 한 살 더 먹었습니다. 살면서 해놓은 일이라고는 한번 웃기에도 부족한데, 지난 일을 회고해보면 황금 같은 시간도 바삐 내달리는 속에 다 허비하고 얻은 것이라고는 '백수광패

182) 당신의……바랍니다 : 《시경》〈소아(小雅) 백구(白駒)〉에 어진 손님을 떠나지 말도록 만류하면서 길이 잊지 말자는 내용으로 되어 있다. 그 시의 말미에 "그대의 이름만을 금옥처럼 여긴 채 나를 멀리하려는 마음을 부디 갖지 마시기를.〔毋金玉爾音 而有遐心〕"이라는 구절이 있다.

(白首狂悖)'183)라는 네 글자뿐입니다.

일찍이 이러할 줄 알았다면 차라리 책이나 보고 독서에 몰두하면서 늙은 동자로 죽는 것만으로 만족하였을 것인데 애석합니다. 후회해 본들 늦었으니 어찌하겠습니까? 오히려 오늘 충실한 사람 몇 명을 얻기를 바랍니다. 우리 완산(玩汕) 형께서는 수십년 동안 정직하고 신실한 저를 일깨워 주시는 말을 주셨습니다.

언제나 이웃에 한줌의 띠풀을 엮어 아침저녁으로 충실하고 훌륭한 가르침을 듣고 저의 부족한 점을 보충하며 지난날의 잘못을 속죄하면 저를 낳아주신 부모님께 욕을 끼치지 않을 것입니다. 이 뜻을 이루지도 못하고 늙게 되었으니 더욱 탄식스럽습니다. 형께서는 강 깊은 고요한 밤에 무슨 책을 읽으시고 무슨 이치를 궁구하시는지요? 만년의 공부에 적지 않은 소득이 있을 것이라 생각하니 매우 부럽습니다. 정형(丁兄)의 병은 요사이 어떠한지 알고 싶습니다. 다음에 소식을 전하기로 하고 이만 줄입니다.

◎ 與金牧村址沃書【丙寅 五月 九日 五十才作】

過月暴雨之後 麥之不熟者 七而綿之存者 又不能百之二三焉 而其他擧此可悉 況此亢旱又如是 若干生靈 盡在漏船中 誰爲其善手梢工者 言之痛心 伏惟尊體若何 瞻慕不已 今先生之重被榮職 有幸有不幸焉 凡此同胞 見困於士農工商 于時也 以先生之抱富 試其土 先之工業 次商業次農次學 地方隆盛 指日可待矣 民人之福 無大乎此 此其幸也 顧念世俗往古來今 陰陽互爲消長 君子之與人也 陽抑而陰進之 小人之與人也 陽揚而陰謀之 君子孤立而無倚 小人竝進而多黨 君子善於持己 而拙於盖過 小人媚於進身 而巧於掩迹 君子恃其公心直道 而自謂無傷 往往爲小人所陷 此古今之洞觀 世俗之常情 言念及此 未嘗不撫世興歎 先生 氣太剛 而性太直 持論太高 而行蹟太露 此君子之所長 小之所短 然剛直者 難容 高露者 無援 是以先生困於所長 而忽於所短 願先生降屈素志 下同流俗 雖若浮沈 是謂同人何害乎 鳥鳴蟲吟 自爲春秋哉 露崖角辨玉石

183) 백수광패(白首狂悖) : '백수(白首)'는 '흰 머리털'을 이르고, '광패(狂悖)'는 '행동이 도의에 벗어나서 미친 사람처럼 사납고 막된 것'을 이른다. 여기서는 자신을 낮추어 하는 말이다.

非不爲美 其奈世之不悅者 譁而攻人之何 此謂有不幸焉 人受其幸 而歸其不幸於我其誰爲之 殊蒙先生眷愛 故不避喜怒而敢獻愚衷 幸須察焉 嘗竊聞君子射以觀德 今先生皓白殘年 執弓湊矢 立於豪富冶郎之列 而爭勝負於中否之間 此君子之射耶 豪傑之事耶 正己耶 觀德耶 益壽耶 求福耶 無益徒 爲乘隙者之口實 弟之累爲先生言者 此也 此斷斷非正人端士之所爲也 自今痛革前染 弓則用於彈絮 箭則用於織布 最好好 恕其迂而察其意 則幸甚

목촌 김지옥에게 보내는 편지【병인년(1926) 5월 9일 50세 때 씀】

지난달 폭우가 내린 뒤에 보리가 익지 않은 것이 70%이고 목화가 남아 있는 것이 100에 2~3%도 되지 않습니다. 그 나머지 모든 일들을 다 아실 것입니다. 더구나 가뭄이 또 이러한데 약간의 백성들은 다 물이 새는 배를 타고 있는 상황이니 누가 훌륭한 뱃사공이 될지 말로 하자니 가슴이 아픕니다.

당신의 안부는 어떠하신지요? 그립기 그지없습니다. 지금 선생께서 거듭 영예로운 관직을 받았으니 행운이기도 하고 불행이기도 합니다. 지금 동포들이 사농공상(士農工商)에서 곤란을 당하고 있는 이때에 선생께서 살고 계신 곳에서 포부를 시험하여 우선 공업에 선생의 능력을 시험하고 다음으로 상업, 다음으로 농업, 다음으로 학문으로 순서로 한다면 지방이 융성해지는 것은 날을 지정하여 기다릴 수 있을 것입니다. 그렇게 된다면 백성들의 행복이 이보다 더 큰 것이 없을 것이니 이것이 행운입니다.

지금까지 흐르는 세월을 되돌아보면 음양이 쇠하여 사라지고 성하여 자라났습니다. 군자가 사람들과 함께 하면 겉으로는 억제하는 것 같지만 속으로는 자라고 소인이 사람들과 함께 하면 겉으로는 드러내는 것 같지만 속으로는 자라지 못하게 도모합니다. 그래서 군자는 고립되어 의지할 데가 없고 소인들은 아울러 무리를 만듭니다. 군자는 자기를 단속하기를 잘하지만 자신의 허물을 숨기는 데는 서툴고, 소인은 자신이 출세하는 데는 아첨하고 잘못을 가리는 데는 공교롭습니다. 군자는 공적인 마음과 곧은 도를 믿고서 스스로 괜찮다고 여기는 바람에 왕왕 소인들의 함정에 빠지게 되는 일들이 있으니, 이것은 고금에서 분명히 관찰할 수 있는 것이고 세속의 떳떳한 정이라 할 것입니다. 말과 생각이 여기에 미칠 때마다 세상을 어루만지며 탄식하지 않은 적이 없습니다.

선생의 기상은 매우 강하고 본성은 매우 곧으며 지론은 매우 높고 행적은 크게 드러났으니, 이것이 군자의 장점이고 소인의 단점입니다. 그렇지만 강직한 사람은 용납받기 어렵고 높이 드러난 사람은 도움을 받지 못합니다. 이것이 선생께서 장점에서 곤란을 겪게 되는 것이고 단점에 소홀히 하게 되는 것입니다. 원컨대 선생께서는 평소의 소신을 억누르고 아래로는 세속과 함께 하십시오. 비록 부침을 하더라도 이것을 일러 뜻을 같이 한 사람들 끼리 어찌 해치겠습니까?

선생은 새가 울 때를 봄으로 여기고 벌레가 울 때를 가을로 여기시는지요? 실력을 드러내어 옥과 돌을 구별하게 하는 것은 아름답지 않은 것은 아니지만, 세상의 기뻐하지 않는 자들은 시끄럽게 사람의 흠을 공격해댈 것이니, 이것을 두고 불행이 있다고 말씀드리는 것입니다. 사람들이 행운만을 받고 불행을 되돌리는 것은 내가 아니면 누가 하겠습니까? 자못 선생의 돌보심과 사랑을 입어 저의 말씀에 기뻐하고 화내실 것을 피하지 않고 저의 어리석은 생각을 드리니 바라건대 살펴주십시오.

언젠가 군자는 "활 쏘는 것으로 덕을 관찰한다."[184)]라고 하였습니다. 지금 선생께서는 늙고 사실 날도 얼마 남지 않았는데 활과 화살을 쥐고서 호걸스럽고 부유하며 놀기 좋아하는 사람들의 반열에 나란히 서서 화살이 과녁에 맞았는지의 여부를 다툰다면 이것은 군자의 활쏘기이겠습니까? 호걸의 일이겠습니까? 자신을 바르게 하는 것이겠습니까? 덕을 관찰할 수 있는 것이겠습니까? 목숨을 연장시키는 것이겠습니까? 복을 구하는 것이겠습니까? 아무런 보탬도 되지 않는 무리들이 기회를 엿보는 구실이 될 뿐입니다. 그래서 제가 여러 차례 선생을 위해서 말씀드린 것입니다. 이일은 결단코 바르고 단정한 선비가 할 일은 아닙니다. 지금부터 지난날의 오염되었던 것들을 깨끗이 씻어버리고 활은 솜을 타는데 사

---

184) 활……관찰한다:《소학》 권1의 "셋째는 육예이니, 예절과 음악과 활쏘기와 말타기와 글씨쓰기와 산수하기다.〔三日 六藝 禮樂射御書數〕"라고 한 주의 증주(增註)에 나온 말이다.

용하고 화살은 베를 짜는데 사용하는 것이 가장 좋을 것입니다. 저의 우활함을 용서하시고 뜻을 살펴주신다면 매우 다행할 것입니다.

◎ 與金玩汕址沃書【丁至旬二日 黃菊一帒 送付】

吁兄之金玉其音 于以至於年底 此懷政孤 時中 自受葛以來 纍纍皇皇 窮無所歸 而夜則孤燈爲友 晝則啼鳥爲客 不知天壤之間此獨何物自笑 春來種得數叢菊於籬下 周七八月之間 天小雨枝葉 喫無量苦怯厭而復生 重陽已過 只作珠蕾 而欲吐不吐 我以謂學記曰 知困然後 能自强 其木歟 南華子曰 美成在久將待久 而欲美 其花歟 朝暮盤桓 無一箇對翁笑者 乃至十月之中 花政盛開 不是俗物 粲然立嚴霜之傑 偃然作高士之居 唐人詩曰 聊與秋風戰一場 秋琴詩曰菊爲十月嶺南花信 知其南北異候也 摘最先者 一掬密 與老妻釀 而飮之 酒香而冽 果遠於賢 其聖乎 吾今知陶徵士之愛菊 非獨以歲寒之操也 古人曰 菊之所貴者 苗可以菜 花可以藥 囊可以枕 釀可以飮 東人 又多作餠 採乾一帒花以呈 而惟兄過麥田泥醉者 可作餠啗之如何 好笑 伏惟體度康旺 求嗣之人 宜其治棲 而又有夢熊之朕耶 寔切顧聞 再明弟之三子 迎相之日也 難可遠屈 故已之恕在焉

완산 김지옥에게 보내는 편지

【정축년〔1937〕 11월 12일, 국화 1자루를 보냄】

아, 형의 금옥(金玉)같은 소식이 연말에 도착하였는데 이 마음을 저버리고 답장을 드리지 못하였습니다. 저는〔時中〕 수갈(受葛)[185]한 이후로 너무 경황이 없고 궁박하여 어디로 돌아가야할지 모르겠습니다. 밤이면 외로운 등불이 벗이 되고 낮이면 지저귀는 새가 나그네가 되어 천지간에 무슨 존재인지 몰라 스스로 웃었습니다. 봄에 울타리 아래 심어두었던 국화를 몇 떨기 얻었습니다. 7~8월 사이에 하늘에서 가지와 잎 사이에 가

185) 수갈(受葛) : 《상례사전(喪禮四箋)》 〈상복상1 수복3(喪服商一 受服三)〉에, '상복의 수질(首絰)이나 요대(腰帶)에 마질(麻絰)이나 마대(麻帶)를 착용하기도 하고 갈질(葛絰)이나 갈대(葛帶)를 착용하기도 하는데, 칡을 넣은 질(絰)이나 대(帶)를 착용하는 것을 이른다.'라고 하였다.

랑비가 내려 끝없는 괴로움을 겪으며 다시 자랐습니다. 벌써 9월 9일 중양절(重陽節)이 지나 봉우리만 맺혀 꽃을 토할 듯 토하지 않고 있습니다.

제가 생각하기에 《예기(禮記)》 〈학기(學記)〉에 "곤궁함을 알아야 스스로 강해진다."[186]라고 하였는데 그것은 나무일 것입니다. 또 《남화경(南華經)》에 "아름다워지려면 오래 기다려야 한다."[187]라고 하였으니, 장차 오래 기다려 아름다워지는 것은 아마도 꽃일 것입니다. 아침저녁으로 그곳을 서성대 보았지만 한 송이도 늙은이에게 웃어주는 것이 없더니, 10월 중순이 되자 활짝 꽃이 피어 세속의 물건이 아닌 것 같았습니다. 찬연히 혹독하게 서리가 내리는 속에 우뚝하니 걸출하고 위엄있는 모습이 은거하는 고사(高士)와 같았습니다. 그래서 당나라 사람들의 시에 "가을 바람과 한바탕 전쟁을 치르네."라고 하였고, 〈추금시(秋琴詩)〉에 "국화는 10월 영남의 꽃소식이네."라고 하였으니, 남북의 기후가 다르다는 것을 알 수 있습니다. 가장 먼저 딴 한 움큼으로 늙은 아내와 술을 담궈 마셔 보았더니 술은 향기롭고 시원하여 과연 현주(賢酒)[188]보다 나은 성주(聖酒)[189]입니다.

저는 지금 도징사(陶徵士)가 국화를 사랑한 것은[190] 유독 찬 겨울에도 시들지 않은 지조 때문만은 아니었습니다. 옛사람들이 "국화가 귀한 것

---

186) 곤궁함을……강해진다 : 《예기(禮記)》 〈학기(學記)〉에 "학문을 해 본 다음에야 자기의 재주가 곤궁함을 알게 되고, 가르쳐 본 다음에야 곤궁함을 알게 되니, 곤궁함을 안 다음에야 스스로 반성하는 것이며, 어려움을 안 다음에야 스스로 열심히 노력하게 되는 것이다. 그러므로 '가르치는 것과 배우는 것이 서로 증진한다.'라고 한 것이다.〔學然後知不足 敎然後知困 知不足然後能自反也 知困然後能自强也 故曰 敎學相長也〕"라는 구절이 있다.

187) 《남화경(南華經)》에……한다 : '《남화경(南華經)》'은 '《장자》'의 다른 이름으로, 〈인간세(人間世)〉에 나오는 구절이다.

188) 현주(賢酒) : 탁주(濁酒)의 다른 이름이다.

189) 성주(聖酒) : 청주(淸酒)의 다른 이름이다.

190) 도징사(陶徵士)가……것은 : '도징사'는 도잠(陶潛, 365~427)을 이른다. 송나라 주돈이(周敦頤)의 〈애련설(愛蓮說)〉에 "물이나 뭍에서 자라는 여러 가지 초목의 꽃 중에는 사랑스러운 것이 매우 많은지라, 진나라 도연명은 유독 국화를 사랑하고……나는 유독 연꽃을 사랑한다.……연꽃은 꽃 중의 군자이다.〔水陸草木之花 可愛者甚蕃 晉陶淵明獨愛菊……予獨愛蓮……蓮花之君子也〕"라고 한 구절이 있다.

은 싹은 나물로 먹을 수 있고 꽃은 약을 만들 수 있으며 주머니에 담아 벨 수도 있고 술을 담궈 마실 수도 있어서이다."라고 하였습니다. 우리나라에서는 또 떡을 만들어 먹는 사람이 많습니다. 따서 말린 한 자루의 꽃을 드리니, 우리 형께서는 보리밭을 지나도 취하는 사람이니 떡을 만들어 드시는 것이 어떻습니까? 웃습니다.

안부가 좋으시기 바라며 부인과는 살림을 꾸리시고 또 아들을 낳을 조짐이 있는지요. 간절히 소식을 듣고 싶습니다. 모레 저의 셋째 아들이 아내를 맞이하는 날이지만, 멀리서 왕림하시기 어렵다고 여겨 말씀을 드리지 않았으니 용서하시기 바랍니다.

◎ 與金牧村址沃書

伏以省禮 更詢秋雨頻頻 禮候萬福 仰慕區區者 益益倍常 弟季夏之初 爲財主所執 厥品 皆富家笆籬之棄物也 一無足惜者 老妻幼婦重之 如九鼎和璧 謂余爲一家之長人者 妻來訴曰 可以寬乎 婦來告曰 可以買乎 余否其寬 而可其買請官人 而問其直 官人曰 八円可買 商人曰 六円足錢 余又請于官人曰 雖無見直 其八円 賣與我可乎 官人矜余之迫 宥以十五日而諭之曰 愼勿失期 余則應之 遂拜而送之 實是非心不勤 奈多髯翁之不與窮人如何 官人待不得 昨又出來猛然謂余曰 子略如法度之人 誰謂善欺如此耶 余無言可答 而不覺面紅 但仰屋深座耳 官其人曰 競而賣之當否 余曰 可可 官其人考厥物品 闕一甕焉 余問家人妻來前曰 信知我物 而貸人釀酒 官其人勃然不悅曰 犯了犯了 又慼然良久曰 特貸五日 愼無如疇昔乎否 余感其高義 重口敬諾 而又拜謝送之 朝來思之幸得一計 乃先生也 再再明日 午前十一鍾 金八円 替償于鄭璡圭之妻之父之子焉 此則官人也 自顧一思 不禁呵呵 餘不備疏禮

목촌 김지옥에게 보내는 편지

예는 생략합니다. 다시 묻건대 가을비가 잦은데 잘 지내시는지 그리운 마음이 평상시보다 배나 더합니다. 저는 6월초에 재주(財主)에게 잡힌 물건들은 모두 부자들에게는 아무 쓸모없이 버려진 것들이라 하나도 아까울 게 없겠지만 늙은 처와 어린 며느리에게는 구정(九鼎)이나 화벽(和

璧)[191]처럼 귀한 것이었습니다.

제가 한집안의 가장이라 처가 와서 하소연하기를 "너그럽게 봐주면 안 되는지요?"라고 하고, 며느리는 와서 "살 수는 있는지요?"라고 하였습니다. 그래서 제가 "봐줄 수는 없지만 그 물건을 살 수는 있지."라고 하고는, 관인(官人)에게 요청하여 가격을 묻자, 관인은 "8엔이면 살 수 있을 게요."라고 하였고, 장사꾼은 "6엔이면 충분할 것입니다."라고 하였습니다. 제가 또 관인에게 요청하여 "비록 현금은 없지만 8엔이면 저에게 팔 수 있습니까?"라고 하였습니다. 관인이 저의 다급한 물음을 가엽게 여겨 15일까지 날짜를 늦추어주며 "신중히 하여 기한을 어기지 마시오."라고 하였다. 저는 대답하고 마침내 절하고 그를 전송하였습니다.

실로 마음으로 간절하지 않은 것이 아니었지만 수염 많은 노인이 궁한 사람을 도와주지 않은 것이 많으니 어찌하겠습니까? 관인이 기다려주지 않고 어제 또 와서 갑자기 "그대가 법도대로 하는 사람이라면 누가 이렇게 잘 속이겠소?"라고 하였는데, 제가 대답할 말이 없어 나도 모르게 얼굴이 붉어져 다만 지붕만 쳐다보며 깊숙이 앉아 있을 뿐이었습니다.

관인이 "경매로 사지 않겠소?"라고 하여, 제가 "그렇게 하겠습니다."라고 하였다. 관인이 그 물건을 살펴보았는데 옹기 하나가 모자랐습니다. 그래서 제가 집사람에게 묻자 처가 앞으로 나와 "정말로 우리 물건인 줄 알고 남에게 빌려주어 술을 담게 하였습니다."라고 하자, 관인이 발끈 불쾌해 하면서 "일을 저질렀구만, 저질렀어."라고 하고는 한참을 근심

191) 구정(九鼎)이나 화벽(和璧) : '구정'은 하(夏)나라 우(禹) 임금이 천하의 구주(九州)에서 쇠를 거두어들여 만든 솥으로 대대로 전하는 국가의 권력을 상징하는 보물이다. '화벽'은 화씨의 구슬을 말한다. 초(楚)나라 사람 변화(卞和)가 형산(荊山)에서 박옥(璞玉)을 얻어 여왕(厲王)에게 올리니, 여왕이 옥공(玉工)을 시켜 감정하게 하였다. 옥공이 돌이라고 하니 임금이 속였다고 하여 변화의 좌족(左足)을 베어 버렸다. 여왕이 죽고 무왕(武王)이 즉위하자 또 박옥을 올리니, 무왕이 옥공을 시켜 감정하게 하였는데 또 돌이라고 하므로 그 우족(右足)을 베어버렸다. 그 후 무왕이 죽고 문왕(文王)이 즉위하자 변화가 박옥을 안고 형산 아래에서 통곡하니, 문왕이 사람을 보내어 그 연유를 물었다. 변화가 "보옥을 돌이라 하고 정직한 선비를 간사한 자라고 하니, 그것이 슬퍼서 그런다."라고 하였다. 왕이 마침내 옥공을 시켜 박옥을 쪼개보니 과연 진귀한 보옥이 나왔다.

스러워하다가 "특별히 5일동안 말미를 줄 터이니, 신중히 이전처럼 하지 않을 수 있겠소?"라고 하였습니다.

제가 그의 두터운 우의로 신중히 허락해주심에 감사해 하며 또 절하고 그를 전송하였습니다. 아침까지 생각해보니 다행히 한가지 계책을 얻었는데 그것은 바로 선생이었습니다. 글피 오전 11시에 돈 8엔을 정진규(鄭璡圭)의 처남에게 보상할 것이니, 이 사람이 바로 관인입니다. 스스로 돌아보고 한번 생각을 해보니 우습기 그지없습니다. 나머지는 이만 편지의 예를 갖추지 않습니다.

◎答金玩汕書

日夕 瞻仰之際 拜承惠翰 便若對席奉晤 謹審書後 靜中體度 神旺康穆 仰慰且頌 弟親候保遣 伏幸萬千 而示意謹悉 則李君之客中 出力 實不容易 而如此盛意 不可忘也 誠感先於喜也 日後之隨聞相報 非弟則兄也 以此諒存 姑留不備 謹謝上

김완산에게 답하는 편지

밤낮으로 그립던 즈음에 편지를 받으니 마치 당신을 만나 이야기를 나누는 듯하였습니다. 편지를 받고 나서 고요히 지내시는 안부가 건강하시다니 위안이 되었습니다.

저의 부모님은 별탈없이 그럭저럭 지내고 계시니 천만다행입니다. 말씀하신 뜻은 다 알았습니다. 이군(李君)이 객지에서 역량을 쏟는 것은 참으로 쉽지 않은데, 이와 같이 성의(盛意)를 보이시니 잊지 못하겠습니다. 진실로 감사함이 기쁨에 앞섭니다. 이후에 듣는 데로 알려주는 사람이 제가 아니면 형일 것입니다. 이를 헤아려 주십시오. 이만 줄이고 답장을 드립니다.

◎答金玩汕書

辱書拜感拜感 嘗伏聞郡誌改刊 輿論騰崚其勢 將不容不擧 如弟之輩 何足有無於多士之列 而與議於先德褒撰之事哉 區區之心 終不能自已者 以其好德之

同一其天也 切欲趨走鄕席末 恭聽其忠言正論 而與衆星斗者 此時中也之素志也 而自入夏來 家憂蝟集 身亦多疾 未副盛敎 罪悚罪悚 爲之謝僉尊 則幸也 雖然竊伏想天下之事 處己學人 本無二致 使其爲校蒐者 但當以誠意正心 務從義理上做去 於回瀾東之何有 凡誌之不實 寔自道理不明中 出來爾 此不獨混累先輩意 欲瞞誣後人也 顔子日 薰猶 不同器而藏 況人之賢否之別乎 此誌若傳足可使後之視今者 信於文字 而眡其名實矣 此大可懼也 惟尊逐與鄕之諸君子速圖之是幸 弟亦稍俟病可 一瞻盛儀伏計耳 謹承審貴體神相晏重 慰仰深切 多少留後 不備謹謝狀上

김완산에게 답하는 편지

당신의 편지를 받고 감사하였습니다. 군지(郡誌)를 다시 간행한다는 말을 들은 적이 있는데 여론이 비등하여 발행하지 않을 수 없지만 저같은 사람은 여러 선비의 반열에 있으나마나한데, 어찌 선조의 덕을 포양하는 일에 참여하여 의논하기에 충분하겠습니까? 구구한 저의 마음에 끝내 스스로 거절하지 못하는 것은 덕을 좋아하는 것은 하늘로부터 동일하게 타고났기 때문입니다. 그래서 간절히 말석에라도 달려 나아가 충직한 말과 바른 의논을 삼가 들으며 뭇별 같은 분들과 함께 하고 싶은 것이 저의 평소 뜻이었습니다. 그런데 여름이 되고부터 집안의 근심이 고슴도치가시처럼 빈틈이 없고 제 몸에도 병이 많아 당신의 훌륭하신 말씀에 아직도 부응하지 못하고 있으니 죄송합니다. 이를 여러분께 사죄해주신다면 다행이겠습니다.

비록 그렇기는 하지만 세상일에 자기 몸을 단속하거나 남을 가르치는 것들이 본래 다른 이치가 아닙니다. 만약 교정을 보게 된다면 다만 마땅히 성의와 바른 마음으로 의리에 종사할 것이니, 그렇게 한다면 거센 물결 속에서도 냇물을 동쪽으로 흐르게 하는데 무슨 어려움이 있겠습니까?[192] 군지(郡誌)가 부실한 것은, 참으로 분명하지 않은 도리에서 나와

192) 거센……있겠습니까 : 원래는 불교와 노장(老莊) 등 이단의 세력을 막을 수 없으리라는 뜻이었지만 여기서는 어려움 속에서도 순리대로 일을 성사시킨다는 의미이다. 한유(韓愈)의 〈진학해(進學解)〉에 "온갖 냇물을 막아 동쪽으로 흐르게 하고,

서 그렇습니다. 이러한 일은 선배들의 뜻에 혼탁하게 뒤얽혀 있을 뿐만 아니라 후세 사람들을 속이려는 것입니다. 안자(顔子)가 "향기로운 풀과 악취 나는 풀은 같은 그릇에 담지 않는다."193)라고 하였습니다. 더구나 어질고 어질지 못한 서로 다른 사람의 경우는 어떠하겠습니까? 이 군지가 만약 전해져서 후대 사람들이 지금을 살펴보는 자들로 하여금 군지에 기록된 문자를 믿고 이름과 실상을 보게 될까 이것이 제가 크게 두려워하는 것입니다.

바라건대 당신께서는 마침내 고을의 여러 군자들과 함께 서둘러 도모하시기 바랍니다. 저도 조금 병이 낫기를 기다렸다가 한번 당신을 뵈려고 생각하고 있습니다. 편지를 받고 당신께 신의 도움으로 편안히 잘 계시다니 위안되는 마음 깊습니다. 다소간의 사연들은 뒤에 전하기로 하고 이만 줄이고 답장을 드립니다.

◎答金牧村址沃書

牧村 遊覽日本及中華時 日自蔚 歸惠書 已宿塵案 奉讀數回 如對萬里顔範 良感良感 就中寄惠金 何若是存念之過耶 兄義重如山之人 於南兄則不可負信 至於弟也 亦欲以衆人報之耶 客霜三載 多少喫苦 不可口爲 而奚暇爲區區之節於朋友之間也 弟則無間於兄我 而兄則似有分乎彼此也 此非古人取友之義 而殆近乎賈直 令人駭歎 方草答書適 又三度 寵翰一時來着 自謂有甚緊急 忙手披閱 則乃是戀情寫懷而已 執書良久 憮然自失 弟意吾兄東渡扶桑 北躡禹域 所歷登臨之處 必名山大川 所來揮毫之場 必通邑雄都 所與交遊之人 必雄偉魁傑之士 以吾兄豪雄俊爽之姿 想善養浩然之氣 其胸襟宇量 必有與曩日回絕 而言語文章 不愧爲今世子長矣 今看此書 則存諸心而發於辭者 乃無過乎平日常

이미 엎어진 상황에서 미친 듯 흘러가는 물결을 되돌렸다.〔障百川而東之 廻狂瀾於既倒〕"는 말이 있다.

193) 향기로운……않는다 : 《양서(梁書)》 〈유준열전(劉峻列傳)〉에, 중국 양(梁)나라 유준(劉峻)이 "천하에 선한 이는 적고 악한 이는 많으며, 어두운 군주는 많고 밝은 군주는 적다. 향기로운 풀과 악취 나는 풀은 한 그릇에 담지 않고, 올빼미와 난새는 깃털을 맞대지 않는다.〔天下善人少 惡人多 闇主衆 明君寡 而薰蕕不同器 梟鸞不接翼〕"라는 구절이 있다.

常之談也 此豈素望於吾兄者哉 切願吾兄益加激勵 以盡天下之壯觀 而錦繡珠玉 滿載以歸 弟以野薮村醪 候兄於海松亭上 尙未晩也 餘敬祝旅中體度康旺 多少姑閣 不備謝禮

목촌 김지옥에게 답하는 편지

목촌(牧村)께서 일본과 중국을 유람하던 때는 날마다 소식을 듣지 못해 절로 답답했었는데, 집으로 돌아와 보니 당신의 편지가 이미 먼지 낀 책상 위에 놓여 있었습니다. 그래서 여러 번 읽어보니 마치 만 리에서 얼굴을 마주하는 것 같아 참으로 감사하였습니다.

다름 아니라 드릴말씀은, 부쳐 주신 돈은 어찌 이렇게까지 염려하심이 지나치신지요? 형의 의리가 산처럼 무거운데 남쪽에 계신 형께서 저에게까지 믿음을 버리지 않으시니, 이 또한 뭇 사람들이 형께 은혜를 보답하려는 것인지요?

형께서는 객지에서 3년 동안 겪으신 온갖 고생을 말로 다 할 수 없을 텐데, 어느 겨를에 벗에게까지 구구한 절도를 지키십니까? 저는 형과 저 사이에 아무런 허물이 없다고 생각하는데 형께서는 피차에 구분을 두시는 듯합니다. 이것은 옛사람들이 벗을 취하는 의리가 아니고, 거의 장사치에 가까운 것이니 사람으로 하여금 탄식스럽게 합니다. 급하게 답장을 써서 보낸 것이 세 차례인데 당신의 편지가 동시에 도착을 하여 제 스스로 급한 일이 있다고 여겨 서둘러 편지를 펴보니 그리운 정이 가득한 회포를 쓴 편지였습니다. 한참동안 편지를 쥐고 망연자실하였습니다.

제 생각으로는 우리 형께서 동쪽으로는 동쪽 바다를 건너고 북쪽으로는 우역(禹域)[194]을 밟으며 지나는 곳과 오르는 곳은 반드시 이름 난 산과 큰 강이고 와서 붓을 휘두른 곳은 반드시 사통팔달(四通八達)의 큰 도읍일 것이며, 함께 교유한 사람들은 반드시 뛰어난 선비들일 것입니다. 우리 형의 호걸스럽고 뛰어난 자태로 호연지기(浩然之氣)를 잘 기르고 마음 속 도량은 반드시 전날과는 다르고 언어와 문장은 오늘날의 자장(子

194) 우역(禹域) : 우(禹) 임금의 영역이라는 뜻으로 중국을 가리킨다.

長)[195]일 것입니다. 지금 이 편지를 보니 마음속에 담고 있던 것을 글로 드러낸 것이 평소 항상 말씀하시던 것에 불과하였습니다. 이것이 어찌 우리 형께 평소 바라던 것이겠습니까?

간절히 바라는 것은 우리 형께서는 더욱 더 힘쓰시어 천하의 장관을 다 글로 담아 아름다운 비단이나 보배처럼 가득 싣고 돌아오시는 것입니다. 저는 들 채소와 촌 막걸리를 마시며 해송정(海松亭) 위에서 형에게 안부 편지를 드리는데도 아직 해가 저물지 않았습니다. 나머지는 삼가 객지에서 건강하시기를 빌며 여러 가지 사연들은 우선 이만 줄이고 답장의 예를 갖추지 않습니다.

◎ 答書畵研友會長金址沃書

伏以省禮言　棣體候若何　景慕不任　今書畵研究會之創立　誠南州　未曾有之盛擧也　而傍索微逐　遍及於僻村野夫者　此其萬途同軌之惠念也　感服感服　然而只是好龍　而未嘗龍肉者也　何敢操刀於屠龍之場哉　重違盛意　竊欲忝末　道路稍間　暇亦不得　故敢生追入之意　不知於會規有諸否　且辱問又及於家侄罪政　貴會敎之道　無遠不周　而無賤不逮　雖有百口鳴謝　曷了得此　際會　在渠一時　奈身在衰麻何　茹恨茹恨　大仁僉座　未能各幅修候　幸爲我謝之　餘姑閣不備疏禮　丁卯五月　二十三日

서화연우회장 김지옥에게 답하는 편지

예는 생략하고 말씀드립니다. 형제들의 안부는 어떠하신지요? 그리움을 이길 길 없습니다. 지금 서화연구회가 창립된 것은 참으로 남쪽 고을에서 일찍이 없었던 훌륭한 일입니다. 가까이에서 찾고 은미하게 쫓아 궁벽한 시골의 농부에게까지 두루 미친 것은, 길은 서로 다르지만 수레를 같이한 은혜로운 생각입니다. 매우 감복합니다. 그렇지만 저는 다만 용을

195) 자장(子長) : 중국 전한(前漢)의 역사가이자 《사기(史記)》의 저자인 사마천(司馬遷)의 자이다. 동양 역사학의 시조로 역사학을 정립한 사람이라고 평가해도 과언이 아닌 동아시아 지역 역사학계에서 가장 높게 평가받는 위대한 역사가 중 한 명이다.

좋아하지만[196] 아직 용고기는 먹어본 적이 없습니다. 어찌 감히 용을 잡는 곳에서 칼을 쥘 수가 있겠습니까?[197] 거듭 당신의 훌륭하신 뜻을 어기게 되었습니다.

가만히 생각해보면 말석에라도 참여하고 싶지만 도로도 멀고 겨를을 내는 것도 쉽지 않아 감히 추가로 넣어주기를 바라는 마음이 생겼으니, 연우회(研友會)의 규칙에 그러한 사례가 있는지 모르겠습니다. 편지를 보내시고 또 집안 조카의 잘못에 대하여 언급하시었습니다. 귀(貴) 모임의 가르침의 도가 아무리 먼 곳이라도 두루 미치지 않은 곳이 없고 아무리 천하더라도 미치지 않은 사람이 없으니, 비록 많은 사람들이 사양해 본들 어떻게 저의 간청을 얻을 수 있겠습니까? 만남은 저에게 한때이지만 제가 상중에 있는 몸이니 매우 아쉽습니다. 크게 어진 여러분들에게는 따로 편지를 드리지 못하니 저를 위해 감사를 드려주시기 바랍니다. 나머지는 우선 물리쳐두고 편지의 예를 갖추지 않습니다.

정묘년〔1927〕 5월 23일

◎ 與朴淵庵正善書【戊寅 正月 三日】

戊寅立春前二日 時中 敢省禮 謹奉書于淵庵文丈 服次去八月八日 與磻谷兄相等乎固城 日已沈西 未見御者之旋 立悵然返節 而固擬有甚事故矣 得承再度辱書然後 始知尊座 果遭季路不忍之喪 痛割何可言 有日乃克襄事 重陽之後更尋前約云 又與磻老 日望山川之有帶其精彩 來也駸駸至于年底 而珮聲終寂未識邵車自適 剡棹徑返耶 釀來懷抱 與歲俱新 伏惟服體候 以時保重 季文善

196) 용을 좋아하지만 : 원문은 '好龍'. 《신서(新序)》 〈잡사(雜事) 5〉에, 섭공 자고(葉公子高)가 너무도 용을 좋아해서 집안 이곳저곳에 용을 새겨 장식해 놓자 진짜 용이 내려와서 머리를 내밀고 꼬리를 서렸는데, 섭공이 이를 보고는 대경실색하여 달아났으니, "이는 섭공이 진정으로 용을 좋아한 것이 아니라 용 같으면서도 용 아닌 것을 좋아한 것이다.〔是葉公非好龍也 好夫似龍而非龍者也〕"라는 구절이 나온다.

197) 어찌……있겠습니까 : 여기서 말하는 '용'은 서화가와 그들이 모인 서화연구회를 말하는데, 자신은 평소 예술을 좋아하면서도 그 경지에 들어가지도 못하였고 용을 잡을 정도의 솜씨를 가지지 못해 연구회에 참석하지 못하겠다는 겸손한 거부의 표현이다.

食讀字否 夭夭在目 二權兩鄭 與翱翔德林 日尋顔氏所樂 而未知老之將至耶 區區竝切溱仰 時中 受葛以後 疾病相尋 抛却殘書 擁衾過活 苦無善狀可聞 而惟吾竹翁遺書 未遑繡梓者 非心不勤 實由主家之所苟而然矣 來秋斷然刊了 而序跋文字 春間期於受整是圖 此是鄕人士商確之論也 而都在尊座之左右也 惠照萬千 餘冀俯遵禮制 衛道自珍 不備疏禮

연암 박정선에게 보내는 편지【무인년〔1914〕 1월 3일】

무인년〔1914〕 입춘 이틀 전, 저는〔時中〕 감히 예는 생략하고, 삼가 연암(淵庵) 선생께 글을 드립니다. 상중〔服次〕[198]에 지난 8월 8일 반곡(磻谷) 형과 고성(固城)에서 기다렸지만 해가 이미 저물어 그대가 돌아가는 것도 보지 못해 우두커니 서서 서글피 돌아왔으니, 진실로 무슨 일이라도 있은 것은 아니었나 싶었습니다. 그러다 거듭 보내신 편지를 받고서야 비로소 계로(季路) 형제의 상을 당해 몸이 쪼개지는 아픔을 어떻게 말로 하겠습니까?

이에 장례를 치르고 9월 9일 중양절(重陽節) 이후 지난번의 약속을 모색하겠습니다. 또 반곡(磻谷)과 더불어 날마다 산천이 띄고 있는 정채로움을 보고 있자니, 어느새 연말이 되고 말았습니다. 그런데도 패옥(珮玉) 소리가 끝내 고요하니, 소강절(邵康節)이 수레를 타고 유유자적하였고,[199] 섬계(剡溪)의 배가 급히 돌아갔는지[200] 모르겠습니다. 깊어가는 마음속 회포가 세월과 함께 새로워집니다.

상중에 안부는 어떠하신지 잘 보중하고 계신지요? 계문(季文)은 밥 잘 먹고 독서는 잘하고 있는지요? 예쁜 모습이 눈에 아른거립니다. 두 권씨

---

198) 상중〔服次〕: 복중(服中)에 있는 상대방과의 관계가 평교간일 경우에 자신을 이르는 말로 쓰인다.

199) 소강절(邵康節)이……유유자적하였고 : 《송사(宋史)》 〈소옹열전(邵雍列傳)〉에, 송나라 소강절(邵康節)이 작은 수레를 타고 마음 내키는 대로 돌아다녔다고 한다.

200) 섬계(剡溪)의……돌아갔는지 : 벗의 방문을 이른다. 《세설신어(世說新語)》 〈임탄(任誕)〉에, 진(晉)나라 왕휘지(王徽之)가 폭설이 내린 밤에 술을 마시며 좌사(左思)의 초은(招隱) 시를 읊다가 갑자기 섬계(剡溪)에 있는 친구 대규(戴逵)가 생각이 나서 밤새 배를 저어 그 집을 찾아갔던 고사에서 유래한 것이다.

(權氏)와 두 정씨(鄭氏)가 함께 덕의 숲에서 날개짓하고 날마다 안씨(顏氏)의 즐거움[201]을 찾으니 장차 늙어가는 것도 모르겠습니다. 그리운 마음 간절합니다.

저는〔時中〕 수갈(受葛)[202] 이후로 병이 연이어 찾아와 몇 권의 책도 던져버리고 이불을 끌어안고 지내고 있어 이러한 고통을 잘 표현하여 말씀드릴 길이 없습니다. 우리 죽일(竹逸) 선생의 유서는 아직 책으로 간행할 경황이 없으니 마음이 간절하지 않은 것은 아니지만 실로 주관하는 사람이 진실되지 않아서 그러한 것입니다.

오는 가을에는 반드시 간행할 것입니다. 서문과 발문은 봄 사이에는 받아서 정리할 생각입니다. 이것은 고을 선비들이 헤아려 확정지은 논의이지만, 모든 것은 당신의 판단에 달려 있으니 헤아려주시기를 간절히 빕니다. 나머지는 상례를 따르고 도를 위해 자중하시기를 빌며 편지를 드립니다.

◎ 與朴淵庵正善書【丁丑 四月 二十一日朝】

罪中 謹再拜奉書于淵庵文丈座下 猥以樗散 不諒過分 大君子盛德光容 慕望而愛悅之者久矣 萬萬不自意 實以天借 其更幸得侍御一宿 不以非流見斥 特賜之顏色而接 以言辭 欲使刮垢 求覩 本相 道其不及要至于中 固知仁人含容煦嫗之度 無物不包也 而實賤生 所不圖之際遇 此豈素望於長者之門者哉 不棄之恩存沒不忘矣 竊惟吾竹逸鄭先生遺集 校閱宿約珍重 當恭俟進退之命 然而若或少遲 則恐犯熟候 故免不得急急奉聞 幸殊恕察 而可三五日選暇 旋直回示 則躬當晉謁伏計矣 俯諒焉 懷正勤矣 鐵城一別 已屬暮春 伏惟燕養起居履 時晏

---

201) 안씨(顏氏)의 즐거움 : '안씨'는 공자의 제자인 안회(顏回)를 이르며, 그는 가난 속에서도 도를 즐겼던 사람이다. 《논어(論語)》〈옹야(雍也)〉에 "어질다, 안회여. 한 그릇 밥과 한 표주박 물을 마시며 누항에 사는 것을 사람들은 근심하며 견뎌 내지 못하는데, 안회는 그 낙을 바꾸지 않으니, 어질도다, 안회여.〔賢哉 回也 一簞食 一瓢飮 在陋巷 人不堪其憂 回也 不改其樂 賢哉 回也〕"라고 공자가 칭찬하였다.

202) 수갈(受葛) : 《상례사전(喪禮四箋)》〈상복상1 수복3(喪服商一 受服三)〉에, '상복의 수질(首絰)이나 요대(腰帶)에 마질(麻絰)이나 마대(麻帶)를 착용하기도 하고 갈질(葛絰)이나 갈대(葛帶)를 착용하기도 하는데, 칡을 넣은 질(絰)이나 대(帶)를 착용하는 것을 이른다.'라고 하였다.

重 寶覃均休否 瞻慕冞切 弟之頑縷不死 不足仰聞崇聽者 而向經德峰書堂告落之後 萎苶 又甚長日不振 皆由素無充養之致也 奈何 又定得一窮巷僻淨處 而亦竝見示之之伏企耳

연암 박정선에게 보내는 편지【정축년(1937) 4월 21일 아침】

상중에 연암(淵庵) 어른 좌하께 편지를 드립니다. 외람되이 저는 아무 쓸모없는 사람〔樗散〕[203]인데 과분함을 헤아리지도 못하고 대군자의 고상한 품성과 모습을 사모하고 사랑하며 기뻐한 지 오래되었습니다. 그런데 천만 뜻밖에 하늘이 다시 다행스럽게도 하룻밤 모실 기회를 빌려주었는데, 좌하께서 저를 보잘것없는 사람이라고 배척하지 않으시고, 특별히 맞아주시고 말씀을 통해 때를 닦아 본모습을 볼 수 있도록 하셨는데, 도가 미쳐 중도에 이르지 못하였습니다. 참으로 어진 사람이 포용하고 따뜻하게 덮어주는 국량이 만물을 모두 감싸 안았습니다. 이는 실로 제가 생각지도 못한 것이니, 어찌 평소 어르신의 문하에 바라던 것이었겠습니까? 저를 버리지 않으신 은혜를 영원히 잊지 않겠습니다.

우리 《죽일정선생유집(竹逸鄭先生遺集)》을 교열 보겠다는 오랜 약속을 진중히 여기며 마땅히 언제까지 보시겠다는 말씀을 기다리겠습니다. 만약 혹시 조금 늦어지면 날씨가 더워질까 걱정되어 급히 말씀을 드리니 용서하시고 살펴주십시오. 3~5일 중 쉬는 날짜를 골라 곧바로 알려주시면 마땅히 찾아뵐 생각이니 살펴주십시오. 그리움이 간절한데 철성(鐵城)[204]에서 헤어진 지 벌써 늦봄이 되었습니다. 한가로이 수양하시는 안부는 좋으시고 식구들도 잘 지내시는지요? 그리움이 더욱 간절합니다.

저는 죽지 못하고 실낱같은 목숨을 보존하고 지내고 있으니 드릴 말씀이 없습니다. 지난번 덕봉서당(德峰書堂)에서 낙성식을 하고 나서 너무 피곤하여 오랫동안 떨치고 자리에서 일어나지도 못하고 있습니다. 이는 모두 평소 본성을 확충하지 못한 결과이니 어찌하겠습니까. 또 외지고 청

203) 아무……사람〔樗散〕: '저산(樗散)'은 '저력산목(樗櫟散木)'의 준말로, 쓸모없는 무능한 사람을 이르는 말로 자신을 겸소하게 이르는 말이다.

204) 철성(鐵城): 경상남도 고성군의 옛 이름이다.

정한 곳을 얻어서 함께 만날 수 있기를 기대하겠습니다.

◎ 與朴淵庵書

時中 狂悖無狀 彷徨道路 無所於投宿 幸而得拜五大人君子 大人君子 憐其失路 而哀此窮年 諄諄然 提撕誘掖 將欲齒人 意謂天賜其便 而始得依歸矣 不圖今者 忽爲大人見絕 自知得罪於門下 何敢進巧言於左右哉 竊欲因過圖善 伏望行賜手字 使之自新 伏祝尊體多福 時中病勢 日漸沈重 朝暮且死 夫復何言 不備謹狀 庚辰 四月 十三日

박연암에게 보내는 편지

저는〔時中〕 방자하고 어긋난 습성으로 도로를 방황하며 투숙할 곳이 없었습니다.[205] 다행스럽게도 다섯 대인군자(大人君子)를 만나 뵈었는데, 대인군자들은 길잃은 저를 가엽게 여기고 나이든 저를 슬프게 여겨 자상하게 이끌어 장차 사람 노릇을 하도록 하셨습니다.

생각해보면 하늘이 편리함을 내리시어 비로소 돌아갈 곳을 얻게 되었습니다. 그런데 뜻밖에 오늘 갑자기 대인에게 절교를 당하였으니 제가 생각하기에 문하에 죄를 얻어 그러한 것인지, 어찌 감히 당신께 핑계대겠습니까? 제가 잘못을 통해 선(善)을 도모하고자 하니 저에게 편지를 보내 제가 새로운 사람이 되도록 하시고, 복 많이 받으십시오.

저는〔時中〕 병이 날로 점점 깊어져 조만간 죽을 듯하니 다시 무슨 말을 하겠습니까? 예를 갖추지 못하고 이만 편지를 드립니다.

경진년〔1940〕 4월 13일

◎ 與朴淵菴書

時中 伏以省禮 敢奉書于淵菴文丈軒屏之前 時中老炎益肆 甚不宜人 伏惟燕養體候 對序清穆 覃節貞吉否 瞻莫〔慕〕采切 時中 月前來家 身軀疼痛 殆五七日叫苦 今雖得小可 尙未可謂之五分强人也 自悶 竊惟吾竹逸先生遺書讐正 是吾

205) 방자하고……없었습니다 : 실제로 그렇다는 것이 아니라 자신을 낮추어 이르는 말이다. '투숙할 곳이 없다'는 말 역시 실제로 투숙함을 이르는 말이 아니다.

黨之莫艱大役 而刮滌玼纇 遺集完本 非獨多士之慶 實攸斯文之幸 況時中 於聞孤陋 於禮亦沽曠 只枵然一殼物 而幸蒙不棄 間得提警 所益不小 索居不久 鄙狃一如 令人愧殺 何時誅一把茅於鶴山之下水石佳處 得從下風也 雖然長者之一動一靜 片言隻字 無非敎也 時賜德音 有以規發 庶贖前黥 則爲惠不其深乎 此非例言 或可在念乎否 竹逸遺稿 跋謁文 恐無出訥帆 二翁右者 儒生一員早晩間 起送其開路之方 幸須引進 專恃耳 德峰書堂記 墓誌銘 小冗 續當草呈 應弼大仁兄 晩福如昨 孫輩所愼間 果快差否 幸照之焉 多少惟冀爲道葆重 不備疏禮 伏惟崇在

연암 박정선에게 보내는 편지

저 시중(時中)은 예는 생략하고 감히 연암(淵菴) 문장(文丈)[206]의 댁으로 편지를 드립니다. 때는 늦더위가 더욱 한창인데 이는 사람에게 매우 마땅치 않습니다. 엎드려 바라건대 한가로이 수양하시는 안부는 절서에 따라 좋으시고 식구들의 안부도 좋으신지요? 간절히 그립습니다.

저는 달포 전에 집으로 돌아왔는데 몸이 쑤시고 아파 거의 5~7일을 끙끙대며 지냈습니다. 지금은 비록 조금 낫기는 하지만 아직도 반쯤은 사람이라고 할 수가 없으니 걱정입니다.

삼가 바라건대 《죽일선생유집(竹逸先生遺集)》의 교정은 우리 당의 가장 큰 어려운 일인데, 흠을 제거하여 유집(遺集)을 완전하게 하는 것은 많은 선비의 경사일 뿐만 아니라 실로 사문(斯文)의 바람입니다. 더구나 저는 들은 것이 고루하고 예에도 치밀하지 못하여 다만 속이 텅 빈 껍데기만 보존하고 있을 뿐이었는데, 다행히 당신께서 저를 버리지 않으신 은혜로 간간이 일깨워주시니 보탬이 적지가 않습니다. 벗들과 떨어져 외로이 지낸 것[207]이 오래지도 않았는데 한결같이 비루하게 지내고 있어 사

---

206) 문장(文丈) : 문장이 뛰어나고 학식이 높으며 나이가 많은 사람에 대한 존칭이다.

207) 벗들과……지낸 것 : 원문은 '索居'. '이군삭거(離群索居)'의 준말로, 벗들과 떨어져 외로이 사는 것을 말한다. 《예기》 〈단궁(檀弓)〉에, 자하(子夏)가 "내가 벗을 떠나 쓸쓸히 홀로 산 지가 오래이다.〔吾離群而索居 亦已久矣〕"라고 말한데서 유래한다.

람을 부끄럽게 합니다. 언제 학산(鶴山) 아래 경치 좋은 곳에 초가집을 짓고 하풍(下風)[208]을 따를 수 있겠습니까? 비록 그렇기는 하지만 어른의 모든 행동과 한마디 말이 가르침이 아닌 것이 없습니다.

때때로 말씀을 주시고 일깨워 주시어 지난날의 잘못을 속죄하도록 하신다면 은혜가 어찌 깊지 않겠습니까? 이는 으레하는 말이 아니니 혹시라도 유념하여 주십시오. 《죽일유고(竹逸遺稿)》의 발문(跋文)과 알문(謁文)에 대해서 제대로 말을 하지 못하여 출범하지 못할까 걱정입니다.

이옹(二翁)의 곁에 있는 유생들 일원이 조만간 길을 개척할 방법에 관하여 사람을 보낼 것이니 바라건대 이끌어주시기를 오로지 믿겠습니다. 〈덕봉서당기(德峰書堂記)〉와 묘지명(墓誌銘)[209]은 조금 번다하여 뒤이어 초록하여 드리겠습니다. 응당 필대(弼大) 인형(仁兄)[210]과 만복(晩福)은 어제와 같이 잘 지내고, 손자들의 병도 쾌차하였는지요? 살펴 주시기 바랍니다. 다소간의 사연들은 오직 도를 위해서 몸을 잘 보중하시기 바라며 편지의 예를 갖추지 않으니, 살펴 주시기 바랍니다.

◎ 與朴淵庵正善而正書

冬寒失調 頗不宜人 伏惟燕養起居候履 時百福 子文想頭角漸長 森然在目 時中 狂悖之步 行六十有四 固是不死之賊 神明齎怒 賜以痞膈 揆諸作孼 尙猶晩也 但所恨者 惟吾亡師竹逸遺集 尙在巾衍中 而況又其平日所言所行 平實懇惻 無非救時濟俗之道 而可以爲樞機於來後者也 曾與友門諸子 切欲收錄言行 而因循未果 此一事死生負罪矣 嘗竊聞古之君子 樂善憎惡 誅姦竪於旣骨之後 揚

208) 하풍(下風) : 상대의 아래에 있거나 그 영향이 미치는 처지에 있음을 겸손하게 이르는 말이다.

209) 〈덕봉서당기(德峰書堂記)〉와 묘지명(墓誌銘) : 《죽일집(竹逸集)》은 6권 3책으로 구성되어 있는데, 권1에는 사(辭) 2수, 시 90수, 서(書) 4편, 잡저 7편, 권2에 잡저 소학도소서(小學圖小序)와 사서문답(四書問答), 권3에 잡저 삼경총의(三經總義), 권4에 서(序) 6편, 기(記) 9편, 발(跋) 2편, 명(銘) 1편, 상량문 1편, 제문 4편, 묘표 2편, 유사 1편, 권5에 죽일세계(竹逸世系), 권6에 부록으로 유사 · 행장 · 묘갈명 · 묘지명 · 덕봉서당기(德峯書堂記) · 덕봉서당상량문 · 유집고성문(遺集告成文) 등이 수록되어 있다.

210) 인형(仁兄) : 편지글에서, 친구 사이에 상대편을 높여 이르는 말이다.

隱德於久廢之中 況同時之事乎 伏惟吾淵庵大人 願以太陽之明 併收錬丹之爝 使吾竹翁懿德 幸得不泯 不肖 庶免惡鬼 煩不敢多囑 且不肖晩交 權瑨容 洪鍵植 文交 姜聖中 李玄圭 此皆博文强記 而忠貞端雅之士也 竊欲因緣數君子 庶幾以贖前黥 不幸權洪 相繼以亡 聖中中年夭折 惟李君與大人在 可以聞道薰灸 而不肖緣淺數窮 未得爲劉安之鷄犬惜哉 此生休矣 胡言亂草 累塵崇聽 只增恐惶之至

연암 박정선 이정[211]에게 보내는 편지

겨울 추위가 조화를 잃어 자못 사람에게 마땅치 않습니다. 한가로이 수양하시며 부모님을 봉양하시는 안부는 때때로 만복을 누리실 것이라 생각합니다. 자문(子文)은 점점 두각을 나타내는 것이 눈에 훤히 보이는 듯합니다.

저는〔時中〕 마치 실성한 듯 어긋난 발걸음을 걸은 지 64년이나 되었지만 참으로 죽지 못한 도적이 되어 신명의 노여움을 사서 비격(痞膈)[212]을 내렸으니, 그동안 제가 지은 재앙을 헤아려보면 그것도 오히려 늦은 감이 있습니다. 다만 한스러운 것은 우리 돌아가신 스승님의《죽일유집(竹逸遺集)》이 아직 출간하지 못하고 상자 속에 있는 것입니다. 더구나 스승님께서 평소하신 말씀과 실천이 평범하면서도 알차고 정성스러우면서도 간절하여 세속을 구제하는 도가 아닌 것이 없었으니, 후세 사람들이 중요한 것으로 삼을 만합니다. 언젠가 문하의 여러 사람들과 함께 스승님의 언행(言行)을 수록하고 싶은 마음은 간절하였는데 시간만 끌다가 실행하지 못하였으니, 이것이 한결같이 죽어서도 살아서도 스승님을 저버린 죄를 일삼고 있습니다.

일찍이 들으니 옛날의 군자는 선을 좋아하고 악을 미워하여 이미 죽은 후에도 간사한 자들을 죽이고 오랫동안 드러나지 않은 속에서도 숨은 덕을 세상에 밝히는데, 더군다나 동시에 있었던 일은 어떠하여야 하

211) 이정 : 연암(淵庵) 박정선(朴正善)의 자이다.
212) 비격(痞膈) : 한의학적으로는 기혈 따위가 한곳에 몰려 흩어지지 않는 것을 이르지만, 여기서는 일이 잘 풀리지 않음을 비유하여 이르는 말이다.

겠습니까?

엎드려 생각건대 우리 연암(淵庵) 대인은 태양 같은 밝은 빛과 연단(鍊丹)을 굽는 불까지 아울러 수습하여, 우리 죽일(竹逸) 선생의 아름다운 덕이 다행히 사라지지 않도록 하십시오. 그렇게 된다면 저는 악귀(惡鬼)는 면할 수 있을 것이니 번거롭지만 많은 부탁을 드립니다. 또 저의 만교(晩交)[213]인 권진용(權瑨容)과 홍건식(洪鍵植), 문교(文交)[214]인 강성중(姜聖中)과 이현규(李玄圭)는 모두 박식하고 기억력이 뛰어나며 진실되고 곧으며 단아한 선비입니다.

여러 군자들과 인연하여 이전에 저질렀던 잘못을 속죄하려고 하였는데 불행히도 권진용(權瑨容)과 홍건식(洪鍵植)이 서로 이어서 죽고 말았고, 강성중(姜聖中)도 중년에 요절하였습니다. 오직 이군(李君)과 대인이 있어 도를 듣고 친히 수학할 수 있지만, 저는 인연이 얕고 운수가 궁박하여 유안(劉安)의 닭과 개가[215] 되지 못하였으니 이것이 애석하니, 이 삶도 끝이 났습니다. 어지럽게 써서 당신의 귀를 더럽혀 다만 황공한 마음만 지극합니다.

◎ 答朴淵庵書

時中 敢塵大人君子淵庵文丈淸鑑 伏以省禮奉書之朝 拜承辱施 竊想犀照會發而愛我 則先承審經履嵩護 衛荷曷極 但尊仁伯姉 侍之患節 聞甚驚駭 不審有甚宿症否 老人症候 脫出不虞 深所貢慮 文稿堆前 避欲入山云 異乎我之所聞也 曾聞古之君子 深知之 其責之 有在故 於善善惡惡 抑邪存正之事 孜孜焉屹屹焉 屹屹焉 筆不得乾 而皓首窮年 不敢辭焉者 彼謂盡心竭力 必如是而後 庶可以塞吾責也 今老兄 將入山忘世者 雖似辟名實 欲辟責也 異乎我之所聞也不識更諒在乎否 磻谷日昨枉存 而子憂益肆 小作土地 盡委於竝耕悶然 三嘉反

213) 만교(晩交): 중년이 지나서 사귄 친구를 이른다.

214) 문교(文交): 글로 서로 사귀는 친구를 이른다.

215) 유안(劉安)의……개가: 한나라 회남왕(淮南王) 유안(劉安)이 단약(丹藥)을 제련하여 온 가족을 데리고 대낮에 하늘로 오를 적에, 그 집의 개와 닭이 그릇에 남은 약을 핥아먹고 뒤따라 하늘로 올라와서, 닭은 하늘 위에서 울고 개는 구름 속에서 짖었다는 이야기가 있다.

旆後 幸毋金玉德音 餘祝衛道珍重 不備謹謝疏禮

박연암에게 보내는 편지

저는〔時中〕 감히 대인군자(大人君子)이신 연암(淵庵) 어르신의 맑으신 감식을 더럽힙니다.[216] 예를 생략하고 편지를 올리던 아침에 욕되게도 저에게 보내신 편지를 받았습니다. 서조(犀照)[217]를 밝히고 저를 아끼시어 먼저 보내신 편지를 받고 경서공부하시는 안부는 좋으시다니 감사한 마음 어찌 끝이 있겠습니까? 다만 당신의 누이께서 병든 부모님을 모시고 있다니 매우 놀랍고 깊은 숙병이라도 있었는지 모르겠습니다. 노인의 병증은 생각지 못한데서 생기는 것이라 매우 걱정입니다.

원고가 앞에 쌓여 산속으로 피신이라도 하고 싶다고 하셨는데, 제가 들은 소문과 다릅니다. 일찍이 들으니 옛날 군자는 깊이 알고 책망하는 데는 까닭이 있어, 선을 좋아하고 악을 미워하며 삿된 것을 억누르고 바른 것을 보존하는 일에 부지런하였습니다. 부지런히 하여 붓에 먹이 마르지 않았으니, 늙음을 핑계로 감히 사양하지 않았습니다. 저들이 마음을 다하고 힘을 다하기를 반드시 이렇게 하였다고 하고 나서야 우리의 책임을 메울 수 있을 것입니다.

지금 노형께서 장차 산으로 들어가 세상을 잊으려고 하니 비록 실명을 피하여 책임에서 벗어나려는 듯하니, 이는 제가 들은 것과는 다릅니다. 알지는 못하겠지만 다시 헤아려 주시기 바랍니다.

반곡이 엊그제 왕림하여 안부를 물어주시니 그대를 근심하는 것이 더욱 심하였고, 소작하는 토지를 모두 아울러 경작하는데 맡겨버렸으니 걱정입니다. 삼가(三嘉)[218]로 돌아가고 나서 안부를 아끼지 마시고 보내주

---

216) 감식을 더럽힙니다 : 실제로 더럽힌 것이 아니라, 상대를 존중하기 위해 자신을 낮추어 하는 말이다.

217) 서조(犀照) : 깊숙하고 미세한 곳까지 통찰하여 보는 것을 이른다. '서조우저(犀照牛渚)'의 준말로, 진(晋)나라 사상(謝尙)이 우저(牛渚)에서, 물이 깊은 것을 보고 그 밑에 무엇이 있는가 하고 서각(犀角)으로 불을 켜서 비춰보니 물속의 기괴한 것들이 환히 보였다고 한다.

218) 삼가(三嘉) : 오늘날 경상남도 합천군의 면 이름이다.

시기 바랍니다. 나머지는 도를 보호하시고 몸을 아끼시기 바랍니다. 이만 줄이고 편지를 드립니다.

◎ 答磻谷裵源燦書【戊寅 十二月 二十四日】

伏讀示諭縷縷 衛道之誠 令人欽服 而受恥之諭 須不可曉也 老兄心淸如氷 律身如玉 處己與人之道 必愼乎毫髮 然至若斯文之事 是吾黨之責也 但見得一箇是與不是而已 人之毁譽 何足慮哉 今世俗貿貿 巧於彌縫邊幅 而不由中庸 託眞售僞 是己非人之輩 誠亦有之矣 豈可畏彼玄鳥之玄 而變此白鷺之白耶 但爲所當爲 將廢也與 命也 其不可與命爭也明矣 若斯文未喪 白雲殘篇 潛夫餘論 必有傳世之日矣 惟老兄過勿深慮 而爲吾道受恥 亦何傷也 何如何如 伏審歲且獻發 經履起居 一向珍重 仰慰仰慰 姑閣不備謝禮

반곡 배원찬에게 답하는 편지【무인년(1914) 12월 24일】

자세히 알려주신 편지를 읽어보고 도를 지키는 정성이 사람으로 하여금 감복하게 하였습니다. 수치를 당했다는 말씀은 무슨 말씀인지 이해하지 못하겠습니다. 노형은 마음을 얼음처럼 맑고 몸은 옥처럼 단속하며 자신을 처신하고 남과 함께 하는 도에 있어서 머리털처럼 작은 부분까지도 반드시 삼갔습니다. 사문(斯文)[219]의 일에 관해서는 우리 당의 책임이기는 하지만 하나의 시비에 관한 평가를 얻은 것일 뿐인데, 남의 비난과 칭찬에 무엇을 근심하겠습니까? 오늘날 세상은 어지러워 겉치레를 꾸미는 데만 공교로울 뿐 중용(中庸)을 말미암지 않고, 진짜인 것처럼 꾸며 가짜를 팔고 자기를 옳다고 하면서 남들을 비난하는 무리가 진실로 또한 있습니다. 그러하니 어찌 제비의 검은 빛이 백로의 흰 빛을 변하게 할까 두려워하십니까? 다만 마땅히 해야 하는 것도 운명이고 장차 폐하는 것은 운명이니 운명과 더불어 다툴 수 없는 것이 명확합니다.

---

219) 사문(斯文) : 유학의 도를 말한다. 《논어》 〈자한(子罕)〉에 공자가 "문왕(文王)이 이미 별세하였으니, 문(文)이 이 몸에 있지 않겠는가. 하늘이 장차 '이문〔斯文〕'을 없애려 하였다면 내가 이 문에 참여할 수 없었을 것이다.〔文王旣沒 文不在玆乎 天之將喪斯文也 後死者不得與於斯文也〕"라고 한데서 온 말이다.

만약 사문이 사라지지 않는다면 남은 〈백운편(白雲篇)〉[220]과 〈잠부론(潛夫論)〉[221]은 반드시 세상에 전할 날이 있을 것입니다. 우리 노형께서는 지나치게 깊이 근심하지 마시고 우리의 도를 위해서 수치를 당하는 것이 무엇이 가슴 아프십니까? 어찌하겠습니까?

묵은해가 가고 새해가 다가오는데 경서 공부하시는 안부는 늘 좋으시기를 바라며 그립습니다. 이만 줄이고 답장을 드립니다.

◎ 與裵磻谷書【丙子 十二月 九日】

罪中 猥以省禮 謹陳述見于磻谷座下 竊惟嚮者 面教文字 重違尊嚴 强以留之然三五案閱 累日 思惟 筆固不敢下 夫文字貫道之器也 道有小大器者 淺深而用之各有所當 故後之人 不敢輕以改之者 慮其器之所載者 或不相稱 而道之所傳者 不遐有害故也 今若使依教做去 是人經三手 而文擩四筆也 寧復見厥初本然之眞源乎 此文正所謂 恐失某翁之天者也歟 古人有曰 欲巧反拙 欲密反疏竊恐披沙之間 零金或漏 擇木之下 白羽易落 所謂三五案閱 累日惟思 筆固不敢下者 是也 況其文 初似疏漏 深味語意 自有老實含蓄底氣象 以愚見之 曾不若原本文存之之爲愈也 惟願更加玩索也 且又老兄之教 誠傾倒心肝之言 而尊府之事 亦無異五親之役也 雖比事負士義 不敢辭也 況文字乎 然而弟之 若是區區者 豈有他哉 是亦無過乎傾倒心肝之言也 伏乞順氣聽之 平心思之 語多干冒 皇恐皇恐 惟冀道安體泰 不備疏禮

〔追伸〕 丁寧反復思之 若見不得十分至當之歸 而孝子述事之道 果有未盡未備之處 而於終未免爲 猶有所感 更以本文見惠 竊欲圖千慮一得之計耳 或不辭一枉 則幸矣 乂未知尊意之以爲如何 覽後丙之

---

220) 〈백운편(白雲篇)〉 : 도잠(陶潛)의 시 〈화곽주부(和郭主簿)〉에 "멀리 흰 구름을 바라본다.〔遙遙望白雲〕"라는 구절이 있는데, 이를 흔히 〈백운편(白雲篇)〉이라 하여 후세에 은사(隱士)의 시로 일컫는다.

221) 〈잠부론(潛夫論)〉 : 후한(後漢) 왕부(王符)가 지은 책 이름이다. 난세(亂世)를 만나 세속과 영합하지 않고 절개를 지키고 살면서 당시 정치와 사회에 대한 분개한 심정을 총 35편(篇)으로 나누어 펼친 고론(高論)이다.

배반곡에게 보내는 편지【병자년(1936) 12월 9일】

상중(喪中)이라 외람되이 예는 생략합니다. 편지를 보내 반곡(磻谷) 좌하께 진술합니다. 지난번 만나서 말씀하는 글에 대하여 거듭 존엄하신 당신의 말씀을 어기고 억지로 머물러 두면서 3~5차례 살펴보고 여러 날 생각해보아도 붓을 들고 글을 쓰지 않을 수 없었습니다.

대저 문자는 도를 꿰뚫는 도구입니다. 그리고 도에는 작고 큰 도구가 있어 얕고 깊음에 따라 제각기 적절하게 사용합니다. 그래서 후세 사람들이 감히 가볍게 고치지 않은 것은 그 도구에 실리는 것이 혹시라도 어울리지 않을까 걱정되고 도를 전하는 것에 방해가 되지 않을까 걱정스럽기 때문입니다. 지금 만약 말씀하신 대로 짓는다면 글은 이미 세 사람의 손을 거치는 것이고 네 번의 붓으로 글을 쓰는 것이니, 어디서 다시 그 본래 초연했던 진원(眞源)을 볼 수 있겠습니까? 그러하니 이 글은 바로 이른바 모옹(某翁)이 지은 글의 자연스러움을 잃어버릴까 걱정이라는 것일 것입니다.

옛사람이 "잘하려다가 도리어 잘못되고, 치밀하게 하려다가 도리어 성글게 된다."라고 말한 것이 있습니다. 제가 걱정하는 것은, 모래 틈을 헤치다가 도리어 쇳조각을 빠뜨리고, 좋은 나무 아래를 고르려다가 흰 깃털을 떨어뜨리기 쉬운 법입니다. 소위 3~5번 원고를 보며 여러 날 생각을 해보아도 붓을 들고 쓰지 않을 수 없는 것은 이러한 이유입니다. 더구나 글은 처음에는 치밀하지 못한 것 같았지만 말뜻을 깊이 음미해보면 절로 노련하고 성실하고 함축된 기상을 품고 있어 저의 어리석은 견해로 보자면 본래 글을 보존하는 것이 더 낫다고 생각됩니다. 다시 더 음미하고 탐색하십시오.

게다가 노형의 말씀은 진실로 진심으로 하신 말씀이고, 또 존부(尊府)[222]의 일은 저의 오친(五親)[223]의 일이나 다름이 없습니다. 비록 비유를 든 것이 선비의 의리를 저버리는 것이어서 감히 사양하지 못하는데 하물며 문자에 있어서는 어떠하겠습니까? 그렇지만 제가 이렇게 구구하게

---

222) 존부(尊府) : 상대방 부친을 이르는 말이다.

223) 오친(五親) : 다섯 등급의 상복(喪服)인 참최(斬衰) · 자최(齊衰) · 대공(大功) · 소공(小功) · 시마(緦麻)를 입는 친척을 말한다. 여기서는 가까운 친척을 이른다.

말씀드리는 것이 어찌 다른 뜻이 있어서이겠습니까? 이 또한 진심을 담아 드리는 말씀에 불과합니다. 제가 말씀드리는 온순한 기운으로 듣고 마음을 평안히 가지고 생각하시기 바랍니다. 외람된 말씀이 많아 황공합니다. 오직 유학의 도와 몸이 편안하시기를 빌며 이만 줄이고 편지를 드립니다.

〔추신〕 정령 반복하여 생각해보니 매우 지당한 결과를 얻지 못한 것처럼 보이지만, 제가 일을 기술하는 방법은 과연 미진하거나 미비한 곳이 있는데 그대로 진행하게 된다면 오히려 유감스러운 마음이 있게 될 것이니, 다시 이 글을 보내드리는 것은, 천려일득(千慮一得)[224]의 계획을 세웠으면 하는 바람에서입니다. 혹시라도 사양치 마시고 한번 왕림해주신다면 다행이겠습니다.

당신께서 어떤 생각을 가지고 계신지 모르겠습니다. 보신 후에 편지는 태워버리십시오.

◎ 與裵磻谷書【答狀 丁丑 十一月 二十八日】

辱枉手書 下問孤寂 爲賜甚大 不啻百朋 不肖自變葛以後 倀倀然 窮無所歸 而入秋來債虎四吼 方寸壞亂 與同風痲之抽雨也 古之君子 曷嘗憂此 此則小人之事也 還可拍手 昔五峯胡先生日 愚讀五帝書而後 知聖人澤及斯民之遠也 曾不得推苗裔立宗子建廟庭 春秋四時 饗天下之報也 有天下爲政者 恬不以爲慮 中華無人 悲之甚矣 不肖 每讀此書 未嘗不起敬 而深長思也 又每觀朱夫子於延平李先生言行 雖片文集字 一言一動 恐或其傳之不實 而重之如九鼎 愼之如薄氷 其丁寧深切之意 未嘗不起敬 而深長思也 吾兄之言語文字 生平事業 何莫非尊賢像德 而少而實踐 老而彌篤 我少也 見兄不覺面赤 今老也 考其言語 觀

224) 천려일득(千慮一得) : 어리석은 자도 생각을 많이 하다 보면 한 가지쯤 좋은 꾀를 낼 수 있다는 뜻으로, 《사기(史記)》 〈회음후열전(淮陰侯列傳)〉의 "지혜로운 사람도 천 가지 생각 중에 반드시 하나의 잘못이 있고, 어리석은 사람도 천 가지 생각 중에 반드시 하나의 옳음이 있다. 그러므로 미친 사람의 말이라도 성인은 채택한다고 하는 것이다.〔智者千慮 必有一失 愚者千慮 必有一得 故日狂夫之言 聖人擇焉〕"라는 구절이 있다.

其文字 推其事業 亦而未嘗不起敬 而深長思也 吁卽此足見賦形爲人 雖下愚見善 而中心會動者 未嘗必其會動 而其理一之性 不容不與心俱發也歟 且又以竹逸先生言行篇錄 再三採 詢於當日親受者 是知吾兄深懼先生之言默動靜 或失其眞 而累致丁寧愼密之意 如朱子之於延平 然如時中之愚 何敢窺老先生之門墻 而書得其樞機之萬一乎哉 竊惟述以高明之所見聞 考諸諸子之所各者記錄 則似得直筆 豈可一毫於其間 而返累先生之天耶 想高明 已料在矣 此事曾與右永君言之 其意甚切 速圖之是望 承審體度康旺 允君美愼 幸得復常 何等仰慰 再明 惟我竹逸先生大歸之日也 一掇几筵 無知像伏 義當匍匐往哭 適因寒疾 未遂寸誠 幸致意於左右 歸路 或屈杖屨否 不備疏禮

배반곡에게 보내는 편지【답장이다. 정축년〔1937〕 11월 28일】

편지를 보내 외로운 사람에게 안부를 물어주시니 큰 은혜가 백붕(百朋)[225] 뿐 만이 아니었습니다. 저는 갈질(葛絰)로 바꾼[226] 이후로 갈팡질팡하며 곤궁하여 어디로 돌아가야할지 몰랐습니다. 가을이 된 이후로 지고 있는 빚이 호랑이처럼 사방에서 어르렁대니, 어지러운 마음이 삼밭에 바람이 불고 비가 몰아치는 것과 같습니다.

옛날 군자가 어찌 이를 근심했겠습니까? 이는 소인들의 일이라 도리어 박수를 칠만합니다. 옛날 오봉(五峯) 호선생(胡先生)[227]이 "내가 오제(五帝)의 글을 읽고 나서 성인의 은택이 백성에게 미친 것이 원대하다는 것을 알았다. 일찍이 후손을 미루고 맏아들을 세워 사당을 건립하고 봄가을

---

225) 백붕(百朋) : 지극히 많은 보화를 의미한다. 《시경(詩經)》 〈소아(小雅) 청청자아(菁菁者莪)〉에 "무성하고 무성한 쑥이, 저 구릉 가운데 있도다. 이미 군자를 만나니 나에게 백붕을 준 것 같도다.〔菁菁者莪 在彼中陵. 旣見君子 錫我百朋〕"라는 구절이 있다.

226) 갈질(葛絰)로 바꾼 : 졸곡(卒哭)을 지내고 나서 갈(葛)로된 허리띠로 바꾸어 매는 상례(喪禮)를 이른다. 《예기》 〈간전(間傳)〉에, "연제를 지내고서 대공의 상을 당하면 장례 이전에는 중마(重麻 수질과 요질이 모두 삼)를 착용하고 장례 이후에는 중갈(重葛 수질과 요질이 모두 칡)을 착용한다.〔旣練 遭大功之喪 麻葛重〕"라고 하였다.

227) 오봉(五峯) 호선생(胡先生) : '오봉'은 중국 송나라 유학자인 호굉(胡宏, 1105~1161)의 호이다. 저서로 《지언(知言)》이 있다.

과 사시에 천하의 보답을 누리지 못하고 있다. 그런데도 천하를 소유하고 정치를 하는 사람들이 담담히 여겨 걱정도 하지 않으니 중국에 사람이 없는 것이 매우 슬프다."라고 하였습니다.

제가 이 글을 읽을 때마다 일찍이 공경하는 마음이 일어나고 깊이 생각에 잠기지 않은 적이 없었습니다. 또 매번 주자(朱子)가 이연평(李延平)[228] 선생의 언행을 보기를 아무리 짧은 글이나 사소한 행동들도 혹시라도 사실에 부합되지 않는 것이 전해질까 걱정하였습니다. 그래서 구정(九鼎)[229]처럼 소중히 여기고 얇은 얼음을 밟듯이 조심하였습니다. 간절하고 깊고 절실한 뜻으로 공경하는 마음이 일어나고 깊이 생각에 잠기지 않은 적이 없었습니다.

우리 형께서는 언어와 문자를 평생의 과업으로 삼았으니, 어찌 어진 사람을 존중하고 덕있는 사람을 본받으려는 것이 아니겠습니까? 또 젊어서는 실천하고 늙어서는 더욱 돈독하였는데, 저는 젊어서부터 형을 보면 저도 모르게 부끄러워 얼굴이 붉어졌습니다. 지금은 늙어 그 말을 살펴보고 문장을 보며 사업을 미루어보면 또한 공경하는 마음이 일어나고 깊이 생각에 잠기지 않은 적이 없었습니다.

아, 여기에 나아가 형체를 부여받아 사람이 된 것이니 비록 어리석은 사람이라도 훌륭한 것을 보게 된다면 마음속에 동요가 일어나는 것은 동요를 기필한 적이 없음에도 이치가 하나인 본성이 마음과 더불어 밖으로 드러나지 않음이 없는 것입니다.

장차 또 죽일(竹逸) 선생의 〈언행편록(言行篇錄)〉의 두 세 곳을 골라 당시 선생에게서 친히 수업받은 사람들에게 물어보니, 우리 형께서 죽일 선생의 언행과 동정을 혹시라도 진실을 잃어버릴까 매우 두려워하여 여러 차례 신중하고 치밀하게 하기를 주자가 연평에게서 한 것과 같았다고

228) 주자(朱子)가 이연평(李延平) : '주자'는 송대 주자학을 집대성한 주희(朱熹, 1130~1200)를 이르고 '연평'은 주자의 스승인 이통(李侗, 1093~1163)의 호이다.

229) 구정(九鼎) : 원래는 하(夏)나라 우(禹) 임금이 천하의 구주(九州)에서 쇠를 거두어 들여 만든 솥으로 대대로 전하는 국가의 권력을 상징하는 기물이다. 여기서는 송나라 휘종(徽宗)이 주조한 솥을 가리킨다.

하였습니다. 그렇지만 저같은 어리석은 사람이 어찌 감히 노 선생의 학문의 요체를 엿볼 수 있으며, 글로 만분의 일이라도 주요한 기틀을 얻을 수 있겠습니까?

바라건대 고명(高明)께서 보고 들었던 것을 서술하고 여러 사람들이 각자 기록한 것을 살펴보게 한다면 바른 기록을 얻을 수 있을 것이니 어찌 그 사이에 한 올의 오류가 있어 도리어 선생께 누를 끼치겠습니까? 고명께서는 이미 생각하고 계실 것으로 여겨집니다. 이일은 우영(右永)과 말을 나누어보니 그 뜻이 매우 간절하여 하루속히 도모하기를 바랍니다.

편지를 받고 안부가 좋으시고 아드님의 병도 회복되었다니 얼마나 다행인지요. 모레는 우리 죽일 선생께서 돌아가신 날입니다. 한번 궤연(几筵)[230]을 거두면 엎드려 곡할 곳이 없으니, 의리상 마땅히 기어서라도 가서 곡을 해야 하지만 마침 감기에 걸려 마음을 다하지 못하겠습니다. 바라건대 당신께 안부를 전하려고 하니 돌아가시는 길에 혹시라도 저에게 들러주실 수 있는지요? 이만 줄입니다.

◎ 與裵源燦書

時中 謹伏以省禮 去二十三日 歸自玩月 賤軀疼痛 數日叫苦 雖得稍可 尙不可謂之五分人也 悶悶 恭惟我竹逸先生遺書校正 實賴淵兄之高明 多士之勤意 旣至斷筆 斯文之幸 果何如哉 但就中 最所難者 惟先生語錄是已 而此錄編次 亦固非正人端士 切不可也 而顧瞻東南 實難其人矣 淵翁 乃猛省曰 裵丈磻谷 此其人也 歸則要而謁之云云 而於鄙意無出 故吾兄 右者 敢此仰聒 幸勿固辭 信筆錄之 竹翁 當日言行之一句一節 無遺於後世 此吾黨之責也 惟兄圖之 餘體安胤君患瘇 果快服否 仰切願聞 待得打作揷秧之日 能一顧否乎 不備疏禮 戊寅五月

배원찬에게 보내는 편지

저는〔時中〕는 삼가 예를 생략하고 말씀드립니다. 지난 23일 완월동(玩

---

230) 궤연(几筵) : 죽은 사람의 혼백을 모셔 놓은 곳을 이른다.

月洞)에서 돌아와 몸이 쑤시고 아파 며칠을 끙끙댔습니다. 지금은 비록 조금 낫기는 하지만 아직도 반쯤은 사람이라고 할 수가 없으니 걱정입니다. 삼가 바라건대 《죽일선생유집(竹逸先生遺集)》의 교정을 실로 연형(淵兄)231)의 높은 식견과 여러 선비들의 간절한 뜻에 힘입어 이미 마무리 짓게 되었으니 사문(斯文)의 다행스러움이 과연 어떠하겠습니까?

다만 그 중 가장 어려운 것은 선생의 어록(語錄)인데, 어록의 편차 역시 참으로 바른 사람이나 단정한 선비가 아니면 절대로 불가능합니다. 동남쪽을 돌아보아도 실로 그 일을 맡을 적임자가 없었습니다. 그래서 연옹(淵翁)께서 곧바로 깊이 반성하고는 "반곡(磻谷) 배원찬(裵源燦) 어른이 바로 그 일에 적합하니, 돌아가면 요컨대 찾아뵈어야 할 것이다."라고 하였습니다.

제 생각에도 이보다 더 나은 것이 없어 이상의 사정을 감히 이렇게 말씀드리니 사양하지 마시고 기록하여 주시기 바랍니다. 죽옹(竹翁)의 당일 언행에 관한 한 구절 한 구절을 후세에 빠짐없이 전해지도록 하는 것은 우리 당의 책임입니다. 오직 형께서는 도모하여 주십시오. 나머지는 체후를 편안히 하십시오.

아드님이 앓고 있던 종기는 과연 나았는지요? 간절히 소식을 듣고 싶습니다. 타작하고 모내기를 할 때 한번 왕림하여 주실는지요? 편지의 예를 갖추지 않고 드립니다.

무인년〔1938〕 5월

◎ **答裵源燦書**

慮仰中 拜承辱書 何等感倒 況又字跋文字 旣得修了 吾黨之慶 斯文之幸 果何如哉 老兄自春過夏 西北驅馳 喫苦無限 而完此大事者 此其衛道尊賢之誠 有以致之也 義所往候 而不肖春夏之間 呻吟過了 而脫落形容 羞與對人 此卽老兄 概亦料之矣 稍俟凉生 身可之日 而一造門墻 奉審文字計也 此日小雨 伏審尊體起居 履時晏慰 此是老人勝事 慰仰曷已 多少留 五月 十二日

231) 연형(淵兄) : 연암(淵菴) 박정선(朴正善)을 가리키는데, 당시 그는 마산부(馬山府) 완월동(玩月洞) 21번지에 살았다.

배원찬에게 답하는 편지

염려스럽고 그립던 중에 당신의 편지를 받으니 얼마나 위안이 되든지요. 더구나 또한 발문(跋文)[232]을 써주시니 우리 당(黨)의 경사와 유림의 다행스러움이 과연 어떠하겠습니까?

노형(老兄)께서는 봄부터 여름을 지날 때까지 서북쪽으로 급히 오가며 무한히 고생을 하면서 큰일을 완수하셨으니, 이는 도를 지키고 성인을 높이는 정성으로 그렇게 된 것입니다. 의리상 가서 안부를 드려야 하지만 제가 봄가을 사이에 병으로 신음하며 지내고 있어 낙오한 모습으로 남과 마주하는 것이 부끄럽습니다. 이 점은 노형께서도 이미 헤아리고 계실 것입니다. 조금 날씨가 서늘해지고 몸이 괜찮아지는 날 한 번 댁으로 찾아뵙고 글을 받들어 살필 계획입니다.

오늘 가랑비가 내리는데 안부가 편안하신 줄 알았습니다. 이것이 연로하신 분에게 좋은 일이니 위안되고 그리운 마음이 어찌 끝이 있겠습니까? 여러 가지 드릴 소식은 남겨두고 편지를 드립니다. 5월 12일

◎ **與裵磻谷書【庚辰 四月 十六日】**

累矣 向人說病 太覺支離 吾少也 驅使衆體 衆體從令 莫不如意 今老也 百病蝟集 衆體疾痛 我今及爲衆體所役 良苦 雖然此是始終報施之道 但受其適去之順而已 如何如何 時中 病日漸沈重 朝暮垂絕 今有面告事 又有私囑 幸一來相視 如何 餘伏祝尊體多福 萬加保重

배반곡에게 보내는 편지【경진년(1940) 4월 16일】

누차 남들에게 저의 병을 말하고 있으니 매우 지리합니다. 저는 젊어서는 온몸을 내몰아 마구 부렸을 때는 온몸을 내 맘대로 할 수 있었는데, 지금은 늙어 온갖 병들이 고슴도치털처럼 모여들어 온몸이 아픕니다. 저는 지금 온몸에 부림을 당하니 매우 고민입니다. 그러나 이것이 시종 하늘이 보답하는 도이기는 하지만 때가 되어 떠나는 순서를 받아들일 뿐이

232) 발문(跋文) : 책의 끝에 본문 내용의 대강이나 간행 경위에 관한 사항을 간략하게 적은 글을 이른다.

니 어찌합니까?

저는〔時中〕 병이 날마다 점점 깊어만 가서 조만간 죽을 듯하니, 지금 만나서 말씀드릴 일이 있고 또 개인적으로 부탁할 일이 있으니 한번 찾아와 주시기 바라니 어떻습니까? 나머지는 복을 많이 받으시기 바라며 더욱 몸을 보중하시기 바랍니다.

◎ 與裵磻谷書

酷矣 嚴霜大凍 不宜人老 縱乏九州 太被那無些少日暖 固可歎也 亦可笑也 伏惟峭寒 體候康健否 區區瞻慕 日夕如結 弟歲暮綢繆 無非苦業 奚足奉聞 竊惟竹翁文稿 必公於世然後 吾輩庶得免罪矣 簡鄭君者再 而跫音尙寂 未知有何勝算 然但如此抹過 却不知如何了殺也 看看歲迫 且晩 堂老兄 當謂之如何也耶 吾道之事 槪如此 使人咄咄 三益三笑次韻 重違盛敎 露拙構呈 句語大荒何敢齒於諸君子之末 幸覽而扯之可也 餘姑不備候禮

배반곡에게 보내는 편지

모질고 혹독한 서리 내리는 매서운 날씨는 늙은 사람에게 좋지 않습니다. 세상에 궁핍하고 조금도 따뜻한 기운이 없으니 진실로 탄식스럽습니다. 이 또한 우습습니다. 매서운 추위에 안부는 건강하신지요? 간절히 그리운 마음이 밤낮으로 가슴에 맺힌 것 같습니다.

저는 저무는 해를 방비하는〔綢繆〕[233] 것이 고달프지 않은 일이 없지만 어찌 말씀드릴 만한 것이 있겠습니까? 죽옹문고(竹翁文稿)는 반드시 세상에 공개되어야 우리들이 죄를 면할 수 있을 것입니다. 정군(鄭君)에게 두 번이나 편지를 보냈는데 아직도 찾아오지 않으니 어떠한 승산이 있는지 모르겠습니다. 그렇지만 다만 이렇게 지나가 버리고 만다면 도리어 어

233) 방비하는〔綢繆〕: 어떠한 일이 일어나기 전에 미리 미리 대비하는 방도를 말한다. 《시경》 〈빈풍(豳風) 치효(鴟鴞)〉에 "구름이 끼어 비가 내리기 전에 저 뽕나무 뿌리를 주워 와 문을 얽는다면, 이제 너희 땅에 사는 인간들이 혹시라도 감히 나를 업신 여기랴.〔迨天之未陰雨 徹彼桑土 綢繆牖戶 今女下民 或敢侮予〕"라는 구절에서 유래한다.

떻게 수습할지 모르겠습니다.

점점 한 해가 다 지나는데 만당(晩堂) 노형께서는 마땅히 어떻게 해야 한다고 생각하십니까? 우리 유학의 도(道)와 관련된 일이 대개 이러하니 사람으로 하여금 혀를 차고 안타깝게 합니다.

〈삼익삼소(三益三笑)〉 시에 대해 차운[234]하라는 말씀을 거듭 어겨 보잘것없는 솜씨로 시를 지어 보내드리지만 시구가 매우 엉성하니, 어찌 여러 군자의 말석에라도 나란히 할 수 있겠습니까? 보시고 찢어버리십시오. 나머지는 이만 줄이고 편지를 드립니다.

◎ **與景竹契僉座書【庚辰】**

三月十八日 晩學姜時中 謹奉書于僉君子文机執事 時中竊伏聞君子 莫大乎與人善 所謂善之在人者 有以格於我 在我者 有以及於人而公天下之善也 伏惟吾參同僉執事 幸生古稱鄒魯之邦 夙講前聖性理之學 契以一其心 會以齊其儀 敬長而親友 講信而修睦 誘掖相勸 而推讓共濟 相觀而善之 則是爲爲善之一段工夫也 如曰舜大聖人也 能與人爲善 以若別人 如何做得 是大不然 此心死之言哀孰大焉 凡人之性善與生俱生 而人各自有 故雖凡夫 不足借於堯舜 堯舜亦未嘗兼諸人而爲聖也 故顔子曰 舜何人也 予何人也 有爲者亦若是 孟子告滕世子曰 夫道一而已矣 朱子曰 兼取衆長以爲己善 又聞希聖希賢 是皆學者 標準襲取之義也 豈可以不可跂及而自畫 伏惟僉執事 以古人自期 而奮勇直前 自日用彝倫 至於應事接人 無間人己 虛受相長 孜孜焉 惟日不足 而以至專一悠久 則盖庶幾於不中不遠 而自不知其至於日遷善之域矣 此其將吾黨 益增氣 斯文 漸有聲 可不勉哉 時中根本昏愚 可以不幸風末 走作二十餘年 上而負父師之訓 下而背朋友之道 叛經敗道 而爲牛爲馬 無所不至 厥罪貫盈 天壤共怒 賜以斃疾死 復何恨如 時中者 不足齒人 何敢論學於群彦之後哉 只是此一點子心耿耿不滘 故憤此生之枉了 而欲效忠於左右 以致冒黷尊嚴 不勝惶恐之至

○竹逸先生遺書開刊契會之 第一大先目 伏想僉執筆 慮始圖終之計 必有以濟之矣 然至若對攷寫字 必須細密精察 十分歸當然後 可免麤率之慮矣 深諒

234) 차운 : 남이 지은 시의 운자(韻字)를 따서 시를 짓는 것을 이른다.

如何如何

○刊所派任記 經年揭壁 竊恐不可於事 反見汗漫之意 於時 恐若心不穩之虞於論 或有岐貳之端 卽日除去 而其任及姓啣 精書保藏 恐可恐可

○刊費義集 僉執事 必有熟計勝算矣 然事貴適中 務從義理上 做去而不必强不必放 使之兩得其宜 如何如何 時中 朝暮人 何敢獻議於座下哉 只此宿昔之心 不容不發 幸須恕察焉

경죽계 여러분께 드리는 편지【경진년〔1940〕】

3월 18일 만학 강시중(姜時中)은 삼가 여러 군자에게 편지를 드립니다. 시중(時中)은 들으니 "군자는 남들이 선을 하도록 도와주는 것보다 훌륭한 것은 없다."[235]라고 하였습니다. 이른바 남이 가진 선으로 자신을 바로잡고 자기가 가진 선으로 남에게 파급되는 효과가 있으면 이는 공적인 천하의 선이 되는 것입니다.

오직 참여하여 함께하시는 여러 집사께서는 다행히 옛날에 말하던 추로(鄒魯)[236]의 나라에서 태어나 일찍이 이전 성현들의 성리학(性理學)을 익혀 계를 통해 마음을 한결같이 하고 모임을 통해 법도를 가지런히 하여 어른을 공경하고 벗과 친하며 신의를 다지고 돈독함을 닦아 서로를 계발시키고 겸손하게 사양하여 함께 구제하고 선으로 서로 본다면, 이것은 선을 하는 하나의 공부가 될 것입니다. 예컨대 '요임금이 위대한 성인인 것은 남이 선을 하도록 도와준 것이 남과 다르게 어떤 일을 하였기 때문이다.'라고 한다면 이는 대단히 그렇지 않습니다. 이는 절망스러운 말이니 이보다 더 슬픈 일은 없습니다.

무릇 사람의 성선(性善)은 삶을 부여받을 때부터 가지고 태어나는 것으

---

235) 군자는……없다 : 《맹자》 〈공손추 상〉에 "남에게 취하여 선을 행함은 남이 선을 하도록 도와주는 것이다. 그러므로 군자는 남이 선을 하도록 도와주는 것보다 더 훌륭함이 없다.〔取諸人以爲善 是與人爲善者也故君子 莫大乎與人爲善〕"라는 구절이 있다.

236) 추로(鄒魯) : 공자(孔子)와 맹자(孟子)를 가리킨다. 맹자는 추(鄒)나라에서 태어났고, 공자는 노(魯)나라에서 태어났다. 전하여 유현(儒賢)들이 있는 고장을 뜻하는 말로도 쓰인다.

로 사람들 모두가 소유하고 있는 것입니다. 그렇기 때문에 아무리 평범한 사람이라고 하더라도 요임금과 순임금에게 힘을 빌릴 필요가 없습니다. 요임금과 순임금도 여러 사람을 겸하여 성인이 되시지는 않았습니다. 그래서 안자(顏子)[237]가 "순임금은 어떤 사람이며 나는 어떤 사람인가? 순임금이 되려고 노력하는 자는 또한 순임금같이 될 것이다."[238]라고 하였고, 맹자가 등나라 세자에게 "대저 도는 하나일 뿐입니다."[239]라고 하였으며, 주자(朱子)는 "여러 장점을 아울러 취하여 자기의 선으로 삼는 것만 못하다."[240]라고 하였습니다. 또 들으니 이는 성인이나 현인이 되기를 바라는 사람들은 모든 학자들이 표준으로 습득하는 의(義)이니, 어찌 힘을 다해 따라 가거나 스스로 계획을 세우지 않겠습니까?

엎드려 바라건대 여러 집사께서는 옛사람들 스스로 기약하던 것으로 용맹하게 곧장 앞으로 나아가고, 스스로 날마다 사용하는 사람으로서 떳떳이 지켜야 할 도리〔日用彝倫〕에서부터, 일에 응하고 남을 접하는〔應事接引〕 것에 이르기까지 남과 자신을 구별 없이 허심탄회한 마음으로 상대의 의견을 받아들여 서로 유익하기를 부지런히 하되 오직 날이 부족하게 여겼습니다. 이렇게 오랫동안 전일하면 대개 거의 정확하게 맞지는 않는다고 하더라도 서로 거리가 멀지 않을 것이고, 자신은 날마다 선하게 바뀌어 가는 것조차 모를 것입니다. 이것은 장차 우리 당이 더욱 기운을 분발하면 사문(斯文)은 점점 소문이 날 것이니 힘쓰지 않을 수 있겠습니까?

저는〔時中〕 본래 어리석은 사람으로 불행스럽게도 말세에 20여 년을

---

237) 안자(顏子) : 공자의 수제자인 안회(顏回, BC 513~BC 482)를 이른다. 학덕이 뛰어나고 덕행이 첫째여서 아성(亞聖)으로도 불린다. 가난을 괴롭게 여기지 않았고 무슨 일에도 성내지 않았으며 잘못은 두 번 다시 저지르지 않았다 한다. 29세에 백발이 되었고 32세에 사망하였다.

238) 순임금은……것이다 : 성현의 경지에 오를 것이라고 다짐하여 뜻을 세우는 말이다. 《맹자(孟子)》 〈등문공 상(滕文公 上)〉에 나오는 구절이다.

239) 대저……뿐입니다 : 《맹자》 〈등문공 상(滕文公上)〉에, 등문공이 세자였을 때에 맹자가 성선(性善)을 말해 주었는데, 이를 의심하고 거듭 찾아와 묻자 맹자가 말하기를 "세자는 나의 말을 의심하십니까? 도는 하나일 뿐입니다.〔世子疑吾言乎 夫道一而已矣〕"라고 한 구절을 이른다.

240) 여러……못하다 : 《주자대전》 〈답임숙화(答林叔和)〉에 나오는 구절이다.

방일하게 내달려, 위로는 아버지와 스승의 가르침을 등지고 아래로는 벗들의 도를 등졌으며 법도를 배반하고 세상사에 관심을 두지 않고 소가 되고 말이 되어[241] 하지 않은 일이 없었습니다. 그래서 그 죄가 넘쳐나 하늘과 땅이 모두 노하여 죽을병을 내렸으니 다시 무엇을 한스러워하겠습니까?

저는 사람 구실도 제대로 하지 못하니, 어찌 감히 뭇 선비들의 뒤에서 학문을 논하겠습니까? 다만 이렇게 마음속에 그리움이 사라지지 않습니다. 그래서 저의 인생이 잘못된 것이 감정이 북받치어 당신께 진심을 다하려다가 존엄을 모독하였으니, 지극히 황공한 마음을 이길 길 없습니다.

○《죽일선생유서(竹逸先生遺書)》를 개간하는 계모임의 제일 첫 번째 먼저 주목해야 하는 것은 여러분들께서 집필할 때 처음을 신중히 하고 끝을 도모해야 하는 계획은 반드시 완성하여야 합니다. 그렇지만 원고를 살피고 글자를 쓸 때는 반드시 세밀하게 살펴 충분히 마땅해진 뒤에야 꼼꼼하지 않은 근심에서 벗어날 수 있을 것이니, 깊이 헤아려 주시는 것이 어떻습니까?

○간행소의 파임기(派任記)를 해가 지났는데도 벽에 걸려 있으니, 일에는 옳지 않고 도리어 게으른 뜻이 보입니다. 당시에 혹시 미덥지 못한 근심이 있는 듯하고 논의에 일치되지 않은 단서가 있는 것은 아닌가 걱정입니다. 오늘 제거하고 그 임무와 직함을 정갈하게 써서 보관하는 것이 혹시라도 옳겠습니다.

○간행비로 쓰일 의연금을 모아야 하는 것은 여러 집사들께서 반드시 익숙히 생각해야 승산이 있을 것입니다. 그렇지만 일은 알맞게 하는 것을 귀하게 여기니 힘써 의리를 따라 일을 하고 반드시 억지로 하거나 내팽개쳐 두지 않아야 둘 다 마땅함을 얻을 수 있도록 하는 것이 어떻습니까? 저는〔時中〕 곧 죽을 사람이니 어찌 감히 좌하께 의견을 드리겠

241) 소가……되어 : 세상의 비평에는 관심을 두지 않겠다는 말이다. 《장자(莊子)》 〈응제왕(應帝王)〉에 "태씨는 자기가 말이 되기도, 소가 되기도 한다.〔泰氏 一以己爲馬 一以己爲牛〕"라는 구절이 있다.

습니까? 다만 오랫동안 먹고 있던 마음을 드러내지 않을 수 없으니 용서하여 주시기 바랍니다.

◎ 儒林僉狀【乙亥 十二月 八日 回文 十一月 二十九日 竹翁歿】

歲輪疾驅 寒威峭栗 伏惟僉位動止履 時晏重 無任瞻仰 鄙等劣狀 不足聞也 伏以日月居諸 曾不小留 竹翁襄禮奉行 已定于今月十五日也 則此乃報葬之例也 嗚呼 安仰之慟 衆所維同 況惟我儒名 儒者行 豈徒比方而已哉 當盛開儒會 廣詢合宜應文之論 而擧行葬儀 是吾林之責 斯文之行 故玆敢廻告 恭惟僉尊前期二日【十三日也】 幸須賁臨于猪山書室 俾竣大事之地 是仰是仰 餘留不備 統希照亮

유림의 여러분께 드리는 편지【을해년〔1935〕 12월 8일 회문(回文),[242) 11월 29일 죽옹이 돌아가시다】

세월이 빠르고 추위가 매서운데 여러분의 안부가 요사이 좋으신지 그리운 마음 이길 길 없습니다. 저희들의 보잘것없는 상황은 말씀드릴 것이 없습니다. 세월은 멈추지 않고 흘러 죽일옹(竹逸翁)의 장례식이 이번 달 15일로 정해졌습니다. 이것은 바로 장례의 예를 알려드리는 것입니다.

아, 안앙(安仰)의 애통함[243)은 모두가 마찬가지일 것입니다. 더구나 우리처럼 유자(儒者)의 이름을 가지고 유자의 행실을 하는 사람들이 어찌 남과 비교를 할 뿐이겠습니까? 마땅히 성대하게 유생들의 모임을 개최하여 합당한지, 회문에 응할지의 논의를 널리 물어 장례식을 거행할 것입니다. 이것은 우리 유림의 책임이고, 사문이 시행하여야 하는 것이기 때문

242) 회문(回文) : 여러 사람이 차례로 돌려 보도록 쓴 글을 이른다.

243) 안앙(安仰)의 애통함 : 위인의 죽음을 슬퍼하는 심정을 표현한 말이다. 《예기(禮記)》〈단궁 상(檀弓上)〉에, 공자가 세상을 떠나기 1주일 전에 "태산이 무너지는구나. 들보가 쓰러지는구나. 철인이 시드는구나.〔泰山其頹乎 梁木其壞乎 哲人其萎乎〕"라고 노래하였는데, 자공(子貢)이 이 노래를 듣고는 "태산이 무너지면 내가 장차 어디를 우러러보며, 들보가 쓰러지고 철인이 시들면 내가 장차 어디에 의지하겠는가.〔泰山其頹 則吾將安仰 梁木其壞 哲人其萎 則吾將安放〕"라고 말한 고사가 유래한다.

에 이렇게 두루 말씀을 드리는 것입니다.

삼가 바라건대 여러 존장께서는 약속한 날보다 이틀 전에【13일】 저산서실(猪山書室)로 왕심하시어 큰일을 끝맺도록 하여 주시기 바랍니다. 나머지는 이만 줄이니 살펴주시기 바랍니다.

◎ 與鄭撰和書【乙亥 十二月 二十九日 襄禮前 七日】

謹以省式 服履無損否 區區慰仰 查契 慈候愆 身亦苦吟 自悶自悶 嗚呼 竹逸先生葬儀在迫 安倣之慟 時復倍切 竊惟孟子曰 惟送死 可以當大事 此在孝子至於儒葬 豈可以二三子之愚見 敢獻議於左右哉 必待儒林長德咸集會集 然後當博採稱情合禮之論 擬定盛儀 事極穩當故儒林 須會集文字 昨暮修送已畢 而爲其參考伴似一楮 此意直達于主家 猪山洞 故會集文字 敢此省之 此亦當雷照焉 多少故留 不能具式【此當在儒林僉狀之下】

曾聞姜母金夫人金海氏也 幼事父母孝 嫁事舅姑孝 奉君子無違 教子義 友兄弟和宗族 使婢僕 恩以禮 自遂賢哉 夫人求古之賢夫人 不多得 享年九十一歲 由仁得壽 子孫衆多 種德遺後 於人事畢得 其終記曰 小人死曰死 君子死曰終 嗚呼休哉 夫人之死 可謂終也【右母夫人誄】

정찬화에게 보내는 편지【을해년〔1935〕 12월 29일, 장례 전 7일】

삼가 예는 생략하고 말씀드립니다. 상중의 안부는 손상은 없으신지요? 간절히 그립습니다. 사돈인 저는 어머니께서 몸이 건강치 못하고 저도 고통으로 신음하고 지내고 있으니 절로 고민입니다.

아, 죽일(竹逸) 선생의 장례가 임박하니 안방(安倣)의 애통함[244]이 배나 더 간절합니다. 《맹자(孟子)》에 "돌아가셨을 때 장례를 모시는 것은

244) 안방(安倣)의 애통함 : 선생을 잃은 슬픔을 말하는데, '안앙(安仰)'이라고도 한다. 《예기(禮記)》〈단궁 상(檀弓上)〉에, 공자가 세상을 떠나기 7일 전에 "태산이 무너지고 대들보가 꺾이고 철인이 쓰러질 것이다.〔泰山其頹乎 梁木其壞乎 哲人其萎乎〕"라고 노래하였는데, 자공(子貢)이 이 노래를 듣고는 "태산이 무너지면 우리는 장차 누구를 우러를 것이며, 대들보가 꺾이고 철인이 시들면 우리는 장차 누구를 본받을 것인가?〔泰山其頹 則吾將安仰 梁木其壞 哲人其萎 則吾將安放〕"라고 한 데서 온 말이다.

큰일에 해당된다."[245]라고 하였습니다. 이는 상주에게는 유림의 장례에 해당되니, 어찌 두세 사람의 어리석은 견해로 감히 당신께 의논드리겠습니까? 반드시 유림의 큰 덕망 있는 사람들이 모두 모이기를 기다린 뒤에 마땅히 심정에 걸맞은지 예의에 합당한지에 대한 논의를 널리 모아서 성대한 장례식을 정하는 것이 매우 온당할 듯합니다. 그래서 유림에서 모름지기 모임을 알리는 문자를 어제저녁에 작성하여 모두 보냈습니다. 이를 참고하시라고 한 통의 편지를 함께 보내니 저의 이 뜻을 곧바로 주인집에 전달하여 주십시오. 저산동(猪山洞)에서의 이전 모임에 대한 문자는 감히 생략하니, 이 또한 마땅히 살펴주십시오. 여러 가지 사연들은 남겨두고 편지의 서식을 갖추지 않습니다.【이 편지는 마땅히 유림첨장(儒林僉狀)의 아래에 두어야 한다】

일찍이 들으니 강씨 어머니 김부인(金夫人)은 김해 김씨였다. 어려서 효도로 부모님을 섬겼고 시집 가서는 효도로 시부모를 섬겼다. 남편의 뜻을 어김이 없었고 의로 자식을 가르치고 형제들에게 우애하며 종족들과 화목하였고 은혜와 예로 종을 부려 스스로 어짊을 이루었다. 부인의 행실로 옛 어진 부인들을 찾아보더라도 그보다 뛰어난 사람이 많지 않을 것이다. 향년 91세로 세상을 떠났으니 어짊으로 장수하였고, 자손들이 번창하였으며 덕을 심어 후손들에게 남겼으니 인사(人事)에 있어서는 끝이 나고 죽음을 얻었다. 《예기(禮記)》 〈단궁 상(檀弓上)〉에 "소인의 죽음을 '사(死)'라고 하고 군자(君子)의 죽음을 '종(終)'이라고 한다."[246]라고 하였으니, 아, 아름답도다. 부인의 죽음을 '종(終)'이라 할 만하다.【위는 모부인(母夫人)의 뇌사(誄辭)[247]이다.】

---

245) 돌아가셨을……해당된다 : 《맹자(孟子)》 이루 하(離婁下)에 "살아 계실 때 봉양하는 것은 큰일에 해당한다고 할 수 없다. 오직 돌아가셨을 때 장례를 모시는 것이 큰일에 해당될 수 있다.〔養生者不足以當大事 惟送死可以當大事〕"라는 구절이 있다.

246) 소인의……한다 : 《정씨경설(程氏經說)》 권6에 "군자에게는 종(終)이라고 하고, 소인에게는 사(死)라고 한다. 군자는 자신의 몸을 보전하여 죽음으로써 그 일을 마치기 때문에 온전하게 돌아가는 것을 '면한다.'고 한다.〔君子曰終 小人曰死 君子保其身以歿爲終其事也 故以全歸爲免矣〕"라는 구절이 있다.

247) 모부인(母夫人)의 뇌사(誄辭) : '모부인' 남의 어머니를 높이 이르는 말이다. '뇌사'

◎ 與本鄕儒林諸氏書【乙亥 十一月 十七日】

水落天空 瞻仰倍切 伏惟起居晏勝 不禁溸仰 弟等劣狀 不足奉聞 竊伏以竹逸鄭先生 偉文邃學 潛光隱德 可以爲矜式當時 而訓詔來後者 遠近 亦嘗聞服矣 不必枚陳 其所不幸者 際此亥世 歳 今 又先生 老且病焉 曷勝歎哉 乃於杖屨之鄕 宜有瞻依之所尊衛之擧 而以永風敎 此乃多士之責 尙浚巡未遑者 實爲吾黨之一大欠節也 曾自儒林中 設契景慕之論 雖間多有之 此亦未有所商確者也 今率爾發文 恐失鄭重 故於本月二十五日與同志諸彦 齊會竣論之意 玆敢仰告 必須惠臨于猪山書堂 以完契事 則斯文之幸也 餘漏萬不備 統希照亮

본향에 계신 유림의 여러분들께 보내는 편지

【을해년〔1935〕 11월 17일】

물이 마르고 하늘은 텅 비니 그리운 마음이 배나 간절합니다. 안부는 좋으신지 그리운 마음 마지 못하겠습니다. 저희들의 보잘것없는 상황은 말씀드릴 만한 게 없습니다.

죽일(竹逸) 정선생(鄭先生)의 뛰어나고 깊은 학문과 숨은 빛과 숨은 덕은 당시에 모범으로 삼을 만하고 후배들을 가르칠만합니다. 이는 원근에 있는 사람들 모두 듣고서 인정하였으니, 굳이 일일이 나열할 필요가 없을 것입니다. 그런데 불행히도 말세가 되고 또 선생은 늙고 병들었으니 탄식한들 어찌하겠습니까? 선생이 머무시던 고을을 의당 사모하고 존경하는 거조로 삼아야 합니다. 그래서 풍속과 교화를 영원하도록 하는 것은 많은 선비들이 책임인데, 아직도 머뭇거리며 경황이 없는 것은 참으로 우리들의 하나의 큰 잘못입니다.

일찍이 유림에서 계를 만들어 공경하자는 논의가 비록 여러 번 있기는 하였지만 이 역시 확정된 것은 없습니다. 지금 갑자기 글을 보내 정중함을 잃은 것은 아닐까 두렵지만, 이번 달 25일 뜻을 같이한 여러 선비와 함께 논의하여 결정을 지으려고 이렇게 감히 말씀을 드립니다. 모쪼록 반드시 저산서당(猪山書堂)에 왕림하시어 계를 결성하는 일을 완결짓는다

는 죽은 사람을 애도하는 제문(祭文)의 일종이다. 원래는 제문으로 분류되지만 편지에 첨부된 내용이라 따로 나누지 않았다.

면 사문(斯文)[248]의 다행일 것입니다. 나머지는 이만 줄이니 살펴주시기 바랍니다.

◎ **答族祖必秀氏書**

時中謹白 昨十二月十日 俯寄辱書 敬手讀數回 懶惰之志 聳然而立 惻怛之心 油然而生 苟非吾祖主所素躬孝悌 而履忠信 烏能若是 其入人之深 而感人之切耶 此非徒藥我陶我之諭 固是承先裕後之道也 其曰 去年之不道愚書 宗族見之者 或有怫然怒之 或有欲抗白云 祖主言之是也 不肖之本意 固待得楸下之會敢進一書 故欲僉宗共覽而激怒起端者也 祖主言之 誠是也 雖然如其文過則已不憚改過則何怒之有 又曰 主事幾員 涉於乾沒 無有推覔之道云 於私心不敢自安 當時 必有掌財之任 而金錢出納 自有定規 某也出 某也納 亦自有記帳 其過出誤納 都是掌財之責 且掌財 必有力者爲之矣 今日 無推覔之道云者 何也不知祖主 或未之察耶 以排當之事 言之 不肖 曾不目之 又不檢帳 無稽之言何敢出諸口 而筆之書乎 其排利之事 自有詳悉者 此亦非統固之人也 伏想祖主 攝靜閒養 曾未知聞耶 嗟呼 同祖繼體親 無賢愚貴賤貧富遠近 惟族是愛 不肖 何獨於此甚迫哉 顧衆族之依瞻星斗者 豈非吾宗中 老碩長德乎 古人曰 上有好禮者 下有甚焉 又曰 其父殺人報仇 其子必劫 不肖 何不爲下甚者也 而反爲劫子也 言念及此 不覺心寒 又曰 已盡孝順 化其兄弟 蹊人之田 而奪牛之諭甚善甚善 但其下一二下語之意 敢是不其敎人自效之義而已歟 不肖 雖未嘗孝順 而奪牛 然設有孝順者 焉有能化之者乎 有還其奪牛者 焉有能償禾者乎 若然時中之外 孝順還牛者 意必不少 其曰 無推覔之道云者何也 甚可訝也 又曰徒以空言數人之罪云者 誠是誠是 此眞祖主 盡言無隱處也 而實中愚見矣 其於畢竟曰 不出册代云者 是何言是何言 或恐祖主未詳其意歟 前書中只曰 事若此而乃已 名排足以譜之云 而不曰 不出册代也 不肖 若本有不出册代之意 幸其排利 而假託不出 何敢自以胡言亂辭 攻人之非 而數人之罪也 其意止不過乎還

248) 사문(斯文) : 유도(儒道)를 가리키는 말이다. 《논어》 <자한(子罕)>에 공자가 "문왕(文王)이 이미 별세하였으니, 문(文)이 이 몸에 있지 않겠는가. 하늘이 장차 '이 문〔斯文〕'을 없애려 하였다면 내가 이 문에 참여할 수 없었을 것이다.〔文王旣沒 文不在玆乎 天之將喪斯文也 後死者不得與於斯文也〕"라고 한데서 유래한다.

收排利然後 各計所担也已 時中 雖百至瀕死 非逃担 而利己者也 一生所患者吾言愚直文字 稍露往往 以此取疾於人矣 雖然祖主之督徵未納 良是追遠開來之盛矣 不肖之欲還排利 亦由報本保族之微 見其義容有間乎 此程夫子 所謂管攝人心 收宗族厚風俗之意 不此之諒 而若彼構此過 此吹彼毛 較短量長 而牽引做去 則將不知作怎生光景而止矣 是其可不憂者乎 竊伏聞士之處世 屈於不知己 而申於知己 不肖 猥以蔑賤 幸與高明爲同族 又幸爲竝世而生 又幸爲不棄 而宗族之文字之 竊恐其不可謂不親愛 亦不可謂不知己也 如此安得不一陳迷見 仰塵崇聽耶 今日之事 以愚見之 莫若先清排利 若專務乎此 則擊於彼者不解而自釋矣 若不然 又莫若還任於當時有司 使之清算 則安得不自縮 而督徵乎 愚見若是 或有聖擇狂言否 語多忘觸 不勝惶恐 伏惟辰下 尊體動止 茂納清福 今十七日宗會義 當忝末 而賤軀善吟 自冬及春 常作枕底人事 而不可以風故未遂如誠 歎如何之 望須以此意 申達于僉宗 如何 宗會後 幸賜德音否 姑閣不備謝禮

족조 필수에게 답하는 편지

시중(時中)은 삼가 말씀드립니다. 지난 12월 10일, 보내신 편지를 공경히 여러 번 읽으니 저의 게을렀던 의지가 우뚝이 서고 가엾고 애달픈 마음이 뭉클하니, 진실로 우리 족조께서 평소 효도와 공경을 몸소 실천하시고 충성과 믿음을 이행하시던 것이 아니라면 어찌 이렇게 사람들에게 스며드는 것이 깊고 감동시키는 것이 간절하였겠습니까? 이는 한갓 저를 치료하고 도야(陶冶)하는 말씀일 뿐만 아니라 진실로 선조의 뜻을 잇고 후손을 넉넉히 하는 도(道)일 것입니다. "작년 부도했던 저의 편지를 본 종족들 중에 어떤 사람은 발끈 화를 내고 어떤 사람은 항의하고 싶습니다."라고 했다는 말은, 족조의 말씀이 옳았습니다.

저의 본뜻은 진실로 추하(楸下)[249]의 모임이 있기를 기다려 감히 편지

249) 추하(楸下) : 가래나무 아래란 뜻으로 조상의 산소가 있는 곳을 말한다. 또한 조상의 산소가 있는 고향을 말하기도 한다. 과거 무덤 옆에 소나무와 가래나무를 심었기 때문인데, 청나라 전영(錢泳)의 《이원총화(履園叢話)》에 "흙을 쌓아 봉분을 만들고 소나무와 가래나무를 심어 풍수의 이익을 누린다.〔築土爲墳 植以松楸 而

를 보냈습니다. 그래서 여러 종친들이 다 함께 보시고 격노하는 단서를 일으켰으니, 족조의 말씀이 참으로 옳습니다. 그렇지만 글이 지나치면 자제하고 기탄없이 잘못을 고친다면 무슨 화낼 것이 있겠습니까? 또 "일을 주관하는 몇 사람이 재물을 탐하였는데도 추심하는 도리가 있지 않았습니다."라고 하였으니, 개인적인 마음에 감히 사심으로 불안하게 여기고 있습니다. 당시 반드시 재정을 맡고 있으면서 곗돈의 출납에 관해서 정해진 규정이 있어 누가 돈을 내어주고 누가 돈을 받았는지에 관해서도 기록한 장부가 있을 것인데, 출납이 잘못되었다면 모두 재정을 맡은 사람 탓입니다. 또한 재정을 맡은 사람 가운데 힘이 있는 사람이 그러한 짓을 했을 것입니다. 그런데 지금 "추심할 방법이 없다고 하는 것은 무엇 때문입니까?" 족조께서 혹시라도 살피지 못하신 것인지요?

담당을 나누는 일로 말하자면 저는 일찍이 그 일에 관해서 지목한 적이 없고, 또 장부를 점검했던 적도 없는데 아무 근거도 없는 말을 어찌 감히 입 밖으로 내고 글로 쓰겠습니까? 이익을 나누는 일은 절로 상세히 아는 사람이 있을 것인데, 이 역시 통영(統營)과 고성(固城) 사람이 아닙니다.

생각건대 족조께서는 고요히 조섭하고 한가함을 기른다는 말을 듣지 못하셨습니까? 아, 같은 조상에게서 몸을 이어받은 친척이 된 사람들은 어짊과 어리석음, 귀함과 천함, 가난함과 부유함, 멀고 가까움을 따질 것 없이 오직 종족을 사랑해야 하는데, 어찌 저를 이렇게까지 심하게 핍박한단 말입니까?

돌아보건대 뭇 종족들이 북극성처럼 의지하고 바라보는 사람이라면 어찌 우리 종중의 덕이 뛰어난 원로가 아니겠습니까? 옛사람들이 "윗사람 중에 예를 좋아하는 사람이 있다면 아랫사람은 이보다 더한 사람이 있다."[250]라고 하였습니다. 또 "아버지가 사람을 죽여 복수하면 그 아들은

享風水之利〕"라는 구절이 있다.

250) 윗사람……있다 : 《예기》 〈치의(緇衣)〉에 "아랫사람이 윗사람을 섬길 때, 그 명령을 따르지 않고 그 행하는 바를 따른다. 윗사람이 어떤 것을 좋아하면 아랫사람은 반드시 더 심하게 그것을 좋아하는 법이다.〔下之事上也 不從其所令 從其所行 上好是物 下必有甚者矣〕"라는 구절이 있다.

반드시 강도짓을 하는 법이다."[251]라고 하였으니, 제가 어찌 아랫사람으로 심하지 않겠습니까? 그런데 도리어 저를 겁박하면서 이렇게까지 언급을 하시는지 저도 모르게 한심한 마음이 듭니다. 또 "이미 효도하고 순종함을 다하여 자신의 형제를 교화하고, 소를 끌고 남의 밭을 가로질러 가면 처벌로 그 소를 빼앗는 것이다."[252]라고 하신 말씀은 매우 훌륭합니다.

다만 그 아래 한두 마디 말하는 뜻은 감히 남을 가르치고 스스로 본받는 뜻만이 아닐 것입니다. 제가 비록 효도하고 순종하며 소를 빼앗은 적이 없지만 설령 효도하고 순종하는 사람이 있다고 한들 어찌 그들을 교화시킬 수 있을 것이며, 빼앗은 소를 되돌려주는 사람이 있다고 한들 어찌 소가 밟고 간 벼를 보상할 수 있겠습니까? 만약 저 외에 효도하고 순종하는 사람이 소를 도로 돌려주는 사람은 아마도 반드시 적지 않을 것입니다. "추심할 방법이 없다."고 한 말은 무엇입니까. 매우 의아합니다. 또 "한갓 빈말로 사람의 죄를 따진다."고 한 말은 진실로 옳습니다.

이것은 진실로 족조께서 숨김없이 다 말씀하신 것이기도 하고 실로 저의 견해와 맞는 말씀입니다. 끝에 "책대(册代)를 내지 않겠다."라고 하였다는데, 이 말은 무슨 말입니까? 혹시라도 족조께서 그 뜻에 관해 자세히 알지 못할까 걱정입니다.

지난번 편지 속에서 다만 "일이 만약 이와 같아야 그만 둘 것이다. 이름이 배열되었으니 족보삼기에 충분하다."라고 하였을 뿐이고 "책대금을 내지 않겠다."라고는 말하지 않았습니다. 저에게 만약 본래 제가 책대금을 내지 않으려는 뜻이 있었다면 이익을 나누어 주기를 바라면서 이를 핑

251) 아버지가……법이다 : 《소식집(蘇軾集)》 〈순경론(荀卿論)〉에, 소식(蘇軾)이 순경(荀卿)이 이사(李斯)에게 준 영향에 대해 "아버지가 사람을 죽여 복수하면 그 아들은 반드시 강도짓을 하는 법이다.〔其父殺人報仇 其子必且行劫〕"라는 구절이 있다.

252) 남의……것이다 : 《춘추좌씨전(春秋左氏傳)》 선공(宣公) 11년조에 "소를 끌고 남의 논을 밟아 가로질러 가면 처벌로 그 소를 빼앗는다.〔牽牛以蹊人之田 而奪之牛〕"라는 구절이 있다. 뒤에 죄에 비해 지나치게 무거운 벌을 가하여 이익을 꾀함을 이르는 말로 썼다.

계로 내지 않았을 것인데, 어찌 감히 어지러운 말로 남의 잘못을 공격하면서 사람의 잘못을 죄주겠습니까? 제 생각은 다만 나눈 이익을 되돌려 놓고 각자 담당한 것을 계산하는 것일 뿐입니다.

제가 비록 수없이 죽을 지경에 이르렀지만 달아나지 않은 것은 제 자신을 이롭게 하려는 것이 아니었습니다. 제가 일생 근심으로 여겼던 것은 저의 어리석은 말과 우직한 문자를 조금 드러내어 왕왕 이 때문에 남에게서 아픔을 취하는 것입니다. 비록 그렇기는 하지만 족조께서 미납한 것을 징납하는 것은 진실로 멀리가신 조상을 추모하고 앞으로 올 후손을 열어 주는 훌륭하신 일입니다.

저는 배분한 이익을 되돌려 주려고 하는 것 또한 조상에 보답하고 종족을 보존하려는 은미함으로 말미암으니 억지로 꾸민 모습과는 차이가 있는 것이 아니겠습니까? 정부자(程夫子)[253]가 말한 "천하의 인심을 관섭(管攝)[254]하여 종족을 거두고 풍속을 후하게 한다"[255]는 뜻인데 이를 헤아리지 못하고 만약 상대가 이 사람의 허물을 얽고 이 사람이 상대의 털을 불어서 흠을 찾아내고[256] 장단점을 헤아려 견인해 나간다면 장차 어떠한 경우인지도 모르고 말 것입니다. 이것을 어찌 근심하지 않겠습니까?

들으니 선비가 세상에 처신함에 자신을 알아주지 못하는 경우에는 굽히고 자신을 알아주는 경우에 편다고 하였습니다. 저는 외람되이 보잘것 없지만 다행히도 고명(高明)과 같은 분과 일족이 되었고, 또 같은 세상에 태어나고, 또 다행히 고명께서 저를 버리지 않으셨습니다. 그런데 종족들의 문자로 친애하지 않을까, 또 저를 알아주지 않을까 두렵습니다. 이와 같으니 한번 미혹한 견해를 펴서 고명께 말씀을 드렸습니다.

---

253) 정부자(程夫子) : 중국 송나라 학자인 정이(程頤, 1033~1107)를 가리킨다.

254) 관섭(管攝) : 임무나 일 등을 겸하여 주관하는 것을 말한다.

255) 천하의……한다 : 《근사록(近思錄)》에 "천하의 인심을 관섭하여 종족을 거두고 풍속을 후하게 하여 사람으로 하여금 근본을 잊지 않게 함은, 모름지기 보계를 밝혀 세족을 거두고 종자법을 세움이니라.〔管攝天下人心 收宗族厚風俗 使人不忘本 須是明譜系收世族 立宗子法〕"라고 구절이 있다.

256) 털을……찾아내고 : '취모멱자(吹毛覓疵)'라는 말로, 털을 불어서 감춰진 흠을 찾아 낸다는 뜻으로 모든 방법을 다하여 남의 잘못을 찾아 드러냄을 비유하는 말이다.

오늘의 일을 제가 보건대 먼저 깨끗하게 이익을 나누는 것 만한 것이 없으니 만약 오로지 여기에 힘쓰신다면 저들에게 공격을 당하는 것이 풀지 않아도 저절로 풀릴 것입니다. 만약 그렇지 않고 또 당시의 유사들에게 책임을 돌려 그들로 하여금 청산을 하게 한다면, 어찌 스스로 위축이 되지 않고 독촉하고 징수하지 않겠습니까?

저의 견해가 이러하니 혹시라도 고명하신 당신께서 저처럼 미친 사람의 말을 가려주실 수 있을는지요? 저촉됨을 잊고서 말이 많았으니 황공함을 이길 길 없습니다.

요사이 고명하신 당신의 안부는 맑은 복을 받으시길 빌겠습니다. 이달 17일 종회 때 말석에라도 참석하여 비천한 몸으로 잘 말씀을 드려야 하지만 겨울부터 봄까지 늘 자리를 보존하고 있는 사람이 되어 바람을 쐴 수가 없어 저의 마음을 이루지 못하였으니 한탄스러움을 어찌하겠습니까? 모쪼록 저의 이 뜻을 여러 종친들에게 말씀을 드려주시는 것이 어떻습니까? 종회를 마치고 나서 저에게 말씀을 주십시오. 이만 줄이고 답장을 드립니다.

◎ 上族祖永鎬書【己酉 元月 八日】

伏惟春寒尚峭 體候以享難老之福 貴中僉宗 侍均護康旺否 并遠慕區區 不任之至 伏悚楸下之會 既負其期 三度辱書 又不修答 罪亦深矣 負罪者 更有何說之辭 凡在他人 必不免目之以無義漢子然其於心靈暗合事在不言中 祖主其或以此 恕乎否乎 此漢半生 做業都歸烏有先生 今而後 知楊子之逐貧 故是安貧韓公之送窮 返自固窮 古今人事 乃復爾矣 早知其若此 深入窮山 爲採藥處士足矣 而既又失之歎 何如之 非祖主 何敢以此仰累也 仰聞向於宗會 定以名 實出熟計 良善良善 惟建碑一款 有大難低事矣 到此安得不一陳迷見 恭聽明命哉昨秋不收 今春所饑 推之遠近 其勢惟均 惟如是 則名排 收入 必有零星矣 若不究慮始圖終之策 而一切以直前勇進爲果 則竊恐有欠於族誼 而或累於先事也 凡事當優游婉曲 而徐徐收切 則氣不乏 而事可完矣 第待麥登稻熟 次第收拾 而養成財力然後 於秋末冬初 從容行事 允合穩當 愚見若是 未知尊意如何矣 或不悖於理 更議於左右 姑停其事不然 即密覽而付丙伏望 三月之初 擬欲

晉謁 鄙中殘排 伊時持參矣 阮帖 今方仰呈 能無稍遲之責也 此物他人所有 早晩 幸還完若何 訥村杖 近候若何 未能各幅修候 敢望傳達 惟冀體宇康寧云云

족조 영호께 올리는 편지【기유년〔1909〕1월 8일】

봄추위가 아직도 매서운데 장수의 복을 누리시고 귀댁의 여러 일가들도 부모님 모시면서 건강히 잘 지내시는지요? 아울러 간절한 그리움을 이길 길 없습니다.

선산(先山)에서의 모임을 이미 약속을 지키지 못해 죄송합니다. 세 번이나 편지를 보냈는데 또 답장을 보내지 못해 죄송한 마음 깊습니다. 죄를 저지른 사람이 다시 무슨 말을 하겠습니까? 다른 사람의 입장에서는 반드시 저를 의리 없는 놈이라고 손가락질하는 것을 면치 못할 것입니다. 그렇지만 마음속 드러나지 않은 일은 말하지 않은 가운데 있습니다. 조주(祖主)께서는 혹시라도 이로써 용서해 주실는지요? 이놈은 반평생을 공부가 모두 오유선생(烏有先生)[257]에게 돌아가고 말았습니다. 오늘 이후에 양자(楊子)가 가난을 쫓았기[258] 때문에 가난을 편안히 여길 줄 알았고 한유(韓愈)는 가난을 물리쳤지만[259] 도리어 자신을 곤궁하게 된 줄 알았습니다. 고금의 인사가 다시 이러합니다. 이럴 줄 일찍 알았다면 궁벽한 산에 깊이 들어가 약이나 캐는 처사가 되는 것을 만족하게 여겼을 것인데, 이미 기회를 놓치고 말았으니 탄식한들 어찌하겠습니까?

조주(祖主)께 아니면 어떻게 감히 이렇게 자세히 말씀을 드리겠습니까? 우러러 듣건대 지난번 종회에서 이름을 배제하기로 정하였다고 하는데, 이는 실로 심사숙고한 결과이니 진실로 훌륭하십니다. 바라건대 비석

257) 오유선생(烏有先生) : 한나라의 사마상여(司馬相如)가 〈자허부(子虛賦)〉에서 오유 선생이라는 가공의 인물을 설정하여 문답을 전개했는데, 오유 선생은 '무엇이 있느냐', '아무것도 없다'는 뜻이다.

258) 양자(楊子)가……쫓았기 : 양자는 한나라 때의 양웅(揚雄)을 가리킨다. 양웅은 가난하게 살았는데, 이러한 내용을 담은 〈축빈부(逐貧賦)〉를 지은 바 있다.

259) 한유(韓愈)는……물리쳤지만 : 한유(韓愈)가 일찍이 항상 자기를 괴롭히는 다섯 궁귀(窮鬼), 즉 지궁(智窮), 학궁(學窮), 문궁(文窮), 명궁(命窮), 교궁(交窮)을 물리친다는 뜻으로 〈송궁문(送窮文)〉을 지었다.

을 세우는 한 조항에는 매우 어려운 일이 있으니, 이러한 일에 대하여 어찌 한마디 저의 미혹된 견해 드리고 삼가 조주의 밝으신 말씀을 듣지 않겠습니까?

작년 가을 흉년으로 올봄의 굶주림은 원근에 미루어 보아도 마찬가지 상황입니다. 오직 이와 같으니 이름을 배제한다면 수입은 반드시 얼마 되지 않을 것입니다. 만약 처음과 끝을 생각하고 도모하는 계책을 궁구하지 않고 일체 곧바로 용감하게 앞으로 나아가는 것으로 결과로 삼는다면 친족들의 우의에 흠결이 있어 혹시라도 선조를 위하는 일에 누가 될까 걱정입니다. 모든 일은 마땅히 여유롭고 완곡하게 천천히 거두어들이면 기운은 부족하지 않고 일은 완성할 수 있을 것입니다.

다만 보리와 벼가 익을 때를 기다렸다가 차례로 수습하여 재력을 기르고 나서 늦가을과 초겨울에 조용히 일을 시행한다면 진실로 온당할 것입니다. 저의 견해가 이러한데 조주의 의견은 어떠신지 모르겠습니다. 혹은 이치에 어긋나지 않다면 다시 곁에 있는 사람들과 의논하십시오. 우선은 그 일이 합당치 않으니 멈추어야 할 것입니다. 편지를 보시고 태워주시기 바랍니다. 3월초에 찾아 뵙고 제가 생각하는 배제하고 남은 명단을 이때 가지고 가겠습니다.

《완첩(阮帖)》을 지금 드리니 늦었다고 꾸짖지 마십시오. 이 물건은 다른 사람의 소유물이라서 조만간 돌려주시는 것이 어떻습니까? 눌촌(訥村) 어르신은 요사이 안부는 어떠하신지요? 따로 편지를 드리지 못하니 말씀을 전달하여주시기 바랍니다. 안부가 좋으시기를 바랍니다.

◎答族祖永鎬書

伏惟我兩先之事 謹悉於數回宗通 而躬不能參席 又不能完金者 非徒諸族之誠薄力弱 實由不肖之擧措所先 以此遷稽 至屈杖屨 再辱崇函 至於宗誚 猶其所甘 得罪祖先 良用是懼 況祀土已買 而攻石過半乎 雖然第觀殘族之軀命 待得食麥 方可完濟事務焦急 幸殊小寬 若何 謹按我皇考文景公之立朝淸節 樹國巍勳 照輝於國乘野史者 昭昭如昨日事矣 而桑梓胎址 尙無一片可語之石 又無數間寓慕之所 寔攸後孫齎鬱之餘 而今次植石東山 不獨爲子孫之景慕 亦以所鄕

國之冥瞻 何幸 貴中僉宗丈之 倡此大事 實百年未遑之盛擧 於其慕先像德之義 何敢贊祝 然文祖之神道碑文 申相公 曾已撰狀 而竪於墳庵之下矣 今若以舊文舊歷刻之 而安於東山 則或者無乃遺欿於後代乎 若以新文刻之 亦難其人 而又本之以人情求之 以神道植石之後 恐不無尸祝之禮 至於將來奉行 未知尊意之如何 故敢昧死以聞 幸須察焉 伏惟春季僉尊氣體候 以時萬康 仰慕者忱 餘在續後 姑閣不備 謹謝候狀 伏惟崇照 戊辰三月 日 朞服族孫某再拜

족조 영호에게 답하는 편지

우리 집안 두 분의 선조의 일에 대하여, 여러 번 집안에서 알려 주시어 알고 있었지만 자리에 참석하지 못하였고, 또 돈을 완비하지 못하였습니다. 한갓 여러 종족들의 정성이 부족하고 힘이 약해서 일 뿐만이 아니라 이는 실로 저의 행동거지가 우선하였기 때문이었습니다. 이 때문에 일이 지연되어 어르신이 방문하고 재차 편지를 보내도록 하는 지경이 되게 하였고 집안의 꾸짖음을 받게 되었습니다. 그렇지만 오히려 달게 여기는 바는 선조에게 죄를 얻을까 참으로 두렵기 때문입니다. 더구나 사토(祀土)[260]를 이미 구매하고 비석돌을 반이나 가공을 함에 있어서는 어떠하겠습니까? 비록 그렇기는 하지만 쇠잔한 일족들의 목숨을 살펴보면 보리밥이라도 먹을 수 있도록 기다려야 급한 일을 완성할 수가 있으니 바라건대 조금 느긋하게 일을 처리하시는 것이 어떠하십니까?

살펴보건대 우리 선고 문경공(文景公)은 조정에 맑은 절개를 세우고 나라에 우뚝한 공훈을 세워 나라의 역사와 야사에 빛난 것이 마치 어제 일처럼 분명합니다. 그런데 태어나신 고향에는 아직도 한마디 말을 기록한 비석조차 없습니다. 또 사모하는 마음을 붙이는 몇 칸의 사당도 없으니 이는 진실로 후손들이 답답하게 여기는 것입니다. 지금 동산에 비석을 세우는 것은 유독 자손들의 사모하는 마음을 위한 것일 뿐만이 아니라, 고향에서 돌아가신 분을 그리는 마음에 얼마나 다행한 일이겠습니까?

귀하의 여러 종중의 어른들께서 이 일을 창도하시니 이는 실로 백 년

260) 사토(祀土) : 그 곳에서 생산되는 곡물로 제사를 지내는 비용을 충당하기 위해 마련한 땅을 이른다.

동안 겨를이 없어 하지 못했던 일 가운데 훌륭한 일입니다. 선조를 사모하고 덕을 본받는 의리에 무엇으로 감히 칭송하고 축하하겠습니까? 그렇지만 문경공의 신도비문은 신상공(申相公)께서 일찍이 무덤의 제각(祭閣) 아래에 세웠습니다. 지금 만약 옛날의 문장과 옛날의 자취로 비석을 새겨 동산에 안치를 한다면, 혹시라도 후대에 탄식을 남기는 것이 아니겠습니까? 그렇다고 새롭게 글을 써서 비석을 새긴다면 또 글을 쓸 적임자를 구하기도 어렵습니다.

인정으로 구하는 것을 근본으로 하여 신도비를 세운 뒤에라야 신주를 모시고 제사를 거행하는 예가 없지 않을 듯한데. 앞으로 받들어 행하는 일에 있어서 당신께서는 어떻게 생각하시는지 모르겠습니다. 그래서 감히 죽음을 무릅쓰고 말씀을 드리니 살펴보시기 바랍니다.

바라건대 늦봄에 여려분의 안부가 좋으시고 언제나 건강하시는 것이 사모하는 저의 정성입니다. 나머지는 다음에 두기로 하고 이만 줄입니다. 삼가 답장을 드리니 당신께서 살펴주시기 바랍니다.

무진년〔1928〕 3월 ○일 기복(朞服) 족손(族孫) 아무개는 두 번 절하고 편지를 올립니다.

◎ **答族祖永鎬書**

下書 謹悉 伏惟靜養體候 爲享遐福 在傍僉宗 侍聯衛康旺 仰慕竝切 祭田 已聞命矣 攻石 果至何境 切仰願聞 賤子誠薄 未能分憂 曷敢逭罪 刻文會以面白 不必重論 然以若吾宗莫重之事 艱大之役 若一有見不到處 則竊恐有欠於先德 而見笑於後生 可不愼與 必廣詢於老成家之 博采於僉宗之 議務從道理上做去 是幸想高明已熟計矣 宗排依數準備矣 會値難逃之急 折其三分之一 祗此汚呈 世間多事 令人自笑 更寬若干日如何 統希崇照 不備謹狀 戊辰 五月 一日

족조 영호에게 답하는 편지

보내주신 편지를 받고 정양하시며 큰 복을 받으시고 곁에 계신 여러 종족(宗族)들은 부모님 모시며 건강하게 잘 지내신다니 그리움이 매우 간절합니다. 제전(祭田)[261]에 관한 말씀을 들었습니다. 비석을 다듬는 일은 과연 어느 정도에 이르렀는지 간절히 듣고 싶습니다.

저는 정성이 부족하여 근심을 나누지도 못하였으니, 어찌 죄에서 달아날 수가 있겠습니까? 글을 새기는 것은 겉면이 깨끗한 것으로 해야 하는 것은 굳이 거듭 논할 필요가 없을 것입니다. 이것은 우리 집안의 막중한 일이니 어려운 일이라고 하더라도 만약 조금이라도 견해가 이르지 않은 곳이 있다면 선조의 덕에 흠결이 될 것이고 후손들에게 비웃음을 당할까 걱정이니 삼가지 않을 수 있겠습니까?

반드시 경륜이 많은 분들께 널리 묻고 여러 종친들께 널리 채집하여 도리에 맞도록 일을 진행해야 함은 당신께서도 이미 익히 생각하고 계실 것으로 생각합니다. 종친들이 부담해야 하는 돈은 액수에 따라 준비를 하겠습니다. 그렇지만 마침 어려움을 만나 다만 3분의 1만 드리니 세상의 많은 일들이 사람으로 하여금 절로 웃게 합니다. 다시 약간의 날짜를 늦추어 주시는 것이 어떻겠습니까? 다 살펴주시기 바라며 이만 줄입니다.

무진년〔1928〕 5월 1일

◎ 答族祖永鎬書【己巳臘月】

前書未報 又復辱書 自訟于中罪 深於感矣 伏承審歲暮 燕居氣體候 連衛淸福 仰慕區區 無任遠忱 伏惟我文祖建碑事 延遷稽而至于今日者 實由愚見之左也 唐突之罪 百口何辭 到此益覺祖主先見之明也 逆知其如此 一聽明命之熟計 而直前斷行 則曾於今春事 已早完矣 而誰知歲且荐饑 事顧反常 浩歎浩歎 期於明春 不可不安石乃已 而遠近宗族中 雖有執二之論 此斷不可容貸也 下送文稿 已爲盥讀而以若小子愚淺 又何足爲輕重 而文字可否之問 辱及於此也 況當今秉筆之家 無出於盧翁之右者耶 惟願亟命刻之 恐可恐可 政侄渠亦不近筆硯久矣 難可以任其寫字之役 重威嚴囑之至 第使隷筆 而於來正望後 必使上送伏計耳 吾宗譜役之論 已跨數歲 然此略遲幾歲 於爲先 恐無稍後之愆 在孫 亦無漏記之歎 今不顧年歲之饑饉 宗族之貧乏 一切以見事生風爲務 則能不爲直前之

261) 제전(祭田) : 조상의 제사를 받들기 위해 설치한 위토(位土)를 이른다.

失耶 惟祖主另加垂察

족조 영호께 답하는 편지【기사년(1929) 12월】

지난번 편지에 아직 답장도 드리지 못했는데 또 편지를 보내주시니 마음속의 죄송함이 감사한 마음보다 깊습니다. 세모에 지내시는 안부가 연이어 맑은 복을 받으신다니 간절히 그리는 저의 마음을 가눌 길 없습니다. 우리 문조(文祖)의 비석 세우는 일이 줄곧 지체되다가 오늘에까지 이르게 된 것은 참으로 어리석은 저의 견해가 틀렸기 때문입니다.

저의 당돌한 죄는 입이 백 개라도 어떻게 변명을 하겠습니까? 이러한 지경이 되고 보니 영호(永鎬) 조부님의 선견지명을 더욱 깨닫겠습니다. 미리 이럴 줄 알고 한번 명철하신 말씀의 익숙한 계획을 듣고 곧바로 일을 단행하였다면 일찍이 금년 봄이면 벌써 일이 마무리되었을 것입니다. 그런데 농사가 거듭 기근이 드니 일이 정상으로 돌아올 날이 언제인지 누가 알겠습니까? 탄식스럽습니다. 어쩔 수 없이 내년 봄에 비석을 안치할 것을 기약하고 일을 마무리 짓는다면 원근의 친척들 가운데 비록 다른 의논을 고집하는 사람이 있다한들 이일은 단연코 용서할 수 없을 것입니다.

보내주신 원고는 읽기는 했지만 저같은 어리석은 얕은 견해로 또 어찌 경중을 따질 수 있겠습니까? 그런데도 저에게 비문으로 실리는 글의 가부에 관하여 물어 저에게 언급해주시는지요? 더군다나 문필가로 노옹(盧翁)보다 더 뛰어난 사람이 없는데 말입니다. 서둘러 새기라고 말씀하시기 바라지만 그렇게 될까 걱정입니다.

조카인 정(政)도 붓을 가까이 하지 않은지 오래되어 글을 쓰는 일을 맡기도 어려운데 거듭 위엄 있게 부탁하시는 말씀이 지극하니 다만 보잘것 없는 글씨이지만 오는 정월 보름 이후에는 반드시 보내드리게 하겠습니다. 저희 집안의 족보일에 관하여 논의한 지 벌써 이미 몇해가 흘렀습니다. 이렇게 몇해를 지체하고 보니 선조께는 조금 늦었다고 허물하는 마음이 없게 되고 자손들에게도 기록을 빠뜨렸다는 탄식이 없게 될까 두렵습니다. 그렇지만 지금 흉년의 기근과 일가친척들의 가난을 돌보지 않고 모든 일에 관하여 분위기를 조장하는 것으로 일을 삼는다면 자칫 앞으로 나아가는데 실수가 되지 않겠는지요? 오직 할아버지께서 특별히 살펴보아 주십시오.

又【庚午 元朝】

除夜霽淑 元旦清明 今年農形 可占有秋者 圃生涯 料得將富 誠喜不自勝 伏惟氣體候 餞迓崇瑕 仰慕仰慕 而新年之盛 倍蓰平昔 今朝祭席 伏讀寄來 政侄崇函 爲賜甚厚 而歲昨奉答 想未入覽矣 不識不爲其殷洪喬所笑耶 歎歎 寫書一款 前書 已盡之矣 而且愚政習字蒼骨 未固柳筋無膄 把筆若干年 未有得也 此東坡所謂刷字而已耳 大父有何所取 而獨於此子多也 嚴囑至此 欲逃不敢 故姑使試腕 而今二十一日期 使上送伏計 而殘排 從此辨納矣 俯燭若何

또 답장을 보내다【경오년(1930) 1월 1일 아침】

선달 마지막 날 밤 날씨가 맑았고 새해 아침 날씨도 맑아 올해 농사는 풍년을 점칠 만 합니다. 채마밭을 가는 삶이 넉넉해질 것이라 생각하니 참으로 기쁨 마음을 이길 길 없습니다. 안부가 묵은해를 보내고 새해를 맞이하여 잘 지내신다니 우러러 그립습니다. 또한 신년의 그리움이 평소에 비해 몇 배나 더합니다.

오늘 아침 제사를 지내는 자리에서, 저에게 보내주신 편지를 읽었습니다. 저에게 베푸신 은혜가 매우 두터웠습니다. 지난해 보내드린 답장을 아직 받아보지 못하셨을 것으로 생각됩니다. 중간에 편지가 누락되는 일[262]은 없었는지 모르겠습니다. 탄식스럽습니다.

글씨 쓰는 것에 관해서는 지난번 편지에서 이미 다 말씀을 드렸습니다. 또한 저의 습자는 푸른 골격이 드러나 아직은 글씨가 근골이 부드럽고 살이 없으며 붓을 잡은 지 여러 해가 되었는데도 아직 소득이 없습니

262) 편지가……일 : 편지가 제대로 전해지는 것을 말한다. 진(晉)나라 은선(殷羨)이 예장군(豫章郡)의 태수(太守)로 있다가 임기를 마치고 떠날 즈음에 사람들이 100여 통의 편지를 주면서 경성(京城)에 전달해 줄 것을 청하였는데, 석두(石頭)까지 와서 모조리 물속에 던져 놓고는 "가라앉을 놈은 가라앉고 떠오를 놈은 떠올라라. 은홍교가 우편배달부 노릇을 할 수는 없다.〔沈者自沈 浮者自浮 殷洪喬不能作致書郵〕"라고 말했다는 고사가 있다. 홍교(洪喬)는 은선의 자이다.

다. 이는 소동파(蘇東坡)[263]가 이른바 "쇄자(刷字)"[264]일 뿐입니다. 대부(大父)[265]께서는 무슨 취할 만한 것이 있어서 유독 저를 훌륭하게 여겨 엄히 이렇게까지 부탁하시니 달아나고 싶어도 그러지 못해 감히 우선 팔을 놀려 이번 달 21일 날까지 보내드릴 계획이니, 온전하지 못한 것을 다 물리치시고 이를 받아주시기 바랍니다. 굽어 살펴보아 주시는 것이 어떻습니까?

◎ 上族祖永鎬書【庚 元 十九日】

歲方便始 下懷益切 伏惟氣體候萬安 仰慕區區 不任下忱 竊惟寫碣事 準備了得否 大郎政 今使上送 試寫若干字 其結構字樣 庶或近焉 第以書之 如其甚遠 不得不求諸他之高强之手也 萬乞照鑑 毋使累先 若何若何 且鐫刻 不是小事 不可以放任他石工輩也 嚴加注意 務令爲深刻 且正刻焉 不肖 亦當躬晉赴役 介憂萬一 而不幸爲墜跌乎沒底塵臼 出脚不得 奈何奈何 今二十七日 所謂大郎招壻之日也 幸須速命還家 伏望多少 在於此去口達中 不備謹白

족조 영호에게 올리는 편지【경오년(1930) 1월 19일】

한해가 다시 시작되니 저의 그리운 마음이 더욱 간절합니다. 안부가 좋으신지 저의 간절한 마음을 가눌 길 없습니다. 비문을 적을 일은 준비가 끝났는지요? 저에게 지금 시험삼아 약간의 글자를 써서 보내도록 하였는데 글자의 짜임새와 모양이 그럴듯합니다. 다만 비문을 심원하게 쓰려고 한신다면 부득이 다른 솜씨 좋은 사람에게 구해야 할 것입니다.

---

263) 소동파(蘇東坡, 1037~1101) : 송(宋)나라 신종(神宗) · 철종(哲宗) 때의 문신으로 이름은 식(軾), 자는 자첨(子瞻), 호가 동파(東坡)이고, 시호는 문충(文忠)이다. 벼슬은 항주 통판(杭州通判) · 항주지주(抗州知州) 등을 지냈는데 치적이 있었고, 단명전학사(端明殿學士) · 예부상서(禮部尙書)에 이르렀다. 당송팔대가(唐宋八大家)의 한 사람으로 시문이 뛰어났으며, 시는 송대(宋代)에 제일로 친다. 글씨와 그림도 훌륭하였다. 그리고 학문이 깊어서, 그의 학파를 촉파(蜀派)라 한다. 저서로 《동파전집(東坡全集)》 등이 있다.

264) 쇄자(刷字) : 먹칠하듯 쓴 글씨로, 자기의 글씨를 낮추어 이르는 말이다.

265) 대부(大父) : 할아버지와 같을 항렬을 가진 사람을 이르는 말이다.

천만 바라건대 살피시어 선조에게 누가 되지 않도록 하는 것이 어떻습니까? 또 비석을 새기는 일은 사소한 일이 아니니, 다른 석공들에게 일을 맡겨버릴 수도 없습니다. 엄히 더욱 더 주의하여 힘써 깊고 바르게 새기도록 하십시오. 저도 마땅히 직접 일하는 곳에 나아가 만에 하나라도 근심을 도와야 하지만 불행히도 끝없는 속세에 빠져 발을 빼지도 못하고 있으니 어찌하겠습니까? 이번 달 27일은 제가 사위를 맞이하는 날입니다. 바라건대 속히 집으로 돌아가게 하십시오. 다소의 사연들은 이번에 가는 사람의 입을 통해서 전하겠습니다. 이만 줄이고 말씀드립니다.

◎ **請査狀**【三月 二十七日】

書往來 非止再而三 尙未有一面之雅者 務因事勢之固然 於情理 亦有所不當然在也 每仰高風 中央之歎而已矣 未知昨日之雨耶 今日之晴耶 伏惟萱堂壽韻 益享無疆之休 侍餘棣體候 連衛淸謐 寶覃均得 佳勝 竝溸仰區區 在不是尋常 査契 重候粗遣 諸累無警 以是爲私家之幸 而所謂春服制不成章 而亦日晩矣 催人着新 雖則過時 浴沂咏歸 尙有餘日 以此其恕之歟 不待尊恕 而先自恕己 良覺一笑 待得餞春 未晝日 幸須與金昆玉友阮丈僉位 竝駕惠賁 以光寒門昻干昻干耳 多少留 在拜敍中一場 不備 統希照亮

사돈께 청하는 편지【3월 27일】

편지를 주고받은 지 두 세 번일 뿐만이 아닌데 아직도 한번 고아한 모습을 뵙지 못한 것이 상황이 참으로 그러했겠지만 인정과 도리에 있어서는 마땅치 않습니다. 매번 당신의 높으신 풍모를 우러러 보며 마음속으로 탄식만 할 뿐입니다. 어제는 비가 왔는지, 오늘은 개었는지 모르겠습니다.

당신의 어머니는 장수하시며 끝없는 복을 누리고 계시고 부모님 모시는 형제분들의 안부는 연이어 좋으시고 식구들도 모두 잘 지내시는지요? 아울러 간절히 그리움이 평범하지 않습니다.

사돈인 저는 조부모님과 부모님을 모시고 별탈없이 지내고 있으니 이것이 저의 다행한 일이라고 생각합니다. 이른바 봄옷이 지어지지 않았는데 날은 저물었습니다. 그렇지만 사람에게 새로 옷을 입도록 재촉하고 있으니 비록 때는 늦었지만 기수(沂水)에 목욕하고 시를 읊조리고 돌아오는 데는[266] 아직 날짜에 여유가 있으니 이것으로 용서하십시오. 당신의 용서를 기다리지도 않고 이보다 먼저 저 자신을 용서하였으니 진실로 이를 깨닫고는 한번 웃었습니다. 봄을 보내며 한낮에 금곤옥우(金昆玉友)[267]와 완장(阮丈)[268]과 여러분들이 함께 은혜롭게 방문하시어 한미한 저의 집을 빛나게 하여주시기 바랍니다. 다소의 사연들은 남겨두어다가 만나서 이야기를 나누기로 하고 이만 줄입니다. 모두 살펴주시기 바랍니다.

◎ **與族弟基中書【丁丑 七月 二十一日】**

敢省式言 知心而不知面 在異代則可 同時則未然 況一家之族乎 我聞賢弟之孝悌 考其實與聞無異 又聞賢弟之俊逸 考其事與聞無異 此可足知心者也 而獨欠一面之雅者 是我之過也 湖嶺 雖隔不在天上 我愛其數日之程長 作不面之親 此其非年先者之罪勵愧深 賢弟之中年失敗 實出意外 此獨賢弟之不幸耶 是吾宗之無祿也 我聞而歎之 又日歎之 上年冬 墓享之日 聞五倫族叔 則墨突已黔於完府云 何等幸也 何等幸也 此獨賢弟之福也 吾以謂惟吾祖宗在上之靈 默佑於冥冥之中 而懷其身 而哺其口也 言念及此 曷勝感愴 愚兄命薄 罪重前年 家兄 見背去年 老母下世 今年七月 始得變葛 望七衰年 踽踽焉 皇皇焉 窮而無所歸也 此何人斯 況此宗國喪難之餘 同庄諸族 奔走衣食 散亡殆盡 尙家於先

266) 기수(沂水)에……데는 : 《논어》 〈선진(論語)〉에, 공자의 제자 증점(曾點)이 "늦은 봄에 봄옷이 만들어지면 관을 쓴 벗 대여섯 명과 아이들 예닐곱 명을 데리고 기수에 가서 목욕을 하고 기우제 드리는 곳에서 바람을 쏘인 뒤에 노래하며 돌아오겠다.〔暮春者 春服既成 冠者五六人 童子六七人 浴乎沂 風乎舞雩 詠而歸〕"라는 구절이 있다.

267) 금곤옥우(金昆玉友) : '옥곤금우(玉昆金友)'와 같은 말이다. 남조(南朝) 양(梁)나라 왕전(王銓)이 그 아우 왕석(王錫)과 더불어 효행이 똑같이 드러나니, 사람들이 옥곤금우라 칭하였다. 그래서 후세에는 형제를 곤옥(昆玉)이라 한다.

268) 완장(阮丈) : 남의 삼촌을 이르는 말이다. 《진서(晉書)》 〈완적전(阮籍傳)〉에 "완함(阮咸)의 자는 중용(仲容)인데, 쾌활하여 세속에 구애를 받지 않고 숙부인 완적(阮籍)과 함께 죽림칠현(竹林七賢)이 되었다."라고 하였는데, 후인들은 남의 아저씨를 완장(阮丈), 남의 조카를 아함(阿咸)이라 하였다.

墓之下者 在後之瓦礫 堂前之溝壑 吁可歎也 宗事繼述 墓享祼薦 是來子孫百年事 顧瞻左右 族力到竿頭 而竭力情極 functions心而危 承先裕後 岌乎垂絕 誰畏其天 我畏其禮 何幸 去壬申冬十月 宗會時 宗財養源之意 僉議詢同創立宗契時中喜而不寐 屈指將來 不羨范公義庄 宜直告實于賢弟 未知賢弟之暮途蜂窠止於何處 故汗漫至此 能容之乎否 設契 概略別幅仰呈 幸須覽悉 而此意善曰 春堂 保族尊祖 在此權輿 賢弟其勉之 謹惟叔主外內分 氣體一向康健 侍餘棣史平吉 覃節均善否 竝切願聞 愚兄尙支頑縷 諸族无警 但亢旱孔棘 地方憂虞 是爲悶然 餘俟德音 不備疏禮

족제 기중에게 보내는 편지【정축년(1937) 7월 21일】

감히 예는 생략하고 말하네. 마음은 서로 알면서도 얼굴은 모르니, 이는 다른 시대에 살았다면 괜찮겠지만 같은 시대에 산다면 그러지 않아야 할 것이네. 더구나 일가 친척인 경우에는 어떠하겠는가?

내가 듣기에 우리 현제(賢弟)[269]의 효도와 우애는 사실과 소문을 비교하여 살펴보아도 다른 점이 없었고, 또 자네(賢弟)의 빼어남은 사실과 소문을 비교하여 살펴보아도 다른 점이 없었으니, 이는 마음을 서로 알아주는 사람이라고 할 수 있을 걸세. 그런데 다만 한번도 만나는 교분이 없으니 이것은 나의 잘못이네. 호남과 영남이 비록 멀지만 하늘에 있는 것도 아닌데 내가 먼 길을 가는 며칠을 아끼다가 만나지 못하는 친척이 되고 말았으니, 이는 나이가 많은 사람의 잘못이 아니겠는가? 매우 미안하네.

자네(賢弟)가 중년에 실패한 것은 참으로 의외인데, 이는 어찌 그대만의 불행이겠는가? 이는 우리 집안에 복이 없는 것이네. 이 소식을 듣고 나는 탄식하고 또 탄식하였네. 지난 겨울 묘소에 제사를 지내던 날, '족숙(族叔) 간에 오륜(五倫)[270]을 강론하느라 완부(完府)[271]에서 쉴 틈이

269) 현제(賢弟) : 상대를 높여 이르는 말이다.

270) 오륜(五倫) : 부자유친(父子有親) · 군신유의(君臣有義) · 부부유별(夫婦有別) · 장유유서(長幼有序) · 붕우유신(朋友有信)의 다섯 가지 가르침을 뜻한다.

271) 완부(完府) : 전라북도 전주부(全州府)를 이른다. 전주의 옛 이름이 완산(完山)인

없었다〔墨突已黔〕'[272]는 말을 들었으니 얼마나 다행한 일인가. 이는 유독 그대의 복이라네.

나는 하늘에 계신 우리 조상들의 영혼이 남모르는 가운데서 묵묵히 도와 몸을 품어주고 먹게 해주신다고 생각하네. 말과 생각이 여기에 이르자 감격스러운 마음을 어떻게 이기겠는가?

어리석은 나는 운명이 박복하여 지난해에는 죄가 무거워 형님이 돌아가시고 연로하신 어머니 마저도 세상을 떠났네. 금년 7월에 비로소 상복을 갈질(葛絰)로 바꾸었네. 70을 바라보는 쇠약한 나이에 쓸쓸하고 두렵고 곤박하여 어디로 돌아가야 할지 모르겠으니, 이 무슨 사람의 꼴이란 말인가? 더구나 나라를 잃고 어려움에 처한 끝에 같은 마을 여러 친척들은 먹고사느라고 분주히 내달려 거의 다 흩어졌네. 게다가 선묘(先墓) 아래에 지어진 집 가운데 뒤에 있는 것들은 기와가 깨어지고 당(堂) 앞에 있는 것은 구덩이가 되었으니 탄식스럽네.

종사(宗事)를 잇고 제사를 지내는 것은 후손들이 영원히 지속해야 할 일인데, 좌우를 돌아보면 집안의 힘이 백척간두(百尺竿頭)에 이르러 매우 위태로운 속에서도 힘과 마음을 다하고 절박한 상황에서도 선조의 뜻을 잇고 후손들을 넉넉하게 할 것이지만, 이제 이런 것들이 없어지려고 하니 누가 천명을 두려워하는가? 나는 예를 두려워할 것이네. 그런데 얼마나 다행인가? 지난 임신년〔1932〕 겨울 10월에 종친회 모임에서 종중의 재산을 불릴 뜻으로 함께 논의하여 종계(宗契)를 창립하려고 하였네. 그때는 내가 마음속으로 너무 기뻐 잠을 이루지 못하고 앞일을 손꼽아 기다렸네. 이는 범공(范公)의 의장(義庄)[273]도 부럽지 않았네. 그래서 의

데서 유래한 말이다.

272) 쉴……없었다〔墨突已黔〕: 쉴 틈도 없이 매우 바쁜 것을 이른다. 동한(東漢) 반고(班固)의 〈답빈희(答賓戲)〉에 "공자가 앉은 자리는 따스해질 틈이 없었고, 묵자의 집 굴뚝은 검어질 틈이 없었다.〔孔席不暖 墨突不黔〕"라는 말에서 유래한다.

273) 범공(范公)의 의장(義庄): '범공'은 범희문(范希文, 989~1052)을 이른다. '의장'은 일가 중의 가난한 집을 도와주기 위하여 문중에서 관리하는 토지이다. 송나라의 재상 범희문이 좋은 논 수천 묘를 사들여 세금을 거두어 저축해 두었다가 족인들 중에 혼례나 장례를 치르지 못하는 자에게 공급해 주었다고 한다.

당 곧바로 그대에게 사실을 알리니, 그대의 늘그막 조그마한 집은 어디에 있는지 모르겠네. 그래서 이렇게 조리가 없이 산만하니 용서해주게. 종계(宗契)를 설치하는 것에 관한 것은 대략 별폭에 기술하여 보내니 모쪼록 자세히 보아주게. 이 뜻을 좋게 여겨 '춘당(春堂)'이라고 하였네. 일족을 보호하고 조상을 존중하는 것이 여기에서 시작하니 그대는 힘써주게.

삼가 숙부님 내외의 안부는 줄곧 좋으시고 부모 모시는 형제들의 안부도 좋고, 식구들도 잘 지내고 있는가? 모두 간절히 소식을 듣고 싶네. 나는 아직도 실낱같은 목숨을 보존하고 있고 여러 일가들도 별탈없이 지내고 있네. 다만 가뭄이 심해 매우 지방 사람들이 걱정이니 이것이 고민이네. 나머지는 자네의 소식을 기다리며 이만 줄이네.

◎ 與族弟基中書【答狀 契本推領證同送 丁丑 十二月】

賢弟十月之書 生來最初 心畫滿紙 辭意婉轉款曲 無非自肝膈間出來 而讀之其追養之誠 敦族之義 快若藹然於一堂之上 曾所未面 還不足以爲恨也 契本及零排依到 修正五倫 族叔奉先之誠 老而不衰 今年墓祀 有闕祼者 必知有甚家故矣 仰慮不少 且賢弟年力富强 方立志篤行之時也 竊以吾夫子 所謂居處恭 執事敬 與人忠者 爲賢弟誦之 處己應物之間 日與斯三者 而積以歲月 必有所至矣 凡行己之要 存心勤勤 進進不已 則久自得之 何必對案長讀然後爲妙哉 慕悅之深 不覺僭言至此 恕納如何 謹問寒峭 侍餘棣體 日曾吉福 族兄頑縷尙支 而此處農作 晩雨頻頻 所收過於望幸也 毋爾金玉 使之源源 姑不備疏禮

족제 기중에게 보내는 편지【답장이다. '계본추령증'을 동봉하여 보낸다. 정축년(1937) 12월】

자네가 10월에 보낸 편지에 생전 처음으로 글씨가 종이에 가득하고 글의 뜻이 더더욱 정성스러워 진실한 마음에서 나오지 않은 것이 없어 읽어보니, 추모하고 봉양하는 정성과 일족을 돈독히 하는 의리가 상쾌하게 마치 한 집안에 가득한 듯하였네.

일찍이 만나지 못했던 것도 도리어 서운하지 않을 정도였네. 계본(契本)

과 글들은 보낸 대로 받아 오륜(五倫)을 수정하였네. 족숙께서는 조상을 모시는 정성은 늙을수록 쇠약하지 않았었는데, 올해 묘사에 참석하지 않아 필시 집안에 어떤 연고가 있었을 것이라 생각하면서 매우 걱정하였네. 또 자네는 나이가 아직 젊어 한창 뜻을 세우고 행실을 돈독히 할 때라네.

우리 공자께서 "거처할 때는 공경하며 사람을 대할 때는 공경하며, 사람을 대할 적에는 충성하여야 한다."[274]라고 하였으니, 자네를 위해 하는 말이네. 자신을 처신하고 남을 대하는 사이에 날마다 이 세 가지를 여러 해 동안 실천하면 반드시 이르는 바가 있을 것이네. 자신을 행하는 요체를 몸에 보존하고 부지런히 끊임없이 지속적으로 전진한다면 자득함이 있을 것이니, 어찌 반드시 책상에 앉아 오랫동안 책을 읽어야 오묘해질 수 있겠는가? 자네를 깊이 좋아하는 마음에 나도 모르게 이런 말을 하니 용서하는 것이 어떻겠나?

날씨가 매서운데 부모 모시는 안부와 형제들의 안부는 날마다 더욱 복되게 지내는가. 나는〔族兄〕 완악한 목숨을 보존하고 있고, 이곳 농사는 뒤늦게 잦은 비가 내리니 수확이 바람보다 더 많았으니 다행이네. 자네는 답장을 빠뜨리지 말고 자주 오가게 하게. 우선 이만 줄이고 편지를 보내네.

◎ 答族弟聖中書

戊寅五月二十七日 罪時中 敢省禮頓首 封書于梨山賢弟哀座前 吁 古人云 我之懷矣 自貽伊戚信然乎 時中 自宗社屋後 撿身不謹 叛經者 數十年 所得不過滿頭白髮 所負終是俯仰愧怍 今已衰且病 雖悔其可追竊意萬一 敢欲贖前黥 曷嘗有自孼子之其可逭乎哉 自度其爲人所賤與知舊朋儔 日疏闊而 人亦不以舊與我 自是凡所接於耳目者 以無可樂也 自分永棄 而姑須自斃矣 不謂賢弟 不以悖棄 曾枉顧于絕溢之地 此是古人所難 於我 實天賜際遇 適以不家有

274) 거처할……한다 : 《논어(論語)》 〈자로(子路)〉에, 번지(樊遲)가 인(仁)에 대해 묻자, 공자가 대답하기를 "거처할 적에 공손히 하며, 일을 집행할 적에 공경하며, 사람을 대할 적에 충성되게 하여야 한다. 이것은 이적(夷狄)의 나라에 가더라도 버려서는 안 된다.〔居處恭 執事敬 與人忠 雖之夷狄 不可棄也〕"라고 하였다.

失拜仰 私竊自歎 以爲不得見君子數也 雖然賢者 旣重族而顧我 應不以悖而拒我也 早晩往謝面講 尙有日也 以此自慰矣 嗚呼 不肖命薄罪重 前年家兄 見背往年老母下世 家庭去益零替 各自衣食於奔走 弟兄叔侄棲息東西 此破巢之卵也 見之實 所不堪而遣日如年矣 去年春石泉 叔主 尙帶痲 而問孤於寂寞之濱又復賢弟慰之 以狀而辱之以札 此庸止族誼之厚耶 不意此悖棄爲賢者所與 不識能不爲賢者之累耶 時中 固是狃放甘棄之徒 兼以束縛於禍 沽曠於禮 竟闕修答而遽承大夫人不淑之計 痛何言痛何言 于時之意 躬造門墻 省居憂之節 而解懸仰之渴矣 受葛以來 實無事故 而因循 未果一書之問 亦及于練祥在迫之日嗟呼 時中所謂恥過作非者也 如此而存息 生何喜死何悲 只自忝厥所生不如死之久矣 伏惟賢弟 知時中也 旣得之於心 不以備禮 責之如何 比日雨洽耒耜四出 不審哀體何若 朝夕之間 脫有時玩賾否 士大夫之處亂世居危邦者 獨恨時尤人 敢是未穩心 須尊所聞行所 知盡在我之性 而安天之命 自是君子大居敬也元淸之間 亦未嘗無君子焉 豈彼善於此耶 惟忠信篤敬 無入而不自得也 賢弟向來聲聞 漸益遠大 此不是小責 而異日左右斯文者 又安知不在賢弟也 惟賢弟勉之 愛慕之深 不覺妄發 一笑之何害 元塘冬勿二祖主 相繼以逝 俱是意外 而克明祖主孝行 欽慕者亦久矣 且晉陽山水 東南秀麗 而曾吾列祖精彩衣被之邱未嘗一日不往來于心也 季秋以後 此六尺之軀 任我所由 第待明春 抛却此苦業抖擻入先鄕 弔已死之親 講在世之族 而探勝於矗石月牙之間 是所計也 其先驅者 必吾石翁叔氏 而轉候煩白否 不備疏儀 惟希哀照

족제 성중에게 답하는 편지

무인년〔1938〕 5월 27일 상주인 시중(時中)은 감히 예는 생략하고 머리를 조아리고 이산(梨山) 현제(賢弟)[275] 상주에게 위문장을 보내네.

아, 옛사람들이 "내 그리워하는 이여, 저 멀리 떨어져 있구나."[276]라고 한 것이 참으로 그렇네. 나는〔時中〕 종묘사직이 망하고 나서 몸가짐을

275) 현제(賢弟) : 아우뻘 되는 사람을 높여 이르는 말이다.

276) 내……있구나 : 상대를 그리워함을 이르는 말로, 《시경》 〈패풍(邶風) 웅치(雄雉)〉에 "수꿩이 날아감이여, 천천히 날아가는구나. 내 그리워하는 이여, 저 멀리 떨어져 있구나.〔雄雉于飛 泄泄其羽 我之懷矣 自詒伊阻〕"라는 구절에서 유래한다.

삼가지 않고 법도를 어긴지 수 십 년이 되었네. 그래서 얻은 것이라고는 흰머리만 가득하고 저버린 것은 끝내 하늘과 땅에 부끄럽기만 할 뿐이네. 지금은 이미 쇠약하고 병이 들어 비록 지난날을 후회만 할 뿐이네. 생각하니 만에 하나라도 감히 지난날의 잘못을 속죄하고 싶은데, 어찌하면 죄로부터 달아날 수 있겠는가? 스스로 나의 사람됨을 헤아려보면 친구들이나 벗들과는 날로 소원해지고 남들도 나와 벗으로 더불어 하지 않으니, 이로부터 눈으로 보거나 귀로 듣는 것들도 즐거운 것이라고는 없네. 영원히 버려진 것을 분수로 여기며 스스로 죽기만을 기다리고 있네. 그런데 자네는 나에 대해 거스르고 버려졌다 여기지 않고 일찍이 궁벽한 곳에까지 찾아와 주었네.

이는 옛사람들도 어렵게 여겼던 것으로 나에게 하늘이 만날 수 있는 기회를 주신 것인데, 마침 집에 있지 않아 만나지 못해 스스로 안타까웠으니 군자를 만나지 못하는 운수라고 생각하네. 비록 그렇기는 하지만 어진 사람은 이미 명망 있는 일족임에도 나를 찾아와 주었으니 그릇되고 버려졌다고 나를 거절하지 않은 것이네. 조만간 찾아가 사죄하겠네. 또한 만나서 강론할 날이 아직 남아 있으니, 이로써 스스로 위안으로 삼네.

아, 불초한 나는 운명은 박복하고 죄는 무거운데 지난해에 형님이 죽고 작년에는 노모께서 세상을 떠나 집안이 갈수록 쇠락하고 있네. 그래서 제각기 생활하느라 분주하여 형제와 숙부와 조카들은 동서로 흩어져 살고 있으니, 이것은 '부서진 둥지 속의 알'이라고 하겠네. 그것을 보자니 참으로 난감하고 하루를 한 해처럼 보내고 있네.

지난해 봄 석천(石泉) 숙부께서 상복을 입고 계시면서 적막한 물가로 나에게 안부하시고, 또 다시 자네의 위문장과 편지를 보내 위로해 주시니, 어찌 다만 일가의 두터운 의리에만 그치겠는가? 뜻밖에 어긋나고 버림받은 나와 함께 하니 어진 자네에게 누가 되지 않을지 모르겠네.

나는〔時中〕 진실로 버림받는데 익숙하고 이를 달게 여기는 무리라네. 아울러 재앙에 얽매이고 예에 소활하여 마침내 답장을 보내지 못하고 있었는데 갑자기 당신의 어머니께서 돌아가셨다는 부고를 들었으니, 애통한 심정을 어떻게 말로 하겠나? 이에 직접 집으로 찾아가 상중의 절차를 생략하고 애타는 그리움을 해소하려고 생각하고 있지만 수갈(受葛)[277] 이래로 실로 사고는 없지만 날짜만 미루다가 생각처럼 하지 못하였고 문안 편지 한 통도 연상(練祥)[278]이 닥쳐오는 날에 보내게 되었네.

아, 나는 이른바 잘못을 부끄러워하면서도 잘못을 저지르는 사람이네. 이렇게 살고 있으니 살아있다 한들 무엇이 기쁘고 죽는다고 한들 무엇이 슬프겠는가? 다만 나를 태어나게 한 조상에게 누를 끼치는 것이니, 오래 전에 죽는 것만 못하네.

자네는 내가 이미 마음속에 터득하고 있으면서, 예를 갖추지 못하였음을 꾸짖어주는 것이 어떠한가? 요사이 비가 흡족하게 내렸는데 쟁기를 가지고 사방 들로 나가는데, 상을 당한 자네의 안부는 어떠한가? 아침저녁 사이로 벗어나서 때때로 이치를 탐구하고 있는가? 사대부가 어지러운 세상과 위태로운 나라에 사는 사람은 다만 때를 한탄하고 남에 대한 원망을 감히 마음에 숨길 수 없네. 그러하니 들은 것을 높이고 아는 것을 실천하는 것은 모두 자신의 본성에 달려 있고 천명을 편안하게 여기는데 달려 있으니, 이로부터 군자는 거경(居敬)을 크게 여겼던 것[279]이네. 원(元)나라와 청(淸)나라 연간에도 일찍이 군자가 없었던 적은 없었지만, 어찌 저들이 우리보다 낫다고하겠는가? 오직 충신(忠信)과 독경(篤敬)[280]은 어

277) 수갈(受葛) : 상복의 수질(首絰)이나 요대(腰帶)에 마질(麻絰)이나 마대(麻帶)를 착용하기도 하고 갈질(葛絰)이나 갈대(葛帶)를 착용하기도 하는데, 칡을 넣은 갈질이나 갈대를 착용하는 것을 수갈(受葛)이라 한다.

278) 연상(練祥) : 죽은 지 1년 되는 날에 지내는 제사를 가리킨다.

279) 군자는……것 : 《논어》 〈위정(爲政)〉에 "곧은 자를 기용하고 굽은 자를 버려두면 백성이 복종할 것이다.〔擧直錯諸枉則民服〕"라는 공자의 말을 해설한 사씨(謝氏) 즉 상채(上蔡) 사양좌(謝良佐)의 "그러므로 군자는 거경을 크게 여기고 궁리를 귀하게 여기는 것이다.〔故 君子大居敬而貴窮理也〕"라는 말에서 유래한다.

280) 충신(忠信)과 독경(篤敬) : 자신의 뜻이 세상에 행해지게 하려면 어떻게 해야 하느냐고 자장(子張)이 묻자, 공자(孔子)가 "서 있을 때에도 그것이 앞에 참여하고 있는지 살펴보고, 수레를 탔을 적에도 그것이 멍에에 걸려 있는지 살펴보아야 한다.〔立則見其參於前 在輿則見其倚於衡〕"라고 대답한 말이 《논어》 〈위령공(衛靈公)〉에 나오는데, 이에 대해서 주희(朱熹)가 "그것이란 충신과 독경을 가리켜서 말한 것이다.〔其者 指忠信篤敬而言〕"라고 하고, 또 "충신과 독경에 대하여 잊지 말고 계속 생각하면서 어디에 있든 간에 항상 눈에 보이는 것처럼 해야 한다는

떠한 상황이라도 자득하지 못하는 경우가 없네.[281)]

자네에 대한 앞으로의 명성이 점점 원대해질 것이니, 이제 책임이 적지않네. 이후 사문(斯文)에 도움이 되는 것이, 또 어찌 자네에게 달려 있지 않다는 것을 알겠는가? 자네는 부지런히 노력하시기 바라네. 깊이 애모하는 마음에 나도 모르게 망발을 하였으니 한번 웃는다고 무슨 해가 있겠는가?

원당(元塘)과 동물(冬勿)[282)]의 두 할아버님께서 연이어 돌아가시니 모두 뜻밖의 일이네. 할아버지의 효행을 밝혀 흠모한 지 오래였네. 또 진양(晉陽)의 산수는 동남쪽이 아름다워 일찍이 우리 선조들께서 묻힌 곳으로 일찍이 하루도 마음속에 오가지 않은 적이 없었네.

그런데 늦가을 이후로 6척의 몸으로 내가 행해야 할 바를 맡고 있는데, 내년 봄에는 이렇게 고생스러운 일을 포기하고 번뇌를 떨쳐버리고 고향으로 들어가 이미 돌아가신 친척들을 조문하고 살아 계신 일족들과 화해를 하고 촉석루(矗石樓)와 월아산(月牙山)[283)] 사이의 아름다운 경치를 찾아볼 생각이네. 그 가운데 급히 찾아뵐 분은 반드시 우리 석옹(石翁) 숙부이시니 번거롭지만 안부를 전해줄 수 있겠는가? 안부의 예를 갖추지 않으니 살펴주기 바라네.

◎ **答聖中書**

戊寅五月十八日 時中 敢以省禮 拜手奉書于聖中賢弟足下哀座前 吁 古人云我之壞矣 自貽伊戚信然乎 時中 自宗社屋後 檢身不謹 叛於經者久矣 今以衰

말이다.〔其於忠信篤敬 念念不忘 隨其所在 常若有見〕"라고 해설하였다.

281) 어떠한……없네 : 어떠한 경우가 닥치더라도 의연히 대처해 나가는 것을 말한다. 《중용장구(中庸章句)》 14장에 "군자는 현재의 위치에 따라 행하고, 그 밖의 것을 원하지 않는다.……군자는 어디를 가든지 자득하지 않음이 없다.〔君子素其位而行 不願乎其外……君子無入而不自得焉〕"라고 하였다.

282) 원당(元塘)과 동물(冬勿) : 두 곳 모두 경상남도 진주(晉州)에 있는 고을 이름이다.

283) 월아산(月牙山) : 경상남도 진주시 금산면 용아리와 진성면 중촌리와 하촌리의 경계에 있는 산이다. 일명 '달음산'이라고도 한다. 월아산은 남강을 허리에 두르고 있으며, 주봉인 남쪽의 장군대산과 북쪽의 국사봉이 이어져 있다.

且病 雖悔可追 竊以萬一 敢欲贖前黥 曷嘗有自孼之其可逭乎哉 此生便休矣 況運迫罪重 前年家兄見背 往年老母下世 家庭去益零替 各自衣食於奔走 弟兄叔侄 棲息東西 誠謂破巢之卵也 歎何如之 去年春 石泉叔主 尙帶衰而問孤於寂寞之濱 又復賢弟 慰之以狀 而辱之以禮 此非徒族誼之過厚 不意此悖棄 爲賢者所與 雖蒙賜爲榮 顧不爲賢者之累耶 是慮 時中 固是狃放甘棄之質 近爲束縛於禍 兼以沽曠於禮 竟闕修答 遽承大夫人不淑之訃 痛何焉痛何焉 于時之意 躬造門墻 省居喪之節 而解懸仰之渴矣 受葛以來 實無事故 而因循未果 一書之問 亦及于練祥在迫之日 嗚呼 時中 所謂恥過作非者也 而此亦放棄之有以致之也 如此存息 生何喜 死何悲 只自忝厥所生 反不如死之久矣 惟吾賢弟 或於時中也 既得之於心 不以備禮責之如何 比日雨洽 耒耜四出 伏惟哀體何若拜奠之暇 從容玩賾否 夫士之處亂世 居危邦者 獨恨時尤人 敢是未穩 須尊所聞行所知 而盡性安命 自是君子之大居敬也 元淸之間 亦未嘗無君子焉 豈彼善於此也 惟忠信篤敬 無入而不自得也 賢弟向來聲聞 漸益遠大 此不是小責 而異日左右斯道者 又安知其不在賢弟也耶 惟賢弟勉之 元塘祖主明遠 冬勿祖主明七 相繼以逝 俱是意外 而克明祖主至孝之行 欽慕者雅矣 且晉陽山水 東南秀麗 而曾吾列祖精彩衣被之鄕 未嘗一日不往來于心也 竊意第待明春探勝於矗石月牙之間 而弔已死之親 講在世之族 是所計耳 石泉叔主 未能各候 敢煩轉白 語涉妄發 無任恐恐 不備疏儀 惟冀印亮

성중에게 답하는 편지

무인년〔1938〕 5월 15일 시중(時中)은 감히 예를 생략하고 절하고 성중(聖中) 현제(賢弟) 족하(足下) 애좌(哀座)[284]에 편지를 보내네.

아, 옛사람이 “내가 신하의 절조를 잃어 자신에게 이런 근심을 끼쳤도다.”[285]라고 하였네. 나는〔時中〕 종묘사직이 망하고 나서 몸가짐을 삼가지 않고 법도를 어기고 지낸 지 오래되었네. 지금 쇠약하고 병이 들어 비

284) 애좌(哀座) : 상주를 높여 부르는 존칭이다.

285) 내가……끼쳤도다 : 《공자가어(孔子家語)》 〈정론해(正論解)〉에, “조돈이 ‘아, 내가 신하의 절조를 잃어 자신에게 이런 근심을 끼쳤도다.〔盾曰 嗚呼 我之壞矣 自詒伊戚〕”라는 구절이 있다.

록 후회한들 쫓을 수 있겠는가? 만에 하나라도 감히 지난 날의 잘못을 속죄하고 싶지만, 어찌 스스로 지은 죄에서 달아날 수 있겠는가? 나의 이 삶이 곧 끝날 것인데, 더군다나 운명이 박절하고 죄가 무거워 전년에는 형님이 세상을 떠나고, 지난해에는 늙으신 어머니께서 돌아가시어 집안이 갈수록 쇠락해져만 가네. 그리고 각자 먹고사는데 분주하여 형제와 숙질(叔侄)들은 사방에 흩어져 살고 있으니, 참으로 '다 부서진 둥지 속의 알'이라고 할만하니, 탄식한들 어찌하겠나.

지난해 봄에는 석천(石泉) 숙부님께서 아직 상복을 입고 계시면서 적막한 물가로 나에게 문안을 해주시고, 또 다시 자네가 위문장을 보내주고 예의를 표해주니, 이는 한갓 친족의 두터운 정의일 뿐만이 아니네. 그런데 뜻밖에 이렇게 어긋나고 버림을 받았지만 어진 사람들에게 허여를 받아 비록 은총을 받기는 했지만 자네에게 누가 되지 않겠는가? 이것이 걱정이네.

나는〔時中〕 진실로 버림받는데 익숙하고 이를 달게 여기는 자질을 가졌지만, 요사이 재앙에 속박받고 아울러 예에 소략하여 마침내 답장을 보내지 못하였네. 그러다가 갑자기 대부인(大夫人)[286]이 돌아가셨다는 부고를 들었으니 애통함을 어찌하겠는가? 당시 생각은 직접 찾아가 상중의 절도를 살피고 그리운 마음을 풀려는 마음 간절하였네. 수갈(受葛) 이후로 실제로 아무런 일도 없었는데 시간을 지체하다가 실행하지 못하고 한 통의 문안 편지도 연상(練祥)[287]이 임박하는 날이 되어서 보내게 되었네.

아, 나는〔時中〕 허물을 부끄러워하면서 잘못을 저지르는 사람이라고 할 수 있고, 이 역시 기용되지 못하고 쫓겨나게 된 이유라네. 이렇게 살고 있으니 살아 있다고 한들 무엇이 기쁘고 죽는다고 한들 무엇이 슬프겠는가? 다만 스스로 나를 낳아준 조상에게 누를 끼치는 것이니, 도리어 오

286) 대부인(大夫人) : 상대 어머니를 높여 이르는 말이다.
287) 연상(練祥) : 소상(小祥)과 대상(大祥)을 말한다. 소상은 죽은 뒤 1년, 정확히는 13개월 만에 지내는 제사를 말하는데, 연복(練服)을 입기 때문에 '연제(練祭)'라고도 한다. 대상은 죽은 뒤 2년, 정확히는 25개월 만에 지내는 제사이다.

래전에 죽는 것만 못하네. 자네는 혹시라도 나에 대해 이미 마음속에 간직하고 있다면 예를 다 갖추기를 요구하지 않겠는가?

요사이 비가 흠뻑 내렸는데 쟁기를 들고 사방 들로 나가는데, 상을 당한 자네의 안부는 어떠한가? 절하고 제물을 올리는 여가에 조용히 깊이 궁구하는가? 무릇 선비로서 어지러운 세상을 살고 위태로운 나라에 사는 사람은 다만 때를 한탄하고 남을 탓하는 것은 감히 온당치 못하네. 모쪼록 들은 바를 존중하고 아는 것을 실천하며 본성을 극진히 하고 천명을 편안히 여긴다면 이때부터 군자는 크게 거경(居敬)[288]할 수 있네.

원나라와 청나라 연간에도 군자가 없었던 적은 없었지만, 어찌 저들이 우리보다 낫다고 하겠는가? 오직 충신(忠信)과 독경(篤敬)은 어떠한 상황에서도 자득하지 못하는 경우가 없네.

자네는 앞으로 명성이 점점 더욱 원대해질 것이니, 이제는 책임이 적지가 않네. 뒷날 유학을 도울 사람이 또 자네에게 책임이 있지 않음을 어찌 알겠는가? 자네는 힘쓰게.

원당(元塘)의 조부님이신 명원(明遠)과 동물(冬勿)[289] 조부님이신 명칠(明七)께서 연이어 돌아가시니 모두 뜻밖의 일이네. 극명(克明) 조부님의 지극한 효성을 평소 사람들이 흠모하였네. 또 진양(晉陽)의 산수는 동남쪽이 아름다워 일찍이 우리 열조(列祖)의 무덤이 있는 곳으로 하루도 마음속에 왕래하지 않은 적이 없었네.

내년 봄을 기다렸다가 촉석루(矗石樓)와 월아산(月牙山) 사이의 아름다운 곳을 찾아 이미 죽은 친척들을 조문하고 아직 살아 있는 친족들과 이야기를 나눌 계획이네. 석천(石泉) 숙부님께는 따로 안부를 드리지 못하니 번거롭겠지만 안부를 전해주게. 말이 망령되어 두려움을 이기지 못하겠네. 이만 줄이고 편지를 쓰니 헤아려주기 바라네.

---

288) 거경(居敬) : 몸과 마음을 공손히 하여 모든 일에 조심함을 말한다. 《논어》 〈옹야(雍也)〉에 "경에 처하면서 간략함을 행하여 백성을 대한다면 가하지 않겠는가.〔居敬而行簡 以臨其民 不亦可乎〕"라고 하였다.

289) 동물(冬勿) : 경남 진주에 있는 고을 이름이다.

◎ **與女婿金貞一書【乙亥 三月 十三日】**

麥雨時降 四野添色 煦和玆際 重候康穆 侍履貞吉 注念不已 愚慈節欠調 日夜恐懼 賤軀不足道也 昔唐顔魯公爲刑部尙書時 乞米李大夫帖云 拙於生事 擧家食粥 已數日 今已罄之 實用憂煎 魯公尙然 況乃翁之拙 遠近所知 安得不乞乎西曹而過冬 又乞東李而活春 魯公所謂今已罄之 實用憂煎 幸送一石租 見惠自可良足 老夫性狷窮困 不能安命 故有此累 干覽可一笑也 餘姑閣 不具式

사위 김정일[290]에게 보내는 편지【을해년〔1935〕 3월 13일】

맥우(麥雨)[291]가 때맞게 내리니 사방 들에는 푸르름이 짙어가네. 날씨가 따뜻한 이때 조부모님과 부모님의 안부는 좋으시고 부모님 모시는 자네의 안부도 좋은지 그리운 마음이 그지없네.

나는 어머니의 안부가 좋지 못해 밤낮으로 두려우니, 나의 안부는 말할 것도 없네. 옛날 당나라 안노공(顔魯公)[292]이 형부상서(刑部尙書)가 되었을 때 쌀을 빌려 달라고 이대부(李大夫)에게 보낸 첩[293]에 "생계를 꾸리는 데에 졸렬해서 온 집안 식구들이 몇 달 동안 죽을 먹고 지냈는데 지금은 이마저도 다 떨어졌으니, 참으로 걱정이 되어 애가 탈 뿐이다."라

290) 김정일 : 방산(芳山) 선생의 외동딸인 강을옥(姜乙玉)의 남편이다. 본관이 경주(慶州)로 자는 국신(國信)이다.

291) 맥우(麥雨) : 보리가 익을 무렵에 오는 비를 이른다.

292) 안노공(顔魯公) : 안진경(顔眞卿, 709~785)을 이른다. 자는 청신(淸臣)이다. 노군개국공(魯郡開國公)에 봉해졌기 때문에 안노공(顔魯公)이라고도 불리었다. 북제(北齊)의 학자이며 《안씨가훈(顔氏家訓)》을 저술한 안지추(顔之推)의 5대손이다. 그의 글씨는 남조(南朝) 이래 유행해 내려온 왕희지(王羲之)의 우아하고 아름다운 서체와는 달리 남성적인 기백이 넘쳤으며 당대(唐代) 이후의 중국 서도(書道)에 큰 영향을 끼쳤다. 해서 · 행서 · 초서의 각 서체에 모두 능하였으며, 많은 걸작을 남겼다.

293) 쌀을……첩 : 쌀을 구걸하는 글인 걸미첩(乞米帖)을 이른다. 《고금사문유취후집(古今事文類聚後集)》 〈걸미첩(乞米帖)〉에, 당나라 안진경(顔眞卿, 709~785)이 "생계를 꾸리는 데에 졸렬해서 온 집안 식구들이 몇 달 동안 죽을 먹고 지냈는데 지금은 이마저도 다 떨어졌으니 참으로 걱정이 되어 애가 탈 뿐이다.〔拙於生事 擧家食粥而已數月 今又罄乏 實用憂煎〕"라는 내용의 편지를 보내 쌀을 구걸한 고사가 있다.

고 하였네.

노공도 오히려 그러하였는데 더구나 나의 졸렬함은 원근의 사람들이 모두 아는 처지이니, 어찌 이 서쪽 조씨에게 곡식을 꾸어 겨울을 나지 않을 것이며, 또 동쪽 이씨에게 곡식을 꾸어 봄에 살아가지 않겠는가? 노공이 “지금은 이마저도 다 떨어졌으니 참으로 걱정이 되어 애가 탈 뿐이다.”라고 하였네. 쌀 한 섬을 보내준다면 진실로 충분하겠네.

나는 성격이 까다롭고 곤궁하여 천명을 편안히 여기지 못하기 때문에 이러한 누가 있으니 편지를 본다면 우스울 것이네. 나머지는 이만 줄이고 편지의 예를 갖추지 않네.

◎與女婿金貞一書【乙亥 十二月 十日 朝】

歲晏荒村 無人來問 所與相對者 惟孤燈老松 而日與卷中人消遣 役一佳趣 卽惟臘沍侍餘 棣履近得如何 念念益切 拙夫侍候幸安 更何煩提 今朝果是賤降之辰也 當此衰暮之年 不能無劬勞之感 而一室蕭然 無以慰悅親心 自切仲子傷哉之歎而已 忽此惠饋諸種 寔出勤意 是使寒廚回暖 而慈顔一開 珍感珍感耳禮重往來 無物奉答 祗以靑菜數根伴送 自是野人本色 一笑之幸也 多少艱草只此不具

사위 김정일에게 보내는 편지【을해년(1935) 12월 10일 아침】

해가 저무는데 적적한 마을에는 문안하러 오는 사람조차 없어 함께 마주하는 것이라고는 오직 외로운 등불과 늙은 소나무뿐이라네. 날마다 책 속 사람들과 함께 아름다운 정취에 부림을 당하고 있다네. 섣달 추위에 부모님 모시는 안부와 나머지 형제들의 안부는 요사이 편안한가? 염려되는 마음 간절하네.

나는 부모님의 안부가 다행히 편안하니 달리 무엇을 번거롭게 말하겠나. 오늘은 나의 생일인데 쇠약한 노년에도 구로(劬勞)의 감정[294]이 없

294) 구로(劬勞)의 감정 : 낳아 주고 길러 주신 부모님의 은덕을 말한다. 《시경》 〈소아(小雅) 육아(蓼莪)〉에 “슬프고 슬프도다. 부모님 생각, 낳고 길러 주시느라 얼마

을 수 없다네. 그런데 온 집안은 쓸쓸하여 부모님의 마음을 위로해 드리고 기쁘게 해드릴 방법이 없으니, 둘째 아들의 마음 아프고 탄식스러움에 절로 마음만 간절할 뿐이네. 그런데 이렇게 갑자기 여러 가지 먹을거리를 보내주니 이는 참으로 간절한 마음에서 나온 것이니, 차가운 부엌을 다시 따뜻하게 하고 어머니의 얼굴을 다시 활짝 웃도록 하였으니 참으로 고마울 뿐이네. 예우를 중하게 여겨 물건을 보내왔는데 보답할 물건이 없어 다만 무 몇 뿌리를 보내네. 이것이 농부의 본래 모습이니 한번 웃어주게. 여러 가지 사연들에 대해서 간신히 적고 이만 줄이네.

◎ **與東床金貞一書**【丙 六月 二十日】

甚矣庯夏 變泥下土 不得其乾野洪範作 不遐有損否 此洪範所謂一極備之徵是念 卽問際玆 侍餘棣史佳迪 注念冞切 拙狀 不足道也 而慈候恒欠調度 是庯憂煎難狀 所送之物 此非時之品 亦匪意之貺感 則感矣 愧有甚於感也 且兒曹齒尙太幼 所謂讀句習字 殆爲昧沒 挽而留之者 庶朝夕馴致意 使有以知其向方也 今君特立嚴率命 以必來往 愚不知其所以可也 家庭率命 則治平之權輿 不可視以尋常 然至其稱情量力 有時操縱斟酌 恐或可也 惟君明日爲始 弛其率 解其命 以便宜許我則幸也 更思之焉 近能一顧否 望已久矣 姑留不具

사위[295] 김정일[296]에게 보내는 편지【병자년〔1936〕 6월 20일】

심하다! 여름이면 땅이 진흙으로 변하여 농사지을 마른 들을 얻지 못하

나 고생하셨던가.〔哀哀父母 生我劬勞〕"라는 구절이 있다.

295) 사위〔東床〕: 《진서(晉書)》 〈왕희지열전(王羲之列傳)〉에, 왕희지(王羲之)가 어려서부터 행실이 뛰어났는데, 극감(郄鑒)이 왕씨 집안의 자제들이 뛰어나다는 소문을 듣고는 사람을 시켜서 왕씨 집에 가서 사윗감을 찾게 하였다. 왕씨 집안의 형제들이 극씨 집안에서 사윗감을 고르기 위해 왔다는 말을 듣고는 모두 단정하게 차려입고서 기다리고 있었는데, 오직 왕희지만은 배를 드러낸 채 동상(東床) 위에 누워 있으면서 신색(神色)을 조금도 변하지 않았다. 사윗감을 고르기 위해 왔던 사람이 돌아가서 극감에게 그런 말을 하자, 극감이 "그 사람이 바로 나의 사윗감이다."라고 하고는 딸을 시집보냈다.

296) 김정일 : 방산(芳山) 선생의 외동딸인 강을옥(姜乙玉)의 남편이다. 본관은 경주(慶州)로 자는 국신(國信)이다.

는데, 건강에 손상은 없는가? 이는 홍범(洪範)에서 이른바 "한 가지 지극히 갖추어졌다."297)라는 징조이니, 이것이 걱정이네.

요사이 부모 모시는 형제들은 잘 지내는가? 걱정되는 마음 간절하네. 나의 보잘것없는 상황은 따로 말할 것이라고는 없네. 그렇지만 어머니의 안부가 건강치 못해 걱정되는 마음을 어떻게 표현하겠나?

자네가 보내준 물건은 시절에 나는 물건도 아니고, 또 뜻밖에 보내온 것이라 감사하기는 하지만 부끄럼이 감사한 마음보다 더하네. 또 아이들은 너무 어려서 이른바 책을 읽고 글자를 익히더라도 자못 의미를 명확하게 알지 못하니 만류하는 것이라네. 아침저녁으로 조금씩 변화시켜 방향을 알게 해야 할 걸세.

지금 자네가 엄하게 명령으로 집안을 이끌지만, 나는 그렇게 하는 것이 옳은지 모르겠네. 가정을 이끄는 명령은 집안을 다스리는 단초이니 데면데면 여겨서는 안되네. 그러나 인정과 힘을 헤아려 때에 맞게 조종하고 짐작하는 것이 아마도 옳을 걸세. 자네는 내일을 시작으로 거느리는 것을 느슨하게 하고 명령을 풀어주어 편의대로 나의 뜻을 인정해준다면 다행이겠네. 다시 생각해주게. 요사이 한번 찾아와 주겠나? 바란지 이미 오래되었네. 우선 이만 줄이네.

◎與金貞一書

不識入春來 能視近書册否 今日人家子侄無故 不讀書 此不是小病 凡爲人子之道 侍病之際 必究醫書 居憂之中 須讀喪禮 以盡子職 況平居無事之時乎 古人用三餘之功 蓋有以身立 而名達者 雖家務紛冗 朝暮之間 自可以讀書 以求放心 而涵養本源 做箇存主工夫 是進學之次第 心是活底物 若無存主 此便是放了 君年富 又閑暇 未嘗無多有者也 可不勉哉 歲月如流 此老夫之所以爲君惜

---

297) 한……갖추어졌다 : 《서경》 〈홍범(洪範)〉에 "한 가지만 극도로 갖추어져도 흉하며, 한 가지만 너무 없어도 흉하다.〔一極備凶 一極無凶〕"라고 하였는데, 당(唐)나라 공영달(孔穎達)이 "비가 많으면 큰물이 나고, 비가 적으면 가뭄이 든다.〔雨多則澇 雨少則旱〕"라고 한데서 극도로 갖추어진 재앙은 홍수의 의미로 풀이되고 있다.

者也 老夫本證之外 又添痰氣 疾痛刺裂 大異他證 籧篨戚施 俱不可得匍匐度了五七日 良苦 或曰猫可已痰 雖然求之不得 有人幸以二首捕猫 見惠服之 果得神效 雖延須臾之命 餘祟未祛 時復爲肆憫然 聞船艙竹林之間 野猫甚 家且易得 果然使人圖之 若不可得 已之亦可也 嗟夫 老夫此囑無過乎 妄意貪生之術也 使達觀者見之 恐不免折倒矣 能一來否 神氣昏倒 塗鉛走告 勿咎 庚辰二月十六日 芳山病夫 敢泐

김정일에게 보내는 편지

봄이 된 이후로 책을 가까이 하는지 모르겠네? 요사이 식구들과 자식들과 조카들은 아무 탈이 없네. 그렇지만 독서를 하지 않고 있으니 이것은 작은 병통이 아니네.

무릇 사람의 자식 된 도리로 곁에서 부모님의 병을 간호할 때는 반드시 의서(醫書)를 연구하고 부모의 초상을 치를 때는 반드시 상례(喪禮)에 관한 책을 읽어서 자식된 직분을 다하여야 하는데, 하물며 아무 일이 없는 평소에는 어떠하겠는가? 옛날 사람들을 삼여(三餘)[298]의 공부를 통해 입신하고 명성을 이루었던 사람들은 아무리 집안일이 번잡하더라도 아침저녁으로 스스로 독서하면서 방심(放心)[299]을 구하고, 본원(本源)을 함양하며 주관을 가지고 공부하는 것이 학문에 나아가는 차례이네. 마음은 움직이는 물건이니 만약 주관을 가지지 않는다면 곧바로 방심하게 될 것이네. 자네는 아직 젊고 또 한가한 시간이 많이 있을 것이니 힘쓰지 않겠는

298) 삼여(三餘) : 독서하기에 좋은 세 가지 여가를 말한다. 《삼국지(三國志)》〈위서(魏書) 왕숙전(王肅傳)〉에, 삼국 시대 위나라 동우(董遇)가 "겨울은 한 해의 여가이고 밤은 하루의 여가이고 장마철은 한 철의 여가이므로 독서를 하기에 아주 좋다.〔冬者歲之餘 夜者日之餘 陰雨者時之餘也〕"라고 하였다.

299) 방심(放心) : 달아난 마음을 찾는다는 뜻으로, 《맹자(孟子)》〈고자 상(告子上)〉의 "인(仁)은 사람의 마음이요, 의(義)는 사람의 길이다. 그 길을 버리고서 따르지 않으며, 그 마음을 놓치고서 찾을 줄을 모르니, 애달프다. 닭이나 개가 달아나면 사람들이 찾을 줄을 알면서도 마음이 달아나면 찾을 줄을 모른다. 학문의 길은 다른 것이 아니다. 달아난 그 마음을 찾는 것일 뿐이다.〔仁 人心也 義 人路也 舍其路而弗由 放其心而不知求 哀哉 人有雞犬放則知求之 有放心而不知求 學問之道無他 求其放心而已矣〕"라는 말에서 유래한다.

가? 세월은 흐르는 물과 같네. 이것이 내가 자네를 위해 애석하게 여기는 것이라네.

나는 본래 앓던 병 외에 담증(痰症)이 더해 찢어질 듯 아프니 다른 증세와는 크게 달라 거저(籧篨)300)와 척시(戚施)301)와 같아 포복하며 5~7일을 보내고 있으니 참으로 괴롭네. 어떤 사람은 "고양이가 담증을 치료하는데 괜찮다."라고 해서, 구하다가 얻지 못했었는데, 어떤 사람이 고양이 두 마리를 잡아 보내주어 먹어보았더니 과연 효과가 있었네. 비록 잠깐의 목숨을 연명하지만 남은 병증이 아직 사라지지 않아 때때로 다시 발병하니 걱정이네. 들으니 선창가와 대숲 사이에 들고양이가 많아 집에서도 쉽게 잡을 수 있다고 하던데 사람을 시켜 잡도록 하게. 만약 잡지 못하면 그만두어도 괜찮네.

아, 늙은이의 이런 부탁이 지나치지는 않는가? 망령된 생각으로 가난하게 살아가는 방법이니 달관한 사람으로 하여금 이를 보게 한다면 포복절도함을 면치 못할까 걱정이네. 한번 올 수 있겠나? 정신이 어지러워 급히 쓰니 나무라지 말게.

경진년〔1940〕 2월 16일 방산(芳山) 노부(老夫)는 이름을 생략하고 보내네.

◎ 與女婿金貞一書

朱夫子所謂 近日讀何書 作何事業 黃卷中 自有無限好田地 但人自不知 此老之常爲君煩之 而自不知止也 念念在玆 漸覺有益 勿泛如何 有一事不能免面告者 竊欲自造 病身不可以風 衆體又不從令 所以坐屈 明朝 必須一杠 神氣昏倒 止此不具 庚辰 三月 十六日 芳山 病夫 敢泐

---

300) 거저(籧篨) : 가슴이 앞으로 튀어나와 몸을 굽히지 못하는 몹쓸 병이나 이를 앓고 있는 기형적인 사람을 이른다. 《시경》〈패풍(邶風) 신대(新臺)〉에 "편안하고 다정한 사람을 구했는데 거저가 적지 않도다.〔燕婉之求 籧篨不鮮〕"라는 구절이 있다.

301) 척시(戚施) : 곱사등이를 이른다. 《시경》〈패풍(邶風) 신대(新臺)〉에, "고기 그물을 설치했는데 기러기가 걸렸도다. 연완(燕婉)을 구했는데 이 곱사등이를 얻었도다.〔魚網之設 鴻則離之 燕婉之求 得此戚施〕"라는 구절이 있다.

사위 김정일에게 보내는 편지

주자(朱子)[302]께서 이른바 "요사이 어떤 책을 읽고 있으며, 무슨 일을 하고 계십니까?"[303]라고 하였네. 책 속에 절로 무한히 좋은 밭이 있는데도, 사람들은 스스로 이를 모르네. 이것이 내가 언제나 자네를 위해 걱정하는 것이니, 이러한 마음 멈추지 않네. 생각들이 여기에 이르자 점점 보탬이 있을 것이라 여겨지니 소홀히 하지 않는 것이 어떻겠나?

만나서 이야기를 나눌 수밖에 없는 일이 있어 찾아가고 싶지만 병든 몸으로 바람을 쐴 수도 없고, 온몸이 말을 듣지 않아 자네를 부르니 내일 아침에 반드시 한번 찾아오게. 정신이 흐려 이만 줄이네.

경진년〔1940〕 3월 16일 방산(芳山) 병부(病夫)는 이름을 생략하네.

◎與金貞一書

向書得照否 古人用三餘之工 有以成其業者 況乎君之地乎 雖佑畢有志 而無所間斷於家庭日用 皆亦有切近之益焉 聖賢之學 豈有高遠難行之事哉 治平天下 未有不灑掃應中出來者也 或問於東坡先生曰 近日讀何書 先生答云 某所讀 不過乎家人日用常語 先輩 皆以爲至言 際此農閒做工 最好 君其不作閒歲月 則甚幸耳 所請得其付送否 翁之所欲爲 誠如捕風其能入手耶 可笑 且可愧 多少草草 不成式

김정일[304]에게 보내는 편지

지난번 보낸 편지는 받아보았는가? 옛날 사람들이 삼여(三餘)[305]를 이

---

302) 주자(朱子) : 중국 송나라 유학자 주희(朱熹, 1130~1200)를 이른다. 자는 원회(元晦) · 중회(仲晦)이며, 호는 회암(晦庵) · 회옹(晦翁) · 운곡산인(雲谷山人) · 둔옹(遯翁)이다. 도학(道學)과 이학(理學)을 합친 이른바 송학(宋學)을 집대성하였다. '주자(朱子)'라고 높여 이르며, 학문을 '주자학'이라고 한다. 저서로 사서집주(四書集註), 《근사록(近思錄)》 등이 있다.

303) 요사이……계십니까 : 《주자대전(朱子大全)》 〈답등덕장(答滕德章)〉에 "한가한 날에는 어떤 책을 읽으십니까? 무슨 일을 하십니까?〔暇日讀何書 作何事業〕"라는 구절이 있다.

304) 김정일 : 방산(芳山) 선생의 사위이다.

305) 삼여(三餘) : 학문을 하는 데 가장 좋은 세 가지 여가로, 즉 '한 해의 나머지〔歲之

용한 공부로 학업을 완성한 자들이 있는데, 하물며 자네의 처지는 어떠하겠는가? 비록 공부에 뜻을 두었더라도 가정에서 일상생활에서도 공부에 중단이 없어야, 모두 절근(切近)306)한 공부에 보탬에 있을 것이네. 성현의 학문이 어찌 높고 멀어서 실천하기 어려운 일이겠는가? 천하를 평정하는 것이 물을 뿌려 쓸고 손님을 대접하는307) 가운데서 나오지 않은 것이 없네.

어떤 사람이 소동파(蘇東坡)308)에게 묻기를 "요사이 무슨 책을 읽으십니까?"라고 하자, 선생이 "내가 읽는 것은 집안사람들이 사용하는 일상적인 말에 불과하다."라고 대답하였네. 이 말에 대해 선배들은 모두 지당한 말이라고 하였네. 농한기는 공부하기에 가장 좋은 때이니 한가한 세월이 되지 않도록 한다면 매우 다행일 것이네.

내가 요청했던 것은 부쳤는가? 내가 바라는 것이 참으로 바람을 손으로 잡는 것과 같은가? 우습고 부끄럽네. 다소간의 사연들을 급히 쓰느라

餘〕'인 겨울〔冬〕, '날의 나머지〔日之餘〕'인 밤〔夜〕, '때의 나머지〔時之餘〕'인 음우(陰雨)를 가리키고, 때로 익힌다는 것은 곧 글을 배워서 수시로 익히는 것을 말한다.

306) 절근(切近) : '절문근사(切問近思)'의 준말로, 《논어》 〈옹야(雍也)〉 집주(集註)에, 장경부(張敬夫)가 "미칠 수 있는 바에 나아가 말해주는 것이니, 이것이 바로 간절히 묻고 가까이 생각하여 점차 높고 먼 데로 나아가게 하는 것이다.〔就其所及而語之 是乃所以使之切問近思 而漸進於高遠也〕"라는 구절이 있다.

307) 물을……대접하는 : 《소학》 〈선행(善行)〉에 "명도 선생이 사람을 가르침에, 치지로부터 지지에 이르기까지, 성의에서 평천하에 이르기까지, 물을 뿌려 쓸고 응대하는 것에서 사물의 이치를 궁구하고 본성을 다하는 것에 이르기까지, 차근차근 순서가 있었다. 세상의 학자들이 가까운 것을 버려두고 멀리 있는 것을 추구하고, 낮은 곳에 처하여서 높은 곳을 훔쳐보고, 그래서 경솔하게 스스로 위대하다하여 마침내는 얻는 것이 없음을 걱정하였다.〔明道先生敎人 自致知至於知止 誠意至於平天下 灑掃應對至於窮理盡性 循循有序 病世之學者 捨近而趨遠 處不而闚高 所以輕自大而卒無得也〕"라는 구절에서 나온 말로, 성현의 도(道)도 일상생활에서 비롯됨을 말한다.

308) 소동파(蘇東坡, 1037~1101) : '동파'는 소식(蘇軾)의 호이다. 자는 자첨(子瞻)으로 소순(蘇洵)의 아들이고 소철(蘇轍)의 형이다. 시호는 문충(文忠)이다. 당송팔대가의 한사람으로 신종 희녕(1068~1077) 중에 왕안석(王安石)의 신법에 반대하여 지호주(知湖州)에 좌천되었다.

편지의 형식을 제대로 갖추지 못하였네.

◎**與金貞一書**

老夫食年六十餘 竊欲贖前愆 問持身之要 於某友曰 必自讀書始 又問何先曰 古人題書目曰 一編論語 用不盡世間 何必許多書 定須會讀熟此書 而於聖賢言動視聽處 更加玩索深味 暮年工夫 庶有益乎 果能某友之言 或免乎猩猩生而死也 敢生做工補過之心 而走兒相告 備旨論語上下編 直付送焉 此編 甚便於老眼考閱 抑又思之 此是苦業 悔亦晩矣 曷勝仰屋 更問侍履平吉 選暇做工 能不失溫故否 雖家務旁午 存心於誠敬 玩意於簡策 自有日新之益矣 記曰遊息之際必有居學 子夏曰 仕而優則學 是居官而爲學也 況君初無外邊宂務 又無身心勞憔 安得不快活底做業耶 念念在玆 毋負所望 胡草不具

김정일에게 보내는 편지

늙은 나는 나이를 60여 살이나 먹고 지난 잘못을 속죄하려고 몸을 보존할 요체를 어떤 친구에게 물으니, "반드시 독서로부터 시작해야 한다."라고 하였네. 그래서 또 내가 "무엇을 먼저 해야 하는가?"라고 물으니, "옛사람들이 지은 글에 '《논어》 한 편도 세상에 다 활용하지 못하는데 많은 책들이 무슨 필요가 있겠는가?'라고 하였으니, 모쪼록 이 책을 익숙히 읽어 성현의 언행과 행동과 보고 들은 것들을 더 완색하고 깊이 음미한다면 노년의 공부에 아마 도움이 있을 것이네."라고 하였네.

과연 어떤 친구의 말대로 한다면 혹시라도 원숭이처럼 살다가 죽는 것은 면할 듯하네. 감히 공부를 통해 잘못을 바로잡으려고 먹은 마음을, 서둘러 아이에게 알리고 비지본(備旨本)[309] 《논어》 상 · 하편을 즉시 부치네. 이 편은 늙은이의 눈으로 살펴보기에 매우 편하였네.

또 생각해보면 이렇게 고생스러운 일을 후회해본들 늦었네. 아무런 대책도 없이 대들보만 쳐다보는 마음을 어찌 이기겠는가?

다시 부모님 모시는 안부는 좋은가? 여가를 얻어 공부하면서 이전에

309) 비지본(備旨本) : 명나라 학자 등림(鄧林, ?~?)이 사서삼경의 내용을 더욱 잘 이해할 수 있도록 자세히 주석을 단 것을 이른다.

배운 것을 잃지는 않았는가? 아무리 집안일이 바쁘겠지만 성경(誠敬)[310]에 마음을 보존하고 책에 뜻을 완미하면 절로 날로 새로워지는 이익이 있을 걸세. 《예기(禮記)》 〈학기(學記)〉에 "노닐거나 쉴 때〔遊息〕[311]에도 반드시 학문을 해야 한다."라고 하였고, 《논어》 〈자장(子張)〉에 자하(子夏)가 "벼슬을 하면서 여가가 있으면 학문을 한다."[312]라고 하였으니, 이는 벼슬에 있으면서도 학문을 한 것이네. 더구나 자네는 애초에 바깥으로 자질구레한 일도 없고 또 심신이 피로하지 않으니 어찌 쾌활하게 공부하지 않는가? 생각들이 여기에 있으니 나의 바람을 저버리지 말게. 서둘러 쓰느라 편지의 예를 갖추지 못하였네.

◎ 與女婿金貞一書

向日付楮 倘見照否 日望橋頭 跫音尙寂 是甚訝也 不識 或有甚事故否 抑有兒憂 而然也 是亦一念慮處也 翁之所爲急者 乃鳳豚入學之事也 期在緊迫 故耑走數字 幸殊一顧 以慰此區區之望焉 餘希侍履佳迪 不能具式

사위 김정일에게 보내는 편지

지난달 보낸 편지는 받아보았는가? 날마다 다리 끝을 바라보며 기다리고 있는데 아직도 적막하여 찾아오지 않으니 이것이 매우 의아하네. 혹시라도 무슨 사고가 있었는가? 아니면 아이의 근심이 있어서 그러한가? 이

---

310) 성경(誠敬) : 존성(存誠)과 거경(居敬)을 말한다. '존성'은 사악(邪惡)을 막아 마음에 성실을 보존하는 것이고, '거경'은 마음을 각성시켜 잠시도 태만함이 없이 행동을 조심하는 것이다.

311) 노닐거나 쉴 때〔遊息〕: '유식(遊息)'은 '장수유식(藏修遊息)'의 준말이다. 《예기(禮記)》 〈학기(學記)〉에 "군자는 학문에 대해서 학교에 들어가서는 학업을 닦고, 학교에서 물러나 쉴 때는 기예를 즐긴다.〔君子之於學也 藏焉修焉息焉游焉〕"라는 구절에서 온 말로, '장(藏)'은 늘 학문에 대한 생각을 품고 있는 것이요, '수(修)'는 방치하지 않고 늘 익히는 것이다. '식(息)'은 피곤하여 쉬며 함양하는 것이고, 유(遊)는 한가하게 노닐며 함양하는 것이다.

312) 벼슬을……한다 : 《논어》 〈자장(子張)〉에 자하(子夏)가 "벼슬하면서 여가가 있으면 배우고, 배우고서 여가가 있으면 벼슬을 한다.〔仕而優則學 學而優則仕〕"라고 하였다.

또한 한결같이 근심스럽네.

내가 시급하다고 여기는 것은 바로 아이가 입학하는 일이라네. 기간이 급박하기 때문에 심부름꾼을 보내 몇 자 편지를 보내니 한번 찾아와 나의 간절한 바람에 위안이 되게 해주게. 나머지는 부모 모시며 잘 지내기를 바라며 이만 줄이네.

◎ 與女婿金貞一書

久矣面晤 秋已而冬半 君之力田 乃得有秋否 此處作況 未免失收 自悶自悶 去年冬 賴君之力 幸構得野幕數間 以爲終老之計 而初無藩籬之圍障 又無門逕之通 設訪我自外來者 或立田畔而呼之 或坐溪石而手焉 且入吾幕者 苦無門限 故欲左右 出入甚便 東萬仞高山 西一帶碧海 冬北雪 夏南風 無非吾幕之所助 而胸衿灑落 眼界闊達 坐數春秋之紅綠 臥看星宿之縱橫 此乃實獲吾心者爾 兒曹輩 不識乃翁放曠之樂 皆以爲幕無籬障門逕 則於家道不兆 其籬門之計 已具矣 而定日 欲行 翁則惑焉 於君意 亦然否 若皆曰 可 則吾從衆 今日卽籬之之日也 幸或無甚緊故 庶其一來 決其可否 而解翁之惑焉 際玆寒峭 侍餘棣履 近得安吉 諸稚無警否 馳念不已 我秖以侍候粗遣爲幸 但賤軀多疾 了無善況 而聊以數卷殘書 長作枕底過活 良苦良苦 留在面敍中 姑閣不具

사위 김정일에게 보내는 편지

오랫동안 만나지 못해 가을이 다 지나고 겨울도 반이나 지났네. 자네가 농사에 힘을 쓰고 있는데 수확은 좋은가? 이곳의 작황은 수확을 망쳤으니 답답하네. 작년 겨울 자네가 힘써준 덕에 다행히 들에 움막 몇 칸을 지어 노년을 마칠 계획을 세울 수 있었네.

처음에는 울타리도 없고 또 문으로 통하는 길도 없어 설사 외부에서 나를 찾아오는 사람이 있어도, 어떤 사람은 밭두둑에서 서서 나를 부르기도 하고, 어떤 사람은 계곡 돌에 앉아서 손짓하기도 하였네. 또 움막으로 들어온 사람들도 문의 경계가 없어 어떤 사람은 좌측이나 우측으로 드나드는 것을 매우 편리하게 여겼네. 동쪽은 만 길이나 되는 높은 산이 있고 서쪽에는 푸른 바다를 띠고 있으며 북쪽에는 북설이 불고 여름에는 남풍이 불어 나의 움막을 돕지 않는 것이 없었네. 그래서 흉금은 활달하고 시야는 시원하게 트여 앉아서도 봄가을 꽃과 단풍을 셀 수가 있고 누워서는 종횡으로 흩어진 별자리를 볼 수가 있으니, 이것이 바로 참으로 내 마음을 얻은 것이라 하겠네.

그런데 아이들은 아비의 호탕하고 광달(曠達)한 즐거움을 모르고 모두 움막에 울타리도 없고 문 앞으로 난 길도 없으면 집안의 도에 좋은 징조가 아니라고 하면서 울타리와 문을 만들 계획을 벌써 세워놓고 있다네. 날을 정해 이를 설치하고 싶어하지만 나는 아직도 의혹스럽네. 자네 생각도 그러한가? 만약 모두 그렇다고 한다면 나는 모두의 말을 따르겠네. 오늘이 바로 울타리를 치는 날이네. 혹시라도 심하게 번거로운 일이 없다면 한번 와서 가부를 결정하여 나의 의혹을 해결해주기 바라네.

지금 날씨가 추운데 부모님 모시는 안부는 좋고 요사이 잘 지내는지, 아이들은 다른 탈은 없는가? 걱정이네.

나는 다만 어버이의 안부가 그럭저럭 편안하니 그것이 다행이네. 다만 나는 몸에 병이 많아 도무지 좋은 근황이라고는 없네. 그렇지만 몇 권의 낡은 책을 읽으며 오랫동안 자리에서 생활하고 있으니 참으로 고생스럽네. 나머지는 만나서 이야기 나누기로 하고 이만 줄이네.

◎ 與女壻金貞一書

八月 十三日 夕陽 凉風微動 蟬聲引淸 余自不禁觸物感情 故孤往彷徨乎 江村之上 偶得數句漫筆 而今邊民之晏然 食土飮井于此者 伊誰之力 皆李忠武公之賜也 士民之謳歌著作者 李公之德 莫大詠歎 況此羈生之際 想像尤功 故瞻望忠武之院 則院在柳洋城西 艅艎山下 而不見所懷伊人 但雲白山淸 故末聯及之 然皆驢鳴蟲啁 忘拙送付 幸君取其實 無求其華可 卽日秋聲 侍餘起居益勝 念念不已 多少止此 不具疏禮 卽日 石潭泐

〔追伸〕 江村詩 今書中無之

사위 김정일에게 보내는 편지

8월 13일 해질 무렵 서늘한 바람이 살짝 불고 매미소리가 맑은 기운을 이끄는데, 나는 절로 눈에 보이는 경물에 느껴지는 감정을 금치 못해 외로이 방황하는 것인가? 강촌에서 우연히 시 구절을 얻어 붓 가는 대로 썼네.

지금 백성들이 편안하게 지내면서 여기에서 농사지어 밥을 먹고 우물을 파서 물을 마시는 것은 누구의 덕인가? 모두 충무공이 내린 은덕이네. 사민(士民)들 가운데 노래하고 글을 짓는 것도 이충무공의 덕이니 노래하는 것보다 더 나은 것이 없다네. 더구나 이렇게 나그네로 고생스럽게 살아갈 즈음이면 공의 뛰어난 공적을 상상하기 때문에 충무공의 사당을 쳐다보니 사당은 류양성(柳洋城) 서쪽 여황산(艅艎山) 밑에 있네. 그렇지만 마음 속 그리운 사람은 보이지 않고 다만 흰 구름과 푸른 산만 보여 시의 말련(末聯)에서 그것을 언급하였네. 그렇지만 보잘것없는 문장[313]만 망령되이 지어 부쳐 보내니 자네는 열매만 취하고 꽃은 구하지 않는 것이 좋겠네. 즉일 가을 소리가 들리는데 부모 모시는 안부가 더욱 좋기를 바라는 생각이 그지없네. 다소 간의 사연들은 이만 줄이기로 하고 갖추지 않고 편지를 보내네. 즉일 석담(石潭)[314]은 편지의 예를 갖추지 않고 보내네.

〔추신〕 〈강촌(江村)〉 시는 이번 편지에 실려 있지 않네.

◎ 與女壻金貞一書

謹以省禮 卽審夏旱多日 侍餘起居履錦安 念念不已 朞服生 姑保侍狀 是亦奇事也 時政少間 方讀朱詩際 承惠饋 良感良感 無物可答 而所讀朱詩 乃天下後世之所共爲法者也 不敢獨專 而只此草答 幸熟覽焉 餘艱草 不具疏禮

〔追伸〕 寄來煙草 此物時法之酷禁

313) 보잘것없는 문장 : 원문은 '驢鳴蟲哃'. 문장이 보잘 것 없고 졸렬함을 비유하여 이르는 말이다.

314) 석담(石潭) : 방산(芳山) 선생이 처음 사용하던 호이다.

朱夫子雲谷詩
野人載酒來 農談日西夕 此意良已勤 感歎情何極 歸去莫頻來 林深山路黑

사위 김정일에게 보내는 편지

삼가 예는 생략하고 보내네. 즉일 여름 가뭄을 겪고 있은지 여러 날인데 부모님 모시고 잘 지내고 있는지 염려스러움이 마지않네. 기복인(朞服人)[315]인 나는 우선 부모님 모시고 별탈없이 지내고 있으니, 이 역시 기이한 일이네.

조금 틈이 있어서 지금 주자(朱子)[316]의 시를 읽고 있을 때 자네가 보내준 먹을거리를 받았으니 매우 고마웠지만 보답할 물건이 없네. 내가 읽고 있는 주자의 시는 바로 천하 후세 사람들이 함께 법으로 삼는 것이라네. 내가 감히 홀로 차지할 수 없어서 다만 베껴서 답으로 보내니 익숙히 읽어보기 바라네. 나머지는 간신히 쓰고 이만 줄이네.

〔추신〕 보내온 담배는 법으로 엄히 금지하고 있는 것이라네.

雲谷雜詠 **운곡잡영**
野人載酒來 농사꾼이 술을 들고 와서
農談日西夕 농사 얘기 하다 보니 해가 서산에 지네.
此意良已勤 찾아준 뜻은 참으로 간절하니
感歎情何極 고마운 정이 아 어찌 끝이 있겠는가?
歸去莫頻來 돌아가거든 자주 오지는 마오.
林深山路黑 깊은 숲속 산길이 어두우니.

---

315) 기복인(朞服人) : 1년 복인 기년복(朞年服)을 입은 사람을 이른다.

316) 주자(朱子, 1130~1200) : 중국 남송의 유학자로, 이름은 희(熹)이고, 자는 원회(元晦)이다. 호는 회암(晦庵)이고 주자는 존칭이다. 주자학을 집대성하였다. 19세에 진사에 합격하여 관계(官界)에 들어갔으며 그 전후에 도학 외에 불교, 도교도 공부하였다. 24세에 이연평(李延平)과 만나 그의 영향 하에서 정씨학(程氏學)에 몰두하고 다음에 주염계, 장횡거(張横渠), 이정자(二程子)의 설을 종합 정리하여 주자학으로 집대성하였다.

◎ **示子侄**

人之孝於其親者 獨其親而已矣 曷嘗爲天 天感而應之 曷嘗爲人 人悅而慕之 孝哉孝哉 其道敏也 予曾聞先人之訓曰 事親者 必以古人爲法 斯言雖簡 於理盡矣 故敢述舊聞 列記于左 汝曹 謹書衣帶 朝夕念誦 久則化之 予亦書之座右 奉讀自戒

조카에게 보내는 편지

사람이 부모에게 효도하는 사람은 다만 부모를 위한 것일 뿐, 어찌 일찍이 하늘을 위하는 것이겠나? 하늘이 감응하는 것이 어찌 일찍이 사람을 위하는 것이겠는가? 사람들이 좋아하여 사모하니 효성스럽고 효성스러우니 그 도가 민첩하다.

내가 언젠가 선인의 가르침을 들으니 "부모를 섬기는 사람은 반드시 옛사람을 법으로 삼는다."라고 하였네. 이 말이 비록 간단하기는 하지만 이치는 곡진하네. 그래서 감히 옛날에 들었던 말을 기술하여 아래에 기록하네. 너희들은 삼가 글을 읽고 옷매무새를 갖추고 아침저녁으로 오랫동안 암송한다면 변화될 것이다. 나도 좌우에 적어놓고 읽으며 나 자신을 경계하네.

◎ **漫筆示政侄【甲戌 十二月 ○日】**

近日 汝之所書 太甚狂悖 此足使觀者 自愧也 可歎 痴叔 所慮者 獨在乎書之能否耶 在乎心之存否也 書雖小技 亦六藝之一 上自朝廷 下至閭里 而日用之不可缺者也 是以古今士君子 莫不從事于此 惟法之是則 而精之是貴 外其法則亂 失其精則淫 故雖在千古之下 萬里之遠 觀其書 而想其人 指其畫 而論其心 夫書之存中著外者 若是其可誣也 叔 生而懦痴 年十五 始入學 急於句讀 無意工書 楮管亦乏 平生不知結構 嘗聞老師之言 董其昌文敏云 書須熟 後生柳學公權士言 心正 則筆正 蔣仲和 爲齋論 要於法中求精 此勸工祖法 而擇精之謂也 叔 聞之在耳 六書之法 不敢言知 竊取老師之言 書之疏密肥瘦 縱橫跌宕 雄健方正 信不出乎之勤之法之精 曷嘗有自流放淫逸 中出來耶 今汝之書 一無敬謹溫雅之態 走擊橫捺 小無忌憚 而軍將易置 甚不謂也 意欲見狂於人耶 古

之張狂米顚 非此之謂也 其筆可能也 其狂不可及也 叔之區區不願 使汝鴻起龍騰 但心正畵 精 寧古拙也足

붓 가는 대로 써서 조카 정에게 보내다【갑술년〔1934〕 12월 ○일】

요사이 네가 쓴 글씨는 너무 심하게 광패(狂悖)[317]하여 보는 사람으로 하여금 절로 부끄럽게 하니 탄식스럽다. 못난 숙부가 걱정하는 것은 다만 글씨가 좋고 나쁜 데 있겠느냐? 마음을 그곳에 두느냐의 여부에 달려 있는 것이다. 글을 쓰는 것이 아무리 작은 재주라고 하지만, 이 또한 육예(六藝)[318] 가운데 하나로, 위로는 조정에서 아래로 민간에 이르기까지 일상생활에서 없어서는 안되는 것이다. 이 때문에 고금의 사군자(士君子)들 가운데 여기에 종사하지 않은 사람이 없었다. 오직 서법만이 법도이고 정밀한 것이 귀하니, 서법에서 벗어나면 어지럽고 정밀함을 잃어버리면 어지럽게 된다. 그래서 비록 천고가 지나고 만 리 먼 곳에서도 글씨를 보면 그 사람을 상상할 수 있고 필획을 지적하고 쓴 사람의 마음을 논할 수 있다. 대저 글씨는 마음속에 있는 것들이 밖으로 드러나는 것이 이와 같으니 어찌 속일 수 있겠는가?

삼촌인 나는 태어나면서부터 못나고 어리석어 15살에 비로소 입학하여 구두(句讀)[319]를 떼는 것에만 급급하여 글씨를 잘 쓰려는데 뜻이 없었고, 붓도 부족하여 평생 문장을 제대로 엮지 못하였다.

일찍이 스승의 말을 들으니 "문민(文敏) 동기창(董其昌)[320]이 '글씨를 반드시 익숙해야 한다.'라고 하였고, 후생(後生)인 학사(學士) 유공권

---

317) 광패(狂悖) : 분별 없이 법도에 어긋남을 이른다.

318) 육예(六藝) : 예(禮) · 악(樂) · 사(射) · 어(馭) · 서(書) · 수(數)를 이른다.

319) 구두(句讀) : 글을 읽기에 편하도록 단어나 구절에 점이나 부호 등으로 표시하는 방법을 이른다.

320) 문민(文敏) 동기창(董其昌, 1555~1636) 문민(文敏) : '문민'은 동기창의 시호이다. '동기창'은 중국 명나라 후기의 서예가이자 화가이다. 자는 현상(玄常)이고 호는 사백(思白)이다. 형동(邢侗) 미만종(米万鍾) 장서도(張瑞圖)와 함께 '형장미동(邢張米侗)'이라고 불리었으며, 또한 '남동 북미'라고도 칭하였다. 저서로 《용태집(容台集)》, 《화선실(畵禪室) 수필》 등이 있다.

(柳公權)[321]은 '마음이 바르면 붓이 바르게 된다.'라고 하였으며 장화(蔣和)[322]가 지은 재론(齋論)에서 '서법에 정밀해야 한다.'라고 하였다."라는 말을 들었는데, 이는 모두 공교로움에 힘쓰고 서법을 본받고 정밀함을 택해야 한다는 것을 말한 것이다.

내가 들은 말이 아직도 귀에 남아 있지만 육서법(六書法)에 대해서 내가 감히 안다고 말하겠느냐마는 가만히 스승님의 말을 취하여 보니 글씨의 조밀함과 치밀함, 살찌고 마름, 자유롭고 방탕함, 굳세고 바름은 진실로 부지런함과 서법과 정밀함에서 벗어나지 않으니, 어찌 방종하고 방탕함으로부터 나오지 않은 것이 있겠느냐?

지금 너의 글씨는 한결같이 경근함과 온아한 자태가 없고 마음대로 내달리며 조금도 거리낌이 없으니, 군장(軍將)을 바꾸어 둘 것이라고는 생각지 못하였다. 너는 남들에게 광패(狂悖)하다는 말을 듣고 싶으냐? 옛날 자유분방했던 미전(米顚)[323]은 이를 두고 말했던 것이 아니다. 글씨는 능할 수 있지만 광패함은 미칠 수 없다. 나는 간절히 원치 않으니 너로 하여금 봉황이나 용과 같은 필세가 생동감 있게 하고 싶지만 다만 마음이 바르고 글씨가 정밀하기 보다는 차라리 고졸(古拙)한 편이 낫다.

---

321) 유공권(柳公權, 778~865) : 중국 당나라 후기의 화가이고, 자는 성현(誠懸)이다. 처음 왕희지체를 배우고 후에 여러 사람들의 필법을 익혀 경미(勁媚)한 서풍을 완성했다. 공경대신(公卿大臣)들의 비지(碑誌)를 많이 썼다.

322) 장화(蔣和, 1736~1795) : 청나라 서화가이다. 자는 중화(仲和)이고, 호는 취봉(醉峯)이다. 주요작품으로 〈사죽간명법(寫竹簡明法)〉, 〈서학정종(書學正宗)〉 등이 있다.

323) 미전(米顚) : 송나라 서화가(書畫家)인 미불(米芾, 1051~1107)을 가리킨다. 그가 예법에 구애받지 않고 자유분방하게 행동했으므로, 사람들이 그를 '미전(米顚)'이라고 불렀다. 전(顚)은 광(狂)과 통한다. 미불이 기암괴석을 좋아하였는데, 언젠가 보기 드문 기이한 돌을 대하고는 뜰 아래로 내려와서 절을 하며 "내가 석형님 보기를 소원한 지가 20년이나 되었소.〔吾欲見石兄二十年矣〕"라고 했다는 일화가 송나라 비연(費兖)이 지은 《양계만지(梁溪漫志)》 〈미원장 배석(米元章拜石)〉에 나온다.

◎ 示政姪

盖葬禮 自天子至於庶人 於經言之已詳矣 然其在不得事情 其葬之之儀不一 有報葬者 疾葬未逾月 而葬者也 有渴葬 急葬不及時 而葬者也 有還葬者 殮而卽葬者也 子思子曰 有其禮 有其時 無其財 君子不行也 況無其禮 無其時 無其財乎 竊以古人葬親之儀推之 雖孝子子孫 不敢不從時隨勢 有抑情而行之矣 故子路曰 傷哉貧也 生無以爲養 死無以爲禮也 孔子曰 啜菽飮水 盡其歡 斯之謂孝斂首足形 還葬而無椁 稱其財斯之禮 子游問喪具 夫子曰 稱家之有無 子游曰 有無惡乎齊 夫子曰 有毋過禮 苟無矣 斂首足形 還葬 縣棺而封 人豈有非之哉 要使人自盡其誠心也 夫葬在誠 不在物 盖以其所以葬葬之 則葬親之禮庶乎近矣 吾家農業賤族 又一寒如此 汝曹必遵吾言 或慮其歸亂命而違之 故以夫子子思之言明之 庚辰 四月 二十八日

조카 정에게 보내는 편지

대개 장례를 지내는 예는 천자로부터 서인(庶人)에 이르기까지《예기(禮記)》에 이미 자세히 말하였네. 그렇지만 부득이한 사정으로 치르는 장례식은 동일하지 않네. '보장(報葬)'[324]이란 것이 있는데, 이는 달을 넘기지 않고 서둘러 장례를 치르는 것을 이르고, '갈장(渴葬)'[325]이란 것이 있는데, 이는 때가 되지 않았는데 서둘러 장례를 치르는 것을 이르며, '환장(還葬)'이란 것이 있는데, 염을 하고 곧바로 장례를 치르는 것이네. 자사자(子思子)[326]가 "그러한 예가 있고 그러한 때가 있어도 재물이 없으

---

324) 보장(報葬) : 가난이나 기타의 사정으로 인하여 빨리 지내는 장사를 말한다.《예기》〈상복소기(喪服小記)〉에 "보장을 하는 경우에는 우제(虞祭)도 빨리 지낸다. 그러나 3개월 뒤에 졸곡제를 지낸다.〔報葬者 報虞 三月而後卒哭〕"라고 하였다.

325) 갈장(渴葬) : 장례를 서둘러 치르는 것으로, 사람이 죽어서부터 장사 지내기까지 일정한 기간이 있는데도 불구하고 그 기간을 당겨 장사 지내는 것을 이른다.《예기(禮記)》〈상복소기(喪服小記)〉 경문 '旣葬而不赴虞'에 대해 "산음 육씨가 말하기를,……때가 이르지 않았는데 장례 지내는 것이 갈장이고, 때를 넘겨 장례 지내는 것이 만장이다. 그러므로 예는 그 우제를 뒤로 미룬 것으로 하여금 자식의 도리를 책임지게 하였다.〔山陰陸氏曰……不及時而葬渴葬也 過時而葬慢葬也 故禮使後其虞 以責子道〕"라는 구절이 있다.

326) 자사자(子思子) : 공급(孔伋, BC 483~BC 402)을 이른다. 노나라 사람으로 공자

면 군자는 행하지 않는다."[327]라고 하였는데, 더군다나 그러한 예가 없고 그러한 때도 아니며 그러한 재물도 없는 상황에서는 어떠하겠는가?

옛날 사람들이 부모님을 장례 지내는 법도로 미루어보자면 비록 효자와 자손이라고 하더라도 감히 때를 따르고 상황을 따르며 감정을 억제하고 행하지 않음이 없었네. 그래서 자로(子路)[328]가 "슬프다, 가난이여! 어버이가 살아 계실 때는 제대로 봉양할 수 없고, 돌아가신 뒤에는 예를 제대로 행할 수가 없도다."라고 하자, 공자가 "콩죽을 끓여 먹고 물을 마시더라도 어버이를 기쁘게 해 드리는 일을 극진히 한다면 그것을 효라고 한다. 어머니가 돌아가셨을 때 머리와 발의 형체만을 염습하여 장례의 정해진 기간이 이르기 전에 서둘러 장례를 지내어 곽도 쓰지 못하더라도 자신의 재산에 맞게 치르면 그것을 예라고 한다."[329]라고 한 것이네.

자유(子游)[330]가 상구(喪具)에 대해서 묻자, 공자가 "재산이 있고 없음

의 아들 공리(孔鯉)의 아들이다. 공자의 수제자 중 한 사람인 증자의 가르침을 받으며 그의 제자가 되었다. 훗날에는 노 목공의 스승이 되었고, 《중용》을 저술함으로써 공자사상의 핵심을 열어주었다는 평가를 받는다.

327) 그러한……않는다 : 《예기(禮記)》 〈단궁 상(檀弓 上)〉에, 자사(子思)가 "내 듣건대, 그런 예가 있어도 그럴 재물이 없으면 군자가 행하지 않으며, 예도 있고 재물도 있더라도 제때가 아니면 군자는 행하지 않는다.〔子思曰 吾聞之 有其禮 無其財 君子不行也 有其禮 有其財 無其時 君子不行也〕"라는 구절이 있다.

328) 자로(子路) : 공자의 제자인 중유(仲由, BC 543~BC 480)의 자이다. 계로(季路)라고도 불린다. 공자의 제자들 가운데 가장 뛰어난 10인을 뜻하는 '공문십철(孔門十哲)' 가운데 하나로 꼽히며, '공문칠십이현(孔門七十二賢)' 가운데 한 사람으로 공자의 사당에 배향되어 있다.

329) 슬프다……한다 : 《예기》 〈단궁 하(檀弓下)〉에 공자의 제자 자로(子路)가 일찍이 "슬프다! 가난이여. 어버이가 살아 계실 때는 제대로 봉양할 수 없고, 돌아가신 뒤에는 예를 제대로 행할 수 없도다.〔傷哉貧也 生無以爲養 死無以爲禮〕"라고 하자, 공자가 "콩죽을 끓여 먹고 물을 마시더라도 어버이를 기쁘게 해 드리는 일을 극진히 한다면 그것을 효라고 한다.〔啜菽飮水 盡其歡 斯謂之孝〕"라고 위로하였다.

330) 자유(子游) : 공자의 제자인 언언(言偃, BC 506~?.)의 자이다. 공자보다 45살 연하였고, 20여 살부터 관직 생활을 했다. 무성(武城)의 재상이 되어 예악(禮樂)으로 정치를 펼쳤다. 공문십철(孔門十哲)의 한 사람이다. 안연(顔淵), 자하(子夏)와 함께 공자가 가장 아낀 제자였으며, 학문에 밝았다고 한다. 공자가 무성을 지나

에 알맞게 해야 한다."라고 하였네. 자유가 "있고 없음에 어떻게 해야 고르게 할 수 있습니까?"라고 묻자, 공자께서 "재산이 있더라도 예를 넘지 말 것이요, 만일 재산이 없거든 머리와 발의 형체를 거두어서 곧바로 장례하되, 관을 매달아 무덤을 쓰더라도 사람들이 어찌 비난하는 자가 있겠는가?"[331]라고 하였네. 요컨대 사람들로 하여금 스스로 자신의 정성을 다하게 한다면 장례는 정성에 달려 있는 것이지 물건에 있지 않네.

대개 장례를 치르는 방법은 부모를 장례 치르는 대로 하면 예에 가깝다고 할 수 있네. 우리 집안은 농사를 짓는 천족(賤族)이고 또 한결같이 한미하게 지낸 것이 이와 같았네. 자네들은 반드시 나의 말에 따르고 혹시라도 난명(亂命)[332]으로 되돌리고 나의 말을 어길까 걱정스러워 공자와 자사의 말을 인용하여 밝히는 것이네.

경진년〔1940〕 4월 28일

◎ **與族侄敬集書**

吁 不相拜握 已一閏矣 花樹春光 自此相分 可勝歎哉 謹審玆辰 靖居動止 一向寧衛 庇內均吉 區區願聞 昨冬宗契設立之論 寔出於吾宗 前後未遑之盛擧 而愚以爲吾門承先裕後之道 始實得計矣 惟吾賢侄足下 居常事業 不過乎殫誠於奉先 而盡力於開後 自少至老 未嘗少弛 想尊意之所夙計者 應不貳於鄙見矣 程子曰 管攝人心 收宗族 厚風俗 禮曰 致物用以立民紀 吾宗契之設 誠不可謂

갈 때 현가(弦歌)를 듣고 기뻐했다.

331) 재산이……있겠는가 : 《예기보주(禮記補註)》에, 자유(子游)가 장례 도구에 대하여 묻자, 부자(공자)께서 말씀하셨다. "가산(家産)의 있고 없음에 알맞게 해야 한다." 자유가 "있고 없음에 어떻게 해야 고르게 할 수 있습니까?"라고 하고 묻자, 부자께서 대답하셨다. "재산이 있더라도 예를 넘지 말 것이요, 만일 재산이 없거든 머리와 발의 형체를 거두어서 곧바로 장례하되, 관을 매달아 무덤을 쓰더라도 사람들이 어찌 비난하는 자가 있겠는가?〔子游問喪具 夫子曰 稱家之有亡 子游曰 有無惡乎齊? 夫子曰 有 毋過禮 苟亡矣 斂首足形 還葬 縣棺而封 人豈有非之者哉〕"라는 구절이 있다.

332) 난명(亂命) : 어버이의 유언은 치명(治命)과 난명(亂命)으로 구분하는데, 치명은 바른 정신이 있어서 사리 판단을 할 수 있을 때에 내린 것이고, 난명은 정신 착란 상태에서 내린 것을 말한다.

不根乎心 而法乎此也 凡我殷祖察訪公之後孫者 孰不同聲聳赴 以完此事哉 至於設計出資 昨於文淳之來 懇篤面囑 追後書告者 不止再三 而何期南雁無信 跫音尙寂 意者 吾賢侄足下 非心不勤 豈由於族議之不一 而雪寒之酷峭也歟 雖然今遠近宗族 率蹈步武以畢慮 姑願賢侄足下 幸須速圖之 是望是望耳 餘姑留不宣狀禮

족질 경집에게 보내는 편지

아, 서로 만나지 못한지 벌써 3년이 되었네. 꽃나무에 봄빛이 도는데 이때부터 서로 헤어졌으니 한탄스럽네. 이때 고요히 지내는 안부가 줄곧 편안하고 가족들도 모두 잘 지내는지 간절히 알고 싶네. 작년 겨울 종계를 설립하는 논의가 진실로 우리 종족에게서 나온 것은 차례로 경황이 없어 하지 못하고 있던 훌륭한 일이라네. 나는 우리 집안에서 선조의 뜻을 잇고 후손들을 넉넉하게 하는 도라고 생각하니 비로소 참으로 계획을 얻었다고 하겠네.

우리 어진 조카는 평상시 사업은 선조를 모시는데 정성을 다하고 후손들을 일깨우는데 노력을 다하는데 불과한데, 이러한 것을 어려서부터 늙을 때까지 조금도 느슨하게 해본 적이 없었네. 이는 자네가 일찍부터 계획했던 것으로 나의 견해와 다르지 않네. 정자(程子)는 "인심을 관섭하여 종족을 거두고 풍속을 후하게 한다."라고 하였고, 《예기보주(禮記補註)》에는 "물용(物用)을 지극히 함은 백성의 기강을 세우는 것이다."라고 하였네. 우리 종계의 잘못은 참으로 마음에 근본하지 않고 이것을 본보기로 하였다고 말할 수 없네.

무릇 우리 은조(殷祖) 찰방공(察訪公)의 후손된 자들은 누가 한목소리로 공경히 나아가 이 일을 완성하지 않겠는가? 설계와 출자에 관해서는 지난번 문순(文淳)이 와서 간곡히 부탁을 하였고, 추후에 글로 알린 것이 한두 번이 아니었는데, 남쪽으로 날아오는 기리기편에 편지 한 장 없고 찾아오는 발자국소리도 아직 고요하리라고 어찌 기약이나 했겠는가?

생각건대 우리 어진 조카는 마음이 간절하지 않은 것도 아닌데, 어찌 종족의 의론이 통일되지 않고 눈 내리는 추위가 혹독한데서 그 원인이 있겠는가? 비록 그렇기는 하지만 지금 원근의 종족들이 가까운 곳에서부터 사려를 다하고 있으니, 어진 우리 조카는 빨리 도모하기를 바랄 뿐이네. 나머지는 이만 줄이네.

◎ 與族姪某書

淸風明月 又屆秋夕佳節 此時懷人之想 自倍平昔 況宗族源源之誼乎 每仰高風 不禁神往 謹惟辰下 體候茂納嘉廸 各宅僉宗 色色勻吉 實切願聞 族從侍候粗遣 諸稚無警 以是爲幸 而所謂宗契出資入金 幾之完納 而未參者 不過幾人也 此亦現在董督中也 則爲旣參考 故詳言之也 且貴中資金 曾爲旣完 而宗契座目 尙未登錄 甚悶 此非心不勤 實由未詳其係別及冠童之故也 意謂譜册 足以考之矣 抑又思之修譜之後 以童爲冠者 及出生死亡 恐亦不無且登錄凡例 雖一家族冠 則父子孫 各其別記 童則於父祖之下列記 一以重契員之名 二以明係體之別也 幸須依左開記例 詳細記入 以送毋至誤謬 後悔之地 是望

족질 아무개에게 보내는 편지

맑은 바람 불고 밝은 달이 뜬데다가 추석의 아름다운 계절이 되는 이때 조카를 그리워하는 마음이 평소보다 배나 더하다네. 더구나 일가의 끝없는 정의(情誼)에 있어서는 어떠하겠는가? 매번 당신의 고아한 풍모를 우러를 때마다 정신이 자네에게 치달리지 않은 때가 없다네. 삼가 요사이 안부는 좋고 각 댁의 여러 일가들도 모두 잘 지내신다는 소식을 간절히 듣고 싶네.

족종(族從)[333]인 저는 부모님 모시고 그럭저럭 지내고 있고 여러 아이들도 별고없이 지내고 있는 것을 다행으로 여기고 있네.

이른바 종계출자입금(宗契出資入金)은 거의 다 들어왔고 아직 참여하지 않은 사람은 불과 몇 명뿐이라네. 이 사람들도 지금 독려하고 있는 중이라 참고하라고 자세히 말하는 것이라네. 또 그쪽의 자금은 일찍이 이미

333) 족종(族從) : 촌수가 먼 일가들 사이에 자기를 겸손하게 이르는 말이다.

완납되었는데 종계좌목(宗契座目)[334]에는 아직 등록하지 않아 매우 걱정이네. 이는 간절한 마음이 없어서가 아니라 실제로 계통의 구분과 어른과 어린아이가 자세하지 않기 때문이네. 내 생각에는 족보를 이용하면 충분히 살펴볼 수 있을 것이네.

또 생각하건대 족보를 완성한 뒤에 아이를 어른으로 기록한 자와 태어나고 사망한 사람들까지 아마도 등록하는 범례가 없지는 않을 것이네. 비록 일가에 속하는 어른이라도 아버지와 아들, 손자는 제각기 따로 기록하고 어린아이는 아버지와 할아버지 아래에 나열하여 기록하여야 하네. 이는 첫 번째, 계원의 이름을 소중하게 여기는 것이고 두 번째, 계통의 체계를 명확히 하기 위해서다네. 바라건대 아래 기록한 대로 상세히 기입하고 보내 오류로 후회하는 일이 없도록 바라네.

◎ **戒子侄**

人之孝於其親者 獨爲其親而已矣 曷嘗爲天 天感而應之 曷嘗爲人 人悅而慕之 孝哉孝哉 其道敏也 予曾聞先人之訓曰 事親者 必以古人爲法 斯言 雖簡 於理盡矣 故敢述舊聞 列記于左 汝曹謹書衣帶 朝夕念誦 久則化之 我亦書之座右 奉讀自戒

曾子出妻 郭巨埋子 子路負米 陸績懷橘

閔子騫著衣蘆花 王偉元廢詩蓼莪 老萊子舞戱斑衫 朱百年不衣錦帛

伯俞泣笞 黃香扇枕 王祥致雀 孟宗求笋

又曰 勿以父不孝於親 而子效之 勿以父不慈於子 而子不孝 又曰 人以官爵爲貴 我微賤人也 無以爲貴 惟以篤農 勤讀爲貴 人以廣土多金爲寶 我貧寒人也 無以爲寶 惟以孝於父母 友于兄弟爲寶

334) 종계좌목(宗契座目) : 종계(宗契)에 관하여 출납한 물품의 이름을 적은 기록을 이른다.

아들과 조카를 경계시키다

사람이 자신의 부모님에게 효도하는 것은 다만 자신의 부모를 위하는 것일 뿐 "어찌 하늘 때문이겠는가?"라고 한다면 하늘이 감동하여 응하고, "어찌 사람들 때문이겠는가?"라고 한다면 사람들은 기뻐 사모할 것이다. 효도여! 효도여! 그 도는 민감하게 반영된다.

내가 일찍이 선인들의 가르침을 들으니 "부모님을 섬기는 사람은 반드시 옛사람을 법으로 삼는다."라고 하였으니, 그 말이 비록 간명하기는 하지만 이치를 다 담고 있다. 그래서 감히 예전에 들었던 것을 기술하여 아래에 나열하여 적으니 너희들은 의대(衣帶)에 써두고 밤낮으로 외우거라. 이렇게 오랫동안 한다면 변화가 될 것이다. 나도 좌우명으로 써 두고서 읽고는 스스로 경계로 삼으려 한다.

曾子出妻　　증자가 아내를 내쫓았고[335)]
郭巨埋子　　곽거가 아들을 땅에 묻었으며[336)]
子路負米　　자로가 쌀을 등에 지고 날랐고[337)]

335) 증자가……내쫓았고 : 《공자가어(孔子家語)》 〈칠십이제자해(七十二弟子解)〉에, 증삼이 계모를 모시던 아내에게 "나물을 삶는 일은 극히 작은 정성인데, 내가 나물을 노인이 자시기 좋게 푹 삶으라고 말했는데도 그렇게 하지 않으니 더 큰 효를 어떻게 하겠소.'라고 하고는 아내를 내쫓고 죽을 때까지 아내를 얻지 않았다.〔藜烝小物耳 吾欲使熟而不用吾命 況大事乎 遂出之 終身不取妻〕"라는 고사가 있다.

336) 곽거가……묻었으며 : 《수신기(搜神記)》에, 후한 때의 효자 곽거는 가난한 형편에도 노모를 극진히 봉양하였는데, 마침 아내가 아들을 낳아 3세가 되었을 때 노모가 항상 자기 밥을 덜어서 손자를 먹이곤 하였다. 그러자 곽거가 아내에게 "가난해서 어버이 봉양을 제대로 할 수 없으니, 우리 함께 저 자식을 묻어 버립시다. 자식은 다시 얻을 수 있지만, 어머니는 다시 얻을 수 없소."라고 하고, 아내와 함께 아이를 안고 가서 묻으려고 하였다. 땅을 2척 남짓 파내려 가자 갑자기 황금이 가득한 가마솥 하나가 나타났는데, 그 솥 위에 "하늘이 효자 곽거에게 내린 것이니 관청에서도 빼앗을 수 없고 다른 사람도 취할 수 없다.〔天賜孝子郭巨 官不得奪 人不得取〕"라고 쓰여 있었다. 그래서 아이 묻는 일을 중단하고 바로 돌아와서 어버이도 잘 봉양하고 아이도 잘 기를 수 있었다는 고사에서 온 말이다.

337) 자로가……날랐고 : 《공자가어(孔子家語)》 〈치사(致思)〉에, 자로(子路)가 일찍이 공자를 뵙고 "예전에 제가 두 어버이를 섬길 때에는 항상 명아주와 콩잎만 먹는

陸績懷橘	육적이 귤을 품에 품었다.[338)]
閔子騫著衣蘆花	민자건은 갈대꽃을 지은 옷을 입고[339)]
王偉元廢詩蓼莪	왕위원은 《시경》의 〈육아편〉을 읽지 않았으며[340)]
老萊子舞戲斑彩	노래자는 때때옷을 입고 춤을 추었고[341)]

형편이었으므로, 어버이를 위하여 100리 밖에서 쌀을 져다가 봉양하곤 했는데, 어버이가 돌아가신 뒤로 남쪽으로 초나라에 노닐 적에 따르는 수레가 100여 대요, 만종의 곡식을 쌓아 두고 요를 여러 겹으로 깔고 앉아서 진수성찬을 차려 놓고 먹으면서는 다시 명아주 콩잎을 먹으면서 어버이를 위해 쌀을 져 오고 싶어도 할 수가 없었습니다.〔昔者由也事二親之時 常食藜藿之實 爲親負米百里之外 親沒之後 南遊於楚 從車百乘 積粟萬鍾 累茵而坐 列鼎而食 願欲食藜藿 爲親負米 不可復得也〕"라고 한 고사가 있다.

338) 육적이……품었다:《삼국지》〈오서(吳書) 육적전(陸績傳)〉에, 육적이 6세 되던 해에 한번은 원술(袁術)을 찾아가 알현했는데, 이때 원술이 귤을 대접하자, 육적이 귤 세 개를 몰래 품속에 넣어 두었다가, 떠나려고 절을 할 때에 그 귤이 땅에 떨어지므로, 원술이"육랑은 남의 집에 손님이 되어 몰래 귤을 품속에 감추었단 말인가.〔陸郎作賓客而懷橘乎?〕"라고 하자, 육적이 무릎을 꿇고 "돌아가서 어머니를 드리려고 합니다.〔欲歸遺母.〕"라고 대답하니, 원술이 그를 대단히 기특하게 여겼다고 한다.

339) 민자건은……입고:《태평어람(太平御覽)》〈효자전(孝子傳)〉에 "민자건(閔子騫)이 계모에게 괴롭힘을 당하여 겨울에 솜을 넣은 옷 대신 갈대꽃을 넣은 옷을 입었는데, 그의 아버지가 뒤에 그 사실을 알고서 계모를 내보내려고 하자 민자건이 무릎을 꿇고 '어머니가 집에 계시면 한 아들만 얇은 겨울옷을 입지만, 어머니가 나가시면 세 아들이 추위에 떨게 됩니다.'라고 하니, 아버지가 마침내 계모를 내보내려던 일을 그만두었다."라고 했다.

340) 왕위원은……않았으며:'위원'은 진(晉)나라 은자인 왕부(王裒)의 자이다.《진서(晉書)》〈왕부열전(王裒列傳)〉에, 아버지 왕의(王儀)가 사마소(司馬昭)의 사마(司馬)로 있으면서 직간을 했다가 그의 노여움을 사서 억울하게 죽음을 당하였는데, 왕부는 이를 애통해한 나머지 조정이 있는 서쪽을 향해 앉지도 않았으며 조정에서 벼슬을 주겠다고 여러 번 불러도 응하지 않았다. 언제나 아버지의 무덤을 찾아가 절을 하고 무덤가의 잣나무를 부여잡고 울었는데 그 눈물로 인해 나무가 말라 죽었고,《시경》을 읽다가 〈육아(蓼莪)〉에 이르러서는 언제나 3번을 반복하여 읽으며 눈물을 흘렸는데, 그의 문인들이 스승의 슬픔을 자아낼까 봐 〈육아〉는 폐하고 읽지 않았다고 한다.

341) 노래자는……추었고:《고사전(高士傳)》〈노래자(老萊子)〉에, 춘추 시대 초나라의 노래자(老萊子)가 효성으로 부모를 섬겨 70세의 나이에도 항상 색동옷을 입고

朱百年不衣錦帛　　주백년은 비단옷을 입지 않았다.[342)]

伯俞泣笞　　백유는 매를 맞다가 울었고[343)]
黃香扇枕　　황향은 이부자리에 부채질을 하였으며[344)]
王祥致雀　　왕상이 참새를 잡았고[345)]
孟宗求笋　　맹종은 죽순을 구하였다.[346)]

黔婁嘗糞　　검루는 대변을 맛보았고[347)]

어린아이의 놀이를 하였으며, 물을 떠 가지고 당에 오르다가 거짓으로 넘어져 땅에 누워 어린아이의 울음소리를 내서 부모를 기쁘게 하였다는 고사가 있다.

342) 주백년은……않았다 : 주백년은 진(晉)나라 사람이다. 《남사(南史)》 〈은일전(隱逸傳) 주백년(朱百年)〉에, 그는 가난하게 살았는데 어머니가 솜옷도 입지 못하고 겨울에 죽자, 평생을 비단옷을 입지 않았다는 고사가 있다.

343) 백유는……울었고 : 《설원(說苑)》 〈건본(建本)〉에, 한나라 때 효자 백유가 일찍이 과실이 있어 자기 어머니가 매를 때리자 엉엉 울므로, 그 어머니가 "다른 때는 너에게 매를 때려도 네가 울지 않더니 지금 우는 것은 무슨 까닭이냐?"라고 하자, 백유가 "유가 죄를 지어 매를 맞을 때면 매가 항상 아팠는데, 지금은 어머니의 힘이 쇠하여 아프게 때리지 못하시는지라, 그래서 웁니다."라고 대답하였다.〔俞得罪 笞常痛 今母之力 不能使痛 是以泣〕"라는 고사가 있다.

344) 황향은……하였으며 : 《동관한기(東觀漢記)》 〈황향(黃香)〉에, 어버이를 극진하게 봉양하는 것을 말한다. 후한(後漢)의 황향(黃香)이 무더운 여름철에는 어버이를 위해 침상에서 부채를 부쳐 시원하게 해 드리고〔扇床枕〕, 추운 겨울철에는 자신의 체온으로 이부자리를 따뜻하게 해 드렸던〔身溫席〕 고사가 전한다.

345) 왕상이……잡았고 : 《진서(晉書)》 〈왕상열전(王祥列傳)〉에, 왕상은 진(晉)나라 임치(臨淄) 사람으로 자는 휴징(休徵)이다. 일찍이 어머니를 여의고 계모를 섬기기에 효성이 지극하였다. 어머니가 물고기와 참새를 먹고 싶어 하였는데, 왕상이 얼음을 깨자 잉어가 뛰어나오고 참새가 집으로 날아들었다고 한다.

346) 맹종은……구하였다 : 《세시광기(歲時廣記)》에, "좌대어사(左臺御史) 맹종(孟宗)이 계모를 지극한 효성으로 섬겼는데, 계모가 죽순 나물을 좋아하였다. 계모가 죽은 뒤에 겨울이 이르자 맹종이 대밭에 들어가 슬프게 울부짖으매 죽순이 올라왔으므로 제사상에 차려 놓았다."라는 고사가 있다.

347) 검루는……맛보았고 : 《남사(南史)》 〈유검루열전(庾黔婁列傳)〉에, 잔릉(孱陵) 수령이 되었다가 어느 날 부친이 병환에 걸렸을 것임을 마음으로 느껴 곧바로 벼슬을 버리고 집으로 돌아왔다. 그리고는 아버지 병세의 차도를 알기 위해 대변이 쓰고 단지를 맛보고 매일 저녁마다 북극성에 부친의 병을 자신이 대신하기를 빌었다

蔡順泣雷	채순은 우레가 치는 날이면 울었으며[348]
王叔治罷社	왕숙치는 사일(社日) 제사를 그만두게 하였고[349]
庾子輿退水	유자여는 물이 빠지게 했다.[350]

또 "아버지가 부모에게 불효한다고 자식이 본받아서는 안되고, 아버지가 자식에게 자애롭지 않다고 자식이 불효하지 말라."라고 하였다. 또 "사람은 벼슬을 귀하게 여기지만 나는 미천한 사람으로 귀하게 여길 만한 것이 없다. 오직 부지런히 농사짓고 힘써 독서하는 것을 귀하게 여긴다. 사람들은 넓은 땅과 많은 돈을 보배로 여기지만 나는 가난한 사람으로 보배로 여길 만한 것이 없다. 오직 부모에게 효도하고 형제들에게 우애하는 것을 보배로 여긴다."라고 하였다.

◎ 勤學略選示子姪

學必嚴師 讀必勤志 師不嚴 道不尊 志不勤 業不精 嚴勤 是謂學之本也 余嘗聞吾先子之言曰 孔子 天縱之聖 生知之姿 嘗問禮於老子 訪樂於師襄 讀易韋編三絕 況衆人乎 孔子曰 人一能之 己百之 人十能之 己千之 陶侃太衛 常語人曰 大禹聖人 乃惜寸心 至於衆人 當惜分陰 朱熹文公 送子讀書訓曰 勤謹二字 循之而上 有無限好事 古來 賢聖之勤進後學者 是不越乎謹嚴勤勉底工夫也 況人之稟氣 有不能無不齊資産 亦不能無有異 而人之志於學者 不喫得無限勞苦 痛下猛省工夫 能有至者 不也 是以古人 有賣樵作傭者 有閉閤下帷者 有懸髮刺股者 汝將欲要學成 當以古人勤苦之心爲心 嗚呼 顧余不肖 尙不能其萬

고 한다.

348) 채순은……울었으며 : 채순의 어머니가 생전에 우레를 무서워하다가 돌아가시자 우레가 치는 날이면 어머니의 무덤에 가서 울었다는 고사가 전한다.

349) 왕숙치는……하였고 : 《세설신어(世說新語)》〈덕행(德行)〉에, 왕숙치는 어려서 어머니가 사일(社日)에 돌아가셨는데, 이날만 되면 왕숙치가 너무 슬퍼하자 이웃 사람들이 사일의 제사를 그만두었다는 고사가 있다.

350) 유자여는……했다 : 아버지의 관을 들고 고향으로 돌아가다 물을 만나 건너지 못해 슬피 울었다. 그러나 갑자기 물의 수위가 낮아져 건널 수 있게 되었다는 고사가 있다.

一 深懼辱門之歸 而益切風樹之感 到今 垂暮之年 念昔命戒之言 丁寧如昨日聞 略述舊聞列書于左 惟願若曹 念玆體玆 朝夕 當必須索察古人工夫不易得之處 又以余受命之言爲戒 則或庶幾乎

西漢倪寬千乘人也 受尙書于孔安國 家貧無資 爲弟子都養 爲諸生 治飮食 以其餘自給 嘗爲人家賃 作帶經 而鋤休息 輒誦讀畎畝間 後官至左內史

西漢朱買臣 字翁子 家貧好讀書 讀經 不知雨流粟 賣樵 以給食 擔束薪行 且誦文 妻羞之 求去買臣 不能留聽 自去後 爲會稽太守 到郡 見其故妻治道 呼載後車 悉召故舊有恩者 報之 擊破東越 爲主爵都尉

西漢匡衡 字稚圭 好讀書 家貧無油 隣舍有燭 衡穿壁 引其光 讀之 邑大姓人家富多書 衡乃與其家客傭作 而曾不索價 願盡得其所藏書 徧讀 主人感其意資給以書 遂成大業 元帝朝拜丞相 封樂鄕候

東漢 桓榮 子春卿 自幼篤學 嘗師博士朱普 家貧無資 常作傭自給 普卒榮 負士成墳 讀書精力 不倦十五年 不窺家園 學業益進 及天下亂 抱持經書 逃山谷中卒業 後官 至太師 帝賜以輜車乘馬 榮會諸生 陳其所受日 今日所蒙 稽古之力也【明帝時人】

東漢 高鳳 字文通 家貧無食 專精誦讀 其妻拾得野麥 曝於庭中 戒護鷄 妻之田 鳳持竿誦經 不覺雨漂麥 後竟成名士 說仁義遜讓 解人爭財 鄕里 不敢聞以非義 遂隱 尙其志 樂寓釣【章帝時人】

東漢 邴原 字根矩 年十一 遭父喪 家貧早孤 隣有書舍原 每過而泣之 師日 何泣也 原日 讀書者 皆有父兄 一則羨其不孤 二則羨其得學 師惻然日 苟欲學不須資也 遂使就學 原忘食誦讀 卒成大業 經術 冠於世 後爲魏中郎將【漢末魏初】

晉劉寔 字子眞 少孤貧賣衣 以資給 篤志好學 手約繩口讀書 帶經而樵 進火而

誦 乃成名士 鍾會鄧艾伐蜀 知其成功 而俱不還 後著崇讓論 以矯正時人【武惠時人】

晉皇甫謐 字士安 自少好學 家貧無資 躬自稼穡 帶經而農 耽讀經籍 忘食與寢 時人 謂之書淫 武帝送車 書獎之 田里中 樂堯舜之道 著禮樂 聖眞論 號玄晏先生

晉車胤 字武子 好學家貧 不能常得油 夏秋之間 拾螢火 盛以練囊 照書讀之 以夜繼日 爲人恭謹 固達人 咸愛重 每有盛會 胤或不在 皆云 座無車公 不樂 後官至尙書郎

晉孫康 京兆人也 少性淸介 不妄交遊 篤志好讀 家貧無油 冬則映雪讀書 康平生 雖一寸光陰 重之如金 後官至於士大夫

南齊 江革 字休暎 幼聰明 六歲能屬文 與弟觀 早孤貧 隣無師友 兄弟 自相訓勗 遭天下亂 盜賊竝起 革負母逃難 備經險阻 或山谷中 於道路傍 兄弟相勸 講習益篤 亂定 與弟觀 俱詣太學 謝眺敬重焉 學成兄弟 俱爲顯達 革爲魏所執 不屈而還 明帝稱日 今日復見蘇武節

唐柳渾 字惟深 早孤 好讀書 方十餘歲 有巫告曰 兒相夭且賤爲浮屠道 可以緩死 諸父欲從 渾曰 去聖敎 爲異迹 不若速死 自勉愈篤 閉門不出 誦讀數十年 與遊者 皆名士 後貴且壽 而爲唐名臣 諡貞公

唐王播 字明敭 少孤 貧苦無資 學客揚州讀書於惠昭寺 木蘭院 夜則照讀壁間燈光 朝夕隨僧齋飧僧苦厭 乃飯後 而擊鐘 辛勤二紀 播自致重位 出鎭是邦 厚報前恩 穆宗朝爲相

宋范仲淹 字希文 二歲而孤 母夫人貧 無所依 適朱氏 旣長知之 泣感 去之南都 篤學之 食粥繼昕夕 時昏怠 以水沃面 後官至丞相 厚報朱家 乞贈朱氏父太

常博士 諡文正

宋范純仁 字堯夫 文正之次子也 少時 篤學晝夜款業 至忘寢食 常置燈帳 中夜分不寢 燈煙成堆帳 帷盡黑 後公之貴也 夫人收其帳頂 如墨色 以示子孫曰 此爾父少時 勤學燈煙跡也 官至丞相 諡忠宣

宋司馬光 字君實 幼時 患記誦 不如人 獨下帷絕編倍誦 七歲聞講春秋 了大義 一室蕭然 書盈几或在馬上 或中夜時 誦其文 思其義 又以簡木爲警枕 小睡 則枕轉 而覺乃起讀書 幼與群兒戲 一兒墮瓮水中已沒 光以石破瓮得出 後爲宋朝賢相 諡溫國文正公

宋張九成 字子韶 夙學天成 八世嘿誦六經 通大旨 年十四 幼學郡庠 閉閣終日 寒折膠暑鑠金 不越戶限 比舍生 穴隙以視之 則斂膝危坐 對置大編 服膺勿懈 若與神爲語 經術大就 世稱橫浦居士 封諡崇國文忠公

'근학(勤學)'에 관해 간략하게 기술하여 아들과 조카에게 보여주다

학문에는 반드시 엄한 스승이 있어야 되고 독서에는 반드시 뜻을 부지런히 해야 한다. 스승이 엄하지 않으면 도가 높지 않고 뜻이 부지런히 하지 않으면 학업이 정밀하지 않으니, 엄하고 부지런한 것이 학문의 근본이라고 하겠다.

내가 일찍이 돌아가신 아버지께서 "공자는 하늘이 내신 분으로 날 때부터 아시는 분인데도, 일찍이 노자(老子)에게 예를 묻고 사양(師襄)[351]을 방문하여 음악을 배웠으며 가죽끈이 세 번 끊어질 정도를 《주역(周易)》을 공부하였는데 보통사람들은 어떠하겠는가?"라고 하신 말씀을 들은 적이 있다. 공자께서 《중용》에서 "남들이 한 번하여 능하면 나는 백 번을 하고 남들이 열 번해서 능하면 나는 천 번을 하라."라고 하였다. 도

---

351) 사양(師襄, ?~?) : 춘추 시대의 유명한 악사인 양자(襄子)를 가리키는데 거문고 연주에 능했다. 공자가 사양에게 거문고를 배웠다는 인물이다.

간(陶侃)[352] 태위(太衛)가 평소 사람들에게 "우임금은 성인인데도 시간을 아꼈으니, 일반사람들은 마땅히 짧은 시간이라도 아껴야 한다."라고 하였다. 주희(朱熹) 문정공(文正公)이 아들에게 〈독서훈(讀書訓)〉을 지어 보내며 "'부지런하고 삼가라〔勤謹〕'는 두 글자를 따라서 올라가면 무한히 좋은 일이 있을 것이다."[353]라고 하였다.

예로부터 현인과 성인들은 후학들을 부지런히 발전하게 한 것이 근엄하고 근면한 공부보다 나은 것이 없었다. 더구나 사람이 하늘로부터 받은 기상이 제각기 다르고 자산도 제각기 다른데 사람이 학문에 뜻을 품은 사람들은 무한히 수고롭고 통렬하게 깊이 반성하며 공부하지 않으면서 이를 수 있는 경우는 없다. 이 때문에 옛사람들 가운데 땔나무를 팔고 품팔이를 했던 사람도 있고 문을 닫고 휘장을 내린 채 공부한 사람도 있었으며 머리를 묶고 다리를 찔러가며 공부한 사람도 있었다. 너희들은 장차 학문을 이루려고 한다면 마땅히 옛사람들이 부지런히 공부했던 마음으로 마음을 삼아야 할 것이다.

아, 불초한 나 자신을 돌아보면 아직은 만분의 일도 그렇게 하지 못해 깊이 집안을 욕되게 하는 결과를 가져오지 않을까 두렵고 풍수(風樹)의 감정[354]이 더욱 절실하여 지금 노년의 나이가 되어 옛날 하시던 말씀을

---

352) 도간(陶侃, 257~332) : 중국 남북조 시대 진(晉) 때의 장군으로, 도잠(陶潛)의 증조부이다. 명제(明帝) 때 정남대장군(征南大將軍)으로 왕돈(王敦)의 반란과 소준(蘇峻)의 변란을 평정해 많은 공을 세우고, 벼슬이 시중태위(侍中太尉)에 이르렀다.

353) 부지런하고……것이다 : 〈주선생계자서(朱先生戒子書)〉에 "부지런하고 삼가라〔勤謹〕' 두 글자는 이를 따라서 올라가면 무한히 좋은 일이 있으니 내가 비록 감히 말은 못하지만 너를 위해 바라며, 이를 반대로 하여 내려가면 무한히 안 좋은 일이 있으니 내가 비록 감히 말하고 싶지는 않지만 너를 위해 걱정하는 것을 면하지 못할 것이다.〔勤謹二字 循之以上 有無限好事 吾雖未敢言 而竊爲汝願之 反之以下 有無限不好事 吾雖不欲言 而未免爲汝憂之也〕"라는 구절이 있다.

354) 풍수(風樹)의 감정 : 세상을 떠난 부모를 생각하는 슬픈 마음을 의미한다. 《한시외전(韓詩外傳)》에, 공자(孔子)가 길을 가는데 고어(皐魚)란 사람이 슬피 울고 있기에 까닭을 물었더니, "나무는 고요하고자 하여도 바람이 그치지 않고 자식이 봉양하고 싶어도 어버이는 기다려 주지 않는다.〔夫樹欲靜而風不止 子欲養而親不待〕"라는 구절이 있다.

생각하면 정령 어제 들은 듯하다. 그래서 간략하나마 예전에 들었던 것을 적어 아래와 같이 쓴다. 오직 너희들은 이를 생각하고 이를 체득하여 밤낮으로 마땅히 옛사람들이 공부에서 쉽게 얻지 못했던 부분을 반드시 찾고 살피고, 또 내가 들은 말씀으로 경계를 삼는다면 혹시라도 다행일 것이다.

서한(西漢)의 예관(倪寬)[355]은 천승(千乘) 사람이다. 공안국(孔安國)[356]에게서 《상서(尙書)》를 수업 받았다. 집안이 가난하여 살아갈 계책이 없었지만 제자들을 위하여 요리를 하였다. 여러 제자들을 위하여 요리를 하면서 남은 것을 먹었다. 일찍이 남의 집에서 품팔이를 하면서도 경서(經書)를 쥐고 있었고 호미질 하다가도 쉴 때면 그때마다 밭두둑 사이에서 책을 읽었다. 뒤에 벼슬이 좌내사(左內史)에 이르렀다.

서한(西漢)의 주매신(朱買臣)[357]은 자가 옹자(翁子)이다. 집안이 가난

355) 예관(倪寬, ?~BC 103?) : 천승(千乘) 사람으로 자는 중문(仲文)이다. 서한 시대의 관리로 벼슬은 정위(廷尉), 연거시어사(掾擧侍御史), 중대부(中大夫), 좌내사(左內史), 어사대부(御史大夫) 등을 역임했다. 한나라 무제(武帝)의 명으로 사마천(司馬遷) 등과 함께 태초력(太初曆)을 제작했다. 경학과 역법(曆法)에 정통하며, 문장에 능했다.

356) 공안국(孔安國, ?~?) : 중국 전한 초기의 학자로, 자는 자국(子國)이고 노나라 사람이다. 공자의 11세손이다. 신공에게서 노시(魯詩)를, 복생에게서 《상서(尙書)》를 배웠다. 노나라 공왕이 궁궐 확장을 위해 공자가 살던 집을 헐었다가 벽 안에서 과두문으로 쓰인 《상서》·《예기》·《논어》·《효경》 등 여러 고서를 발견하였다. 당시에는 과두문을 읽고 해독하는 사람이 많지 않았다. 공안국은 고문상서(古文尙書)가 금문상서보다 16편 많은 내용이 있는 것을 알아냈고, 종래의 금문보다 고문을 중시하는 학풍을 일으켰다. 무제 때 간의대부(諫議大夫)·박사(博士)를 지냈고, 후에 임회태수가 되었으나 일찍 죽었다.

357) 주매신(朱買臣, ?~BC 109) : 중국 오나라 강소성 소주 출신이다. 자는 옹자(翁子)이다. 학문을 좋아하면서도 집안이 가난하여 나무를 팔아 생계를 유지해야 했기 때문에 아내와는 스스로 이별하였다. 상계리(上計吏)에 속하여 지내던 중 동향인 엄조(嚴助)의 추천으로 무제에게 《춘추(春秋)》를 강설하게 되어 관직에 올랐다.

하였지만 독서를 좋아하였다. 경서를 읽을 때 비가 와서 곡식이 떠내려가는 것도 몰랐고 땔나무를 팔아서 생계를 유지하였다. 땔나무를 지고 가면서도 글을 외웠다. 아내가 그를 부끄럽게 여겨 떠날 것을 청하니 매신은 만류할 수가 없었다. 그가 떠나고 나서 회계태수(會稽太守)가 되어 군(郡)에 도착을 하여 예전 아내가 길을 닦고 있는 것을 보고 그를 불러 뒷수레에 태웠다. 옛날 은혜를 베푼 사람들을 다 불러 보답하였다. 동월(東越)을 격파하고 주작도위(主爵都尉)가 되었다.

서한(西漢)의 광형(匡衡)358)은 자가 치규(稚圭)이다. 독서를 좋아하였지만 집이 가난하여 기름을 살 수가 없어, 이웃집에 촛불이 있자 광형이 벽을 뚫어 빛을 끌어 책을 읽었다. 고을의 호족의 집이 부자이면서 책이 많았다. 광형이 그 집 나그네와 함께 품팔이를 하였지만 품삯을 요구하지 않고, 그가 보관하고 있는 책을 다 얻어 두루 읽기를 원하였다. 주인이 그의 뜻에 감복하여 책을 자급하여 마침내 크게 학업을 이루었다. 원제(元帝) 때 승상(丞相)에 제수되었고 낙향후(樂鄕候)에 봉해졌다.

동한(東漢)의 환영(桓榮)359)은 자가 춘경(春卿)이다. 어려서부터 독실하게 공부하여 일찍이 박사(博士) 주보(朱普)를 사사하였다. 집이 가난하여 생계를 꾸리지 못하여 늘 품팔이로 먹고 살았다. 스승인 주보가 죽자 환영이 흙을 지고 무덤을 만들었다. 독서에 정력을 기울여 15년을 게을

358) 광형(匡衡, ?~?) : 중국 전한(前漢) 때 동해(東海) 승(承) 사람이다. 자는 치규(稚圭)다. 집안은 가난했지만 공부하기를 좋아했고, 고용살이를 하면서 생계를 꾸렸다. 후창(後蒼)을 좇아 《제시(齊詩)》를 배웠고, 문학에 능하였다. 선제(宣帝) 때 사책갑과(射策甲科)에 합격하여 태상장고(太常掌故)에 제수되고, 평원문학(平原文學)에 올랐다. 원제(元帝) 초에 낭중(郎中)이 되었고, 박사(博士)와 급사중(給事中)을 지냈다.

359) 환영(桓榮, BC 17?~59?) : 중국 후한 패군(沛郡) 용항(龍亢) 사람이다. 자는 춘경(春卿)이다. 젊어서 《구양상서(歐陽尚書)》를 익혔고, 박사 주보(朱普)를 사사하여 상서구양씨학(尙書歐陽氏學)을 배웠다. 광무제(光武帝)가 불러 《상서》를 강독케 하고, 의랑(議郎)에 임명했다. 태자소부(太子少傅)를 거쳐 태상(太常)을 지냈다.

리 하지 않았다. 자신의 집 정원을 엿보지도 않을 정도로 학업에 더욱 매진하였다. 천하가 어지러울 때도 경서를 가지고 산속으로 들어가 학업을 마쳤다. 이후에 벼슬이 태사(太師)에 이르렀다. 황제가 치거(輜車)와 네 마리 말을 상으로 내렸다. 환영이 여러 사람들을 모아 받은 것을 펼쳐놓고 "오늘 은총을 받은 것은 모두가 계고(稽古)의 힘이다."라고 하였다.【명제(明帝) 때 사람이다】

동한(東漢)의 고봉(高鳳)[360)]은 자가 문통(文通)이다. 집안이 가난하여 먹을 것이 없었지만 전념하여 독서하였다. 그의 아내가 들보리를 주워 뜰에 말리면서 닭이 쪼아 먹지 못하게 하고 아내가 밭으로 갔다. 고봉이 작대기를 들고 경서를 읽으며 비가 내려 보리가 떠내려가는 것도 몰랐다. 후에 마침내 명사(名士)가 되었다. 인의(仁義)와 손양(遜讓)을 설파하면서 재산을 다투는 사람을 화해시켰다. 고을 사람이 감히 듣지 않자 의롭지 않다고 여겨 마침내 숨어 뜻을 고상하게 하고 낚시를 즐겼다.【장제(章帝) 때 사람이다】

동한(東漢)의 병원(邴原)[361)]은 자가 근구(根矩)이다. 11살에 아버지가 돌아가시고 집안이 가난하였다. 집이 가난하고 일찍 고아가 되었는데 이웃에 서사(書舍)가 있어 병원이 그곳을 지나갈 때마다 울자 스승이 "왜 우느냐?"라고 물었다. 그러자 병원이 "독서하는 사람들은 모두 부모가 계신데, 첫 번째는 그들이 고아가 아닌 것이 부럽고, 두 번째는 배울 수 있는 것이 부럽습니다."라고 하였다. 스승이 측은하게 여겨 "진실로 배우고 싶다면 돈은 필요 없다."라고 하였다. 마침내 그에게 배우도록 하자, 병원이 먹는 것도 잊고 책을 읽으며 드디어 대업을 이루어 경술이 세상에 으뜸이 되었다. 후에 위중랑장(魏中郎將)이 되었다.【한말(漢末) 위초(魏初) 때 사람이다】

---

360) 고봉(高鳳, ?~?) : 중국 후한 때 학자로, 자는 문통(文通)이다.

361) 병원(邴原, ?~?) : 중국 동한 말 사람으로, 자는 근구(根矩)이다.

진(晉)나라의 유식(劉寔)[362]은 자가 자진(子眞)이다. 어려서 고아가 되어 옷을 팔아서 먹고 살았다. 뜻을 독실히 하고 학문을 좋아하여 손으로 새끼줄을 꼬면서도 독서를 하였고, 경서를 가지고 땔나무를 하고 불을 때면서 그것을 외워, 마침내 명사(名士)가 되었다. 위나라 장수인 종회(鍾會)와 등애(鄧艾)가 촉(蜀)을 쳤는데 그들이 이룬 공이 모두 그들에게 돌아가지 않을 것을 알았다. 후에 〈숭양론(崇讓論)〉을 지어 당시 사람들의 잘못을 바로잡았다.【무혜(武惠) 때 사람이다】

진(晉)나라 황보밀(皇甫謐)[363]은 자가 사안(士安)이다. 어려서부터 학문을 좋아하였지만 집안이 가난하여 살길이 없어 몸소 농사를 지었다. 경서를 가지고 농사를 짓고 경서를 탐독하여 자고 먹는 것도 잊었다. 당시 사람들은 그를 '책에 미친 사람'이라고 하였다. 무제(武帝)가 한 수레의 책을 보내 그를 권면하였다. 농사를 짓는 가운데서도 요순의 도를 즐겼다. 《예악(禮樂)》과 〈성진론(聖眞論)〉을 지었다. '현안선생(玄晏先生)'이라고 불렀다.

진(晉)나라 차윤(車胤)[364]은 자가 무자(武子)이다. 학문을 좋아하였지만 집이 가난하여 항상 기름을 구할 수가 없었다. 봄 · 가을에는 반딧불을 잡아 명주주머니에 담아 책을 비추어 읽으면서 밤을 새었다. 사람들이 공손하고 삼가며 통달한 사람이라 여겨 모두 사랑하고 중하게 여겼다. 매번 성대한 모임이 있을 때 차윤이 자리에 없으면 모두 "자리에 차공(車公)이 없다."라고 하며 즐거워하지 않았다. 후에 벼슬이 상서랑(尙書郎)에 이르렀다.

---

362) 유식(劉寔, 220~310) : 중국 서진 때 사람으로, 자는 자진(子眞)이다.

363) 황보밀(皇甫謐, 214~282) : 위(魏)나라와 진(晉)나라 사이의 의사이자 문학가이다. 자는 사안(士安)이고 어릴 때 이름은 정(靜)이며, 현안선생(玄晏先生)이라 자호하였다. 저서로 《제왕세기(帝王世紀)》 등이 있다.

364) 차윤(車胤, 330~400) : 중국 동진(東晉) 때 학자이다. 학문을 좋아했으나, 가난해 평소에는 등유를 얻지 못하여 여름철이면 명주주머니〔練囊〕에 수십 마리의 개똥벌레를 잡아넣고 그 빛으로 책을 읽었다고 한다. 벼슬이 이부상서(吏部尙書)에 이르렀다.

진(晉)나라 손강(孫康)[365]은 경조(京兆) 사람이다. 어려서부터 본성이 맑아 망령되어 놀지 않았다. 뜻을 돈독히 하고 독서를 좋아하였지만 집이 가난하여 기름이 없었다. 겨울에는 눈빛에 독서를 하였다. 손강은 평생토록 짧은 시간이라도 황금처럼 아꼈다. 후에 벼슬은 사대부에 이르렀다.

남제(南齊)의 강혁(江革)[366]은 자가 휴난(休暎)이다. 어려서부터 총명하여, 여섯 살에 글을 지을 수 있었다. 아우 관(觀)과 함께 어려서 아버지를 잃고 이웃에 사우(師友)가 없어, 형제들이 서로 권하였다. 천하가 어지러워 도적이 벌떼처럼 일어나자 강혁이 어머니를 업고 달아나 어려움을 겪었다. 산골짜기에서나 도로 곁에서 형제들이 서로 권하면서 강습하기를 더욱 돈독히 하였다. 난리가 안정이 되자 아우 강관과 함께 태학에 나아가자 사조(謝眺)가 그를 공경하였다. 학문이 이루어진 형제들이 모두 현달하였다. 강혁은 위나라에 잡혔지만 굴복하지 않고 돌아오자 명제(明帝)가 칭찬하여 "오늘 다시 소무(蘇武)의 절모(節旄)[367]를 보는구나."라고 하였다.

---

365) 손강(孫康, ?~?) : 중국 진(晉)나라의 학자로, 집이 가난하여 기름 살 돈이 없었으므로 겨울밤엔 문을 열고 눈빛으로 공부한 이야기는 손강영설(孫康映雪)로 유명하며, 면학(勉學)으로 성공한 사람들을 후세에 차윤(車胤)의 반딧불(螢光)의 독서와 함께 "형설(螢雪)의 공(功)"이라고 부르고 있다.

366) 강혁(江革, ?~?) : 후한 제(齊)나라 임치(臨淄) 사람으로, 자는 차옹(次翁)이다. 어릴 때 아버지를 잃고 난리를 만나 늙은 어머니를 업고 피난을 다니면서 온갖 고초를 다 겪었다. 항상 음식을 얻어 어머니를 봉양하다가 고향으로 돌아오니 사람들이 '강거효(江巨孝)'라 불렀다. 명제(明帝) 초에 효렴(孝廉)으로 천거되어 낭(郎)이 되고 초태복(楚太僕)이 되었지만, 스스로 부족하다 하여 물러났다. 장제(章帝) 초에 다시 현량방정(賢良方正)으로 천거를 받아 사공장사(司空長史)에 오르니 황제가 예우를 다했다. 간의대부(諫議大夫)로 옮겼다가 사직하고 귀향했다.

367) 소무(蘇武)의 절모(節旄) : 소무는 한 무제(漢武帝) 때 지조를 지킨 신하로, 중랑장(中郎將)의 신분으로 흉노(匈奴)에 사신 갔다가 억류당하여 눈과 깃발의 가죽을 먹으며 연명하고, 양을 치는 등 온갖 고초를 겪으면서 항복하지 않고 지조를 지켰다. 소제(昭帝) 때 흉노와의 화친으로 19년 만에 풀려 돌아왔다. 그의 절개를 '소무절(蘇武節)'이라고 한다.

당나라 유혼(柳渾)[368]의 자는 유심(惟深)이다. 어려서 고아가 되었고 독서를 좋아하였다. 그가 10살 때 무당이 "이 아이는 요절하고 천할 것입니다. 승려가 되어 도를 닦아야 죽음을 늦출 수 있을 것입니다."라고 하자, 제부(諸父)[369]가 그의 말을 따르게 하고 싶었다. 그러자 유혼이 "성인의 가르침을 버리면 이단(異端)의 술수가 되니 빨리 죽는 것이 낫습니다."라고 하고는 스스로 부지런히 공부하면서 문을 닫고 밖을 나가지 않으면서 10년 동안 책을 읽자, 함께 노니는 사람들은 모두 명사(名士)였다. 후에 신분이 귀해지고 장수하며 당나라의 명신이 되었다. 시호는 '정공(貞公)'이다.

당나라 왕파(王播)[370]의 자는 명양(明敭)이다. 어려서 고아가 되어 가난하고 살길이 없어 객지인 양주(揚州)의 혜소사(惠昭寺)의 목란원(木蘭院)에서 공부를 하였다. 밤이면 벽 틈의 불빛으로 공부를 하였고, 아침저녁으로 승려들을 따라 밥을 얻어먹었다. 승려들이 그를 꺼리어 밥을 먹고 나서 종을 치고는 하였는데, 이렇게 24년을 고생하였다. 왕파가 스스로 나라의 중임을 맡아 이곳의 장관이 되어 이전의 은혜에 대해 후하게 보답하였다. 당나라 목종(穆宗) 때 재상이 되었다.

송(宋)나라 범중엄(范仲淹)[371]은 자가 희문(希文)이다. 두 살에 고아가

368) 유혼(柳渾, 716~789) : 중국 당나라 사람으로, 본명은 유재(柳載)이고, 자는 원여(元輿)·이광(夷曠)·유심(惟深)이다. 시호는 정(貞)이다.

369) 제부(諸父) : 아버지와 항렬이 같은 일가붙이를 이른다.

370) 왕파(王播, 759~830) : 중국 당나라 사람으로, 자는 명양(明敭)이다. 어려서 가난하여 양주(楊州) 목란원(木蘭院)에 가서 중들과 함께 살았다. 후에 과거에 급제하여 양주태수가 되었다.

371) 범중엄(范仲淹, 989~1052) : 중국 북송 때 사람으로 강소성 소주 사람이다. 자는 희문(希文)이고, 시호 문정(文正)이다. 인종(仁宗)의 친정(親政)이 시작되자 부름을 받아 중앙에서 간관(諫官)이 되었다. 그러나 그 무렵 곽황후(郭皇后)의 폐립 문제를 놓고 찬성파인 재상 여이간(呂夷簡)과 대립했기 때문에 다시 지방으로 쫓겨났다. 그 뒤로 구양수(歐陽修)·한기(韓琦) 등과 함께 여이간 일파를 비난하였으며, 자기들 스스로 군자의 붕당(朋黨)이라고 자칭하여 경력당의(慶曆黨議)를

되었다. 그의 어머니가 가난하여 의지할 곳이 없자 주씨(朱氏)에게 시집을 갔다. 범중엄이 이미 장성하여 이를 알고는 울면서 남도(南都)로 가서 열심히 공부하였다. 죽을 먹으며 밤낮을 이어 공부하였는데, 때때로 정신이 흐리거나 게으른 생각이 들면 찬물로 세수하였다. 후에 승상의 벼슬에 올라 주씨 집에 후하게 보답하였다. 조정에 빌어 주씨 아버지에게 태상박사(太常博士)를 내렸다. 범중엄의 시호는 '문정(文正)'이다.

송(宋)나라 범순인(范純仁)[372]은 자가 요부(堯夫)이고 문정(文正) 범중엄(范仲淹)의 둘째 아들이다. 어려서 독실히 공부하여 밤낮으로 학문을 익혔다. 심지어 자고 먹는 것도 잊을 정도였다. 항상 등잔을 두고 한밤중에 잠을 자지 않아 등잔의 연기가 휘장을 이루어 휘장이 모두 검게 그으를 정도였다. 뒤에 공이 귀해져 부인이 휘장 꼭대기를 거두어 보니 마치 검은 색과 같아 자손들에게 보여주며 "이것이 너희 아버지가 어렸을 때 부지런히 공부했던 등잔의 흔적이다."라고 하였다. 벼슬이 승상(丞相)에 올랐고 시호는 '충선(忠宣)'이다.

송(宋)나라 사마광(司馬光)[373]은 자가 군실(君實)이다. 어렸을 때 병

불러일으켰다. 저서로 《범문정공집(范文正公集)》이 있다.

372) 범순인(范純仁, 1027~1101) : 중국 북송 소주(蘇州) 오현(吳縣) 사람으로, 자는 요부(堯夫)이고, 범중엄(范仲淹)의 둘째 아들이다. 인종(仁宗) 황우(皇祐) 원년(1049)에 진사가 되었다. 아버지가 돌아가신 뒤 출사(出仕)하여 양성지현(襄城知縣)이 되었다. 휘종(徽宗)이 즉위한 뒤 관문전대학사(觀文殿大學士)에 임명되어 즉시 입궐하여 뵈라고 재촉했지만 눈병 때문에 귀향을 청했다. 가학을 이어받고 호원(胡瑗), 손복(孫復)의 학문을 계승했다. 학문은 충신(忠信)을 체(體)로 삼고 육경(六經)을 공(功)으로 삼았고, 충서(忠恕)를 중시했다. 시호는 충선(忠宣)이다. 저서로 《범충선문집(范忠宣文集)》이 있다.

373) 사마광(司馬光, 1019~1086) : 중국 북송 때 정치가이다. 자는 군실(君實)이고, 호는 우부(迂夫)·우수(迂叟)이며, 시호는 문정(文正)이다. 속수선생(涑水先生)이라고도 하며, 죽은 뒤 온국공(溫國公)에 봉해졌으므로 사마온공(司馬溫公)이라고도 한다. 20세에 진사가 되고, 1067년 신종(神宗)이 즉위한 해에 한림학사(翰林學士), 이어서 어사중승(御史中丞)이 되어 출세가도를 달렸다. 그러나 신종이 왕안석(王安石)을 발탁하여 신법(新法)을 단행하게 하자, 이에 반대하여 새로 임

을 앓아 암기력이 남보다 못하였지만, 홀로 휘장을 내리고 책을 묶은 실이 끊어질 정도로 배로 글을 외웠다. 7살에 《춘추(春秋)》를 강론하는 것을 듣자 대의를 깨달았다. 온 집은 적막하였고 책이 책상에 가득하고 혹은 말 위에서나 혹은 한 밤중에도 문장을 외우고 뜻을 생각하였다. 또 나무를 쪼개어 경침(警枕)[374]을 만들어 조금이라도 잠이 들면 베개가 굴러 잠이 깨면 즉시 일어나 책을 읽었다. 어려서 아이들과 장난을 하다가 어떤 아이가 항아리 속의 물에 빠지자 사마광이 돌로 항아리를 깨뜨려 나올 수 있었다. 후에 송나라의 어진 재상이 되었다. 온국공(溫國公)에 추봉되었고, 시호는 '문정공(文正公)'이다.

송(宋)나라 장구성(張九成)[375]은 자가 자소(子韶)이다. 일찍이 절로 학문을 이루어 8살에 묵묵히 육경(六經)을 외워 큰 뜻을 통하였다. 14살에 유학(幼學)으로 군상(郡庠)[376]에서 종일 문을 닫고 공부하였다. 추위가 아교를 부러뜨리고 더위가 쇠를 녹일 정도였는데도 문지방을 넘지 않았

명된 추밀부사(樞密副使)를 사퇴하고, 1070년에 지방으로 나갔다. 이후 재상이 되어 왕안석의 신법을 하나하나 폐지하고 구법(舊法)으로 대체하여, 구법당(舊法黨)의 수령으로서 수완을 크게 발휘하는가 하였으나, 몇 달 안 되어 죽었다. 저서로 《자치통감(自治通鑑)》 등이 있다.

374) 경침(警枕) : 나무를 공처럼 둥글게 깎아 만든 베개를 말한다. 약간 잠이 들기만 하면 그 목침이 머리에서 빠져나가 바로 깨도록 한 것이다. 사마광(司馬光)이 이 경침을 사용하면서 독서하였다고 한다.

375) 장구성(張九成, 1092~1159) : 중국 남송(南宋) 때 항주(杭州) 전당(錢塘) 사람이다. 자는 자소(子韶)이고, 호는 횡포거사(橫浦居士)·무구거사(無垢居士)이며, 시호는 문충(文忠)이다. 젊었을 때 경사(京師)에 와서 정자(程子)의 제자 양시(楊時)에게 배웠다. 고종(高宗) 소흥(紹興) 2년〔1132〕에 진사(進士)가 되고, 저작랑(著作郎)과 태상박사(太常博士), 예부(禮部)와 형부(刑部)의 시랑(侍郎) 등을 지냈다. 진회(秦檜)와 불화하여 안남군(安南軍)으로 14년 동안 유배를 갔다. 진회가 죽은 뒤 온주지주(溫州知州)가 되었다. 선승(禪僧) 종고(宗杲)의 영향으로 불교의 심외무법(心外無法) 사상을 받아들여 심학(心學)화한 경향을 보인다. 후대에 정주의 이학(理學)과 육구연 심학의 교량 역할을 한 인물로 평가된다. 저서로 《횡포심전(橫浦心傳)》 등이 있다.

376) 군상(郡庠) : 부학(府學)을 이르는 말로, 일종의 향교(鄕校)이다.

다. 함께 공부하는 이웃한 기숙사의 생도들이 구멍을 뚫고 그를 살펴보니 무릎을 꿇어 앉아 책을 펴놓고 마치 귀신과 말을 하듯 조금도 게으름 없이 가슴에 새기고 있었다. 이후 경술(經術)이 크게 성취되어 세상에서는 그를 '횡포거사(橫浦居士)'라고 불렀다. 숭국공(崇國公)에 추봉되었고 시호는 '문충공(文忠公)'이다.

◎ **鳳奉見【元과 同見】**

汝書을 數回로 得見하니 汝의 改善勇進之心을 可知也로다. 然이나 汝의 筆法이 漸漸放狂하고 書辭가 점점 荒迷하니 我의 希望이 아니라 可歎可歎이로다. 네 渡航時에 부탁ᄒᆞᆫ 말을 銘念치안코 前後警戒ᄒᆞᆫ 書札을 休紙로 看做ᄒᆞᆫ엿ᄂᆞ냐. 千萬操心ᄒᆞ여라. 且身分과 名義을 極力愼重ᄒᆞ여라. 財產은 失ᄒᆞ엿다가 다시 차즐 수 잇건이와 身分과 名義ᄂᆞᆫ ᄒᆞ변 失하면 다시 得할 수 없ᄂᆞᆫ이라. 連玉家로 移住ᄒᆞᆷ을 善也로다.

汝가 前日에 入學하여 測量法을 學習ᄒᆞ다가 不幸히 中止되엿다ᄒᆞ니 大端愛惜하다. 速히 入學ᄒᆞ야 測量技術을 繼續學習ᄒᆞ야 반다시 決코 卒業을 ᄒᆞ여라. 測量은 使用處가 第一多多ᄒᆞ다. 注意努力ᄒᆞᆷ을 多望多望ᄒᆞ로다.

元은 性質이 浮輕하야 一, 知識쟈랑을 잘하고 二, 下等流의 交遊을 조와ᄒᆞ고 三, 長久한 忍耐心이 不足하고 四, 工夫와 事業을 間間을 잘ᄒᆞ야 繼續心이 不足ᄒᆞ고 五, 愼重과 恭敬性이 不足ᄒᆞ야 上下間에 失禮가 多多하니 그양 放任ᄒᆞ야 두면 將來를 誤ᄒᆞᆷ은 勿論ᄒᆞ고 곧 目下의 憂慮가 有之할지라. 汝其十分操心ᄒᆞ여 必히 同住同學ᄒᆞ야 晝夜로 嚴肅監督ᄒᆞ여라. 汝만 밋로다.

汝의 猪山姉의 情境이 可憐ᄒᆞ다. 汝等이 못조록 保護ᄒᆞ여라. 且勤玉兄弟은 本心을 保存ᄒᆞ니 가장 사랑ᄒᆞ로라.

牛洞族叔母主을 種種問候ᄒᆞ여라. 부ᄃᆡ 身體을 健康히 하고 精神을 修養ᄒᆞ여라.

猪山셔 汝의 從姉의게 金五萬圓을 電報로 寄送ᄒᆞ엿다던니 今番에 十五圓郵標가 汝書中으로 反來ᄒᆞ니 何故耶아. 汝仲兄은 陽二月頃에 辭職하고 汝三兄은 眼疾로 若干辛苦을 ᄒᆞᆫ다. 其他各宅은 無驚ᄒᆞ니 安心ᄒᆞ여라.

前後事情과 汝姉의 苦況과 勤玉家의 安否와 入學準備狀況等을 直히 具體的

回答ᄒ여라 不一不一
正月 十八日 父書

봉(鳳)은 보아라【원(元)과 함께 보아라】

너의 편지를 여러 번 받아 보니, 네가 잘못을 고치고 용맹하게 정진하려는 마음을 알겠더구나. 그렇지만 너의 필법이 점점 거칠어지고 언사가 점점 어지러우니 나의 바람이 아니라 탄식스러웠다. 네가 배를 타고 떠날 때 부탁했던 말을 명심하지 않고 차례로 경계했던 서찰을 휴지로 간주하였느냐. 천만 조심하거라. 또한 신분과 명예와 도의를 힘써 신중히 하거라. 재산은 잃었다고 하더라도 다시 찾을 수 있지만 신분과 명예와 도의는 한번 잃어버리면 다시 얻을 수 없는 것이다. 연옥(連玉)의 집으로 옮긴 것은 잘한 것이다.

네가 지난날 입학하여 측량법(測量法)을 공부하다가 불행히 중지하였다고 하니 매우 애석하다. 서둘러 입학하여 측량기술을 계속 공부해서 반드시 결단코 학업을 마쳐도록 해라. 측량은 사용하는 곳이 매우 많다. 주의하여 노력하기를 매우 바란다.

원(元)은 성질이 가벼워서 첫째, 지식 자랑을 잘하고 둘째, 하등의 무리들과 사귀기를 좋아하고 셋째, 오랫동안 인내하는 마음이 부족하고 넷째, 공부와 사업을 간간히 잘하지만 끊임없이 연속하는 마음이 부족하고 다섯째, 신중하고 공경하는 마음이 부족해서 상하간에 예를 잃은 경우가 많으니 그냥 내버려 두면 장래를 어긋나게 하는 것뿐 아니라, 지금 근심거리가 생기게 될 것이다. 너희들은 십분 조심하여 반드시 함께 생활하고 함께 공부하면서 밤낮으로 엄숙히 감독하거라. 너만 믿는다.

너의 저산(猪山) 누이의 사정이 불쌍하다. 너희들이 모쪼록 보호해 주어라. 또 근옥(勤玉) 형제는 본심을 보존하고 있으니 가장 사랑하여라.

우동(牛洞) 족숙모님께 자주 안부하거라. 부디 몸 건강하고 정신을 수양하거라. 저산(猪山)에서 너의 사촌누이에게 5만원을 전보로 보냈다고 하는데 이번에 15원 우표가 너에게 보내는 편지 속에 되돌려 보내니 무슨 까닭이냐? 너의 중형(仲兄)은 양력 2월 무렵 사직하고 너의 세 번째

형은 눈병으로 고생을 하고 있다. 나머지 각 댁은 무탈하니 안심하여라.

전후 사정과 너의 누이의 고생스러운 상황과 근옥의 집의 안부와 입학 준비 상황 등을 곧바로 구체적으로 회답하거라. 이만 줄인다.

1월 18일 아비가 쓴다.

◎ 遺書 元淳奉見

老夫薄福ᄒᆞ고 不孝不慈ᄒᆞ야 不能養父母ᄒᆞ고 不能教子孫ᄒᆞ니 厥罪貫盈일ᄉᆡ 神明이 賜死하니 夫復何言가만은 但汝成就를 不得親見ᄒᆞ니 爲恨이 不少로다. 元아 他日에 汝成功還國하여 數字文句로 告我墓下ᄒᆞ라. 神昏氣塞ᄒᆞ야 不能多囑ᄒᆞ노라

庚辰 四月 二十四日 祖父書

〈유서(遺書)〉, 원순은 보아라

늙은이가 박복하고 부모님께 불효하고 자식들에게 자애롭지 못하여 부모를 봉양하지도 못하고 자손들을 가르치지도 못하였으니 그 죄가 끝도 없이 넘친다. 신명이 죽음을 내리니 다시 무슨 말을 하겠느냐마는 다만 네 성취하는 것을 친히 보지 못하는 것이 매우 한스럽다.

원(元)아, 뒷날 네가 성공하여 귀국하여 몇 글자 글을 지어 나의 묘에 고하거라. 정신이 어지럽고 숨이 막혀 많은 부탁을 하지 못한다.

경진년〔1940〕 4월 24일,[377] 할아비가 쓴다.

377) 경진년〔1940〕 4월 24일 : 그해 5월 1일, 방산(芳山) 선생이 세상을 떠났다.

7

제문(祭文)

7

제문(祭文)

◎ 祭竹翁鄭公文

維歲次 乙亥 十二月 丙子朔 十五日 庚寅 本鄕儒林金炳愚等 謹以荒詞非奠敢祭告于竹一處士 迎日鄭公之靈曰 嗚呼 昔歐陽公文忠曰 士生五代者 不幸也今天下大亂 兵革交結 連年不辭 異端邪說 縱橫四極 相率淪沒 充塞仁義 吾道間關 殆乎一髮 幸惟我公 挺生南服 志存北學 種學積文 率仁由義 潛究黙會不得不措 服誦堯舜 寤寐程朱 蒐羅洞觀千古 奮然自立 操守益堅 衛道之誠 至死彌篤敎人之勤 畢生自任 矜式儒林 羽翼斯文 人知尊道 爲功不少 嗚呼公乎生丁叔季 不幸平生 衣冠甚古 見之者笑 酷排異說 譁攻者衆 坐閱蒼桑 憤淚血滂 自掛瀨瓢 恥食周粟 愛釀陶菊 悽對連月 獨抱經綸 踽凉林樊 起居飮食 滿壁圖書 衍述經義 頗示己志 命與時違 乃窮至此 嗚呼痛哉 人之有望 天胡不弔非龍蛇之在歲 何賢人之獨嗟 樑泰頹折 奎璧閟光 儒林偃其旗鼓 斯文喪其衣鉢 溫良氣度 寧復見之 忠信言論 寧復聽之 白衣臨曠 日下大荒 以文泄哀 莫狀彷佛 侑我漬綿 爇我焦檀 不昧者靈 庶幾降尙饗

죽옹 정공 제문

유세차 을해년〔1935〕 12월 병자(丙子) 초하루 15일 경인(庚寅)에, 본향의 유림 김병우(金炳愚) 등이 거친 제문과 보잘것없는 제수를 마련하여 삼가 죽일처사(竹一處士) 영일(迎日) 정공(鄭公)의 영전에 제사를 드려 말한다.

아, 옛날 문충공(文忠公) 구양수(歐陽脩)[1]는 "선비가 오대(五代) 시대

1) 구양수(歐陽脩, 1007~1072) : 중국 송대의 정치가이자 문학자이다. 자는 영숙(永叔)이고, 호는 취옹(醉翁)·육일거사(六逸居士)이다. 4세 때 아버지를 잃고

에 태어난 것은 불행하다."라고 말하였다. 지금 천하가 크게 어지러워 몇 해나 전쟁이 계속되고 이단과 삿된 말들이 사방에 넘쳐 서로를 몰락으로 이끌어 인의(仁義)를 가로막아 우리의 도는 곤란에 처하여 거의 위기일발에 가까운 상황이다. 그러한 와중에 다행히 우리 공께서 남쪽 지방에서 우뚝히 태어나 북학(北學)[2]에 뜻을 두고 학식을 배양하고 쌓아 인(仁)을 이끌고 의(義)를 말미암아 침잠하여 연구하고 묵묵히 이해하면서도 뜻을 터득하지 못하면 내려놓지 않았다.

요순(堯舜)[3]의 도를 외우고 익혔으며 정주(程朱)[4]의 학문을 밤낮으로 연구하여 천고의 학문을 망라하고 꿰뚫어 분연히 스스로 일어섰다. 평소 품행과 지조는 더욱 굳건하였고 도를 지키는 정성은 죽음에 이르렀어도 더욱 돈독하였으며 남을 가르치는 부지런함은 삶이 다할 때까지 자임하였다. 유림에 본보기가 되었고 사문(斯文)을 도와 사람들이 도를 높일 줄 알도록 하였으니 선생의 공이 적지 않다.

아, 공이여! 혼란한 시대에 태어나 평생을 불행하게 살았다. 의관(衣冠)이 매우 예스러워 그를 본 사람들은 웃었고, 이단의 학설을 혹독하게 배척하니 큰소리로 공격하는 자들이 많았다. 앉아서 세상의 변화를 바라보고 피눈물을 흘렸고 스스로 영수(潁水)의 표주박을 걸어두고[5] 주(周)

가난한 중에서도 어머니의 교육을 받아 1027년에 진사(進士) 시험에 합격, 참지정사(參知政事)에까지 승진했으나 왕안석의 혁신 정치에 반대하여 관직에서 물러났다. 당송팔대가(唐宋八大家) 중 한사람이다.

2) 북학(北學) : 중국에 가서 배워야 한다는 뜻으로, 《맹자(孟子)》〈등문공 상(滕文公上)〉의 "진량(陳良)은 초(楚)나라에서 태어났지만, 주공(周公)과 중니(仲尼)의 도를 좋아하여 북쪽으로 중국에 와서 학문을 배웠다.〔陳良楚産也 悅周公仲尼之道 北學於中國〕"라는 글에서 유래한다. 조선 후기에는 청나라의 문물을 배우자라는 새로운 사상적 동향이 생겨나, 박제가(朴齊家)는 중국 견문의 기록을 《북학의(北學議)》라는 제목으로 저술하기도 하였다.

3) 요순(堯舜) : 전설상의 성군인 요(堯)임금과 순(舜)임금의 아울러 이르는 말이다.

4) 정주(程朱) : 송대의 유학자인 정호(程顥)와 정이(程頤) 형제와 주희(朱熹)를 아울러 이르는 말이다.

5) 영수(潁水)의……걸어두고 : 은자의 삶을 이른다. 요(堯)임금 때의 은사(隱士) 허유(許由)가 기산(箕山) 아래 영수(潁水) 북쪽에서 손수 농사를 짓고 손으로 물을 움켜 마시며 은거하였다. 어떤 사람이 표주박 하나를 주기에 그것을 나무에 걸어

나라의 곡식을 먹는 것을 부끄럽게 여겼고[6] 국화(菊花)를 사랑하여[7] 쓸쓸히 몇 달이나 마주하였고, 홀로 나라를 다스릴 만한 재능이 있었지만 산림에서 외로이 지냈다. 일어나고 앉고 마시고 먹는 가운데서도 벽에 가득한 책으로 경서의 뜻을 덧붙여 기술하여 자못 자신의 뜻을 내보였다. 그러나 천명과 시대가 그와 어긋나 궁핍함이 이 지경에 이르렀다.

아, 애통하다. 사람들이 기대함이 있었는데 하늘이 어찌 돌보지 않았는가? 현인군자가 죽을 때가 아닌데 어찌 어진 사람만이 홀로 탄식하게 하는가? 들보가 꺾이고 태산이 무너졌으며[8] 규벽(奎璧)[9]이 빛을 잃어 유림에서는 깃발이 쓰러지고 사문(斯文)에서는 의발(衣鉢)[10]을 잃었다. 그의 따뜻하고 진실된 기질과 도량을 어찌 다시 보겠으며, 참되고 미더운 언론을 어찌 다시 들을 수 있겠는가? 수의가 땅에 묻히자 해가 하늘에서 떨어지니 제문을 지어 슬퍼하지만 비슷하게라도 표현하지 못하겠다. 술〔漬綿〕[11]을 권하고 향을 사르니 영령께서 알고 계시면 이곳에 내려

두었더니 바람이 불 때마다 덜그럭거리는 소리가 나자 마침내 그 표주박을 내버렸다는 고사가 있다.

6) 주(周)나라의……여겼고 : 벼슬하지 않았음을 이른다. 은(殷) 나라 때 고죽군(孤竹君)의 아들로, 주 무왕(周武王)이 은(殷) 나라를 치려고 할 때 간하여도 듣지 않으므로, 주(周) 나라 곡식 먹기를 부끄럽게 여기고 수양산(首陽山)에 숨어서 고사리를 캐먹다가 굶어 죽었다.

7) 국화(菊花)를 사랑하여 : 원문은 '陶菊'. 도연명(陶淵明)이 국화를 좋아한데에서 유래하는 말이다. 은거하며 깨끗한 삶을 사는 것을 말한다. 도연명의 〈잡시(雜詩)〉에서 "동쪽 울타리의 국화를 따고 유유히 남산을 바라보노라.〔採菊東籬下 悠然見南山〕"라는 구절이 있다.

8) 들보가……무너졌으며 : 위인의 죽음을 비유하여 이르는 말이다.

9) 규벽(奎壁) : 문단의 거장을 비유한다. 28수(宿)에 속하며 문운(文運)을 주관하는 별이라 여겼던 규수(奎宿)와 벽수(壁宿)를 말한 것이다.

10) 의발(衣鉢) : 승려의 가사(袈裟)와 바리때를 의미하는 말인데, 사승(師僧)이 죽을 때 수제자에게 도를 전하는 징표로 그가 쓰던 가사와 바리때를 전해주던 데서 나온 말로, 학문이나 관직을 후배에게 전해 주는 말로도 쓴다.

11) 술〔漬綿〕 : 멀리 있는 친지(親知)의 무덤을 찾아가 조문(弔問)하려면 술을 가지고 갈 수 없으므로 솜을 술에 담갔다가 말려 가지고 가서 다시 물에 담구어 술기운이 우러나게 하여 잔을 올리는 것으로, 친구의 무덤에 가서 제사를 올리는 뜻으로 쓰인다.

오셔서 흠향하시기〔尙饗〕[12] 바랍니다.

◎ **祭舍伯文**

維歲次戊辰四月己未朔初七日乙丑 惟我伯兄故處士晉陽姜氏小祥日也 前一日甲子二弟時中 謹以隻鷄單觴 再拜痛哭于靈筵之下曰 嗚呼 我家世自文祖以來 簪纓碩儒代不乏絕 爲國顯族 至參判公以後 累世貧賤 爲編氓者 殆二百年于玆矣 迨近代益漸衰家貧 獨子 則使之耕春夏 而讀秋冬 家貧多子 則使壯健者 服于畎畝 擇其質弱 不可農者 一人以讀書 來者 已成家規矣 我昆弟四人時中最質弱 又疎於作業 父兄謂其難可役之以力 年十五 始入學 兄常誡之曰 勉之勉之 吾家興替 在汝一躬 兄兮諸弟 躬親家事 風樵雨牧 晝耕宵索 無所不爲而幸不墮家業事 父母孝與兄弟友 穆 於宗族稱於鄉黨人曰 仁善人也 時中 氣短才疎 遊學者 二十有八年 不通一藝 人又不成 未服兄期待之萬一 回憶當年縱學之恩 世世生生 爲兄爲弟 愛有餘而報未盡 況以五十白頭 反加憂於其兄者乎 庶幾望之者 只有餘年矣 何一病之酷 遽至此極 嗚乎 嘗聞福善禍淫 善可信乎 又聞仁者 必壽 仁可必乎 吾兄之仁心善行 較之一生 雖善毁者 無求疵之處今福不稱德 壽不享年 善不足信 仁不可必也 嗚呼 兄乎歿而有靈 尙鑑人事 時中志大量小 昧於作爲 三弟翰 躬疢兒稚 謀生艱難 四弟吉 雖健且勤 爲人不寬兒政心則仁厚 近乎長者 量狹性直 不能善轉 次宣 勤儉孜孜 適於治產 未得完人 侄平 雖則孝順 雲心水性 乃肖厥父 弟兄叔侄 尸家無人 父祖遺業 危如一髮 兄乎兄乎 洋洋者 不昧黙祐於冥冥之中 保我子孫 其永昌 嗚呼兄乎 隨見想像 因聞感情 理所固然 況至情之所痛乎 見耆老杖屨則思 聞兄弟隨行則思 出戶見侮則思 入門聞號則思 見老圃秋熟則思 參先祀則思 逢佳節則思 聞新釀酒香則思 急難則思 疾病則思 思無不至 獨不見彷彿 於是乎 始覺九原難作 而萬世永閟 嗚乎痛哉 日月如駟 歲已周矣 今夕何夕 明日祥日 情無小殺 制則服闋服麻 幾時此生休矣 來訴哀情 素帳寂寞 欲侑以文 淚昏筆淫 靈其有知 伏惟格斯 尙饗

---

12) 흠향하시기〔尙饗〕: 제문(祭文)이나 축문(祝文) 끝에 쓰는 상투적인 말로, '이 제물을 흠향하시기 바랍니다.'라는 뜻이다.

큰 형님 제문

무진년〔1928〕 4월〔己未〕 7일〔을축〕은 우리 형인 돌아가신 처사 진양 강씨(姜氏)의 소상(小祥)[13]이 되는 날입니다. 하루 전날 갑자일 두 번째 아우 시중(時中)은 삼가 닭 한 마리와 술 한 잔을 마련하고 두 번 절하고 혼백을 모신 자리 아래에서 통곡하며 고합니다.

아, 우리 집안은 대대로 문조(文祖)로부터 벼슬아치와 선비들이 대대로 끊이지 않아 나라의 명문거족이 되었는데 참판공(參判公) 이후로부터 여러 세대에 걸쳐 가난하여 일반 백성이 된 것이 자못 지금 200년이나 되었습니다. 근대에 들어서는 더욱 쇠약하고 집안이 가난하였지만 외아들로 하여금 봄여름에는 농사를 짓게 하고 가을 · 겨울에는 독서하게하며, 자식이 여럿인 경우 몸이 튼튼한 자들에게는 농사일을 하도록 하고 몸이 약해 농사를 지을 수 없는 한 사람을 골라 책을 읽도록 하였습니다. 이후로는 이 일이 이미 집안의 규례가 되었습니다.

우리 형제는 4명으로 내가〔時中〕 가장 몸이 약하고 일에 서툴렀다. 그러자 부형들이 힘으로 하는 것은 어렵겠다고 하였다. 나이 15살에 입학을 하게 되었는데 형은 언제나 타일러 "부지런히 공부하거라! 우리 집안의 흥망은 너 한 몸에 달려있다."라고 하였습니다. 형과 여러 동생들은 몸소 집안일을 하면서 바람이 부는 날이나 비 오는 날에도 나무를 하고 소를 키우며 낮에는 농사를 짓고 밤에는 새끼를 꼬는 등 하지 않은 일이 없었습니다. 그래서 다행히 가업을 실추시키지 않았고 부모님께 효도하고 형제들과는 우애가 있었으며 친척들과는 화목하여 고을 사람들이 칭찬하여 "어질고 착한 사람이다."라고 하였습니다.

나는 기를 펴지 못하고 재주가 서툴러 유학한지 28년이 되었지만 한 가지 재주도 능통하지 못하고 인품도 완성되지 못하여 형의 기대에 만분의 일도 갚지 못하였습니다. 당시 마음대로 공부할 수 있도록 하신 은혜를 회상하면 영원히 형이 되고 동생이 되어서 형은 넉넉히 사랑해주었지만 동생인 나는 은혜를 다 갚지 못하였습니다. 더구나 50의 늙은이가 되

13) 소상(小祥) : 사람이 죽은 지 1년 만에 지내는 제사를 이른다.

어 도리어 형에게 근심을 끼치고 있으니 어떠하겠습니까? 바라는 것은 다만 오래 사시는 것이었는데 어찌 혹독한 병에 걸려 갑자기 이러한 망극한 지경에 이르렀습니까?

아, 착한 사람에게 복을 내리고 악한 사람에게 화를 내린다는 말을 들었는데, 착한 사람에게 복을 내린다는 말을 믿을 수 있습니까? 또 어진사람은 반드시 장수한다는 말을 들었는데 어진사람은 장수한다는 말을 기필할 수가 있습니까? 우리 형께서는 어진 마음과 착한 행동에 관하여 일생을 견주어본다면 아무리 잘 헐뜯는 사람이라고 하더라도 흠을 찾을 수 없을 것입니다. 지금 형께서 받은 복은 쌓은 덕에 걸맞지 않고 수명은 나이를 다 누리지 못하였으니 선함도 믿을 수 없고 어짊도 기필할 수가 없었습니다. 아, 형께서 돌아가셨지만 혼령이라도 있다면 인사를 살펴보아 주십시오.

저는 뜻은 크지만 도량이 작아 일에 밝지 못하고, 세 번째 동생 한(翰)은 몸에 병이 들고 아이는 어리고 생계도 어렵고, 네 번째 동생 길(吉)은 비록 건강하고 부지런하지만 사람됨이 너그럽지 못합니다. 그의 아이 정심(政心)은 어질고 두터운 마음이 어른에 가깝지만 도량이 좁고 성격이 곧은 것은 잘 변하지 않을 것입니다. 둘째 선(宣)은 근검하고 부지런하지만 마침 집안 살림을 돌보는데 적합한 사람을 얻지 못하였습니다.

조카 평(平)은 비록 효도하고 순종하지만 심성은 한곳에 머무르지 못하는 구름과 물과 같아서 이에 그의 아버지를 닮아 아우와 형과 숙질들 가운데 제사를 주관할 사람이 없어서 아버지와 할아버지의 유업이 마치 한 올의 머리카락처럼 끊어질 듯합니다. 형님이시여! 저승에서도 어둡지 않아 묵묵히 도와주시어 우리 자손들을 보호하고 영원히 창성하도록 하십시오.

아, 형님이시여. 보이는대로 상상하고 들리는 대로 감정을 느끼는 것은 이치상 진실로 그러한 것입니다. 더구나 지극한 정으로 애통해 함에 있어서는 어떠하겠습니까? 노인이 지팡이를 짚고 한가히 거니는 것만 보아도 그립고 형제들이 따르는 것을 듣기만 해도 그리우며 문밖을 나가 업신여김을 당하는 것만 봐도 그립습니다. 문으로 들어가 호령소리가 그립고 오랜 농장에 가을이 익어가는 것만 봐도 그리우며 선조의 제사에 참여하면 그립습니다. 아름다운 계절을 만나면 그립고 새로 익은 술 향기만 맡아도 그립습니다. 위급한 때도 그립고 병들었을 때도 그립습니다. 이처럼 그리운 마음이 이르지 않은 곳이 없는데 비슷한 모습도 보이지 않는단 말입니까? 여기에서 비로소 저승에서 다시 일어나기가 어렵고 영원히 단절되었음을 알겠습니다.

아, 애통합니다. 세월은 네 마리 말이 끄는 수레와 같아서 벌써 한해가 흘렀습니다. 오늘저녁은 무슨 저녁입니까? 내일은 형님의 소상(小祥)인데, 정으로 보자면 조금도 슬픔이 줄지 않지만 상제로는 상복을 벗고 갈옷을 입으니 언제 이 삶이 끝나겠습니까? 슬픈 마음을 하소연하지만 흰 장막에 적막하니 제문을 지어 흠향을 권하고 싶지만 눈물이 흘러 눈이 어둡고 글씨가 어지러운데 영혼이 지각이라도 있다면 이곳에 오시어 흠향하시기 바랍니다.

◎ 祭桂南金公鎭杓文

維歲次 己卯 二月 丁巳朔 二十一日丁丑 鄕儒生 某某等 敢將荒詞菲奠 謹祭告于故桂南處士 金海金公之靈 竊聞韓文公 祭田橫墓曰 非今世之所稀 孰爲使余歔欷而不可禁 某等 感今世之所稀 非不禁而陳辭 庶英靈之瀅瀅 儼彷佛而臨聆 嗚呼 緊惟我公 三韓舊世 駕洛洪緖 犀巖繼體 挺生遐服 海嶽是眹 式非偶然 厥須乃蘊 氣容春秋 精神秋水 敬愼威儀 安詳步履 律己與人 小學是事日月工夫 要在行已 好賢樂善 由仁行義 惡盈虛受 小心遜志 學本孝弟 力致維禮 踐履篤實 餘事文藝 易直子諒 在躬不疑人己無間 機械不施 守道山樊 灑落胸襟 望重山斗 矜式儒林 一時名勝 樂與翺翔 蹶然自立儀表一方 嗚呼 公乎孝思天植克趾先美 胄堂遺墟 列祖如位繩家 有法宗族 雍睦里無勃磎 近古俗聞訃食 素恤貪弔孤風聲 所曁用寬薄天懿德馨 見者 心醉頑愚悖慢 望門纇泚 憫時憂道 門閉潯陽 尋常文字書 必春王畢生 林下自靖 藏修求之 古人鮮有其儔 嗚呼哀哉 歲非龍蛇 公何獨嗟天不憖遺耆德 其蹉星晦少微 龍沈釼鋌 月墮江空 蘭摧草荒 高瞻東南 幾何眞面 高冠大帶 不可復見 四海橫流 長夜莽蒼 嗟我惛蒙 從此安放 白日臨曠 忍將埋玉 哀哉 造化曷心 亭毒以文告哀爇檀祼鬯 伏惟明靈 格思尙饗

계남 김진표 제문

유세차 기묘년〔1939〕 2월 정사삭(丁巳朔) 21일 정축(丁丑)에 향유생(鄕儒生) 아무개 등은 감히 거친 제문과 보잘것없는 제수로 돌아가신 계남처사(桂南處士) 김해(金海) 김공의 영전에 말씀드립니다.

한문공(韓文公)의 〈제전횡묘문(祭田橫墓文)〉14)에 "지금 세상에서 숭상하는 바가 아니니, 누가 나를 탄식하며 한숨짓는 것을 금치 못하게 하는지요?"라고 하였습니다. 아무개 등은 지금 세상에 숭상하는 것에 감정을 금치 못하여 제문을 드리니, 신령께서는 밝게 엄숙히 임하여 들어주십시오.

아, 우리 공께서는 삼한(三韓)의 오랜 세업(世業)과 가락국(駕洛國)의 큰 기업(基業)을 서암공(犀巖公) 김명옥(金命玉)이 종통을 이어 먼 지방에서 태어났다. 해악(海嶽)이 조짐을 보인 것은 우연이 아니었고 온축된 것이 있어서이다. 《춘추》처럼 기운과 용모가 단정하고 가을 물처럼 정신이 맑았다. 위엄있는 모습을 삼가고 걸음을 자세히 하였으며 자신과 남을 단속하며 《소학(小學)》을 일삼았다. 매일의 공부에 대한 요체는 실천에 있었고, 어진 사람을 좋아하고 선(善)을 좋아하며 인(仁)으로 말미암아 의를 행하였다. 가득 찬 것을 싫어하고 마음을 비우고 받아들이며 조심하고 뜻을 손순히 하여 학문은 효와 공손을 근본하였다. 힘써 예를 이르고 실천을 돈독하게 하였으며 남은 여가에 문학과 예술을 하였다. 평탄하고 곧고 자애롭고 미더움을 몸에 간직하기를 의심이 없었다. 남과 자신을 구

14) 한문공(韓文公)의 〈제전횡묘문(祭田橫墓文)〉: 한문공(韓文公)은 한유(韓愈, 768~824)를 이른다. 그는 중국 당나라 시절 문인이자 정치가로, 자는 퇴지(退之)이다. 본관이 창려(昌黎)이었기 때문에 스스로를 군망창려(郡望昌黎)라 불렀으며, 그의 지인들에게도 한창려(韓昌黎), 창려선생(昌黎先生)이라고 불리었다. 벗이었던 유종원(柳宗元)과 당나라 때 활동한 문장가로서 기존에 유행하였던 형식이 복잡하고 유미주의적인 성격을 지닌 산문 문체였던 변려문(騈儷文)을, 진나라 이전의 형식이 자유롭고 내용이 알찬 고문(古文)으로 교체한 당송팔대가(唐宋八大家)로 손꼽힌다. 특히 한유는 고문운동의 선구자로 당나라 이후 산문 형식을 정립하는 데 가장 결정적인 역할을 하였다. 제전횡묘문(祭田橫墓文)은 795년에 한유가 전횡(田横, ?~BC 202)의 묘를 지나다가 그의 장렬한 의기(義氣)에 느낌이 있어 지은 제문이다.

분하지 않고 사심을 베풀지 않으며 교묘한 꾀를 부리지 않았다. 산속에서 도를 지키고 흉금이 시원하여 명망이 태산북두와 같았다. 유림의 모범으로 당대의 명사들이 즐거이 그와 함께 노닐었다. 기운차게 스스로 일어나 한 지방에 의표가 되었다.

아, 공이여. 효도와 깊은 생각은 하늘로부터 타고났고, 선업을 이어 빈터에 집을 지으니 마치 열조들이 자리를 잡고 있는 듯하다. 집안에 법도가 있고 종족들은 화목하며 마을에는 싸우는 소리가 없었다. 근고(近古)의 풍속에 부고를 들으면 소찬으로 식사를 하고 가난한 사람을 구휼하고 고아를 돌보니 풍속이 미치는 바에는 박절함을 너그럽게 하였다. 타고난 성품은 아름답고 덕은 향기로워 그를 보는 사람들은 마음으로 취하고 완악하고 어리석으며 도리를 어기는 사람들은 집을 바라보며 이마에 땀을 흘렸다. 때를 걱정하고 도를 근심하며 물가 북쪽에서 문을 닫고 언제나 《춘추》부터 읽었다. 자연에서 생을 마칠 때까지 스스로 학문을 연구하였으니 옛사람들에게서 그러한 사람을 구해보더라도 견줄만한 사람이 드물었다.

아, 슬프다. 용사(龍蛇)의 해도 아닌데15) 공은 어찌 홀로 돌아가셨나? 하늘은 그를 버려두지 않으시니 그대가 어긋나고 말아 별빛이 희미해지고 용은 숨고 칼날은 무디어졌다. 달은 떨어져 강은 텅 비고 난초는 꺾이고 풀은 황폐해졌다. 높이 동남쪽을 바라보니 참다운 모습은 얼마이고 높은 관을 쓰고 큰 띠를 맨 모습을 다시는 보지 못하겠다. 천하가 혼란하고 긴 밤 내내 황망해져 긴 밤이 아득하다.

아, 우리의 혼몽함을 이제부터 어떻게 안정시킬까? 밝은 해가 무덤에 임하고 옥을 땅에 묻으니 슬프다! 하늘이여. 어떻게 슬픔을 글로 표현하겠는가. 향을 피우고 술을 부으니 공의 영혼은 오셔서 흠향하소서.

15) 용사(龍蛇)의……아닌데 : '용사'는 현인군자들이 죽는다는 진년(辰年)이나 사년(巳年)을 말하는데, 여기서는 어진 사람이 죽지 말아야 하는 때임을 말한다. 후한의 대유(大儒)인 정현(鄭玄)이 죽을 때의 고사를 원용한 것인데, 정현의 꿈에 공자(孔子)가 나타나 이르기를 "빨리 일어나라. 금년은 용의 해이고 내년은 뱀의 해이니라."라고 하였는데, 잠을 깨어 그 말을 비결로 맞춰 보고 자신이 죽을 것을 알았으며 그해 6월에 죽었다고 한다.

◎ **祭崔正湧周尙文**

維歲次 戊辰三月 庚寅朔 初三日 壬辰 晉陽姜時中 與某貫某 謹祭于亡友全州崔公正湧之靈 嗚呼正湧 生以鍾精金良玉之爲氣者 沒而與草木鳥獸 共腐敗耶仰千古之前 人無一二 其不然 賢者富而不肖者貧歟 仁者壽而不仁者夭歟 蹠跖富而壽 顔曾貧且夭 天固難諶 而理顧相反 惟古昔之達觀 同善惡而一死生瞻彼北邙之累累 孰是而孰非 往古來今 無賢無愚 苦生造化之春圄 甘夢無極之曠野 嗚呼 正湧死而有靈 庶幾聽言 子之稟天 氣剛性直 不容於人 亦不自遂文用古禮 世與我違 酒性疎狂 爲人所忌 持論太高 不與人讓 嗟世之人 不如我好 獨抱文章 不直一文 棄置不用 踽踽凉凉 雖然莫狀靈台 如洗絳河 雖百至濱死 分毫不苟 愈窮愈堅 磨涅不變 至其止於止之 招不來揮不去 身弱而氣强 家貧而義富 今之所謂怪人 古之所謂直士 嗚呼 正湧與我許心 自子妙齡 日月幾何 二十多年 共卓而食 同衾而寢 我詩子和 子酌我擧 子樂我亦樂 我憂子亦憂 子過而我爭 我怒而子解 如馬牛之相戱 怒或踶而復舐 義朋友而情兄弟 二人一心 相期畢生 那知去年十月 丁寧一語 永作終訣 嗚呼 正湧 我固負子深矣病而不知其因 死而不知其日 葬而不知其邱 哭又不及其時 我固負子深矣 嗚呼正湧 命止斯耶 子代我役 勞心所致歟 飮酒過量 喪氣中病歟 賦性峭直 窒塞不通歟 橐貯貧乏 藥餌不繼歟 何一病之酷 遽至不洲 早知其如此 務萬鎰其利我決不遠行 子賓由我而死 生未有張融之宅 死不足黔婁之被 堂上鶴髮惟子之親 身後牛衣伊誰之妻 今此岐營 子之并州 生來死歸 此何人斯 天乎天乎 曷其有極 嗚呼正湧 子之貞固淸烈 同萬物而泯滅 不然化孤鶴而叫月於雲外耶 爲名駒而嘶風於冀北耶 抑返魂於探環之樹穴 登仙於尸解之葛洪 樽酒座上 常滿舊時之朋 芳草江南 獨作未歸之人 月滿屋樑 忽愸顔色 風動庭松 傾聽跫音 滿箱畵書 皆子乎手澤 空山魂魄 從誰陟降 已姑枯蕉兮 得東風而更抽新心 于飛鸞兮 春日而來訪舊主 奈之乎 寒霜凄雨 衰草荒原 日樵牧之上下兮 夜燐熒之飛走 終九原之難作兮 或彷佛其不得 自古賢人名士 亦皆然耶 我之深痛 而長吁者 豈文酒之無人 而交遊之無聊哉 自頭此生 永絕知者 子其知耶 其不知耶 言有盡而意無窮 靈其不昧 嗚呼格斯 尙饗

최정용 주상 제문

유세차 무진년〔1928〕 3월 경인삭 3일 임진에, 진양(晉陽)[16] 강시중(姜時中)은 아무개 관향인 모씨와 함께 삼가 죽은 전주 최정용(崔正湧)의 영전에 제사를 드립니다.

아, 정용은 정금양옥(精金良玉)[17]이 모인 기상을 가지고 태어났고, 죽어서는 초목이나 금수와 함께 썩어 가는가. 천고의 이전을 우러러 보아도 이러한 사람이 한둘도 없었으니 그렇지 않은가? 어진 사람은 부유하고 불초한 사람은 가난한가? 어진사람은 장수하고 어질지 못한 사람은 요절하는가? 환퇴(桓魋)와 도척(盜跖)[18]은 부유하고 장수하며 안자(顔子)와 증자(曾子)[19]는 가난하고 요절하였으니 진실로 천명은 알 수 없고, 이치를 돌아보아도 상반된다.

오직 옛날을 두루 살펴보건대 선악과 생사는 마찬가지이니, 저 북망(北邙)의 수많은 무덤을 쳐다보면 누가 옳고 누가 그런가? 예로부터 지금까지 어진사람도 없고 어리석은 사람도 없이 고생스러운 삶이 조화를 부리는 봄 동산과 같고 달콤한 꿈속의 끝없이 넓은 들과 같다.

아, 정용이 죽었지만 영혼이라도 있다면 나의 말을 듣기를 바란다. 그대는 하늘로부터 타고난 기운이 강직하고 본성이 올곧아 남에게 용납 받지 못하였고, 또 스스로 이루어 성취하지도 못하였다. 글은 옛날의 예를 사용하여 세상과 자신이 서로 어긋났다. 술에 취하면 성격이 거칠어 사람들이 꺼렸지만 지론은 매우 높아 남들에게 양보를 하지 않고 세상 사람들

---

16) 진양(晉陽) : 경상남도 진주(晉州)의 옛 이름이다.

17) 정금양옥(精金良玉) : 정제된 순금과 아름다운 옥을 이르는 말로, 순수한 인품을 비유한 것이다. 정이(程頤)가 지은 정호(程顥)의 행장(行狀)에 "순수하기가 정금(精金) 같고 온화하기가 양옥(良玉) 같다."라는 구절이 있다.

18) 환퇴(桓魋)와 도척(盜跖) : 사마환퇴(司馬桓魋)는 성질이 포악하여 반란을 꾀하고 공자를 해치려고까지 한 사람이고 도척(盜蹠)은 9000명의 졸개를 거느리고 천하를 횡행하면서 약탈을 자행하였던 대도(大盜)이다.

19) 안자(顔子)와 증자(曾子) : 안자는 춘추전국 시대 노(魯)나라의 어진 사람으로, 공자가 가장 신임했던 수제자이다. 가난한 생활 속에서도 도를 즐기고 학문과 덕행으로 이름을 높았다. 증자는 춘추전국 시대 노(魯)나라의 학자로, 증점(曾點)의 아들이며 공자 제자로, 효심이 두터웠다.

을 탄식하면서 나처럼 그들과 우호하지 않았다. 홀로 품은 문장이 한 푼의 값어치도 나가지 않는다고 여겨 버려두고 쓰지 않고 외롭고 쓸쓸히 지냈다. 비록 그렇기는 하지만 형상 없는 마음은 마치 은하수로 씻은 듯하였고 비록 수없이 거의 죽을 지경이 되었지만 조금도 구차하지 않았다. 궁핍할수록 더욱 견고해졌으며 갈거나 물들여도 결코 변하지 않았다. 심지어는 머물 곳에 머물며 불러도 가지 않고 손을 내저어도 가지 않았다. 몸은 약했지만 기운은 강하고 집은 가난하지만 의리는 넉넉하였으니, 지금에는 괴이한 사람이라고 하지만 옛날에는 곧은 선비라고 하였다.

아, 정용과 나는 마음으로 서로 인정한 것이 그대가 묘령의 나이 때부터이니 세월이 얼마인가? 20여년 동안 같은 밥상에서 밥을 먹고 같은 이불을 덮고 잠을 자며 나의 시에 그대가 화답을 하고 그대가 술을 따르면 나는 술잔을 들었지. 그대가 즐거우면 나도 즐겁고 내가 근심하면 그대도 근심하였으며 내가 잘못을 하면 그대는 나를 대신 다투어 주었고 내가 화를 내면 그대는 풀어주기를 마치 말과 소가 서로 장난치는 것처럼 성을 내어 발길질하다가도 다시 핥아주었다. 의리로는 벗이지만 정으로는 형제와 마찬가지로 두 사람이 한 마음이 되어 서로 생을 마치기를 기약하였는데, 작년 10월 간곡한 한마디 말로 영원히 작별할 줄 어떻게 알았겠는가?

아, 정용이여! 나는 진실로 그대를 저버린 것이 깊다. 병이 들었는데도 원인을 몰랐고 죽었는데도 날짜를 몰랐으며 장례를 치렀는데도 무덤이 어딘지도 몰랐고 곡도 제때 미치지 못하였으니, 나는 진실로 그대를 저버린 것이 깊다.

아, 정용이여! 목숨이 여기에 그쳤는가? 그대가 나의 일을 대신하며 노심초사하여 그리되었는가? 술을 너무 심하게 마셔 기운을 잃고 병이 들었는가? 하늘로부터 부여받은 본성이 엄하고 곧아서 막혀 통하지 않아서인가? 저축한 것이 가난하여 약을 연이어 쓰지 못하였는가? 무슨 혹독한 병으로 갑자기 죽고 말았는가? 일찍이 이러한 줄 알았다면 힘써 이자를 불린다는 그대를 나는 결단코 멀리 보내지 않았을 것이다. 그대는 객지에서 나로 인해 죽었다. 살아서는 장융(張融)의 집[20]도 없었고, 죽어서는 검루(黔累)처럼 이불[21]도 없었다. 당상에는 오직 자식을 걱정하는 부모님과 그대가 죽고 나서 우의(牛衣)[22]를 입은 어떤 사람의 아내가 있다.

지금 이렇게 헤어지게 되었으니 그대는 병주(并州)[23]에서 살다가 왔다가 죽어서 돌아갔으니 이 무슨 사람의 운명인가? 천명인가? 어찌 끝이 있단 말인가?

아, 정용이여! 그대의 곧고 단단하고 맑고 매서움이 만물과 함께 사라지고 말 것이다. 그렇지 않다면 외로운 학으로 변하여 구름너머 달뜬 밤에 울려는가? 이름난 기북(冀北)[24]의 말이 되어 바람결에 울려는가? 수혈(樹穴)에서 금반지를 찾아[25] 혼이 돌아오고 죽은 갈홍(葛洪)이 신선된

---

20) 장융(張融)의 집 : 중국 남조(南朝) 제(齊)나라의 문인 장융이 벼슬살이를 하면서도 강변에다 작은 배를 정박해 놓고, 그 안에서 살았던 고사를 가리킨다.

21) 검루(黔婁)처럼 이불 : 춘추 시대 제(齊)나라의 어진 사람으로 제왕이 정승으로 맞이하려 했으나 나가지 않았다. 집이 몹시 가난해서 죽은 후에 염습할 이불조차 없었다고 한다.

22) 우의(牛衣) : 소가 춥지 않도록 덮어 주는 덕석을 말한다. 한(漢)나라 왕장(王章)이 병든 몸으로 덮을 것이 없자 '우의를 뒤집어쓰고 누웠다〔臥牛衣中〕'는 고사가 전한다.

23) 병주(并州) : 타향에서 오랫동안 행역(行役)을 하다 보면 고향을 몹시 그리워한 나머지 그곳을 또한 고향처럼 여기게 되는 것을 뜻한다. 가도(賈島)의 〈도상건(渡桑乾)〉 시에 "병주의 타향살이 십 년 세월이 흘렀는지라, 밤낮으로 함양 고향 돌아갈 마음 간절한데, 무단히 또다시 상건수를 건너와서는, 문득 병주를 바라보고 이게 고향인가 하노라.〔客舍并州已十霜 歸心日夜憶咸陽 無端更渡桑乾水 却望并州是故鄕〕"라는 구절이 있다.

24) 기북(冀北) : 준마가 많이 생산되는 지역이다. 한유(韓愈)의 〈송온조처사서(送溫造處士序)〉에 "말의 상을 잘 보는 백락이 말의 고장인 기북 지방을 한번 지나자, 말 떼가 마침내 텅 비게 되었다고 한다. 기북 지방은 천하에서 말이 가장 많은 곳인데, 백락이 아무리 말을 잘 알아본다 하더라도 어떻게 그 말 떼를 텅 비게 할 수 있겠는가. 그것을 해석하는 자가 말하기를 '내가 이른바 텅 비었다는 것은 말이 없다는 것이 아니라 좋은 말이 없다는 것이다.'라고 하였다.〔伯樂一過冀北之野 而馬群遂空 夫冀北 馬多於天下 伯樂雖善知馬 安能空其群邪 解之者曰 吾所謂空 非無馬也 無良馬也〕"라고 하였다.

25) 수혈(樹穴)에서……찾아 : 죽은 사람이 환생하는 것을 이른다. 진(晉)나라 양호(羊祜)가 5세 때 한번은 유모(乳母)에게 자기가 가지고 놀던 금환을 가져오라고 하

다면 술단지를 두고 자리에는 언제나 옛날의 친구들이 가득할 것이다. 꽃 피는 강남에 홀로 돌아오지 못하는 사람이 되었고 달이 가득한 집안에는 갑자기 얼굴빛이 근심스럽고 뜰의 소나무가 바람에 흔들거리는데 귀를 기울여 발자국 소리를 듣는다. 책 상자 가득 든 책들은 모두 그대의 손때가 묻었는데 빈산 혼백은 누구를 따라 오르내릴까?

이미 시들어버린 파초는 봄바람을 맞아 다시 새롭게 피고, 날아가는 제비는 봄이 되면 옛 주인을 다시 찾는데 그대를 어찌할까? 찬 서리에 서늘한 비가 내리고 풀이 시든 황량한 들판에는 날마다 초동과 목동들이 오르내리고 밤이면 도깨비불이 날아다니는데 끝내 저승에서 다시 살아나기 어렵구나. 혹시라도 얻지 못할 듯하니 예부터 어진 명사들도 모두 그러하였는가? 나는 매우 애통하여 크게 한숨을 내쉬니 어찌 글 짓고 술 마실 사람이 없어 교류가 무료한가? 이로부터 이승과는 영원히 단절되니 그대는 이를 아는가 모르는가? 말은 다함이 있지만 생각은 끝이 없으니 영혼이 어둡지 않다면 아, 이곳에 와서 흠향하소서.

◎ 密陽朴氏夫人誄詞【甲戌 仲秋】

밀양 박씨부인 뇌사[26]【갑술년(1894) 8월】

如何婦德亡	어찌 부인의 덕이 사라질까?
承計一霑裳	살림 이어받아 치마에 눈물 젖었네.
早寡知有命	이른 나이 과부 된 것 천명으로 알고
居貧視無傷	가난에도 상심하지 않았네.
孝烈猶餘事	그래도 효성은 지극하여
養孤正自當	시부모 봉양 자신의 일로 여겼네.

자, 유모가 "너는 본시 금환을 가진 적이 없지 않느냐?"라고 하니, 양호가 곧장 이웃에 사는 이씨(李氏) 집 뽕나무 밑으로 가서 나무구멍에서 금환을 찾아내자, 이씨가 크게 놀라면서 "이것은 나의 죽은 아이가 잃어버린 물건이다."라고 하였으므로, 사람들이 이씨의 죽은 아이는 바로 양호의 전신(前身)이었다고 했다는 고사에서 온 말이다.

26) 뇌사 : 죽은 사람의 생전의 공덕을 칭송하며 기리기 위해 지은 글을 이른다.

辛苦多孟母	맹모(孟母)[27]보다 고생이 심하였고
謹嚴慕敬姜	삼가고 엄함은 경강(敬姜)[28]을 사모했었네.
欲識夫人淑	부인의 정숙함을 알고 싶으면
但看四子良	훌륭한 네 자식 보면 되네.
盥手臨題誄	깨끗이 손을 씻고 뇌문을 지어보지만
堪歎筆不疆	부족한 글솜씨가 안타깝네.

27) 맹모(孟母) : 부인으로서 자식 교육에 힘을 썼다는 뜻이다. 맹자의 어머니는 맹자의 교육을 위해 세 번이나 이사를 다녔다는 맹모삼천(孟母三遷)의 고사가 있다.

28) 경강(敬姜, ?~?) : 춘추 시대 노나라 목백(穆伯)의 아내이고 공보문백(公甫文伯)의 어머니로, 명철하고 예의를 잘 지켜 공자로부터 '예의를 아는 부인'이라는 칭찬을 받았다. 《예기》〈단궁 하(檀弓下)〉에 "빈소에 휘장을 치는 것이 고례(古禮)는 아니나, 경강이 남편 목백의 빈소에서 곡하면서부터 시작된 것이다.〔帷殯 非古也 自敬姜之哭穆伯 始也〕"라는 구절이 있다.

芳山遺稿
방산유고

8

기문(記文)

8

기문(記文)

◎ 沙溪記

溪之大源 出碧芳山下 小源出竹田谷海隱寺下 皆巖穴出湊 其大源 由林中石間 或潛或出 乍細乍大 而東南逶迤 來四五里 至柿木亭下 與小源合水 至此稍大 皆巨石爲底 又石之往往 當溪而立者 或尺或尋 水激石而流者爲瀑 其順流而逝者 平布如練 奇巖怪石 離列兩岸 其立者 如老釋長揖 蹲者 如牛羊下飮 又有小蛙數百 羅浮水上 大如茶葉 而赤色通身時 一亂鳴洞壑 益覺幽寂 水自亭下折 而西行 丹崖翠壁 左右側立 碧蘚老木蔭翳 上下水 自石上 來二里 落下水春潭 潭廣可數丈 長能一畝 而卵色巖石屛立 四面水之自上來者 觸屛應響 而輪回徐輪 靜一幅鏡面 澄碧瀅澈 天影岳色 下上玲瓏 有魚小者勝指 大者五六寸 銀色可鮮 而忘其名 潭之南 釰戟危峯 削立千丈 有曺氏淳古者 六七家 耕鑿潭上 所謂沙溪村是也 踰潭 又折而北 流三四里 至祭祀谷下 溪始小平 南北開野谷 是古人禱山之址 故名之 谷有方石 如床而可坐數十人者甚衆 皆小石支焉 底皆以空 好事者 以棒撞之 聲如洪鍾 餘韻淸越 而徐歇 又有如石室者 二焉 又有如碁局者一焉 又有如甑釜者焉 至今樵牧聚 而作進火炊黍之戲 俗稱所遊谷 信誕也 又合祭祀谷 細流小北 而西南 虹轉八九里 入于海 溪之北 有村曰 蜈山 皆呂姜世族 而農戶也 溪甚淺 蛟龍不居 黿鼉不蓄 金銀丹砂珠貝之類亦不囿 然而溪上下洑流 多利於灌漑 水味香洌 飮食貞吉 飮者 少病多壽 居人不事鑿井於春夏之交 雨降水漲流溪 雄山谷 皆鳴 又如千兵萬馬 奔騰之勢 而海爲之增波噴沙益土 土皆沙質 故田野沃作物豐 古之名溪者曰 沙溪 溪益於世大矣 余故標以記之 以爲後來 訪是溪者之案 丙子 十月 二十一日 漫筆

사계기

계곡의 큰 근원은 벽방산(碧芳山)[1] 아래에서 나오고, 작은 근원은 대밭골〔竹田谷〕 해은사(海隱寺) 아래에서 나오는데, 모두 바윗굴에서 나온다. 큰 근원은 숲속 바위틈에서 나와 숨기도 하고 드러나기도 하며 가늘게 흐르기도 하고 크게 흐르기도 하며 동남쪽으로 구불구불 흘러 4~5리쯤에서 시목정(柿木亭) 아래에 이르면 작은 근원과 물이 합쳐져, 이곳에 와서 조금 물줄기가 커진다.

모두 물밑바닥이 바위이고 또 바위들이 왕왕 계곡을 만나면 서 있는 것 중 어떤 것은 1자〔30cm〕 되는 것도 있고, 어떤 것은 8자〔240cm〕 되는 것도 있다. 물이 돌과 부딪혀 흐르는 곳은 폭포가 되고 천천히 흐르는 곳은 마치 비단을 펼쳐놓은 것 같다. 기암괴석이 양쪽 계곡 가에 늘어서 있는데, 서 있는 것은 늙은 중이 읍을 하는 것 같고 쭈그리고 있는 것은 소와 양이 고개를 숙이고 물을 마시는 것 같다.

또 작은 개구리 수백 마리가 물 위에 펼쳐져 떠 있는 모습이 마치 큰 찻잎이 떠 있는 것 같고, 온몸이 붉은색을 띨 때 한꺼번에 골짜기에서 울어 대면 더욱 그윽함을 느낄 수 있다. 물이 정자 아래에서 꺾여 서쪽으로 흐르면 붉고 푸른 절벽이 좌우로 서 있는 듯하다. 푸른 이끼 낀 늙은 나무가 그늘을 드리우고 아래위의 물이 돌 위로 2리를 흘러 용담(舂潭)으로 물이 떨어진다. 못의 넓이는 몇 장(丈)[2]이나 되고 길이는 족히 1묘(畝)[3]는 되며 달걀색 바위가 병풍처럼 서 있다. 사방의 물이 위에서 흘러와서 병풍바위에 부딪혀 울리는 소리가 휘감기듯 천천히 돌고, 고요할 때는 한폭의 거울과 같아서 맑고 투명하여 하늘 그림자와 산빛이 아래위에 영롱하다.

---

1) 벽방산(碧芳山) : 경상남도 통영시와 고성군에 걸쳐 있는 산이다. 산의 높이는 650m이며, 벽발산(碧鉢山)이라고도 부른다. 석가의 십대 제자 중 한 사람인 가섭존자(迦葉尊者)가 벽발(碧鉢)을 받쳐 들고 있는 모습처럼 생겨서 붙여진 이름이다. 통영시에서 가장 높은 산이다.
2) 장(丈) : 1장은 3.03m에 대하는 길이다.
3) 1묘(畝) : 1 평방보(步 : 1.386m)의 땅이 100개 있는 면적, 즉 100평방보(약 192㎡)에 해당한다.

작은 물고기는 손가락보다 작고 큰 것은 5~6촌(寸)[4]이고 선명한 은빛이 나는데 물고기의 이름은 잊었다. 못 남쪽에는 칼이나 창끝같이 뾰족한 봉우리가 천 길 높이로 서 있다. 옛사람들처럼 순박한 조(曺)씨가 6~7집이 살면서 못 위쪽에 경작을 하는데, 이곳이 이른바 '사계촌(沙溪村)'이다. 물은 못을 넘어 꺾여 북쪽으로 3~4리를 흘러 제사곡(祭祀谷) 아래에 이르면 계곡이 조금 평평해지고 남북 쪽으로 들이 펼쳐져 있는데, 이곳은 옛날 사람들이 산에 기도하던 터였다. 그래서 그곳을 '제사곡'이라고 부른다.

골짜기에 있는 네모난 돌은 마치 책상과 같아 수십 명의 사람이 앉을 수 있는데, 모두 작은 돌들이 받치고 있고 아래는 모두 비어 있었다. 호사가들은 나무막대기로 바위를 두드리면 큰 종소리가 울리는 듯 여운이 맑아 한참을 가다가 소리가 멈춘다. 또 2개의 석실이 있고 또 바둑판처럼 생긴 것이 1개 있으며, 또 솥처럼 생긴 것도 있다.

지금까지 나무꾼과 목동들이 모여서 장난으로 불을 지펴 기장밥을 지어 먹기도 한다. 세속에서는 노는 골짜기라고 하는데 참으로 허탄하다. 또 제사곡의 물과 합쳐진 가는 물줄기가 조금 북쪽으로 흐르다가 서남쪽으로 굽어 8~9리를 돌아 바다로 들어간다. 계곡의 북쪽에 마을이 있는데 오산(蜈山)[5]이다. 이곳에는 여(呂)씨와 강(姜)씨 일족들이 대대로 살면서 농사를 짓는다.

계곡이 너무 얕으면 교룡도 살지 못하고 자라도 자리지 못한다. 금은(金銀)과 단사(丹砂)[6]와 주패(珠貝)[7]와 같은 것도 모이지 않는다. 그렇지만 계곡 위아래로 흐르는 봇물은 논밭으로 물을 끌어 대기에 매우 유리하다. 물맛은 향기롭고 차가우며 이를 마시면 길하다. 물을 마시는 사람은 병이 적고 장수한다. 이곳에 사는 사람들은 봄과 여름이 교차 되는 때에 우물을 파지 않아도 물이 충분하다.

---

4) 촌(寸) : 1촌(寸)은 2~2.5cm의 길이에 해당한다.
5) 오산(蜈山) : 지네가 많다고 하여 붙여진 이름으로, 지금의 오사(蜈沙)마을이다. 오산(蜈山)과 사계(沙溪)마을이 합쳐져 붙여진 이름이라고 한다.
6) 단사(丹砂) : 옛날 도가에서 술사들이 무병장수의 약을 만드는 재료로 사용했던 것이다.
7) 주패(珠貝) : 진주조개나 진주로 만든 보석을 두루 이르는 말이다.

비가 내려 물이 넘쳐 계곡을 흐르면 큰 산골짜기가 모두 울리고, 또 마치 수많은 병사와 말이 내달리는 기세다. 바다는 그로 인해 파도가 더해지고 모래는 더욱 쌓여 흙은 모두 모래땅이 된다. 그래서 밭과 들은 옥토가 되어 풍년이 든다. 옛날 사람들이 이 계곡을 이름지어 '사계(沙溪)'라고 하였으니 계곡이 세상에 보탬이 크기 때문이다. 내가 그래서 표로 기록하여 뒤에 이곳을 방문하는 사람들의 안내로 삼고자 한다.

병자년〔1936〕 10월 21일, 붓 가는 대로 썼다.

◎ 伴鷗堂記【堂 當作亭】

余友金容沅 字仲洛 岐城人也【岐城 今巨濟也】其俗淳厚 近古多士 通經能詩 而篤於孝弟 農夫務本 力作而安於畎畝 好德而急難 盖有藍田遺風 仲洛 駕洛氏也 故貳相管之冑 士人賢斗之子 而 有志之士也 非今之有志者 性嗜酒 稍工詩意豁如也 知命之年 結茅於鶯山下 柳溪上 扁之曰 伴鷗亭 詩以識之 遠近士友之和詩者 二百餘篇 聲聞甚大 以書命余記之 余不免乎 笑曰 亭可爲以也 鷗可伴也 懿公之鶴 明皇之鸚鵡 皆坐於玩物喪志 而適足以喪邦 勿不可不愼 且仲洛 自少好義 而果敢以爲之 人之業 可立致也 奮然直前 不辟險夷 而能順乎親而友于曰 弟弟 如賓友之交 義無不爲 而知其有難 急於爲己 以故多致良明高士 如三山姜德操 操守高古 爲棄於時 客岐城 仲洛 遇之甚厚 病邀于家 衣食之 藥餌之 以至復常 故姜永周 嶺北聞人 流落南荒 捷身無所 仲洛館而禮之病身 而臥起 竟至不救 與岐城諸君子棺 而葬而碣之喪二期 而會哭 又與諸君子鳩若干金 爲五十年薦諱之備記 所謂賓客來無所館 夫子曰 生於我乎 館死於我乎 殯者 是也 仲洛所行類 皆如此 其爲人也 壯勇慷慨 非若區區然 小丈夫者今乃欲與啁噍微物爲伍 而放浪江湖 沒身而身而亂倫者 何也 解之者曰 凡人之受於天者 順之則皆可爲樂 物之得於氣者 逐之則未嘗無理 易之鳴鶴 詩之關雎 亦一飛禽 古人以比聖德賢士者 取其所取也 故美惡在彼 勸懲在此 鷗 雖小鳥 亦可取者有焉 棲息有常者 知止也 色而不馴者 遠害也 淸閒自得者 安分也涅而不緇者 不辱其身也 仲洛 際生不辰 拂性勞形 而爲役於時者 非其志也 甯託彼忘機之鳥 玩物理 而反諸躬 怡神而存吾天 肆意於物表 而蕩滌塵累 忘情於太上 而不作冤業 悠然自適 而浩然同歸 是其引物比興 而體之之驗也 又日

與二三同志 擧酒於亭上 覽山水之美 而極耳目之娛 道物我之際 而察性情之正 聊以自樂所志 而不知老之將至也曰 有是哉 乃爲之記

반구당 기문【'당(堂)'자는 마땅히 '정(亭)'자가 되어야 한다】

나의 벗 김용원(金容沅)의 자는 중락(仲洛)이고 기성(岐城) 사람이다.【기성(岐城)은 지금의 거제(巨濟)이다】 그곳 풍속은 순후하고 그리 오래지 않은 옛날에 많은 선비들은 경전과 시에 뛰어났다. 그리고 독실히 효성하고 공손하고 농부들은 근본에 힘써 편안히 농사를 짓고 덕을 좋아하여 어려운 일에서 구하는 것을 급선무로 여겼으니, 이는 대개 남전(藍田)의 유풍[8]이 남아 있는 것이다.

중락(仲洛)은 가락씨(駕洛氏)[9]로, 죽은 이상(貳相)[10]인 관(管)의 맏손자이고 선비 현두(賢斗)의 아들로 뜻이 있는 선비이니, 오늘날의 뜻있는 사람들과는 다르다. 본성이 술을 좋아하고 시에 조금 뛰어났으며 뜻은 활달하였다. 지천명(知天命)[11]의 나이에 앵산(鶯山)[12] 아래에 초가집을 짓고 유계(柳溪) 위에 '반구정(伴鷗亭)'이라고 편액을 달고 시를 지으니, 원

---

8) 남전(藍田)의 유풍 : 남전여씨향약(藍田呂氏鄕約)을 말한다. 중국 송(宋)나라 때 섬서성(陝西省) 남전현(藍田縣)에 살고 있던 여대균(呂大鈞)이 제정했으며, 문중과 향리 사람들이 지켜야 할 규약으로 '좋은 일을 서로 권장한다.〔德業相勸〕', '잘못을 서로 고쳐준다.〔過失相規〕', '서로 사귐에 있어 예의를 지킨다.〔禮俗相交〕', '환난을 당하면 서로 구제한다.〔患難相恤〕' 등을 정하였다.

9) 가락씨(駕洛氏) : 가락국의 시조인 김수로왕(金首露王)의 성씨를 이어받은 후손을 이른다.

10) 이상(貳相) : 좌찬성과 우찬성을 이르는 말이다.

11) 지천명(知天命) : 나이 50을 이르는데, 《논어》 〈위정(爲政)〉의 공자 말씀에 "나는 열다섯 살에 학문에 뜻을 두었고, 서른 살에 자립하였고, 마흔 살에 사리에 의혹하지 않았고, 쉰 살에 천명을 알았고, 예순 살에 귀로 들으면 그대로 이해되었고, 일흔 살에 마음에 하고자 하는 바를 좇아도 법도에 넘지 않았다.〔吾十有五而志于學 三十而立 四十而不惑 五十而知天命 六十而耳順 七十而從心所欲不踰矩〕"라는 구절이 있다.

12) 앵산(鶯山) : 경상남도 거제시 하청면과 연초면 경계에 있는 산이다. 높이는 507m로, 고현만 북쪽에 꾀꼬리가 하늘로 날아오르는 형상으로 솟아 있다 하여 붙여진 이름이다.

근의 사우(士友)들이 지은 화답시가 200여 편이나 되어 소문이 크게 났다. 나에게 편지를 보내 이를 기록해 달라고 하였다. 내가 사양하지 못하고 웃으면서 "정자는 지낼만하고, 갈매기는 짝할만합니다."라고 하였다.

의공(懿公)의 학(鶴)[13]과 명황(明皇)의 앵무(鸚鵡)[14]가 모두 애완동물로 뜻을 잃은 경우이고, 나를 잃기에도 충분하니 삼가지 않아서는 안된다. 또 중락(仲洛)은 어려서부터 의리를 좋아하여 과감히 이를 행하여 사람의 업을 이룰 수 있었다. 그래서 분연히 곧장 나아가 어려움을 피하지 않고 부모님에게 순종하고 형제들과 사이좋게 지내면서 "아우를 아우로 여기는 것입니다."라고 하였다. 이는 손님과 벗의 사귐과 같으니 의리상 하지 않을 수 없는 것입니다. 그에게 어려움이 있음을 알면 자신을 위하는 것보다 급하게 여겨 훌륭한 벗들을 초대한 것이다.

예컨대 삼산(三山) 강덕조(姜德操)는 지조가 고상하고 예스럽지만 당시에 버림을 받아 기성에 나그네가 되어 중락(仲洛)이 그를 매우 극진히 대접하였다. 병든 그를 집으로 맞이하여 옷을 입히고 밥을 먹이며 약도 먹여 회복시켰다. 또한 죽은 강영주(姜永周)는 영북(嶺北)[15]에서 이름난 사람으로 남쪽 시골을 떠돌다가 몸붙일 곳이 없었는데, 중락이 자신의 집으로 불러 예의를 갖추었다. 그런데 그가 병들어 자리에 누워 끝내 죽자 기성의 여러 군자들과 함께 관에 넣어 장례를 치르고 비석을 세워주었다. 그리고 죽은 지 2년이 되어 모여 곡을 하게 되자 또 여러 군자와 약간의 돈을 모아 50년 동안 제사 지낼 비기(備記)를 지었으니, 이른바 '빈객이 왔는데 머물 곳이 없었다.'라는 것이다. 공자께서 "'살아서는 내 집에 머

13) 의공(懿公)의 학(鶴) : 춘추 시대 위(衛)나라 의공(懿公)이 학을 좋아하여 대부의 수레에 태우고 다녀 사람들의 비난을 받았다는 고사가 있다.

14) 명황(明皇)의 앵무(鸚鵡) : 중국 당나라 장안(長安)의 부호 양숭의(楊崇義)의 아내가 이웃의 이엄(李弇)이란 남자와 간통하며 남편을 살해하여 우물 속에 묻었다. 법관이 그 집에 가서 단서를 찾을 때, 그 집 대청 앞 새장의 앵무가 "집주인을 죽인 것은 이엄이다."라고 하여 사건이 해결되었다. 이에 당 명황(唐明皇)이 앵무를 녹의사자에 봉작하고, 후궁에게 사육하게 한 고사가 있다.

15) 영북(嶺北) : 조령(鳥嶺) 북쪽 지방을 이른다.

물도록 하라.'라고 하시고, '내 집에 빈소를 차리라.'"라고 하신 것[16]이 이것이다.

중락이 실천한 것은 대개 이러하니 그 사람의 됨됨이가 용맹하고 대범하여 자잘한 소인배들과는 달랐다. 그런데 지금은 재잘대는 작은 새들과 짝이 되어 강호를 방랑하고 몸을 망치고 인륜을 어지럽힌 것은 무엇 때문인가? 그를 위해 해명하는 사람들은 "무릇 사람이 하늘에서 받은 것을 순종하면 모두가 즐거울 수 있고, 사물이 기운에서 얻은 것을 쫓으면 이치가 없은 적이 없습니다."라고 하였다.

《주역》에서의 '명학(鳴鶴)'[17]과 《시경》의 관저(關雎)[18] 역시 똑같이 날아다니는 새인데, 옛사람들은 높은 덕을 가진 어진 선비와 비유한 것은 취할만한 점이 있어서이다. 그렇기 때문에 좋고 나쁜 것은 저것에 있고 권선징악(勸善懲惡)은 여기에 있다. 기러기가 비록 작은 새이기는 하지만 이 역시 취하여 쓸만한 점이 있다. 늘 같은 곳에 깃드는 것은 머물 곳을 아는 것이고, 낌새를 살펴 길들여지지 않는 것은 해로움을 멀리하는 것이다. 맑고 한가하면서도 스스로 만족하는 것은 분수를 편안히 여기는 것이고 물들여도 물들지 않는 것은 몸을 더럽혀지지 않는 것이다.

중락은 태어나서 떨치지 못하고 본성을 거스르고 몸을 수고롭히며 당시에 부림을 당했던 것은 그의 뜻이 아니었다. 차라리 저 기심(機心)을

---

16) 공자께서……하신 것 : 《공자가어(孔子家語)》 〈곡예자하문(曲禮子夏問〉에, "자하가 공자에게 묻기를 '객이 와서 머무를 곳이 없으면 부자께서는 「살아서는 내 집에 머물도록 하라.」라고 하시고, 객이 죽어서 빈소를 차릴 곳이 없으면 부자께서는 「내 집에 빈소를 차리라.」라고 하셨습니다.〔子夏問於孔子曰 客至 無所舍 而夫子曰 生於我乎館 客死 無所殯矣 夫子曰 於我乎殯〕'"라는 구절이 있다.

17) 명학(鳴鶴) : 《주역(周易)》 중부괘(中孚卦) 구이(九二)에 "우는 학이 그늘에 있거늘, 그 새끼가 화답하도다. 나에게 좋은 벼슬이 있으니, 내가 그대와 함께 하리로다.〔鳴鶴在陰 其子和之 我有好爵 吾與爾靡之〕"라는 구절이 있다.

18) 관저(關雎) : 《시경》 주남(周南)의 편명으로, 주(周)나라 문왕(文王)과 후비(后妃)의 성덕(盛德)을 읊은 시인데, 전하여 임금의 금슬이 좋은 것을 뜻하는 말로 쓰인다. 그 시에 "구욱구욱 우는 물수리 하수의 모래섬에 있도다. 아름다운 아가씨 군자의 좋은 짝이로다.〔關關雎鳩 在河之洲 窈窕淑女 君子好逑〕"라고 하였다.

잊은 새[19]에게 의탁하여 물건의 이치를 완미하면서 자신을 되돌아보고 정신을 기쁘게 하면서 나에게 부여된 천명을 보존하고 세상 밖으로 뜻을 마음대로 하여 세상의 때를 깨끗이 씻고 태상(太上)의 감정을 잊고 원망하는 씨앗을 뿌리지 않으며 유유자적하면서 호탕하게 함께 돌아갈 것이니, 이것이 사물을 끌어와 흥을 일으켜 몸으로 체험할 것이다.

또 날마다 뜻맞는 두 세 사람들과 함께 정자 위에서 술을 마시며 산수의 아름다움을 감상하니 극치의 눈과 귀의 오락을 즐기면서 주관과 객관의 사이를 말하고 성정의 바름을 살펴 스스로 뜻한 바를 즐기니 "늙어 가는 줄도 모른다."[20]라고 말하는 것이 바로 이것이다. 이에 기문을 적는다.

---

19) 기심(機心)을……새 : '기심(機心)'은 꾸미고 속이는 마음으로, 《열자(列子)》 〈황제(黃帝)〉에 "바닷가에 사는 어떤 사람이 갈매기를 몹시 좋아하여 매일 아침 바닷가로 가서 갈매기와 놀았는데, 날아와서 노는 갈매기가 백 마리도 넘었다. 그의 아버지가 '내가 들으니 갈매기들이 모두 너와 함께 논다고 하던데, 너는 그 갈매기를 잡아와라. 나 역시 갈매기를 좋아한다.' 하였다. 다음날 바닷가로 나가니 갈매기들이 날아다니기만 하고 아래로 내려오지 않았다.〔海上之人有好漚鳥者 每旦之海上 從漚鳥游 漚鳥之至者百住而不止 其父曰 吾聞漚鳥皆從汝游 汝取來 吾玩之 明日之海上 漚鳥舞而不下也〕"라는 구절이 있다.

20) 늙어……모른다 : 《논어》 〈술이(述而)〉에 "학문에 분발하면 먹는 것도 잊고 학문이 즐거워서 근심도 잊은 채 늙어 가는 줄도 모른다.〔發憤忘食 樂以忘憂 不知老之將至〕"라는 공자의 말이 있다.

9

서발문(序跋文)

9

서발문(序跋文)

◎ 磻谷號序

余友裵氏源燦 故孝子 贈左尹公之孫 都正公定村 諱榮綉之子 仁且孝 非今之所謂仁孝者 早登朴晩醒門 樂聞敬義之說 而行修業精 人不甚知 嘗自號樵隱扁于所居之軒 余一日與客過候 客問主人曰 子固逸未嘗樵 號以樵隱 不其誣乎 主人曰 吾姑寓意 客笑曰 寓意不如留意 留意不如實踐 古賢人君子之號 直以實制義 何嘗寓其閒曠之義哉 故楊氏誠之 號誠齋 蔡氏講業西山 號西山 敢改以磻谷可乎 主人愴然曰 曷謂曰 磻谷 子之父祖及妣夫人 所藏之所也 前後廬墓 六年于玆 日月省展 老以益勤 與磻之鳥獸相親 木石知愛 此子始終實踐之地也 較以名實 不亦可乎 主人瞿然曰 我旣不肖 豈又可以先兆所在山標榜哉 客休矣 過我甚 昔吾朱夫子 韋齋先生子也 終身佩韋效慕 其先目見心思 顧名思義 朱子且行之 況欲學朱子者乎 今子扁號于軒 庶夙夜而寓目 居尋常而省躬 言玆在磻 念玆在先 思其未盡之孝 致其如在之誠 顧於子過乎 於是主人俛首默良久曰 吾志也 余慕實之徒 謹次主客問答說 爲之序 歲丙子冬

'반곡'으로 호를 지은 것에 관한 서문

나의 벗 배원찬(裵源燦)은 돌아가신 효자(孝子) 증 좌윤공(贈左尹公)의 손자이고, 도정공(都定公) 정촌(定村) 영수(榮綉)의 아들로, 어질고 효성스러웠는데 오늘날 개념으로 말하는 어질고 효성스러운 사람을 말하는 것이 아니다. 어려서 박만성(朴晩醒)[1]의 문하에 들어가 경의(敬義)의 학

---

1) 박만성(朴晩醒) : '晩醒'은 박치복(朴致馥, 1824~1894)의 호이다. 자는 동경(董卿)이고, 호는 만성(晩醒)이다. 어려서부터 문장으로 이름이 났으며, 《노론(魯論)》과 《춘추(春秋)》를 7년간이나 읽었다. 약관의 나이에는 대책(對策)으로 동

설을 즐겨 듣고 행실과 학업을 정밀히 행하고 닦았으나 사람들은 알지 못하였다.

일찍이 스스로 '초은(樵隱)'이라고 호를 짓고 사는 집에 편액을 달았다. 내가 하루는 나그네와 함께 그에게 들러 안부를 물었는데, 나그네가 주인에게 "그대는 진실로 은일(隱逸)하면서 나무도 해본 적이 없으면서 호를 '초은(樵隱)'이라고 하는 것은 남을 속이는 것이 아닙니까?"라고 묻자, 주인이 "나는 짐짓 저의 뜻을 붙였을 뿐입니다."라고 하였다. 나그네가 웃으며 "뜻을 붙이는 것은 생각을 머물러 두는 것만 못하고, 뜻을 머물러 두는 것은 실천하는 것만 못합니다.

옛날 현인이나 군자들의 호는 곧바로 실천하는 것으로 뜻을 삼는 것이지 어찌 일찍이 한가한 뜻을 붙였겠습니까? 그래서 양씨(楊氏)는 성실하게 실천하려고 호를 '성재(誠齋)'[2]라 하였고, 채씨(蔡氏)[3]는 서산(西山)

당시(東堂試)에 합격하였고, 조모의 가르침을 따라 정재(定齋) 유치명(柳致命)의 문인이 되었다. 1860년〔철종 11〕 가족을 이끌고 삼가(三嘉)의 황매산(黃梅山)에 들어가 백련재(百鍊齋)를 짓고 김종직(金宗直)의 소학강규(小學講規)를 본받아 제자를 가르쳤다. 1864년〔고종 1〕에 성재(性齋) 허전(許傳)이 김해부사로 왔을 때 그를 스승으로 섬겼다. 1882년 사마시에 합격하였다. 1888년 소를 올려 남명(南冥) 조식(曺植)을 문묘에 종사할 것을 청하였고, 3월에 시폐소(時弊疏)를 올렸다. 1890년 스승 허전의 문집 《성재집(性齋集)》을 간행하였다. 그는 조선 말기 경상우도의 학문을 대표하는 학자로서 이 지역에 미친 영향이 크며, 특히 문학 방면에서도 〈대동속악부(大東續樂府)〉로 일찍부터 주목받은 바 있다.

2) 성재(誠齋) : 양만리(楊萬里, 1127~1206)의 호이다. 남송(南宋)의 관리이자 애국시인(愛國詩人)이며, 문학가이다. 소흥(紹興) 24년〔1154〕의 진사(進士) 출신으로 벼슬은 강동전운부사(江東轉運副使) 등을 역임했다. 사후에 시호는 문절(文節), 광록대부(光祿大夫)로 추증되었다. 육유(陸遊), 우무(尤袤), 범성대(範成大)와 더불어 '남송사대가(南宋四大家)', '중흥사대시인(中興四大詩人)'으로 일컬어진다. 일생 동안 2만 여 수(首)를 썼지만 지금은 단지 4천2백여 수(首)만이 전해진다. '일대시종(一代詩宗)'으로 일컬어진다. 대표작으로 〈효출정자사송임자방(曉出淨慈寺送林子方)〉, 〈소지(小池)〉, 〈숙신시서공점(宿新市徐公店)〉, 〈한거초하오수기(閑居初夏午睡起)〉, 〈신류(新柳)〉 등이 있다.

3) 채씨(蔡氏) : 채원정(蔡元定, 1135~1198)을 이른다. 송대(宋代)를 대표하는 악률 이론가이자 유학자로, 자는 계통(季通)이고, 호는 서산(西山)이다. 그의 아버지 채신여(蔡神與)와 《홍범황극》을 쓴 아들 채침(蔡沈)과 함께 천문 · 역상 · 악률 등

에서 학업을 연마하여 호를 '서산(西山)'이라고 지었으니, 감히 '반곡(磻谷)'이라고 고치는 것이 어떻습니까?"라고 하였다. "주인이 실의에 빠지자 어째서 '반곡(磻谷)'이라고 해야하는 이유는 그대의 조부(祖父)와 어머니가 묻힌 곳이고, 앞뒤로 이곳에서 6년을 무덤 옆에서 시묘(侍墓)를 하면서 매일 성묘하기를 늙을수록 더욱 부지런히 하면서 반곡의 새나 짐승들과도 친하고 나무와 돌도 알고 사랑하니, 이것이 그대가 시종 실천하고 있는 곳입니다. 그러하니 명실로 따져 보아도 옳지 않겠습니까?"라고 하였다.

주인이 놀라 쳐다보며 "내가 불초한데, 어떻게 또 선조의 묘가 있는 산을 호로 표방하겠습니까?"라고 하니, 나그네는 "그러지 마십시오. 저를 허물하시는 것이 심하십니다. 옛날 우리 주부자(朱夫子)[4]는 위재(韋齋)[5] 선생의 아들로 평생을 가죽끈〔韋〕을 차고[6] 사모하였습니다. 그는 우선

으로 일가를 이룬 가문(家門)의 채원정은 1187년《율려신서(律呂新書)》라는 악서를 지었다.

4) 주부자(朱夫子): '夫子'는 덕행이 높아 스승으로 높일 수 있는 사람을 이르는 말로, 주희(朱熹, 1130~1200)를 말한다. 중국 송나라의 유학자로, 자는 원회(元晦)·중회(仲晦)이고, 호는 회암(晦庵)·회옹(晦翁)·운곡산인(雲谷山人)·둔옹(遯翁)이다. 도학(道學)과 이학(理學)을 합친 이른바 송학(宋學)을 집대성하였다. '주자(朱子)'라고 높여 이르며, 학문을 주자학이라고 한다. 저서로 사서집주(四書集註),《근사록(近思錄)》,《자치통감강목(資治通鑑綱目)》 등이 있다.

5) 위재(韋齋): 주자(朱子)의 아버지 주송(朱松, 1097~1143)의 호이다. 자는 교년(喬年)이다. 사훈이부랑(司勳吏部郞)을 지냈다. 학자들이 '위재선생(韋齋先生)'이라 했다. 저서로《위재집(韋齋集)》이 있다.

6) 가죽끈〔韋〕을 차고: '가죽끈〔韋〕'은 아버지의 호인 위재(韋齋)와 동일한 글자를 사용하지만 이를 피하지 않았음을 이르는 말이다. 주자의 스승인 유자휘(劉子翬)가 일찍이 주자에게 "나무는 뿌리를 잘 감추어야 봄에 잎이 무성하게 피고, 사람은 몸을 잘 감추어야 정신이 안에서 살찌는 것이다.〔木晦於根 春容燁敷 人晦於身 神明內腴〕"라는 가르침을 내렸다. 주자의 자인 원회(元晦)·중회(仲晦)와 호인 회암(晦菴)·회옹(晦翁)은 모두 여기에서 비롯되었다고 한다. 또 주자의 "무두질한 가죽을 차는 것은 부친의 가르침을 따름이고, 나무의 뿌리를 감춤은 스승의 전함을 삼감이다.〔佩韋遵父訓 晦木謹師傳〕"라는 시가 있는데, 아래의 구(句)는 바로 스승이 전한 나무의 가르침을 삼갈 것을 다짐한 것이고, 위의 구는 부친 주송(朱松)이 "조급한 성질이 도를 해친다."라고 스스로 경계하여 자신의 호를 위재(韋

눈으로 심사(心思)를 보고 이름을 돌아보고 뜻을 생각한 것입니다. 주자도 그것을 행하였는데 하물며 주자를 배우는 사람은 어떠하겠습니까? 지금 그대의 집에 편액을 달고 밤낮으로 눈길을 주고, 늘 그것에 거처하면서 몸을 살핍니다.

말이 반곡에 있고 생각은 선조에 있으니 자신의 미진했던 효를 생각하고 마치 곁에 계신 듯이 정성을 다한다면 그대에게 허물이 되겠습니까?" 라고 하였다. 그러자 이에 주인이 머리를 숙이고 한참을 말이 없다가 "저의 뜻입니다. 저는 사모하고 실천하는 무리입니다."라고 하였다. 삼가 주인과 나그네의 주고받았던 말을 차례로 정리하여 서문을 짓는다.

병자년〔1936〕 겨울

◎ 芳山子自序【丙子 黃花節 醉中漫筆】

余友玩汕金址沃 性愚 嘗號余曰 石潭 余曰 曷謂 曰子之志 堅如石 子之心 澄如潭 號不宜石潭乎 余曰 是勸我效也 遂肆然居之 不知者 以謂石潭中間 歲月忽忽三十年 而余之所行 多是叛經悖道 隨風逐浪 尙未有所歸宿 又性嗜酒淫文 混濁滋甚 爲時所棄 噫 向所謂澄心堅志者 顧今安在妄也 負金友之勸久矣 辱石潭之義深矣 愧赧不敢居 余世家碧芳山下 山祖智異 而鎭關防 扶輿磅礴 其神最靈 出雲釀水 含蓄群物 余生於斯 藏於斯 老於斯 利用厚生 囿於山 起居飮食 接於山 鍾育歸藏 一於山不知 我其山歟 山其我歟 山雖微我 我不忍貳於山 因更號爲芳山子云爾

방산자 자서【병자년〔1936〕 황화절[7]에 술에 취해 붓 가는 대로 적다】

나의 벗 완산(玩汕) 김지옥(金址沃)은 본성이 어리석은 나의 호를 '석담(石潭)'이라고 지어주었다. 내가 "어찌 그렇게 말하는가?"라고 하자, "그대의 심지가 돌처럼 굳건하고 그대의 마음이 못처럼 맑으니 '석담(石潭)'이라고 하는 것이 마땅하지 않겠는가?"라고 하였다. 그래서 나는 "내

齋)라고 한 가르침을 따를 것을 다짐한 것이다. 위(韋)는 무두질한 소가죽을 이르는데, 부드럽고 약해서 예로부터 성급한 자들이 이것을 차고 경계로 삼았다.

7) 황화절 : 누런 국화가 피는 계절인, 9월 9일 중양절(重陽節)을 이른다.

가 본받도록 권하는 것이다."라고 하고는, 마침내 아무 거리낌 없이 그 호를 차지하였다. 이를 모르는 사람들은 나의 호를 '석담(石潭)'이라고 여겼다. 중간에 세월이 30여 년이 흘렀는데, 나의 행실은 바른 도리를 배반하고 어그러뜨리는 일들이 많았고, 정처 없이 떠도느라 아직도 돌아갈 곳조차 없다. 또 타고난 본성이 술을 좋아하고 알맹이가 없는 글만 꾸몄는데 이러한 혼탁함이 더욱 심해 때때로 세상에 버림을 받았다.

아, 지난번 말했던 마음을 맑게 하고 심지를 굳건한 자가 지금의 나 자신을 되돌아보면 어떻게 망령된 짓을 할 수 있겠는가? 김지옥이 오랫동안 나에게 권했던 마음을 저버리고 '석담(石潭)'이라는 깊은 뜻을 욕되게 하여 부끄러워 감히 그 호를 차지하고 있을 수가 없었다.

나는 대대로 벽방산(碧芳山)[8] 아래에 살고 있었다. 지리산을 조산(祖山)으로 삼아 진영과 관문으로 방비하고 기운이 서리고 충만하였다. 그곳 신이 가장 영험하며 구름을 일으키고 물을 빗으며 모든 물건을 함축하고 있다. 나는 여기서 태어나고 여기에 묻혀 지내고 여기서 늙으면서 이용후생(利用厚生)[9]하였고, 산에 둘러싸여 생활하고 산을 접하고 나고 자라고 죽어 묻힌다. 그런데도 모두 산에 대해서 모르니, 내가 산인가? 산이 나인가? 산이 비록 나를 하찮게 여긴다고 하더라도 나는 차마 산을 버릴 수 없어, 호를 '방산자(芳山子)'로 바꾸었다.

◎ 送朴晦夫西遊序【庚午 六月 日】

今有能知夫晦夫者乎 此古所謂忠信耿介之士也 家貧少讀書 不成科 性至孝事親 無速志 從吾遊者 十有五年 口未嘗讀書 手未嘗執管 其默識暗通 日有進焉

8) 벽방산(碧芳山) : 경상남도 통영시와 고성군에 있는 산이다(고도 : 651m). 시에서 가장 높은 산으로 고성군과 경계를 이룬다. 고성군 고성읍 월평리와 거류면 은월리 그리고 시의 광도면 안정리, 도산면 원산리에 걸쳐 있다. 통영의 조산(祖山)에 해당하는데, 《통영지》에는 "산세가 마치 거대한 뱀이 꿈틀거리는 위세를 하였으며, 그 중 한 산맥이 군세게 옆으로 뻗치다가 곧장 바다 속으로 들어가 통영의 터전을 열었다."라고 실려 있다.

9) 이용후생(利用厚生) : 기물의 사용을 편리하게 하고 재물을 풍부히 하여 백성의 생활을 윤택하게 함을이른다.

而於人日用行事 蓋已知得 嗜酒 未有見其醉者 窮困 獨明於義 而暗於利害 又含黙 雖喜怒當前 傍人切齒忿罵 凝然不動 抵掌絕倒 亦澹然而已 有若愚人然 然窺其中 計其事 皮裏自有一部春秋 予淺且薄 加以語言過直 文字稍露 往往以此取疾於人 亦以此自憎於晦夫乎 觀其動靜語默 竊取戒焉 而作一寶鑑 今晦夫 懷其所有 將西遊達成 達成 今大邱府也 京釜晉慶之四 衝東南人材之府庫 忠信耿介之士 古今所萃 而求忠信耿介之士者 亦必之乎 此日晦夫 子其行矣 必有所遇焉 且必有所得焉 非獨子之遇且得焉 彼亦有求鑑於晦夫者矣 雖然予之鑑 何在焉 於其行也 擧酒以告 而問其歸期

서쪽으로 유학 가는 박회부를 전송하는 서문【경오년(1930) 6월 ○일】

지금 회부(晦夫)를 아는 사람이 있는가? 이 사람은 옛날의 이른바 충성스럽고 신실하며 절조가 곧고 깨끗한 선비이다. 집안이 가난하였지만 어려서부터 독서를 하였다. 그렇지만 과거에 급제하지는 못하였다. 타고난 지극한 효로 부모님을 섬기고 급히 이루려는 뜻이 없었다.

나를 좇아 공부한지 15년 동안 입으로는 독서를 한 적이 없었고 손으로는 붓을 잡은 적이 없었지만 묵묵히 알고 남모르게 뜻을 이해하여 날마다 진보하여, 사람들의 일상생활의 이치에 관해서는 이미 알고 있었다. 술을 즐기기는 했지만 그가 취한 것을 본 사람이 없었고, 곤궁하여도 홀로 의리에 밝았고 이해(利害)에 어둡고 또 말수가 적어서 아무리 기쁘고 화나는 일이 눈앞에 닥치고 옆에 있는 사람이 이를 갈고 욕을 하더라고 차분히 조금도 흔들림이 없었고, 손뼉을 치고 포복절도할 때도 담담할 뿐이어서 마치 어리석은 사람 같았다. 그렇지만 그 속을 살펴보고 그 일을 따져보면 겉과 속에 절로 한부의 《춘추(春秋)》[10]가 있다.

나는 학문이 얕은데다가 말로 그에 대해 잘못 알려진 것을 바로잡으려

10) 《춘추(春秋)》: 공자가 노(魯)나라의 사서(史書)를 필삭(筆削)하여 편년체(編年體)로 엮었다고 하는 역사책. 노 은공(魯隱公) 원년부터 노 애공(魯哀公) 14년까지의 2백 42년간의 일을 기록한 것으로, 지극히 간략하게 일을 서술하면서 포폄(褒貶)을 가하여 썼다. 춘추의 전(傳)으로는 《좌씨전(左氏傳)》·《공양전(公羊傳)》·《곡량전(穀梁傳)》의 3전이 가장 유명하며 후대의 호씨전(胡氏傳)이 있다.

다 도리어 나쁘게 되는 것들이 문자에 조금 드러나 왕왕 이 때문에 남들에게 미움을 당하였고, 또 이 때문에 회부(晦夫)를 원망하기도 하였다. 그의 행동과 말을 살펴보고 가만히 경계를 취하여 하나의 보감(寶鑑)을 짓는다.

지금 회부가 자신이 가진 것을 가슴에 품고서 장차 서쪽인 달성(達成)[11]으로 유학을 가는데 달성은 지금의 대구(大邱)이다. 서울과 부산, 진주와 경주 네 곳은 동남쪽 인재들이 모여드는 보고(寶庫)로, 충성스럽고 신실하며 절조가 곧고 깨끗한 선비들이 고금에 모여들었고 충성스럽고 신실하며 절조가 곧고 깨끗한 선비를 구하는 사람도 반드시 그곳에 간다.

회부여! 그대의 행차에 반드시 만나는 것이 있고, 또 반드시 얻는 것이 있을 것이니, 유독 그대만 만나고 얻는 것이 아니다. 저들도 회부에게 귀감이 되기를 바란다. 비록 그렇기는 하지만 나의 귀감이 무슨 소용이 있겠는가? 그의 행차에 술잔을 들어 말하면서 그가 언제 돌아올지 기약을 묻는다.

11) 달성(達成) : 지금의 대구광역시 남서부에 있는 군(郡)의 이름이다.

10

잡저(雜著)

10

잡저(雜著)

◎ 書海岡蘭竹譜後【己巳 八月 漫筆】

宋東坡先生云 吾弟自由日 人之所貴乎畵者 爲其似也 似猶貴也 況其眞乎 此言甚有理也 自由 若無得 能然乎 故士君子於畵 非不好也 玩其意則可 留其意則不可 在於觀者之如何爾

《해강난죽보》[1]의 뒤에 쓰다【기사년〔1929〕 8월 붓 가는 대로 적다】

송(宋)나라 소동파(蘇東坡)[2] 선생이 "나의 아우 자유(自由)[3]가 말하기를 '사람이 그림을 귀하게 여기는 것은 그림의 대상과 닮았기 때문이다. 닮은 것도 귀한데 하물며 진짜는 어떠하겠는가?'라고 하였다." 이 말은 참으로 이치가 있다. 자유가 만약 이치를 터득한 것이 없다면 그럴 수 있었겠는가? 그렇기 때문에 사군자는 그림을 좋아하지 않는 사람이 없다. 그 뜻을 완미할 수는 있지만 그 뜻을 머물게 할 수는 없으니 이를 구경하는 사람이 어떠한가에 달려 있을 뿐이다.

---

1) 《해강난죽보》: 서화가인 김규진(金圭鎭, 1868~1933)의 작품이다. 그의 자는 용삼(容三)이고, 호는 해강(海岡) · 만이천봉주인(萬二千峰主人) · 무기옹(無己翁) 등이 있다. 평안남도 중화(中和)의 농가에서 태어나 외숙인 이희수(李喜秀)로부터 서화의 기초와 한문을 공부하다가, 18세 되던 1885년〔고종 22년〕에 중국에 건너가 8년간 수학하였다.

2) 소동파(蘇東坡): '동파'는 소식(蘇軾, 1037~1101)의 호이다. 중국 미산(眉山) 출신으로 자는 자첨(子瞻)이다. 부친 소순(蘇洵)은 구양수(歐陽脩), 왕안석(王安石) 등과 교유하며 송나라에서 이름난 문장가였다. 그의 가문은 부유한 지식인 집안으로 명망이 높았다. 소동파는 송나라 최고의 시인이며, 문장에 있어서도 당송팔대가(唐宋八大家)의 한 사람으로 평가된다.

3) 자유(自由): 소동파의 동생 소철(蘇轍, 1039~1112)의 자이다.

◎ **張翰佑妻金氏烈行褒闡單子**

誠惶恐 仁鑑伏矣 天賦性於人 而盡命於君 謂之忠 竭力於親 謂之孝 獻身於夫 謂之烈 而像德慕善 人道之常 褒忠獎烈 朝家之典 本里士人 張翰佑之妻 金氏 金海后 城山金守兌之女也 金氏結親 僅七個月 未曾于歸時 在親庭 聞夫疾棘 星夜來歸 殫誠侍病 祝天待命 斷指瀝血 無所不至 其於命也何 翰佑得疾 第八日朝 遂以殞命 一家哀痛 罔知所措 獨金氏 依然遵禮 不失制度 以順天之道 以慰舅姑 而凡百作爲 未嘗若喪夫之人也 越五日早晨 金氏潛入後園井邊 自引刑頸 氣至垂絕 却爲家人所覺 卽奪刀扶入室 百方醫治 金氏乃自誓曰 生則同室 死則同穴 妾婦之道也 實愧世間之生 而只願地下之從 不進水漿者 亦八日朝 竟致命焉 烈哉烈哉 古今烈夫 未嘗不有豈有如金氏之從容殉節乎 以若十八歲之幼 行此前後冠絕之事 彝衷所激 豈可含默 故敢略具事 實 齊群仰單傳報 褒闡之地 幸甚幸甚

장한우의 처 김씨의 열행(烈行)을 천양하는 단자

진실로 황공하옵지만 자비롭게 살펴보아 주십시오. 하늘이 사람에게 본성을 부여하였으니 임금에게 자신의 목숨을 다 바치는 것을 '충성'이라고 하고 어버이에게 자신의 힘을 다하는 것을 '효도'라고 하며 남편에게 자신의 몸을 바치는 것을 '열녀'라고 합니다. 덕(德)을 본받고 선(善)을 사모하는 것은 인도(人道)의 떳떳함이고, 충성을 기리고 열녀를 장려하는 것은 조정의 은전입니다. 그런데 본 마을의 선비 장한우(張翰佑)의 처는 김해 김씨의 후손으로 성산(城山) 김수태(金守兌)의 딸입니다.

김씨는 결혼한 지 겨우 7개월이 되어 아직 우귀(于歸)[4]도 하지 않고 친정에 있을 때였습니다. 그런데 남편의 병이 위급하다는 말을 듣고 밤에 시댁으로 가서 정성을 다해 병을 간호하며 하늘을 향해 자신의 목숨으로 대신할 것을 빌며, 손가락을 잘라 피를 내는 등 해보지 않은 일이 없었습니다. 그렇지만 천명을 어찌하겠는가? 남편 한우가 병에 걸린 지 8일째 되던 아침에 마침내 죽자, 온 집안 식구들이 애통해 하며 어찌할 줄을 몰

4) 우귀(于歸) : 결혼을 하고 나서 신부집에서 자고 처음으로 신부가 신랑집으로 가는 것을 이른다.

랐습니다. 그렇지만 김씨만이 의연히 상례를 준수하며 법도를 잃지 않고 하늘의 도를 순행하며 시어머니를 위로하고 백방으로 일을 처리하니 마치 남편을 잃은 사람같지 않았습니다.

5일이 지난 새벽에 김씨는 몰래 뒤뜰 우물가로 가서 스스로 목을 매고 거의 목을 찌르려하니 집안 식구들이 이 일을 알고 즉시 칼을 뺐고 부축하여 방으로 들어가 백방으로 치료를 하였습니다. 김씨는 스스로 맹세하기를 “살아서는 한집에서 같이 살고 죽어서는 한묘에 같이 묻히는 것이 아녀자의 도리입니다. 참으로 세상에 사는 것이 부끄러우니 남편을 따라 죽겠습니다.”라고 하고는 물도 마시지 않은지 8일째 아침에 마침내 죽었습니다.

열부로다! 고금의 열부들 가운데 일찍이 어찌 김씨처럼 침착하게 순절했던 사람이 있었던가? 18살의 어린 신부가 이처럼 고금의 뛰어난 일을 행하였으니 바른 덕의 의리에 감발되니 어찌 침묵하며 아무 말 하지 않을 수 있단 말인가? 그래서 감히 자세한 사실을 갖추고 일제히 단자를 올려 전하니 표창하여 드러내어 주시기를 매우 바랍니다.

◎ 文廟堂員僉狀

謹伏以省禮言 僉尊體候 連衛淸穆 仰慕區區 不任下忱 謹白曾聞可言而不言者 不信其人者也 可聽而不聽者 不察其人者也 今小子敢信之而陳言 願僉尊容俯察 而聽之際 此叔季之世 正學掃地 邪說滔天 百派橫流 萬途異軌 吁一髮陽脈 殆乎欲斷 於是乎 人知尊孔子者 無幾矣 何幸僉尊 憂儒敎之變邪學 憤民族之爲異類 濶血殫誠 而創立儒 契尊衛聖廟 吾道由之焉 有作幣祀以之 而無闕何其盛也 何其盛也 竊伏聞契錢欠縮 夥至巨額 惡是何言是何言 果如所聞 心有人伺候出入 構成蹊徑 歸咎於當時直員掌議 貽害于今日慕聖財源人之無憚胡至乎此 此吾夫子所謂是可忍也 孰不可忍 雖欲堂中寬宥在下貌從奈欲衛道慕聖 何小子自廢棄以來 不敢望廟門者 若干年矣 何敢提議於左右哉 不滅者方寸 尙此與人不甚遠故言之 不覺妄觸 然廟堂之禮 不可以下肅粢盛之備不可以不完 善惡褒懲 須從廟典 子母生殖 擬準契規 則廟貌尊嚴契蓄鞏固 其於慕聖 恭似得之然曷敢賈直而罪人罪人 而慕聖哉 此乃僉尊事也 僉尊責也 伏惟恕

覽 而俯賜明命 盥手伏俟 冒瀆尊威 無任惶恐之至 餘紙祝僉尊道安 不備謹候疏上

문묘당의 여러분들께 올리는 글

예는 생략하고 말씀드립니다. 여러분들의 안부는 연이어 좋으시고 우러러 간절히 사모하는 저의 마음을 가늘 길 없습니다. 삼가 드릴 말씀은, 일찍이 듣고서 말하여야 하는데 말하지 않는 것은 그 사람을 믿지 못해서이고, 들을 만한데도 듣지 않는 것은 그 사람을 살피지 못해서입니다. 지금 제가 감히 그러한 것을 믿고 진술하는 것에 대하여 원하옵건대 여러 존자(尊者)들께서 용납하시고 굽어 살피고 들어주실 때입니다.

요즘 같은 말세에 바른 학문은 쓸어놓은 듯 남아 있지 않고 삿된 말들이 천지에 넘쳐 온갖 학파들이 횡행하여 온갖 길들이 궤도를 달리하고 있습니다. 안타깝게도 한줄기 양맥(陽脈)도 거의 끊어지려고 하는 이때 공자를 존경할 줄 아는 사람이 거의 사라지고 없습니다. 그런데 얼마나 다행인지 여러 존자들께서 유학(儒學)이 삿된 학문으로 변해가는 것을 걱정하고 백성들이 짐승처럼 되어 가는 것을 분개하면서 피를 말리고 정성을 다하여 유계(儒契)를 창립하였으니, 이는 성인의 사당을 높이고 모시는 것이니 우리 유학의 도가 이로 말미암습니다. 그러하니 폐백으로 축하를 한다면 빠지는 것이 없는 것이니 얼마나 성대한 일이겠습니까?

들으니 부족한 곗돈이 거액에 이른다고 하는데 이 무슨 말입니까? 과연 제가 들은 말대로라면 마음을 먹은 사람이 몰래 출입을 살피고 지름길을 만들고 당시 직원과 장의(掌議)[5]에게 허물을 돌려 오늘날 성인을 사모하느라 재원을 마련한 사람들에게 아무런 거리낌 없이 해를 끼치니, 어찌 이러한 지경에 이르렀단 말입니까? 이것은 우리 공자께서 말씀하신 "이것을 참는다면 어느 것인들 못 참겠느냐!"[6]라고 하신 말입니다. 비록

5) 장의(掌議) : 조선 시대 성균관유생들의 자치기구인 재회의 임원을 이른다.

6) 이것을……못 참겠느냐 : 《논어》 〈팔일(八佾)〉에서 공자가 계씨(季氏)에 대해 "팔일무를 뜰에서 추게 하니 이것을 참는다면 어느 것인들 못참겠느냐.〔八佾舞於庭 是可忍也 孰不可忍也〕"라는 구절을 두고 한 말이다.

묘당에서 너그럽게 용서를 한다고 하더라도 겉으로는 따르는 척하면서 유학의 도를 호위하고 성인을 사모하는데 욕되게 하는 것에는 어찌하겠습니까?

제가 폐기된 이후로부터 감히 묘당의 문을 바라보지도 않은지 여러 해가 되었는데, 어찌 감히 당신들에게 의논을 제기하겠습니까? 사라지지 않는 것이 마음이라 오히려 이렇게 남과 서로 멀지 않기 때문에 말씀을 드리는 것입니다. 그렇지만 저도 모르게 망령되게 당신께 저촉되기는 하지만 묘당의 예는 제수를 엄숙히 준비하지 않아서는 안되고 잘잘못을 잘 규명하지 않으면 안됩니다.

칭찬과 징계는 모쪼록 묘당의 법을 따르고 이자와 원금에 관해서는 계의 규범을 따른다면 묘당은 위모(威貌)가 갖추어지고 곗돈이 모이는 것이 공고해질 것이며, 성인을 사모하는 마음은 모양새를 갖출 것이니, 어찌 감히 값어치를 매겨 사람을 죄주고 사람을 죄주는 마음으로 성인을 사모하겠습니까? 이것이 바로 여러 존자들의 일이고 책임입니다.

엎드려 바라건대 용서하시고 밝으신 말씀을 주시기를 손을 씻고 기다리겠습니다. 존위를 더럽히어 지극히 황공한 마음 이길 길 없습니다. 나머지는 다만 여러 존자들께서 편안하시기를 빌며 안부의 예를 갖추지 않고 글을 드립니다.

◎ 竹逸集 遺事

先生諱灝鎔 字謹汝 姓鄭氏 出系迎日 上祖諱襲明高麗知奏事 子爕均衛尉主簿 子謙牧內侍主簿 自是華胄奕舃 數世相承 至諱夢周圃隱先生 諡文忠從祀文廟 歷三世有諱智忠 號道菴隱德不仕 又十世而至諱錫祚 號松菴 自晉州鼎村 移居于固城縣猪山里 固之有鄭始此 公爲人勤謹寬厚 積德行仁 學識超詣 勸獎後進 鄰里多效之 有松菴集若干在巾篋中 家有鬱攸之災 無有傳焉 物論惜之 寔先生之五世祖也 高祖諱應聃 愛人喜施 家貲 雖不贍 每當歲饑 計口之外 盡於恤貧 曾祖諱泰采 置家塾延師 敎村秀子弟 每於春困 必賑隣民 祖諱漢學 勤學恤貧 一遵先業 事親之孝 爲州閭所欽重 考諱三基 性寬仁好施 歲有不熟 厚恤隣里 又廣家塾 延明師 敎以禮讓 勉以厚風化俗之道 鄕黨咸稱 鄭氏五世種德

必報在其子孫也 妣金海金氏 諱龜培女 無育早世 妣善山林氏月潭先生後 嘉善諱八龍女也 天性純孝貞淑 養偏姑盡誠 事君子不有身 烈行卓異 事聞旌其閭 林氏夢有靑鳥入懷曰 我東海龍子也 願夫人愛護之 忽驚悟而生先生于猪山世庄 實哲廟六年乙卯冬十月初七日未時 先生生有異姿 聲如洪鍾 容貌端嚴 動止有常 及就學日誦數百言 甫十餘歲 略涉經史 已曉其大義 黃公時源大加驚歎曰 此兒必成偉器 高廟三年丙寅十二月 遭父憂 時年十二 擗踊之節 哭泣之哀 儼若成人 旣葬非朝夕 展墓不離几筵 而哀慕過柴毁甚 母夫人深憂之曰 吾當不愛一死 得從汝父於地下 所以支離在世者 只爲上以養老姑 下以保二孤 今汝不諒此意 任情直行 幾至滅性 我何生爲 先生拜而告曰 昔朱夫子 年十四而孤 得以聖賢之資 讀書墳菴 乃成大業 今小子凡陋之質 十二而孤 哀遑失學 非所以體先人之志 而將不免爲賤器之歸矣 其痛得不倍蓰於人乎 因泣下 母夫人亦泣而撫諭之 先生 乃幡然覺悟 寬情循禮 哭奠之暇 在視重庭 遂不廢講習 及服闋 靜坐一室 專精所課 忘寢與食 俯讀仰思 以其所得體驗於家庭日用之間而惟恐其有違 年十四 已有大人儀度 而讀經書者 至三 高廟六年 己巳 十二月委禽于昌原黃鎭怙之門 年才十五 骨相俊傑 儀觀鄭重 辭氣溫雅 觀者動容曰此子將爲君子人也 與兄恒處一室 連床同業 而共養祖母及偏母 左右無方 而晨昏之間 侍坐重堂 歷陳古今 孝子子孫 順婦烈女 奇聞異行 庶幾一解其顔色讀書 蓋自知有爲己之學 而尤專力於六經 至洛婺諸賢之書 覃研靜思 有不得不措之篤 而雖旨義之肯綮 再三反覆 無不渙釋於諸子百家之書 蓋已探源涉流學日益進 至詩文落筆成章 辭致駿逸 駸駸然入作家渠矱 八年 辛未春 族叔參判箕錫 圃隱先生影幀奉謁次 來晋州時 先生往參講席 參判深愛先生之行修業精 携上京師 時年十七 使謁大夫之賢者 又與公卿家子弟之俊秀 論經義 談鋒滔滔 發明精暢 諸子無有能折之者 諸老儒先生歎賞曰 此郎天才高亮 成就太早難可及已 又見詩文若干篇曰 此莫非儒者口氣 而雄健忠厚 異日主盟 斯文者必此人也 甚敬重之 先生見俗學趨向 多不古 遂還家 以母夫人命 傍治擧業 先生之再從兄珉鎔 素以經術爲嶺左聞人 而時寓居尙州 適來見之曰 汝自初於敬義之學 留心力行 得寸得尺 爲自家田地計 而所謂功名富貴 視之浮雲 今忽反爲功令之業何耶 先生斂衽對曰 叔程子曰 一月之中 十日爲擧業 餘日足可爲學 竊謂苟存誠敬 恐不足爲主工之害 而今事君顯親之途 或舍此而無門也 十八

年 辛巳 修譜事 又遊京師 見時事日非 歸伯母氏 而遂廢業文 十九年壬午春往德山 謁南冥先生廟歸 作嗚呼晩兮辭 因自號竹逸 蓋取諸竹之孤枯淸瘦 而不失其固直空貞之意 以逸吾一生 又取夫子知竹之義也 自是固守本分 不求知於世 隣居金菊逸祺斗 徐竹史灝淳 皆尊德好禮之士 而其學問之高見得之 實迥出時輩 此韓子 所謂仁義人也 相責以直諒多聞之友 而日與之講討 而於古今載簿博觀而就約 積累而擇精 又復取論孟庸學或問心近等書 閉門讀之孳孳焉 讀之益久 知益明 而胸中豁然 近而反求諸身 遠而推之天下之理 庶幾透盡 嘗曰許氏曰 小學之書 吾信之如神明 敬之如父母 眞之小學之言也 小學 做人底鑪鞴 一生用之不盡 庸學工夫 亦必自小學 始乃著小學及庸學三圖 爲屛障列置左右 朝夕省檢 二十四年 丁亥春 遭祖母劉氏喪 與承重兄 克愼附附之儀 情文俱至 嘗憂禮敎衰俗 日趍浮薄 使學者 先讀四禮 知冠婚喪祭之爲彝倫日用之所 不可須臾可去 而尤重於冠 里有將冠者 必使延聘老禮長望者 爲之儐贊 而責其成人之道 州里有或化之者 又令諸生 月三行 講揖禮于塾庭 興起敬讓之節 時世道漸至嶮巇 先生固窮益堅 而涵養本源 定跟於實地之上 置身於法度之內 而尤喜讀周易 求所以觀君子居動之遠 遠近士友 聞風考德者多 又與李玉峯秉太 崔西扉宇淳 崔葛坡必鶴 諸晦山慶根 託爲道義之交 艾山鄭公載圭 南爲之時一見契合 而大加推重曰 君吾黨干城斯文旗鼓 又曰 衛道尊賢之誠 躬行實踐之工 鮮有其儔 恨相知之晩也 先生常悶惻學廢 著學論 聖學源論 及學說學課等篇 以勉之 又倡率同志 講以開導誘掖之方 化民成俗之義 其敎人是事 於是鄕黨推爲師表 而薦以講長 先生書揭 藍田鄕約 白鹿洞規于校院 及村塾 各處 時月會講 乃先矩 院長塾師曰 佔畢記問 不足以爲人師 必能自反而得之 知儒者之學然後 庶可以長敎 不者 只自誤而誤人 記所謂敎之不刑者也 可不懼哉次進諸生曰 君子小人厥初無間 但所趨之向背 所擇之精粗有異故也 學者有志於道 必究程子涵養用敬之語 敬非高遠難行之事也 程子所謂敬不過正衣冠 一思慮莊 整齊肅 不慢不欺而已 朱子曰 敬之一字 萬善根本 於親師樂友 信道之本 灑掃應對 治平之道 曷嘗有其不自這敬字中出來者耶 學者 若不能體察持循而涵養實功 但如上蔡所謂鸚鵡之能言 則於我何有 各自勉之 自此 鄕坊文風漸有可觀者 三十七年 庚子 固鎭分郡時 州宰 李命夏訪以治郡 先生曰 郡海臯新設 俗尙貿貿 孔子曰 君子學道則愛人 小人學道則易使也 願侯以興學敎禮爲

先務 李公善之 推先生 修定文廟儀節 又薦講長 會多士 講論經義 行鄕飮酒禮 訓致禮俗 四十一年 甲辰春 以母夫人烈行狀聞事 同本道狀頭 進士林泰熙上京師 徧偶諸宰 諸宰觀其容儀 聽其論議 交口稱頌曰 偉文邃學 固華國之珍寶 隱德奇行 眞盛代之逸民 有欲汲引者 先生謝之曰 非敢高擧 田野之性 不閑時事 卽歸家 喟然歎曰 檜胄柄用朝著 壞裂宗社 今其殆乎 四十四年 丁未夏 宅妣憂先生 年已衰暮 居喪不懈 後校宮創設興學稧 推爲主講道之任 先生以書謝曰 某實無素養 不若尊所聞行所知 各守自分之爲愈也 自後非問病弔喪 不出南州 多士創立儒契名 以景竹 而以爲就正之資 先生 又病聾 語子姪曰 余以聾不聞時事 靜坐觀書 晏然心平 義理自見 暮年工夫 頗覺不少 昔朱夫子 答潘叔度書云 瞑目閒坐 收拾放心 覺得日前外面走作不少 頗恨旨廢之不早 乃知居今之世 而行古之道者 其不害爲聾也 乙亥十一月 三十日 以卒 享年八十有一 同年十二月 十五日 數郡儒林會葬 于猪山里 聖智峰下 負艮之原 越明年春 本鄕人士 築數椽於杖屨之地 扁以德峰書堂 而以爲後生瞻依之所 先生之配黃氏前十三年 壬戌夏卒 墓在猪山里 牛山下巽坐 夫人資性貞順 養姑孝奉 君子無違德 甚得婦道 生有二男四女 長曰 右永 有至性 先生沒年 近七十 守制如禮 雖疾病時 不安私室 次曰 左永女適姜亨胤 崔寅碩 承旨姜暢渭 崔億秀 右永二男三女 長男濟和次淳和早年 白樂煥 黃鏞律 金鳳九壻也 左永一男二女 鵬和 金亮鎬 徐學鳳壻也 亨胤一男二女 寅碩二男三女 暢渭五男三女 億秀四男二女 濟和四男一女 幼男 長然性 次然怙出 次然怦 次然忭 淳和嗣男 然怙 一女幼 鵬和一男三女 幼男然孟 餘不盡錄 先生純明之資 本乎天賦 而於書過目 輒誦 無足勉强 將推尋初服 而要得聖賢敬義之實 一心力 而靜坐讀書 慥慥乎 人一己百之篤 而夜繼計日 幾七十年之久 而猶不知倦 其論明德則曰 心性 明德之體 心統性而生也 知覺 明德之用 理合氣而發也 虛靈未發時 性理也 知覺隨感時 情氣也 又曰心之靜 虛靈也 心之動 知覺也 旣有動靜 則豈無知覺乎 論中庸則曰 鳶飛魚躍 是尋常語 而子思子 而道體示人 而人於動處易見 故以飛躍之自然者 示之 論論語鄕黨篇則曰 像見一大聖人儼然在黃卷中 不如是未免讀書 而心不在焉 論孟子之寡欲則曰 寡欲 必自物格始 物格 則心自誠 論易學則畫圓天方地圖 以邵子朱子說爲宗 而創陽順陰逆之說 以明乾坤易簡之理 而發前人之未發 又曰天道體陽而用陰 地道體柔而用强 人道體仁而用義 乾之象曰

君子以自强不息 坤之象日 地勢坤 厚德載物 此人之體天地 而用陰陽者也 其日 經國要選 東國歷代 詩經名物攷 經史撮要 玅評要義 皇極算曆等諸編 此其鉤深賾微 窮理 而推步者也 其事親也 承順盡歡 凡心之所及 力之所致者 靡不庸極 當母夫人兵革之時 先生 亦已衰矣 不解帶 不交睫 形憂色 百方醫治 夙夜不懈 衾褥矢溲 親自淨潔 藥飮之進 亦不代人 及居憂 非甚雨雪日省墓 雖事之有緩急 足不嘗及中門 母夫人烈行 屢有儒章棠題 未蒙令典 負寃齎鬱積有年所 先生千里徒涉 泣血叫閽 竟蒙旌 大人公 不幸早世 先生 以未得終養 爲終身痛 每於諱辰 哀慕之痛 如新袒括 老而不怠尤篤尤愛 事兄甚勤 日相與會書塾 古今興廢盛衰 上下論講 聖賢格言旨語 左右酬酢 怡怡然 不知日之窮 而夜之分也 文酒之會 禮儐之席 必兄前弟後 未嘗一日不相須也 於交友也 尤重然諾 又深得與人爲善之義 賓朋滿座 論談頃日 無非講信修睦之道 而亹亹焉切切焉 聽之者 如飮醇而不自知其醉也 聞望所至學者 坌集 隨才訓迪 不牽不抑 而誨諭懇惻 故入人甚易 先生 亦讀書甚勤 手未曾釋卷 不冠帶不讀 諸生 如有不齊整者 先生正色以諭日 安有顚側衣裳 而誠其意者 程子日 制之於外 所以養其中也 又勤於質疑 凝滯之端 不留胸中 至於問難 知無不言 而傾倒無餘 性寬弘樂易人 不曾見其有喜慍之色 終日凝然 和氣蕩蕩 語言簡默 威儀莊重 有容衆之量 而不是非人 然其明義理辨邪正 有確乎不可奪者 酷排異說 與命終始扶翼斯文 敎人自任 性嗜酒飮 至微醺 豪氣爽然 尋常諷詠 天趣淸灑 無非零金片玉 而至可傳之作 謂須損實志 委而不收 晩年謂門人子弟日 我不得大人先生爲師 但私淑諸人 未知我之所見所守者 其是否也 癃病日久 不能手卷 而猶合眼誦論語 孝經 四勿箴 東西銘篇 子孫或從傍 諫止之 則日 吾存心於敬怠之間而未熟者也 嗚呼 使知言者 撫實我先生之事行 宜與古之篤學力行 君子同歸而際生不辰 窮餓其身 歌詠先王之道 而畢生林下 知德者 鮮矣 秖有遺書若干卷 及雜著若干卷 藏于家 深懼 夫先生之眞工懿德 日愈久而易泯也 竊欲記傳于後 以若小子之蠡管 何敢窺其涯涘 而或十一於千百者哉 只以考諸鄕黨傳述之言 參以平日所聞見者 略敍如右 恭俟立言君子 採擇云爾 門人 姜時中 謹述

《죽일집》 유사[7)]

선생의 이름은 호용(灝鎔)이고, 자는 근여(謹汝)이다. 성은 정씨(鄭氏)이고, 본관은 영일(迎日)이다. 시조의 이름은 정습명(鄭襲明)[8)]으로 고려 지주사(知奏事)를 지냈고, 2세 정섭균(鄭燮均)[9)]은 위위주부(衛尉主簿)를 지냈고, 3세 정겸목(鄭謙牧)[10)]은 내시 주부(內寺主簿)를 지냈다. 이때부터 명문가로 대대로 이를 계승하다가 문충공(文忠公) 포은(圃隱) 정몽주(鄭夢周)[11)]에 이르러 문묘에 배향되었다. 3세가 지나 도암(道菴) 정지충(鄭智忠)은 덕을 숨기고 벼슬에 나아가지 않았고, 또 10세가 지나 송암(松菴) 정석조(鄭錫祚)에 이르러 진주(晉州) 정촌(鼎村)에서 고성현(固城縣) 저산리(猪山里)로 옮겨 살았다. 이때부터 진실로 정씨가 이곳에 있게 되었다.

공의 사람됨은 근면하고 너그러웠으며 덕을 쌓고 행실이 어질었고, 학식이 뛰어나고 후진들을 장려하였으며 많은 이웃 사람들이 그를 본받았

---

7) 《죽일집》 유사 : 본 글은 방산 선생이 《죽일집》을 편찬하며 지은 것으로 《죽일집》을 편찬하며 지은 것으로 《방산유고》에는 수록되어 있지않지만 번역하는 과정에서 재편집하여 수록하였다.

8) 정습명(鄭襲明, ?~1151) : 고려 문신으로 호는 형양(滎陽)이다. 향공(鄕貢)으로 문과에 급제하여 내시(內侍)에 들어갔고, 인종 때 국자사업(國子司業), 기거주(起居注), 지제고(知制誥)를 역임하였다. 최충(崔沖), 김부식(金富軾) 등과 함께 시폐십조(時弊十條)를 올리기도 하였다. 인종 24년〔1146〕 공예왕후(恭睿王后)가 차자(次子) 대녕후(大寧侯)를 태자로 세우려는 것을 저지하는 데에 앞장섰으며, 인종의 신임을 얻어 승선(承宣)에 올랐다.

9) 정습균(鄭燮均, ?~?) : 고려 문신으로 위위시 주부(衛尉寺主簿) 등을 지냈다.

10) 정겸목(鄭謙牧, ?~?) : 고려 문신으로 주부(主簿) 등을 지냈다.

11) 정몽주(鄭夢周, 1337~1392) : 고려 문신으로, 자 달가(達可)이고, 호 포은(圃隱)이다. 초명은 몽란(夢蘭) · 몽룡(夢龍)이고, 시호는 문충(文忠)이다. 1357년〔공민왕 6〕 감시에 합격하고 1360년 문과에 장원하였다. 전보도감판관(典寶都監判官) 등을 지냈다. 의창(義倉)을 세워 빈민을 구제하고, 개성에 5부 학당(學堂)과 지방에 향교를 세워 교육 진흥을 도모했다. 그리고 성리학에도 밝아 《주자가례(朱子家禮)》에 따라 사회 윤리의 기반을 확립하려고 하였다. 고려 삼은(三隱)의 한 사람으로 1401년 영의정에 추증되고 익양부원군(益陽府院君)에 추봉 되었다. 중종 때 문묘(文廟)에 배향되었고 개성의 숭양서원(崧陽書院) 등 11개 서원에 제향되었다. 저서로 《포은집(圃隱集)》이 있다.

다. 약간의 《송암집(松菴集)》이 집안의 책상자에 보관되어 있었지만 집안에 불이 나서 전하는 것이 없어, 여러 사람들이 애석하게 여겼으니 이 분은 선생의 5세조에 해당한다.

고조부 정응담(鄭應聃)은 사람을 아끼고 베풀기를 좋아하여 집안 살림이 비록 넉넉하지는 않았지만 매번 흉년이 들 때마다 자기 식구들을 세어 호구지책을 제외하고는 모든 재산을 털어 가난한 사람들을 구제하였다. 증조부 정태채(鄭泰采)는 집안에 글방을 차려두고 선생을 초빙하여 마을에 뛰어난 자제들에게 글을 가르치게 하였다. 춘궁기(春窮期) 때마다 반드시 이웃 사람들을 구휼하였고, 할아버지 정한학(鄭漢學)은 부지런히 공부하고 가난한 사람들을 구휼하여 한결같이 선조들의 가업을 이었고, 효성으로 어버이를 섬겨 고을이 그를 흠모하였다.

아버지 정삼기(鄭三基)는 성품이 너그럽고 어질며 베풀기를 좋아하여 흉년이 들면 이웃을 후하게 구휼하였고, 또 집에 글방을 넓히고 현명한 선생을 초빙하여 예의와 겸양을 가르치고 힘써 풍속을 후하게 하고 교화시키는 도에 힘쓰자 마을 사람들이 모두 정씨가 5대에 걸쳐 덕을 쌓아 그 자손들이 보답을 받게 되었다고 칭송하였다.

첫째 어머니는 김해 김구배(金龜培)의 따님으로 자식을 두지 못하고 일찍 세상을 떠났다. 둘째 어머니는 선산 월담(月潭) 선생의 후손인 가선대부(嘉善大夫) 임팔용(任八龍)의 따님이다. 천성이 지극히 효성스럽고 정숙하며 홀로 되신 시어머니를 정성을 다해 봉양하였고, 남편을 섬기는데 자신의 몸을 돌보지 않을 정도였다. 그의 열녀의 남다른 행실이 조정에 알려져 정려문(旌閭門)을 내렸다.

어머니 임씨의 꿈에 파랑새가 품에 들어와 "나는 동해 용왕의 아들인데, 부인께서 저를 사랑으로 보살펴주십시오."라고 하여 깜짝 놀라 깨어났다. 저산(猪山)의 고택에서 선생이 나았으니, 이때는 철종 6년 을묘년〔1855〕 겨울 10월 7일 미시〔未時, 오후 1시~3시〕였다. 선생은 태어나면서 남다른 자태가 있었고 목소리는 큰 종이 울리는 것 같았으며 용모는 단정하고 엄숙하여 행동거지가 한결같았다. 학문을 하게 되자 하루에 수백 글자를 외워 겨우 10살 남짓에 경서(經書)와 역사서를 대략 섭렵을 하였지만, 이미 그 대의를 분명하게 이해하자 황시원(黃時源)이 매우 놀라고 감탄하며 "이 아이는 반드시 큰 그릇이 될 것이다."라고 하였다.

고종 3년 병인년〔1866〕 12월 아버지가 돌아가셨는데 당시 나이가 12살이었다. 가슴을 치고 발을 구르며〔擗踊〕 곡하는 엄숙한 모습〔哭泣〕[12]이 마치 어른과 같았다. 장례를 지내고 나서는 아침저녁을 막론하고 산소를 살피고 궤연(几筵)[13]을 떠나지 않고 슬픔이 지나쳐 심하게 상하자 어머니가 매우 그를 걱정하며 "내가 마땅히 한 번 죽어 지하로 너희 아버지를 따라가야 하지만 아직도 세상에 살아 있는 것은 위로는 연로하신 어머니를 봉양해야 하고 아래로는 너희 두 형제를 보호해야 하기 때문인데, 지금 네가 나의 이러한 뜻을 헤아리지 못하고, 네 마음대로 행동하여 거의 멸성(滅性)[14]하는 지경에 이르렀으니 내가 어찌 살아가겠느냐?"라고 하자, 선생이 절을 하고 "옛날 주자(朱子)께서 14살에 아버지를 잃고 성현의 자질로 무덤가 초막에서 글을 읽어 마침내 대업을 이루었습니다. 지금 저는 비루한 자질로 12살에 아버지께서 돌아가셔서 슬픔에 경황이 없어 배움을 잃었으니, 선인의 뜻을 체득하려는 것이 아니고 장차 보잘것없는 사람으로 돌아가게 되는 것이라도 면하려는 것이니, 그 아픔이 남들보다 몇배나 더 하지 않겠습니까?"라고 하며 눈물을 흘리자 어머니도 울면서 그를 어루만지며 달랬다.

선생이 마침내 재빨리 깨닫고는 슬픈 감정을 억제하고 상례에 따라 곡하며 전(奠)을 올리는 여가에 조모를 살피며 끝내 학문을 멈추지 않았다. 3년 상을 마치고 나서 방에 가만히 앉아 정신을 몰두하여 공부하느라 자고 먹는 것조차 잊을 정도였다. 고개를 숙여 책을 읽고 고개를 들어 생각

12) 가슴을……모습〔哭泣〕: 극도로 슬픈 나머지 가슴을 치고 발을 굴러 뛰는 것을 말한다. 《효경(孝經)》 〈상친(喪親)〉에 "벽용하며 곡읍을 하고, 슬퍼하며 보내 드린다.〔擗踊哭泣 哀而送之〕"라는 구절이 있다.

13) 궤연(几筵): 3년 상을 지내는 동안 신주를 모셔두는 자리를 이른다.

14) 멸성(滅性): 친상(親喪)을 당하여 슬픔이 지나친 나머지 목숨을 잃는 것을 말한다. 《예기》 〈상복사제(喪服四制)〉에 "상중(喪中)에 슬픔으로 몸을 손상할지라도 목숨을 잃는 데에는 이르지 않도록 하니, 이는 죽은 사람 때문에 산 사람을 해치지 않기 위해서이다.〔毁不滅性 不以死傷生也〕"라고 하였다.

하여 가정의 일상생활을 하는 동안에도 체득한 것이 어긋남이 있을까 걱정하였다. 14살이 되어 이미 대인(大人)과 같은 법도를 가졌고 3번이나 경서를 읽었다.

고종 6년 기사년〔1869〕 12월 창원(昌原) 황진호(黃鎭怙) 집안의 사위가 되었는데〔委禽〕[15] 15살의 나이에 기골이 준걸하고 모습이 정중하였으며 말씨가 온화하고 고아하여 그 모습을 본 사람들은 감동하여 "이 사람은 장차 군자다운 사람이 될 것이다."라고 하였다.

형과 항상 한방에서 지내면서 책상을 나란히 하며 함께 공부하였고, 할머니와 홀로되신 어머니를 함께 모시면서 곁에서 격식에 구애받지 않았다.〔左右無方〕[16] 아침저녁으로 할머니를 모시고 옛날부터 오늘에 이르기까지 효자 자손과 순부(順婦) 열녀의 기이한 소문과 남다른 행실을 일일이 설명해드리고 안색을 펴기를 바랬다.

독서는 대개 위기지학(爲己之學)[17]이 있다는 것을 스스로 알고 오로지 사서삼경(四書三經)에 몰두하면서 낙무(洛婺)[18]의 여러 어진 사람들의 글에 이르러서는 깊이 연구하고 고요히 생각하면서 견실하게 뜻을 체득

---

15) 사위가 되었는데〔委禽〕: '위금(委禽)'은 혼례에서 납채(納采)할 때에 나무로 만든 기러기를 올리던 데에서 유래하여, 장가드는 일을 뜻하는 말로 쓰인다. 《춘추좌씨전》 소공(昭公) 원년 기사에 "춘추 시대 정나라 서오범의 여동생이 아름다웠다. 공손초가 그녀에게 장가들려 했는데, 공손흑이 또 심부름꾼을 보내 억지로 기러기를 맡겼다.〔鄭徐吾犯之妹美 公孫楚聘之矣 公孫黑又使强委禽焉〕"라는 구절이 있다.

16) 곁에서……않았다〔左右無方〕: 《예기》 〈단궁 상(檀弓上)〉에 부모를 섬길 때에는 "곁에서 봉양하는 데 격식에 구애되지 말아야 한다.〔左右就養無方〕"라고 하였다.

17) 위기지학(爲己之學): 남이 알아주기를 바라면서 공부하는 '위인지학(爲人之學)'에 반대되는 말로, 오직 자신의 덕성을 닦기 위해서 공부하는 것을 말한다. 《논어》 헌문(憲問)에 "옛날의 학자들은 자신을 위한 학문을 하였는데, 오늘날의 학자들은 남에게 보여주기 위한 학문을 한다.〔古之學者爲己 今之學者爲人〕"라는 공자(孔子)의 말이 있다.

18) 낙무(洛婺): 도통(道統)의 연원을 말한 것으로, 즉 맹자(孟子)는 공자의 도를 전하였고, 그로부터 천수백 년 뒤인 송대(宋代)에 와서야 관중(關中)의 장재(張載), 낙양(洛陽)의 정호(程顥)·정이(程頤), 무원(婺源)의 주희(朱熹) 등이 나와서 다시 공자의 도를 전하게 된 것을 이른 말이다.

하지 못하면 그만두지 않겠다는 독실함으로 비록 뜻의 핵심이라고 하더라도 여러 번 반복하였고, 제자백가(諸子百家)의 글에도 뜻이 환히 풀리지 않은 것이 없었다. 대개 이미 근원을 탐구하고 학문의 흐름을 섭렵하니 날마다 학문이 발전하였고, 심지어 시문(詩文)의 경우 붓을 들기만 하면 문장을 지었으며 말솜씨도 매우 뛰어나 차츰 글을 짓는 법도로 빠져들었다.

고종 8년 신미년〔1871〕 봄, 족숙(族叔) 참판 정기석(鄭箕錫)이 포은 선생의 영정을 받들기 위해 진주(晉州)에 왔을 때 선생이 강연하는 자리에 참석하였다. 참판공이 선생이 학업을 닦는 것을 매우 사랑하여 그를 이끌고 서울로 올라갔을 당시 선생은 17살이었다. 서울에서 사대부 중 덕행이 있는 사람을 찾아뵙게 하고, 또 공경가(公卿家)의 뛰어난 자제들과 함께 경서를 토론하였는데 막힘없는 말솜씨가 매우 정밀하여 그의 논리를 꺾을 만한 사람이 없었다. 연로하신 선생들이 탄복하며 칭찬하기를 “이 젊은이는 천재로 탁월하고 너무 일찍 완성되어 따라갈 수가 없겠다.”라고 하였다. 또 그가 지은 시문 몇 편을 보고는 “이것은 선비의 말투가 아닌 것이 없고, 웅건하고 충실하여 미래에 유학자의 맹주는 반드시 이 사람일 것이다.”라고 하면서 그를 매우 공경하였다. 선생이 세속의 학문이 나아가는 바가 대부분 예스럽지 못한 것을 보고 어머니의 명에 따라 마침내 집으로 돌아와서는 틈틈이 과거 공부를 하였다.

선생의 재종형(再從兄) 정민용(鄭珉鎔)이 평소 경술(經術)에 뛰어나다고 경상좌도(慶尙左道)[19]에 널리 소문이 났는데, 당시 임시로 상주(尙州)에서 살고 있었다. 마침 와서 그를 만나보고 “너는 처음부터 경(敬)과 의(義)[20]의 학문에 마음을 두고 힘써 실천하다가 조금의 소득을 얻자

---

19) 경상좌도(慶尙左道) : 조선 시대, 경상도의 동부 지역을 이르는 말. 태종(太宗) 7년〔1407〕에 군사 행정상의 편의를 위하여 경상도를 좌도와 우도로 나누어, 낙동강의 동쪽을 경상좌도, 그 서쪽을 경상우도라 하였다.

20) 경(敬)과 의(義) : ‘경’은 마음을 바르게 하는 것이고, ‘의’는 행실을 바르게 하는 것으로, 이 두 가지는 성리학자들의 중요한 수행 방법에 속하는 것들이다. 《주역》 〈곤괘(坤卦) 문언전(文言傳)〉에 “군자가 경하여 안을 곧게 하고 의롭게 하여 밖을 방정하게 하여, 경과 의가 확립되면 덕이 외롭지 않다.〔君子敬以直內 義以方

자신의 집안 살림을 계획하니, 이는 이른바 부귀와 공명이라는 것을 마치 뜬구름처럼 여기다가 지금 갑자기 도리어 과거 공부를 한다니 어찌된 일이냐?"라고 하였다. 선생이 옷깃을 여미고 대답하기를, "숙정자(叔程子)[21]가 '한 달 중에 열흘만 과거 준비에 매달린다면 나머지 날만 가지고도 충분히 학문을 할 수 있다.'[22]라고 하였습니다. 제가 생각하기에 진실로 성경(誠敬)에 마음을 둔다면 공부에 전혀 방해되지 않을 것입니다. 지금 임금을 섬기고 부모님을 현달(顯達)하게 하는 길은, 이를 버리고 달리 길이 없습니다."라고 하였다.

고종 18년 신사년〔1881〕 족보 일로 또 서울에 가서 스승을 찾아갔었는데, 당시 세상일이 날로 그릇되어 가는 것을 보고 백모(伯母)에게 돌아가 마침내 과거 공부를 그만두었다.

고종 19년 임오년〔1882〕 봄, 덕산서원(德山書院)에 가서 남명(南冥)[23] 선생의 사당에 배알하고 돌아가면서 〈오호만혜사(呼晩兮辭)〉를 짓

外 敬義立而德不孤〕"라고 하였다.

21) 숙정자(叔程子) : 중국 북송의 유학자인, 정호(程顥)의 아우인 이천(伊川) 정이(程頤, 1033~1107)를 말한다. 두 정자(程子) 가운데 정이가 동생이었기 때문에 이렇게 부른 것이다. 형 정호(程顥)와 함께 주돈이에게 배웠고, 형과 아울러 '이정자(二程子)'라 불리며 정주학(程朱學)의 창시자로 알려졌다. '이기이원론(理氣二元論)'의 철학을 수립하여 큰 업적을 남겼다.

22) 한 달……있다 : 《이정외서(二程外書)》 권11 〈시씨본습유(時氏本拾遺)〉에 "어떤 사람은 과거 준비가 사람들의 학문 공부를 뺏는다고 말하는데 이는 옳지 않다. 한 달 가운데 열흘만 과거 준비에 매달린다면 나머지 날만 가지고도 충분히 학문을 할 수 있다. 하지만 사람들은 이 학문에는 뜻을 두지 않고 오로지 저 과거 준비에만 뜻을 두고 있다. 때문에 과거 준비가 학문에 방해될 것을 걱정할 게 아니라 단지 자신의 뜻을 빼앗지나 않을까 그것만 걱정하면 된다.〔或謂科擧事業奪人之功 是不然 且一月之中 十日爲擧業 餘日足可爲學 然人不志於此 必志於彼 故科擧之事 不患妨功 惟患奪志〕"라고 한 구절이 있다.

23) 남명(南冥) : 조식(曺植, 1501~1572)의 호이다. 자는 건중(楗仲)이고, 시호는 문정(文貞). 지금의 합천인 삼가현(三嘉縣) 토골〔兎洞〕 외가에서 태어났으며, 20대 중반까지는 대체로 서울에 살면서 성수침 · 성운 등과 교제하며 학문에 열중하였고, 25세 때 《성리대전》을 읽고 깨달은 바 있어 이때부터 성리학에 전념하였다. 30세 때 처가가 있는 김해 탄동으로 이사하여 산해정을 짓고 살면서 학문에 정진하였다. 저서로 《남명집(南冥集)》 등이 있다. 덕산서원(德山書院)은 그가 배향

고, 스스로 '죽일(竹逸)'이라고 호를 지었다. 대개 대나무의 고고하고 빼어난 뜻을 취한 것으로, 대나무처럼 강건하며 견고하고 곧으며 속이 비고 곧은 절개를 지키는 뜻을 잃지 않고, 평생을 은거하겠다는 뜻이었다. 또한 공자(孔子)께서 대나무의 본성을 아셨던 뜻을 취한 것이다. 이로부터 본분을 굳게 지키고 세상에 이름이 알려지기를 요구하지 않았다. 이웃에 사는 국일(菊逸) 김기두(祺斗), 죽사(竹史) 서호순(徐灝淳)은 모두 덕이 있는 사람을 존경하고 예를 좋아하는 선비였다. 그들이 얻은 고견한 학문은 당시 사람들보다 뛰어났으니 이는 한유(韓愈)[24]가 말한 어질고 의로운 사람들이었다.[25]

서로 정직하고 신실하며 박식한 벗으로 권하면서[26] 날마다 함께 강론하고 연구하며 고금의 자료들을 널리 보고 요약하고 학문이 쌓이면서도 정미한 것을 가렸다. 또 다시 《논어(論語)》, 《맹자(孟子)》, 《중용(中庸)》, 《대학(大學)》, 《혹문(或問)》, 《심경(心經)》, 《근사록(近思錄)》 등의 책을 가져다 문을 닫고 부지런히 읽었다. 책을 읽는 시간이 오래될수록 아는 것이 더욱 분명해져 가슴속이 막힘 없이 시원하였다. 가까이는 자기 자신에게서 구하고 멀리는 천하의 이치를 미루어 연구하여 거의 꿰뚫어 알 정도였다.

된 서원이다.

24) 한유(韓愈, 768~824) : 중국 당나라의 문학가이다. 자는 퇴지(退之)이고, 시호 문공(文公)이다. 이부시랑(吏部侍郎) 등을 지냈고, 산문의 문체개혁(文體改革)과 시에 있어 지적인 흥미를 정련(精練)된 표현으로 나타낼 것을 시도하는 등 문학상의 공적을 세웠다. 이는 송대 이후 중국 산문문체의 표준이 되고 제재(題材)의 확장을 주는 등 영향을 주었다.

25) 한유(韓愈)가……사람들이었다 : 《한유집(韓愈集)》 권16 〈답이익서(答李翊書)〉에 "그 뿌리를 길러서 그 열매를 기다리고 그 기름을 더하여 그 광채를 바라는 것이니, 뿌리가 무성한 자는 그 열매를 이루고, 기름져 윤택한 것은 그 광채가 빛나며, 인의로운 사람은 그 말이 성대한 것이다.〔養其根而竢其實 加其膏而希其光 根之茂者其實遂 膏之沃者其光曄 仁義之人 其言藹如也〕"라고 하였다.

26) 정직하고……권하면서 : 《논어》 〈계씨(季氏)〉에 "유익한 벗이 세 가지가 있고, 해로운 벗이 세 가지가 있으니, 벗이 정직하고 신실하고 문견이 많으면 유익한 것이다."〔孔子曰 益者三友 友直 友諒 友多聞 益矣〕"라는 구절이 있다.

일찍이 "'허씨(許氏)[27]가 《소학(小學)》이라는 책을 나는 신명과 같이 믿고 부모처럼 공경한다.'라고 하였으니, 참으로 《소학》을 말한 것이다. 《소학》은 사람을 만드는 틀이니[28] 일생 사용하더라도 끝이 없다. 《중용》과 《대학》 공부 역시 반드시 《소학》에서부터 시작된다."라고 하고는 비로소 〈소학급용학삼도(小學及庸學三圖)〉를 그려 병풍으로 만들어 곁에 펼쳐두고 아침저녁으로 자신을 반성하고 행동을 점검하였다.

고종 24년 정해년〔1887〕 봄 할머니 유씨(劉氏)가 돌아가시자 승중(承重)[29] 형과 더불어 합당한 법도를 신중하게 해내어 속마음과 행동이 모두 지극하였다. 일찍이 예교(禮敎)가 쇠폐한 습속이 되어가서 날마다 경박해지는 것을 근심하고 학자들로 하여금 먼저 관혼상제(冠婚喪祭)의 사례(四禮)를 읽게 하였다. 관혼상제가 기본적인 윤리여서 일상생활에 있어서 잠시도 떠날 수 없는것인데, 더욱이 관례가 중하다고 여겨 마을에 관례를 행하는 사람이 있다면 반드시 연로하고 예의에 뛰어나고 명망 있는 분을 초빙하여 관례의 진행을 도와 성인(成人)의 도를 책임지게 하였다.

마을에 혹시라도 그들을 교화시킬만한 사람이 있다면 또한 생도들로 하여금 한 달에 세 번 글방에서 읍례(揖禮)[30]를 익히게 하여 공경과 겸양의 절도가 흥기하게 하였다. 세상의 도가 점점 험난한 지경에 이르렀지만 선생은 궁벽할수록 더욱 뜻을 굳게 지켰으며 본원을 함양하여 실지의 토

---

27) 허씨(許氏) : 허형(許衡, 1209~1281)을 말한다. 중국 원나라 때의 학자로, 자는 중평(仲平), 호는 노재(魯齋)이다. 요설재(姚雪齋)에게서 주자학(朱子學)을 배웠다. 순수한 주자학자로서 원나라 초의 학계에 주자학의 기초를 닦았다. 원의 세조(世祖)를 받들어 관국자좨주(官國子祭酒)를 역임하였으며, 신력(新曆)의 제정에도 참여하였다.

28) 《소학》은……틀이니 : 《주자어류(朱子語類)》 권7 〈학일(學一) 소학(小學)〉에 "후생초학들은 우선 《소학》을 보아야 하니, 이 책은 사람을 만드는 틀이기 때문이다.〔後生初學且看小學之書 那是做人底樣子〕"라는 구절이 있다.

29) 승중(承重) : 장손(長孫)이 아버지가 죽은 뒤에 조부모(祖父母)의 상을 당하였을 때 아버지를 대신해서 상제 노릇을 하는 것을 말한다.

30) 읍례(揖禮) : 옛날 서당이나 서원, 향교 등 교육기관에서 행해오던 의식으로 매년 문하의 제자들이 학문의 성과를 선생 앞에서 검증받고 서로 간에 예(禮)를 돈독히 하는 차원에서 행해 오던 의식이다.

대 위에 입지를 굳건히 정하고 법도 안에 몸을 두었다.

특히 《주역》 읽기를 좋아하여 원대한 군자들의 행동거지를 살피고 싶어 하였다. 원근의 선비들과 벗들이 그의 소문을 듣고 덕을 살펴본 자들이 많았다. 또 일찍이 옥봉(玉峯) 이병태(李秉太), 서비(西扉) 최우순(崔宇淳), 갈파(葛坡), 최필학(崔必鶴), 회산(晦山) 제경근(諸慶根)과 더불어 도의(道義)로 사귀었다.

애산(艾山) 정재규(鄭載圭)와는 남쪽으로 가던 때 한번 만나 계합(契合)하여 크게 추중(推重)하며 "그대는 우리의 간성(干城)이고 유학의 기고(旗鼓)[31]입니다."라고 하였고, 또 "도를 지키고 어진 사람을 존경하는 정성과 몸소 함께 실천하는 공부할 짝을 찾기는 쉽지 않은데 서로 늦게 알게 된 것이 한스럽습니다."라고 하였다.

선생은 늘 학문이 쇠퇴하는 것을 안타까워하며 〈학론(學論)〉, 〈성학원론(聖學源論)〉, 〈학설(學說)〉, 〈학과(學課)〉 등의 글을 지어 권면하였다. 또 동지들을 이끌고 계발하고 인도할 방법과 백성들을 교화하고 풍속을 완성할 의리를 강론하면서 사람들에게 이 일을 가르쳤다. 이에 향당(鄕黨)에서는 그를 스승의 모범이 된다고 추중하고 강장(講長)으로 천거되자 선생은 남전향약(藍田鄕約)[32]과 백록동규(白鹿洞規)[33]를 향교와 마

31) 우리의……기고(旗鼓) : '干城'은 '방패와 성'으로, 전하여 국가를 위하여 방패가 되고 성이 되는 훌륭한 장수를 뜻한다. 《시경》 〈주남(周南) 토저(兎罝)〉에 "굳세고 굳센 무부여, 공후의 간성이로다.〔赳赳武夫 公侯干城〕"라고 하였다. '旗鼓'는 '전쟁터의 북소리와 깃발'을 이른다. 전쟁을 할 때 북소리와 깃발을 가지고 진퇴를 지휘하므로 선두가 될만함을 이르는 말이다.

32) 남전향약(藍田鄕約) : 여씨향약(呂氏鄕約)을 말한다. 송나라 때 산서성(山西省) 남전현(藍田縣)의 여대균(呂大鈞) · 여대충(呂大忠) · 여대방(呂大防) · 여대림(呂大臨) 4형제가 향약을 조직하고 그 규약을 기술한 것이다. 원래 향약(鄕約) 1권, 향의(鄕儀) 1권이었는데, 남송(南宋)의 주희(朱熹)가 내용을 수정하여 《주자증손여씨향약(朱子增損呂氏鄕約)》을 만들었다. 주된 강목(綱目)은 '좋은 일은 서로 권장한다〔德業相勸〕', '잘못은 서로 고쳐준다〔過失相規〕', '사람을 사귈 때는 서로 예의를 지킨다〔禮俗相交〕', '어려움을 당하면 서로 돕는다〔患難相恤〕' 등이다.

33) 백록동규(白鹿洞規) : '백록동서원학규(白鹿洞書院學規)'의 준말이다. 주희가 백록동서원을 복구하고 학생을 가르치면서 만든 규약을 말한다. 그 내용은 첫째는 부자유친 등 오륜의 조목, 둘째는 널리 배운다는 '박학지(博學之)' 등 학문하는 순

을 글방에 걸어두었다. 각 곳에서 때때로 월회(月會)의 강론을 거행하면 이전 법도에 따라 원장과 훈장들을 바로 잡아 "책을 읽기만 할 뿐 의리에 대해서는 깨닫지 못하는 학문으로는 스승이 될 수 없으니, 스스로 반성하여 터득하고 유학자의 학문을 알고 나서야 가르칠 수 있을 것입니다. 만약 그렇지 않다면 자신을 그릇되게 할 뿐 아니라 남까지 그릇되게 합니다. 《예기(禮記)》에 이것을 일러 '가르침이 이루어지지 않은 것이다.'[34] 라고 하였으니 두렵지 않겠습니까?"라고 하였다.

이후 여러 생도들에게 나아가 "군자와 소인은 처음에는 다르지 않다. 다만 지향하는 바의 향배와 선택에 있어 정밀하고 거친 차이가 있기 때문이다. 학자들은 도에 뜻을 두고 반드시 정자(程子)의 함양(涵養)은 경(敬)으로 해야 한다[35]는 말을 궁구하여야 한다. 경(敬)은 고원하거나 행하기 어려운 일이 아니다. 정자가 이른바 '경(敬)은 의관을 바르게 하고 생각이 전일하게 하며 오만하지 않고 속이지 않는 것에 불과하다.'라고 하였고, 주자(朱子)는, '경(敬), 한 글자는 모든 선의 근본이다.'라고 하였다. 스승을 친히 하고 벗을 즐겁게 하는 것은 도를 믿는 것의 근본이고, 물

서, 셋째는 말을 충직하고 진실되게 하라〔言忠信〕' 등 수신(修身)의 요결, 넷째는 의리를 지키고 이익을 꾀하지 말라〔正其義 不謀其利〕' 등 사무 처리의 요결, 다섯째는 자신이 원치 않는 것을 남에게 베풀지 말라〔己所不欲 勿施於人〕' 등 대인 관계의 요결 등으로 구성되어 있다.

34) 가르침이……것이다 : 《예기보주(禮記補註)》에 "지금 가르치는 자들은 보았던 간독(簡牘)의 문자만을 읊어 가르치고 묻기를 많이 하나 말이 여러 가지에 미치며, 나가되 그 편안함을 돌아보지 않으며, 사람으로 하여금 그 정성을 말미암지 않게 하고, 사람을 가르치되 그 재주를 다하게 하지 못한다. 그래서 그 베풂이 어그러지며 그 구함이 거슬린다. 이와 같기 때문에 그 배운 바를 드러내지 않고 그 스승을 미워하며 그 어려운 가르침을 괴롭게 여기고 그 유익함을 알지 못해서 비록 그 학업을 끝마치더라도 버림이 반드시 빠른 것이니, 가르침이 이루어지지 못함은 이 때문일 것이다.〔今之敎者 呻其佔畢 多其訊 言及于數 進而不顧其安 使人不由其誠 敎人不盡其材 其施之也悖 其求之也佛 夫然 故隱其學而疾其師 苦其難而不知其益也 雖終其業 其去之必速 敎之不刑 其此之由乎〕"라는 구절이 있다.

35) 함양(涵養)은……한다 : 《근사록(近思錄)》 〈존양(存養)〉에 경(敬)을 강조한 정호(程顥)와 정이(程頤)의 말이 다수 보이는데, 정호의 "함양은 경을 써야 하고 진학은 치지에 달려 있다.〔涵養須用敬 進學則在致知〕"라는 말이 있다.

뿌리고 쓸며 손님을 맞이하는 것은 나라를 다스리고 천하를 평정하는 도이니 무엇이 '경(敬)' 자에서 나오지 않은 것이 있겠는가? 학자가 만일 체득하고 성찰하여 잘 지켜나가지 못한다면 함양하는 실제적인 공부는 다만 상채(上蔡)[36]가 이른바 앵무새가 말을 할 줄 안다고 하여 나와 무슨 상관이 있겠는가? 각자 스스로 힘써야 할 것이다."라고 하였다. 이로부터 고을에서 문풍이 점점 볼만한 것이 있었다.

고종 37년 경자년〔1900〕에 고성군(固城郡)과 진남군(鎭南郡)이 군을 나누었을 때, 고을 군수 이명하(李命夏)가 군을 다스리는 일로 방문하였는데, 선생께서 "군(郡)을 새롭게 설치하였지만 아직도 풍속은 어리석습니다. 공자께서는 '군자가 도를 배우면 사람을 아끼고, 소인이 도를 배우면 부리기가 쉽니다.[37] 원컨대 군수께서는 학문을 흥기 시키고 예를 가르치는 것을 급선무로 여기십시오."라고 하였다. 군수인 이공이 그의 말을 훌륭하게 여겨 선생을 추중하여 문묘(文廟)의 모범이 될 만한 법도를 바로잡았다. 또 강장에 천거하고 많은 선비들을 모아 경의(經義)를 강론하고 향음주례(鄕飮酒禮)[38]를 행하고 예의와 풍속을 가르쳤다라고 하였다.

고종 41년 갑진년〔1904〕 봄, 어머니가 열행장(烈行狀)[39]으로 조정에

---

36) 상채(上蔡) : 사양좌(謝良佐, 1050~1130)를 이른다. 자는 현도(顯道)이다. 정호(程顥) 문하의 수제자 네 사람 중의 한 사람으로, 우주의 근원적 이법(理法)을 직관적으로 파악하여 따른다는 정호학설을 이어받아 발전시킴으로써, 남송(南宋)의 육상산(陸象山) 심학(心學)의 선구가 되었다.

37) 군자가……쉽습니다 : 《논어(論語)》 〈양화(陽貨)〉에 "자유가 대답하기를 '예전에 제가 선생님께 들으니 군자가 도를 배우면 사람을 사랑하고, 소인이 도를 배우면 부리기가 쉽다고 하셨습니다.'라고 하였다. 공자가 '제자들아, 자유의 말이 옳다. 방금 한 말은 농담이다.'〔子游對曰 昔者偃也聞諸夫子曰 君子學道則愛人 小人學道則易使也〕"라는 구절이 있다.

38) 향음주례(鄕飮酒禮) : 어진 이를 존경하고 어른을 봉양하는 미풍양속을 목적으로 베푸는 연회이다. 《주례(周禮)》 〈향대부(鄕大夫)〉에 "향학(鄕學)에서 3년 동안 학업을 닦은 사람 중에 우수한 사람을 천거할 때, 그를 송별하기 위해 향로(鄕老) 및 향대부(鄕大夫)가 전별연을 베풀었다."라고 하였는데, 이것이 향음주례의 시초이다. 뒤에는 온 고을 사람들이 모여 법도에 맞게 술을 마시며 경로(敬老)의 풍속을 마련하는 자리가 되었다.

39) 열행장(烈行狀) : 열녀의 행실을 자세히 기록하여 올린 장계(狀啓)를 이른다.

알리는 일로 본도(本道)에서 장계(狀啓)에 첫 번째로 이름을 올린 진사 임태희(任泰熙)와 함께 서울로 올라가서, 여러 수령들을 만났는데, 그들이 선생의 용모를 보고 그의 논의를 듣고는 서로 칭송하며 "훌륭하고 깊은 학문은 참으로 나라를 빛나게 할 보배이고, 덕을 숨기고 남다른 행동은 정말로 훌륭한 시대에 은거한 사람이다."라고 하고는 그를 등용하려는 사람이 있었지만 선생이 사양하며 "감히 높이 천거될 수 없습니다. 저는 본성이 시골에 묻혀 살고 시사에도 익숙하지 않습니다."라고 하고는 집으로 돌아가며 한숨을 내쉬며 탄식하기를 "진회(秦檜)와 한탁주(韓侂胄)[40]와 같은 무리들이 조정에서 활개치고 종묘사직을 무너뜨리니 지금 위태롭구나."라고 하였다.

고종 44년 정미년〔1907〕 여름, 어머니가 집에서 작고하셨는데 선생도 나이가 쇠약한 상태였지만 장례를 게을리하지 않았다. 뒤에 향교에서 흥학계(興學契)를 만들었는데 선생을 주강(主講)의 직임에 추대를 하였다. 그러나 선생은 글로써 사양하며 "저는 사실 소양(素養)이 당신께서 들으신 것과 알고 계신 행실과는 다르니 각자 자신의 분수를 지키는 것이 낫을듯합니다."라고 하였다.

이후로 문병이나 조문이 아니면 남쪽 고을을 벗어나지 않았다. 여러 선비들이 설립한 유학계의 이름을 '경죽(景竹)'[41]이라고 이름을 붙였으니 취정(就正)[42]의 바탕으로 삼은 것이었다. 선생이 또 귀가 들리지 않는 병을 앓게 되자 자식과 조카들에게 "나는 귀가 어두워 세상 일을 듣지 못한다."라고 하고는 조용히 앉아 책을 보며 편안히 마음을 가라앉혔는데, 의리가 절로 드러났으니, 만년의 공부에 깨달은 바가 적지 않았다.

옛날 주자께서 반숙도(潘叔度)에게 답한 편지에 "눈을 감고 고요히 앉

40) 진회(秦檜, 1090~1155)와 한탁주(韓侂胄, 1152~1207) : 모두 간신으로, 송나라 고종 때의 충신 조정(趙鼎)이 진회(秦檜)의 모함을 받아 조주(潮州)에 안치되었다가 길양(吉陽)에서 병사한 일과, 광종(光宗) 때의 충신 조여우(趙汝愚)가 간신(奸臣) 한탁주(韓侂胄)의 미움을 사서 영주(永州)에 안치되었다가 죽은 일을 가리킨다.

41) 경죽(景竹) : '죽일(竹逸) 선생을 경모(景慕)하다'는 의미를 담은 이름이다.

42) 취정(就正) : 도를 닦은 사람에게 나아가 자기의 시비를 바로 잡는 것을 이른다.

아 있으면 오히려 방심(放心)을 수습할 수 있어서 전날 바깥으로 향해 치달던 마음이 적지 않았다는 것을 깨닫게 되었으니, 일찍 시력을 잃지 않았던 것이 자못 한스럽습니다."[43]라고 하였으니, 현재를 살아가면서 옛날의 도를 행하는데 있어 듣지 못하는 것이 아무런 해가 되지 않는다는 것을 알 수 있다.

을해년〔1935〕 11월 30일 돌아가셨는데, 향년 81세였다. 같은 해 12월 15일 여러 군의 유림회장으로 저산리(猪山里)[44] 성지봉(聖智峰) 아래 간좌(艮坐) 언덕에 장사를 지냈다. 다음 해 봄이 지나 본향 사람들이 선생이 왕래하던 곳에 여러 서까래를 쌓고는 '덕봉서당(德峰書堂)'이라고 편액을 달아 후생들이 우러러보고 의지할 곳으로 삼았다.

선생의 아내 황씨(黃氏)는 13년 전 임술년〔1922〕 여름에 돌아가시어 저산리 우산(牛山) 아래 손좌(巽坐)에 묘가 있다. 부인의 타고난 성품은 정순하고 시어머니를 효도로 봉양하였고 군자와 짝하는 덕에 어긋남이 없었으니 매우 아내의 도를 터득하였다.

2남 4녀를 두었는데, 큰아들 우영(右永)은 지극한 효성이 있어서 선생이 돌아가실 때 나이가 70살이 가까웠지만 예에 따라 상을 치렀다. 아무리 병중이라고 하더라도 집에서 편안히 있지 않았다. 차남은 좌영(左永)이고 사위는 강형윤(姜亨胤), 최인석(崔寅碩), 승지(承旨) 강창위(姜暢渭), 최억수(崔億秀)이다. 우영은 2남 3녀를 낳았는데, 큰아들은 제화(濟和)이고 둘째 아들 순화(淳和)는 요절하였다. 백낙환(白樂煥), 황용율(黃鏞律), 김봉구(金鳳九)는 사위이다. 좌영은 1남 2녀를 낳았는데, 아들은

---

43) 눈을……한스럽습니다 : 심신(心身)을 수습하고 자신을 성찰(省察)하는 공부를 의미하는 말이다. 《주자대전(朱子大全)》 〈답반숙도(答潘叔度)〉에, 주자가 반숙도(潘叔度)에게 답한 편지에서 "내가 노쇠하고 병든 것은 금년 들어 다행히 아주 심한 지경에는 이르지 않았지만, 정력이 더욱 쇠해지고 시력이 아주 나빠져서 글을 볼 수가 없습니다. 그런데 눈을 감고 고요히 앉아 있으면 오히려 방심(放心)을 수습할 수 있어서 전날 바깥으로 향해 치달던 마음이 적지 않았다는 것을 깨닫게 되었으니, 일찍 시력을 잃지 않았던 것이 자못 한스럽습니다.〔熹衰病今歲幸不至劇 但精力益衰 目力全短 看文字不得 瞑目閒坐 却得收拾放心 覺得日前外面走作不少 頗恨盲廢之不早也〕"라는 구절이 있다.

44) 저산리(猪山里) : 경상남도 통영시 도산면에 있는 고을이다.

붕화(鵬和)이고 사위는 김양호(金亮鎬)와 서학봉(徐學鳳)이다. 형윤은 1남 2녀, 인석(寅碩)은 2남 3녀, 창위(暢渭)는 5남 3녀, 억수(億秀)는 4남 2녀를 낳았다. 제화는 4남 1녀를 두었는데, 장남은 연성(然性), 차남 연호(然怙)는 출계하고 그 다음은 연평(然怦), 그 다음은 연변(然忭)이다. 순화의 후사는 연호(然怙)인데 어린 1녀가 있다. 붕화는 1남 3녀가 있는데 어린 장남은 연맹(然孟)이다. 나머지는 다 기록하지 않는다.

선생의 순수하고 현명한 자질은 선천적으로 타고났고 책을 한번 보기만 하면 외워 억지로 애쓸 것도 없었다. 장차 은거하면서 성현들의 경(敬)과 의(義)의 실제를 얻기 위해 한결같은 마음으로 노력하고 조용히 앉아 독서하였다. 부지런히 남이 한 번 노력하면 자신은 백번 노력하여 밤낮 없이 거의 70년을 노력하면서도 여전히 지칠 줄 모르고 명덕(明德)을 논할 때면 "심성(心性)은 명덕(明德)의 본체로 마음이 본성을 통괄하여야 생겨나고, 지각(知覺)은 명덕의 작용으로 이치가 기(氣)와 합쳐져야 발현된다. 허령(虛靈)하여 아직 드러나지 않았을 때는 성리(性理)이고 지각이 감정을 따른 때는 정기(情氣)이다."라고 하였다. 또 "마음이 고요한 것이 허령(虛靈)이고, 마음이 움직이는 것이 지각(知覺)이다. 이미 동정이 있는데 어찌 지각이 없겠는가?"라고 하였다.

《중용》을 논하면서 "솔개는 날고 물고기가 연못에서 뛴다."[45]라고 하였는데, 이는 매우 특별할 것 없는 말이지만 자사자(子思子)가 도의 본체를 사람들에게 보여주자 사람들이 움직이는 곳에서 쉽게 볼 수 있기 때문에 날고 뛰는 자연을 보는 것이다."라고 하였다.

《논어》〈향당편(鄕黨篇)〉을 논하면서 "모습은 하나의 큰 성인이 위엄 있게 책 속에서 있는 것 같으니 반드시 독서를 하여 마음을 그곳에 두는 것만 못한 것이다."라고 하였다.

《맹자》의 과욕(寡欲)에 대하여 논하면서, "욕심을 적게 하는 것은 반

---

45) 솔개는……뛴다 : 만물이 각기 제자리를 얻어 이치가 환히 드러남을 형용한 말이다. 《중용장구》 제12장에 "《시경》에 '솔개는 날아서 하늘에 이르고 물고기는 연못에서 뛰논다.' 하였으니, 상하에 이치가 밝게 드러남을 말한 것이다.〔詩云 鳶飛戾天 魚躍于淵 言其上下察也〕"라고 하였다.

드시 사물의 이치를 궁구하는데서부터 시작되니 사물의 이치를 궁구하면 마음이 저절로 성실해진다."라고 하였다.

《주역》을 논하면서 〈원천방지도(圓天方地圖)〉를 그려 소자(邵子)[46]와 주자(朱子)의 학설을 종주로 삼아 〈양순음역지설(陽順陰逆之說)〉을 지어 건곤이간(乾坤易簡)[47]의 이치를 밝혔고, 이전 사람들이 밝히지 못했던 것을 밝혔다. 또 "천도(天道)는 양을 본체로 삼으면서 음을 작용으로 삼고, 지도(地道)는 부드러움을 본체로 삼으면서 강함을 작용으로 삼는다. 인도(人道)는 인(仁)을 본체로 삼으면서 의(義)를 작용으로 삼는다. 건괘(乾卦) 상전(象傳)에 '군자가 이를 본받아 스스로 강하여 쉬지 않는다.'라고 하였고, 〈곤괘(坤卦) 상전(象傳)〉에 '땅의 형세는 곤(坤)으로 군자를 이를 본받아 두터운 덕으로 만물을 싣는다.'라고 하였으니, 이는 사람이 천지를 본체로 삼고 음양을 작용으로 삼은 것이다."라고 하였다.

《경국요찬(經國要選)》, 《동국역대(東國歷代)》, 《시경명물고(詩經名物攷)》, 《경사촬요(經史撮要)》, 《묘평요의(竗評要義)》, 《황극산력(皇極算曆)》 등 여러 편은 심오한 의미를 찾고 미묘한 뜻을 연구하고 이치를 궁구하여 알아냈던 것들이다.

부모님을 섬길 때는 부모님의 뜻을 받들어 따르고 기쁨이 다하도록 마음이 미치는 바와 힘이 미치는 바에 극진히 힘쓰지 않는 것이 없었다. 모친께서 병으로 돌아가셨을 때 선생 또한 이미 쇠약한 나이였다. 그런데도 허리띠를 풀지 않고 잠을 자지 않으며, 슬픈 얼굴로 온갖 노력을 기울여 치료하고 밤낮으로 게을리하지 않았다. 이불과 속옷의 대소변을 친히 깨끗이 씻어 드리고 약을 드릴 때도 다른 사람을 시키지 않았다. 상중에 있는 동안 심하게 눈이나 비가 내리는 날이 아니면 날마다 산소를 살폈다.

---

46) 소자(邵子) : 소강절(邵康節, 1011~1077)을 이른다. 중국 송나라 유학자로, 이름은 옹(雍)이고, 자는 요부(堯夫)이며. 강절은 그의 시호이다. 이정지(李挺之)에게 도가(道家)의 《도서선천상수(圖書先天象數)》의 학을 배워 신비적인 수학을 설파하였다.

47) 건곤이간(乾坤易簡) : 《주역》 〈계사전 상(繫辭傳上)〉에 "건은 쉬움으로써 주장하고 곤은 간략함으로써 능하니, 쉬우면 알기 쉽고 간략하면 따르기 쉽다.〔乾以易知 坤以簡能 易則易知 簡則易從〕"라는 구절이 있다.

아무리 급한 일이 있어도 발이 중문(中門)[48]에 까지 이른 적이 없었다. 어머니의 열행(烈行)에 관해 여러 차례 선비들의 상소가 지어 올려졌지만 아직도 영전(令典)을 입지 못해 여러 해 동안 억울하고 답답해 하였다. 선생은 천리를 걸어가서 조정에 억울함을 호소하여 마침내 정려(旌閭)되었다.

대인공(大人公)께서 불행해 일찍 세상을 떠나자 선생이 임종을 하지 못해 이를 평생토록 마음 아파하였다. 매번 제삿날마다 슬퍼하고 사모하는 마음이 마치 새로 상을 당한 것과 같았다. 이는 늙어서도 게으르지 않고 그러한 마음이 더욱 돈독하고 더욱 사모하였다.

형을 더욱 간절한 마음으로 섬겼고 날마다 글방에 모여 고금의 흥망성쇠에 관하여 시대를 넘어 강론하였고, 성현들의 격언과 뜻있는 말들을 좌우의 벗들과 주고받으며 즐거워하여 낮이 다하고 밤이 되는 것도 몰랐다. 술 마시고 시 짓는 모임과 예의를 갖추어야 하는 자리에서는 반드시 형이 먼저 하고 아우가 뒤에 하면서 하루도 서로 의지하지 않은 날이 없었다.

벗을 사귈 때는 더욱 신중하게 허락하였고 또한 깊이 남이 선을 행하도록 도와주는 의(義)를 얻었다. 손님과 벗이 좌석에 가득 모여 강론하면서 날이 저물도록 신의를 강론하고 화목의 도를 닦지〔講信修睦〕[49] 않음이 없이 힘써 노력하였다. 그 소문을 들은 사람들은 마치 진한 술을 마시고도 술에 취하는 것을 스스로 알지 못하는 것과 같았다. 선생의 명망을 듣고 학자들이 모여들자 재능에 따라 가르치면서도 억지로 인도하지도 강압적으로 억누르지도 않고 매우 정성스럽게 깨우쳐 주었다. 그래서 사람

48) 중문(中門) : 외실(外室)과 내실(內室) 사이의 문을 이른다. 여기서는 안채로 들어가지 않았음을 이른다.

49) 신의를……닦지〔講信修睦〕 : 《예기보주(禮記補註)》에, "예의라는 것은 사람의 큰 단서이니, 신의를 강하고 화목을 닦으며 사람의 기부(肌膚)의 총회(總會)와 힘줄과 뼈의 묶음을 견고히 하는 바이며, 산 사람을 봉양하고 죽은 사람을 장송하며 귀신을 섬기는 바의 큰 단서이고 천도를 통달하고 인정을 순히 하는 바의 큰 구멍이다. 그러므로 오직 성인이어야 예를 그만둘 수 없음을 아는 것이니, 그러므로 나라를 파괴하고 집안을 잃고 몸을 망친 사람은 반드시 먼저 그 예를 버린다.〔故禮義也者 人之大端也 所以講信修睦 而固人肌膚之會 筋骸之束也 所以養生送死 事鬼神之大端也 所以達天道 順人情之大竇也 故唯聖人爲知禮之不可以已也 故壞國 喪家 亡人 必先去其禮〕"라는 구절이 있다.

들이 받아들이기가 매우 쉬웠다.

선생 역시 매우 부지런히 책을 읽어 손에서 책을 놓아본 적이 없었으며 의관과 띠를 갖추지 않고는 책을 읽지 않았다. 생도들 가운데 의관을 정제하지 않은 사람이 있으면 선생이 정색하여 타이르기를 "어찌 옷을 바르게 입지 않고서 자신의 뜻을 진실되게 하겠느냐? 정자(程子)께서는 '밖에서 제재하여 안을 편안하게 하여야 한다.'[50]라고 하셨다."라고 하였다.

또 부지런히 질의하여 풀리지 않는 단서를 마음에 남지 않도록 하였고, 어려운 질문이 있으면 알고도 말씀해주지 않은 경우가 없이 남김없이 다 말해주었다. 성품이 너그럽고 화락한 군자로, 일찍이 기쁨과 화를 얼굴에 드러낸 적이 없이 종일 의연하였고 화락한 기운이 넘쳤고 말수가 적었으며 위엄있는 태도가 매우 점잖았으며 뭇사람들을 받아들이는 도량이 있었고 남들과 시비를 다투지 않았다. 그러나 그 의리를 밝히고 옳고 그름을 분별함에 있어 확고하게 흔들림 없는 마음이 있었다. 이단의 학설들을 혹독하게 배격하고 시종 하늘의 명과 더불어 하고 유도(儒道)를 돕고 남들을 가르치는 것을 자신의 임무로 삼았다.

본성이 술을 좋아하여 조금이라도 취기가 오르면 호탕하고 시원하게 언제나 시를 읊었다. 맑고 세속에 얽매임이 없는 타고난 정취는 금 한 조각, 옥 한 조각과 같지 않음이 없어 후세에 전할만한 작품의 경우라도 실제적인 뜻을 손상시키는 것이라고 여기며 수습하지 않았다. 만년에 문인과 자제들에게 "내가 대인과 선생을 스승으로 모시지 못하고 다만 여러 사람들에게 사숙(私淑)[51]을 하여 내가 아는 것과 지키는 것이 옳은지 그른지 모르겠다."라고 하였다. 오랫동안 병을 앓아 손에 책을 들 수가 없

50) 밖에서……한다 : 정이(程頤)의 〈시잠(視箴)〉에 "마음이여, 본래 허하니 물건을 응함에 자취가 없다. 마음을 잡음에 요점이 있으니, 보는 것이 법이 된다. 물건이 눈앞에 가려지면 마음이 옮겨가니, 밖에서 제재하여 안을 편안하게 하여야 한다. 사욕을 이겨 예로 돌아가 오래되면 성실하리라.〔心兮本虛 應物無迹 操之有要 視爲之則 蔽交於前 其中則遷 制之於外 以安其內 克己復禮 久而誠矣〕"라는 구절이 있다.

51) 사숙(私淑) : 직접 가르침을 받지는 않았으나 마음속으로 그 사람을 본받아서 도나 학문을 닦는 것을 이른다.

었지만 그래도 눈을 감고 《논어》와 《효경》, 〈사물잠(四勿箴)〉[52]과 〈동서명(東西銘)〉[53]을 외웠다. 자손들이 혹시라도 곁에서 그치기를 간언하면 "나는 '경(敬)'과 '태(怠)' 사이에 마음을 보존하였는데 아직 익숙하지 않다."라고 하였다.

아, 지언자(知言者)[54]에게 우리 선생님의 사적을 살펴보게 한다면 마땅히 옛날의 독실하게 배우고 힘써 행했던 군자와 일치하지만 좋지 못한 때에 태어나 몸은 굶주렸지만 선왕의 도를 노래하면서 자연에서 평생을 마쳤으니 덕을 아는 사람이 드물게 되었다.[55] 다만 남기신 글 약간과 잡저(雜著) 약간을 집안에 보관하고 있었다. 매우 두려운 것은 선생의 참된 공부와 아름다운 덕이 날이 오래될수록 쉽게 사라지고 마는 것이다. 기록하여 후세에 전하고 싶지만 조그마한 표주박[56]으로 어찌 끝을 엿볼 수 있을까마는, 혹시라도 천에 십 정도이거나 백에 일 정도는 되겠는가? 다만 향당(鄕黨)에서 기술하여 전하는 말을 살펴보고 평소에 보고 들은 것을 참고하여 간략하나마 위와 같이 서술하니 입언(立言)[57] 군자들의 채

52) 〈사물잠(四勿箴)〉 : 송나라 학자 이천(伊川) 정이(程頤)가 지은 시잠(視箴)·청잠(聽箴)·언잠(言箴)·동잠(動箴)을 이른다. 안연(顔淵)이 '극기복례(克己復禮)'의 조목을 묻자, 공자께서 "예가 아니면 보지 말며, 예가 아니면 듣지 말며, 예가 아니면 말하지 말며, 예가 아니면 움직이지 말라.〔非禮勿視 非禮勿聽 非禮勿言 非禮勿動〕"라고 사물(四勿)을 말씀했는데, 정이가 이 말씀은 성인을 배우는 데 마땅히 명심해야 할 것이라고 하여 스스로 경계하는 뜻으로 이 〈사물잠〉을 지었는데, 주자가 특별히 이 전문을 《논어집주(論語集註)》에 실었다.

53) 〈동서명(東西銘)〉 : 북송의 학자인 장재(張載, 1020~1077)가 지은 저작이다.

54) 지언자(知言者) : 남의 말을 분석하여 잘 이해하는 사람을 이른다. 《논어》 〈요왈(堯曰)〉에 "명을 알지 못하면 군자가 될 수 없고, 예를 알지 못하면 설 수 없으며, 말을 알지 못하면 사람을 알 수 없다.〔不知命 無以爲君子也 不知禮 無以立也 不知言 無以知人也〕"라는 공자의 말에서 유래한 말이다.

55) 덕을……되었다 : 《논어》 〈위령공(衛靈公)〉에 "공자가 말하였다. '유야, 덕을 아는 자가 드물구나.'〔子曰 由 知德者鮮矣〕"라는 구절이 있다. 여기서는 죽일 선생의 덕을 아는 사람이 드물다는 뜻이다.

56) 표주박〔蠡管〕 : 한나라 동방삭(東方朔)의 〈답객난(答客難)〉에 "대롱으로 하늘을 엿보고, 표주박으로 바닷물을 재며, 풀줄기로 종을 치는 격이다.〔以筦窺天 以蠡測海 以莛撞鍾〕"라는 구절이 있다.

57) 입언(立言) : 후세에 언론이나 가르침을 남기는 것을 이른다. 《춘추좌전(春秋左

택하기를 공손히 기다린다.

문인(門人) 강시중(姜時中)은 삼가 서술하다.

◎ **讀李忠武公全書**

國步中否 海賊猖獗 水陸入敵 急於疾雷 邊備失禦 廟堂無策 乘輿播遷 五廟不守 生靈蕩殄 八域爲墟 公以孤營殘卒 誓雪國恥 奮不顧身 赴水血戰 而立柵閑山 抗敵咽喉 設鎭露梁 保障三南 敵如蛇中 斷頭無用 而尾自爛矣 於始乎 君臣團聚 風雲整肅 文武用命 捷書飛騰 宗社賴 而再造民人 得其重生 正是國家 奬忠錄勳之時 將軍乘勝 滅敵之秋 柰何朝廷 不諒日月之忠 泰山之功 而以一人 毁壞萬里之城 設或有罪賜之 立效可也 細密其情 亦可也 更探敵機 亦可也 何至挐鞠功 臣爲敵用計 讀書此至 不覺拍案憤嘆 闕門無鑰 壯士喪元 忠良痛哭 軍民苟立 敵謂國無人 大驅長進 金釜魚肉 兩湖沸湯 朝野震動 甚於壬辰 當此之時 若再不起公 國之爲國 未可知也 嗟乎 爲君不易 爲臣亦難 曾子曰 以一人僨國 以一人興國 其此之謂歟

《이충무공전서》를 읽고

나라의 운명이 막혀 해적들이 창궐하여 바다에서 땅으로 적들이 쳐들어오는 것이 번개보다도 더 빨랐다. 그렇지만 나라는 방어책을 갖추지 못하고 조정에서는 대책도 없어 임금은 난을 피해 달아나고 오묘(五廟)[58]를 지키지도 못하였다.

백성들은 죽고 온 나라가 텅 비었지만 공은 외로운 병영과 얼마 남지 않은 군졸들을 데리고 나라의 수치를 씻을 것을 맹세하고는 떨치고 일어나 자신을 돌보지 않고 바다로 나아가 혈전을 치렀다. 한산도(閑山島)에 성책을 쌓고 요충지에서 적과 대치를 하고 노량진에서 진영을 세워 삼남

傳)》 양공(襄公) 24년 조에, "가장 높은 것은 덕을 세우는 것이요, 그다음은 공을 세우는 것이요, 그다음은 말을 세우는 것이다.〔太上有立德 其次有立功 其次有立言〕"라고 한데서 유래한다.

58) 오묘(五廟) : 부(父) · 조(祖) · 증조(曾祖) · 고조(高祖)와 시조의 신위를 모시는 사당을 이른다.

(三南)[59]을 지켜내자 적은 마치 토막 난 뱀과 같아 잘린 머리처럼 아무 쓸모가 없었고 꼬리는 저절로 문드러지고 말았다. 비로소 임금과 신하들이 단합되고 풍운(風雲)[60]이 정돈되고 문무관들이 명령을 따르니 승리의 소식이 급히 날아왔다.

이에 종묘는 이에 힘입고 백성들은 되살아나 거듭된 삶을 얻게 되었다. 이때는 바로 국가가 충성을 장려하고 공훈을 기록할 때이고 장군은 승기를 타고 적을 섬멸할 때였는데, 어찌하여 조정에서는 해와 달과 같은 빛나는 충성과 태산 같은 공을 돌보지 않고 한사람 때문에 만리의 성을 허물었다. 설사 죄가 있다고 하더라도 용서하여 공효를 세우게 하는 것이 옳고 그의 실정을 상세하고 엄밀히 살펴보는 것도 옳았으며 다시 적의 기미를 탐문 하는 것도 옳았다. 그런데 어찌하여 공을 세운 신하를 잡아다 국문(鞫問)[61]하여 적을 위한 계획이 되도록 하였는가.

여기까지 읽고서 나도 모르게 책상을 치고 분한 마음에 탄식이 나왔다. 관문에는 열쇠가 없고 장사는 목이 달아났으니 충성스럽고 어진 사람들은 통곡하고 군인과 백성들은 원망하며 서 있었다. 적들은 나라에 사람이 없다고 여겨 크게 달려 진격하니 백성들은 솥 안의 물고기 신세가 되었고 양호(兩湖)[62]가 안정이 되지 못하고 조정과 민간에서는 진동하는 것이 임진왜란 때 보다 심하였다. 이때 만약 다시 공을 등용하지 않았다면 나라가 어찌 될 줄 알지 못하였을 것이다.

아, 임금 노릇도 쉽지 않고 신하 노릇도 어렵다. 증자(曾子)[63]가 말하기를 "한 사람으로 나라를 무너뜨리기도 하고 한 사람으로 나라가 흥하기

---

59) 삼남(三南) : 충청도 · 전라도 · 경상도를 아울러 이른다.
60) 풍운(風雲) : 풍진(風陣)과 운진(雲陣)을 이르는 말로, 군진(軍陣)을 이른다.
61) 국문(鞫問) : 국청(鞫廳)에서 죄인을 심문하는 것을 이른다.
62) 양호(兩湖) : 호남과 호서를 이르는 말로, 곧 전라도와 충청도를 아울러 이르는 말이다.
63) 증자(曾子, BC 506~BC 436) : 중국 춘추 시대의 유학자로, 이름은 삼(參)이고, 자는 자여(子輿)이며, 증점(曾點)의 아들이다. 공자의 도(道)를 계승하였으며, 그의 가르침은 공자의 손자인 자사를 거쳐 맹자에게 전해져 유교사상사에서 중요한 위치를 차지한다.

도 한다."라고 하였으니, 이를 두고 하는 말일 것이다.

◎ 讀老釋遺經

老子釋氏 眞天地間 偉人 其築室闢戶 何其左也 老尙玄玄 似妙也 釋崇無無 似達也 妙與達 似無間焉 其趣深遠 況吾道之於彼哉 老子曰 去仁義 棄禮樂 天下安 老子過關時 所著道德經吾千餘言 必不如是 恐有後來異家付會者之誤也 噫彼釋氏 彼亦人子 何陽示慈悲 而陰尙無種 釋者曰 棄父絕子 不爲夫婦 放鷄豚食菜茹萬物 遂可怪也 夫且可懼也 夫今天下萬國 異端蜂起 各立門戶 而自崇其敎者 不可勝數 然未有如釋氏 無種之敎也 我以春華秋實爲常 彼以冬葛夏裘爲宜 人事反常 乃其違天 彼不吾信 更看又來明年 秋華而春實者 未之有也

노자와 석가가 남긴 경전을 읽고

노자와 석가는 참으로 세상에 뛰어난 사람이기는 하지만, 그를 위해 건물을 짓고 문을 내었으니 어찌 그리 어긋났는가? 노자는 현현(玄玄)[64]을 숭상하니 묘한 듯하고, 석가는 허무를 숭상하니 달관한 듯하다. 묘함과 달관함은 차이가 없지만 그 지향점은 깊고 멀다. 더구나 우리 유학의 도는 저에 비해 어떠하겠는가? 노자는 "인의와 예악을 버려야 천하가 편안하다."라고 말하였다. 노자가 함곡관(函谷關)을 지날 때 지었던 《도덕경(道德經)》[65] 5,000여 자에는 반드시 이와 같지는 않았을 텐데, 아마도 후세에 다른 학파의 사람들이 있지도 않은 사실을 만들어 낸 오류인 듯하다.

아, 저 석가여! 저 사람도 사람의 자식인데, 어찌 겉으로는 자비한 마음을 드러내면서도 속으로는 후손을 두지 않는 것을 높이는가? 석가는 "아버지를 버리고 자식과 단절하며 부부의 인연을 맺지 않고 닭과 돼지를

---

64) 현현(玄玄) : 지극히 심원한 경지를 말한다. 《도덕경(道德經)》에 "현묘하고 현묘하여 모든 묘한 현상이 나오는 문이 된다.〔玄之又玄 衆妙之門〕"라고 하였다.

65) 노자가……《도덕경(道德經)》 : 노자(老子)가 《도덕경(道德經)》을 짓고 세상을 피해 숨으려고 푸른 소를 타고 서쪽으로 가 함곡관(函谷關)을 나갈 때 관문을 지키고 있던 윤희(尹喜)에게 《도덕경》을 전해 주었다고 한다.

놓아주며 채소를 먹는다."라고 말하니 마침내 괴이하고, 또한 두렵다. 지금 천하의 많은 나라에 이단이 벌떼처럼 일어나 제각기 자신들의 학문을 세우고 스스로 자신들의 가르침을 높이는 자들을 헤아릴 수 없을 정도였지만 석가처럼 후손을 두지 말라는 가르침은 있지 않았다.

나는 봄에 꽃이 피고 가을에 열매가 열리는 것을 일반적인 이치라고 여기는데 저들은 겨울에는 갈옷을 입고 여름에는 가죽옷을 입는 것으로 마땅하다고 여긴다. 사람들은 일반적인 이치의 반대되는 것을 일삼고 있으니 이는 하늘의 이치를 어기는 것이다. 저들은 우리의 도를 믿지 못하겠거든 또 다시 찾아오는 내년을 보라! 가을에 꽃이 피고 봄에 열매 맺는 것은 존재하지 않는다.

◎ 孝行略選【十八選】

周公述事：周公名旦 孔子曰 武王 周公 其達孝矣乎 夫孝者 善繼人之志 善述人之事者也

曾子養志：曾子名參 孟子曰 事親若曾子者可也 又曰 若曾子則 可謂養志也

閔子感母：閔子名損 繼母不慈 以蘆花衣之 父欲退之 閔子泣諫曰 母在一子寒 母去三子寒單 母感悟 遂爲慈母

郭巨埋子：居至貧産男 恐妨養親 於野欲埋子 得金一釜於地中 有丹書曰 黃金一釜 賜與郭巨云

子路負米：姓仲名由 家貧至孝 百里負米 以養其親

陸績懷橘：陸年六歲時 於袁述座上 懷橘三枚 歸遺其母

王祥得鯉：事繼母之孝 母嘗欲生魚 時冬寒氷凍 祥解衣 將剖氷求之 氷忽解 雙魚躍出

孟宗求笋：宗母親 嗜笋菜 後當母祭時 天寒 四求不得 往泣于竹田 笋忽生雪中

老萊子著斑斕衣：老萊子 行年七十 恐其親憂之 故著五色斑斕衣 爲小兒戱弄 雛於親側

王偉元廢蓼莪篇：偉元名裒 性至孝 讀詩至哀哀父母 生我劬勞 未嘗不三復而悲痛 故文人受業者 爲之廢蓼莪篇

伯俞泣苔：姓韓 受苔而泣 悲其母力之不能使痛故耳

黃香扇枕：香性至孝 冬則以身溫被 夏則扇枕

庾子輿退水：瞿塘 天下之惡水也 子輿 自蜀返葬其親 至瞿塘時 秋水泛濫 庾向水悲號 水位減退 庾安穩登岸 水漲如故

王叔治廢社：王母社日死 每當社日 則哀哭悲痛 四隣里中 爲之罷社 社日 春分前後近戊日 秋分前後近戊日

黔婁嘗糞：性庾 父病 嘗糞 驗其差劇

蔡順泣雷：順母生時 畏雷 故每當雷雨 則繞墓而泣曰 順在此云

樂正子憂足：名子春 下堂傷足 足已療矣 數月不出 猶有憂色者 爲其忘孝之道也

宗元卿痛心：宗早孤爲祖母所養 祖母病 宗雖在遠 輒心痛 大病卽大痛 小病卽小痛 以此爲常 鄕里號曰 宗曾子

又曰 勿以父不孝於親 而子效之 勿以父不慈於子而子不孝 又曰 人以官爵爲貴 人微賤人也 無以爲貴 惟以篤農勤讀爲貴 人以廣土多金爲寶 我貧寒人也 無以爲寶 惟以孝於父母 友于兄弟爲寶

효행에 관해 간략하게 뽑다【18가지를 뽑다】

주공(周公)[66]의 술사(述事)[67]

주공의 이름은 단(旦)이다. 공자가 "무왕과 주공은 누구나 칭찬하는 효자이시다. 효는 선인(先人)의 뜻을 잘 계승하며, 선인의 일을 잘 잇는 것이다."[68]라고 하였다.

---

66) 주공(周公, ?~?)：중국 주 문왕(周文王)의 아들로, 무왕(武王)의 아우이다. 성은 희(姬), 이름은 단(旦)이다. 무왕을 도와 은 주왕(殷紂王)을 토벌하고, 무왕이 죽은 뒤에는 성왕(成王)이 어리므로 섭정(攝政)하여 무경(武庚)과 관숙(管叔)을 주살하고 채숙(蔡叔)을 내쫓아 난리를 평정하고, 제도와 예악을 정립하였다.

67) 술사(述事)：선대의 사업을 잘 발전시킨 것을 이른다.

68) 효는……것이다 ：선대의 뜻과 사업을 계승해 발전시키는 것을 말한다. 공자가 무왕(武王)과 주공(周公)의 효를 '달효(達孝)'라고 규정하고 그 효를 말하였다. 《중용장구(中庸章句)》에, "무왕과 주공은 누구나 칭찬하는 효자이시다. 효는 선인(先人)의 뜻을 잘 계승하며, 선인의 일을 잘 잇는 것이다.〔武王周公 其達孝矣乎 夫孝者 善繼人之志 善述人之事者也〕"라고 하였다.

증자(曾子)[69]의 양지(養志)[70]

증자의 이름은 삼(參)이다. 맹자(孟子)가 "부모 섬기기를 증자와 같이 해야 한다."[71]라고 하였고, 또 "증자와 같이 하면 뜻을 봉양한다고 이를 만하다."라고 하였다.

민자(閔子)[72]가 계모를 감동시키다

민자의 이름은 손(損)이다. 계모가 자애롭지 못해 갈대꽃으로 그의 옷을 해 입혔다. 그 일을 안 아버지가 계모를 내쫓으려고 하자 민자가 울면서 간하기를 "어머니가 계시면 아들 한 사람만 추우면 되지만 어머니가 내쫓기면 세 아들이 춥게 지내야 합니다."라고 하자, 계모가 감복하고 뉘우치고는 자애로운 어머니가 되었다.

곽거(郭巨)[73]가 자식을 묻다

곽거는 집이 매우 가난하던 중에 아들을 낳았다. 부모님을 모시는데 방해가 될까 걱정을 하고는 들에 아들을 묻으려고 하다가 땅 속에서 황금이 가득한 솥 하나를 얻었다. 솥에는 단서(丹書)가 있었는데 다음과 같이 써 있었다. "황금 한 솥을 곽에게 준다."

---

69) 증자(曾子, BC 506~BC 436) : 중국 춘추전국 시대 노(魯)나라의 학자이다. 증점(曾點)의 아들이며 공자(孔子)의 고제(高弟)로, 효심이 두텁고 내성궁행(內省躬行)에 힘썼으며, 노나라 지방에서 제자들의 교육에 주력하였다.

70) 양지(養志) : 부모의 뜻을 받들어 그 마음을 즐겁게 하는 것을 말한다.

71) 부모……한다. : 《맹자》 〈이루 상(離婁上)〉에 "증자와 같이 하면 뜻을 봉양한다고 이를 만하다. 부모섬기기를 증자와 같이 해야 한다.〔若曾子 則可謂養志也 事親若曾子者 可也〕"라는 구절이 있다.

72) 민자(閔子, BC 536~BC 487) : 중국 춘추전국 시대 노(魯)나라의 학자이다. 자가 자건(子騫)이라 민자건(閔子騫)으로도 불린다. 존칭하여 민자(閔子)라고도 한다. 공자의 제자로 공자보다 15세 어리다. 공자의 72수제자를 가리키는 공문칠십이현(孔門七十二賢) 중 가운데 한 사람이다.

73) 곽거(郭巨, ?~?) : 중국 후한 하내군(河內郡) 융려현(隆慮縣)의 효자이다. 자는 문거(文擧)이다. 일설에 따르면 하내군 온현(溫縣) 사람이라고도 한다. 중국 고대 효자들에 대해 모아놓은 책인 《이십사효(二十四孝)》의 〈매아봉모(埋兒奉母)〉의 주인공이다.

자로(子路)[74]가 쌀을 짊어지다

성은 중(仲)이고 이름은 유(由)이다. 집안이 매우 가난한데 효성이 지극하여 백리거리에서 쌀을 지고 와서 부모님을 봉양하였다.

육적(陸績)[75]이 귤을 품다

육적이 6살 때 원술(袁述)의 자리에서 귤 3개를 품어 돌아와 어머니께 드렸다.

왕상(王祥)[76]이 잉어를 얻다

계모를 효성스럽게 섬겼는데 계모가 생선을 먹고 싶어하였다. 때는 한겨울이라 얼음이 얼어 옷을 벗고 장차 얼음을 쪼개 물고기를 잡으려고 하였다. 그런데 갑자기 얼음이 쪼개지고 두 마리 잉어가 얼음 밖으로 튀어 나왔다.

맹종(孟宗)[77]이 죽순을 구하다

---

74) 자로(子路, BC 543~BC 480) : 중국 춘추전국 시대 노(魯)나라의 학자이다. 성은 중(仲)이고, 이름은 유(由)이다. 자(字)는 자로(子路)이며, 계로(季路)라고도 불린다. 지금의 산동성(山東省) 사수현(泗水縣)인 노나라 변읍(卞邑) 출신이다. 공자의 제자들 가운데 가장 뛰어난 10인을 뜻하는 공문십철(孔門十哲) 가운데 하나로 꼽히며 공자의 사당에 배향되었다.

75) 육적(陸績, 187~218) : 중국 삼국 시대 오나라 사람이다. 자는 공기(公紀)이다. 부친 육강이 원술과 대적하게 되자 그의 가족은 오나라 손권에게 피신하였고 육강은 손책과 벌인 전투에서 사망하였다. 육적이 6세 때 원술을 접견하는 자리에 나온 감귤 3개를 가슴에 숨겨나오다가 떨어뜨리게 되었다. 이를 본 원술이 왜 감귤을 숨기느냐고 묻자 육적은 어머니께 드리려고 그랬다고 대답했다. 원술은 어린 소년의 효심에 감복되었고 이를 두고 회귤고사(懷橘故事), 육적회귤(陸積懷橘)이라는 말이 생겼다.

76) 왕상(王祥, 184~268) : 중국 삼국 시대 위(魏)나라 사람이다. 휴징(休徵)이다. 성품이 지극히 효성스러웠다. 낭야(琅邪) 왕씨(王氏)는 그와 동생 왕람(王覽)에서부터 명문가로 발돋움했다.

77) 맹종(孟宗, ?~?) : 삼국 시대 오(吳)나라 강하(江夏) 사람이다. 자는 공무(恭武)다. 젊어 스승에게 배웠는데 독서를 하며 밤늦도록 멈추지 않았다. 성품이 지극

맹종의 어머니가 죽순 나물을 즐겼다. 이후 어머니 제사 때가 되었는데 날씨가 추워 사방으로 구해도 죽순을 구할 수가 없어 대나무밭에서 울자 눈 속에서 죽순이 갑자기 솟아났다.

노래자(老萊子)[78]가 때때옷을 입다

노래자가 나이 70이 되었는데 부모님이 그것을 걱정할까 두려워 오색 때때옷을 입고 마치 어린아이처럼 부모님 곁에서 병아리를 가지고 장난쳤다.

왕위원(王偉元)[79]이 《시경》의 〈육아편(蓼莪篇)〉을 폐하다

위원의 이름은 부(裒)이다. 효성이 지극하여 《시경》의 〈육아편〉의 "슬프고 슬프다 우리 부모여, 나를 낳아 기르느라 얼마나 애쓰셨나."라는 구절을 접할 때마다, 일찍이 세 번 반복하여 읽고는 비통해하지 않은 적이 없었기 때문에 수업받는 문인들이 그 때문에 〈육아편〉을 폐하였다.

백유(伯兪)[80]가 매를 맞고 울다

그의 성은 한(韓)이다. 매를 맞고 울었으니 이는 그의 어머니의 힘이 자신을 아프게 할 수 없음을 슬펐기 때문이다.

히 효성스러웠다.

78) 노래자(老萊子, ?~?) : 중국 춘추 시대 말의 초(楚)나라의 은사이다. 부모에게 효도가 지극하여, 나이 70에도 꼬까옷을 입고 어린아이처럼 재롱을 부렸으며, 물그릇을 들고 마루에 올라가다가 미끄러지자, 그대로 땅에 엎어져서 아기처럼 울기도 하고, 부모 옆에서 새소리를 흉내내어 부모를 즐겁게 하였다고 한다.

79) 왕위원(王偉元, ?~?) : 자는 위원(偉元)이고 이름은 부(裒)이다. 중국 진(晉)나라의 은자(隱者)로, 아버지 왕의(王儀)가 사마소(司馬昭)의 사마(司馬)로 있으면서 직간을 했다가 그의 노여움을 사서 억울하게 죽음을 당하였는데, 왕부는 이를 애통해한 나머지 조정이 있는 서쪽을 향해 앉지도 않았으며 조정에서 벼슬을 주겠다고 여러 번 불러도 응하지 않았다. 아버지 무덤에서 매일 슬피 우니 무덤 앞 잣나무가 눈물에 젖어 잎과 가지가 말랐다 한다.

80) 백유(伯兪, ?~?) : 중국 한(漢)나라 때의 효자인 한유(韓兪)의 자(字)이다.

황향(黃香)[81]이 잠자리에 부채질을 하다

향은 본성이 지극히 효성스러워 겨울에는 자신의 몸으로 이부자리를 따뜻하게 하고 여름이면 잠자리에 부채질을 하였다.

유자여(庾子輿)[82]가 물을 물리치다

구당(瞿塘)은 천하에 물살이 사납기로 유명한 곳이다. 자여(子輿)가 촉(蜀)에서 부모의 관을 옮기다가 구당에 이르러 가을 물이 넘치자 유자여가 물을 향하여 비통해 하자 수위가 점점 낮아져 유자여가 편안히 물을 건너자 물이 예전으로 돌아갔다.

왕숙치(王叔治)[83]가 사일(社日)[84]을 폐하다

왕숙치가 어머니가 사일에 돌아가셨는데, 매번 사일이 될 때면 슬피 울고 애통해 하였다. 그러자 사방 이웃 사람들이 그를 위해 사일을 폐하였다. 춘사(春社)는 춘분 전후로 무일(戊日)에 가깝고, 추사(秋社)는 추분 전후 무일(戊日)에 가깝다.

검루(黔婁)[85]가 똥을 맛보다

성은 유(庾)이다. 아버지가 병이 들자 똥을 맛보며 병의 차도를 징험하였다.

---

81) 황향(黃香, 68?~122) : 중국 동한(東漢) 사람으로, 자는 문강(文強), 문강(文疆)이다. 효성으로 유명하다.

82) 유자여(庾子輿, ?~?) : 중국 신야(新野) 사람으로, 자는 효경(孝卿)이다.

83) 왕숙치(王叔治, ?~?) : 중국 후한 말 사람으로 '숙치'는 중국 위(魏)나라의 왕수(王修)의 자이다. 일곱 살이 되던 해 사일(社日)에 모친이 별세였다. 그래서 매년 돌아오는 사일마다 몹시 슬피 울었고, 이 때문에 마을 사람들이 감동하여 사일에 제사를 지내고 흥겹게 연회를 벌이던 것을 그만두었다고 한다.

84) 사일(社日) : 입춘이나 입추의 다섯 번째 무일(戊日)을 이른다.

85) 검루(黔婁, ?~?) : 육조 시대 남조 양(梁)나라의 효자 유검루(庾黔婁)를 말한다. 아버지가 병들자 매일 북두칠성에 기도하였는데, 하늘이 감동하여 부친의 수명을 연장해 주었다.

채순(蔡順)[86]이 우레가 칠 때 울다

채순의 어머니가 태어날 때 우레를 두려워하였기 때문에 우레가 치고 비가 올 때면 묘를 감싸고 울면서 “순이 여기 있습니다.”라고 하였다.

악정자(樂正子)[87]가 발을 근심하다

이름은 자춘(子春)이다. 당을 내려오다가 발을 다쳤다가 발이 이미 다 나은지 몇 달이 되도록 외출하지 않고 여전히 근심하는 낯빛이 있었으니, 효를 망각한 도라고 여겼기 때문이다.

종원경(宗元卿)[88]이 가슴이 아프다

종은 어려서 고아가 되어 할머니에게 길러졌다. 할머니가 병이 들자 종원경이 아무리 멀리 있어도 그때마다 가슴이 아팠다. 크게 병이 들면 크게 아프고 작게 병이 들면 작게 아팠다. 이러한 증세가 언제나 일어나 고을 사람들은 그를 효자인 증자(曾子)에 빗대어 ‘종증자(宗曾子)’라고 하였다. 또 아버지가 부모에게 불효하여 자식이 본받도록 하지 말고, 아버지가 자식에게 자애롭지 못하여 자식이 불효하게 하지 말아야 한다. 사람들은 벼슬로 귀인이거나 천한 사람으로 여기지만 벼슬을 귀하게 여길 것은 없다. 오직 힘써 농사짓고 부지런히 독서하는 것을 귀하게 여겨야 한다. 사람들은 넓은 땅과 많은 돈을 귀하게 여기지만 나는 빈한한 사람이라 보배라고 여길 만한 것이 없다. 오직 부모에게 효도하고 형제에게 우애 있게 하는 것을 보배로 여긴다.

◎ 景竹契設立發起文

文明則民興 道尊則俗原 文與道之其有關於盛衰興廢之運大矣 然道不自尊 因

86) 채순(蔡順, ?~?) : 중국 후한 때 사람으로 자는 군중(君仲)이다. 효성이 지극하였다.

87) 악정자(樂正子, ?~?) : 중국 춘추전국 시대 노(魯)나라의 학자이자 효자이다. 증삼(曾參)의 문인(門人)으로, 효성이 지극하여 모친상을 당하자 5일 동안 음식을 먹지 않았고, 당(堂)을 내려가다 발을 다치자 효심을 망각한 것이라 하여 수개월 동안 두문불출하며 근심하였다고 하였다.

88) 종원경(宗元卿, ?~?) : 중국 제나라 사람이다. 자는 희장(希蔣)으로 효로 뛰어났다.

人而尊 又不自明 得人而明 是以在昔淳古之時 若有有道能文之士 出於其邦生焉 而師事之 講述斯文 歿焉而祭祀之 想像其道 其爲此者 曷嘗尊衛而止而已哉 將欲永世敎 而樹民風也 竊伏惟本鄕竹逸鄭先生 灝鎔文忠公圃隱夫子之後 先生 生於詩禮之家 長於理學之鄕 讀書自知爲己之學 而傍涉諸子 貫穿六經 留心性理 造詣超然 潛究黙頤 不得不措 積累而擇精 反博而就約 又嘗與崔葛坡必鶴 趙霞峰鎬來 諸晦山慶根 崔西扉宇淳 諸賢爲道義之交 講磨浸灌 涵濡翺翔 會文輔仁 遠近響應 嶠右文風 駸駸然有聲矣 凡著述詩文祖經史 而則風雅 無非羽翼吾道 斯文也 而躬行實踐之效 可以矜式當時 敎人自任之誠 亦足振起來學 惜乎諸賢次第零落 今又先生 老且病焉 可勝歎哉 前十年來 鄕之諸章甫 以爲景慕竹逸 莫若乎契 儒林輿論已成 而契曾未立者 猶幸先生之老强際此病革 鄙等 乃敢設契 式遵前論 名以景竹夫人 景慕於心 發見於言 發見於言 施及於事意 使地方 慕其衛道之忱 乘其傳授之業 於鄕黨州閭 興民厚俗之義 庶有補焉 伏願僉君子 好德獎善 秉彜攸同 許錄萃啣 共修契事 使文與道因得尊且明 幸甚萬千

경죽계[89] 설립 발기문

글이 밝아지면 백성들이 흥기하고 도가 존귀해지면 풍속이 문채난다. 이는 글과 도가 성대하고 쇠하고 흥기하고 폐하는 큰 운과 관계되었기 때문이다. 그렇지만 도는 저절로 존귀해지지 않고 사람을 통해서만 높아진다. 또 저절로 밝아지지 않고 사람을 통해서만이 밝아지니 이 때문에 옛날 순박할 때 만약 도를 가지고 글에 능한 선비가 그 나라에서 태어나면 스승으로 그를 섬겨 유학을 강술하였고, 그가 죽으면 제사를 지내 그의 도를 상상하였다. 그렇게 하는 것이 어찌 어진 사람을 존경하고 도를 지키는데 그칠 뿐이겠는가? 유교를 사라지지 않도록 하고 백성들의 풍속을 세우려는 것이다.

본 고을의 죽일(竹逸) 정호용(鄭灝鎔) 선생은 문충공(文忠公) 포은(圃

89) 경죽계 : 죽일(竹逸) 선생을 경모하는 계모임을 이른다.

隱)[90] 선생의 후손으로, 선생은 시례(詩禮)의 집안[91]에서 태어나 성리학(性理學)의 고을에서 자랐다. 독서를 하고는 스스로 위기지학(爲己之學)[92]을 알았고, 제자백가(諸子百家)[93]를 널리 섭렵하였으며 육경(六經)[94]을 꿰뚫고 성리학에 마음을 두어 조예가 뛰어났고 침잠하여 연구하고 묵묵히 익히면서 터득할 때까지 그만두지 않았다. 학문의 기반을 쌓아 정밀한 것을 고르고 널리 배운 것을 돌이켜 간략함을 이루었다. 또 일찍이 갈파(葛坡) 최필학(崔必鶴)과 하봉(霞峰) 조호래(趙鎬來), 회산(晦山) 제경근(諸慶根), 서비(西扉) 최우순(崔宇淳) 등 여러 어진 사람들과 도의(道義)로 사귀었고 몸에 배도록 충분히 학문을 갈고닦아 흠뻑 젖어 높이 비상하였다. 학문으로 벗을 모으고 벗으로써 인을 도우니〔會文輔仁〕[95]

---

90) 포은(圃隱) : 고려 시대 정몽주(鄭夢周, 1337~1392)의 호이다. 자는 달가(達可)이다. 어머니가 화분을 품에 안고 있다가 땅에 떨어뜨리는 꿈을 꾸고 낳았기 때문에 초명을 정몽란이라 하였다. 뒤에 정몽룡으로 개명하였고 성인이 되자 다시 정몽주라 고쳤다. 고려말 새로운 이념으로서 주자학을 확립한 삼은(三隱) 중의 한 사람으로 불교 이념에 대치되는 주자학의 연구와 보급에 힘썼으나, 온건개량파의 입장을 견지하여, 조준(趙浚), 정도전(鄭道傳) 등의 급진적인 개혁에는 반대했다. 성리학에 뛰어나 동방이학(東方理學)의 시조로 추앙되었으며, 주자가례(朱子家禮)를 따라 사회윤리와 도덕의 합리화를 도모하였다.

91) 시례(詩禮)의 집안 : 공자가 일찍이 홀로 뜰에 서 계셨는데, 아들인 이(鯉)가 종종걸음으로 그 앞을 지나가자, 그를 불러 세워 "시(詩)를 배웠느냐?"라고 묻고, 또 한 번은 "예(禮)를 배웠느냐?"라고 물어서, 이가 시와 예에 관한 가르침을 받은 고사에서 유래하였다. 이후 유교 경전에 대한 지식과 예의범절을 이어오는 가문을 이르는 말로 쓰였다.

92) 위기지학(爲己之學) : 자신의 인격 수양을 목적으로 하는 학문으로, 남들에게 잘 보이고 세상에서 자신의 학식을 내세우며 출세하기 위한 공부를 말하는 위인지학(爲人之學)과 대칭되는 말이다. 《논어》 〈헌문(憲問)〉에 "옛날 학자들은 자신을 위한 학문을 하였는데, 지금의 학자들은 남을 위한 학문을 한다.〔古之學者爲己今之學者爲人〕"라는 구절에서 유래하였다.

93) 제자백가(諸子百家) : 중국 춘추전국 시대에 활약한 학자와 학파의 아울러 이르는 말이다.

94) 육경(六經) : 중국 춘추 시대의 여섯 가지 경서(經書)인, 《역경(易經)》, 《서경(書經)》, 《시경(詩經)》, 《춘추(春秋)》, 《예기(禮記)》, 《악기(樂記)》를 이르는데, 《악기》 대신 《주례(周禮)》를 넣기도 한다.

95) 학문으로……도우니〔會文輔仁〕 : 《논어》 〈안연(顏淵)〉에 "군자는 학문으로써 벗을

원근의 사람들이 영향을 받았고 경상우도(慶尙右道)의 문풍이 차츰 점점 명성이 났다.

무릇 저서는 시문(詩文)과 짝하고 경사(經史)를 근원으로 하고 《시경》의 풍아(風雅)를 본받았으니 우리의 도를 돕고 유학에 도움이 되지 않은 것이 없었다. 몸소 실천한 효과는 당시 사람들에게 본보기로 삼을 만하였다. 사람을 가르치는 것으로 자임한 정성은 후세의 학자들을 흥기시키기에 충분하였다. 그러나 애석하게도 여러 어진 선비들이 차례대로 세상을 떠났다. 지금 또 선생이 늙고 병이 들었으니 탄식할 만하다. 이전 10년 동안 고을의 여러 선비들이 죽일(竹逸) 선생을 경모하는 것으로는 계(契)보다 좋은 것이 없다고 생각했었다. 그러나 유림의 여론이 이미 형성되었지만 아직 계가 만들어지지 않았다. 그래도 다행스럽게도 선생께서 연로하였지만 강건하여 병이 나았다.

우리들이 이에 감히 계를 만들어 이전 논의에 따라 '경죽부인(景竹夫人)'이라고 이름을 붙였다. 마음으로 공경하면 말로 드러나고, 말로 드러나면 일에 베풀어졌다. 그래서 지방 사람들로 하여금 도를 지킨 선생의 정성에 경모하고 전수하신 학업을 계승하도록 한다면 향당(鄕黨)과 주려(州閭)[96]에서 민속을 흥기시키는 뜻에 보탬이 있을 것이다.

원컨대 여러 군자들은 덕을 좋아하고 선을 장려하며 떳떳한 본성을 가지는 것은 모두가 같은 마음이니 일에 참여하여 함께 계를 닦아 글과 도가 높아지고 밝아지게 한다면 참으로 다행일 것이다.

◎ 宗契創立文【壬申】

竊惟吾姜祖元帥氏晉陽 而羅麗以來 奕世簪纓 入我聖朝 名公碩儒 史不絕書 爲國顯族 任燹以後 運極而丕 惟我文祖冑孫一派 乃自晉陽 移居固城 固之有姜 自此始焉 自後世絕簪纓 遂爲不振 不勝歎哉 乃至近代宗族貧弱 莫此爲酷

모으고, 벗으로써 인을 돕는다.〔君子 以文會友 以友輔仁〕"라는 구절이 있다.

96) 향당(鄕黨)과 주려(州閭) : 《주례(周禮)》에, "25가(家)를 1려(閭)라고 하며 4려(閭 1백 가)가 1족(族)이 되며, 5족(族 5백 가)이 1당(黨)이 되며, 5당(黨 2천 5백 가)이 1주(州)가 되며, 5주(州 1만 2천 5백 가)가 향(鄕)이 된다."라고 하였다.

或以圖生而移居 或以瀕死 而散亡殆盡 尙家於先墓之下 而不絕如縷者 是謂汰沙之瓦礫 顚木之甹蘖 奔走衣食 不遑奉先 嗚呼 西望曲龍頭流 斧堂驀驀 北瞻紅流月坪 松楸蒼蒼 列祖群神 陟降此地 顧省掃之費 墓享之田 素無儲置 排族例斂 夏焉而徵麥 秋焉而索租 以此爲常 而歲薦之粢 臨時取其 羞不稱品 禮不中式 子孫之習 因循滋惡 祖宗之靈 厭不顧饗 雖曰 封祀 未免存羊 言念及此 不覺血淚之滂滂 歲壬申冬 十月 辛巳【墓享之明日】宗會之朝也 時中 以宗契創設事 陳言于會中 言未已 族少長咸奮然曰 烏可已諸 烏可已諸 古人曰 人無遠慮 必有近憂 記曰 有其禮 有其時 無其財 君子不行也 嗚呼 此在子孫 曷敢不力 族雖窮且乏 戶不下八十 族 可至三百 無遠近豊弱 冠乎錢五兩 童乎半之各力出資 創設宗契 長以殖子 殖以益母 期以十年 可計千百 是乃有其禮 有其時 有其財也 惡乎 不行於是乎 先役于此 俎豆于此 瘞葬于此 宗族于此 同祖繼體之感 不容自已 霜露怵惕之心 油然而生 曾子曰 愼終追遠 民德歸厚 程子曰 收宗族厚風俗意 是之謂歟 嗚呼 契契吾宗之契也 直自是日 定其座目 薦其任員 準契目 而徵出資 監其出錢之勤不 某也 誠 某也怠 必勸其善 而聲其罪毋敢或恕 於是時中 稽首拜手 而襄于衆曰 僉族是論 先祖之所詔 后孫之永祿且又祝曰 惟顧僉族 无忘今日之言 遂謹述族議 以爲族契創立文

宗契座目

第一. 立綱

　一. 出資設契 養成財源

　二. 祖孫百代 追養繼孝

　三. 承先裕後 敦族敍倫

第二. 列目

　一. 謹錫之以契之嘉名曰 院山姜氏宗契

　二. 定其入契出資 一遠近豊弱 而冠五兩 童減半

　三. 契員 以始居固城皇祖 諱殷希後孫 無漏入契

　四. 契錢 本族借貸 絕而不許 一以存族誼 一以保宗物

　五. 契錢 限至十年 不得借用 全殖大以圖遠大之計

六. 契 選定契長及理事 使掌理其契目之擧行 契錢之出納 別置任員若干人 以左右其事

七. 契會 每年墓享之明日例定 而監其掌理之勤怠 考其出納之適否

八. 入契出資 有不遵契目 而怠慢者 自契中 聲其罪 而徵其資

九. 契長及理事任員之任期 定以三年 然若有不率者 直當改替 討其罪 懲其後

十. 墓庭松楸 朝夕禁止樵牧 俾子幹孫枝得成老 大可謂有子孫之墓矣

十一. 墳墓 必時月省察可也 脫有以天災地變 山崩水齧之處 直當修補 勿拘術家說

十二. 列祖墓享 有自先世 已行歲一之例也 吾屬當奉而行之 无敢或怠 善承先美 子孫永昌 有忝祖先 子孫滅絕 曾子曰 身也者 父母之遺體也 然則乃父之身 亦吾祖之遺體也 以此追之 其有旣乎 以祖視孫 以孫瞻祖 雖百代之遠 本乎一身 千身之分 出乎一氣也 今撫其墓木 行乎墟墓之間 而其有不哀其先者乎 記曰 霜露旣降 君子履之 必有怵惕之心 非其寒之謂也 朱夫子曰 祖先雖遠 祭祀 不可不誠

十三. 凡我同契之族 墓享之粢 省楸之費 其他宗事 依前出排率 供其當期至十年 毋望契錢之或補焉 古者 天子親耕南郊 以享天地百神宗廟社稷之神 諸侯亦親耕東郊 以供國內山川百神宗廟社稷之祭 況吾賤氓 敢不役其力 而盡其心 以奉其先乎

十四. 凡爲子孫者 欲享其先 先致其誠 欲致其誠 宗族和 夫婦親 而致物用立人紀也 物用不致 人紀不立 人紀不立 夫婦不親 宗族不和 致誠不至 神曷由饗 人豈受福 是故記曰 凡治人之道 莫重於祭 應氏曰 祭也者 追其不及之養 而繼其未盡之孝也 今將欲致物立人紀 夫婦親 宗族和 致其誠 而追其養者 其不在斯契歟 其不在斯契歟

右明第二綱之要

十五. 凡我同祖之族親異居 情若同爨處 服盡 愛同功衰 嗚呼 自吾察訪先祖諱舜 至于吾曹 止八九代矣 以其子孫 得氣繼體之理 追之 如一朝也 昔江州陳氏 南唐人也 十世同居 宗族七百口 每食設廣席 長幼以次座 而

共食之 有畜犬百餘 共一牢食 一犬不至 諸犬 爲之不食 今吾族 較諸陳氏 猶爲至近 何獨不能 寧或不行行之 則陳氏之爲也 僉族勉也

十六. 蓋族人之不睦往往 爲以富侮貧 以貴忽賤 以行凌長 此世俗之通患 古今之所戒 凡處族人無貴賤 无貧富無遠近 惟族是愛齒同 則右行德同 則尙齒敬長 而愛衆尙德 而恤貧容有親疎之殺 遠近之間乎 僉族戒之

十七. 吾宗此契 寔自孝子慈孫之至誠 惻怛中出來 爾祖以是傳孫父 以是傳子 永勿墜 庶或其勉矣

右勸第三綱之序

一. 座目之下 略述前人之嘉言善行 以備諸宗省覺之資 覽者詳之

一. 座目中 或有疏漏 而添補者 欠審而改正者 以俟後日契會 決議可改者改之可補者補之

一. 座目外備置別册 契錢出納 經用消費 使一一記帳 而繼續處理

一. 契員錄 雖父子孫同居者 冠子 必各單行 特書童子於父祖之下 雙行細書 以別冠童 而明其繼 別至於入契出資 其全額幾何 某日納 某人受 揭記各名下 以便參攷

一. 此契員錄 非世俗之同志交遊詩賦唱酬者之契之比也 實無遜於吾族之一部宗案其所係尊且重焉 莫敢筆削 永世保存

종계창립문【임신년〔1932〕】

우리 강씨(姜氏)의 시조이신 원수씨(元帥氏)[97]가 진양후(晉陽候)에 봉해지고 나서 신라와 고구려 이래로 벼슬을 하였다. 조선 시대에 들어와서 이름난 재상과 뛰어난 선비들이 역사에 끊이지 않고 기록될 정도로 나라에 현달한 일족이 되었지만, 임진왜란을 거친 이후로 집안의 운이 매우 막혔다.

97) 강씨(姜氏)의……원수씨(元帥氏) : 진주 강씨의 시조는 강이식(姜以式, ?~?)으로 고구려의 명장으로, 수나라의 병마원수(兵馬元帥)로 있을 때 정적(政敵)의 모함으로 고구려로 귀화하였다.

우리 문조(文祖) 주손(胄孫)[98]의 한 계파가 이에 진양에서 고성(固城)으로 이주하였으니, 고성에 강씨가 있게 된 것은 이때부터이다. 후세에 벼슬아치가 끊어져 마침내 집안을 떨치지 못하였으니 한탄스런 마음을 이길 길 없다. 이에 근대에 이르러 종족의 가난함이 이때보다 혹독한 적이 없었다. 그래서 어떤 사람들은 살기 위해서 다른 곳으로 이주하기도 하고, 어떤 사람은 거의 죽을 지경이 되어 거의 다 흩어진 상황이 되었다. 그런데도 오히려 선묘의 아래에 집을 짓고 마치 실낱같이 끊어지지 않고 명맥을 유지하고 있으니, 이는 모래로 만든 기와나 자갈과 같고 다 쓰러진 나무에서 트는 움과 같아서 먹고 사느라 분주한데 어느 겨를에 조상을 받든단 말인가?

아, 서쪽으로 곡용(曲龍)과 두류(頭流)를 바라보니 수많은 부당(斧堂)[99]이 있고 북쪽으로 홍류(紅流)와 월평(月坪)을 바라보니 송추(松楸)[100]가 푸른데, 조상들과 여러 신들이 이곳을 오르내렸다. 그런데 성묘하는 비용과 묘사를 드리는 제전(祭田)[101]을 돌아보면 평소에 모아 두지 않고 일족들에게 으레 거두어, 여름에는 보리를 징납하고 가을에는 세금을 요구하였다. 이렇게 하는 것을 상례로 여겨 해마다 제사를 드리는 곡식은 때가 닥쳐서 취하니 제수(祭需)는 품질이 어울리지 않고 예는 격식에 맞지 않으니 자손들의 이러한 습속을 고치지 못하고 미적대면서 나쁜 마음들이 생겨나니 조상들의 영혼이 흠향하지 않게 되었다. 비록 "제

98) 주손(胄孫) : 맏손자를 이르는 말이다.

99) 부당(斧堂) : 봉분(封墳)을 이르는 말로, 《예기(禮記)》 〈단궁(檀弓)〉에, 자하(子夏)가 "옛날에 공자가 말씀하시기를 '내가 보건대, 봉분하는 것을 마치 마루처럼 쌓아 올린 것이 있고……도끼날처럼 위가 좁게 쌓아 올린 것도 있었으니, 나는 도끼처럼 하는 것을 따르겠다.' 하셨으니, 도끼날처럼 하는 것은 세속에서 이른 바 마렵봉이라고 하는 것이다.〔昔者 夫子言之曰 吾見封之若堂者矣……見若斧者矣 從若斧者焉 馬鬣封之謂也〕"라는 구절이 있다.

100) 송추(松楸) : 소나무와 가래나무로 묘지에 많이 심어 분묘(墳墓)나 선영을 뜻하는 말로, 선산(先山)이 있는 고향을 말한다.

101) 제전(祭田) : 제사의 비용을 마련하기 위해서 설치한 밭으로, 이곳에서 얻어지는 것으로 제사에 쓰이는 비용을 마련하였다.

사는 양을 보존하는 것[102]을 면치 못한다."라고는 하지만, 생각이 여기에 미치자 나도 모르게 피눈물이 흘렀다.

임신년〔1932〕 겨울 10월 신사일【묘사를 드리는 다음날】 종회를 거행하는 아침에, 내가 종계(宗契)를 창설하는 일을 회의 중에서 말을 하였다. 그러자 말이 채 끝나기도 전에 일족들 가운데 젊은이나 나이든 사람들 모두가 분연히 "이 일을 어떻게 그만둘 수 있겠는가? 이 일을 어떻게 그만둘 수 있겠는가?"라고 하였다. 옛사람들이 "사람이 먼 생각이 없으면 반드시 가까운 근심이 있다."[103]라고 하였고, 《예기(禮記)》 〈단궁 상(檀弓上)〉에 "예가 있고 때가 있더라도 재물이 없으면 군자는 행하지 못한다."[104]라고 하였다.

아, 자손이 있는데 어찌 힘을 쓰지 않겠는가? 일족이 비록 궁핍하다지만 80호(戶)가 넘고 종족(宗族)의 수가 300명은 되니, 촌수의 거리, 재력 유무와 관계없이 어른은 5냥, 어린아이는 그 절반을 각자 출자하여 종계(宗契)를 만들고 이자를 불려 본전에 보태기를 10년을 기약한다면 천백냥을 계산할 수 있을 것이니, 이것이 바로 예가 있고 때가 있고 재물이 있는 것이니, 아, 이를 행하지 않겠는가?

이곳에서 선조를 위해 일을 하고 이곳에서 제사를 지내며 이곳에서 장례를 치르고 이곳에서 종족이 된다면 같은 조상으로부터 몸을 이어받은 감정이 절로 마지못할 것이고 돌아가신 조상을 그리워하는 마음[105]이 유

102) 양을……것 : 《논어(論語)》 〈팔일(八佾)〉에 "자공이 희생양을 없애려 하자, 공자께서 '사야, 너는 그 양을 아까워하느냐? 나는 그 예를 아까워한다.'라고 하였다.〔子貢欲去告朔之餼羊 子曰 賜也 爾愛其羊 我愛其禮〕"라고 한데서 온 말로, 예를 보호하기 위해 형식일 뿐이라도 옛 제도를 보존한다는 말이다.

103) 사람이……있다 : 《논어》 〈위령공(衛靈公)〉에 공자가 "사람이 먼 생각이 없으면 반드시 가까운 근심이 있다.〔人無遠慮 必有近憂〕"라는 구절이 있다.

104) 예가……못한다 : 《예기(禮記)》 〈단궁 상(檀弓上)〉에, 자사가 "예가 있더라도 재물이 없으면 군자가 행하지 못하며, 예가 있고 재물이 있더라도 제때가 아니면 군자가 행하지 않는다.'고 하였으니, 내 무엇을 삼가겠는가?〔吾聞之 有其禮 無其財 君子弗行也 有其禮 有其財 無其時 君子弗行也 吾何愼哉〕"라는 구절이 있다.

105) 돌아가신……마음 : 돌아가신 조상에 대한 생각을 말한다. 《예기(禮記)》 〈제의(祭義)〉에 "가을에 서리와 이슬이 내리면 군자가 그것을 밟아 보고 반드시 슬픈 마

연히 생겨날 것이다. 《논어》 〈학이(學而)〉에서 증자(曾子)가 "어버이 상을 당했을 때 신중하게 행하고 먼 조상들을 정성껏 제사 지내면 백성들의 덕성이 한결 돈후하게 될 것이다."라고 하였고, 정자(程子)가 "종족을 거두고 풍속을 후하게 한다."[106]라는 뜻이 이를 두고 한 말이다.

아, 우리 종족의 계에 대하여 한탄스럽게, 여겨 곧바로 이날 좌목을 정하고 임원을 천거하며 계의 조목에 따라 출자금을 징수하였으며 곗돈을 내는데 부지런한지 아닌지, 아무개는 정성스러운지 아무개는 게으른지를 감독하게 하여 반드시 선을 권장하고 죄를 성토하여 감히 혹시라도 용서하지 못하도록 하였다.

이에 나는 이마를 조아리고 두 손으로 절을 하면서 많은 사람들에게 "여러 종족들의 이 논의는 선조들께서 도우신 것으로 후손들의 영원한 복입니다."라고 하였다. 또 축하하며 "오직 우리 종족들은 오늘의 이 말을 잊지 마십시오."라고 하고는 마침내 일족들의 의논을 삼가 서술하여 〈종계창립문(宗契創立文)〉을 짓는다.

종계좌목(宗契座目)

제1. 입강(立綱)[107]

하나. 곗돈을 내어 계(契)를 설립하고 재원을 양성한다.

하나. 조손(祖孫)들이 영원히 조상을 추모하고 다하지 못한 효도를 계속 이어서 한다.

음이 생기나니, 이는 날이 추워져서 그런 것이 아니다. 또 봄에 비와 이슬이 내려 땅이 축축해지면 군자가 그것을 밟아 보고 반드시 섬뜩하게 두려운 마음이 생기면서 마치 죽은 부모를 곧 만날 것 같은 생각이 들게 된다.〔霜露旣降 君子履之 必有悽愴之心 非其寒之謂也 春雨露旣濡 君子履之 必有怵惕之心 如將見之〕"라는 구절이 있다.

106) 종족을……한다 : 《근사록(近思錄)》에 정자(程子)가 "천하의 인심을 다스리기 위해서는 종족을 거두고 풍속을 후하게 하여 사람들로 하여금 근본을 잊지 않게 하여야 하는데, 그러기 위해서는 모름지기 계보를 밝히고 세족을 거두며 종자에 관한 법을 세워야 한다.〔程子曰 管攝天下人心 收宗族 厚風俗 使人不忘本 須是明譜系 收世族 立宗子法〕"라는 구절이 있다.

107) 입강(立綱) : 종계의 강목(綱目)을 세우는 것을 이른다.

하나. 선조의 뜻을 잇고 후손들을 넉넉히 하며 종족들을 돈독히 하고 인륜을 바로잡는다.

제2. 열목(列目)

일. 삼가 계의 아름다운 이름을 '원산강씨종계(阮山姜氏宗契)'라고 한다.

둘. 입계출자금을 정하되 대수(代數)의 멀고 가까움 부유하거나 가난한 사람들 모두 어른은 5냥, 어린아이는 그 반으로 한다.

셋. 계원은 처음으로 고성(固城)에 사는 황조(皇祖)이신 은희(殷希)의 후손이면 빠짐없이 계에 들어온다.

넷. 곗돈에 대해서는 본족(本族)이 빌려가는 것은 절대로 허락하지 않는다. 한편으로는 종족의 의리를 보존하기 위해서이고 한편으로는 종족을 보존하기 위해서이다.

다섯. 곗돈은 10년까지는 조금도 쓸 수 없고, 오로지 이자를 불려서 원대한 계획을 도모한다.

여섯. 계에는 계장(契長)과 이사(理事)를 선정하여 그들로 하여금 계목(契目)의 거행과 곗돈의 출납을 맡아서 처리하게 한다. 따로 임원 약간을 두어 그 일을 돕게 한다.

일곱. 계회(契會)는 매년 묘향(墓享)을 지낸 다음 날로 예정하고 맡아서 처리하는 것이 부지런한지 게으른지를 감독하고 출납이 적당한지 그렇지 않은지 감독한다.

여덟. 입계출자(入契出資)에 관하여 계목의 규정을 따르지 않고 태만하게 하는 자에 대해서는 계에서 그의 죄를 성토하고 출자금을 거두어들인다.

아홉. 계장(契長)과 이사, 임원의 임기는 3년으로 정한다. 그러나 만약 따르지 않는 자가 있다면 즉시 교체하고 그의 죄를 성토하여 뒷사람의 본보기로 삼는다.

열. 묘에 있는 소나무와 가래나무는 밤낮으로 목동들이 베는 것을 금지하고, 자손들로 하여금 주간하게 해서 나뭇가지가 무성해져야 자손이 있는 묘라고 할 수 있다.

열 하나. 분묘는 반드시 언제나 살펴보게 하는 것이 옳다. 탈이 있거나 천재지변이 있어 산이 무너지거나 물로 깎여나간 곳이 있다면 곧바로 보수하고 점쟁이들의 말에 구애받아서는 안 된다.

열 둘. 열조의 묘향(墓享)은 선세로부터 이미 한해 한번 거행하는 사례가 있다. 그러하니 우리들은 마땅히 받들어 거행해야 하고 감히 게을리 하여서는 안 된다. 선조의 아름다움을 잘 이으면 자손들은 영원히 창성할 것이지만 선조에게 누를 끼치게 된다면 자손들은 창성하지 못할 것이다. 증자(曾子)가 "몸이라는 것은 부모가 남겨주신 유체(遺體)이다."[108]라고 하였다. 그렇다면 이것은 바로 부모의 몸이고 또 나의 조상이 남겨주신 유체이니 이렇게 미루어 간다면 끝이 있겠는가? 조부를 손자처럼 여기고 손자를 조부처럼 여긴다면 아무리 백 대의 먼 세월이라고 하더라도 한 몸에서 수없이 자손으로 몸이 나누어진다고 하더라도 동일한 기운에서 나온 것이다. 그러하니 지금 묘의 나무를 어루만지며 잡초가 우거진 무덤

108) 몸이라는……유체(遺體)이다 : 《예기(禮記)》 〈제의(祭義)〉에 증자(曾子)가 효(孝)에 대하여 제자인 공명의(公明儀)에게 "몸이라는 것은 부모가 남겨주신 유체(遺體)이니, 부모의 유체를 움직임에 어찌 감히 신중하지 않겠는가.〔身也者 父母之遺體也 行父母之遺體 敢不敬乎〕"라는 구절이 있다.

사이[109]에서 행하는 것은 어찌 자신의 조상을 애상하게 여기지 않는 마음이 있어서이겠는가? 《예기》 〈제의(祭義)〉에 "가을에 서리와 이슬이 내리면 군자가 그것을 밟아 보고 반드시 슬픈 마음이 생기니, 이는 날이 추워져서 그런 것이 아니다."라고 하였고, 주자(朱子)가 "선조가 비록 멀지만 제사를 정성스럽게 지내지 않아서는 안 된다."라고 하였다.

열 셋. 무릇 우리 함께 계를 하는 종족은 묘향(墓享)의 제수와 무덤을 돌보는 비용과 기타 종사(宗事)에 관한 것들은 앞서 나온 것에 따라서 비율에 따라 제공하되 마땅히 10년 동안은 곗돈에서 보충되기를 기대해서는 안 된다. 옛날 천자가 남쪽 교외에서 직접 밭을 갈아서 얻은 곡식으로 천지의 온갖 신들과 종묘사직의 신들에게 제사를 지냈다. 제후도 동쪽 교외에서 직접 밭을 갈아서 얻은 곡식으로 나라 안 산천의 온갖 신과 종묘의 제사를 지냈는데, 하물며 우리 같은 보잘것없는 백성들은 감히 자신의 힘을 쓰고 자신의 마음을 다하여 자신의 조상을 받들지 않겠는가?

열 넷. 무릇 자손이 된 자들은 자신의 조상에게 제사를 드리고자 한다면 우선 정성을 다하고 정성을 다하려고 한다면 종족이 화평해지고 부부가 친해진다. 물용(物用)을 지극히 함은 백성들의 기강을 세우는 것이다.[110] 물용이 지극하지 않으면 백성들의 기강이 서지 않고 기강이 서지

---

109) 잡초가……사이 : 《예기》 〈단궁 하(檀弓下)〉에, "잡초 우거진 무덤 사이에서는 백성들에게 슬퍼하라고 시키지 않아도 백성들 스스로 슬퍼하고, 사직과 종묘 근처에서는 백성들에게 공경하라고 시키지 않아도 백성들 스스로 공경한다.〔墟墓之間 未施哀於民而民哀 社稷宗廟之中 未施敬於民而民敬〕"라는 구절이 있다.

110) 물용(物用)을……것이다 : 《예기보주(禮記補註)》에 "천하의 예는 근본에 보답하는 정성을 지극히 하는 것이며, 귀신의 존엄한 이치를 지극히 하는 것이며, 화합과 재용(財用)을 지극히 하는 것이며, 의(義)를 지극히 하는 것이며, 사양을 지극히 하는 것이다. 마음으로 근본에 보답하는 정성을 지극히 함은 근본을 후하게 하는 것이요, 귀신의 존엄한 이치를 지극히 함은 윗사람을 높이는 것이요, 백성의 물용(物用)을 지극히 함은 백성의 기강을 세우는 것이요, 의를 지극히 하면 위아래가 패역(悖逆)하지 않게 되고, 사양을 지극히 함은 다툼을 제거하는 것이다. 이 다섯 가지를 합하여 천하의 예를 다스린다면 비록 기이하고 사악하여 다스려지

않으면 부부가 친하지 않으며 종족이 화평하지 않게 된다. 정성을 지극히 하지 않으면 신이 어찌 흠향할 것이고 사람이 어찌 복을 받겠는가? 이러한 까닭에 《예기(禮記)》 〈제통(祭統)〉에 "사람을 다스리는 도는 제사보다 중요한 것이 없다."[111]라고 하였고, 그에 따른 응씨(應氏)의 주석에는 "다하지 못한 봉양을 뒤미처 행하고, 다하지 못한 효도를 계속함이다."라고 하였다. 지금 장차 물용을 지극히 하여 백성들의 기강을 세워 부부를 친하게 하고 종족을 화평하게 하려고 한다면 정성을 지극히 하고 제사를 받드는 것이 이 계에 있지 않겠는가?

위는 제2 강목의 요체를 밝힌 것이다.

열 다섯. 무릇 같은 조상을 둔 우리 종족들은 사는 곳이 서로 다르지만 정은 마치 함께 밥을 먹는 사람과 같고 상복의 예가 다하였더라도 사랑은 공최(功衰)[112]를 입는 사람과 같다. 아, 우리 찰방(察訪) 선조이신 순(舜)에서부터 우리들에게 이르기 까지 8~9대(代)가 된다. 자손들이 기를 얻고 몸을 이어받은 이치로 미루어보자면 오랜 세월도 하루아침과 같다.

옛날 강주(江州) 진씨(陳氏)는 남당(南唐) 사람으로 10세(世)가 함께 살면서 종족들이 700명이나 되었는데, 밥을 먹을 때마다 넓은 자리를 깔고 어른과 어린이들이 자리를 차례로 하여 함께 밥을 먹었다. 어떤 사람이 개 100마리를 기르는데, 모두 한우리에서 밥을 먹이는데 한 마리가 오지 않으면 여러 개들이 그로 인해 먹지를 않았다. 지금 우리 종족을 진씨와 비교해 보면 더없이 가까우니 어찌 하지 못하겠는가? 차라리 혹시

지 않는 자가 있더라도 적을 것이다.〔天下之禮 致反始也 致鬼神也 致和用也 致義也 致讓也 致反始 以厚其本也 致鬼神 以尊上也 致物用 以立民紀也 致義 則上下不悖逆矣 致讓 以去爭也 合此五者 以治天下之禮也 雖有奇邪而不治者 則微矣〕"라는 구절이 있다.

111) 사람을……없다 : "무릇 사람을 다스리는 방도는 예보다 더 급한 것이 없고, 예에는 오경(五經)이 있는데 제사보다 더 중한 것이 없다.〔凡治人之道莫急於禮 禮有五經 莫重於祭〕"라는 구절이 있다.

112) 공최(功衰) : 3년상을 당하여 소상(小祥)이 지난 뒤에 입는 참최복(斬衰服)을 말한다. 참최복을 만드는 데 사용하는 마포(麻布)의 승수(升數)가 대공복(大功服)을 만드는 데 사용하는 마포와 같기 때문에 이렇게 칭한다.

라도 행하지 않을 수는 있지만 행한다면 진씨와 같은 종족이 될 것이니, 여러 일족들은 힘써야 할 것이다.

열 여섯. 대개 일족들이 화목하지 못하여 왕왕 부유하다고 가난한 사람을 업신여기고 귀하다고 천한 사람을 홀대하며 항렬로 어른을 능멸하니 이는 세속의 공통된 근심이다. 이는 예나 지금이나 경계하는 것이다. 무릇 각 곳에 사는 일족들은 귀함과 천함, 가난함과 귀함, 대수가 멀고 가까움 없이 오직 일족들을 사랑하고 나이가 같으면 항렬이 높은 사람을 높게 여기고 덕이 같으면 나이가 많은 사람을 높게 여기며 어른을 공경하고 대중들을 사랑하며 덕을 숭상하고 가난한 사람을 구휼하는데 있어 친하고 소원하다고 하여 관계가 줄어들고 대수가 멀고 가깝다고 하여 사이를 둘 수 있겠는가? 여러 일족들은 경계하여야 할 것이다.

열 일곱. 우리 종족의 이 계(契)는 진실로 효자와 효손의 지극한 정성과 가엾고 애달픈 마음에서 나왔을 뿐이니 조부는 이를 손자에게 전하고 아버지는 이를 자식에게 전하여 영원히 추락시키지 말고 힘써야 할 것이다.

위는 제3의 강령을 권하는 서문이다.

하나. 좌목의 아래에 간략하게 전인의 아름다운 말이나 좋은 행실을 서술하여 여러 종친들이 살펴 깨닫는 자료로 갖추었으니 보는 자들은 상세히 알 수 있을 것이다.

하나. 좌목 안에 혹시라도 누락되어 보탤 것이 있거나 흠이 있어 고칠 것이 있으면 뒷날 계회(契會)의 의결을 거쳐 고칠 것은 고치고 보충할 것은 보충한다.

하나. 좌목 밖에 따로 별책을 두어 곗돈의 출납과 사용하여 소비한 것들을 하나하나 장부에 기록하여 계속 처리한다.

하나. 계원록(契員錄)에 비록 아버지와 아들, 손자가 함께 실린 사람 가운데 반드시 각 단에 특별히 아버지와 할아버지의 아래에 두 줄의 작은 글씨로 아이의 이름을 기록하여 어른과 아이를 구별하여 이어졌다는 것을 밝힌다. 별도로 입계출자(入契出資)에 관해서는 전액이 얼마인지, 어느 날 납부하였는지, 누가 받았는지, 각 이름의 아래에 기록을 하여 참고하기 편리하도록 한다.

하나. 이 계원록은 세속에서 사귀면서 시를 읊조리며 주고받은 계모임과 비교할 수가 없다. 실로 우리 종족의 일부 종안(宗案)[113]에 비교하더라도 손색이 없고 관계된 것이 높고도 중요하니 감히 지워버리지 말고 영원히 보존해야 한다.

◎ 昭穆

▸ 格庵趙氏曰 左昭右穆者 死者之昭穆也 群昭群穆者 生者之昭穆也 宗廟之禮 非特序死者之昭穆 亦所以生者之昭穆 ○新安陳氏曰 王制所謂 三昭三穆 昭在左 左爲陽 昭者 陽明之義 穆在左 右 爲陰穆者 陰幽之義 以周言之書於文王曰 穆考文王 詩於武王曰 率見昭考 父穆 則子昭 父穆 則子穆也子孫 亦以爲序也 祭統所謂 昭與昭齒 穆與穆齒是也【齒 年數也】

▸ 燕毛 祭畢而燕 則以毛髮之色 別長幼爲坐次也

▸ 宗子 母在 爲妻 禫【詁父在 則適子爲妻不葬〔杖〕 不杖則不禫 父沒母存〔在〕 則杖且禫矣 此宗子 百世不遷者也 恐疑於宗子之尊厭其妻 故明言 雖母在 亦當爲妻禫也 然則非宗子 而母在者 不禫矣】

▸ 庶子 不祭祖 明其宗也

▸ 庶子 不祭禰 明其宗也【▷適子 本也 庶子 支也 ○生曰父 死曰考 入廟稱禰 ▷此據適士立二廟 祭禰及祖 今兄弟二人 一適一庶 而俱爲適士 其適子之爲適士者 固祭祖及禰矣 其庶子雖適士 止得立禰廟 不得立祖廟而祭祖者 明其宗有所在也 ▷庶子不得立禰廟〔故不得祭禰 所以然者 明主祭在宗子 廟必在宗子之家也 庶子〕雖貴 止得供具牲物 而宗子 主其禮也 上〔文言〕庶子〔不祭祖 是猶得立禰廟 以其爲適士也 此言不祭禰 以〕此庶子非適士 或未仕 故不得〔立〕廟以祭禰也】

---

113) 종안(宗案) : 부계친족집단인 문중 또는 종중에 관련된 문서를 이른다.

소목[114)]

▸ 격암조씨(格庵趙氏)[115)]가 "왼쪽은 소, 오른쪽은 목〔左昭右穆〕[116)]은 죽은 자의 소목(昭穆)이고, 여러 소와 여러 목〔羣昭羣穆〕[117)]은 산 자의 소목이다. 종묘의 예는 다만 죽은 자의 소목(昭穆)만을 차례한 것이 아니라, 또한 산 자의 소목을 차례한 까닭인 것이다."라고 하였다. ○신안진씨(新安陳氏)[118)]가 "왕제(王制)[119)]에 이른바 '삼소삼목(三昭三穆)'에서 소(昭)가 왼쪽에 있는데 왼쪽이 양(陽)이다. 소(昭)는 '양명(陽明)'의 뜻이며, 목(穆)이 오른쪽에 있는데 오른쪽이 음(陰)이다. 목(穆)은 음유(陰幽)의 뜻이다. 주(周)나라를 예를 들어 말하자면《서경》〈주서(周書) 주고(周誥)〉에 문왕(文王)에 대하여 '목고문왕(穆考文王)'이라고 하

---

114) 소목 : 조상의 신주를 사당에 모시는 차례를 이르는 말로, 왼쪽 줄을 '소(昭)', 오른쪽 줄은 '목(穆)'이라고 한다.

115) 격암조씨(格庵趙氏) : '격암'은 송나라 성리학자인 조순손(趙順孫, 1215~1277)의 호이다. 이부상서(吏部尙書)·참지정사(參知政事)를 역임하였고, 저서로《사서찬소(四書纂疏)》를 지었다.

116) 왼쪽은……목〔左昭右穆〕: 고대의 종법제도(宗法制度)로, 종묘 등의 사당에서 조상의 신주를 배열하는 차서를 이른다. 천자(天子)는 7묘(廟)로 태조(太祖)를 가운데 모시고 2세·4세·6세는 왼편에 모시어 소(昭)라 하고, 3세·5세·7세는 오른편에 모시어 목(穆)이라 하여 3소·3목이 되는데, 이를 '좌소우목(左昭右穆)'이라 부른다. 제후는 5묘로 2소·2목이고, 대부는 3묘로 1소·1목인데, 할아버지와 손자가 항상 배(配)가 된다. '소'는 동쪽에 위치하고 '목'은 서쪽에 위치하므로 동쪽이 상위가 된다.

117) 여러……목〔羣昭羣穆〕:《예기(禮記)》〈제통(祭統)〉에 "제사를 모실 때 소목이 있으니 소목이란 부자의 원근과 장유 친소의 차례를 구별하여 난잡함이 없게 하는 것이다. 이 때문에 태묘에서 제사를 모시면 모든 여러 소와 여러 목이 모두 함께 있어도 그 차례를 잃지 않는 것이니, 이것을 가리켜서 친소의 관계가 점점 줄어든다고 하는 것이다.〔夫祭有昭穆 昭穆者 所以別父子遠近 長幼親疎之序 而無亂也 是故有事於大廟 則羣昭羣穆 咸在而不失其倫 此之謂親疎之殺也〕"라는 구절이 있다.

118) 신안진씨(新安陳氏) : 진역(陳櫟, 1252~1334)으로, 자는 수옹(壽翁)·정우(定宇), 호는 동부노인(東阜老人)이다. 원(元)나라 유학자로 휴녕(休寧) 출신이다. 학문은 주희를 조종으로 삼았고, 송나라가 망한 후 은거해서 책을 저술하였다. 저서로《역략(易略)》,《사서발명(四書發明)》,《서전찬소(書傳纂疏)》,《예기집의(禮記集義)》등이 있다.

119) 왕제(王制) :《예기(禮記)》의 편명이다.

였고, 《시경》〈주송(周頌) 재견(載見)〉에서는 무왕(武王)에 대하여 '솔견소고(率見昭考)'라고 하였다. 아버지가 목(穆)이 되면 아들은 소(昭)가 되고, 아버지가 소가 되면 아들은 목이 된다. 자손들 역시 이것으로 차서(次序)를 삼는다. 《예기》 제통(祭統)에서 이른바 '소는 소끼리 나이를 가지고 순서를 나누며, 목은 목끼리 나이를 가지고 순서를 나눈다.' 한 것이 바로 이것을 두고 한 말이다."라고 하였다.【치(齒)는 '나이'이다】

▸ 연모(燕毛)는 제사를 마치고 나서 잔치를 베풀 때는 머리카락의 색깔로 어른과 아이를 구분하여 앉는 차례를 정하기 위함이다.[120]

▸ 종자(宗子)는 모친이 생존해 있더라도 처를 위하여 담제(禫祭)를 지낸다.[121]【아버지가 살아 계시면 적자(適子)가 처를 위하여 상장(喪杖)을 짚지 않으니, 상장을 짚지 않으면 담제(禫祭)를 지내지 않는다. 아버지가 돌아가시고 어머니만 살아 계시면 상장을 짚고 또 담제를 지낸다. 이 종자는 백세토록 옮기지 않는 자이니, 종자의 높음이 그 처를 누른다고 의심할까 염려하였다. 그러므로 "비록 어머니가 살아 계시더라도 또한 마땅히 처를 위하여 담제를 지내야 한다."라고 분명히 말한 것이다. 그렇다면 종자가 아니면서 어머니가 살아 계시는 경우는 처를 위하여 담제를 지내지 않는 것이다.】

▸ 서자가 그 조부에게 제사를 올리지 않는 것은 그 종통을 밝히는 것이다.[122]【▷적자(適子)는 뿌리이고 서자(庶子)는 가지이다. ○살아계신 아버지를 '부(父)'라고 하고 죽은 아버지를 '고(考)'라고 하며 사당에 모신 아버지를 '예(禰)'라고 한다. ▷적사(適士)가 두 개의 사당을 세워서 아버지와 할아버지에게 제사 지냄에 근거한 것이다. 지금 형과 아우 두 사람이 하나는 적자이고 하나는 서자로서 모두 적사가 되었으면 그 적자로서 적사가 된 자는 진실로 할아버지와 아버지에게 제사 지낼 수 있지만 그 서자는 비록 적사가 되었더라도 다만

120) 연모(燕毛)는……위함이다 : 이 구절은 《중용》 19자의 주석이다.

121) 종자(宗子)는……지낸다 : 《예기주소》 〈상복소기(喪服小記)〉에 "종자는 어머니가 살아 있어도 아내를 위하여 담제를 지낸다.〔宗子母在爲妻禫〕"라고 하고, 그 주(註)에 "종자의 처는 존귀하기 때문이다.〔宗子之妻尊也〕"라고 하였다.

122) 서자가……것이다 : 《예기》 〈상복소기〉에 "서자가 조부를 제사하지 못함은 그 종손이 있음을 분명히 함이다. 서자가 자신의 장자 상에 참최복을 입지 못하는 것은 장자가 조와 부의 뒤를 잇지 못하기 때문이다.〔庶子不祭祖者 明其宗也 庶子不爲長子斬 不繼祖與禰故也〕"라고 하였다. 주석에서 여기의 서자는 지자(支子)이고 첩자가 아니라고 하였다.

아버지의 사당을 세울 수 있을 뿐이고 할아버지의 사당을 세워서 할아버지에게 제사 지낼 수 없으니, 이것은 종통이 따로 있음을 밝힌 것이다. ▷서자(庶子)는 아버지의 사당을 세울 수 없기 때문에 아버지에게 제사 지내지 못한다. 〔그러한 까닭은, 제사를 주관함이 종자(宗子)에게 달려 있고 사당은 반드시 종자의 집에 세워 두어야 함을 밝히는 것이다.〕 서자의 신분이 비록 귀하지만 다만 희생과 제물을 장만할 수 있을 뿐이고 종자가 그 예(禮)를 주관한다. 윗글에서 "서자가 〔할아버지에게 제사 지내지 못한다."라고 말하였으니, 이는 그래도 아버지의 사당을 세울 수 있는 것으로 그가 적사(適士)가 되었기 때문이다. 여기에서 "아버지에게 제사 지내지 못한다."라고 말하였으니,〕 이 서자는 적사가 아니거나 혹은 벼슬하지 않았기 때문에 사당을 세워서 아버지에게 제사 지낼 수 없는 것이다.】

부록(附錄)

부록(附錄)

1

◎ 行狀

公姓姜氏 貫晉陽 諱時中 字聖範 號芳山 晉陽府院君 文景公 諱孟卿十七世孫也 九代祖 諱殷希 自晉州班城 奠居于固城縣治南十里許 寔因壬燹 遂成入固之祖 院山之有姜 自此始矣 二傳至諱後載武僉正 嚴厲忠寬 助收亂後 名聲振南 遂爲派祖焉 三傳諱泰英 號浮巖 好讀書善文章 以禮讓傳後 然曾無登逸 故無傳 高祖諱聖澤 曾祖諱尙采 祖諱渭秀 考諱大律 妣延安車氏 高宗十三年丙子十二月十一生 生父諱大麗 第二子誕生 係出于伯父后 公生有異質 聰慧異凡聽輒認之 視卽知之 至五六歲 已萌長者之質矣 隣有村塾 弄戲之間 潛聽讀書聲 竊看習字儀 劃地模倣 先公心喜之 携手就塾 使讀千字文 未月而盡誦 更欲進階 先公撫止曰 幼而讀書 反減聰明 使之戲膝 自此以後 更不就塾 雖有牧野之間 未嘗或違親命 孝順之心 又敦矣 曁年至十五 正始受讀于竹逸先生 英邁資質 轄然表外 先天機樞 緼然蔚胸 輒言卽記 一二成誦 亦已了解文義 甚不煩塾師之敎誨 精讀經書 博涉禮史百家子書 無不得達 及其壯年 又欲廣見聞 負笈東西 擇善取友 性樂山水 每遇泉石之勝 欣然終日 徜徉忘歸 爲詩爲書 淸淑端雅 有溫粵肅灑之氣 而關山鯨海之慨矣 模寫時景 逼近眞境 論古談今 毫無曲言 同時作爲者 皆以爲不及而畏敬之 家居必晨起盥櫛 昏定晨省 少不闕怠 對案閱經史 古今政事之得失 人物之臧否 無不瞭然鑑哉 其或忠直不售 奸邪病國處 輒慷慨激烈嗟恨不已 掩卷默坐 如有所失焉 昆季四棣 友愛篤實 常會一室 怡如翕如 和氣滿堂 隣里之人 見而欽歎曰 兄弟之道 當如是也 家素淸貧 粥飯之繼乏 不以爲意 常常晏如也 客來卽必備酒待之 或肴無下箸處 笑謂客曰 此淸寒者之本色 富豪之珍羞 不如吾家鹽醬 賓主歡然 醉飮不知日之將曛 或有携酒而來者 欣然共飮之不辭 未嘗至於沈醉對話 亦曰 孝友禮讓 春及

秋熟之事 動靜言語 一毫不亂 此亦平素修德養行之功也 丁外憂居喪諸節 一遵禮制 兄弟守廬 暫不離 是時趨慈庭 以慰母心 事死事生 曲盡其道 見者大感 忍耐之性至剛 雖祁寒盛暑 不爐不扇 勞不至甚 未嘗偃臥 雖病痛呻吟之聲 不出於口 居處飮食 不擇精陋 常曰 顔子之蔬食 管寧之穿席 何病之 有容膝充饑 足以養七尺之軀矣 見人有過 則斷不容髮 然未嘗疾言遽色 徐以諭責 使彼自愧而改之 曾會宗會修禊曰 先事之需 吉凶之備 不可不豫立 各隨其力 致誠蓄儲之 不幾年取得庸財 事先不怠 急難救恤 以盡奉先之道 暨省宗人之憂 諸族自然感化 敦睦之誼 相扶之情 藹然互發 袒免之親疏 遠近之族 渾然如一室之人 使其視宗族 如塗人者 可以愧死矣 且祖先之墓 一一具石 儀置祭田 使子孫不忘其本 其慮之也遠 憂之也密 蓋如是也 長鬚濃眉 鳳眼虎儀 偉容甚偉 坐於稠座之中 軒軒若鶴立群鷄之中 望之者 自生畏憚之心 然至於接物和氣藹藹 笑語娓娓 人皆悅服 曾建沙月齋 使遠近秀冠童 就學日往省講 使彼修習泗洙之源 又置道院講習所 選面中之靑少年 使之就學 亦日往省敎 使彼講究 東西之流 以期溫故而知新 無一人忘本侮末 且創道山學校 使僻地之民 以免時代落後之感 更設公共厚生之業 以圖利民之事 亦不少矣 然至於利己之事 一切泊如也 常戒子姪輩曰 人以官爵爲貴 吾以勸爲貴 人以財貨爲寶 吾以孝友爲寶 富貴貧賤命耳 其間毫無容私 則豈可有一毫歆艶之心 亦豈可有一毫慽嗟之色哉 但治心窒慾 篤行勸禮 耐苦節儉 誠勸循分 宜兄睦弟 則家道定矣 時或出外 呼朋喚友 携酒遊於山水間 或詩或釣 以養浩然之氣 及其晩年 杜門閑居 外事不關 惟專心於禮學性理有年 遂成一家見 常呼長侄政鎬 使之精讀經書 沈潛其義 轄然了然 然後許歸 又督敎書法 必盡力書 不爲無心放筆 彼亦善文能詩 特以筆士名 閑餘喜 與二三村老 說桑麻秔稻 量晴較雨 驗談年事 分飮村醪數盃 盡歡而散 謂其家人曰 彼皆天眞無僞 輸情攄心 猶勝與知識人 論古談今之事矣 如是數年 精力尙健 甚無頹老之色 將期遐壽 己卯夏 偶然得疾 委床歲餘 終不起而庚辰五月一日考終 享年六十五 葬于固城浮致山丑坐 配南平文氏士人章俊之女 少有婦德 承順夫子 小不忤志 平生無怨客咎貧之言 育四男一女 男平鎬泰鎬珀鎬鳳鎬 女慶州金貞一 長孫元淳 曾孫秉柱 餘煩不錄 推考公之行儀 則不事邊幅 率循性分 剛毅厚德 惟公至正 博涉古今 不外聖訓 能詩能文 特出禮史 不肖無狀 豈敢揚記萬一哉 但擧耳濡目染者 如此恭竢秉筆 君子之採擇焉

乙卯 元月旣望 不肖子 泰鎬 泣血奉撰

행장

공의 성은 강씨(姜氏)이고 본관은 진양(晉陽)이다. 이름은 시중(時中)이고 자는 성범(聖範)이며 호는 방산(芳山)이다. 진양부원군(晉陽府院君) 문경공(文景公) 맹경(孟卿)[1]의 17세손이다. 9대조 은희(殷希)[2]가 진주(晉州) 반성(班城)[3]에서 고성현(固城縣) 치소(治所) 남쪽 10리쯤[4]에 자리를 잡고 살았다. 이는 진실로 임진왜란으로 마침내 고성(固城)으로 들어온 입향조(入鄕祖)가 되었고, 원산리(院山里)에 강씨가 있게 된 것은 이때부터이다. 2대가 전해져 후재(後載) 무첨정(武僉正)에 이르러 엄려(嚴厲)하고 충관(忠寬)함으로 임진왜란을 수습하는 것을 도와 명성을 남쪽에 명성을 떨쳐 마침내 파조(派祖)가 되었다. 3대가 전해져 태영(泰英), 호는 부암(浮巖)에 이르러 독서를 좋아하고 문장에 뛰어났으며 예양(禮讓)[5]을 후손들에게 전하였다. 그렇지만 이름이 일민(逸民)[6]에 오른 적이 없어 전해진 것이 없었다. 고조부는 성택(聖澤), 증조부는 상채(尙

1) 맹경(孟卿, 1410~1461) : 자는 자장(子章)이다. 1426년(세종 8)에 진사시에 합격하고, 1429년 중시문과에 병과로 급제하였다. 1453년(단종 1) 이조참판으로서 계유정난(癸酉靖難)에 수양대군을 도왔고, 뒤이어 예문관제학 · 의정부우참찬을 역임하였다. 1455년 수양대군이 단종의 왕위를 선양하는 일에 협력한 공으로 좌익공신(佐翼功臣) 2등에 책정되고 진산부원군(晉山府院君)에 봉해졌다. 1456년(세조 2) 좌찬성을 거쳐 이듬해 우의정에 오르고, 하등극사(賀登極使)가 되어 명나라에 다녀왔다. 1458년 좌의정을 거쳐 이듬해 영의정이 되었다. 신숙주(申叔舟)가 비명(碑銘)을 지었다. 시호는 문경(文景)이다.

2) 은희(殷希, ?~?) : 자는 입산(立山)으로 진주에서 고성으로 처음 입향(入鄕)하였다.

3) 반성(班城) : 현(縣)의 이름으로, 경상남도 진양군(晉陽郡) 일반성면(一班城面)과 이반성면(二班城面) 지역에 있었다. 신라시대부터 현(縣)이었었는데, 고려 현종(顯宗) 때에 진주목(晉州牧)의 속현이 되었다.

4) 치소(治所)……10리쯤 : 경남 고성군 고성읍에 있던 곡룡(曲龍) 마을이다.

5) 예양(禮讓) : 예의를 지키며 겸양함을 이른다. 《논어》 〈이인(里仁)〉에서 공자가 "능히 예와 겸양으로써 한다면 나라를 다스림에 무슨 어려움이 있으며, 예와 겸양으로써 나라를 다스리지 못한다면 예를 어찌하겠는가.〔能以禮讓爲國乎何有 不能以禮讓爲國如禮何〕"라고 한 데서 나온 말이다.

6) 일민(逸民) : 학문과 덕행이 있으면서 초야에 묻혀 지내는 사람을 이른다.

采), 조부는 위수(渭秀)이다. 아버지는 대율(大律)이고 어머니는 연안차씨(延安車氏)이다.

고종 13년 병자년〔1876〕 12월 11일에 태어났다. 생부는 대려(大麗)의 둘째 아들로 태어나 백부(伯父)에게 양자로 갔다. 공은 태어나면서부터 남다른 자질이 있어 보통 사람들과 다르게 총명하고 지혜로워 듣기만 하면 인식하고 보기만 하면 알았다. 5~6살이 되자 벌써 장자(長者)의 자질을 나타냈다. 이웃에 서당이 있었는데 장난하는 사이에도 남모르게 책 읽는 소리를 듣고 글씨 쓰는 것을 엿보고 땅에 쓰면서 모방하였다. 선공께서 마음속으로 기뻐하여 손을 잡고 서당으로 가서 《천자문(千字文)》을 읽도록 하였는데, 한 달도 되지 않아 다시 다음 등급으로 나아가려 하자 선공께서 어루만지고 달래며 "어려서 독서는 도리어 총명함을 반감시킨다."라고 하고는 무릎에서 놀게 하였다. 이후부터 다시 서당에 나아가지 않았다. 비록 들에 있으면서도 일찍이 아버지의 말씀을 어긴 적이 없었고 효도하고 유순한 마음도 돈독하였다.

15살이 되어 비로소 죽일(竹逸) 선생[7]에게 수업을 받았는데, 뛰어난 자질이 훤하게 밖으로 드러났고 타고난 언어가 가슴속에 가득 쌓여 말만 하면 곧바로 기억하고 한두 번 외우기만 하면 벌써 문장의 뜻을 이해하였다. 번거롭게 서당 선생의 가르침이 필요가 없었다. 정밀하게 경서(經書)를 읽고 널리 예경(禮經)과 역사서, 제자백가(諸子百家)의 책을 읽어 달통하지 않음이 없었다.

다 자라서는 또 견문을 넓히려고 책 상자를 지고 동서로 다니며 선(善)을 택하고 벗을 취하였다. 본성이 산수를 좋아하여 매번 경치가 좋은 곳을 만나면 기뻐하여 종일 그곳을 배회하며 돌아가는 것도 잊고 시와 글을 지으니 뛰어나고 단아하였다. 따뜻하고 시원스러운 기상과 높은 산과 큰

7) 죽일(竹逸) 선생 : 정호용(鄭灝鎔, 1855~1935)을 이른다. 그는 일제강점기의 유학자로, 자는 근여(謹汝)이고 호는 죽일(竹逸)이다. 본관은 영일(迎日)이고, 출신지는 경상남도 고성군(固城郡)이다. 백가서를 섭렵하였으며 《대학》과 《중용》, 《소학》을 손에서 놓지 않았다. 특히 《소학》은 잠심(潛心) 연구하며 실천하기 위해 노력하였다. 저서로 《죽일선생문집(竹逸先生文集)》이 있다.

바다처럼 흔쾌하였다. 눈앞의 경치를 모사하면 진경(眞境)에 가까웠고 고금을 논하면 털끝만큼의 왜곡된 말이 없어, 함께 글을 짓는 사람들이 모두 그에 미치지 못하여 경외하였다.

집에서 생활할 때는 반드시 새벽에 일어나 세수하고 머리를 빗고 저녁에는 부모님의 이부자리를 깔아드리고 새벽에는 문안을 드리기를 조금도 빠뜨리거나 게을리하지 않았다. 책상에서 경전과 역사를 읽으면서 고금(古今) 정치의 득실과 인물의 잘잘못을 훤히 보지 않음이 없었다. 간혹 충직한데도 그 뜻이 실현되지 못하거나 간사한 자들이 나라를 병들게 하는 문장을 읽으면 비분강개하고 한탄하기를 마지않았다. 그러다 책을 덮고 묵묵히 앉아 마치 무언가를 잃어버린 것 같았다.

네 형제들〔四棣〕[8]이 우애가 독실하여 언제나 한방에 모여 기뻐하니 온화한 기운이 집안에 가득하였다. 이웃 사람들이 이 모습을 보고 감탄하여 "형제의 도는 마땅히 이러해야 한다."라고 하였다. 집안이 가난하여 죽으로 끼니를 이었지만 이를 개의치 않고 언제나 편안히 여겼다. 손님이 찾아오면 곧바로 술을 준비해 대접하였는데, 간혹 안주가 없어 젓가락을 둘 데가 없으면 웃으면서 "이것이 가난한 사람의 본 모습입니다. 부자들의 진수성찬이 저희 집 간장만도 못합니다."라고 하였다. 손님과 주인이 기뻐하며 술에 취해 해가 저무는 것도 몰랐다. 간혹 술을 가지고 오는 사람이 있으면 기뻐하며 사양하지 않고 함께 마셨지만 심하게 취해 대화한 적이 없었다. 이는 또한 효도와 우애와 예로써 사양하는 일은 봄이 되고 가을에 곡식이 익는 일처럼 자연스러운 것이고 행동과 말이 조금도 흐트러지지 않은 것 역시 평소 덕과 행실을 수양하고 기른 공이었다.

아버지의 상을 당하여 상중의 모든 절차를 한결같이 예의 법도를 따라 형제들이 빈소를 지키며 잠시도 떠나지 않았다. 이때 어머니께 달려가 어머니의 마음을 위로하였고 죽은 사람을 섬기고 산 사람을 섬기는데 도리

---

8) 네 형제들〔四棣〕: 체(棣)는 상체(常棣) 즉 아가위나무인데, 형제를 비유하는 말로 쓰인다. 《시경》 〈소아(小雅) 상체〉에 "아가위나무 꽃이여, 꽃받침 환하게 빛나는구나. 많고 많은 사람 중에, 형제보다 친한 이 없네.〔常棣之華 鄂不韡韡 凡今之人 莫如兄弟〕"라고 한데서 유래한다.

를 곡진히 하자, 이를 보는 사람들이 크게 감동하였다. 인내심이 매우 강하여 비록 심한 추위나 더위에도 불을 쬐지 않고 부채질하지 않았고, 피로가 너무 심하지 않으면 몸을 기대거나 눕지 않았다. 아무리 병으로 아프더라도 신음하는 소리를 입 밖으로 내지 않았고, 거처하는 곳이나 음식을 먹을 때도 좋고 나쁨을 가리지 않으며, 언제나 "안자(顏子)는 나물밥을 먹었고[9] 관녕(管寧)은 자리가 뚫렸어도[10] 어찌 이를 병통으로 여겼는가? 무릎을 들이고 배고픔을 채우면 7척의 몸을 기르기에 충분하다."라고 하였다.

사람들의 잘못을 보면 단연코 털끝만큼도 용서하지 않았다. 그러나 다급한 말과 황급한 낯빛을 띤 적이 없이 천천히 타이르고 꾸짖어 상대로 하여금 스스로 부끄러워하며 잘못을 고치도록 하였다. 일찍이 종회수계(宗會修禊)의 모임에서 "선조를 모시는 제수와 길흉의 대비는 미리 세워놓아야 하니, 각자 힘닿는 대로 정성을 다하여 비축해두어야 한다."라고 하였다. 몇 년 지나지 않아 쓸 수 있는 재물을 취하여 선조를 모시는데 게으르지 않았고, 어려운 족인들을 돌보아 선조를 모시는 도리를 다하고 종인(宗人)의 근심을 구휼하니 여러 일족들이 자연스럽게 감화되었다. 이에 친밀하고 화목한 정의(情誼)와 서로 돕는 정리(情理)가 온화하게 서로 일어나 단문(袒免)[11]의 친소(親疏)와 원근의 일족들이 모두 한 집 식구와

9) 안자(顏子)는……먹었고 : '안자'는 공자의 제자로, 《논어》 〈옹야(雍也)〉에 "어질구나, 안회여! 한 그릇의 밥과 한 표주박의 음료로 누추한 시골에 있은 것을 다른 사람들은 그 근심을 견뎌내지 못하는데, 안회는 그 즐거움을 변치 않으니, 어질구나, 안회여!〔賢哉 回也 一簞食一瓢飮 在陋巷 人不堪其憂 回也 不改其樂 賢哉 回也〕"라는 구절이 있다.

10) 관녕(管寧)은……뚫렸어도 : '관녕'은 삼국시대 위나라 사람으로, 진(晉)나라 황보밀(皇甫謐)이 지은 《고사전(高士傳)》에 "관녕이 항상 하나의 나무 탑상(榻牀) 위에 앉아서 50여 년의 세월을 보냈는데, 그동안 한번도 다리를 뻗지 않고서 무릎을 꿇고 앉아 있었으므로 탑상 위에 무릎이 닿은 곳 모두가 닳아져서 구멍이 뚫렸다.〔管寧常坐一木榻 積五十餘年 未嘗箕股 其榻上當膝處皆穿〕"라는 구절이 있다.

11) 단문(袒免) : 고조부의 형제자매, 증조부의 종형제 자매, 조부의 재종형제 자매, 부(父)의 삼종형제 자매이다. 단문은 본래 상복(喪服)의 일종으로, '단(袒)'은 겉옷의 왼쪽 어깨를 벗는 것이며, '문(免)'은 포건(布巾)의 명칭인데, 시마(緦麻) 이

같아지자, 일족들을 나와는 아무 상관 없는 길 가는 사람처럼 여겼던 사람들에게 부끄러운 마음이 들게 하였다. 또 선조의 묘에 모두 비석을 세우고 제전(祭田)[12]을 두어 자손들로 하여금 근본을 잊지 않도록 하였으니, 원대하고 치밀한 염려와 걱정이 대개 이와 같았다.

긴 수염과 짙은 눈썹과 눈은 봉새와 같고 거동은 호랑이와 같아 위용이 매우 훤칠하여, 수많은 사람들 속에 앉아 있어도 헌걸찬 모습이 마치 많은 닭 속에 학과 같아서 바라보는 사람은 절로 두려운 마음이 들었다. 그렇지만 사람을 만날 때는 화기애애하였고 웃으며 이야기하는 것이 매우 흥미진진하여 사람들이 모두 기뻐 감복하였다.

일찍이 사월재(沙月齋)를 세워 원근의 뛰어난 아이들로 하여금 공부하게 하고 날마다 가서 살피고 강론하여 저들이 사수(泗洙)[13]의 근원을 익히도록 하였다. 또 도원강습소(道院講習所)를 설치하여 면(面)에 사는 청소년들을 선발해서 가서 공부하도록 하고, 또 날마다 가서 살피고 가르쳐 그들이 동양과 서양의 시대적 흐름을 익혀 온고지신(溫故知新)[14]을 기약

하의 상복친(喪服親)은 단문을 하는 것으로 되어 있다.

12) 제전(祭田) : 제사 비용을 염출하는 종토(宗土)를 이른다. 주자의 《가례(家禮)》 권1 〈통례(通禮) 사당〉의 "제전을 둔다〔置祭田〕"는 조목에 "처음 사당을 세우면 현재 있는 전지(田地)를 계산하여 매 감실(龕室)마다 20분의 1을 취하여 제전을 삼고, 친진(親盡)이 되면 묘전(墓田)으로 삼는다. 이후의 모든 정위(正位)와 부위(祔位)도 다 이와 같다. 종자(宗子)가 주관하여 제사 비용을 지급한다.〔初立祠堂 則計見田 每龕取其二十之一 以爲祭田 親盡則以爲墓田 後凡正位祔位 皆放此 宗子主之 以給祭用〕"라고 하였다.

13) 사수(泗洙) : 사수(泗水)와 수수(洙水)를 가리킨다. 옛날 이 두 물줄기는 산동성 사수현(泗水縣) 북쪽에서 합류하여 내려와 곡부(曲阜)에 이르러 다시 두 갈래로 나누어져 수수는 북쪽으로, 사수는 남쪽으로 흐른다. 춘추 시대 노나라 땅에 속했다. 공자는 수수와 사수 사이에서 제자들을 모아 강학하였다고 한다. 《예기(禮記)》 〈단궁 상(檀弓上)〉에 "나와 너는 수수와 사수 사이에서 부자(夫子)를 섬긴다.〔吾與女事夫子于洙泗之間〕"라고 하였다. 이후 '수사(洙泗)'는 공자와 유가(儒家)의 대칭으로 쓰인다.

14) 온고지신(溫故知新) : 《중용장구》 제27장에 "군자는 덕성을 높이고 학문을 말미암는 것이니, 광대함을 이루고 정미함을 다하며, 고명함을 다하고 중용을 말미암으며, 옛것을 잊지 않고 새로운 것을 알며, 후함을 더 두터이 하고 예를 높이는 것이다.〔君子尊德性而道問學 致廣大而盡精微 極高明而道中庸 溫故而知新 敦厚而崇

하도록 하니 한 사람도 조상을 잊거나 말단을 업신여기는 사람이 없었다. 또 도산학교(道山學校)를 세워 벽지의 백성들에게 시대의 낙후한 감정에서 벗어나게 하였고, 다시 공공후생사업을 베풀어 백성들을 이롭게 하는 일을 도모하는데도 소홀히 하지 않았다. 그러나 자신을 이롭게 하는 일은 조금도 없었다.

항상 자식과 조카들을 경계하여 "남들은 벼슬을 귀하게 여기지만 나는 부지런함을 귀하게 여기고 남들은 재산을 보배로 여기지만 나는 효도와 우애를 보배로 여긴다. 부귀와 빈천은 하늘에 달렸을 뿐이니 그 사이에 조금이라도 사사로움이 용납되지 않는다면 어찌 조금의 부러워하는 마음이 있을 것이며, 어찌 조금의 한탄하는 낯빛이 있겠느냐? 다만 마음을 다스리고 욕심을 막으며 행실을 독실하게 하고 예를 권장하며 고난을 인내하고 검소하며 진실로 부지런하고 분수를 따르며 형에게 마땅하고 아우에게 화목하게 한다면 집안의 도가 안정해질 것이다."라고 하였다.

때때로 외출하여 벗을 불러 술을 쥐고 산수(山水) 사이를 유람하며 시를 짓고 낚시를 하면서 호연지기(浩然之氣)[15]를 길렀다. 만년에는 문을 닫고 한가롭게 지내면서 바깥일은 관여하지 않고, 오직 예학(禮學)과 성리학(性理學)에 전념한 지 몇 해 만에 일가견을 이루었다. 언제나 큰조카 정호(政鎬)를 불러 그에게 정밀하게 경서를 읽게 하여 그 뜻에 깊이 몰입하여 훤히 이해가 되게 하고 나서야 돌아가는 것을 허락하였다. 글씨 쓰는 법을 감독하여 반드시 글씨에 힘을 다하고 무심코 아무렇게나 글씨를 쓰지 않게 하니, 정호 역시 글을 잘 짓고 시에 뛰어났고 특히 글씨에 뛰어난 선비로 이름이 났다.

한가한 때 두세 시골 노인들과 곡식과 날씨에 관하여 이야기를 나누고

禮〕"라고 한 데서 온 말이다.

15) 호연지기(浩然之氣) : 《맹자(孟子)》 〈공손추 상(公孫丑上)〉에, 공손추(公孫丑)가 맹자에게 호연지기(浩然之氣)를 묻자, 맹자가 "그 기는 지극히 크고 강하니, 곧음으로 길러서 해치지 않으면 천지 사이에 가득 찬다.〔其爲氣也 至大至剛 以直養而無害 則塞乎天地之間〕"하고, 또 이르기를 "이것은 의를 쌓아서 생기는 것이요, 의를 갑자기 엄습하여 취하는 것이 아니다.〔是集義所生者 非義襲而取之也〕"한 데서 온 말이다.

자신이 겪은 농사에 관하여 이야기를 나누며 막걸리 몇 잔을 나누어 마시고 맘껏 즐기며 헤어졌다. 집안 사람들에게 "저들은 모두 천진하고 거짓이 없으니, 진심을 털어놓는 것이, 지식인들과 고금의 일을 논하는 것보다 낫다."라고 하였다.

이렇게 몇 년을 하였지만 정력이 여전히 건강하여 노쇠한 기색이 없어 장차 장수를 기약하였다. 그러나 기묘년〔1939〕 여름 우연히 병에 걸려 자리를 보존한 지 한해 남짓 만에 끝내 자리에서 일어나지 못하였다. 다음 해인 경진년〔1940〕 5월 1일 돌아가시니 향년 65세였다. 고성(固城) 부치산(浮致山) 축방(丑方)을 등진 곳에 장례를 치렀다. 아내는 남평문씨(南平文氏) 장준(章俊)의 따님으로 어려서부터 부덕(婦德)이 있었고 남편에게 순종하면서 조금도 거스르는 뜻이 없이 평생 찾아오는 손님을 원망하거나 가난을 탓하는 말이 없었다. 4남 1녀를 길렀는데, 아들은 평호(平鎬) · 태호(泰鎬) · 백호(珀鎬) · 봉호(鳳鎬)이고, 딸은 경주(慶州) 김정일(金貞一)에게 시집갔다. 장손은 원순(元淳)이고 증손은 병주(秉柱)이다. 나머지는 다 기록하지 않는다.

돌아가신 아버지의 예의범절을 미루어 보면 겉치레를 일삼지 않고 본분과 본성을 따르며 굳세고 후덕하였고, 오직 공정하고 지극히 바르며 널리 고금을 섭렵하고 성인의 가르침을 도외시하지 않았다. 시와 문장에 능하였고 예(禮)와 역사에 특출하니 불초한 내가 어찌 감히 만분의 일이라도 드러내어 기록할 수 있겠는가? 다만 익숙하게 귀로 듣고 눈으로 본 것들을 거론한 것이 이와 같으니, 삼가 붓 잡은 군자들의 선별을 기다린다.

을묘년〔1975〕 1월 16일 불초자(不肖子) 태호(泰鎬)[16]는 피눈물을 흘리며 삼가 찬술한다.

---

16) 태호(泰鎬, 1908~1985) : 자는 선명(善明)이고 호는 송파(松坡)이다. 방산 선생의 둘째 아들로 봉양(奉養)과 봉사(奉祀)에 정성을 다하였다. 통영군 도산면장(1946~1955)을 지냈으며, 1979년에 도산면 원산리에 문중 재실인 벽산재(碧山齋)를 창건하고 창건기(創建記)를 남겼다.

◎ **芳山姜氏時中墓碣銘 并序**

姜君東燁 從余遊日久矣 今以其先王考芳山公遺藁及狀 謁顯刻之文 公諱時中 字聖範 芳山其自署 而晋山府院君孟卿 十七世孫也 以高宗丙子臘月十日生 幼有異質 村有塾 潛聽誦書聲 竊習字 畫地以倣之 年十五始受讀于鄭竹逸灝鎔 旣博涉經史 負笈東西 勤訪師友 性愛山水 欣然恣賞 家雖貧 而待客甚款 事親孝 奉先誠 敎子姪以義方 設宗契以睦族 創沙月書齋及道院講習所 牖迪村秀 道山學校 俾破荒僻 時與二三農叟 說桑麻 歡斟村醪 謂家人日 彼皆天眞無飾 勝與識字人 論古淡無味之事也 庚辰五月朔沒 春秋六十有五 葬于浮致山背丑之原 配南平文氏 章俊女 育四男一女 男平鎬 泰鎬 珀鎬 鳳鎬 女壻金貞一 平鎬 男元淳 貞淳 知淳 暎淳 泰鎬男 圭淳 甲淳 致淳 珀鎬男 喜淳 玟淳 鳳鎬男 東燁 東官 貞一男 國信 國亨 國泰 國盛 國淳 元淳男秉柱 公特嫺於史體 爲詩文 閑雅有法 如勸孫讀書 酒後漫筆諸作 蒼古感憤 可誦也 公身長六尺 善談譃 髥脩而美 人擬之以空谷幽蘭

銘日 自晉而固 曾爲避地 偃武爲文 高尙其志 逮公之身 史體尤嗜 屢喟今醨 喜譚古義 文辭感慨 言行淸懿 學舍林列 家謨粲備 載卜幽宮 有美浮致 我銘是揭 維以事實

戊午〔1978〕七夕日 文學博士 眞城 李家源 謹撰

自晉而固 曾爲避地 偃武爲文 高尙其志
逮公之身 史體尤嗜 屢喟今醨 喜譚古義
文辭感慨 言行淸懿 學舍林列 家謨粲備
載卜幽宮 有美浮致 我銘是揭 維以事實

방산 강시중 묘갈명 병서

강동엽(姜東燁)이 나를 종유한 지가 오래되었다. 지금 그의 돌아가신 할아버지 방산공(芳山公)의 유고와 문서들을 가지고 와서 비석의 글을 요청하였다.

공의 이름은 시중(時中)이고 자는 성범(聖範)이며, 방산(芳山)은 스스로 지은 호이다. 진산부원군(晉山府院君) 강맹경(姜孟卿)[17]의 17세손이다. 고종 병자년〔1876〕 12월 10일에 태어났는데 어려서부터 남다른 자질로 마을에 있는 글방에서 몰래 책 읽는 소리를 듣고 글자를 익히는 것을 몰래 살펴보고는 땅에 글씨를 흉내내었다. 15살에 처음으로 죽일(竹逸) 정호용(鄭灝鎔) 선생에게서 수업을 받아 이미 경서(經書)와 역사에 박학하였고, 책상자를 지고 부지런히 사방으로 스승과 벗을 찾아다녔다.

본성이 산수를 좋아하여 기쁘게 맘껏 감상하였다. 집안이 비록 가난하였지만 손님을 매우 정성스럽게 대접하였고 부모님을 섬기고 정성으로 선조를 모시며 자식과 조카들을 옳은 도리로 가르쳤다.

종계(宗契)를 설치하여 친척들을 화목하게 하였고 사월서재(沙月書齋)와 도원강습소(道院講習所)를 창설하여 마을의 수재들을 인도하였고 도산학교(道山學校)로 궁벽한 시골을 타파하려고 하였다. 때때로 두서너 농부들과 함께 뽕나무와 삼에 관하여 이야기를 나누며 기쁘게 막걸리를 마시고 식구들에게 "저들은 모두 천진하고 꾸밈이 없으니 글을 아는 사람들과 무미건조한 일을 논하는 것보다 낫다."라고 하였다.

경진년〔1940〕 5월 초하루에 돌아가시니 향년 65세였다. 부치산(浮致山) 축방(丑方)[18]을 등진 언덕에 장례를 치렀다. 아내는 남평(南平) 문장준(文章俊)의 따님으로 4남 1녀를 길렀다. 아들은 평호(平鎬)·태호(泰鎬)·백호(珀鎬)·봉호(鳳鎬)이고 사위는 김정일(金貞一)이다. 평호의 아들은 원순(元淳)·정순(貞淳)·지순(知淳)·영순(暎淳)이고, 태호의 아들은 규순(圭淳)·갑순(甲淳)·치순(致淳)이며, 백호의 아들은 희순(喜淳)·익순(翼淳)이다. 봉호의 아들은 동엽(東燁)·동관(東官)이고, 정일의 아들은 국신(國信)·국형(國亨)·국태(國泰)·국성(國盛)·국순(國淳)

17) 강맹경(姜孟卿, 1410~1461) : 자는 자장(子章)이다. 1426년에 진사시에 합격하였다. 1455년 수양대군이 단종의 왕위에 오른 일에 협력한 공으로 좌익공신(佐翼功臣) 2등에 책정되고 진산부원군(晉山府院君)에 봉해졌다. 1458년 좌의정을 거쳐 이듬해 영의정에 승진되었다. 신숙주(申叔舟)가 비명(碑銘)을 지었다. 시호는 문경(文景)이다.

18) 축방(丑方) : 정북(正北)에서 동으로 30도 방위를 중심으로 한 15도 각도 안의 방향이다.

이며, 원순의 아들은 병주(秉柱)이다. 공은 특히 역사에 뛰어났고 시문(詩文)을 짓는데 우아한 법도가 있었다. 〈손자들에게 독서를 권하다.〔勸孫讀書〕〉와 〈취해 생각나는 대로 적다〔酒後漫筆〕〉 같은 작품들은 고아하고 예스럽고 마음속 깊이 느낌이 일어 읽을 만하다. 공은 키가 6척이고 농담을 잘하고 긴 수염이 아름다워 사람들은 빈 골짜기 속에 자라는 그윽한 난초에 그를 비유하였다. 명(銘)은 다음과 같다.

自晉而固　　진주(晉州)에서 고성(固城)으로 옮겨왔지만
曾爲避地　　이곳은 궁벽한 곳이었는데
偃武爲文　　무(武)를 그만두고 문(文)에 몰두하였으니
高尙其志　　그 뜻 고상하였네.
逮公之身　　공에게 이르러
史體尤嗜　　역사를 더욱 좋아하여
屢喟今醨　　자주 탄식하며 술을 마시고
喜譚古義　　옛 의리를 이야기하기를 좋아하였네.
文辭感慨　　그의 글은 감개하여 격앙이 되고
言行淸懿　　언행은 맑고 아름다웠네.
學舍林列　　학교는 숲처럼 늘어 서 있고
家謨粲備　　집안의 꾀는 찬연하게 갖추어졌네.
載卜幽宮　　비로소 묫자리를 잡으니
有美浮致　　부치산을 아름답게 하였네.
我銘是揭　　나의 명을 이렇게 걸어두니
維以事實　　오직 사실대로 적은 것이네.

무오년〔1978〕 칠석날, 문학박사 진성(眞城) 이가원(李家源)[19]은 삼가 짓노라.

---

19) 이가원(李家源, 1917~2000) : 본명은 이참연(李槧淵)이고, 호는 가원(家源)·연민(淵民)·설관(雪館)이다. 퇴계의 14대손으로 어려서부터 내려오는 가학으로 한학을 공부하였다. 1941년에서 1943년까지 명륜전문학원 연구과와 명륜전문학교 경학연구과를 마쳤다. 천착(穿鑿)하였다는 말처럼 젊어서부터 끊임없이 실

◎ 芳山小宗稧案序

歲癸未 冬十月 既望 石村居士晉陽姜政鎬 與吾諸父弟侄 會于廳事 講敍族論 因爲醵金創契 錫之以嘉名日 芳山小宗契 以寓其不忘吾先人未遑之義 而甚盛擧也 程子日 收宗族厚風俗 而管攝人心 吾之契族 良有以也 然則何謂小宗契 契吾作也 自斬而期而功而緦 而尙以未至于服窮者 入吾契而契之 將已遷之祖 尙未薦之於大宗享之 祖祀之契 雖小而其義大矣 姜之氏始祖以式 兵馬元帥 高麗 天水縣開國男 御史公 諱師瞻中祖也 自是有名公卿 入本朝行領議政 贈謚 文景公 諱孟卿 寔十八世祖也 而奕葉光顯 論議淸暢 思致精敏 且忠貞姱節 雄文特行之士踵武 而作赫赫簪纓 昭輝乎國乘野史 蔚然 爲嶠南族 猗歟韙哉 自吾文景公 八傳至有諱殷希 寔吾十世祖 而龍蛇之燹 遂大否 而自晉居固治南十里許 曲龍舊墟 子孫仍世焉 蜈之有姜係出于此何以芳山名契也 昔之蘭亭香山 曷嘗以山有香 而亭有蘭 而後名之 盖取諸英 而咀其華矣 吾之名契誣乎 吁 文景公 十七世 有諱時中 寔吾二叔父也 高宗丙子 生公于蜈山村第 稟性坦弘 嚴毅簡默 聰慧岐嶷 姿狀不凡 導授後進 嚴立課程 不使之放過 詔其子弟 各受有業 無或背理 而以至待人之際 平和寬翕 見人有行仁義 遠慾利者 雖卑賤 而必禮貌之 夙歲博涉經史百子 而有遺文若干卷日 無何集而尙藏于巾衍 晩而志於性理敬義之學 而悠然有自得底氣象 非區區操觚家之所能窺隙也 介然 若無意仕路 而畝付黍利 年益老 而家屢空 暮年精力 殫竭無餘 晏如也 性本謙下 經史之微辭奧旨 未嘗以己意自據 而於禮尤爲切切開釋 隨其才而篤之 遠近就問者 常彬彬如也 然雖素所親愛者 有或悖理循慾 則痛加訶責 無所苟貸 先是訓子侄以嚴肅 處家庭以禮務 令樂易和睦 或恐以至傷和之地 嘗以嚴見憚者 尙矣 噫 歲至龍蛇賢人嗟矣 以至疾劇 常以禮記一部 置諸左右 毋至於昏耗之外 尙手不釋卷 或有存問者來 未嘗不坐立 而親送迎之 是夫夫可能哉 嘗以書戒子侄日 人以官爵爲貴 我微賤人也 無以爲貴 惟以篤農謹篤爲貴 人以廣土多金爲寶 我貧寒人也 無以爲寶 惟以孝於父母友于兄弟爲寶 觀此數語 可以想象其人也 曾自號日 芳山子 盖取諸碧芳山正脈 逶邐蜿蜒 直赴乎公所居莊之義也 戊

학자 박지원의 문학세계를 조명하였으며, 《금오신화》, 《구운몽》, 《춘향전》, 《열하일기》 등 수많은 작품의 역주를 하여 한국 고전문학의 기반을 다졌으며, 위당 정인보, 육당 최남선, 벽초 홍명희 등과 교유하며 청년 문장가로 이름을 알렸다.

寅寢疾 疾已病 歿于正寢 實庚辰五月初一日也 公沒後 是歲十月 余病間 草寫契案 從弟泰鎬君 從旁 而問曰 契名芳山 善則善 於衆族意弗咈 而於義似無不可者乎 余矙然曰 有是哉 憮然良久 顧族黨曰 從君之言是矣 雖然自吾固城 肇基之以來 德業文翰 可以爲子孫楷範者 莫有如吾叔父 則以吾叔父之號名之 無乃是可乎 咸曰 諾 於是乎 遂爲之弁焉 盖嘗聞之祖先有善 而子孫 不能知 是不明也 不能暴白以傳於後 是不仁也 吾之修契 實有由來者矣 觀吾之契者 孝弟之心 可以油然而生矣 韋園之花樹 蘇城之義庄 奚可專美於古哉 是年十月十八日 享禮先墓後 以再明日 訂約契期一 以睦族爲義擧 而蒐殖利 任以契有司 需於先墓享祀之用 而子孫永世寓慕 傳之于極 則承先裕後之道 於斯至矣盡矣 而吾爲吾諸父弟侄賀焉 若遵守勿失 世篤忠孝 克纘文祖之緒 而又繼之以芳山子餘烈 則姜氏以復興 可執契以俟 吾爲姜之勉焉 甲申九月十九日

방산소종계안서[20]

계미년〔1943〕 겨울 16일 석촌거사(石村居士) 진양(晉陽) 강정호(姜政鎬)[21]는 우리 여러 제부(諸父)[22]와 아우와 조카들과 함께 마루에 모여 일족들의 일을 논의하고 돈을 모아 계를 만들었기 때문에 아름다운 이름을 내려 '방산소종계(芳山小宗契)'라고 지었으니, 우리 돌아가신 선인(先人)께서 돌볼 겨를이 없었던 의리를 잊지 않은 매우 훌륭한 일이다.

정자(程子)가 "종족을 수합하고 풍속을 후하게 하여 인심을 관섭한다."[23]라고 하였으니, 이는 진실로 까닭이 있었다. 그렇다면 왜 '소종계

20) 방산소종계안서(芳山小宗稧案序) : 저본의 '稧'는 '契'와 같다.

21) 강정호(姜政鎬, 1896~1954) : 방산(芳山) 선생의 형님인 강상중(姜相中)의 큰아들로, 자는 극명(克明)이고 호는 석촌(石村)이다. 방산 선생에게 학문을 익혔고, 본 '방산소종계안서'를 지었다. 저서로《석촌집(石村集)》이 있다.

22) 제부(諸父) : 백부(伯父), 중부(仲父), 숙부(叔父), 계부(季父) 등 아버지의 형제들을 말한다.

23) 종족을……관섭한다 :《근사록(近思錄)》 권9에, 이천(伊川) 선생이 "천하의 인심을 관섭하여 종족을 수합하고 풍속을 후하게 하여 사람들로 하여금 근본을 잊지 않게 하려면 모름지기 보계를 밝히고 세족을 수합하여 종자법을 세워야 한다.〔管攝天下人心 收宗族 厚風俗 使人不忘本 須是明譜系 收世族 立宗子法〕"라고 하였다.

(小宗契)'라고 하는가? 계를 내가 만들었기 때문이다. 참최복(斬衰服),[24] 기복(期服)[25], 공복(公服)[26], 시마복(緦麻服)[27]을 입는 인척들부터 상복이 끝나는 관계에 이르지 않은 사람들까지 우리의 계에 들어와 계합할 수 있다. 장차 벌써 천조(遷祖)해야 하는 조상임에도 아직도 대종(大宗)에서 제사를 받들지 못하고 있어 조상에게 제사를 드리는 계가 비록 규모가 작지만 의는 크다고 하겠다.

강씨(姜氏)의 시조는 강이식(姜以式)[28]으로 병마원수(兵馬元帥)였고, 고려(高麗) 천수현개국남(天水縣開國男) 어사공(御史公) 강사첨(姜師瞻)이 중조이다. 이때부터 이름난 공경(公卿)들이 있게 되었고 조선에 들어와 행의정(行議政) 문경공(文景公) 강맹경(姜孟卿)[29]이 진실로 18세조이다. 대대로 후손들이 세상에 드러났고 논의가 맑고 유창하였으며 생각이 정밀하였다. 또한 충성스럽고 올곧았고 훌륭한 절개를 가졌으며 문장에

24) 참최복(斬衰服) : 오복(五服)의 하나에 해당하는 참최친(斬衰親)인 아버지와 남편, 맏아들, 시아버지의 상사(喪事)에 3년 동안 입는 복이며, 상복은 거친 베로 짓되 아랫단을 꿰매지 않고 접는다.

25) 기복(期服) : 상례에 있어서 기복(期服)은 1년 동안 입는 장기(杖期)와 부장기(不杖期)의 복(服)을 말한다.

26) 공복(公服) : 9개월 동안 입는 대공(大功)과 5개월 동안 입는 소공(小功)을 말한다.

27) 시마복(緦麻服) : 오복(五服) 가운데 가장 경한 상복(喪服)으로 가는 삼베로 만들고 석 달 동안 입는데, 본종(本宗)은 고조부모(高祖父母) · 증백숙조부모(曾伯叔祖父母) · 족백숙부모(族伯叔父母) · 족형제(族兄弟) 및 시집가지 않은 족자매(族姉妹)와 외성(外姓)은 내외종형제(內外從兄弟) · 처부모(妻父母) 등이다.

28) 강이식(姜以式, ?~?) : 597년 수(隋)나라가 중국 대륙을 통일하고 고구려를 신속시키고자 무례한 국서(國書)를 보내오자 강이식은 "이러한 오만무례한 국서는 붓으로 답할 것이 아니라 칼로 대답해야 한다"면서 주전론을 제창하였다. 이후 고구려 조정 여론이 주전론 쪽으로 가닥을 잡자 수 문제가 고구려를 본격적으로 침공함에 따라 여 · 수전쟁(麗隋戰爭)이 발발하였다. 이때 고구려의 최고 사령관인 병마원수(兵馬元帥)를 맡아 정병 5만을 이끌고 이 전투에 참가하였다.

29) 강맹경(姜孟卿, 1410~1461) : 자는 자장(子章), 시호는 문경(文景)이다. 1426년〔세종 8〕에 진사시에 합격, 1429년에 문과에 급제하여 의정부우참찬 등을 지냈다. 계유정난에서 세조의 집권에 공이 있어 좌익공신 2등에 책록되고 진산부원군(晋山府院君)에 봉해졌고, 1459년 영의정에 이르렀다. 담론에 능하고 학문이 깊어 황희의 밑에 있을 때 매우 촉망을 받았다고 한다.

뛰어나고 남다른 행실을 가진 선비들이 뒤를 이었고, 혁혁한 벼슬아치들이 역사에 빛나 울연히 영남의 뛰어난 족속이 되었다.

우리 문경공부터 8세가 내려와 강은희(姜殷希)[30]에 이르렀는데 이분이 바로 우리 10세조이다. 이때 임진왜란의 불길이 번져 크게 비색(否塞)해져 진양(晉陽)에서 고성(固城) 치소(治所)의 남쪽 10리 쯤의 곡룡(曲龍)[31] 옛터에 자손들이 대대로 살았다. 옛날 난정(蘭亭)과 향산(香山)의 모임[32]이 어찌 일찍이 산에 향기가 있고 정자에 난초가 있어서 이름을 지었겠는가? 대개 꽃술을 취하고 꽃을 씹어서[33]이니 내가 계의 이름을 속이겠는가?

아, 우리 문경공(文景公)의 17세의 강시중(姜時中)은 진실로 나의 이숙부(二叔父)로, 고종 병자년〔1876〕 오산(蜈山) 마을[34] 집에서 태어났다. 타고난 성품이 너그럽고 엄숙하고 과묵하며 지혜롭고 재능이 뛰어났으며 모습도 남달랐다. 후학들을 가르칠 때는 엄하게 학습의 과정을 수립하여 중도에 공부를 포기하지 않도록 하였다. 자제들을 불러 각자에게 수

---

30) 강은희(姜殷希, ?~?) : 자는 입산(立山)으로, 진주에서 고성으로 처음 입향(入鄕)하였다.

31) 곡룡(曲龍) : 경남 고성군 고성읍에 있던 마을이다.

32) 난정(蘭亭)과……모임 : '난정'은 진(晉)나라 왕희지(王羲之)가 목제(穆帝) 영화(永和) 9년 삼월 삼짇날에 사안(謝安), 손작(孫綽) 등 당대 명사들과 회계(會稽) 산음(山陰)의 난정(蘭亭)에 모여 계사(禊事)를 행하고 곡수(曲水)에 술잔을 띄워 돌려 마시며 시를 지은 고사가 전하는데, 왕희지가 지은 〈난정기(蘭亭記)〉에 그 내용이 상세히 나와 있다. '향산'은 지금의 하남성(河南省) 낙양시(洛陽市) 용문산(龍門山) 동쪽에 있다. 당나라 회창(會昌) 연간에 백거이(白居易)가 형부 상서(刑部尙書)에서 치사(致仕)한 뒤에 이곳에 석루(石樓)를 짓고 향산거사(香山居士)라 자호(自號)하였으므로 향산은 백거이의 이칭으로 쓰인다. 백거이는 이때 낙양에서 여덟 명의 노인과 함께 구로회(九老會)라는 시사(詩社)를 결성하고 서로 술과 시를 즐기며 여생을 보냈다.

33) 꽃술을……씹어서 : 한유(韓愈)의 〈진학해(進學解)〉에 "향기 물씬한 미문(美文)에 흠뻑 젖고 그 꽃술을 입에 머금고 씹어서 문장을 지으니 그 책이 집 안에 가득하다.〔沈浸醲郁 含英咀華 作爲文章 其書滿家〕"라는 구절이 있다.

34) 오산(蜈山) 마을 : 오늘날 오산(蜈山)과 사계(沙溪) 마을을 병합된 오사(蜈沙) 마을이다.

업을 할 때도 이치에 어긋나는 것이 없었다. 남을 대할 때는 온화하고 너그러웠으며 인의(仁義)를 행하고 욕심과 이익을 멀리하는 사람을 보면 아무리 비천한 사람이라도 반드시 그에게 예의를 갖추었다. 이른 나이에 경사백가(經史百家)[35]를 널리 섭렵하고 유문(遺文) 몇 권을 《무하집(無何集)》이라고 하였는데, 아직도 출간하지 못하고 책상자 속에 있다. 만년에 성리(性理)와 경의(敬義)의 학문에 뜻을 두어 여유롭게 자득하는 기상이 있었고 자잘한 문장가들이 엿볼 수 있는 경지가 아니었다.

확고한 지조로 벼슬에 나아갈 뜻이 없이 농사를 지어 나이가 들수록 더욱 노성해졌다. 집안이 자주 가난하였고 노년에 정력이 거의 소진이 되어 남음이 없었는데도 편안하게 여겼다. 타고난 본성이 겸손하고 경전과 역사의 은미하고 깊은 뜻을 자신의 생각에 의거하지 않았으며, 예에 대해서는 더욱 절절하게 이해시켜 주기를 재주에 따라 돈독하게 하니, 원근에서 찾아와 묻는 사람들이 항상 많았다. 비록 평소에 친애하는 사람이라고 하더라도 이치에 어긋나거나 욕심을 따르는 사람들이 있으면 혹독하게 더 꾸짖어 용서하지 않았다.

이보다 앞서 자식들과 조카에게는 엄격함으로 가르치고 집안에 거처할 예로써 하여 즐겁고 편안하고 화목하게 하여 혹시라도 화목함을 상하게 할까 걱정하였다. 일찍이 근엄한 성품 때문에 외면을 받은 지도 오래되었다.

아, 현인(賢人)께서 돌아가셨도다.[36] 병이 심해졌지만 항상 《예기(禮記)》 한 권을 곁에 두고 정신이 흐릴 때를 제외하고는 항상 손에서 놓지를 않았다. 간혹 문안하는 사람들이 오면 앉거나 서면서 친히 그를 맞이하고 배웅하지 않은 적이 없었으니, 누구나 가능한 일이었겠는가? 일찍이 글로써 자식과 조카들에게 "남들은 벼슬을 귀하게 여기지만 나는 미천한 사람으로 귀하게 여길 만한 것이 없어 오직 농사에 부지런하고 돈독한

35) 경사백가(經史百家) : 여러 사람들이 지은 경서와 역사서를 이른다.
36) 현인(賢人)께서 돌아가셨도다 : 《후한서(後漢書)》 〈정현열전(鄭玄列傳)〉에, 후한(後漢) 때 정현(鄭玄)이 꿈속에서 "일어나라, 일어나라. 올해는 진년이고 내년은 사년이다.〔起起 今年歲在辰 來年歲在巳〕"라고 일러 주는 공자(孔子)의 말을 듣고는 '용사의 해에 현인이 탄식한다〔歲至龍蛇賢人嗟〕'는 참어(讖語)에 비추어 자신이 곧 죽을 것을 알았는데, 과연 얼마 뒤에 병에 걸려 죽었다는 고사가 전한다.

것을 귀하게 여긴다. 남들은 넓은 땅과 많은 돈을 보배로 여기지만 나는 가난한 사람이라 귀하게 여길 것은 없고 오직 부모에게 효도하고 형제들과 우애하는 것을 보배롭게 여겼다."라고 경계하도록 하였으니, 이 몇 마디 말을 살펴보면 그의 사람됨을 상상할 수 있다.

일찍이 스스로 호를 '방산자(芳山子)'라고 불렀으니, 이는 대개 벽방산(碧芳山)[37]의 정맥이 구불구불 이어져 곧바로 공이 사는 곳까지 이르는 데서 뜻을 취한 것이다. 무인년〔1938〕 병으로 자리를 보존하고 누워 앓던 병으로 정침(正寢)[38]에서 돌아가시니, 경진년〔1940〕 5월 1일이다. 공이 돌아가시고 나서 그해 10월에 내가 병이 조금 나아 계안(契案)을 서둘러 베껴 두었는데 종제(從弟) 태호(泰鎬)가 곁에서 묻기를 "계의 이름을 '방산(芳山)'이라고 부르는 것이 좋기는 좋지만 여러 일족들의 생각에 어김이 없어야 하고 의(義)에도 불가함이 없어야 할 것입니다."라고 하였다.

내가 껄껄 웃으며 "그럴 수 있겠구나." 한참을 실망한 얼굴로 일족들을 돌아보며 "종제(從弟)의 말이 옳기는 하지만 우리가 고성에서 터를 잡은 이래로 덕업(德業)과 문한(文翰)으로 자손들의 모범이 된 분이 우리 숙부(叔父)만한 사람이 없으니, 우리 숙부의 호를 따서 계의 이름으로 삼는 것이 아마도 옳을 듯하네."라고 하자, 모두들 "그렇습니다."라고 하였다. 이에 마침내 서문을 쓴다.

대개 일찍이 들으니, '선조들에 훌륭한 일이 있는데도 자손들이 알지 못하는 것은 밝지 못한 것이고 드러내어 후세에 전하지 못하는 것은 어질지 못한 것이다.'라고 하였다. 내가 계를 만드는 것은 실로 유래가 있으니, 우리의 계를 보는 사람은 효도하고 공경하는 마음을 절로 일어나게 할 수 있다. 위씨(韋氏)의 화수(花樹)[39]와 고소성(姑蘇城)의 의장(義

---

37) 벽방산(碧芳山) : 경상남도 통영시와 고성군에 걸쳐 있는 산이다. 높이는 650m이며, 벽발산(碧鉢山)이라고도 부른다. 석가의 십대 제자 중 한 사람인 가섭존자(迦葉尊者)가 벽발(碧鉢:바리때)을 받쳐 들고 있는 모습처럼 생겼다고 하여 붙여진 이름이다.

38) 정침(正寢) : 제사를 지내는 방을 이른다. 일반적으로 남자는 일상생활은 사랑채에서 하고 죽을 때가 되면 정침(正寢)으로 거처를 옮긴다.

39) 위씨(韋氏)의 화수(花樹) : 당(唐)나라 위장(韋莊)이 화수 아래에 친족을 모아 놓고

莊)[40]이 어찌 옛날에만 오로지 아름다웠겠는가? 이 해 10월 18일 선조의 묘소에 제사를 지내고 나서 재명일(再明日)에 첫 번째 곗날로 약속을 하고 일족들과 화목하게 하는 것으로 의롭게 거행하였다. 이자는 계유사(契有司)가 맡고 선조의 묘에 제사 지내는 데 필요한 비용으로 쓰고, 자손들이 영원토록 사모하는 마음을 끝까지 전한다면 선세의 뜻을 잇고 후손들을 넉넉하게 하는 도가 여기에서 지극해질 것이다.

나는 우리 제부(諸父)들과 아우와 조카들을 위해 하례한다. 너희들은 이를 잘 준수하여 잃어버리지 말고 대대로 충성과 효도를 돈독히 하고 문조(文祖)[41]의 실마리를 계승하고, 또 방산자(芳山子)께서 남기신 공적을 잇는다면 강씨(姜氏)가 부흥의 좌계(左契)[42]를 잡고 기다릴 수 있을 것이니 우리 강씨들은 힘쓸지어다.

갑신년〔1944〕 9월 19일

술을 마신 일이 있다. 잠삼(岑參)의 〈위원외화수가(韋員外花樹歌)〉 시에 "그대의 집 형제를 당할 수 없나니 열경과 어사와 상서랑이 즐비하구나. 조회에서 돌아와서는 늘 꽃나무 아래 모이나니, 꽃이 옥 항아리에 떨어져 봄 술이 향기로워라.〔君家兄弟不可當 列卿御使尙書郎 朝回花底恒會客 花撲玉缸春酒香〕"라고 한데서 유래한다.

40) 고소성(姑蘇城)의 의장(義莊) : '고소'는 범중엄의 고향으로, 지금의 강소성(江蘇省) 소주(蘇州) 오현(吳縣)의 옛 이름이다. 범중엄은 높은 벼슬을 하게 되자, 족인 중에 가난한 사람들을 부양하기 위하여 고소 부근 외곽에 전답 수천 묘(畝)를 사서 의장(義莊)으로 만들고, 족인 중에 나이와 덕망이 많은 이를 한 사람 뽑아 그 출납을 맡겨서 관혼상제에 모두 넉넉하게 지급하도록 하였다.

41) 문조(文祖) : 원래는 요(堯) 임금 선조의 사당을 말하는데, 여기서는 강씨의 시조를 이른다. 《서경》 〈순전(舜典)〉에 "정월 초하루에 순(舜)이 문조에 나아갔다.〔月正元日 舜格于文祖〕"라고 한데서 유래한다.

42) 좌계(左契) : 앞으로의 일이 반드시 이루어질 것에 대한 확신을 말한다. 좌계는 부절(符節)의 반쪽 부분으로 좌부(左符)와 같은 말이다. 한나라 제도에는 태수가 임지로 나갈 때 좌부를 가지고 가서 주군(州郡)에 도착하여 우부(右符)와 합하여 보고 서로 틀림이 없음을 확인하였다. 송나라 제도에는 추밀원(樞密院)에서 동(銅)으로 길이 6치 너비 3치의 호부(虎符)를 주조하여 이것을 반으로 나누어 좌계는 제로(諸路)에게 주고 우계는 보관하였다가 유사시에 이를 합하여 서로 맞추어보았다.

부록(附錄)

2

– 육필(肉筆) –

◀유언장(遺言狀) 봉투

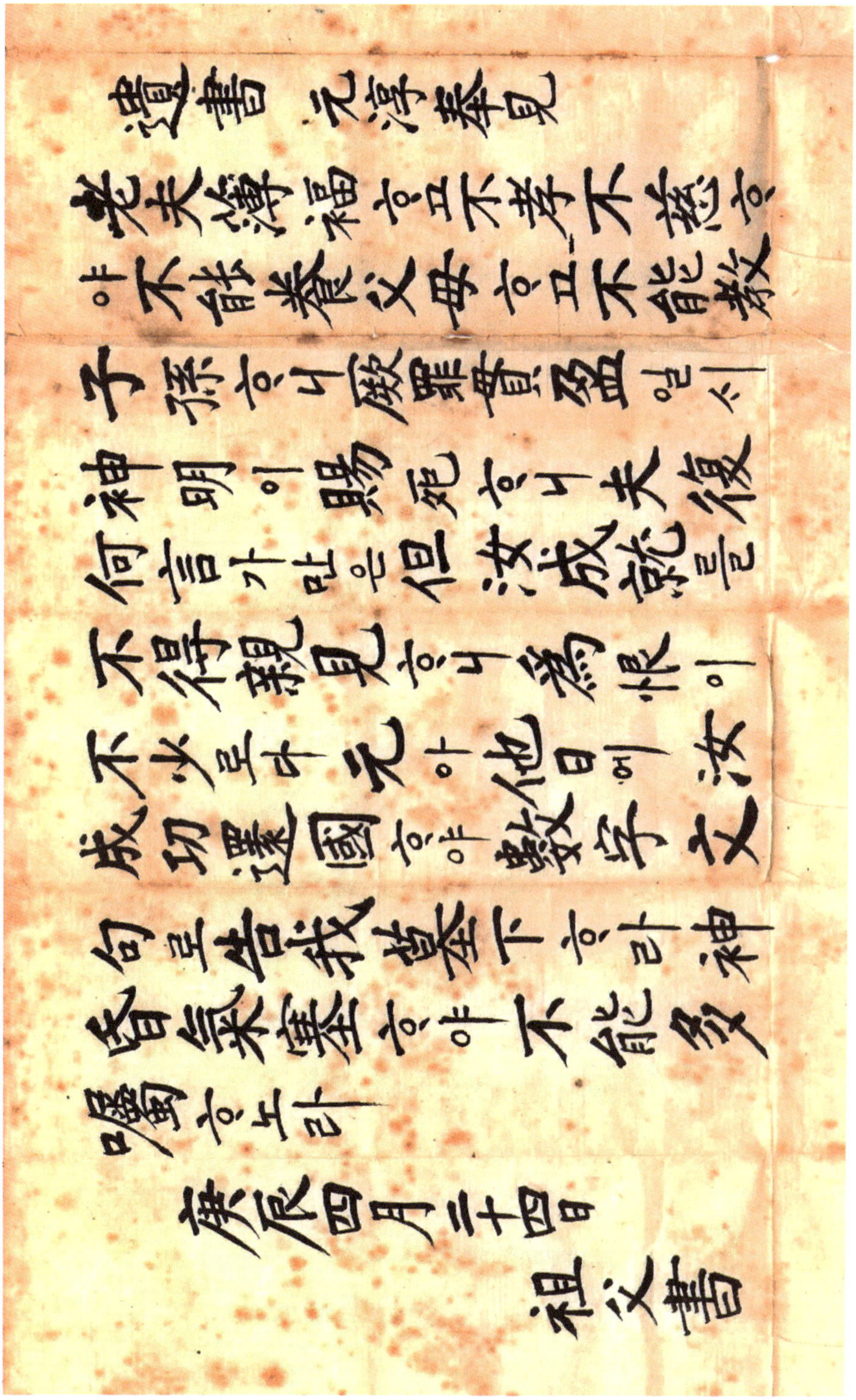
遺書 元淳奉見
老夫以薄福ᄒᆞ고不孝不慈ᄒᆞ
야不能奉養父母ᄒᆞ고不能教
子孫ᄒᆞ니厥罪貫盈일세
神明이賜死ᄒᆞ니夫復
何言가만은但汝成就ᄂᆞᆫ
不得親見ᄒᆞ니爲恨이
不必로다元아他日에汝
成功還國ᄒᆞ야數字文
句로告我墓下ᄒᆞ라神
昏氣塞ᄒᆞ야不能多
屬ᄒᆞ노라
庚辰四月二十四日
祖父書

유언장(遺言狀)
(번역문 360쪽 참고)

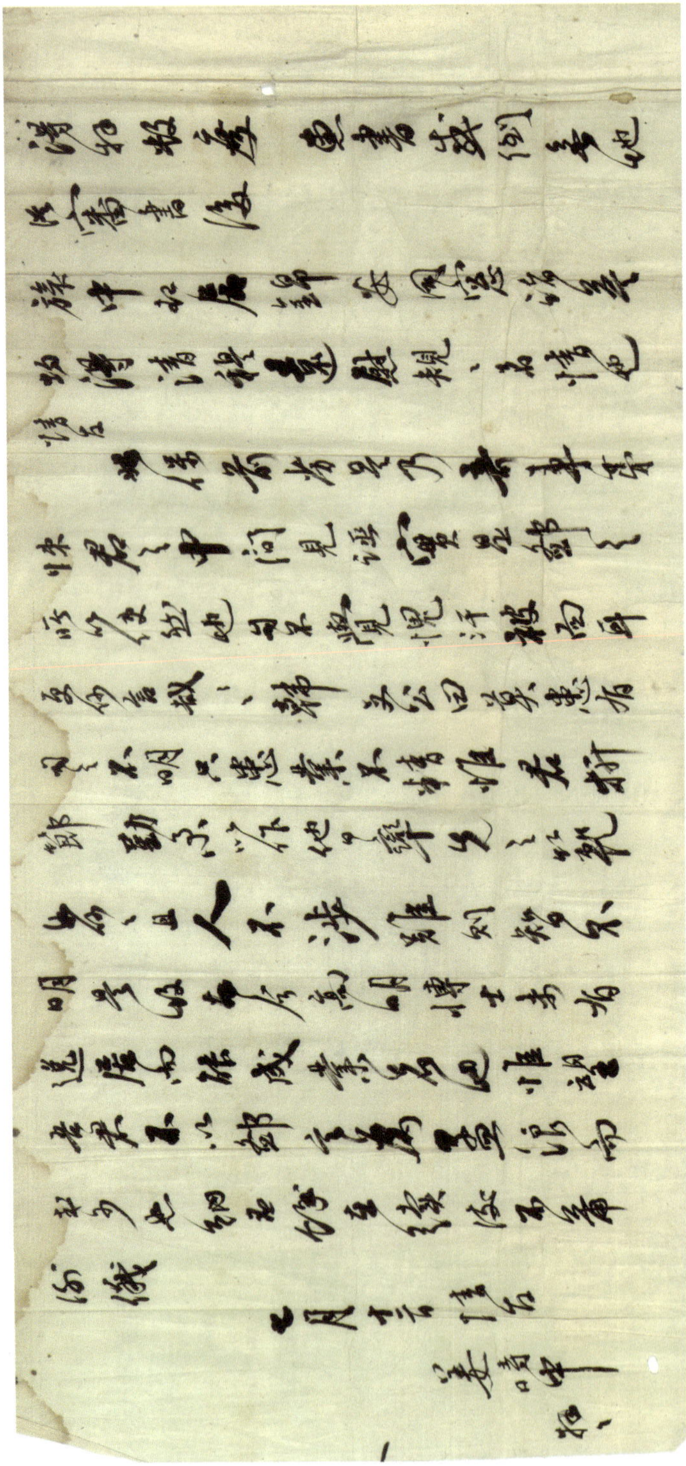

간찰(簡札) 1
(번역문 155쪽 참고)

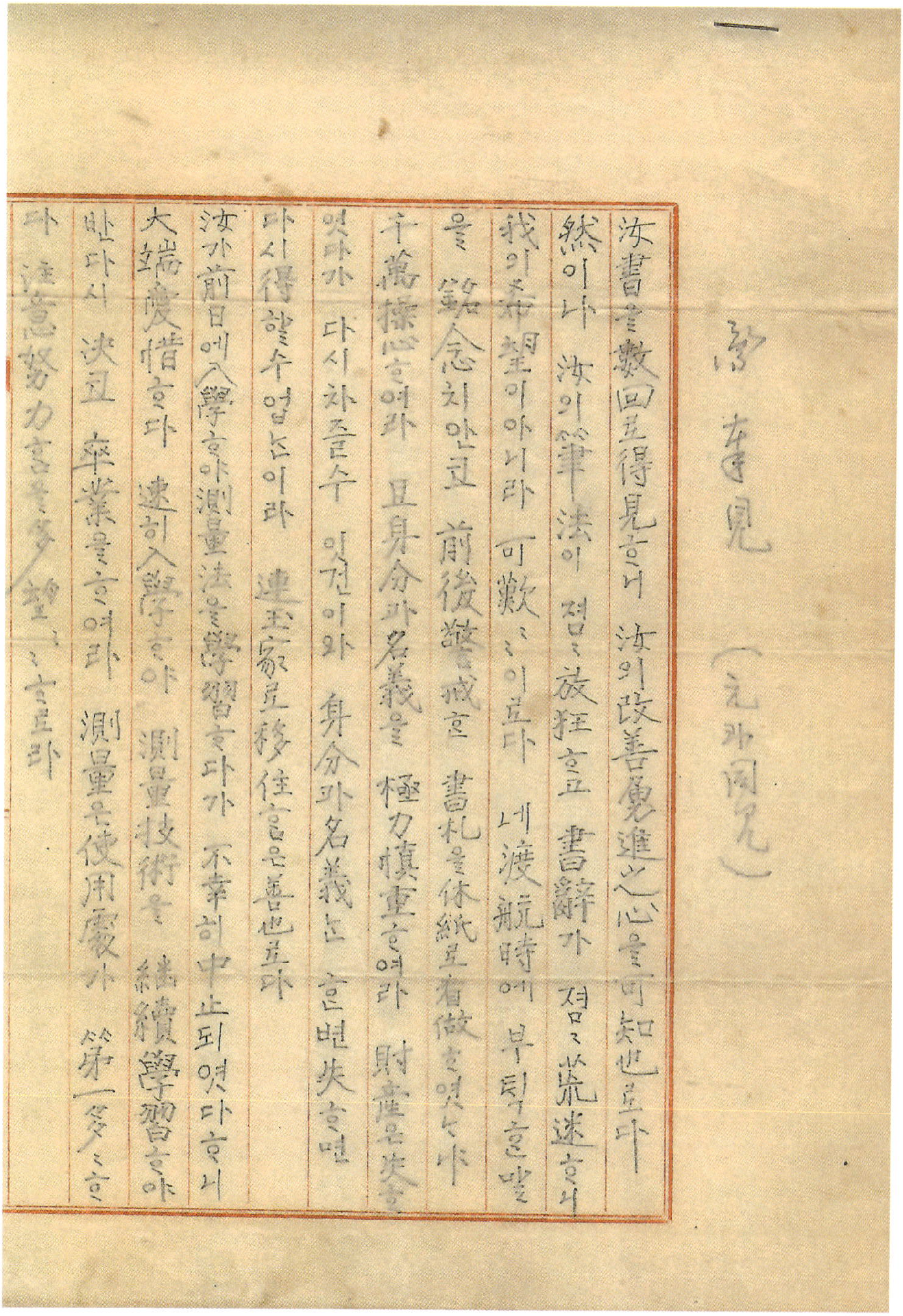

一

[illegible]李見 (元과同見)

汝書를數回로得見ᄒᆞ니 汝의改善勇進之心을可知켓도다
然이나 汝의筆法이 졈졈放狂ᄒᆞ고 書辭가 졈졈荒迷ᄒᆞ니
我의希望이아니라 可歎可歎이로다 네渡航時에 부탁ᄒᆞᆫ말
을 銘念치안코 前後警戒ᄒᆞᆫ 書札을休紙로看做ᄒᆞ엿ᄂᆞ냐
千萬操心ᄒᆞ여라 且身分과名義를 極力愼重ᄒᆞ여라 財産은失ᄒᆞ
엿다가 다시차즐수 잇건이와 身分과名義ᄂᆞᆫ ᄒᆞᆫ번失ᄒᆞ면
다시得ᄒᆞᆯ수업ᄂᆞᆫ이라 連玉家로移住ᄒᆞᆷ은善也로다
汝가前日에入學ᄒᆞ야測量法을學習ᄒᆞ다가 不幸히中止되엿다ᄒᆞ니
大端愛惜ᄒᆞ다 速히入學ᄒᆞ야 測量技術을 繼續學習ᄒᆞ야
반다시 決코 卒業을ᄒᆞ여라 測量은使用處가 第一多ᄒᆞᆫ
다 注意努力ᄒᆞᆷ을多望多望ᄒᆞ노라

간찰(簡札) 2 – (1)

(번역문 359쪽 참고)

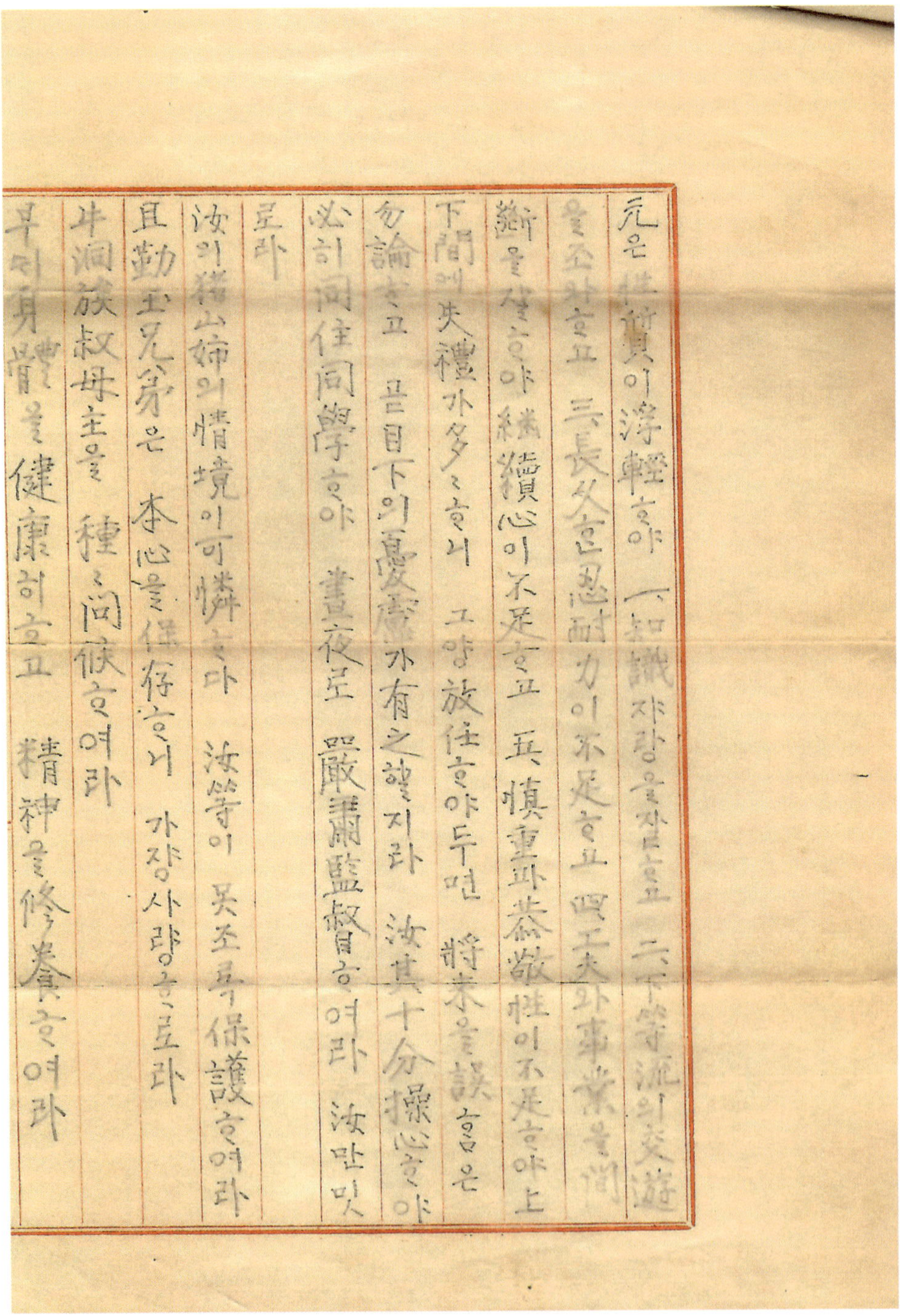

元은 性質이 浮輕ᄒᆞ야 一、知識자랑을잘ᄒᆞ고 二、下等流의交遊
을조와ᄒᆞ고 三、長久ᄒᆞᆫ忍耐力이不足ᄒᆞ고 四、工夫와事業을間
斷을잘ᄒᆞ야 繼續心이不足ᄒᆞ고 五、慎重과恭敬性이不足ᄒᆞ야上
下間에失禮가多々ᄒᆞ니 그양放任ᄒᆞ야두면 將來을誤ᄒᆞᆷ은
勿論ᄒᆞ고 끔目下의憂慮가有之ᄒᆞᆯ지라 汝其十分操心ᄒᆞ야
必히同住同學ᄒᆞ야 晝夜로 嚴肅監督ᄒᆞ여라 汝만잇
로라
汝의猫山姉의情境이可憐ᄒᆞ다 汝等이 못조록保護ᄒᆞ여라
且勤玉兄弟은 本心을保存ᄒᆞ니 가장사랑ᄒᆞᆯ로라
斗洞族叔母主을 種々問候ᄒᆞ여라
부ᄃᆡ身體을健康히ᄒᆞ고 精神을修養ᄒᆞ여라

간찰(簡札) 2 – (2)

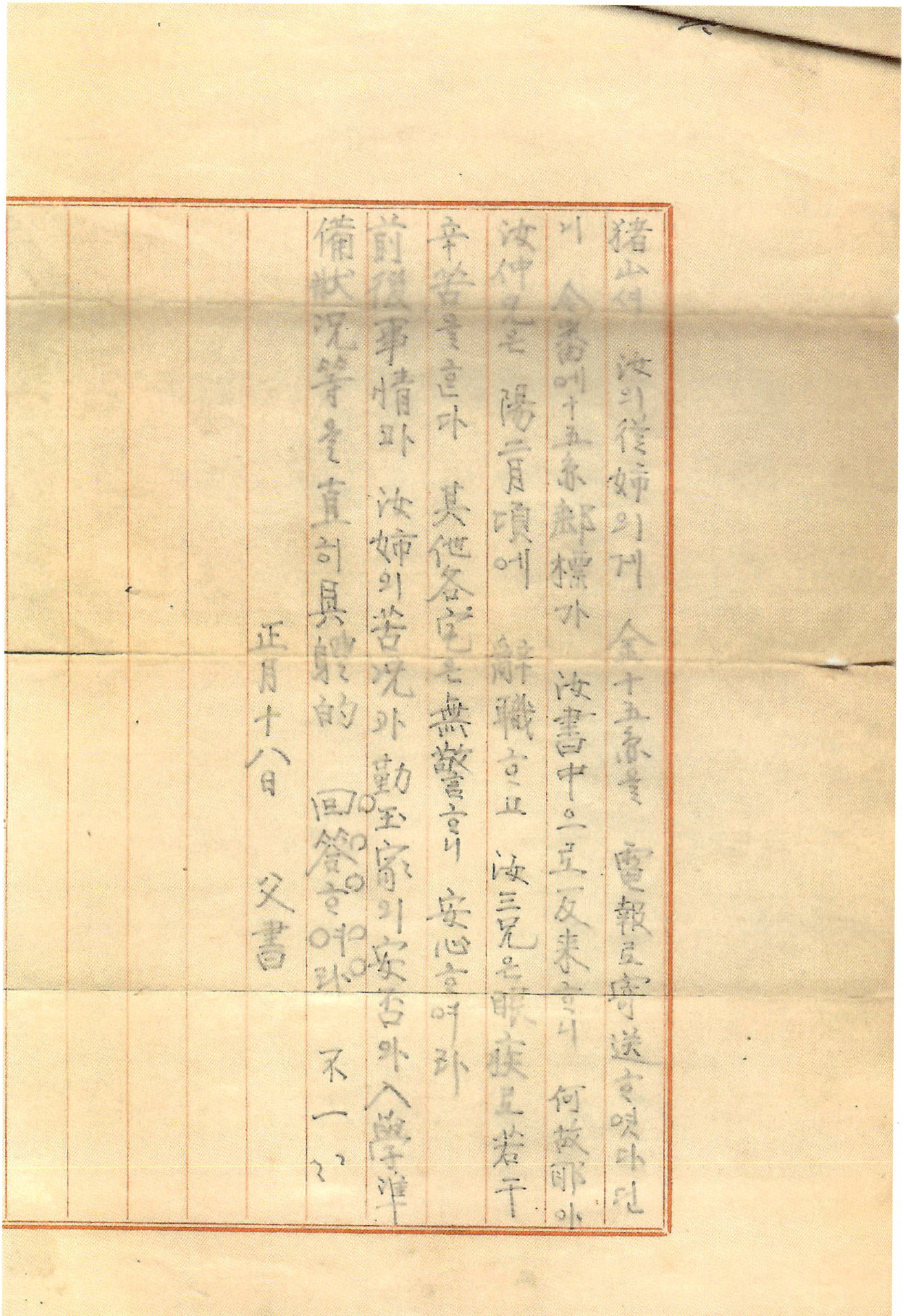

豬山偘 汝의 從姉의게 金十五兩을 電報로 寄送ᄒᆞ엿다던
니 今番에 十五兩 郵標가 汝書中으로 反來ᄒᆞ니 何故耶아
汝仲兄은 陽二月頃에 辭職ᄒᆞ고 汝三兄은 眼疾로 若干
辛苦를 ᄒᆞᄂᆞᆫ바 其他各宅은 無警ᄒᆞ니 安心ᄒᆞ여라
前後事情과 汝姉의 苦況과 勤王家의 安否와 入學準
備狀況等을 直히 具體的 回答ᄒᆞ여라 不一 〻

正月十八日 父書

간찰(簡札) 2 - (3)

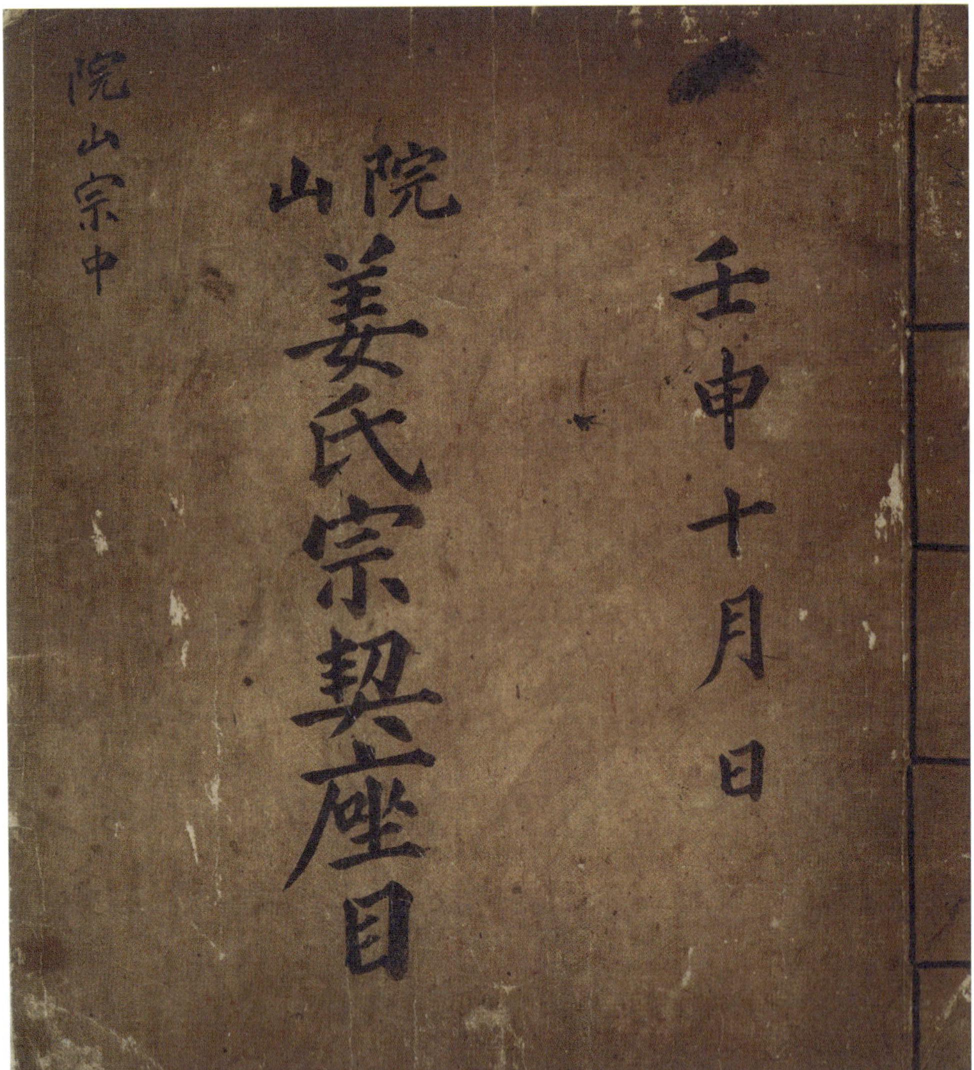

원산강씨종계좌목 (표지)

(번역문 443쪽 참고)

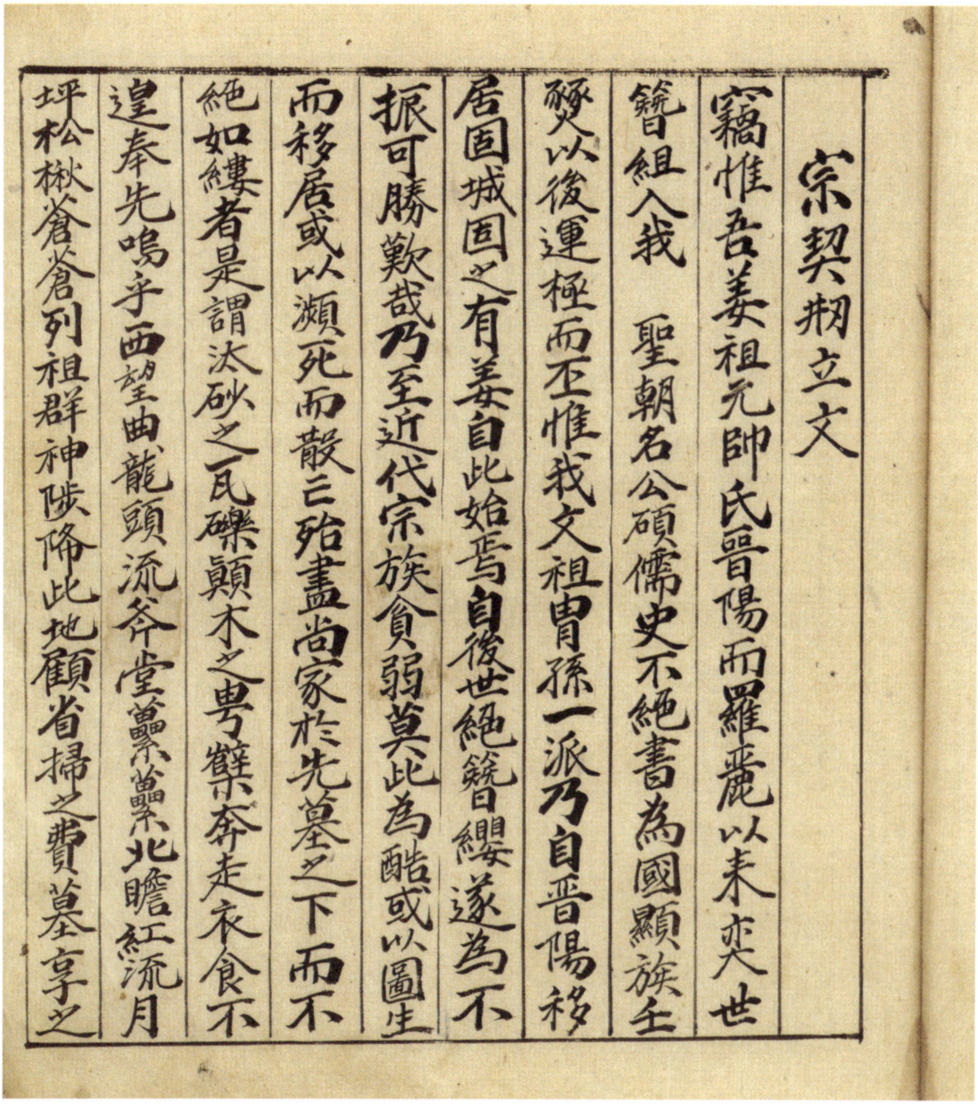

宗契刱立文

竊惟吾姜祖元帥氏晉陽而羅麗以來奕世簪組入我 聖朝名公碩儒史不絕書為國顯族壬燹以後運極而否惟我文祖冑孫一派乃自晉陽移居固城固之有姜自此始焉自後世絕簪纓遂為不振可勝歎哉乃至近代宗族貧弱莫此為酷或以圖生而移居或以瀕死而散散殆盡尚家於先墓之下而不絕如縷者是謂汰砂之瓦礫顛木之甹櫱奔走衣食不遑奉先嗚乎西望曲龍頭流斧堂纍纍北瞻紅流月坪松楸蒼蒼列祖群神陟降此地顧省掃之費墓享之

원산강씨종계좌목 (1)

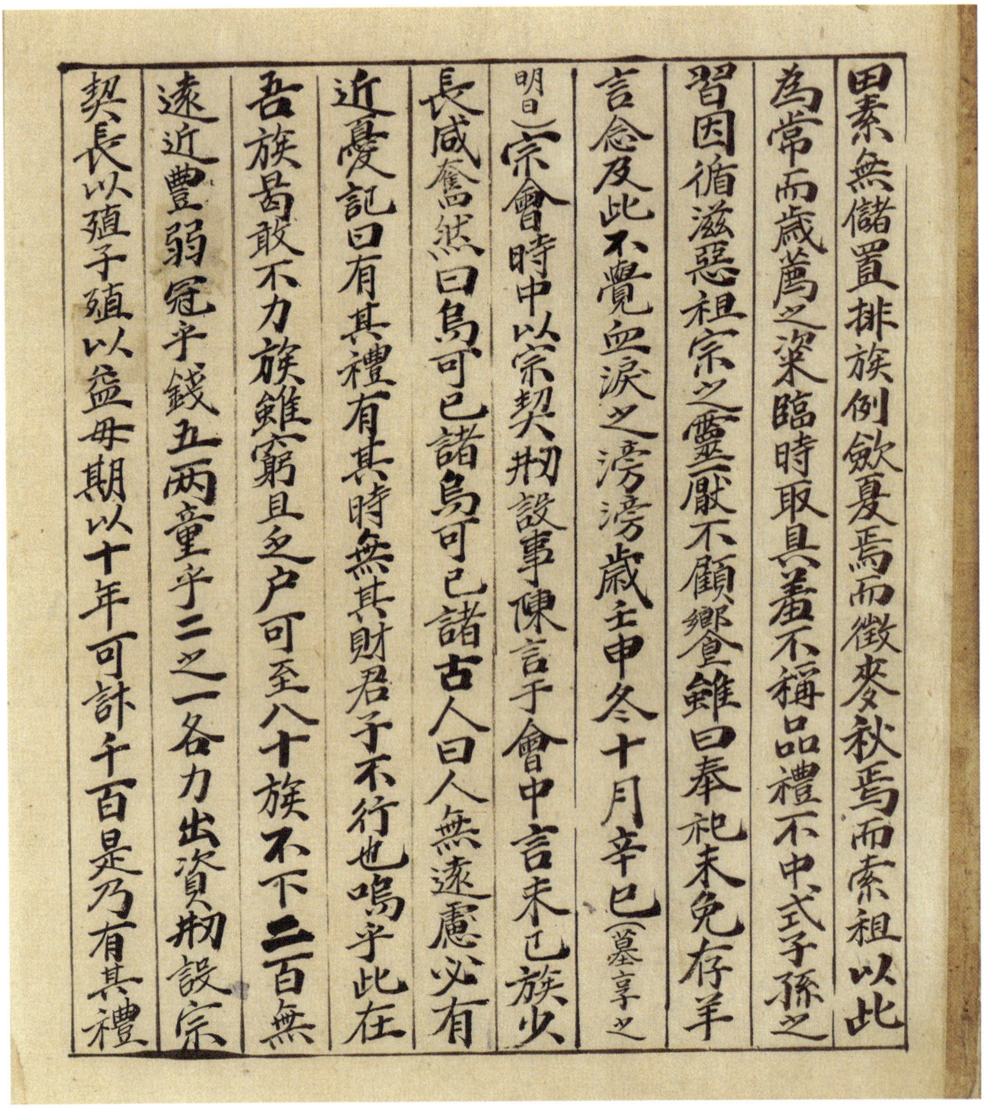
田素無儲置排族例歛夏焉而徵麥秋焉而索租以此
爲常而歲薦之粢臨時取具蓋不稱品禮不中式子孫之
習因循滋惡祖宗之靈厭不顧饗雖曰奉祀未免存羊
言念及此不覺血淚之滂滂歲壬申冬十月辛巳(墓享之
明日)宗會時中以宗契刱設事陳言于會中言未已族少
長咸奮然曰烏可已諸烏可已諸古人曰人無遠慮必有
近憂記曰有其禮有其時無其財君子不行也嗚乎此在
吾族曷敢不力族雖窮且乏户可至八十族不下二百無
遠近豐弱冠乎錢五兩童乎二之一各力出資刱設宗
契長以殖子殖以益母期以十年可許千百是乃有其禮

원산강씨종계좌목 (2)

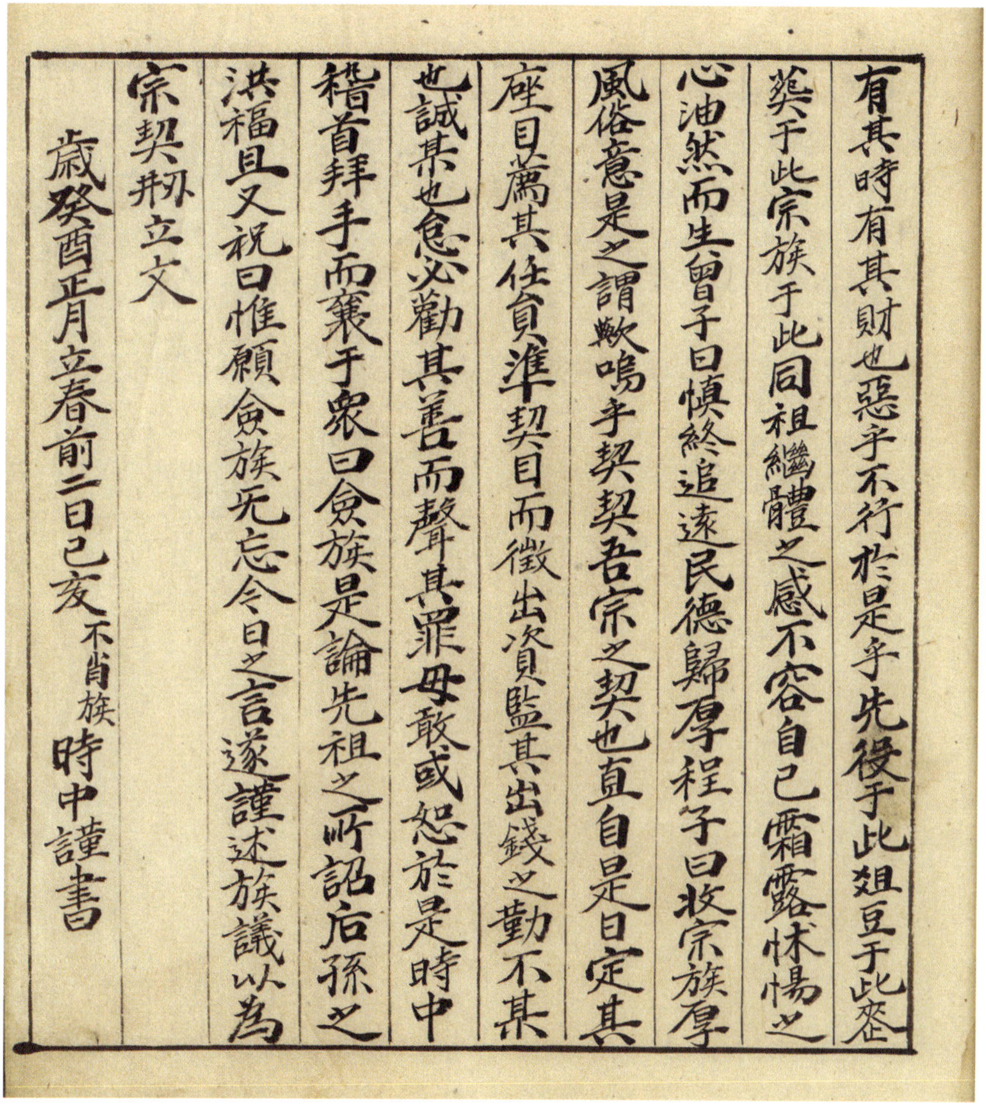

有其時有其財也惡乎不行於是乎先役于此俎豆于此峦
奠于此宗族于此同祖繼體之感不容自己霜露怵惕之
心油然而生曾子曰慎終追遠民德歸厚程子曰收宗族厚
風俗意是之謂歟嗚乎契契吾宗之契也直自是日定其
座目薦其任員準契目而徵出資監其出錢之勤不某
也誠某也怠必勸其善而聲其罪毋敢或怨於是時中
稽首拜手而襄于衆曰僉族是論先祖之所詔后孫之
洪福且又祝曰惟願僉族无忘今日之言遂謹述族議以爲
宗契刱立文
歲癸酉正月立春前二日己亥 不肖族 時中謹書

원산강씨종계좌목 (3)

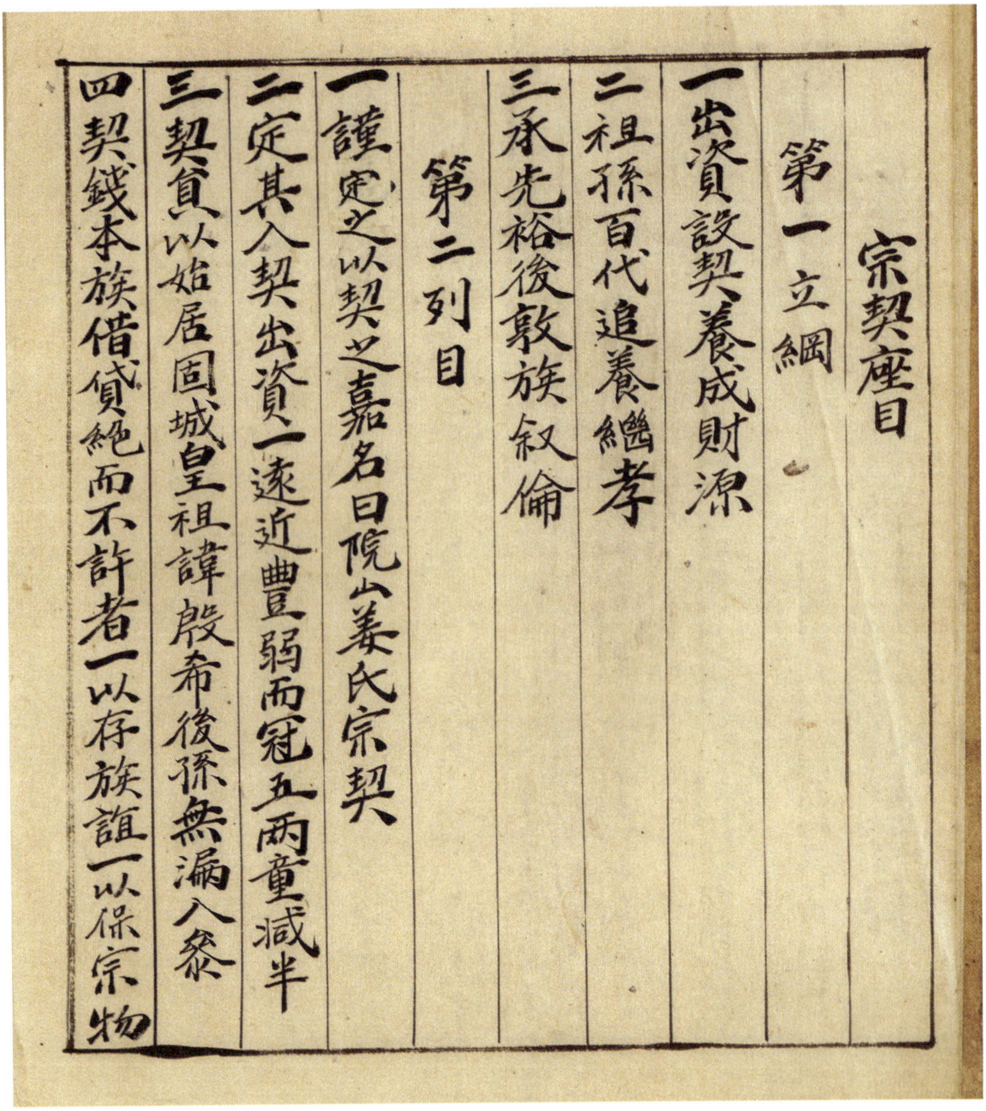

宗契座目

第一 立綱

一出資設契養成財源

二祖孫百代追養繼孝

三承先裕後敦族叙倫

第二 列目

一謹定之以契之嘉名曰院山姜氏宗契

二定其入契出資一遠近豊弱而冠五兩童減半

三契員以始居固城皇祖諱殷希後孫無漏入叅

四契錢本族借貸絶而不許者一以存族誼一以保宗物

원산강씨종계좌목 (4)

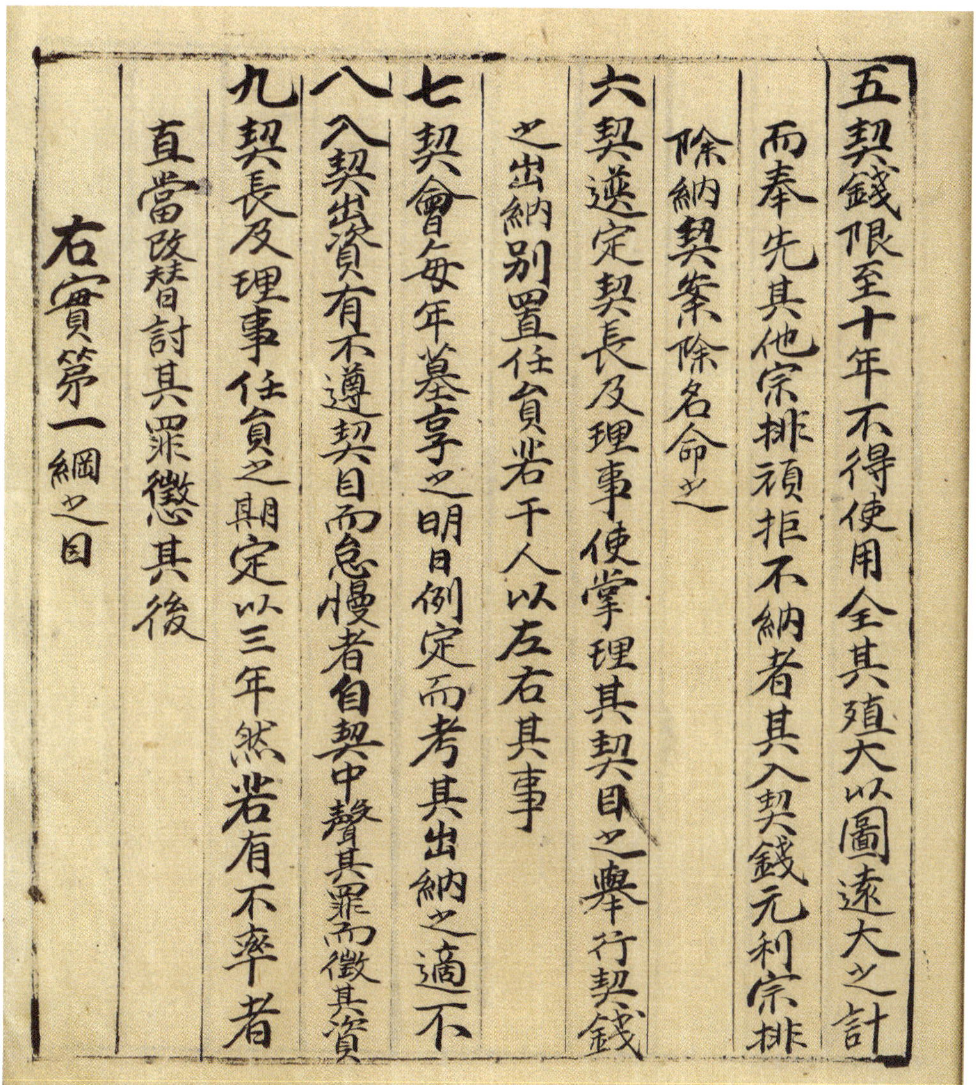
五契錢限至十年不得使用全其殖大以圖遠大之計
而奉先其他宗排頑拒不納者其入契錢元利宗排
除納契案除名命之
六契遴定契長及理事使掌理其契目之舉行契錢
之出納別置任員若干人以左右其事
七契會每年墓享之明日例定而考其出納之適不
八入契出資有不遵契目而怠慢者自契中聲其罪而徵其資
九契長及理事任員之期定以三年然若有不率者
直當改替討其罪懲其後
右實第一綱之目

원산강씨종계좌목 (5)

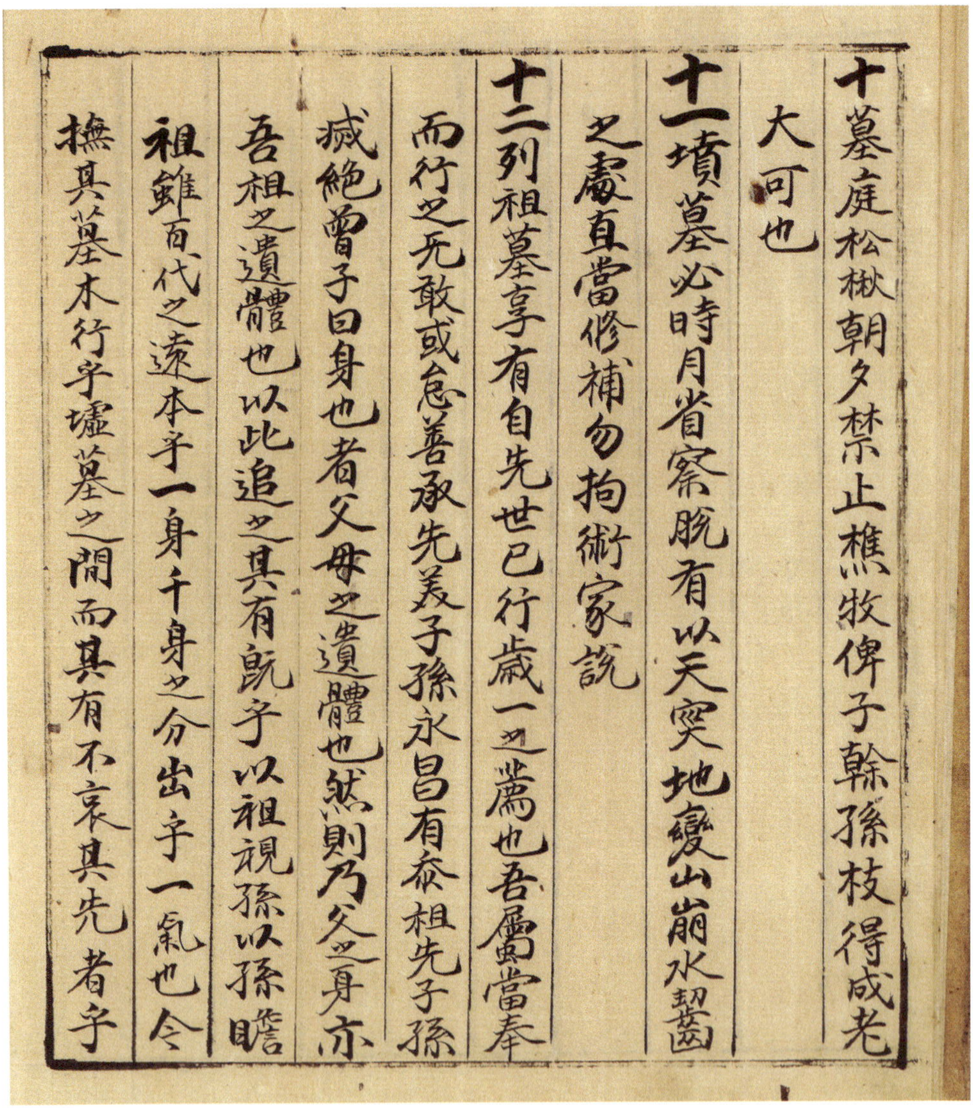

十墓庭松楸朝夕禁止樵牧俾子幹孫枝得成老
大可也
十一墳墓必時月省察脫有以天災地變山崩水齧
之處直當修補勿拘術家說
十二列祖墓享有自先世已行歲一之薦也吾屬當奉
而行之无敢或怠善承先美子孫永昌有忝祖先子孫
殲絶曾子曰身也者父母之遺體也然則乃父之身亦
吾祖之遺體也以此追之其有旣乎以祖視孫以孫瞻
祖雖百代之遠本乎一身千身之分出乎一氣也今
撫其墓木行乎墟墓之間而其有不哀其先者乎

원산강씨종계좌목 (6)

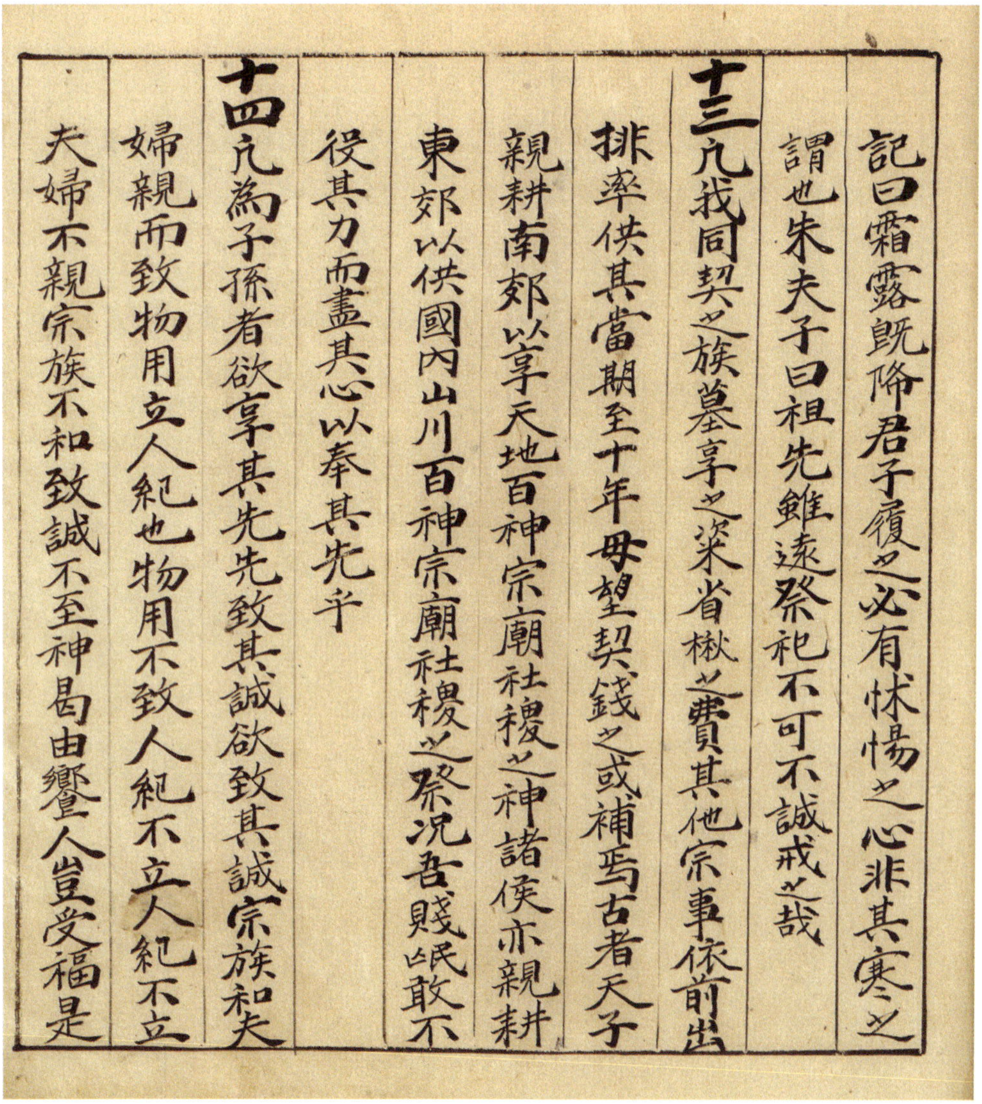
記曰霜露既降君子履之必有怵惕之心非其寒之
謂也朱夫子曰祖先雖遠祭祀不可不誠戒之哉
十三 凡我同契之族墓享之粢省楸之費其他宗事依前出
排率供其當期至十年母望契錢之或補焉古者天子
親耕南郊以享天地百神宗廟社稷之神諸侯亦親耕
東郊以供國內山川百神宗廟社稷之祭况吾賤民敢不
役其力而盡其心以奉其先乎
十四 凡爲子孫者欲享其先先致其誠欲致其誠宗族和夫
婦親而致物用立人紀也物用不致人紀不立人紀不立
夫婦不親宗族不和致誠不至神曷由饗人豈受福是

원산강씨종계좌목 (7)

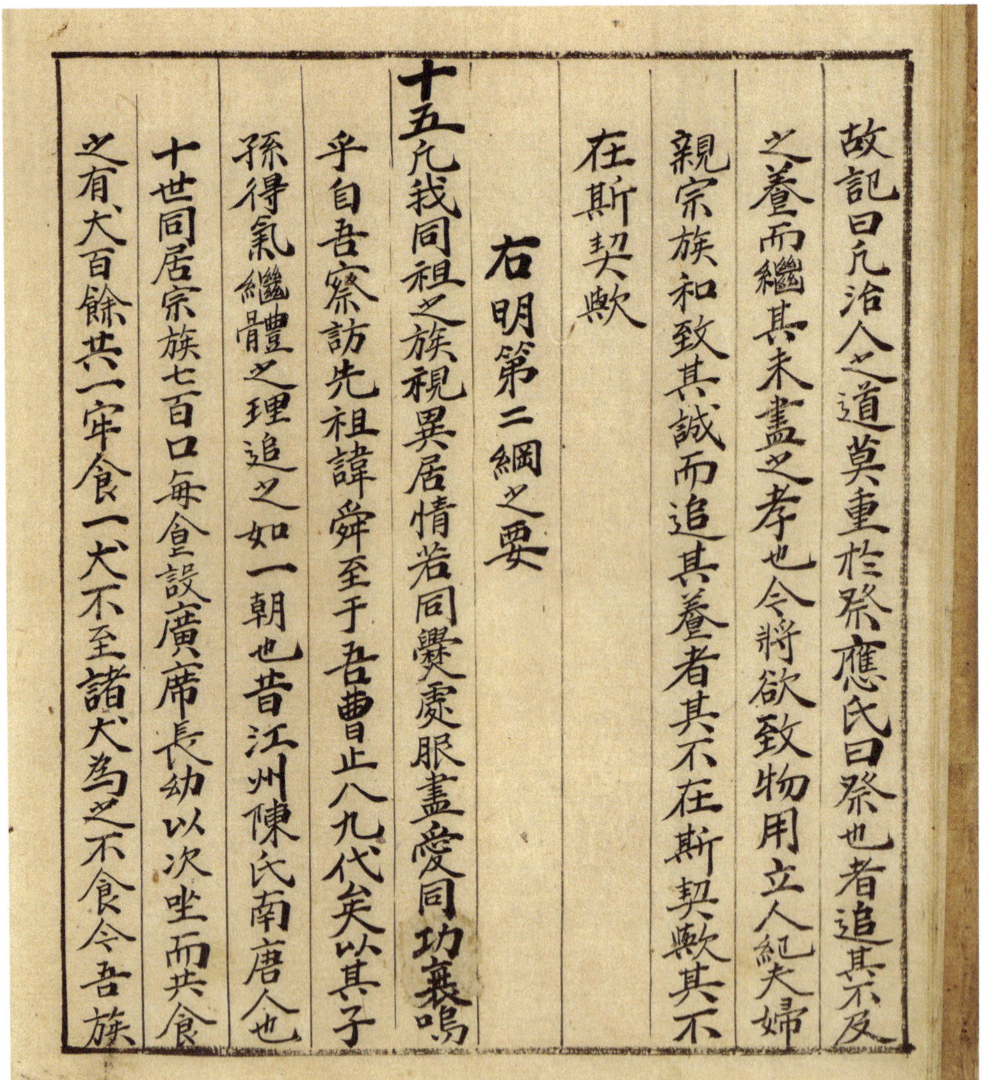

故記曰凡治人之道莫重於祭應氏曰祭也者追其不及之養而繼其未盡之孝也今將欲致物用立人紀夫婦親宗族和致其誠而追其養者其不在斯契歟其不在斯契歟

右明第二綱之要

十五 凡我同祖之族視異居情若同爨處服盡愛同功衰鳴乎自吾察訪先祖諱舜至于吾曹止八九代矣以其子孫得氣繼體之理追之如一朝也昔江州陳氏南唐人也十世同居宗族七百口每食設廣席長幼以次坐而共食之有犬百餘共一牢食一犬不至諸犬為之不食今吾族

원산강씨종계좌목 (8)

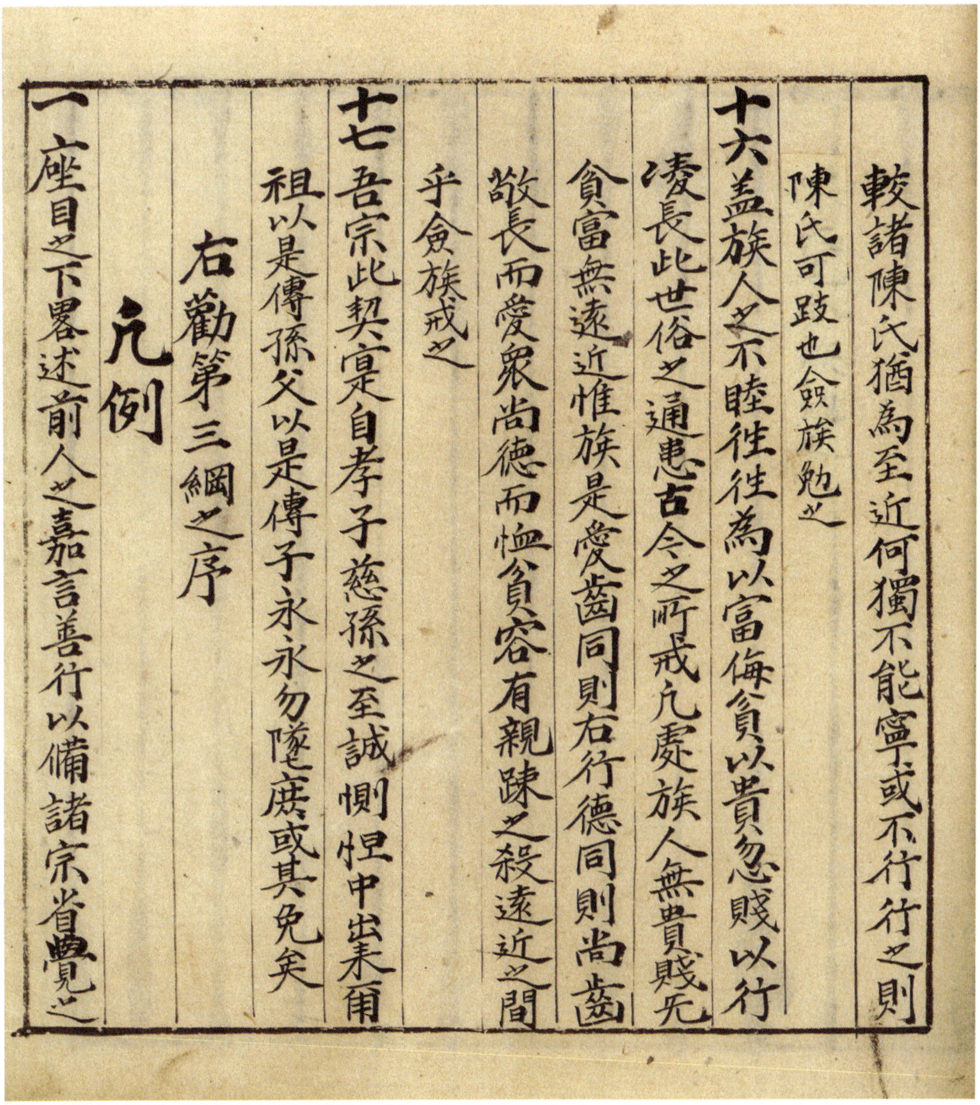
較諸陳氏猶爲至近何獨不能寧或不行行之則
陳氏可跂也僉族勉之
十六 盖族人之不睦往往爲以富侮貧以貴忽賤以行
凌長此世俗之通患古今之所戒凡處族人無貴賤无
貧富無遠近惟族是愛齒同則右行德同則尚齒
敬長而愛衆尚德而恤貧容有親踈之殺遠近之間
乎僉族戒之
十七 吾宗此契寔自孝子慈孫之至誠惻怛中出來爾
祖以是傳孫父以是傳子永永勿墜庶或其免矣
右勸第三綱之序
凡例
一 座目之下畧述前人之嘉言善行以備諸宗省覺之

원산강씨종계좌목 (9)

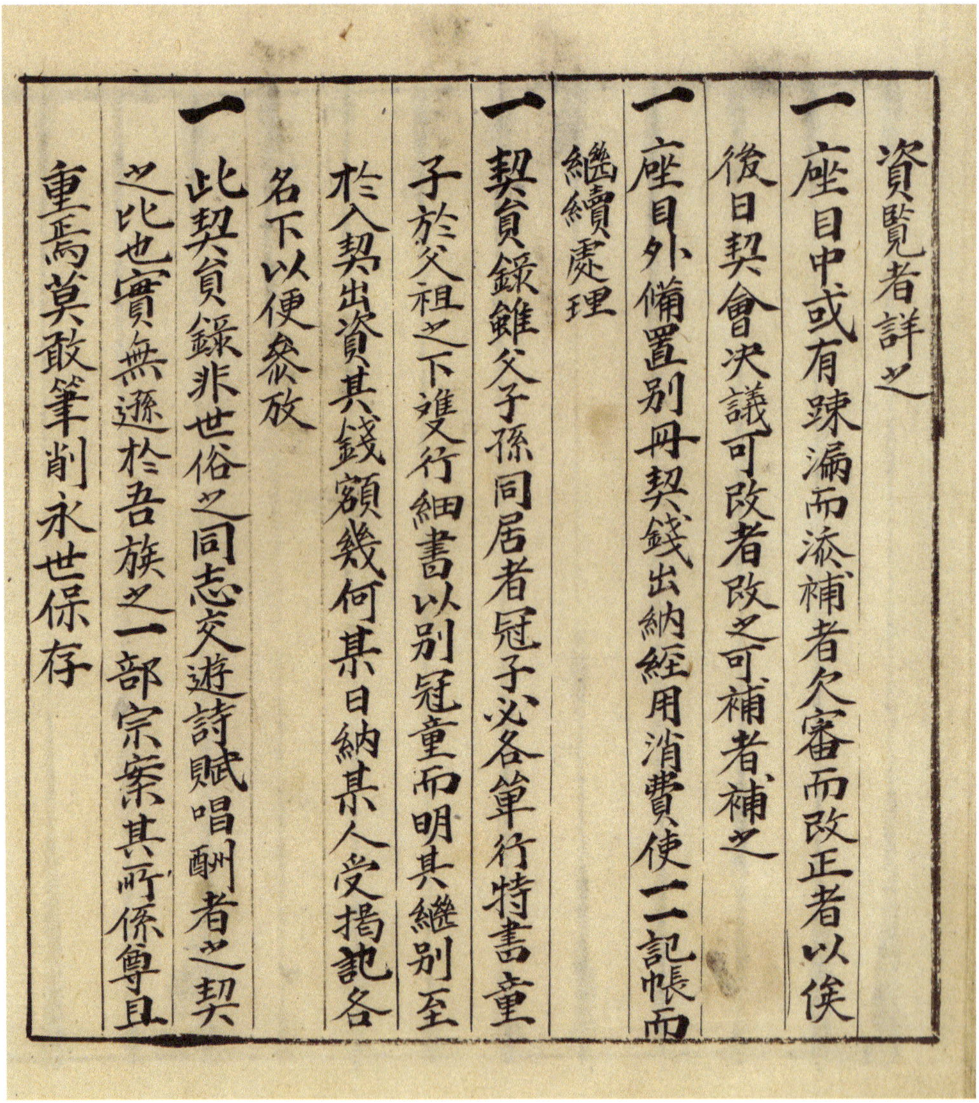

資覽者詳之

一 座目中或有疎漏而添補者欠審而改正者以俟後日契會決議可改者改之可補者補之

一 座目外備置別冊契錢出納經用消費使一一記帳而繼續處理

一 契員錄雖父子孫同居者冠子必各單行特書童子於父祖之下進行細書以別冠童而明其繼別至於入契出資其錢額幾何某日納某人受揭記各名下以便參攷

一 此契員錄非世俗之同志交遊詩賦唱酬者之契之比也實無遜於吾族之一部宗案其所係尊且重焉莫敢筆削永世保存

원산강씨종계좌목 (10)

歲壬申冬十月十九日宗會中

원산강씨종계좌목 (11)

■ 역자 소개

박상수(朴相水)는 민족문화추진회(현 한국고전번역원), 국사편찬위원회, 온지서당, 중국 어언문화대학교 등에서 한문과 고문서, 초서와 중국어를 공부했고, 단국대학교 한문학 박사 과정을 수료했다. 단국대학교 동양학연구소 전문위원, 단국대학교 강사, 한국한문학회 출판이사 등을 역임했으며, 지금은 전통문화연구회, 고전번역연구소, 국사편찬위원회, 구초회에서 한문 번역과 탈초·강의를 하고 있다.

번역서와 탈초 자료로, 《간찰簡札 선비의 일상》, 《고시문집古詩文集》, 《구소수간歐蘇手簡》, 《다천유고茶泉遺稿》, 《동국명현유묵東國名賢遺墨》, 《동작금석문집銅雀金石文集》, 《미국 와이즈만 미술관 한국 문화재 도록》, 《붓 끝에 담긴 향기香氣》, 《사문수간師門手簡》, 《사상세고沙上世稿》, 《서포일기西浦日記》, 《습재집習齋集》, 《아언각비雅言覺非》, 《오가보첩吾家寶帖》, 《왕양명 집안 편지》, 《율곡 친필 격몽요결》, 《주자, 스승 이통과 학문을 논하다》, 《초간독草簡牘》, 《퇴계 편지 백 편》, 《한문독해첩경-문학편》, 《한문독해첩경-사학편》, 《한문독해첩경-철학편》, 《항전척독杭傳尺牘》, 《중국의 음식디미방》, 《신식新式 비문척독備門尺牘》 외 다수가 있다.

國譯 芳山遺稿
국역 방산유고

인쇄 | 2022년 12월 10일
발행 | 2022년 12월 10일

저자 芳山 姜時中
역자 朴相水
발행인 姜東官
주소 : 서울특별시 강남구 일원본동 716
ISBN 979-11-92165-42-4(03810)

편집 · 인쇄 도서출판 뿌리정보미디어
대표 韓相億
주소 : 서울특별시 영등포구 양산로 57-5
(양평동3가) 이노플렉스 704호
전화 : (02)716-1521
팩스 : (02)2633-4167
출판등록 : 제313-2007-000097호
홈페이지 : www.yesjokbo.com

정가 50,000원